不娇不惯，富养女孩的100个细节

（第四册）

宿文渊　编著

中国华侨出版社

前 言

养育一个优秀女孩，是天下父母的心愿。拥有一个出色的女儿，是天下父母的福气。然而面对这个天赐的娇柔公主，父母们都会有一个困惑：要怎样养育才能让她最幸福、最优秀？答案就是富养。

富养女孩是中国历来已久的传统，中国传统上称女孩为"千金"，正包含着富养的意味。过去大户人家的女儿，养在深闺，从小学习琴棋书画、诗词歌赋，舞文弄墨，知书达理，而且上得厅堂，下得厨房，何等优秀。在现代社会，富养女孩就是说女儿要精细地养，不能像养男孩那样粗放，在家庭经济条件许可的前提下，尽可能地满足女儿对物质的需求，让她享受公主般的待遇，要从小宠她、爱她。

女孩的个性也决定了父母应该富养女孩。女孩天生胆小、感性、脆弱、优柔寡断、渴望爱、自控能力差、易受外界诱惑……因为胆小，所以她们总是躲在父母的身后，慢慢变得依赖性强，乃至自卑；因为感性，她们常常冲动行事，容易被坏人欺骗；因为脆弱，她们往往经不起打击，一旦生活中出现一些风风雨雨，就会一蹶不振；因为优柔寡断，她们经常会错失很多机会……也正是因为如此，作为女孩的家长，我们才更应该明白这样一个道理：富养女孩，不仅仅是要让她在成长过程中感受到父母的爱，感受到家庭的幸福，更是要赋予她独自面对未来、独自创造幸福的能

力，更是要培养出她的主见、自信、勇气、坚强、决断等关乎她一生成败的良好品质。

那么，女孩的优秀品质如何去培养？这是问题的关键。女孩富养其要义之一就是开阔她的视野，增加她的阅世能力，从而大大增强她的见识。如此，她长到花一样的年龄时，就不易被浮世的繁华和虚荣所迷惑。等到了谈婚论嫁的年纪时，她们就能找个能力出众、事业有成的丈夫，顺利地从父母的呵护过渡到丈夫的呵护，如此便可安度一生。富养女孩就是要注意培养她的优越感，因为优越感是女孩拥有自信和勇气的基础。富养女孩要让她学会自重和自爱，要教会她善良和关爱，要塑造她的气质，因为女孩的美永远不能只依靠外表。当然，富养女孩不能忽视女孩文化素质的提升，女孩可以不立业，但不能没有知识。著名作家斯迈尔斯在《品格的力量》里说道："女性的素质决定着整个民族的素质。"的确，女孩的品位，小则关乎一个人的人生，大则关乎整个民族的命运。高贵典雅的女孩就有富贵祥和的命运，能使自己的周围产生安乐稳定的氛围；自卑狭隘的女孩，就有凄惨悲凉的命运，使自己的周围蒙上晦暗飘摇的阴影。所以，女孩就是要高贵。女孩就要富着养。

本书结合女孩的特点个性以及成长规律，从不同角度出发，为父母们提供了一套成功育女方案，使父母们掌握教育的正确方向和科学方法，真正教到点子上，是每一位望女成凤的父母的必读书。本书深刻分析了女孩与男孩的不同之处、女孩天性中的优缺点，以及父亲和母亲在养育女孩过程中所应起到的不同作用，统揽女孩成长过程中的教育问题及解决办法，全面介绍女孩的身体、心理、性格、气质、品质、理财、才艺、潜能、学习等各个方面的培养方式，指导父母教出有素质、有能力、有眼光、有魅力的卓越女孩。静心阅读，用心思索，掌握了这些富养女孩的细节，你就会发现，想要养育出一个优秀的女孩并不是多么困难的事情！

目 录

第十四章 培养女孩的多才多艺(续)
——让她成为最耀眼的明星

第十五章 鼓励女孩融入人群
——不懂交际的女孩会孤单

第十六章　引领女孩爱学习,会学习
——让女孩成为"学习达人"

第十七章　阅读点燃智慧
——父母引导女孩与书为伴

第二十章　榜样的力量无穷大
——妈妈帮女孩建立一个"榜样资料库"

细节 69 实用而又充满生活情趣的才艺

以前，人们对女孩的才艺非常看重，例如茶艺、厨艺、针线、折纸、剪纸等等，这些才艺不但实用，而且充满生活情趣。现在的女孩很少在这些方面投入精力，家长也不注重这方面的培养。

究其原因，是家长在培养女孩才艺的过程中，只看重钢琴、小提琴、拉丁舞等新式才艺的培养，却忽视了传统才艺的培养。家长没有给女孩学习针线活、厨艺、茶艺、折纸等小才艺的机会，她们自然就不会做这些事情。

一天，妈妈在厨房里忙着做饭，7岁的女儿高兴地来到妈妈身边，问道："妈妈，我可以帮您做饭吗？"

妈妈回答道："不用了，妈妈一个人就可以了，你赶紧去写作业吧！你现在的任务就是学习。"

这样的场景也许经常发生在我们的身边，虽然我们是为了让女孩有更多的时间学习，但是在无形中，我们却剥夺了她学习一门才艺的机会。时间久了，女孩就会慢慢失去学习这门才艺的兴趣。而且，女孩会认为自己不会这门才艺是一件正常的事情。

而且，有的妈妈害怕女孩不小心被刀切到、被油烫到，不舍得让她学习做饭。同样，对于针线活，有的妈妈害怕女孩不小心被针扎到，也不舍得让她去做。结果，很多女孩变成了一个"手不能提，肩不能挑"的"娇气公主"。

家长应该适当引导女孩学习才艺，比如陪女孩一起折纸，和女孩一起做顿饭，教女孩缝掉了的衣服扣子等。如果做得好，适当地给予鼓励和奖励。时间久了，女孩自然就会掌握这些才艺。

建议一：折纸——让女孩创意无穷

当第一艘纸船从我们手中缓缓地浸入水面的时候，当第一架纸飞机在天空中放飞的时候，当第一个纸花篮中盛满了我们喜欢的糖果的时候……也许父母在回忆自己的童年时，自然地就联想到不可缺少的折纸时代。每一代孩子都有自己一代童年的快乐，但似乎无论是哪一代孩子，在某一时段都会对折纸产生浓厚的兴趣，有的孩子甚至是情有独钟。

曾几何时，各色的纸张在我们眼里是那么的具有吸引力，我们看着那光滑亮丽的纸面，脑海里早已想象着把它变成了花骨朵、小青蛙……简简单单的小纸片在我们心灵手巧的摆弄之下居然能够呈现出美妙的形态，如梦如幻，可爱极了。不可否认的是，折纸游戏能够给童年的孩子带来无尽的乐趣，同时也能够让孩子得到心智的锻炼，更加灵活地使用大脑和双手。

要让女儿在折纸游戏中变得心灵手巧，这还需要一个循序渐进的过程。女儿还在年龄很小的时候，父母就可以把纸张拿给她。先不要教她应该做什么，父母要先看女儿在面对纸张时的反应。一般情况下，年纪较小的孩子在拿到纸张之后都会以撕纸的方式寻找乐趣。把一张纸撕成纸条或是雪花片，然后漫天地挥洒，在飘扬的纸片中享受"胜利"的快乐。

这个时候，父母不要出面制止孩子的行为，因为这是孩子在对纸张的出现表示欢喜。孩子都是破坏的高手，父母越是制止，她就越是要做这件事。因此，家长不妨任其在一旁乱撕，自己却坐在一边用纸撕出有形状的东西。等到女儿看见之后就会感到好奇，这个时候家长再去引导着女儿撕出形状各异的小动物或者花儿，就显得更加有趣了。

待到孩子稍微大一点的时候，父母就可以教给她一些简单的折纸游戏，让她在纸张的世界中尽情地玩耍，发挥出最卓越的想象力。不过，做什么事情都需要慢慢地过度，从简单到复杂，折纸也是如此。一开始的时候，家长只需教孩子用简单的两三步就可以折出可爱物体的方法，等到孩子熟练的时候，再逐步增加难度。

折纸游戏长期玩下来之后，父母会发现女儿已经有了自己的一套折纸技巧。她能够把平面的纸张变成立体的形状，小猫、小狗、小兔子……在立体的世界中用空间的造型不断地创造快乐，丰富情节。父母还可以买一些专门教折纸的书籍给孩子看，或者跟孩子一同研究书上的折纸方式。最好是父母和孩子共同研发和开创几种新型的折纸游戏，更是其乐无穷。

在折纸的过程中，父母要不断地开发孩子的智力。例如，一个圆筒可以做出很多不同的东西，只需要在上下左右加上一些小零件，各式各样的折纸成果就会展现出不同的风采。此外，父母还需要激发女孩丰富的想象力和创造力，让她根据自己的想法折出更多更有趣的形状。孩子在折纸的过程中能够体会到无穷无尽的快乐，当她把一张纸变成一个艺术作品时，那种自我成就感就足以让她创作出下一个更好的作品。

有的折纸步骤比较复杂，孩子一次次地折，却一次次地失败。这个时候，父母要鼓励孩子，与她共同找出问题的症结所在，然后再继续试验，直到成功为止。在练习的过程中，父母还需要告诉女儿，做什么事情都要有耐心才会成功。等到女儿终于把复杂的折纸作品完成的时候，她的成就感就会异常的高。

有的父母本身就是心灵手巧的人，在女儿不会折的时候，就自己折出一个成品来给女儿玩。这样的做法其实并不科学，因为女儿玩折纸游戏就是为了在快乐中学习技巧，如果父母代替她把作品完成了，那还有什么意义呢？因此，在孩子折纸的过程中，父母只需要在必要的时候做适当的提示与指导就可以了。

建议二：烹饪——真正的生活艺术

俗话说："上得厅堂，下得厨房。"似乎好女人的标准就是既能够在职场中驰骋，在家里又能够做出一桌美味可口的饭菜。其实，无论是上厅堂还是下厨房，这些都是生活的不同方式。不要觉得厨房的活儿又脏又累，其实当你身处其中的时候还会觉得别有一番滋味在心头。

现在的孩子在家里都是父母的掌中宝，哪里舍得让她下厨房做饭呢？可是父母应该考虑得更长远一些，难道自己的女儿长大后成为一个懒惰又不会做家务的女人很好吗？

孩子没事在家的时候，或者父母正在做饭的时候，可以让孩子在一旁看着、学着，让她了解做饭的过程。或许哪天父母因为忙碌而不能回家做饭时，孩子自己也不至于饿着肚子一直等待。

五花八门的菜谱、菜系、调味料、蔬菜、瓜果……颜色清新而鲜艳，色泽浓郁而逼人，怎能不对我们产生诱惑呢？即便是一碗淡淡的米粥，如果是自己亲自下厨，而且是用心煮出来的，那么喝在嘴里也觉得美意无穷。其实，这时候喝粥已经不是单纯地品尝粥的味道了，而是在体味一种幸福，那种你寄托在这漫长熬煮过程中的一份心情，喝粥的人都能读得懂，也都会珍惜而享受。

让女儿学着做一两样简单的饭菜，不仅能够提高她的生活自理能力，而且还能多一门手艺，在煮饭的过程中享受生活，多么惬意啊。在周末的早晨，她偶尔也能够给父母一个小小的惊喜，亲自为她们做上一餐早饭，给劳累一周的父母奉献女儿的一点心意，父母也会倍感温暖。

就像弹奏乐器一样，不用心弹奏的曲子听上去就没有灵魂。同样的，没有用心烹饪的饭菜吃起来也不会可口。做任何事情都需要用心去做，这是一种生活态度，更是一种积极而乐观的价值取向。

允许女孩尽情发挥想象力，做出与众不同的饭菜。孩子的想象力往往让家长目瞪口呆，她能够把酸甜苦辣咸全都集中于一个菜中，也能让一盘菜里装满了各式各样的水果和蔬菜。面对这种情况，家长除了适当地在味道上加以指导之外，其他的就不要干涉孩子了。让她尽情地去发挥，在烹饪中施展自己的艺术才能。

细节70 提高女孩能力的小才艺

"妈妈，你说手表为什么能转呢？它那么小，肚子里还能装东西吗？"

"什么乱七八糟的东西，想这些你能多考几分？快去学习！"

"弯弯的月亮像什么？"

"像扁豆！"

"你这孩子，脑袋里不知道都想的是什么东西！弯弯的月亮当然像小船了！"

"来，我教你画画，先画一条线，这是地平线，然后再画长方形，这是高楼……"

很多家长都忧心女孩"想象力匮乏"，实际上，原因很简单，因为家长的脑袋里拴着"分数"和"标准答案"这两根绳子，只要这两根绳子系着，女孩的想象力就很难发展。

任何时候，学习都是关系人生的大事。所以，所有的时间都应该拿来为学习服务，除了升学、考试，是不可以有其他七七八八的想法的，家长带着这样的教育理念，女孩畅想的机会和时间自然就被剥夺了。为了答题，为了得分，不管是家长还是女孩，一定会追求标准答案。标准化答案无形中又剥夺了女孩想象的空间，最后将女孩的想象力残忍扼杀！

家长们没有意识到，短期目标达成了，却以摧毁女孩身上最重要的东西——想象力为代价！没有想象力的人是一个体会不到乐趣的人，没有想象力的民族是一个没有创造力的、可悲的民族！

家长们没有意识到想象力的扼杀其实就是在我们的教育中进行的！父母的教育实际上成了女孩想象力和创造力发展的隐形杀手，只有家长彻底地根除这样的意识，进而在行为上严格注意，才能真正地培养起女孩的创造力！

爱因斯坦曾说过：想象力比知识更重要。严格地说，想象力是科学研究中的重要因素，在现实社会中，没有想象力，就没有新的发明与创造，就无法解决生产和生活中的新问题，人类社会就无法前进。

成人的世界常常太过现实，但是女孩的想象力需要灌输培养，千万不能让其自生自灭，让孩子错失了孩提时代幻想和想象的宝藏。可以选择一些好的故事，如《小王子》《爱丽丝梦游仙境》等童话作品，或在音乐的浮想联翩中激发孩子的想象能力。

家长可以引导女孩一边读《爱丽丝仙境》，一边将幻想的世界"抽着烟斗的毛毛虫""红心女王的棒球比赛""非生日派对"等事物画出来。

父母也可以引导女孩描绘其场景：在一个阳光明媚的午后，爱丽丝坐在一棵大树下看书，却跟随一只小兔子来到了一个魔幻仙境。（女孩可能会画午后慵懒的阳光，懒懒地照在爱丽丝和她身旁的树上，她头顶的树上有一只小兔子在偷看她，远处是美丽的河流、草坪、奔跑的小孩……）

接着，开始了她的仙境之旅，相继遇到了会说话的茶壶，会隐身的妙妙猫，疯狂帽子先生等。在这里爱丽丝参加了一个令她毕生难忘的奇怪茶会。（女孩可能会画她想象出来的各种各样的怪人，穿着从未见过的奇装异服，有的喝茶，有的聊天，有的耳语，有的欣赏风景，有的心不在焉……背景也可随意想象，甚至可以超出书中所描绘的场景，给它添加更多的灵动元素。）

随心所欲地去画就行，不必拘谨于是否画得很好……

定式理论是德国心理学家缪勒和舒曼于1889年提出来的，思维定式或称心理定式是其中的一种。它指人由先前的心理活动和实践经验所形成的准备状态，决定着人后继心理活动的趋势，表现为在解决问题过程中做特定方式的加工准备。它使人以比较固定的思维模式对外物进行感知，即按一种固定的思路去考虑问题。

在孩子学习过程中，他们经常会由于受先前做题经验的影响，去套用某些公式或者某些方法，结果或者没有新意，或者没有用最巧妙的方法解决问题。而只有打破这种思维定式，才会喷涌出无尽的想象力。下面这位德国老师的教育方法值得家长借鉴。

在一个德国普通学校的课堂，小学二年级的孩子们正在上艺术课。

老师并没有像我们想象的那样，给孩子一个物体，让孩子简单地去临摹，而是先给孩子们讲故事：一个小朋友搬到了一所新房子里，房子是用砖头砌成的，阳光射进屋子里面，房子的周围有一些小花，一条小河从房子的后面流过。给了这几个条件以后，老师要求学生们根据自己的想象把新家画下来。

于是，有的孩子在新家的前面添加了停车场，画上了汽车；也有的孩子给新家画上了草坪，画上了小猫小狗；还有的孩子在屋顶画了栖息的小鸟。还有的孩子将河流画成了粉红色，非常漂亮。老师并没有埋怨孩子们瞎画，而是表扬了孩子们的创造精神。老师很欣赏那条粉红色的河流，简直漂亮极了！

父母要想让女孩拥有更多的想象力，首先父母要"童心未泯"，与孩子一起做小制作、做智力题、下棋、绘画、做趣味游戏……让孩子能在一种无拘无束的家庭环境下，发挥出自己的创造力。她的一些想法也许不符合常理，那也没关系。

父母更不必把孩子的好问当做一种负担和麻烦而予以压制，也不必因为自己不喜欢或不同意孩子的爱好，而试图逼迫孩子转换兴趣。请允许孩子犯一些小的错误，鼓励孩子自己动手去做更多的事……这些都可以培养孩子的想象力。

很多女孩小时候，喜欢编故事、讲故事，她们把这些故事讲给爸爸妈妈或一些小朋友听，有时也讲给自己听。对于孩子的这种行为，家长要积极鼓励，不要觉得女孩是在胡思乱想。

家长也可适当引导女孩续编故事，比如家长和孩子读完一个故事后，引导孩子按照某个主题去讲，讲到精彩之处，父母还可以用笔记下来，以资鼓励。时间长了，女孩的想象力会越来越丰富。

建议一：布置房间培养女孩的统筹力

田忌和齐威王赛马时，孙膑给田忌出谋划策，即比赛伊始，孙膑先以下等马对齐威王的上等马，第一局输了。齐威王很得意。接着，孙膑拿上等马对齐威王的中等马，获胜了一局。齐威王有点心慌意乱了。第三局比赛，孙膑拿中等马对齐威王的下等马，又战胜了一局。这下，齐威王目瞪口呆了。结果田忌以三匹弱马战胜了齐威王的三匹好马。

还是同样的马匹，由于调换一下比赛的出场顺序，就得到转败为胜的结果。

想必家长们对"田忌赛马"的这个故事并不陌生，孙膑的策略其实就体现了他的一种统筹力。

做事情的先后顺序需要统筹，同样什么时间做什么工作也需要统筹，合理的统筹往往能达到事半功倍的效果。

女孩在学校里，最重要的事情是学习。但由于一些女孩不会有效利用时间，往往会导致她的生活出现一些这样的状况：总觉得学习太忙，没有时间去玩耍和娱乐；整天都是行色匆匆，觉得生活平淡无趣；总有做不完的作业，看不完的书，回到家也不得清闲；生活太累，被各种压力束缚和捆绑；容易疲劳，免疫力下降，身体缺乏活力……

要想找到这种状况的原因，那么"时间统筹"一定是其中的关键词。其实，有很多聪明女孩能将自己的时间和生活安排得很好，从而将自己的身体和心灵调整到最佳状态。

时间管理是现代女孩追求简单生活必备的一项技能。做好时间管理，合理利用自己的时间，是简化学习，提升时间价值的重要方法。

家长可以建议女孩在做事之前，先做一个合理的时间计划，其中要注意主次分明，把要事放在第一位。背诵英语课文、和表弟一起放风筝、自己洗衣服、和爸爸下象棋这些事要分出 ABCD，并安排在合适的时间空档。

教会女孩利用"神奇的 3 小时"。被人们称为时间管理大师的哈林·史密斯曾经提出过"神奇的 3 小时"的概念，他鼓励人们自觉地早睡早起，每天早上 5 点起床，这样可以比别人更早展开新的一天，在时间上就能跑到别人的前面。利用每天早上 5～8 点的"神奇的 3 小时"，女孩便可不受任何人和事干扰地做一些自己想做的事。

引导女孩在更少的时间内做更多的事，这就要求女孩再做事之前认真思考，有没有捷径，有哪些可以利用的资源，最适合最省力的方法是什么。这也是用好时间的关键。

每天妈妈都有很多事情要做，哪个先哪个后，有很大的学问。煮鸡蛋的时候可以热着面包，洗衣服的时候可以烧水，这些我们看起来很普通的安排，都包含着一个统筹的理念，让我们的时间被更充分地利用，做事情更加有效率。

但是，这种统筹能力不是天生就有的，都是我们慢慢积累起来的。妈妈往往是最能统筹的人，因为需要她管和做的事情实在太多了，不统筹好，怎么能做完？所以，妈妈也是最能教会孩子做统筹、抓重点的人选。

当孩子学会了学习上抓重点，生活中很多事情他自然能够举一反三。妈妈从学习方法上重点突破，就能帮着孩子找到生活的秩序和规律了。

建议二：朗诵诗歌培养女孩的表演能力

女孩喜欢扮家家，她们总能演绎的有声有色。这正是女孩很早就显示出的天赋之一。女孩通常能够比男孩更早、更生动、更流利地使用语言，表达自己。

正是由于女孩天生具有这种天赋，所以父母更应及早培养女儿的表演能力。

一般情况下，女孩 3 岁时基本上就能做到清晰表达自己的想法。等女孩长到 16 岁，她联系着大脑左右半球的神经纤维——胼胝体比男孩大 25％，这使她的左右脑半球交流更多，更容易用语言表达情感。甚至女孩大脑内负责语言和写作的区域也更活跃，所以女孩能使用更多的词汇，在讲述的时候能够有声有色。

如果女孩比较自卑但却对表演、主持比较感兴趣，家长也可以给她讲一些名人成功的故事来激励她。

"孩子是船，家教是帆，家庭是孩子成功的港湾。"家庭既是孩子的第一课堂，也是终身课堂；家长是孩子的第一任教师，也是终身教师。想成为一名优秀的家长首先要了解孩子在各年龄段的生理和心理特征，特别是个性特征，学会尊重孩子，选择有效的教育方式、方法，高瞻远瞩，不断激发孩子成功的动力；除此之外，家长还要努力创建和谐的家庭氛围，让孩子幸福愉快地成长。歌德父母的做法就很值得倡导。

大文学家歌德之所以取得令世人瞩目的成就，与他的家庭教育是分不开的。

歌德是德国最伟大的诗人，是德国乃至整个欧洲著名的作家，还是一位多才多艺、知识广博的艺术家和科学家，备受世人的尊敬。他 8 岁能阅读德、法、英、意大利、拉丁、希腊等多种文字的书籍，14 岁开始写剧本，25 岁用了 4 个星期完成了风靡全球的小说《少年维特之烦恼》。人们称歌德为天才。这个天才的出身很普通，不过他有一对不一样的父母。

1749 年 8 月 28 日，歌德出生于莱茵河畔的法兰克福。父亲曾获法学博士学位，当过地方官。歌德小时候常和父亲去林中散步，背诵大自然的诗歌，认识动植物；稍大一些之后，父亲带他到各地旅游，走到哪里，父亲都能介绍出当地的历史、风土人情。

歌德家常有宴会，当然都是为孩子们举办的。这时歌德被允许站在椅子上，面对观众做演讲。他从结结巴巴、词不达意，慢慢变得口齿伶俐、声情并茂起来。

歌德的母亲是当地市长的女儿，她爱好文学，喜欢给孩子讲故事。有时到了关键处，妈妈故意停下来，要歌德设想接下来发生的事。母亲请人在家中演木偶戏，看完之后，歌德就和其他孩子兴致勃勃地排演这个剧目，他们背诵台词，准备道具，慢慢发展到自己写剧本，扮演角色。

在歌德晚年的回忆录中，他曾经这样写道："这种儿童的玩意儿和劳作从多方面训练和促进了我的创造力、表现力、想象力以及一种技巧，而且是在那样短的时间，那样狭小的地方，花那样小的代价，恐怕没有别的途径能够有这样的成就了。"他一直非常赞成并感激父母的教育方式，因为正是由于父母亲人的陪伴和启蒙，才得以将他的潜能充分地开发，才为他日后的成就铺就了道路。

当您发现女孩有一定的语言天赋或表演天赋时，不妨参照歌德父母的做法，对女儿加以正确引导，使其才能得以充分发挥。

第十五章　鼓励女孩融入人群

——不懂交际的女孩会孤单

细节71 告诉女孩社交必知的礼仪

"几位，今天你们跟我去吃饭吧，有局。"玲珑兴奋地向伙伴们炫耀道。

"啊？你要请客吗？"方方没有听明白玲珑的意思。

"不是，我爸爸要请客户吃饭，想带上我也去。这是私人性质的，没关系，我想把你们也都带过去吧。"玲珑向大家解释清楚。

"是爸爸和客户谈生意吧，那我们去合适吗？"方方问了一句。

"没事的，不要紧，去吧去吧。"几个伙伴架不住玲珑的盛情邀请，只好一路随行。

到了那家提前预约好的饭店，爸爸和客人都还没有来。

"我们进来坐吧。"玲珑推门而入，毫不犹豫地坐在了主位上。

"玲珑，那个位置给客人留着的吧，我们坐在边上就好。"方方提醒她。玲珑听她这样一讲，溜到了一边。

待会客人都来了，爸爸看到这一群小孩子，表情有点诧异，对玲珑说："这是你的同学吗？"

"嗯，"玲珑得意洋洋，"看我的势力大吧。"

爸爸觉得比较抱歉，就对客人说："我的女儿把同学带了来，没事，大家干脆一起吧。"

大家坐好，该点菜了。为了照顾客户是湖南人，爸爸特意点了一些比较辣的菜。

等端上了菜，还没有等客户拿起筷子，见玲珑已经夹菜放到嘴里了，还不住地："辣死了，真难吃。"

爸爸的脸色稍稍有些不好看，就对玲珑说："有不辣的菜在后面，你先喝点饮料吧。"然后又继续招呼几个同学和客户一起吃饭。

还好那位客户性格随和，和大家有说有笑的，气氛没有过于尴尬。

等吃过饭，爸爸把客人送走之后，对玲珑说："你啊，要多向你的同学学习，就你没有规矩，将来走到社会上怎么得了。"

玲珑自己感到很委屈，不知错在了哪里。

女孩如果要想将来幸福，要想有一份自己的事业，就需要和不同的人打交道，处理各种事务，所以精通各种礼仪为成功的交往打下良好的基础。

建议一：学会倾听很重要

多年前，有一个贫苦的从荷兰移居来美的儿童，在学校下课后，为一家面包店擦窗，每星期赚到半美元。他家境非常贫寒，平常每天到街上用篮子拣拾煤车送煤落在沟渠里的碎煤块。那个孩子叫弗兰克，一生仅受过6

年的学校教育，但最后竟使自己成为美国新闻界一个最成功的杂志编辑。他是怎么成功的？

他13岁离开学校，充任西联的童役，每星期工资6.25美元，童役的生活是艰苦的，工作时间长，休息时间很少，即使这样艰辛，弗兰克也没有放弃寻求受教育的意念。不但如此，他还努力进行自我教育。他把不坐车、不吃早饭的钱节省下来，买了一本《美国名人传全书》，如饥似渴地读起来。随后，他就写信给这些名人，请他们寄来他们童年时代的补充材料。

他是一个善于倾听的人，他鼓励名人讲述自己的故事，他写信给那时正在竞选总统的加菲大将，问他是否确实曾一度在一条运河上做拉船童工，而加菲也复信给他。他写信给格莱德将军询问某一战役，格莱德给了一位14岁的孩子一张地图并邀请这位孩子吃晚饭，并且和他谈了一整夜。他写信给爱默生并鼓励爱默生讲述关于他自己的生活。这位小孩不久便和全美最著名的人通信：爱默生、勃罗克、夏姆士、浪番洛、林肯夫人、爱尔各德、秀门将军及戴维斯。

他不但与这些名人通信，还利用假日去拜访他们，最终成为他们家里最受欢迎的客人。这些经验，使弗兰克产生了一种很强的自信心。这些名人的思想和作为激发了他的理想和志向，改变了他的人生。

俗话说："倾听的耳朵是虔诚的，倾听的心灵是敏感的。有了倾听的耳朵和愿意倾听的心，你才会拥有忠实的朋友。"弗兰克能静静地倾听对方的谈论，是他与这些名人交往的首要原则，也是他能取得成功的法宝。如果你想成为一名成功者就要做一个善于倾听的人。正如查尔斯·洛桑所说的："要令人觉得有趣，就要对别人感兴趣——问别人喜欢回答的问题，鼓励他谈谈自己和他的成就。"

假如你想让别人喜欢你，那么就让对方谈他的兴趣、他的爱好和他的旅行经历等。

西方有句谚语："上帝给我们两只耳朵，却只给了一张嘴巴，其用意是要我们少说多听。"人人都希望被了解，因而急于表达自己，但是却疏于倾听。事实上，学会倾听是突破交往障碍的有效方法，当你走出自己的小天地，试着站在别人的立场上，做一个好的听众，你就能够成为一个广受欢迎的交际高手，从而赢得更多的朋友。

在与人交往的时候，每个人都希望别人能听自己说话，这是一种正常的心理欲求。但如果一个人一直凸显自己，把自己摆在首要位置上，滔滔不绝地讲述自己的故事和观点，那么别人就有可能因为过多的"吸收"而产生逆反心理，最终甚至会感到厌烦。别人也需要交流，需要对方的倾听，也有受人关注的欲望。所以当你忍不住要夸夸其谈的时候，不妨推己及人，试着静下心来听一听对方的话；尤其是当交谈气氛陷入尴尬时，更要以平和的心态对待，表现出自己的真诚和热忱，适时扮演对方的知音。

在人际交往中，专心致志地倾听对方讲话，能够使对方感受到信任和尊重。在生活中，倾听是一种解决矛盾和冲突的最好办法。学会倾听是一种技巧，也是一种艺术。

一个真正受欢迎的人，常常把表达的机会让给别人，把自己看做是别人倾诉的对象。倾听他人说话是对他人的敬重，同时更能抓住对方话中的有用信息。同时还要注意不要随意打断他人谈话，以免断章取义。

从心理学的角度讲，善于倾听会使对方心情愉快，会换来对方的理解、信任和欢乐；会使对方吐露出内心的苦恼或喜悦；最重要的，它还会使说话者感觉到自身价值的存在，从而满足对方渴望被重视的心理，双方的交往也因此变得愉快。倾听是美丽的，善于倾听的人是迷人的。倾听是人际交往中最动听的音符，所以只有学会倾听、学会理解，才能在生活中真正走近他人。

建议二：表达自己的想法时要委婉

以前，有一个国王，他有一个美丽的女儿，国王视之为如掌上明珠。凡是公主要求的东西，国王从来都不会拒绝，就是她要天上的星星，国王也恨不得飞上天空，为公主摘下来，点缀为彩衣。

一个春雨初霁的午后，公主带着婢女徜徉于宫中花园。忽然间，公主的目光被荷花池中的奇观吸引住了。原来池水的热气经过蒸发，正冒出一颗颗状如琉璃珍珠的水泡，浑圆晶莹，闪耀夺目。公主看得入神忘我，突发奇想："如果把这些水泡串成花环，戴在头上，一定美丽极了！"

她打定主意，于是跑回宫中，把国王拉到了池畔，对着一池闪闪发光的水泡说："父王！您一向是最疼爱我的，我要什么东西，您都依着我。现在女儿想要把池里的水泡串成花环，戴在头上。"

"傻孩子！水泡虽然好看，终究是虚幻不实的东西，怎么可能做成花环呢？父王另外给你找些珍珠水晶，一定比水泡还要美丽！"国王无限怜爱地看着女儿。

"不要！不要！我只要水泡花环，我不要什么珍珠水

不娇不惯，富养女孩的100个细节

Bujiao Buguan,Fuyang Nühai De 100 Ge Xijie

晶。如果您不给我，我就不活了!"公主哭闹着。

束手无策的国王只好把朝中的大臣们集合到花园，忧心忡忡地说道："各位大臣们! 你们是本国最有智慧的人，你们之中如果有人能够以奇异的技艺，用池中的水泡为公主编织美丽的花环，我便重重奖赏。"

"报告陛下! 水泡触摸即破，怎么能够拿来做花环呢?"大臣们面面相觑，不知如何是好。

"哼! 这么简单的事你们都无法办到，我平日是如何善待你们的? 如果无法满足我女儿的心愿，你们统统提头来见我。"国王盛怒。

"国王请息怒，我有办法替公主做成花环。只是老臣我老眼昏花，实在分不清水池中的水泡，哪一颗比较均匀圆满，能否请公主亲自挑选，交给我来编串。"一位须发斑白的大臣神情笃定地打着圆场。

公主听了，兴高采烈地拿起瓢，弯下腰，认真地舀取自己中意的水泡。本来光彩闪烁的水泡，经公主轻轻一触摸，霎时破灭，变为泡影。捞了半天，公主一颗水泡也拿不起来。

显然，公主水泡花环的梦想是难以实现的，谁能将镜中美丽的花朵采撷下来? 又有谁能够把水中动人的月影掬在手中? 可是，当公主哭闹、国王盛怒之时，直接拒绝无疑是最愚蠢的行为，甚至可能招致杀身之祸。所以，聪明的大臣运用了自己的智慧，通过委婉的方式让公主自己领悟到水泡是无法串成花环的。

断然拒绝别人虽然显出一个人果断有魄力，但对遭到拒绝的人来说，心情将是无比糟糕的。每个人都有自尊心，对对方自尊心的维护或伤害，常常是影响人际关系好坏的直接原因。在人际交往中，有些表达，如拒绝对方的要求、表达不同于对方的意见、批评对方等，又极容易伤害对方的自尊。这时，委婉就像一道善意的门缝，给他人留下了出入的空间，同时也给自己留了一个入口，既能完成表达任务，又不伤害对方的自尊。

细节72 没有谁会嫌自己朋友多

友爱是人在一生中最值得珍藏的一笔财富。当你取得了巨大的成绩，他像你一样沉浸在幸福之中；当你遭遇困境厄运，他同你一样悲痛忧伤。不论你遇到什么事情，你时刻都会感觉到在这个社会上你不是一个人在孤立无助地生活，你时刻都在另一双眼睛的视野里，你时刻都在另一颗心灵的关怀中。

真正的友情是我们最宝贵的财富，为了友情，我们甚至可以放弃生命。

在越南有这样一个故事：

几发炮弹突然落在一个小村庄的一所由传教士创办的孤儿院里。传教士和两名儿童当场被炸死，还有几名儿童受伤，其中有一个小姑娘，大约8岁。

村里人立刻向附近的小镇要求紧急医护救援，这个小镇和美军有通讯联系。终于，美国海军的一名医生和护士带着救护用品赶到了。经过查看，这个小姑娘的伤最严重，如果不立刻抢救，她就会因为休克和流血过多而死去。

输血迫在眉睫，但得有一个与她血型相同的献血者。经过迅速验血表明，两名美国人都不具有她的血型，但几名未受伤的孤儿却可以给她输血。

医生用掺和着英语的越南语，护士讲着仅相当于高中水平的法语，加上临时编出来的大量手势，竭力想让他们幼小而惊恐的听众知道，如果他们不能补足这个小姑娘失去的血，她一定会死去。

他们询问是否有人愿意献血。一阵沉默做了回答。每个人都睁大了眼睛迷惑地望着他们。过了一会儿，一只小手缓慢而颤抖地举了起来，但忽然又放下了，然后又一次举起来。

"噢，谢谢你。"护士用法语说，"你叫什么名字？"

"恒。"小男孩很快躺在草垫上。他的胳膊被酒精擦拭以后，一根针扎进他的血管。

输血过程中，恒一动不动，一句话也不说。

过了一会儿，他忽然抽泣了一下，全身颤抖，并迅速用一只手捂住了脸。

"疼吗，恒？"医生问道。恒摇摇头，但一会儿，他又开始呜咽，并再一次试图用手掩盖他的痛苦。医生问他是否针刺痛了他．他又摇了摇头。

医疗队觉得有点不对头。就在此刻，一名越南护士赶来援助。她看见小男孩痛苦的样子，用极快的越语向他询问，听完他的回答，护士用轻柔的声音安慰他。顷刻之后，他停止了哭泣，用疑惑的目光看着那位越南护士。护士向他点点头，一种消除了顾虑与痛苦的释然表情立刻浮现在他的脸上。

越南护士轻声对两位美国人说："他误会了你们的意思，以为自己就要死了。他认为你们让他把所有的鲜血都给那个小姑娘，以便让她活下来。"

"但是他为什么愿意这样做呢?"护士问。

这个越南护士转身问这个小男孩:"你为什么愿意这样做呢?"

小男孩只回答:"因为她是我的朋友。"

故事让人震撼!这个越南小男孩为了救他的朋友,甚至甘愿献出他自己的生命。由此我们可以看出,有的时候,友爱是无价的,它甚至可以超越生命。

无需更多的语言,做一个辛勤的耕耘者吧,去耕种那一片友谊的花园。

建议一: 朋友多了路好走

世界顶级激励大师安东尼·罗宾说:"人生最大的财富便是人脉关系,因为它能为你开启所需能力的每一道门,让你不断地成长、不断地贡献社会。"拥有了强大的人脉,你就开启了施展能力的大门,可以尽情发挥出自己的才能,取得成功。在生活中,我们要时刻谨记,广泛结交良友,建立自己的人脉圈,因为不知何时,你就会因此而得益,成就自己的精彩人生。

人脉是一个人成功的外力,善于利用外力的人,常常能获得意想不到的成功。

一个人再困顿,如果他有几个富贵、成功的好朋友,他就还有希望。因为,人脉具有重大的成功潜力。

好人脉能够为你创造机遇。不善于经营人脉的人无法有效地把握迎面走来的机遇,常常与机遇失之交臂。

人们成功机遇的多少与其交际能力和交际活动范围的大小几

乎是成正比的。因此，我们应把营造好人脉与捕捉成功机遇联系起来，充分发挥自己的交际能力，不断扩大自己的人脉网，发现和抓住难得的发展机遇，进而拥抱成功。

心理学家也曾作过一项研究，研究对象均为学术智商很高的科学家，他们之中有的人出类拔萃，有的人成绩平平。研究结果表明：这一差别的原因，就在于那些获得大成就的人善于交际，拥有自己广大的交际网，因而可以随时从各个方面获得自己所需要的信息或数据；而那些成绩平平的人则因不善交际，得不到别人的帮助。另一个有说服力的统计数字是：诺贝尔科学奖金自1901年设立以来，到1972年为止的286名获奖者中，有三分之二的人是因与别人合作进行研究而获奖的。而且，因协作研究获奖占总获奖数的比例逐渐上升，在诺贝尔奖金设立的头25年为41%，第二个20年跃升至65%，而现在则为79%。

美国著名成人教育家戴尔·卡耐基有一个基本观点："一个人的成功，15%取决于专业本领，85%取决于人际关系与处世技巧。"这一观点得到了人们的高度重视和广泛推崇。无数事实证明：你的专业本领往往只能给你带来一种机会，而交际本领则可以给你带来千百种机会；有了专业本领只能利用自身能量，而交际本领则可使你利用外界的无限能量。

有人说："看一个人的人际关系，就知道他是怎样的人，以及将会有何作为。大多数人的成功都源于良好的人际关系。"由此可见，人脉资源对于个人发展的重要性。所以要想成功，要想在以后将事业做大，就必须经营好自己的人脉，因为人脉是致富的推动器。

建议二：广交朋友的几条途径

如果你想在人际交往中给别人一个好的印象，就应该学会如何去活跃气氛，怎样活跃气氛呢？

1. 以诚相待

在很多人的眼中，欺骗、说谎话是一种有利的勾当。他们以为欺骗的手段是很值得使用的。许多声誉很好的商店，也往往为了掩饰自己的商品的缺点、坏处，而登载各种欺人的广告。有些人甚至以为，在商场上，欺骗与资本同等重要，同等必需。他们的理由是，在言行诚实的同时想要在经营上得到大的成功，实在是很难的。不为利动，没有私心，在任何情形下都言行诚实——这种美誉，是人际交往中的一笔宝贵的财富。

2. 赞赏并让别人觉得重要

人际交往中还有个极重要的法则，如果我们遵守这个法则，便可以得到许多友谊和永恒的快乐。但是，如果我们破坏了这个法则，就可能后患无穷。这个法则就是：衷心地赞赏他人，时时让他人感到重要。约翰·杜威说过："人类本质里最深远的驱策力就是：希望具有重要性。"威廉·詹姆士也说过："人类本质中最殷切的需求是：渴望被肯定。"人类的这种需求，使人类有别于其他动物；也正是这种需求，使人类产生了文化。

3. 重信用，赢取信任

除了以诚相待之外，要想赢得人际关系，还应当具备的品质或者说应当遵守的法则是：重信用。只有这样，才可能赢取信任。

一个年轻人如果希望闻名世界、流芳百世，他首先要获得人家对他的信任。一个人如果学会了如何获得他人信任的方法，那么他就可以很好地在人际中生存。任何人都应该懂得：人格是一生中最重要的资本，而糟蹋自己的信用无异于在拿自己的人格做典当。

罗赛尔·赛奇说："坚守信用是成大事者的最大关键。"个人要想赢得别人的信任，一定要下极大的决心，花费大量的时间，不断努力才能做到。

4. 引发共鸣

成功的社交应是众人畅所欲言，各自都表现出最佳的才能，做出最精彩的表演，最忌一个人唱独角戏，大家当听众。为达到这一目的，就必须寻找能引起大家最广泛共鸣的内容。有共同的感受，彼此间才可各抒己见，互相交流看法，气氛才会热烈。所以，你若是社交活动的主持人，一定要把活动的内容同参加者的好恶、最关心的话题、最擅长的拿手好戏等因素联系起来，以免出现冷场。

5. 夸张般的赞美

和朋友久别重逢见面后不免寒暄一番，你完全可以借此发表一番高论，把每个人的才能、成就、天赋、地位、特长等做一种夸张式的炫耀与渲染，并会让朋友们感到你深深地了解、倾慕他们。这种把人抬得极高，但没有虚伪、奉承之感的介绍，会立即使整个气氛变得异常活跃，友情会加深一层。

6. 寓庄于谐

社交需要庄重，但长时间保持庄重气氛会使人精神紧张。寓庄于谐的交谈方式比较自由，在许多场合都可以使用。用幽默、诙谐的语言，同样可以表达较重要的内容。

7. 给一个无痛苦的伤害

有时候，那些毕恭毕敬的夫妻未必就没有矛盾，而平日吵吵闹闹的恋人可能会更亲热。社交也是如此，若彼此开句玩笑，互相攻击几句，打一拳、给两脚，反倒显得亲密无间、无拘无束。

8. 善意的恶作剧

有分寸地、善意地取笑别人并不是坏事。善意的恶作剧具有出人意料的效果，它能引起众人的欢笑。人们在捧腹大笑之际，超脱了习惯、规则的界限，享受不受束缚的"自由"和解除规矩的"轻松"。

9. 带些小道具

朋友相聚，也许在初见面时因打不开局面陷于窘境，也许在中间出现冷场。这时，你随身携带的小道具便可发挥作用。一个精致的钥匙链可能引发一大堆话题；一把扇子，既可用来遮阳光，又可在上面题诗作画，也可唤起大家特殊的兴趣。小道具的妙用不可小瞧。

10. 制造悬念

在相声里，悬念是相声大师的"包袱"。有意制造悬念，会使人更加关注你的一举一动。当大家精力集中、全神贯注时抖开"包袱"，人们发觉这是一场虚惊，都会付之一笑，报以掌声。

11. 怪问怪答

交谈中，不时穿插一些意想不到的、貌似荒谬而实则有意义的问题，是一种很好的活跃气氛的形式。那些一本正经的人会给人古板、单调、乏味的感觉。也许会有人时常问你一些荒谬的问题，如果你直斥对方荒谬，或不屑一顾，不仅会破坏交谈气氛、人际关系，而且会被人认为缺乏幽默感。

12. 耐一时

忍耐，不是懦弱的表示；忍耐，是勇者的象征。一个人能够忍耐一时，坚持下去，纵使有一时的不如意，也终将成为过去，逆境也能转为顺境。

13. 忍一句

古德说："喜时之言多失信，怒时之言多失礼。"一个人在盛怒时所说的话，容易伤害别人，也容易造成摩擦。所以，如果我们能忍一时之气，就不会造成无谓的纷争。

14. 退一步

人生的旅途上，能退一步想，海阔天空。凡事退一点，留给别人一点余地，也是自己的一种修养。

15. 饶一招

禅家有首偈语说："何必争强来斗胜，百千浑是戏文场；顷刻一声锣鼓歇，不知何处是家乡。"在人生的舞台上没有什么值得争强好胜的，有时候让人一步就是自己的胜利，所以你要有"得饶人处且饶人"的涵养与心量。

细节 73　告诉女孩怎样才能成为受欢迎的角色

　　每一个人要想成为异性交往中受欢迎的角色，最重要的就是，在与人交往的时候，学会顾及别人的感受，善于为别人着想。同时，要把自己锻造成有内涵的、自信的人，我们可以变得开朗一些，在学习生活中更加积极主动地与同学交流。如果整天只是闷着头一个人读书，谁也没那个责任去理你。友谊是交流出来的，或是言语上的互相鼓励，或是行动上的互相帮助，都是很必要的。当然，最基本的一些事情还是要注意的，比如说女生要尽量注意自己的形象，尽量微笑等。

　　男女生之间的交往不仅是正常的，而且是必要的，它有益于青少年的身心健康成长。有人曾通过研究和实际观察发现：青春期交往范围广泛，既有同性知己，又有异性朋友的人，比那些缺少朋友，或只有同性朋友的人的个性发展更完善，心理的健康水平也更高，容易形成积极乐观、开朗豁达的性格。

　　青少年男女以集体交往为宜。课堂上的讨论发言，课后的议论说笑，课外的游戏活动等，都可以为大家创造异性交往的机会，使一些性格内向、不善交际的同学，免除了独自面对异性的羞涩和困窘，大家都可以融入到浓浓的集体氛围中。在集体中的异性交往，每人所面对的是一群异性同学，他们各有所长，或是幽默健谈，或是聪明善良，或是乐观大度，或是稳重干练。我们在吸收别人的优点的同时，开阔了眼界和心胸，避免了只盯住某一位异性而发展成为恋爱关系。集体交往可以让家长放心，也可以保证你们的健康成长。

青春期的女孩们需要注意，如果你想在异性交往中成为受欢迎的人，那就一定要学会用真诚和信任来提升自己的魅力，不仅对异性，对同性朋友也要多一些理解和宽容。如果这样做了，你就会发现自己身边的朋友越来越多了。

建议一：教女孩记住别人的名字

1898 年一个寒冷的冬天，纽约石地乡发生了一起悲惨的事件。那天地上积满了雪，天气寒冷。发莱到马棚去驾马，那马好几天没有运动了。当它被引到水槽旁时，竟然在地上打起转，并且双蹄腾空，一下子就把发莱踢死了。

发莱遗下一个寡妇、三个孤儿，还有几百美元的保险。他 10 岁的长子吉姆为了赚钱养家，不得不到砖厂去工作，他的任务是把沙放进模型中，然后将砖放到一边，让太阳晒干。这男孩因为家庭的不幸从未有机会接受教育，但因为有爱尔兰人乐观的性格和讨人喜欢的本领，后来他参政了。经过多年以后，他养成了一种非凡的记忆人名的奇异能力。

他不知道学校到底是什么样子，但在他 46 岁以前，4 所大学已赠与他学位，因为那时他已经成为民主党全国委员会的主席、美国邮政总监。

有一次，一位记者在访问吉姆时，问他成功的秘诀是什么。他回答说:"苦干。"

记者不相信地说:"请不要开玩笑。"

他却反过来问记者:"那么,你以为我成功的原因是什么?"

记者回答说:"我知道你能叫出 1 万人的名字。"

"不,你错了,"他说,"我能叫出 5 万人的名字!"

不错,正是这种能力使吉姆帮助罗斯福入主白宫的。

每一个人都有一个属于自己的名字。我们与人交往,记住并能叫出对方的名字,是获得对方好感最简单、最明显、最重要的方式。记住别人的名字,而又很轻易地叫出来,等于给予别人一个巧妙而有效的赞美。有了这样的赞美,你将很容易收获到别人的欢迎甚至是友情。

心理学家发现,当许多人坐在一起讨论某个问题时,如果在你发言中提到了多个人的名字及他们说过的话时,那么,被提到的那几个人就会对你的发言重视一些,也容易接受一些。为什么一个称呼会引起这么大魔力呢?那就是"被重视"这个因素在起作用。

因此,在与人交往的时候,我们要努力记住他人的名字。这样做,一方面是出于礼节礼貌,表示尊重;另一方面又是珍视感情的表现。从一定意义上说,记住别人的名字是一种廉价但有效的感情投资。记住他人的名字就等于把一份友谊深藏在心里,记忆的时间越久,情谊就越深,如同一瓶陈年好酒,越放就越醇。在交际中记住对方的姓名,对方必定会从中体验到你的深情厚谊,感受到他在你心目中的位置,进而增加亲切感、认同感,加深彼此的感情。

建议二：学会化解朋友之间的矛盾

列夫·托尔斯泰和屠格涅夫都是闻名于世的俄国大文豪，他们之间曾经有过一段颇为曲折且发人深省的交往。

1855 年，托尔斯泰在彼得堡认识了比他大 10 岁的屠格涅夫。尽管屠格涅夫感到这位新朋友的脾气很大，性格倔强甚至有时候很粗野，但仍然从心眼里喜欢和欣赏他的才华。于是两人成了关系很好的朋友。

1861 年，屠格涅夫的新作《父与子》脱稿了，他邀请托尔斯泰到自己的庄园来，把稿子给他看。午餐后，托尔斯泰拿起稿子躺在沙发上看，但越看越觉得兴趣索然，渐渐地不禁掩卷入梦。当他醒来后，发现屠格涅夫刚刚背转过身子出了门，当天便没有再进来。

第二天，诗人费特邀请他们二人到家中做客。席间，屠格涅夫对自己女儿的家庭教师大加称赞，因为她教导自己的女儿为穷人补衣服，为慈善事业捐款。

不料，托尔斯泰对屠格涅夫的话很是不以为然，居然带着讽刺的口吻说："我设想一位穿着华贵的小姐，膝上放着穷人破烂的衣服，这实在是在表演一幕不真实的舞台剧。"

屠格涅夫本来就对托尔斯泰昨天看稿的表现有所不满，此时一听他这么说，顿时气不打一处来，便怒不可遏地大声咆哮起来："这么说，是我把女儿教坏了?!"

托尔斯泰也不示弱，针锋相对地予以反驳。于是，两个人在客厅里从争吵到互相推搡，后来互相抓住对方的头发，乒乒乓乓地大打出手。

就因为这一件小事，两位大作家的关系自此中断了17年。

直到1878年，托尔斯泰在经历了长期的内疚和不安后，主动写信给屠格涅夫道歉。

他写道："近日想起我同您的关系，我又惊又喜。我对您没有任何敌意，谢谢上帝，但愿您也是这样。我知道您是善良的，请您原谅我的一切!"

屠格涅夫立即回信说："收到您的信，我深受感动。我对您没有任何敌对情感，假如说过去有过，那么早已消除——只剩下了对您的怀念。"

一场积聚多年的冰雪终于化解了。不过此后不久，另一件事又差点使他们的关系再次陷入危机。幸运的是，吃一堑长一智，他们这次都知道如何避开了。

这一年，在托尔斯泰的盛情邀请下，屠格涅夫到勃艮纳庄园做客。有一天，托尔斯泰请客人一起去打猎。屠格涅夫瞄准一只山鸡，"砰"地开了一枪。

"打死了吗?"托尔斯泰在原地喊道。

"打中了! 您快让猎狗去捡。"屠格涅夫高兴地回答。

猎狗跑过去之后很快便回来了，但却一无所获。"说不定只是受了伤。"托尔斯泰说，"猎狗不可能找不到。"

"不对! 我看得清清楚楚，'啪'的一声掉下去，肯定死了。"屠格涅夫坚持说。

他们虽然没有吵架，但鸟儿失踪无疑给两个人带来了不快之感，仿佛二人之中有一个说了假话。可是，这一次他们都意识到不应再争执下去，便把话题转向别处，尽量在愉快的消遣中打发时光。

当天晚上，托尔斯泰悄悄地吩咐儿子再去仔细搜索。

事情终于弄清楚了：山鸡的确被屠格涅夫一枪打中了，不过正好卡在了一枝树杈上面。

当孩子们把猎物带回来时，两位老朋友简直开心得像孩童一般，相视大笑。

争辩是无法解决问题的。人与人之间，没有差异和分歧是不可能的，关键在于能否处理好这些分歧，不要使分歧影响感情和关系。正确的做法是"求大同，存小异"、"大事化小，小事化了"，以互谅互让的态度而不是用争辩的方法去处理彼此间的分歧。

人世间许多不愉快的事，都起因为无谓的争辩。

心里不健全的人才会争辩，一个人格思想健全的人，他承认一切意见都是相对的，因此他注意倾听别人说的话、别人的意见。若有不赞同之处，他一定平静地、客观地说明理由，若他的理由充足，对方能信服的话，他也不认为对方弱智或者判断力差；若他的理由不充足，别人的意见是对的话，他也甘心认错，并不感到屈辱，因为他的目的，是尽量了解事情的真相。

而争辩者，假如一方的意见被对方证明错误的时候，他会感到不安，他会觉得被侮辱了人格。所以争辩的双方，一定都认为自己的意见绝对正确，稍遇异议，他们一定会野蛮地大动肝火，互相指责对方的错误，于是就争辩起来，假定有一方让步，就不会产生争辩，但一定没有哪一方会让步。争辩像斗鸡，谁胜谁败没有关系，反正双方都是错的。

争辩对一个人精神上、身体上的损害还在其次，最大、最可怕的影响是在人际关系上，因为争辩发生的地方，合作是不可能的。一旦没有了社会合作，人类的进步必定停滞。

在争辩里面，没有胜利的人，也没有最后定局的话。

总之，一切都是相对的，花费精力争辩太不值得，最明智的做法是相互谅解和谦让。

细节 74　不懂交际的女孩会孤单

　　生活中，许多青少年性格孤僻、害怕交往，常常觉得自己是茫茫大海上的一叶孤舟，或顾影自怜，或无病呻吟。他们不愿投入火热的生活，却又抱怨别人不理解自己，不接纳自己。心理学家将这种心理状态称为闭锁心理，把因此而生的一种感到与世隔离、孤单寂寞的情绪称之为孤独。孤独的人往往将自己封闭于一个自我的狭小范围内，独自在这块小小圈地里品尝寂寞，并且拒绝他人的善意介入。这样的人，到头来损失最多的还是他自己。

　　如今，受"孤独"困扰的青少年越来越多。北京市青少年研究所曾发布一项调查结果，发现34.9％的青少年对"孤独"感到担心、忧虑。负责该项调查的研究员介绍说，在这项历时一年，共访问了北京市1000名大中学生的调查中，他们发现很多青少年经常提及"孤独"、"郁闷"之类的词。

　　其实孤独归根结底是当事人找到某种理由或借口将自己封闭起来，作茧自缚的原因。

　　孤独的孩子总是试图逃离社会生活。性格内向，胆小谨慎，从小不善言辞的孩子，总是在躲避他人。其实有孤独倾向的孩子并非天生孤独，只是因为她后天的社会性需要没有得到满足，比如对父母和亲人爱的需要没有得到相应的给予，对家、学校、团队缺少归属感，周围人的不认可又使他缺少价值感。因而，教孩子摆脱孤独感，聪明的父母可以从以下几个方面着手：

（1）引导孩子多多参加集体活动，并鼓励孩子在集体中担当领头的角色，承担一定的责任。

（2）培养孩子的兴趣，让孩子做自己最想做的事情。当一个人总是有喜欢的事情可忙的时候，自然就会乐在其中，忘记孤独。

（3）鼓励孩子多交一些知心朋友，在朋友间的相互交流帮助分享之中体会友谊的温暖。

（4）除了满足孩子生活中的物质需要，也要注重呵护孩子的精神感受，平时多注重和孩子进行感情交流，平时不妨多给孩子几个拥抱，大声地告诉孩子你爱他。

建议一：与人交往时不可以盛气凌人

在对于行乞人的态度上，媛媛和露露最终达成了一致，她们想到了一个好方法，花钱不多还可以给那些人送去温暖：花很少的钱买了一杯热的豆浆，给那个乞丐送了过去，希望他能够暖一暖。因为长时间坐在地上是很冷的。

当她们两个人过去给那个乞丐豆浆的时候，那个乞丐很感谢她们，并很有礼貌地向她们哈腰。

露露想起了那个很有名的"嗟来之食"的例子。

是说有一个穷苦的人宁可饿死，也不接受别人侮辱的施舍，所以即便是在送给别人东西，也不可以把身价端得太高。

露露记得有一次家里要换一辆新的车子，于是妈妈就想把以前家里的旧车送给别人，在送给别人之前妈妈自己花钱修理了一下，把不好用的零件都换成了新的，还把车子擦得干干净净。当时露露就感到很奇怪，于是问妈妈："我们已经把车子白送给别人了，让他们自己去修理不好吗？为什么我们还要花钱？"

妈妈告诉露露说"我们不能因为是把车子白送给别人就觉得欠了我们好大的人情，而且把车子修理好了别人用的才会顺手，对吗？"

露露明白了妈妈的用意，即便是给予，也要恭敬，也要考虑到别人的感受。

特蕾莎修女原本是欧洲人，后来到印度为穷人服务。自从踏上印度的国土，她就不再穿鞋。曾经有人问特蕾莎为什么不穿鞋，她说：她所服务的印度民众都太穷太苦，他们没有鞋穿，如果我穿上鞋，那我与他们的距离不就差得太远了吗？我服务于他们，我不想与他们有距离，我不能穿鞋！

人并不都是自私的，但是一般的人却很难放弃自己的立场，全心全意为他人着想，而特蕾莎修女做到了这一点，她用自己的行动向我们诠释了爱的真谛。

服务于穷人就要和穷人穿得一样，这样才能更好地体会到穷人的心境与需要，可以想象特蕾莎修女为人想的多么周到。也许我们无法将爱践行得如此纯粹，但是这种"为他人着想"、"爱就要对他人的痛苦感同身受"的观念却值得我们学习。

建议二：父母帮助孤芳自赏的女孩融入集体

上小学五年级的兰馨是个非常优秀的学生。人长得漂亮，有一双会说话的大眼睛，学习成绩总是名列前茅，而且还能歌善舞。学校领导非常器重她，班主任老师更是视为心腹骨干，回到家里，她又是爸爸妈妈的掌上明珠。

有个这样能干的学生，班主任当然十分高兴，一直都很重用她，凡事都让她管，可渐渐地班主任发现她越来越自负。和同学之间的矛盾也越来越大了。这学期开学初重新成立班委会，班主任想听听她的意见，她说这个"太笨"，那个"不会说话"，不是摇头就是撇嘴，还很刻薄地说：全班除了她没人能当班干部了！也许正是她的这种态度，引起了同学们的不满，班干部竞选时，她并没有几票，当时，她就急哭了，回家后，父母怎么劝说都不肯吃饭，她为这件事愤愤了很长时间。但她并没有及时反省，反而更加孤芳自赏。越来越不喜欢和同学相处，越来越孤僻。时间长了，几乎不屑于参加任何集体活动了。

一个品学兼优的好学生，学校领导、班主任、家长都很喜欢她，但这些看似能够使她更"优秀"的因素，未必能给她带来快乐。老师越夸耀她，家长越宠爱她，她越骄傲自大，目空一切。这样的孩子极有可能会被别人嫉妒，疏远，仇视，孤立。时间长了，她会更加格格不入。这种情况并不利于女孩的心理健康。她们很有可能会在学习和生活中形成一种不健康的认知体系和心理模式。

那么如何帮助孤芳自赏的女孩走出自我的小世界呢？

著名的心理学家马斯洛说："挫折对于孩子来说未必是件坏事，关键在于他对待挫折的态度。"因此，明智的父母应该从小就对孩子进行挫折教育，让孩子从小就"吃点苦"。

其实挫折教育最终目的是让孩子在战胜挫折的过程中，具备自信、乐观等美好品质。父母应该在日常生活中有意识地培养孩子的抗挫折能力，孩子才会在遇到挫折时表现出坚强、勇敢、自信的精神，用自己的力量和智慧去战胜困难，不气不馁，从而走向成功。

让孩子体验与人相处的乐趣。孤芳自赏、自私、自大、以自我为中心的女孩总是处处碰壁的。当她碰壁后，她更不愿与人交往。这其实是一种恶性循环。父母最高明的做法就是，将女孩推入集体之中，让她在受挫中逐渐克服自私、自大的毛病，甚至学会吃必要的亏。唯有如此，她才会体味到与人相处的乐趣！而不是成天一个人在家里，孤芳自赏。

此外，父母也可以通过其他一些方式来发展女孩的交际能力。比如鼓励女孩和其他同学一起参加体育运动，通过彼此竞争与合作的方式，提高身体素质和心理素质，认识朋友、走出孤独，并从中学会如何与其他同学沟通。

细节 75　知道女孩交际中的烦恼

常言道："君子之交淡若水，小人之交甘若醴；君子淡以亲，小人甘以绝。"交什么朋友，怎样交友，这是一个问题的两个方面。朋友有君子、有小人，交友也有君子之交和小人之交。君子之间的友谊平淡清纯，但真实亲密而能长久。小人之间的友谊浓烈甜蜜，但虚假多变，经不起时间的考验。女孩在社交的时候，一定要分辨小人和君子，免得自己成为被人陷害的"鹿"。

明代苏浚将朋友分为四种："道义相砥，过朱相规，畏友也；缓急可共，生死可托，密友也；甘言如饴，游戏征遂，昵友也；利则相合，患则相倾，贼友也。"因此，交友要选择，多交益友、畏友、密友，不交损友、昵友、贼友。"近朱者赤，近墨者黑。"这些古训说明交友对一个人的思想、品德、学识会产生深刻的影响。

清代冯班认为：朋友的影响比老师还大，因为这种影响是气习相染、潜移默化的，这就是《孔子家语》中说的："与君子游，如入芝兰之室，久而不闻其香，则与之化矣。与小人游，如入鲍鱼之肆，久而不闻其臭，亦与之化矣。"涉世不深的女孩，尤应注意谨交友、慎择友的古训。在交友时要有知人之明，不要错把坏人当知己，受骗上当，甚至落入坏人的圈套而无法自拔。

君子之交以互相砥砺道义、切磋学问、规劝过失为目的，友谊是建立在互相理解、思想一致的基础之上的，故虽平淡如水，但能风雨同舟，生死不渝；小人之交是建立在私利的基础上的，平时甜言蜜语、信誓旦旦，一旦面临利害冲突，就会交疏情绝，反目成仇。

君子之交和小人之交的区别在于"同道"还是"同利"。小人之交是为了私利而互相勾结，所以见利就争先，利尽就交疏，这样的朋友是假朋友，或者是暂时的朋友；君子之交是坚持道义的原则和社会的使命，所以能够相益共济，始终如一，这样的朋友才是可靠的真朋友。所以我们要交志同道合的真朋友，不要交追逐私利的假朋友。

建议一：如果受到排斥怎么办

晓晴班上的学习委员是个优秀的女孩，也是一个漂亮的女孩，但是同学们都不喜欢她。为什么呢？因为她总是看不起同学，觉得自己比别人都强，那种从骨子里带出的骄傲使同学们就渐渐地远离她了，更准确地说，是不敢靠近她。

这天，晓晴有一道许久想不出来的题目，就想拿过去问问学习委员，而她却态度很不好地说了一句："我一会儿要排成绩表，忙得很。"

晓晴小声咕哝一句："啧！估计她也不会吧，又死要面子不说。我怎么要往枪口上撞呢？怎么找到她那里了？"

人缘好的人，说话有人听，办事有人帮，走到哪里都有朋友，显得十分的友好亲切，自己也会感到轻松愉快，工作效率也高；而人缘不好的人，形影相吊，孤家寡人，他对别人冷淡，别人对他的态度也漠然，谁与他都格格不入，到哪里都不会有人受到欢迎，而自己感觉到是处在一个紧张、沉闷的环境中，甚至会导致心理、生理疾病。

如果在与人相处的过程中发现有矛盾，首先应该多分析一下自己的原因。

1. 多反思自己。自己是否在平时与人相处的时候总是沾沾自喜、目中无人，是否经常会盛气凌人，是否容易在一些小节方面得罪别人，是否自身有很多的缺点和不足。

2. 多观察别人。如果有人对你有意见，是否是因为你过于优秀而使他产生了自卑感而对你敬而远之。

不管是因为自己的原因还是由于别人的误解，既然已经在与人交往的过程中出现了隔阂，要想解决这个问题，就应该想办法缩短与别人的心理距离，达到彼此相容。具体说来应注意以下几点：

1. 注意加强个人修养。在日常生活中的为人处世中，不要处处争强好胜，以和为贵，处事大度，与人为善、心胸坦荡，更不要怕闲言碎语，能够谅解他人，不虚伪自私，更不应该有报复猜疑心理。必要的礼貌与适当的控制有助于解除误解。假如你能够宽容忘却别人的过失，会使人更愧疚、悔过，便会以加倍的友好弥补过去的失误。

2. 等距离交流。应该对每位同学都热情相待，态度真诚谦让，主动大方。不要与某位同学成为密友，形影不离，给人造成错觉：他们是好友，我们知趣些。你得到一个陪伴，却失掉了众多能够帮助你的人。等距离外交并不是要讨好每一个人，更不是不讲原则地做老好人。

3. 敞开心扉。就是说能够开诚布公，使别人了解你、认识你，达到情感交流的目的。向别人敞开心扉要比自我封闭更能使自己感到满足。一般人都喜欢坦诚的人。在与人相处的过程中发挥自己最大的能量，互通有无，使人信服，以调动大家的积极性。

建议二：告诉女孩拒绝不合理的要求

"蕾蕾，帮我个忙，可以么?"安安一副哀求的表情。

"啥事，别客气，说吧。"面对安安的求援，蕾蕾反而显得很大方。

"我今天不想去上课了，你能不能帮我请个假?"安安说道，"我想去一个僻静的花园里背我喜欢的散文，今天上午的课没有意思，不想去了。你就跟老师说我病了，行不?"

蕾蕾心想这个安安居然让自己帮助她说谎，怎么可以答应呢? 蕾蕾显出了犹豫的神色。

"蕾蕾你放心，出事我兜着，你按照我说的来，老师不会怀疑的。"安安一脸的恳切让蕾蕾无法拒绝。

"哎! 算了，我舍命陪君子了。"蕾蕾无奈地答应了安安。

到了学校，蕾蕾找到了班主任老师："安安今天请病假，不能来学校上课了。"

可是谁也没有想到班主任老师居然给安安的家里打了个电话，捎带着向安安的家长聊一下安安的近况，结果纸里包不住火，终于露馅了。

"蕾蕾，安安根本就没在家啊，她现在也不在学校，那她现在哪里?"老师过来拿蕾蕾质问。

……怎么说呢? 真是让蕾蕾犯难。

于是，蕾蕾只好说："是早上安安这么让我转达的，其他的我也不知道。"

就为这件事，蕾蕾反思了一个上午，原本就不想答应安安的，为什么又不好意思拒绝呢？

说"不"固然代表"拒绝"，但也代表"选择"，一个人只有通过不断的选择来形成自我，界定自己。因此，当你说"不"的时候，就等于说"是"。你"是"一个不想成为什么样子的人。勇敢说"不"，这并不一定会给你带来麻烦，反而是替你减轻压力。如果你想活得自在一点，原则一点，就请勇敢地站出来说"不"。记住，你不必为拒绝不正确的事情而内疚，因为那是你的权利，也是你走向成熟必上的一课。

尤其是女孩子，容易对别人有过分的迁就而丧失自我，这就需要我们学会选择和拒绝。

女孩子也要学会怎样正确地拒绝别人。不仅仅学会拒绝别人的索求，更要学会拒绝别人的给予。

身处逆境时，旁人出于同情，出于怜悯，出于种种纯洁或是不怎么纯洁的理由，会伸手搀扶你一把。你不要把这种搀扶当做一种依靠，一种幸运。你要学会拒绝，为自己舔舐伤口。人生的道路很漫长，坎坷之途谁都有。人，最终还是要靠自己站起来，越过这个坎，磨难将是你的一笔财富。

第十六章　引领女孩爱学习，会学习

——让女孩成为"学习达人"

细节 76　好父母让孩子爱上学校

不管家长们平时多么忙碌，到了给孩子择校的时候，都会不惜一切代价放下手头的工作，转而为孩子上学的问题忙碌。许多家长都希望自己的孩子能够上最好的学校，于是托关系、送礼，为孩子上学的问题费尽心思。可怜天下父母心，家长的初衷无一例外都是好的，希望自己的孩子受到最好的教育，将来考上好大学。然而，家长们却不知道，最好的学校未必就适合自己的孩子。

杨欣小学的时候学习成绩相当优秀，小学毕业后考入了本市的重点初中，在班里依然名列前茅。后来，杨欣又以优异的成绩考入了省重点高中，然而进入高中以后，杨欣觉得周围的同学一个比一个学习能力强，自己感到有些力不从心。慢慢地，她的成绩开始有所下滑，而且心里承受着很大的压力，觉得学习特别累。父母和之前的老师都觉得杨欣考上北大清华是没有问题的，可是杨欣却只是考上了本省的一所重点大学而已。

与杨欣相反，于立上小学的时候与杨欣是一个班级的，但是于立那时候的成绩却只是中等水平。于立就读的初中也是一所普通中学，不过她却在自己的努力下也考上了省重点高中，而且和杨欣再次成为了同班同学。

高中阶段，于立的成绩越来越好，后来顺利地被美国的一所名牌大学录取。

　　杨欣和于立之所以在学习成绩上会前后发生这么大的变化，就是因为于立选择了适合她自己的学校，在没有压力的情况下能够轻松地学习，而且学习能力越来越强。等到她进入重点高中以后，面对众多的学习高手，已经能够轻松应对。而杨欣从小就在好学校读书，周围的环境和氛围都给了她太大的学习压力，因此在高考中才没有考出理想的成绩。

　　因此，父母在给女孩选择学校的时候一定要根据孩子的实际情况进行选择，例如父母应该考虑到女孩的学习能力、智力、心理承受能力等因素，在全面考虑的情况下为女孩挑选最适合她的学校而不是最好的学校。

建议一：学前女孩多做游戏

　　女孩天生爱玩，学龄前的儿童更是如此。作为父母，与其让女孩在胡乱玩耍中浪费掉宝贵的时间，不如用游戏来培养女孩的智商，在迎合孩子乐玩天性的同时，让她的大脑也从中受益。父母一定不要小看各种简单的游戏，实际上，它们对开发儿童的智力有着想象不到的帮助性，是家长配合学前教育最好的方式。

　　女孩对其他事物的注意力也许并不高，但是当她在玩游戏的时候，却有着成年人无法想象的高度集中力。在了解游戏和亲身参与游戏的过程中，女孩通过观察以及在大人的指导下掌握游戏规则，这不仅能丰富女孩的感性认识，而且还能培养她对外物的观察能力。

游戏是需要想象的，例如搭积木，相同的积木块却可以搭建成各式各样的形状。因此，玩游戏还可以丰富女孩的想象力。在玩的过程中，父母不要用程式化的东西来束缚女孩的思维，而是要顺着她的意愿来，她想要怎么玩就怎么玩，天马行空的想象会让女孩在心中勾勒出五彩斑斓的世界，让她的想象力发挥到极致。

此外，一些特定的游戏因为有其本身的规则，父母在引导女孩玩耍的时候虽然不能完全拘泥于已有的形式，不过为了发展女孩的逻辑思维能力，可以把现成的经验与女孩的想象力相结合，通过分工和角色转换来完成各种各样的游戏。女孩的逻辑思维能力就是在这个过程中逐渐增强的。游戏要求孩子在玩的过程中能够快速地作出一些反应和判断，这种反应和判断的方式能够帮助女孩在不知不觉中养成敏捷思考的能力，这对开发孩子的大脑是十分有益的。

游戏不但能够增强女孩的观察力、想象力和逻辑思维的能力，通过游戏，女孩的自信心也会得到加强。父母与女孩一同玩游戏的时候，应该偏向于在一旁给予引导，而不是全盘地把现有的经验教给孩子，以便充分调动她的参与性和积极主动性。玩游戏的过程其实也是孩子努力达成自我愿望的过程，是自我目标实现的途径，通过自己的想象，经过一系列的情绪体验，当女孩最终完成了游戏之后，她的自信心就会自然地得到提升，而且也让孩子有了靠自己努力来实现愿望的意识。

建议二：小学女孩重在培养兴趣

兴趣是学习最好的老师，也是激发求知欲望的根本动力。因此，在小学教育的阶段，父母在家庭教育中需要多培养女孩对学习的兴趣，以便在更好、更稳固地提高孩子学习成绩的同时，让女孩的课外知识也不断地丰富起来。一旦有了学习兴趣，学习将不是一件枯燥乏味的事情。相反，在兴趣的推动下，女孩会更加积极地发挥自己的思维能力，集中注意力，主动地克服学习过程中各种各样的困难，将知识印刻在自己的脑海中。

既然兴趣对于学习如此重要，那么，家长平时又要如何来培养女孩对学习的兴趣呢？其实，孩子永远都是学习的主体，而家长在培养女孩学习兴趣的时候只是在一旁起着推动的作用，也就是为提高女孩的积极性创造良好的环境。要培养女孩的学习兴趣，首先就要积极创设问题情境，通过问题来激发女孩的兴趣。例如，家长如果给女孩讲一个故事，在讲故事的过程中可以不断地停顿来提出问题，让女孩设想接下来的情节或者故事的结果，并且让女孩说出为什么会这样猜想，这种提出问题与解决问题的过程对学习兴趣的培养是非常有效的。当女孩习惯了这样的学习方式以后，再回到学校学习课堂知识的时候，就会用同样的方法来吸收新知识，以达到好的学习效果。

小学学习阶段的女孩仍旧保留有爱玩好动的心理特征。因此，在培养女孩学习兴趣的时候，家长就完全可以针对孩子的心理，充分调动她的动手能力，创造出具有操作性的情境。例如，如果孩子对一些几何知识感到迷惑，那么家长就可以通过用实际物体的演示来让她真正地了解知识内容，并且让她亲自参与其中，根据书本上的讲解摆放物体，在体验的同时掌握知识。这不仅培养了孩子的学习兴趣，而且也提高了她的动手能力。此外，悬念情境也是激发孩子学习兴趣的一个好方法。

总之，培养女孩的学习兴趣是完全符合小学阶段孩子心理发展特征的。所以说，无论是在学校的课堂学习，还是在家中的课后学习，老师和家长都应该充分利用女孩的心理特征，通过培养她们的学习兴趣来达到学习的效果。

　　家长要让女孩不断地体验到学习的乐趣。由于小学生的注意力比较短暂，如果她刚刚还有着浓厚的学习兴趣，而且在新知识的学习中获得了相当的快乐，但也有可能在短暂的喜悦之后就忘记了刚刚的快乐旅程。因此，家长在平时的生活中要时不时地让女孩体会到学习的乐趣，时间久了，这种乐趣就会一直萦绕在她心头，学习兴趣自然而然地就会产生了。

　　小孩子是需要鼓励的，当她掌握了一些新知识以后，家长不妨给予她适当的奖励，口头表扬也好，物质奖励也好，这些方式都是为了让女孩乐于走入下一个知识的学习阶段之中。所以说，适当地给女孩一些奖赏是非常重要的。

细节 77 不爱"学习"并非不求上进

在我们身边，不少女孩都有着或多或少的厌学情绪，厌学情绪的产生与女孩的成绩是否优秀没有太大的关系，有些孩子即便是成绩非常好，她们可能也对上学有一些抵触心理。可是，孩子们为什么会讨厌上学呢？

心理学家称，很多女孩的厌学心理与她们聪明与否没有太大的联系，而是因为对学习产生了厌倦所以想要逃避。但是，长期的厌学会影响女孩学习的心情，进而导致成绩下降，这是十分危险的。根据专家总结，女孩之所以会产生厌学情绪，主要原因有三：

1. 家庭与父母对女孩的期望过高。父母希望孩子有一个好的未来，当然也就希望孩子通过从小认真学习来实现这个愿望和目标。但是，由于现在的父母对孩子的期望越来越高，而且成天挂在嘴上，这就导致女孩承受的压力是她们已经无法负荷的，因此才会产生厌学情绪。

2. 学校是给女孩施加压力的第二座大山。为了让学校有不错的升学率，学校和老师都在不遗余力地传授知识。可是，有的老师由于心急或者恨铁不成钢，对成绩不好的女孩不是批评就是指责，丝毫没有顾忌到女孩的自尊心，让女孩越来越反感老师和学校，也就不想再去学校了。

3. 女孩自身对学习概念的模糊。从小到大都照着父母的要求按部就班地读书学习，可是却没有人告诉女孩，学习究竟是为了什么，以至于很多女孩都觉得学习就是为了升学考试，而没有更深远的理解。由于对学习概念的模糊，再加上升学压力大，虽然有的女孩也很努力，可是对学习还是有着抵触情绪，心中十分烦闷。

以上三点就是造成女孩产生厌学情绪的几种原因。为了消除女孩的厌学情绪，父母和老师首先就不能给女孩很大的学习和心理压力，而要给女孩创造一个健康快乐的学习环境。

父母还需要让女孩知道，学习不仅仅是为了升学考试，而更重要的是要提高自身的素养，让自己具备独立学习的能力，而且慢慢地热爱学习。父母不妨给孩子灌输一些"终身学习"的概念，举一些事例来帮助孩子理解，让孩子弄清学习的真正目的。

建议一：女孩逃学怎么办

在每一个学习阶段，都会有一些女孩出现逃学的不良行为，这让父母感到非常无奈。造成女孩逃学的原因主要来自于两大方面，一方面是其自身的主观原因，另一方面是社会、学校和家庭等客观原因。先让我们来分析一下女孩逃学的主观原因，也就是心理因素。由于现在学校课业压力比较大，一些成绩不好、性格也较为内向的女孩，由于自卑而厌倦学校的生活，为了逃避自己不想看到的人和事，这些女孩往往会选择逃学作为躲避的方式。

其实，并不是成绩不好的女孩都有逃学的倾向，逃学也是分阶段的。女孩因为成绩不理想，她自身就会对自己有所责备，如果再加上老师和家长的埋怨，那么她心里的自卑和反抗情绪就会上升，最终选择逃离父母和学校。如果这个时候家长和老师不及时地给予她心理上的帮助和指导，那么偶尔的逃学很可能会发展为习惯性逃学。

除了孩子的主观原因之外，外在的几大因素也是让女孩产生逃学行为的主要诱导。首先，父母和老师在教育上的某些偏颇容易让女孩有逃学的倾向。一些学校会根据成绩的高低把同学分到不同的班级，这种做法给成绩差的女孩有一种"不如人"的感觉，慢慢地丧失对学习的信心，也就不愿意再在学校里面待下去了。当女孩在学校里受了委屈，或者心情低落的时候回到家，可是所得到的不是父母的安慰和关心，反倒是被一片指责声所包围。因此，是学校与家庭共同把女孩推出了校园的门外。

除了学校和家庭教育上出现了问题之外，女孩逃学还有可能是受到其他人的引诱。一些高年级不学无术的学生整日在社会上闲逛，她们伙同社会上的不良青年引诱还在学校学习的孩子，告诉她们外面的世界有多精彩，出去也不用再为学习而苦恼。就这样，原本成绩就不理想的孩子因为经不住外面的诱惑而逃学了。一次两次以后，逃学就会变成家常便饭。

最后，社会上一些不好的言论也会影响到女孩。例如，近年来社会上流传着一些"读书无用论"的说法。特别是在大学生找工作都十分困难的情况下，这种说法更是风靡一时。甚至有些文化程度不高的家长也经常给女孩有意无意地灌输这样的思想，导致女孩觉得读书确实没用。

针对以上的这几种原因，无论是女孩的自身还是外部因素，家长和学校都应该积极地采取相应的措施来补救，不要让逃学的女孩从此走上堕落的深渊。在家里，父母要给女孩足够的温暖，让她感受到亲人的温情，而不是因为成绩不好就受到所有人的冷眼。在学校里，老师要尽量用合适的教育方法来帮助女孩提高成绩，而不是一顿呵斥和责骂就完事了，要充分考虑到女孩的自尊心。而学校方面则要警惕社会不良青年和言论对在校学生的影响，定期给学生开展这方面的教育活动，让学生明辨是非。

给女孩足够的关心比什么都重要。试想一下，如果女孩因为成绩差或者在学校有什么地方不顺心，如果回到家里家长能够及时地发现她的情绪波动，再跟她进行适当的交流，给她以关怀和温暖，让她的不良情绪渐渐地消失，那女孩还会用逃学的方式进行反抗吗？

建议二：不要用成绩来苛求女孩

许多女孩都会这样抱怨："考得好了，他们就高兴得不得了，又是买这个又是买那个，还到处夸赞我们。可是一旦考差了，他们的脸色立马就阴沉下来了，不停地唠叨批评，说我们没有好好学习，还说我们辜负了他们的一片苦心。"生活中，父母与女孩之间的矛盾在一些程度上取决于女孩学习成绩的好坏。事实上，除了责备和批评之外，很多女孩也因为成绩不理想而被父母打过，这样的做法女孩更加不堪忍受。

梓希从小就跟着爷爷奶奶在农村生活，她的父母都在城里，因为没有时间抚养孩子，所以只好把梓希送到乡下。梓希六岁的时候才回到父母身边，爸爸妈妈为了给她最好的教育，于是把梓希送到了全市最好的小学，毕业之后又让梓希进了重点初中。可是梓希的成绩并不是很好，这让父母很不满意，父母觉得对梓希做了这么多，可是她却拿不出好的成绩作为回报。然而梓希也有自己的想法，她觉得父母根本就不在意自己的生活，只是一味地关心着学习成绩是否提高。梓希经常与父母吵架拌嘴，成绩也在不断下降。

梓希和她父母的苦恼也是很多家长和女孩深有体会的。一方面，父母为了女孩学习成绩的提高，不是找家教就是让女孩进辅导班，甚至不顾女孩的意愿单方面地把她送进重点学校，让女孩在紧张的状态下承受学习的压力。另一方面，孩子因为从心底对父母的做法不满意，甚至有些怨恨，虽然知道父母也是为了自己，可是自己就是不能转变对她们的看法。就这样，父母觉得女孩不争气，女孩认为父母不关心自己。久而久之，女孩的成绩不但得不到提高，反而可能严重地影响父母与女孩之间的感情。

专家建议，父母要学会辩证地看待女孩的学习成绩。对于成绩本来就不错孩子，父母只需要让孩子保持她的水平，在没有感受到太大压力的情况下，可以向前突破，但是绝不能够硬性地规定女孩应该考多少分数。对于成绩并不理想的女孩，父母则要从女孩的心理出发，了解女孩成绩不好的真实原因，并且通过沟通与交流来帮助女孩，而不是一味地责怪。女孩的进步需要时间来证明，而不是一次两次的考试就能够看出来的，也许因为很多原因，导致女孩在考试的时候没有发挥好也说不定，这并不能说明女孩在平时就没有努力学习。

细节78　告诉女孩一些科学的学习法

　　学习是一种能力，这种能力不是生来就有的，而是从小就不断地培养，渐渐养成的一种能力。

　　对于女孩来讲，最好最实用的学习方法莫过于课前的预习和课后的复习。预习是培养女孩自主学习能力的一个很好的方法，预习是提高学习效率的关键词。习惯于预习的女孩，往往懂得如何在没有人指导的情况下获取知识，这对于日后参加工作也是非常有好处的。作为家长，父母在平时的家庭教育中就应该让女孩养成提前预习的好习惯。当然，注重预习只是学习的一个方法而已，对于女孩来讲，课后的复习一样重要。

　　在课堂教学中，老师一般会把当堂的内容让学生们在课堂上就全部学会听懂，这本来是件好事情，却也让一些女孩养成了不好的习惯。也就是说，女孩觉得只要在课堂上把老师所讲的内容学会，下课后再把作业做完就足够了，此后就不会再对学过的知识进行复习。可是等到上新课的时候，女孩却发现，上节课所学的课堂知识早都忘记了。随着课程的内容越来越多，久而久之，女孩所遗忘的知识就越来越多。针对这种情况，家长就应该培养女孩适时复习的好习惯。也就是说，不要让女孩认为所谓的复习只是在大考前的总体复习，而忽略了平时的小复习。其实，考试成绩的好坏很大程度上都取决于平时对每节课知识点的及时复习。

学习是一项复杂的系统工程，要提高学习的质量与效率就要学会学习。从某种意义上讲，构建科学的学习方法，正确地加以运用，就是会学习。现代学习活动中的失败者，不仅是那些没抓紧学习的人，还包括那些不会学习的人。未来学家托夫勒指出："未来的文盲，不再是不识的人，而是没有学会怎样学习的人。"掌握了科学的学习方法，等于拿到了通向成功殿堂的钥匙，就可以提高学习的效率，收到事半而功倍的效果。

建议一：预习，让女孩学会主动听课

预习指的就是在老师正式讲课之前，学生自行地对将要学的新知识有初步的了解，并且对自学无法解答的难题做重点标记，待到老师讲课的时候再认真听讲，解决难题，达到最好的听课效果，从而让学习能力和学习成绩都得到提高。孩子在预习功课的时候，通过了解课本上的新内容，能够提高接受新知识的能力。

既然预习能够提高听课效果，让孩子更好地掌握所学的新知识，因此也就缩短了课后复习所要花费的时间。很多十分优秀的女孩都有预习的习惯，她们在与他人分享自己的学习经验时，总是把课前预习放在重要的位置。可见，预习对于提高学习效率来说有着多么大的影响。

基础学习阶段预习大致可以分为两种，一种是预习的内容是长时间段的，例如暑假期间对下一学期的学习内容的预习。这种预习要求女孩能够从整体上了解一本书的知识结构，试着通过自学来分析这些知识结构，并且掌握基础知识，能够在预习后会做基本的习题。在长假期间，父母可以让女孩每天抽出一两个小时来做大预习，以培养女孩的学习能力。

另一种预习是每次课前的小预习，也就是说，对老师上课即将要讲的内容提前了解，也是最为常见的预习内容。课前预习的同时也要对之前所学的旧知识进行温习和回顾，以便系统地掌握学习内容。做课前预习一定要记好笔记，笔记的内容包括本小节内容的大纲以及预习中自己不能解答的问题等。

中学生国际奥林匹克数学竞赛一等奖的一位得主在接受访问时说："自学一定要真正学会，很随便地看看书就说预习完了，这样的预习效果很小。"因此，家长在指导孩子预习的时候，一定要让女孩专心地学习。

在培养女孩预习习惯的最初，家长可以和孩子一同学习。有人说："家庭是世界上最重要的教育机构，它提供着给人的生命打上烙印的教养。"在女孩还没有预习习惯的时候，家长为了帮助女孩建立起这样的优良品质，自己也可以亲自参与其中，通过和女孩一起学习来增强孩子的积极主动性，甚至家长和女孩也可以相互竞争，看谁对新知识能够掌握得更好。

孩子与孩子之间也可以一起预习。一个人的知识和思维都是有限的，在预习的过程中，女孩不免会遇到这样那样的难点。这个时候，家长不妨尝试着让女孩与同学在一起预习，通过相互间的交流来提高预习的效果。当然，家长要确保女孩们在一起确实是在学习，而不是借着预习的理由玩耍。这就要求家长要做好监督工作，在信任女孩的基础上给予她一定的自由。

建议二：复习，让女孩的记忆更加牢固

家长在培养女孩复习习惯的时候，可以采用多种不同的复习方式。例如，当女孩在课堂上学习了新的知识以后，做家庭作业

的过程本身也是一个复习的过程。但是家长不能让女孩仅仅满足于通过做作业来复习知识，而是要让女孩养成在学新知识之前就对旧知识进行温习的习惯，也就是所谓的"温故而知新"。在一门课中，新知识和旧知识本来就有着不可分割的关联性，因此，当女孩复习了已经学过的知识，等到老师讲授新的知识点时，听起来就会如鱼得水，不会觉得吃力。

同时，复习的过程中还要让女孩养成眼到、手到、心到的好习惯，因为只有认真地去复习，才能够牢固而扎实地掌握已有的知识。对于一些较难的知识点，如果一次的复习达不到牢记的效果，那么家长就要引导女孩进行多次反复的复习。当然，复习次数之间可以做一些停顿，一次复习与下一次复习之间隔上几天，通过逐次复习来加深女孩对知识点的学习。

前面提到的都是平时的小复习，是加强掌握短时间学习内容的好方法。但是，小复习也会有自身的缺点。例如，女孩的机械记忆力一般很强，对于一个个小的知识点也许有着不错的理解和掌握能力，但是如果知识点多了，特别是在知识点相近的时候，孩子就会容易把它们弄混淆。这就要求女孩在做到及时地小复习之外，还要适时地做好大复习。大复习能够帮助孩子梳理一个长时间段内所学到的知识内容，通过前后的比较，不至于把知识点弄混。

最后，家长在指导女孩复习功课的时候，还要注意复习的时间安排。除了复习的时间需要稍加固定之外，时间的长短也要适宜。孩子的集中力比较有限，因此复习的时间也不宜过长，这样会引起大脑疲劳，让孩子对复习感觉到厌倦。

总之，只有小复习与大复习兼顾，而且有固定和适宜的复习时间，孩子才能够更加牢固地将学习的内容记在脑海中。

细节 79　小窍门让学习变轻松

新的发现往往是从疑问中得来的。在某一领域或者某一问题上，假如没有了疑问或者是怀疑精神，对现成的陈述或者答案只是一味地吸取和接受，那么这个领域或者问题也许就永远没有新的突破和进展。在学习中也是如此，如果对一个问题仔细地思考过，也许在思考的过程中就会有一些问题在脑海中盘旋，相反，假如没有仔细钻研，那有问题的概率也就很小了。

在美国，对于喜欢提问的学生，老师在期末考试给成绩的时候一般会给他较高的分数。美国的学校非常鼓励学生提问，并且认为能够提出问题的孩子都是动了脑筋的，而没有问题则是没有仔细思考。因此，在基础阶段的学习中，家长应该培养女孩善于提问的好习惯。

有这样一则小故事：

一个人有着很大的烟瘾，他的嘴里无时无刻都叼着一根烟。有一次他去教堂做礼拜，问牧师礼拜的时候能不能吸烟，牧师回答说不能。可是他的烟瘾实在强烈，于是身边的朋友就帮他想了一个办法。朋友让他再问一遍牧师，而且要换一种问法。于是他便问牧师："吸烟的时候可以礼拜吗？"这一次牧师的回答居然是肯定的。

在培养女孩善于提问的时候，父母要注意发散女孩的思维，让她从不同的角度反复地观察和思量同一个问题或者同一件事，就像故事中那样，不同的问法会得出不同的答案。历史上很多重要的发明都是因为思考的时候换了一个角度，结果就大不相同。此外，面对女孩的提问，在有的情况下，家长也不要直接给予肯定或否定的答案，而是要女孩通过实验或者自己的观察去得出结论。这样做不仅可以充分调动女孩的积极性，而且她自己得出的结论会记得更加牢固。

建议一：和女孩一起制订学习计划

学习计划就是学习时间与学习目标的完美结合，一个好的学习计划一定是时间安排合理，学习目标也很明确。学习计划有短期的，也有长期的，但无论是哪一种，都需要有一种坚持不懈的精神，认真严格地按照计划行事，最终才能取得好的成绩。

长期的学习计划是指在较长的一段时间里，为了让学习水平上升到某种程度而制订出来的。长期的学习计划更加具有变动性，因为女孩不可能预知较长时间内会发生的事情。因此，长期的学习计划不适宜太过具体，只要大概地列出就可以了。首先，学习目标应该是明确的，也就是说，通过较长时间的学习，女孩想要自己的成绩提高到何种程度。其次，长期学习计划的学习内容也应该是具体的。例如，孩子在数学的几何方面学得不是很好，那么就可以制订出一个长期的几何提高计划，列出自己将要在这一段时间里所学的几何内容，然后按部就班地完成计划。

短期的学习计划是对长期学习计划的补充。如果说一个月是个长远的计划，在这一个月内，女孩决定要背诵 200 个英语单词，为了实现这个长期的计划，那么就需要女孩列出每周、每天所要背诵的单词，也就是短期的学习计划。相较于长远计划，短期学习计划应该更加具体，每天时间如何安排，在什么时间要学什么内容，这些都应该清晰明确地写在计划中。短期学习计划可以每天列，并且根据前一天的经验适时地调整第二天的计划，这样计划就会越来越成熟，可行性也会有效地得到提高。

学习计划的制订还要从女孩的实际情况出发，不能因为急于想要提高学习成绩，就制订一个远远超过女孩能力的计划，这样做只会让计划成为一纸空谈，没有任何可行性。在制订出一个可行的学习计划以后，家长就要监督女孩每天认真地执行，因为只有在坚持不懈的努力下，计划中的学习内容才能真正为女孩所掌握，最终起到提高成绩的作用。如果只是3分钟的热度，那么再好的学习计划也都不会起到任何效果。

总之，制订学习计划可以在一段时间内有效地让女孩实现自己的学习目标，减少时间的浪费，提高学习成绩，而且还能够锻炼女孩的意志力，有利于女孩良好习惯的养成。

建议二：鼓励她上课坐在前排

看到"坐在前排"这四个字，很多人可能会直接联想到教室里的座位，然后问："教室里的座位有前排也有后排，而且前排就那么一些，如果所有人都想坐在前排，那么后排给谁坐呢？"没错，教室里的座位有前有后，不可能每个女孩都能坐在前排，可是家长应该鼓励女孩永远都坐在前排。

不同的老师有着不同的排座位的方式，有的是根据身高，有的是根据学习成绩。如果是前者，那么个子高的孩子也只好坐在后排，但如果是根据成绩排，那么孩子就可以通过自己的努力来力争前排。事实上，我们在这里所讲的"坐在前排"并不单指教室里座位的前排，而是一个统筹的概念。也就是说，父母在家庭教育中要让女孩明白：做什么事情都要做到最好。

> 20世纪30年代，在英国一个不出名的小镇里，有一个叫玛格丽特的小姑娘，自小就受到严格的家庭教育。父亲经常对她说："孩子，永远都要坐前排。"父亲极力向她灌输这样的观点：无论做什么事情都要力争一流，永远走在别人前头，而不能落于人后。"即使是坐公共汽车，你也要永远坐在前排。"父亲从来不允许她说"我不能"或者"太难了"之类的话。

故事中的玛格丽特就是日后的撒切尔夫人。撒切尔夫人之所以有日后辉煌的成就，除了自己的努力之外，还有父亲从小就给她的谆谆教诲。现在很多女孩，无论是去听讲座还是去参加其他活动，都喜欢坐在后面，因为后排的座位更方便彼此之间讲话，而不用受到老师过多的约束。这样做的后果就是，女孩对老师在台上所讲的内容根本就没有听进去。因此，父母在教育女孩的时候，要让她每次都力争前排，即便是因为个人的问题被老师排在了后面，也要在心里面坐在第一排。

细节 80 休息是给大脑做体操

现在很流行一个说法就是：给大脑做做体操。

说的更简单点，就是更合理地使用自己的头脑，不要给它施加太大的压力。合理地学习的同时，也合理地休息。

据加州大学洛杉矶分校记忆门诊与老化中心主任斯默尔在所著《让大脑变年轻》报道，预防大脑加速老化，总比想办法修补受损脑细胞容易，对抗大脑老化永远不嫌迟也不会太早。

那么怎样才能延缓大脑老化呢？与其迷信神奇的聪明药，或花大把银子去上大脑补习班，不如试试以下 10 种在生活中可以简单实践的大脑体操，培养健康生活模式。让自己的大脑更灵光！

第一，玩出创造力。

即使是初学者，面对需要动脑思考、判断、布局的游戏（如桥牌、西洋棋、象棋），每一步都能想出 10 种以上的玩法。纽约市爱因斯坦医学院一项 21 年的研究发现，每星期至少玩一次游戏（如西洋棋、桥牌等）的老年人，比不玩游戏的老年人减少 50％罹患老年痴呆症的机会。

虽然妈妈不提倡在上课期间让大家玩游戏，不过下课了，却可以玩一些简单的游戏，比如在多余的空白作业本上画画五子棋。但是上课铃声一响，必须把游戏收起来，同时把玩游戏的心也收起来。

第二，培养急速反应能力。任天堂等电动玩具、小钢珠能训练快速反应能力，并且在快速集中注意力后得到相对放松。乔治·华盛顿大学神经学教授瑞司塔克建议工作空当时玩丢纸团游戏：背对垃圾桶约六英尺处，手拿纸团快速转身将纸团丢进垃圾桶。不过妈妈不建议大家把教室的字纸篓当训练靶子，用草稿纸来训练，那样教室就有可能出现垃圾遍地的凄惨景象。如果允许，可以和同学玩玩转身后迅速出"剪刀石头布"的游戏。

第三，生活里创造新的经验。一成不变的生活方式会扼杀脑力。杜克大学脑神经生物学家凯兹在《让你大脑 new 一下》中鼓励人们破除生活惯例，创造新经验。例如挑选全新的路线上班上学，搜寻新路上有什么声音、哪种味道、哪种风景；每天到不同的餐馆吃饭尝新滋味等等，让感官经验多元。

不过，妈妈不建议随意改变上课路线，因为万一时间来不及，或者就算来得及，转错了方向迷了路，导致上课迟到就得不偿失了。时间充裕的话，观察路边的风景或看看飞过的小鸟还是可以的，不过要保证按时到校。

第四，用音乐放松心情。一些实验表明，音乐对大脑还是有积极的作用的。尤其在人感到疲倦的时候，听听轻柔的音乐，常常会使大脑得到一定程度的放松和休息。不过，如果太累了，最好的方式还是睡一觉。

第五，阅读。阅读是一种全脑活动。阅读时带动视觉皮质，手要翻书，眼睛要动，书本上的字转成音节储存到前脑变成意，阅读提升智能。每读一个字就会激发相关的字，因此也可以提升创造力和想象力。所以上完一届数理化课，可以拿出英语或语文书来读读。这其实也是对大脑做体操。你想象不到吧。

第六，运动。运动能让大脑年轻。运动会刺激天然抗忧郁荷尔蒙脑内啡的释放，减轻压力；而打球或做家务事等工作能压抑掌管情绪的杏仁核，不让坏情绪来捣蛋。有氧运动则会促进身体新陈代谢。伊利诺大学脑神经科学家克空比建议，每天15分钟的快走就能保持良好体能状态，并减缓脑神经细胞流失速度。所以，现在我们学校，每到第二节课都要求大家到操场上去做广播体操，这也是给大家的大脑做体操。

第七，留白思考。大脑体操不是让大脑累到不行。斯坦福大学研究发现实验室动物长期暴露在压力荷尔蒙下，会使海马记忆学习中枢有萎缩现象。麻省的威廉斯学院心理学教授所罗门说，压力将使你无法集中注意力，大脑记忆能力也降低。因此，专家建议，工作再忙每天都记得留白半小时到一小时时间，整理思绪，静坐、冥想都是抒压的好方法。其实说白了，就是我们常说的发呆，什么也不想。这种方法有意思吧？

在每次大考过后，不妨用这种方法来试试，给自己的大脑做一做体操哦。

总之，不管用什么方法，学习都要劳逸结合，要学会生活，善待自己。什么时候你学会生活了，那么你才可能真正明白了学习的内涵所在。

建议一：防止女孩成为学习机器

所谓"学习机器"，指的是孩子平时除了学习之外，与学习无关的事基本上都不会参与。不参与的原因有两种，一是因为父母怕耽误学习，不允许孩子参加课外活动，也不准孩子跟其他同学玩耍；二则是因为孩子没有参与其他活动的能力。也就是说，因为家长平时什么事情都为孩子包办了，除了学习之外，任何事情都不用孩子操心，孩子因此也什么都不懂。

王女士的女儿菲菲今年就要参加高考了，菲菲学习很努力，成绩也不错，王女士对女儿十分满意，而且也经常在别人面前夸赞自己的孩子："我家菲菲学习特别刻苦，每天晚上我如果不叫她上床睡觉，她能一直坐在那里学习，有时候我都睡醒一觉了她还在看书。每天除了吃饭睡觉，菲菲基本上都在学习。"

菲菲在小学和初中的成绩都是全班第一，有时候甚至能够取得全校第一的好成绩。中考以后，她以优异的成绩考入了全省唯一的一所重点高中。由于重点学校的学生都是尖子，为了让自己的成绩不落后，菲菲学习越来越刻苦努力，有时候甚至学习到废寝忘食的程度。

在紧张的环境下熬过了将近三年，菲菲马上就要参加高考了。可是就在临近高考的前一个礼拜，菲菲突然觉得身体不舒服，突然在教室里晕倒了。菲菲被老师和同学们送进了医院，经诊断，她得了急性心肌炎，需要住院治疗。菲菲因病不能参加高考，王女士后悔不已。

王女士对于女儿的关心全部倾注于女孩的成绩上，孩子优异的成绩让她觉得在外人面前特别神气，然而她却忽略了孩子生理和心理上的健康，根本不知道自己的女儿正承受着巨大的考试压力，就连女孩的身体上出现病痛她也没有察觉到。像王女士这样的家长并不少见，很多家长为了让女孩在成绩上不落后于别人，不是给孩子请家教就是想方设法让孩子进重点学校。家长的初衷当然是好的，可是却不知道自己的行为正在给女孩带来伤害。

学习成绩并不能代表一切，一个成绩优异的女孩，因为精力完全倾注在学习上，对生活中其他的事情一无所知，基本的家务活也不会做，没有组织和领导能力，更缺乏人际交往的技巧。这样的女孩即便是考入了名牌大学，她自身所缺乏的能力和素质也会让她在大学里感受到前所未有的压力。因为大学毕竟不同于中学，如果说中学里面只要学习好就是好学生，那么大学里需要的就是素质全面的人才。因此，在家庭教育中，父母不能让女孩只会学习，而学习之外的其他事情却什么都不懂。

成绩优秀不代表一切。一个优秀的人应该是有责任心的人，是有着很好的适应社会环境能力的人，是善于观察、懂得关心他人的人，更是德智体全面发展的人。如果女孩只会学习，而其他方面却一团糟，不懂得如何料理自己的生活，甚至自私自利，那她对社会又有什么用呢？

现代教育越来越提倡素质教育，为的就是全面提高女孩的能力，让女孩在学习之余参加各种各样的活动，学习与人交往的诸多技能。整体素质高的女孩，无论是在什么地方，无论是做什么事情，都能够表现出色，在日后的工作中也能够如鱼得水。而那些除了学习以外什么都不会的女孩，在今后社会的打拼中会吃更多的苦头。

建议二：看电视也是一种学习

很多家长或者老师认为：看电视可能导致学生学习成绩下降。这个结论经过调查研究证明是不可靠的。因为看电视与学习成绩其实并无直接的关系。电视只是众多媒介工具的种类之一，广播、书籍、电子游戏机等也属于学习的媒介工具。而且学生的学习成绩好坏，常常受许多因素的影响，比如教师对儿童的态度、家庭关系、儿童的成就需要、儿童的自我接纳程度、儿童的同伴关系等等，电视不能直接决定孩子学习成绩的好与坏。

那么是不是就提倡无节制地看电视呢？

当然不是。

每种东西都几乎有其两面性，要如何利用它们为我所用，达到我们想要达到的目标，怎么达到我们要实现的目标，这才是问题的关键所在。

要想利用好电视这个媒介来帮助我们学习，要做到以下几点：

第一，正确引导。电视可以说是某种程度上的双刃剑，可以让孩子变得聪明，也可以让孩子变笨。所以，我们有时候就要有意识地去挑选一些能让自己变聪明的节目去看。比如，你想学习英语，就可以每周锁定中央二台的《希望英语》，也可以选择中央九台，也就是中国国际频道，这个频道全天都用英语播放节目，是非常好的学习英语的电视资源。

第二，掌握好度。每件事情往往都有它自己的规律，也就是"度"。要想做好一件事情，我们常常要掌握一个尺度，既不能太过，又不能不足。利用电视来学习也是这样。不要整天都只在看电视，这样就过度了。对于一般的青少年儿童来说，最好是每天看电视的时间不超过 2 个小时。过了时间，就要有这个自制力将电视关掉。

因为看电视的过程往往是心智被动接受的过程。看太多的电视，就可能剥夺孩子的自我创造力、自我信赖、学习和其他社会互动的时间。据研究表明，看电视容易造成脑部"惯性思考"的发展，容易使攻击行为增加、容忍度降低，集中注意力的时间减少。

所以，给自己规定每天看电视的时间点和时间长度，到点了就关机。如果做不到，可以请爸爸妈妈来监督管理。

第三，不养成不好的习惯。比如，边看电视边吃饭或者做作业。看电视的时候就安安心心看电视，吃饭的时候就认真吃饭，一心两用的结果常常是两件事都得不到最好的效果。

第四，制定一个可行的电视学习时间表。详细列出自己每天想看的节目以及节目播出的时间和长度，甚至可以制定出一天完全不看电视，选择户外活动。这样可以检测自己对电视的依赖程度究竟有多少。

如果能够做到这些，相信电视学习法能让你取得良好的学习效果。

第十七章　阅读点燃智慧

——父母引导女孩与书为伴

让女孩与文字快乐结缘

虽然每个女孩的天生发育程度都有高有低，可是的确存在一些因素会影响孩子的智力发育水平，其中最有意思的竟然和汉字有关。

我们知道每个人大脑容量在基数上差异很小，大脑提供了智力发展的场所，而真正决定智力发展水平的是脑网络结构搭建的充分程度，也可以理解成大脑皮层的褶皱数量。褶皱数量的多少和脑细胞网络连接的程度成正比。学习汉字能提高幼儿的智力发展水平其原因在于汉字结构。汉字是复脑文字，汉字本身具备的结构及演变能吸引儿童主动地动脑筋，而动脑筋的过程可以完全刺激大脑感官细胞生成许多突触小体，细胞间渐渐地形成网状结构，而这种刺激越多越会形成密集的网络，人因此会变得更聪明。还有就是汉字的产生发展不无符合逻辑、富于结构性联想，汉字象形、规律、联想，因此学习汉字能充分调动儿童的思维，活跃他们的大脑，使儿童越来越聪明。

著名的华裔诺贝尔物理学奖获得者杨振宁博士在其 4 岁的时候，他的母亲便开始教他识字，在一年多的时间了他大概学习了3000 多个汉字，杨振宁教授感叹地说：早期的汉字教育对我意义重大，也许我现在认识的汉字估计还没有那个时候的 2 倍。

中国国家语委语言文字应用研究资料中的数据显示，中国科技大学著名的少年班十三期中有 70％考上了研究生，50 多人获得了博士学位。其中还有年仅 10 岁的大学助教、24 岁的博士、26 岁的副教授。而这些孩子进入中国科技大学的年龄大都在 11～13 岁之间，这些孩子在自身生理状况的对比上并无优势，但是所不同的是他们都受到了优质的早期幼儿教育，据资料显示，在该校首届的 29 名少年中有 28 人三岁就开始学习汉字了。学习汉字对孩子的成长作用可见一斑。

建议一：妈妈和女孩一起制作有趣的识字卡片

对女孩满怀期望的父母都不希望自己的孩子输在起跑线上，尤其是在学习能力的培养上。如何能让女孩爱上学习，乐意徜徉在文字的海洋里，识字卡片的作用是不可忽视的。识字卡片是幼儿教学过程中基本的教具，对于女孩来说，识字卡片本身更是一种非常有趣的玩具，父母适时地引导和帮助，将会让女孩爱上卡片，爱上识字。

如何帮助女孩制作识字卡片？父母可以根据女孩的喜好和当时的情境，随意制作识字卡片，这样更能达到识字的目的。一般来说，最好选用稍微硬一点的纸片来制作识字卡片，因为女孩在识字的过程中，经常会拿在手上玩。而且硬一点的识字卡片便于保管，还能够重复利用，便于家长经常拿出来给孩子复习一下，加深印象。

具体的制作细节上，还有几点是需要家长注意的：

一是卡片以及字体的大小。女孩的年龄越小，卡片和字体就应该越大。因为当女孩年龄还小的时候，她们的视觉神经往往不很发达，注意力不容易集中，过小的卡片和字体不够醒目，往往容易让她们产生疲劳感，不能够成为她们长时间关注的对象，不利于教学。

二是卡片的内容。一般情况下，建议选用白色的硬纸板制作，用黑色墨汁端正地书写，当然绝对不能出现错别字，因为第一印象往往是鲜明而深刻的。女孩对于色彩和图画的东西往往会比较关注，容易引起她们的注意，因此不妨在卡片上添加一些相关的简单图画，在加强注意力的同时，加深对文字的印象。

新鲜感对于孩子来讲是比较重要的，所以当对于识字卡片产生厌倦时，不妨把它们收起来，不需要太强求，以免孩子产生抵触心理。也许过一段时间，对于孩子来讲，它又变成了一个有趣的玩具了。

在制作的过程中，能让女孩自己参与其中是再好不过的了。对于这样的手工活，大多数女孩都会比较感兴趣。妈妈们还记得自己小时候上美术课、劳动课时，亲手制作出一件物品时的那种喜悦和满足吗？那么，别忘了，你的女儿也会和当年的你一样，乐于这样的手工制作。在这样共同劳动的过程中，家长和小孩一起商量一下，"这张卡片要做成什么形状的""在这张卡片上写个什么字"等。这样，在制作的过程中，小女孩真正融入到其中，感受到当中的乐趣，以及卡片完成时获得的满足。也许，仅仅是在制作的过程中，就已经达到了识字的目的了。

设计多种多样的识字游戏，将识字卡片运用其中，比如拿出几张卡片来给她讲个小故事等。让这个识字过程变成是自然发生的，使女孩玩在其中，同时又学在其中。这个过程中还要尽量做到的就是培养她们对文字的兴趣，爱上文字。家长还应该尽量保护孩子的这个兴趣，让文字的魅力能和洋娃娃的诱惑一样持久，不可抗拒。

建议二：用游戏引导孩子识字

幼童教育中我们不能忽视一个重要的部分那就是语言的教育，而涉及语言教育的形式无非是书面和口头两种。一个不容怀疑的事实就是人们学习语言都是从学习口语开始的，幼童时期是女孩的大脑机能及器官快速发展和逐渐成熟的关键时期，因此对儿童的语言教育更要侧重对其口语表达能力的培养。

幼儿语言教育是一个复杂的语言教育活动系统，通常的方式有故事、诗歌朗诵、看图说话，也有更为受欢迎的在游戏中进行语言活动，负责教学的教师应该充分抓住各种形式的游戏有目的和有针对性地培养，从宏观上进行引导。

利用各种形式的游戏来引导和促进幼儿语言教育，尽量采用能调动孩子们学习语言的主动性、积极性及创造性。幼儿正是处于学习语言的黄金期，教师们的教学要侧重对幼儿学习语言进行启发和讨论，引导幼儿掌握一些与表演有关的语言和非语言手段。

还要充分地激发幼儿学习的兴趣，从细节方面入手针对幼儿在学习中遇到的有关发音、词汇、语句的运用、运用语言的环境等方面的难题，通过有效的鼓励手段使孩子真正通过创造性的表演来培养学习的积极性和创造性。

幼儿学习语言要有良好的物质条件，只有让女孩们通过自身的感觉和直觉去多看、多听、多感受，才能通过接受的信息来刺激和激发女孩们的思维活动，从而获得最丰富的对事物的认识，有了表达的土壤和愿望。给女孩们创造一个安静而且光线充足，有必备的图书和其他的诸如好看的贴图、适合其学习的图片以及学习用具。此外，还要为孩子们创造一个良好的精神家园，这里有和谐快乐的气氛。通过各种形式的游戏，真正让幼儿们拥有自由广阔的空间，同时要辅之以实践的练习，让她们在活动中体验，在快乐自由的氛围中获得良好的发展。

组织各种形式的美工活动，让孩子们通过动脑筋，通过自己创造性的思维孕育各式各样的故事情节，通过画画来讲述自己的故事，最好能通过语言来描述自己所要表达的内容，通过不断地联系，幼儿们渐渐地就学会了看着自己创作的图画来讲述故事。

主要从培养女孩对图片的兴趣入手，要准备一些内容有意思、色彩较鲜艳的图画让女孩主动去欣赏，然后试着让女孩找出画的主题、寓意等，然后让女孩从局部到整体观察整个画面。在看图讲述的过程当中，当发现女孩对某幅画产生了遐想和基本的感性认识的时候，要注意有意识地辅导女孩掌握不同的词汇，只有掌握更多的词汇才能够正确地理解。

研究发现女孩在内心深处对讲评是喜欢的。只有在讲评中女孩才能真正地表达自己看见的、体会到的。采用新颖的方法，充分激发女孩的积极性，在不断的讲评和讨论中锻炼女孩的口语表达能力。

细节 82　多读书——腹有诗书气自华

　　美国著名作家杰克·伦敦在 19 岁以前，还从来没有进过中学。但他非常勤奋，十分热爱读书，最终通过不懈努力，使自己从一个小混混成长为一代文学巨匠。

　　杰克·伦敦的童年生活充满了贫困与艰难，他整天像发了疯一样跟着一群恶棍在旧金山海湾附近游荡。说起学校，他不屑一顾，并把大部分的时间都花在偷盗等勾当上。不过有一天，他漫不经心地走进一家公共图书馆，开始读起名著《鲁滨逊漂流记》，他看得如痴如醉，并深受感动。在看这本书时饥肠辘辘的他，竟然舍不得中途停下来回家吃饭。这时候他才发现原来自己那么喜欢文学，于是他决心要当一名文学家。

　　从这以后，一种酷爱读书的情绪便不可抑制地左右了他。一天中，他读书的时间达到了 10～15 个小时，从荷马到莎士比亚，从赫伯特斯宾基到马克思等人的所有著作，他都如饥似渴地读着。19 岁时，他决定停止以前靠体力劳动吃饭的生涯，改成以脑力谋生。他厌倦了流浪的生活，他不愿再挨警察无情的拳头，他也不甘心让铁路的工头用灯按自己的脑袋。

　　于是，就在 19 岁时，他进入加利福尼亚州的奥克德中学。他不分昼夜地用功，从来就没有好好睡过一觉。天道酬勤，他也因此有了显著的进步，只用了三个月的时间就把四年的课程念完了，通过考试后，他进入了加州大学。

他一直渴望成为一名伟大的作家，在这一雄心的驱使下，他一遍又一遍地读《金银岛》、《双城记》等书，之后就拼命地写作。到1903年，他已经有6部长篇以及125篇短篇小说问世。他成了美国文艺界最为知名的人物之一。

杰克·伦敦的经历一点都不让我们感到惊讶，是阅读改变了他的人生航向，让他重新发现了自己的人生追求。

哈佛的教授总是这样告诫自己的学生：知识爆炸的年代需要我们每个人学习的东西越来越多，社会知识量的急剧增长也要求我们多读书、多学习，在阅读中把握人生的航向。

读书，可以让我们了解世界，看清自己的未来。通过读书，我们更能正确地把握人生的航向。也许每一个人所需要的书不一样，但人们在阅读中受到的知识熏陶是一样的。读书不一定能改变人生的长度，但它一定可以改变我们对待生命的态度。

人非生而知之、生而能之，知识都是通过不断学习获得的。就算一个天才，他也要通过不断学习、不断读书来充实自己。

那么，正处在学知识的重要阶段的青春期女孩们，更要充分珍惜自己读书的权利，广泛涉猎各方面的知识，这样不仅能开阔自己的视野，还能够为自己的人生导航。

建议一：爱读书的家庭熏陶出爱读书的女孩

一个爱读书的家庭中，必定有爱读书的女孩。其实人人都需要读书，就算是事业有成的大老板，或者是全职主妇，读书都不会是多余的。华人首富李嘉诚至今仍保持着读书的习惯，他本身是做学徒出身的，并没有多少文化，就是凭着自学，慢慢成为一个有长远眼光和坚韧意志的人；比尔·盖茨也有读百科全书的爱好，他每年都要给自己安排一个学习的主题，然后围绕着这个主题去读书。像这些著名的企业家们，他们依靠读书的智慧而富有，但是等到自己不再需要金钱的时候，却发现自己最需要的还是知识。

很多家长牺牲了自己的休息时间来给女孩料理生活，却从来没有想过通过自己给女孩做一个爱学习的好榜样。

同一个屋檐下，一边是麻将桌上的欢声笑语，一边是埋头学习的女孩，她怎能安心思考，怎能相信成年人的世界中最宝贵的是知识？只有当她发现自己不是一个人在学习，学习是一种人生的常态时，她才会感受到这个社会对知识的尊重和关注。

家长读书，可以是自己行业内的指导书，也可以是各种各样的社科书籍。如果父母想更清楚地了解女孩的学习状况，不妨借女孩的书来读一读。不要担心自己读不太明白，会在女孩面前丢人，如果你能向她请教，她还能不懂得"敏而好学，不耻下问"的道理？在学习当中和女孩沟通、交流，不仅可激发女孩的学习热情，还可让她感受到"原来我的学习也可以给父母带来快乐"，这对女孩来说，是证明她的价值的一刻。

家长的阅读并不一定要从四大名著、"三言二拍"这些古典小说开始，读报纸、看杂志也是一种阅读。如果女孩每天看报纸，那说明她还有读书的欲望，妈妈可以带她去书店，给她和自己都买点书来读；如果女孩连新闻都懒得看了，那就说明她的阅读兴趣已经大大被破坏了。这时候就需要妈妈根据她的爱好来刺激她的阅读兴趣。

如果她喜欢集邮，可以买一些邮票历史、常识方面的书；如果她喜欢玩三国游戏，可以买一本三国历史书，如此来开发女孩的阅读潜能。而妈妈们自己，可以挑选一些家庭养生的书、健康食谱的书、编织、园艺等，千万不要以为读书就是读康德、尼采、柏拉图，这只会打击自己和女孩的阅读积极性。

我们常说"书香世家"，可见我们相信，书有香气，可以浸染整个家庭的氛围。妈妈爱读书，女孩也会好奇是什么这么吸引妈妈，自己也会跟着效仿，找到读书的乐趣。

建议二：妈妈不妨扮演故事书中的人物

当女孩已经上小学四五年级时，她的识字量已经达到一定程度，已经能够独立阅读了。在这一时期，父母需要做的事情就是从一些故事书入手，诱发女孩去阅读。

一位教育家妈妈的做法值得参考：

> 她的女儿天生聪慧，当她上二年级时，识字量和阅读水平已具备了再上一个台阶的可能，这时候，她建议女儿读长篇小说。
>
> 这位妈妈买了金庸的《倚天屠龙记》，装作是自己读，每次做完家务后便开始津津有味地读起来。她几乎每天读完了顺口赞叹一句说这本书很好看，然后有意无意地把一些情节讲给女儿听，当女儿听的正尽兴时，这位妈妈就说："我正读到这里，后面还不知道呢，等读完了再给你讲。"
>
> 这样反复几次，女孩越来越对这本书感到好奇，看她着急，这位妈妈便顺水推舟说："要么你自己看去吧，妈妈可没有那么多时间给你讲啊！"女孩还是有些顾虑，这位妈妈便鼓励她："你试试，有不认识的字没关系，看

不娇不惯，富养女孩的100个细节

Bujiao Buguan,Fuyang Nühai De 100 Ge Xijie

懂大概就可以了，哪些字影响理解，就问我。"女孩听了妈妈的话，顿时阅读兴趣被调动起来了。

　　接下来的日子，这位妈妈故意没有时间读这本书，让女孩读的部分超过自己。然后总是会说："宝贝，给我讲一段吧，我最近太忙了，想看也没时间。"女儿便会兴致勃勃地把她读的故事讲给妈妈听，进而她体味到阅读所带来的一种成就感。

如果父母觉得角色扮演的做法太可笑了，大人怎么能和女孩一起疯疯癫癫，那将会非常遗憾，女孩因为父母的这个想法，错过了一个既好玩又有意义的学习过程。任何学习的方式，都比不上身临其境、设身处地地思考，她在背诵上花了好几个小时，不如花一点时间扮演一回大唐皇帝，而且整个家庭的氛围都会变得活泼、快乐起来。

富兰克林曾说："读书使人充实，思考使人深邃，交流使人清醒。"阅读既是开启女孩心灵智慧的钥匙，也是增长知识的有效方法。

细节 83 妈妈给女孩列书单

爱读书的女孩，不管走到哪里都是一道风景。也许她貌不惊人，但她的美丽却是骨子里透出来的，她谈吐不俗，仪态大方。那是静的凝重，动的优雅；是坐的端庄，行的洒脱；是天然的质朴与含蓄的交融。

爱读书的女孩，她的美，不是鲜花，不是美酒，她只是一杯散发着幽幽香气的淡淡清茶。

没错，书籍是人类的精神财富，书籍更是女孩的最佳美容品。读书带给女孩思考；读书带给女孩智慧；读书会使女孩漂亮的大眼睛里变得层次丰富，色彩缤纷；读书教会女孩在该笑的时候笑，在应该忧伤的时候忧伤；读书还使女孩明白了自身的价值、家庭的含义，明白女孩真正的美丽在哪里。

世界十分美丽，但如果没有女人，就将失掉七分色彩；女人有十分美丽，但如果远离书籍，就将失掉七分内涵。读书的女孩是美丽的，"腹有诗书气自华"。书一本一本被读下肚的时候，书中的内容便化成了营养从内而外滋润着女人，由此女孩的面貌开始焕发出迷人的光彩，那光彩优雅而绝不显山露水，那光彩经得起时间的冲刷，经得起岁月的腐蚀，更加经得起人们一次次地细读。正因为如此，你将不再畏惧年龄，不会因为几丝小小的皱纹而苦恼。因为，你已经拥有了一颗属于自己的智慧心灵，有自己丰富的情感体验，你生活中的点点滴滴，将会书香四溢。

一本好书往往能够给予一个人最初的人生启蒙甚至终生的影响，尤其是那些经典名著，比如，《红楼梦》、《飘》、《围城》、《简·爱》、《第二性》，对女性的影响都比较大。

书就像一把金钥匙，帮助女孩开阔视野，净化心灵，充实头脑。书让女孩变得聪慧，变得坚韧，变得成熟，使女孩懂得包装外表固然重要，但更重要的是心灵的滋润。读些好书，会让女孩保持永恒的美丽。

建议一：妈妈和孩子一起读《爱的教育》

安利柯啊！如果是你的朋友斯带地，绝不会说先生的不是的。你今天恨恨地说"先生态度不好"，你对自己的父亲母亲，不是也常有态度不好的时候吗？先生有时不高兴是当然的，他为了小孩们，不是劳动了许多年月了吗？学生之中有情义的固然不少，然而也有许多不知好歹，蔑视先生的亲切，轻看先生的劳力。平均说来，做先生的苦闷胜于满足。无论怎样的圣人，处在那样的地位，能不时时动气吗？并且，有时还要耐心去教导那生病的学生，神情的不高兴是当然的。

——摘自《爱的教育》

《爱的教育》是意大利作家埃·德亚米契斯的作品，他用孩子纯真的口吻叙述了一个又一个感人肺腑的故事，表达了父子、师生、同学之间的爱，以及个人对伟大祖国深厚的爱。主人公安利柯用孩子的眼光洞察世界，并且观察和感受着周围的一切，父母可以引导阅读此书的女孩一同去感受人间的爱，去思考身边的人和事，用心来体味生活，用爱来与他人沟通。

这本书的内容包括在小主人公安利柯身边发生的各种各样的感人的小故事，还有父母在安利柯的日记本上写下的劝诫启发性的文章以及老师在课堂上为同学们朗读的"每月故事"。书中每一个故事都内容新颖，情节感人并且发人深省，爱的力量在书中融汇，让此书散发出无与伦比的魅力。无论是家长还是孩子，凡读过此书的人都对它赞不绝口，在跌宕起伏的故事情节中流下了深情的泪水。

作者用幽默风趣的笔调描写着19世纪意大利的风俗习惯，每个小故事都发生在家庭、学校以及班级等场合。通过一个个小故事，作者为读者呈现出了人与人之间的爱和友谊，用诚挚的情感感动着阅读此书的每一个人，并且用平凡的故事把爱传递给每一个正在阅读此书的人。

作者埃·德亚米契斯于1846年出生在意大利一个美丽的海滨城市，因为酷爱军旅生活，在十六岁的时候他就进入军事学院进修，毕业后顺利地成为一名军官，随后又参加了意大利第三次独立战争。德亚米契斯的第一部文学作品是《军营生活》，发表于1868年，赢得了社会各界广泛的好评。德亚米契斯在1870年罗马解放以后便在都灵定居下来，他放弃军旅生活，做了一家报刊的记者，从此开始专业写作的生涯。

德亚米契斯年轻的时候曾环游世界，因此他的作品中不乏精彩的游记：《西班牙》《荷兰》《伦敦记事》《摩洛哥》……此后的十年间（1879～1889）是德亚米契斯创作的高峰，他陆续发表了一些社会题材的作品，《爱的教育》就是其中一本。此外还有《散文集》《朋友们》以及《大西洋上》等。

总之，《爱的教育》被公认为是一本人生成长中的"必读书"，是家长和女孩不可多得的成长指导书。

这本《爱的教育》不仅仅是给孩子看的，同时也是给父母看的。父母和女孩可以在茶余饭后一起阅读其中一个个的小故事，或者由女孩读，或者由父母读，待看完一篇故事的时候，父母也可以和女孩一起探讨其中的内容和思想，让女孩在读故事的同时受到心灵的启发。

在读完整本书后，父母也许会发现，原来教育是可以让人感动的。再回过头来反省一下自己的教育方式，有不妥的地方加以改善，在今后的生活中，用心、用爱去教育女孩，去感染女孩。

建议二：《假如给我三天光明》让女孩懂得珍惜

> 当我睁开眼睛，发现自己竟然什么也看不见，眼前一片黑暗时，我像被噩梦吓倒一样，全身惊恐，悲伤极了，那种感觉让我今生永远难以忘怀。
>
> ——摘自《假如给我三天光明》

海伦·凯勒（1880～1968），她是 20 世纪美国著名的女作家和演讲家，曾经被美国的《时代周刊》评选为"人类十大偶像"之一，并且被授予了"总统自由奖章"。这位伟大的作家在自己的生命仅仅存在了 19 个月的时候便因为猩红热病而丧失了视力和听觉，随之而来的是再也不能开口说话。

集聋、哑、盲三种残疾于一身，被突如其来的命运打入深渊的她，因为精神导师安妮·莎莉文的到来而重新找到了生活的意义。在安妮的帮助下，海伦用她顽强不屈的毅力克服了命运带给她的所有不公，用常人难以想象的勇气和坚韧创造出了在外人看来一个又一个不可能的奇迹。海伦不但考入了哈佛大学，而且还是世界上第一个完成了大学学业的聋哑人和盲人。

在黑暗的世界里，海伦用心灵的光辉为自己的人生点燃了一盏灯，她会下棋、会骑马、会滑雪，她喜欢旅行，喜欢去博物馆参观，喜欢戏剧，更喜欢文学。好学的海伦在莎莉文的鼓励和帮助下开始学习识字和说话，慢慢地，海伦尝试着与人沟通，用文字记录心情。她会讲五种语言，走过了世界各地，将自己的一生都奉献给了弱势群体的教育事业，赢得了世人的称赞。

海伦的生命仅仅有着 19 个月的光明，《假如给我三天光明》可以说是她的一本自传。假如给她三天光明：第一天，她想看到那些给她生命赋予了价值，给她的生活增添了光彩的人；第二天，她想看美丽的日出，享受生命的开始；第三天，她想要去探索和发现身边的世界。仅仅三天的光明，然而海伦却要用这仅有的三天去完成生命中最有意义的三件事。

在 88 年的岁月中，海伦走过了 87 年没有光亮的旅程，然而她却用自己的方式给人类带来了光明。她用勇敢震撼着全世界，她虽然有一双看不到光明的眼睛，却收获了一个能够感受光明的内心世界。她的笔触感染着每一个为她动容的人，她的精神笼罩着曾经在书中与她交流过的人。她的生命是微小的，她的精神却像透亮的光线，为人类的文明增添了曙光。

这样一个女子，在黑暗的世界中憧憬着光明，没有一个人在读完《假如给我三天光明》后不被海伦的精神所感动。父母在孩子阅读此书的过程中可以让她不断与海伦进行比较，一个看不到、听不到的女性有着对生活如此坚定的信念，那么一个健全的人又有什么理由拒绝海伦所想要的一切生活中的美好呢？父母要让孩子在读书的过程中学会珍惜，哪怕是最平凡的拥有，孩子都要懂得珍惜。

没有什么困难是克服不了的，聋哑的海伦在努力中尝试着与他人交流，失去光明的海伦在摸索中拥有了广博的知识，最终成为了一个享誉世界的女作家。命运对海伦是如此不公平，可是她却让自己站在了巨人的肩膀上。当女孩看到海伦的经历后，就应该学习她不屈不挠的精神。

细节 84　经典读物让女孩受益无穷

　　国学是一棵繁茂的大榕树。它的树干不仅包括了四书五经、天文地理，还有丰富的历史典故和传统中国人的思想。其中有安身立命的原则，也有忍让谦逊的智慧；有"穷则独善其身、达则兼济天下"的大丈夫气概，也有知足常乐、安贫乐道的生活哲学。"有朋自远方来，不亦乐乎？人不知而不愠，不亦君子乎？"这样的话翻译成世界上的任何一种语言，它的光芒都不会褪色。

　　国学是一个巨大的矿藏，是世世代代的中国人栽培起来的精神丛林，也是孩子们的生活常识中应有的一部分。

　　父母爱其子，则为之计长远。能够陪伴女孩走完一生的，是一颗安稳的心灵，一种平和的心态和一个具备生活常识的头脑。而这一切，正是国学能够带给女孩的收获。

建议一：多读经典可使女孩远离肤浅

　　经典，有狭义和广义之分，狭义的经典指的是四书五经中的经和春秋战国以前的公文体制。广义的经典是指那些具有流传百世的不朽之作，是人生的滋养品，是人类文化史上常开不败的奇葩，如《三字经》《易经》《论语》《诗经》等，宗教上的《圣经》

《孝经》等，这些经典都如莎士比亚说的是"人类的营养品"，是经过时间保留下来的思想的精华。

现在社会上流行多种快餐式文化，很多人没有时间坐下来阅读一下经典，没法接近名家进行心灵上的熏陶，所以，很多人会显得浮躁不安。若想诗意地生活，就必须走近经典。

不同的经典会教给女孩不同的知识，自然科学的经典让女孩在自然科学的领域里更容易接近真理；哲学的经典，可以帮助女孩开启心智，感悟世界，发现真善美，找到生的意义和价值，塑造女孩的人格。

英国哲学家和科学家弗兰西斯·培根竭力倡导人们读经典，他说："读史使人明智，读诗使人聪慧，数学使人精密，哲理使人深刻，伦理学使人有修养，逻辑修辞使人善辩。"其实翻开经典就是远离了肤浅，"君子博学而日三省乎己，则知明而行无过矣""见贤思齐焉，见不贤而内自省也""美是道德""没有爱的生活就像一片荒漠，赠人玫瑰，手有余香"……这些让人终身受用的哲思都包含在经典里。让我们用今天的努力弥补明天的遗憾，走近名家，走进经典，演绎完美人生。

现在"经典"一词被泛化，人们随意使用着这个词，可能会误导女孩，认为那些被吹捧的就是经典。但是，现在很多东西都是炒作后便冷却下来，成不了真正的经典。父母要了解什么是真正的经典，帮助女孩选择适合她们读的经典著作，可以为孩子节约时间，让她们读到真正的经典。

现在生活节奏快了，很多父母都忙于挣钱，虽说也是为了让孩子有较好的读书条件，但是，父母永远是孩子的榜样，以身作则才更有说服力，当父母远离经典的同时也会影响孩子接近经典。经典里含有很多的哲理，只有父母读过经典，面对孩子读书时遇到的疑问才会给予正确合理的解释。此外，很多经典里的思想是非常先进和超前的，它有时会和我们生活里的常识不一致，比如，尼采宣扬的"超人主义"和"上帝死了"对人生的指导意义不是一时就能看透的。这时候，作为父母的最好能为女孩作合理的解释，以免她们误读经典。

建议二：多读经典有益于女孩潜能的开发

有人提出"全民读经典"的口号，在社会上引起一定的反响，特别是对在校的女孩。人们也越来越多地关注孩子读经典的事情，很多专家发现，孩子读经典有助于潜能的开发。

我们知道很多女孩读书往往是不求甚解的，她们有时就是把所读的东西给背下来，如果父母引导她们有兴趣地读经典，在读经典的过程中，她们会很放松的。这样可以缓解女孩的压力，并在读经典的过程中会有创造性的奇思妙想，会产生顿悟。读到兴致时，她们自己会进入到"品"的状态。所有感性的东西积淀久后，会让她们有质的变化。

孩子诵读经典时，眼睛看着文字可以刺激右脑的开发，但是背诵前或背诵过程中对文字的编辑整理则是开发左脑的工作。背诵过程中耳朵能听到自己的声音，也可以边书写边背诵，所以，在整个读书过程中眼、耳、口、手等全部调动了起来，这样左右脑同步使用，可以使学习能力提高好几倍。

此外，这些被女孩囫囵吞枣的经典，虽然一时还不被理解，但是那些感性信息会存在大脑的潜意识里，直接或间接地影响她们。一旦有了外界的契机，那些信息便会调动起来形成链接，让所读知识融会贯通，她们就会受到经典的潜移默化、陶冶性情，使她们心性向善。这样的诵读方式可以增进记忆力、注意力、理

不娇不惯，富养女孩的100个细节

Bujiao Buguan,Fuyang Nühai De 100 Ge Xijie

解力和创造力的开发，也就是让潜能更有机会发挥。

专家通过实验发现，受试者如果只是阅读一般的文章，脑部活动并没有什么特别变化，但是当她们阅读辞藻较深奥繁复的经典作品时，脑部处于较活跃的状态。由此可以得出，处于潜能开发黄金期的女孩，她们有着超强的好奇心和好胜心，当她们阅读经典时，脑部也一定会更加活跃的，这对一个女孩的成长有着至关重要的作用。

科学研究还发现，人的潜能是递减的。就是说，女孩的潜能越大，教育越早，她们的潜能就能更充分地开发出来，并在日后转变成更强的实际能力。面对女孩潜能的递减规律，读经典开发其潜力是不容忽视的。背诵经典是女孩潜能开发较好的一种方式。

而对于女孩子，这种开发潜能的方式效果会更好些，因为，女孩天生敏感，她们能敏锐地捕捉到语言背后的微言大义。尽管是简单得不甚理解的诵读，在她们的内心也能细微地感触到。女孩子的记忆力、语言能力又更强些，所以，诵读经典对开发女孩的潜力来说是不可替代的妙方。

女孩子天性敏感，阅读经典时可以选择一些感性的经典，例如《诗经》，这样她们能更好地感受到经典的魅力。但是，倘若一味地读很感性的文字，也容易让她们产生一种消极的情绪。所以，理智的、硬朗的文字也是必不可少的。

有些父母，自己的思想偏保守，在接触经典时可能会误读，甚至是有意误读。这会阻碍女孩接近经典的效果。比如"关关雎鸠，在河之洲"，很多人就会误读为歌颂女子的品德，其实，它应该是一首非常唯美的爱情诗。如果这样的误读过多的话，会不利于女孩读出经典背后的美。因此，父母一定要正确地辅导女孩读经典。

细节 85　让你的女孩不仅爱读书，更会读书

　　就像王小波的读书札记编辑成册出版，取名——《我的精神家园》，而这里所提倡的写给女儿的读书笔记也是如此，将一座精神花园传承给她们，无疑是个很特别的礼物。虽然不至于把读书笔记做得像是朱子家训一样，但至少也要让女儿在将来翻阅你的读书笔记的时候，可以清晰地看见老爸老妈的思想历程，可以在父母的文字中学到沧桑的历练，这也是她们的一种成长。通过精神上的交流，使女儿可以轻松地站在父母的肩膀上，于是也就有了高一些的视野。

　　把读书笔记整齐地放在博客里。博客在当今已经不算最流行的了，但有独特的群体还在围绕着它们。在这种不温不火的环境下，可以不市侩但又小世俗地将自己的博文一篇篇地打理好。其中可以专门列一个分支给读书笔记，认真地将它们整理出来。在博客上发表这些，有一个好处是纸张时代带不来的——观众。而有了观众的好处就是你不能再随随便便地将它搁浅。因为会有人关注、催促着你，这对于自制能力欠佳的父母来说，这种压力完全可以转换为一种良性的督促。

　　等到女孩大到可以使用电脑，家人之间的阅读活动可以再把读书笔记加进去。让女孩也从小呵护一个属于自己的博客天空，学着把读书笔记写在博客里，去记录自己的见解，捕捉自己的想

法，整理自己的思绪。然后，就是相互交流，交流之中才会有沟通，才会擦出新的火花，产生智慧的星星之火，让女孩在理性的思维方式中逐渐长成一个有素质的人。

这种做法正好可以和之前提到的读诵相呼应。在原文之后，通常要加上几句自己的看法或者理解进行点评，这样才能更好地让自己融入进去。将来女孩在阅读时，还可以借机温习下自己曾经和父母一起读书的温馨历程。

用这种方式来写读书笔记对于自身有一定的要求，同时，写作是一件颇为隐私的事情，可以用语言文字完全将自己的心境展示出来，女孩在看的时候会不会被自己的文字打动，做父母的肯定会很忐忑地进行猜想。这种思想上的沟通是隐晦的，但是通常又会有醍醐灌顶的作用。因为这种沟通之前是有铺垫的，再通过这种读书笔记交换的方式可以更加增加印象，互通有无。

建议一：选精华部分读

在选取要读的部分时，首先应该从阅读的书本中入手。在女儿自主阅读后，家长会不知不觉地失去对书橱的控制力。所以这种情形下，这种偶尔的集体活动是必要的。不断和女孩的思想进程保持接触，安心地做好她的良师净友。至于怎样在阅读的时候选择精华作为典范和家人一起分享，可以从以下几个方面入手：

首先，选择一些短小精悍却又意味深长的小寓言故事之类的。这种选择可以完全作为一个话题，大家再进行讨论，在讨论的过程中，各抒己见，畅所欲言，可以不断拓展女孩的视野，加深她们的思想，训练她们的口才。

其次，还可以选一些人物的心理独白或者是编者按。这样的语句读出来，可以让大家都沉浸在特定的感情之中，从情商方面训练女孩，让大家都产生共鸣。

再次，一些独特意境的诗句，或者独特审美的描写片段也可以挑出来，以培养女孩独特的眼光和视角。与众不同在她的成长过程中是一种给予同时也是一种挑战。

另外，一些人物传记中的独特部分也可以作为一种选择。诸如书中人物人生的转折点或是他们的座右铭之类，可以给女孩一些启发，让她们明白从小便要有自己的理想与规划，要清晰地知道取舍，这样才能在书籍之间出入自由，找到自己的价值取向。

在阅读的时候，从这些方面进行取舍，不断从各个层面刺激女孩的反应，促使她们在良好的轨道中成长，达到真正有的放矢的教育目标。

家长不妨选取下午茶阅读的方法，全家都进入到阅读的殿堂。周末下午聚在客厅，放上曼妙的轻音乐，茶几上放上妈妈精心烘制或者带着爱心的甜品，而爸爸早已坐在桌子前，摊开一本厚厚的书读到一半。这种情景唯一需要的是女孩尽快加入，在刚开始这种活动的时候，爸爸可以精心挑选几本书随意地推荐给女儿——巧借俄狄浦斯情结刺激女孩的求知欲望。在这样和谐的情境下，可以加上点小插曲，让大家把分别在看的书最精华的部分诵读出来，这样不仅能够调动大家的兴致，更能分享阅读的乐趣。

在诵读中培养女孩的仪表和姿态，提高女孩的修养。有人说，女人天生就是演说家，但是怎么样才能在众多的演说者之中脱颖而出？这需要从小打好基础。在诵读之中，父母要注意对女孩的音色、音调加以指导，使之更加完美地展示内容，另外，聆听也有需要去学习的地方，在听父母诵读时，可以迅速地在脑子里进行思考，进而在这些内容之上发表自己的观点，进行交流，侃侃而谈，这些渐渐地会让女孩形成迷人的仪态。

建议二：边读边做笔记

如何来做笔记呢？怎样记笔记才算是好的笔记呢？

虽然说文无定法，但是我们还是有一些规律可以参考的。

首先，标记法。就是在读书的时候，把自己认为的重要的部分用不同形式的标记圈点出来。当然了，在图书馆里看书，不能用这个方法，因为那是公共财产，不是你一个人的书本。

其次，摘录法。有些书，我们可能是借来的，不能在上面随便地写写划划，而其中有些地方我们觉得十分精彩有用。这时候，就可以准备一个笔记本，有目的、有选择地摘抄所需的材料。摘抄也是分情况的：第一种情况，把相关的材料通读，找出需要抄写的部分；第二种，边读边写，如果怕遗漏，旁边可以夹些小纸条或者书签之类的东西；第三，如果是没有目的的阅读，比如看小说、散文或者杂文之类的，可以摘抄其中的典故、幽默词句或者名人名言，警句格言等等，拣喜欢的抄就行。

如果这时，自己对所读到的材料有自己的见解或者感受，对某个观点或论点想发表一下自己的看法，那么也可以随手把它记到笔记本上。说不定哪天要写什么读后感或者心得笔记的东西的时候就能用得上。即使用不上，通过表达自己的想法，也可以起到巩固记忆，启迪思路，引发创意的作用。

再次，提要法。这常常是对一本书或一个章节的内容而言。比如在读哲学书的时候，可以根据书的编排体例，自己在笔记本上列个小提纲，下面用括号注明每一章节的主要哲学派别，代表人物，年代和该哲学派别的主要言论观点等等。如果自己对这些观点有不同的理解，可以顺势在旁边注上。这样，整本书读下来，大体的脉络将十分清楚。

这种方法在学数学时也是十分适用的。不过，花括号后面的内容将改为数学思想和公式。

最后，速写法。常常用在记录一闪而过的想法方面。比如，平时想到什么好的句子，或者对某个问题突然产生了疑问，而这时又想不到将来哪篇写作中可能用到这些句子，或者一时找不到问题的答案，这个时候，可以把这些想法先记在笔记本上。因为不记下来，这些一瞬间产生的灵感可能就永远消失了。

各个科目最好有一个笔记本，笔记本的大小和颜色以选择与相应的教科书对应为最好。比如，红色封面的教科书配红色封面的笔记本，A4大小的教科书配A4大小的笔记本，这样不仅方便区别，也方便提取。

不管用什么方法，读书的时候记好笔记，都有助于我们在读书时充分调动自己的积极主动性，让我们开动智慧的机器，而不是看了就看了，什么也没留下。

而那些在读书中记录下来的笔记，将帮助我们整理出书中的要点和线索，为我们进一步学习提供方便。相信，随着时间的流逝，在边读边写的过程中，你的知识会不断得到积累和成长，最终积沙成塔，集腋成裘，取得意想不到的良好效果。

第十八章　从打理小金库开始 教女孩学习理财

——父母应为女孩补上"财商"这一课

细节 86 富养，不等于物质和金钱的富足

养育女孩，并不是满足女孩生活上的一切需求就够了，哪怕拥有国际连锁酒店的希尔顿家庭，也不能保障一个女孩能够终身幸福，受人尊重；养育女孩，也不是仅仅答应女孩的一切需求就可以了，为女孩在错误的道路上披荆斩棘，只可能通向悲剧。

我们一再重申，抚养女孩的核心就是关注女孩心灵上的成长，包括女孩的内涵提升、品质养成、道德培养和才艺培养等等。

但是现在有一个趋势就是，父母普遍给女孩的物质较多。一方面是生活上的，各种各样的玩具和衣服，让女孩子们一个个都很娇贵；另一方面是心灵上的，总是一味地满足，亲戚和长辈也总是争相表示宠爱，这样下去女孩子们缺少了"挫折教育"，很容易养成唯我独尊的性格，遇到问题的时候总是习惯性地抱怨，找父母求救，用眼泪来拖延时间，这样的女孩子最终是不会让人喜欢的。

其实，有很多父母也明白这个道理，但是不知道如何对女孩的一些坏毛病防微杜渐。一个人的习惯养成不是一朝一夕的事情，同样要培养一个女孩也不是一两次注意就能解决所有问题的。

建议一：父母要在人生态度上为孩子树立榜样

正如现在社会所宣传的那样，真正会理财的人，不是赚了很多钱然后大手大脚去花的人，而是能够在有限的经济收入条件下，把日子过得有滋有味的人。同理，会教育的父母不是一天到晚都守着孩子不放松的人，而是在保证自己的生活和孩子的成长的条件下，教育得最轻松最自如的父母。

我们常常看到一些不合常理的现象：经常被父母管这管那的小孩，反而什么都不会做；很少被父母批评和干涉的小孩，独立生活的能力更强。

当你找到了正确的教育点，可以像科学家说的那样，用一个支点撬起整个地球来。我们可以看看居里夫人的故事。

居里夫人的丈夫很早就去世了，政府提出帮助她抚养两个女儿。年轻的居里夫人谢绝了，她说："我不要抚恤金。我还年轻，能挣钱维持我和我女儿们的生活。"

在养育女儿的过程中，居里夫人没有把小孩子扔在家里让她和姐姐玩耍，以科学之名推脱自己身为母亲的责任。在笔记本上，居里夫人像做实验一样每天记载着小女儿的体重、吃的食物和乳齿的生长情况。"伊蕾娜长了第七颗牙，在下面左边。不用人扶，她可以站立半分钟。三天以来，我们给她在河里洗澡，她哭，但是今天她不哭了，并且在水里拍手玩水……"

在一本食谱的空白处她写道："我用八磅果子和等量的冰糖，煮沸十分钟，然后用细筛过滤。这样得到四罐很好的果冻，不透明，可是凝结得很好。"

居里夫人第二次获得诺贝尔奖时，特地带上了女儿伊蕾娜，让她与自己分享这份荣耀。"一战"爆发以后，居里夫人征求孩子们的意见，是否同意将保障她们生活的财产捐给国家，两个女儿都欣然同意了。随后，她们又加入战地救护的队伍当中。居里夫人用自己的专业知识，亲自创设并且指导装备了20辆X光汽车和200个X射线室。

作为一个年轻的母亲，居里夫人并没有比别人有更多的优势，她有科研项目，还是一个寡妇。但她有坚强的意志和乐观勇敢的生活态度，一切都不能将她击倒。这种品格，也影响着她的女儿们，最终，伊蕾娜也成了诺贝尔化学奖的获得者。

很多人担心，不知道怎样去教育孩子珍惜人生、积极进取。其实，只要你自己是一个积极进取的爸爸或者妈妈，孩子自然就能拥有阳光的心态和性格。孩子对人生的所有理解，都是从父母的身上慢慢感悟到的。正因为如此，家长们才更有必要去改变自己，提高自己。

如果你想要孩子不贪财，你自己先不要动辄谈钱。

如果你希望孩子能够自立自强，那么你就要给孩子做好榜样，自己的事情尽量自己做，不要留给爱人，也不要逼迫孩子去做。

如果你想要孩子性格上健康，容易相处，那么你自己首先不要有古怪的习性，也不要太在意甚至放大孩子性格上不太完善的地方。

建议二：知识是对女孩最好的投资

书本是最宝贵的财富，而书本最终能够带给人的，就是知识。想要让女孩一辈子过得幸福、充实，就要给她足够多的知识，去应对人生中的各种困难，争取各种机会。

我们都很熟悉的主持人曾子墨，就是一个典型的博学多才的女孩。她的自我介绍就能说明这一点："我是曾子墨，曾子的曾，孔子的子，墨子的墨。"

翻开曾子墨的简历，你会发现上面有这样的记载："参与完成了摩根斯坦利历史上最大规模的并购交易。1998 年回到香港，加入摩根斯坦利亚洲分公司，一年后升任经理。2000 年，加入凤凰卫视资讯台担任财经节目主播，主持的栏目包括《财经点对点》、《财经今日谈》和《凤凰正点播报》。2001 年采访于香港举行的财富全球论坛，3 天内总共采访了 8 位大企业和财团的领袖，并参与制作专题节目《复关入世十五年》。2002 年采访了亚洲开发银行 35 届理事会年会和'两会'。参与拍摄的纪录片《我们在朝鲜的日子》获得观众一致好评。现担任《社会能见度》、《世纪大讲堂》以及《经济制高点》的主持人。"

如今，呈现在人们眼中的这个意气风发的女子，再也不是记忆中那个梳着小辫，用春秋战国时期的三个"子"来介绍自己的小女孩了。在她身上，人们所看到的，是一个美丽、坚定，有着巨大能量的都市女主播。

而她今天所拥有的一切，都与她扎实的学问和深厚的积累分不开。

　　从小，在曾子墨的观念里，在家就要做一个好孩子，在学校就要做一个好学生，就算工作，也一定要做一份最好的工作。高三时，当别的同学正在高考的煎熬下彻夜难眠，曾子墨就以北京市模拟考试前三名的成绩被保送到人民大学金融系。一年后，当别的同学正在为托福考试冲刺的时候，她以托福660分的高分被达特茅斯大学以全额奖学金的方式录取。1996年毕业后，曾子墨在美国华尔街的摩根斯坦利从事投资工作，在担任分析员两年中的出色表现使她成为该公司最耀眼的明星员工。出色的成绩，让子墨与众不同。

　　同样，著名的才女"老徐"——徐静蕾也是一个凭借才气打开事业局面的女孩。她的博客点击量长年高居榜首，"这不是我的工作，也不是我最爱的一种表达方式，然而这无疑是我觉得最舒服的一种表达方式。"在自己的博客里，嬉笑怒骂，爱情、事业、朋友，徐静蕾既无话不说，也能调整好与大众的距离。

　　点开徐静蕾的博客，这个小小的地方和她的人一样，清新淡雅，白净的背景，简单的文字，没有浮躁和喧嚣，有的只是一丝安静、一点惬意，而这一点点的感觉就足以吸引无数博友每天来到这里，偶尔留留言，向对好友倾诉一样，和老徐成为朋友。

　　徐静蕾写自己的喜怒哀乐，写亲人朋友，写剧组工作。做演员她拿过百花奖，做导演她拿过金鸡奖，更令人意想不到的是，她还唱歌、出书、开公司。对徐静蕾本人而言，向自我不断地探寻或许是她永远的追求。

　　观众第一次认识1974年出生的北京女孩徐静蕾，是

她在赵宝刚导演的电视剧《一场风花雪月的事》中扮演的女警察。但是在演出了几部戏之后，她觉得如果一个东西完全变成一份很职业化的工作的话，就没有了创新，所以开始考虑拍电影。于是，她在一年内接了四部电影，并凭借主演的电影《开往春天的地铁》获得了百花奖最佳女主角。

2002 年，徐静蕾又一次决定改变自己的人生。一向十分有主见的徐静蕾这次接受了一个好朋友的建议。她决定执起导筒，用自己最喜欢的方式来表达。这一次她夺得了金鸡奖最佳导演处女奖。就是这个金鸡奖最佳导演处女奖让徐静蕾惊喜万分，因为这部《我和爸爸》毕竟是徐静蕾的第一部导演作品，能受到专家的肯定自然十分难得。2004 年，她当选第 52 届圣塞巴斯蒂安国际电影节最佳导演奖；2006 年，她当选第 14 届大学生电影节最受欢迎导演奖。在经历了岁月的磨炼之后，徐静蕾终于由一个"玉女"转化为集表演、编剧、导演、制作于一身的"才女"。

"人大多数生活中 95％的时间都是做为一个普通人活着。"回头再看徐静蕾，的确是个耐看的人。略施粉黛的亲切笑容，让人感觉犹如邻家女孩般亲近，正如老徐说的，现代人都具有漫长的青春期。不同于娱乐圈的繁华、艳丽，老徐是个清新、淡雅、内外兼修的人，这种气质源自一个人的内涵。

而老徐的这般花样人生，与她年幼时被逼着写字，逼着读书又是分不开的。在浮躁的娱乐圈中，她是一个真正有文化的才女。

可能有的父母会说，我们也知道女孩应该有很多知识，但是我们家的孩子就是不爱读书，有什么办法？

其实，那只是父母的一面之词，其实很多女孩子还是爱读书的。学习是女孩天性中的一部分，但如果大人给孩子学习太大的压力的话，她们就会变得不爱学习。有时候，那些抱怨孩子不爱学习的父母，往往自己首先就是不爱读书学习的人。

"你怎么不能多看点书?"其实，这些孩子往往周围除了教科书没有什么书可以读。

在这里提醒女孩的父母们，如果你想要女孩变得爱知识，首先你要尊重有知识的人，比如你们很有水平的邻居，女孩的老师等等；另外，父母最好是能够和女孩一起学习，让她们感受到学习的乐趣。

正如我们上文中提到的优秀的女孩子们的成长经历中展示的那样，要么你的女孩是一个品学兼优的学生，要么让她多才多艺，要么逼迫她改变自己，找到自己的价值。其实，每个人的成功方式都不一样，最重要的是你能找到最适合你家女孩的那一种。

细节 87　富养女孩从父母做起

　　喜欢"露富"的家长有两种，一种是真的有钱，另一种是没钱也要装阔。对于前一种家庭来讲，因为家境富裕而又喜欢显露，父母能够提供女孩所要求的一切，所以不知不觉中，女孩就会养成骄奢的坏习惯。而对于第二种家庭，其父母本身并不像是他们显露在外的那么富有，更多的是外强中干。对于孩子的无度的要求，父母通常也会给予最大能力的满足，可是终究因为能力不足而导致最后的悲剧。

　　美国总统西奥多·罗斯福的大儿子 20 岁时去欧洲旅行，一个多月的时间他把自己所带的路费差不多花光了，临行前他遇到了一匹非常好的马，正好它的主人要卖掉它。他太爱这匹马了，就把自己最后的一点路费拿出来买下了这匹马。然后他打电报让父亲寄点路费让他回家。罗斯福给他回了一封电报说："你和你的马游泳回来吧！"儿子只好又卖掉了马。罗斯福反对男孩依靠父母生活。他希望自己的儿子能凭自己的本事自食其力。

　　虽然说女孩要"富养"，但是父母也不应当在女孩面前"露富"，因为这样很容易让孩子养成懒惰的习性。露富的父母是不明智的，真正有思想的父母，即便是家里再富有，他们在孩子的面前也不会肆意地摆阔。相反，由于家境富足，在这样的家庭条件下达不到对孩子吃苦耐劳与勤俭节约的教育，所以父母就应特意地花费时间与精力来培养女孩在这方面的意识。

女孩依赖父母，这是再正常不过的，可是过度的依赖就会造成自我能力或多或少的缺失。作为父母，我们不能过度地在孩子面前充当"保护伞"的角色，更不能无条件地满足孩子的一切要求。

很多大企业家在孩子面前都不表现出富人的姿态，事实上，真正的富有之人，他们往往有着高尚的人格与风度，用自己的一言一行来感化子女，教育子女从小养成良好的生活态度。这才是爱孩子的最好方式，宠爱而不溺爱，让孩子在幸福的家庭中也能品尝到人生的五味。

建议一：父母不要成为女孩的"提款机"

没钱了，找父母要，这是时下多数女孩的做法。然而身为父母，却一定要了解，过度地纵容孩子其实是在为她掘生活的坟墓。自动提款机还需要密码才能取钱，那么，女孩如果想要从父母那里得到钱，也必须有自己的"密码"。

这"密码"可以是做家务，可以是成绩的提高，也可以是帮助他人……唯独不能是"空气"，也就是说，女孩不能什么都不做就直接从父母那里拿到钱。这样做不仅能够教育女孩，让她知道劳动是获得财富的唯一途径，而且还能够防止她滋生不劳而获的思想。

其实，不做女儿的"自动提款机"与制定合理的花钱计划是相辅相成的。因为计划合理了，孩子就不会乱花钱，不乱花钱，又怎么会随意地开口向父母要钱呢？

父母应该让女儿产生一种心理，即如果她的零用钱是乱花完的，那么当她开口再向父母要钱的时候，其内心就会有一种愧疚感升起。要想做到这点，方法还是很多的。例如之前我们就提到过，带着女孩参观一些比较辛苦的工作地方，让她知道钱财来之不易，没有辛勤的劳动就没有美好的生活。或者与女儿一同观看相关的影视剧，寓教于乐，作为父母的你，一定会有意想不到的收获。

三人行必有我师。同学与朋友之间，一定有人比自己孩子在花钱方面做得好。父母要有意识地进行发现，如果看到女孩的哪个同学在这一点做得不错，那么就要有技巧性地让女孩了解到这些。例如，父母可以无意中在孩子面前表扬那个同学。这样，孩子为了得到父母同样的表扬，也就会向那位同学学习了。

让女孩多参加一些义工活动，感受生活的不易。加入义工，无论是到孤儿院服务，还是作为志愿者帮助需要帮助的弱势群体，女孩从中都能得到很大的心灵收获。看到那些穷苦的女孩连书都读不起，女孩就会知道自己的生活是多么幸福，也就能够提醒她：乱花钱是罪恶的表现。

建议二：告诉女孩要慷慨但是不要炫富

现在学生之间为了攀比炫耀，"摆阔"的场面随处可见。无论是城市还是农村，这似乎已经是"正常现象"。

一位读大三的贫困生，有一次放寒假之前，她的几位同学跟她说想到她的家里去住几天，想要观赏一下乡下的景色，顺便体验一下山里的生活。由于这位同学的家境比较贫困，而她本人的虚荣心又十分强，想要在同学面前"摆阔"。于是在答应同学们的请求之后，又对同学们讲："我需要先回家，你们来的时候我再去接你们，咱们先约定好地点与时间。"

到了相互约好的那一天，几个同学一起来到了这位同学的家中，大家都惊叹万分。原以为乡下的日子比较清苦，可是没想到同学的家里却是"致富大王"的景象。

原来，那位同学提前回到家后，就马上让家里人收拾屋子。为了让家里面看起来富有，她还从村里四处借来了许多家用电器。她的家里本来已经有两头牛了，可是这位同学还觉得太少，于是又从别处借来了10头肥牛。一夜之间，一个清苦贫困的家庭就变成了村里的"大户人家"。

这位同学的父亲看到自己女儿的行为之后十分感慨，他说："大学生不是有知识有文化的人吗？连她们都变得如此虚荣，这样下去，这个国家还怎么得了啊！"

摆阔与慷慨不同。慷慨是在自己的能力范围之内，给予他人物质上或者精神上的帮助。慷慨来自于内心高尚品格的推动，它的动力就是为了帮助需要帮助的人。摆阔就不同了，摆阔的人往往并没有阔气的家底，之所以要摆阔，完全是为了满足自己的虚荣之心。因此，家长在教育女孩懂得慷慨的同时，还要杜绝女孩随便摆阔。

乱请客是青少年朋友中常见的摆阔方式。今天请同学们吃冰淇淋，明天请一帮朋友去KTV唱歌，唱完歌之后还要出去撮一顿。女孩拿着父母的钱做着与成长阶段不符合的事情，如果不及时地帮助她们纠正，那么等到她们没钱的时候，为了满足虚荣心，或许还会去偷去抢。先是偷家里的钱，最后发展为到外面行骗犯罪。

要想杜绝女孩摆阔，父母首先就应该搞清楚女孩的真实动机。如果孩子是为了满足小小的虚荣心，那么父母就应该让她了解：她之所以会有这样的虚荣心，在于她的精力还没有完全放在该做的事情上，她的视线还没有从关注别人转移到专注自己。她的内心还存在着攀比的想法，因为摆阔就是为了让别人认为自己"有钱"。

因为没有足够的自我认识，很多女孩是通过他人来认可自己的。通过摆阔，女孩以为别的同学就会接纳自己。所以说，父母在教育的过程中需要时不时地帮助女孩来认识自身，让她知道自己的优点，懂得欣赏自己。

细节 88　告诉女孩金钱来之不易

在孩子未成年的时间里，父母理应该为孩子承担起一切的经济责任，给孩子一个良好的生长环境。可是在家庭教育的过程中，我们也不能够让孩子养成衣来伸手、饭来张口的惰性。因此，一种良好的家庭教育方式还需要家长积极地开动脑筋，以此来锻炼孩子的勤劳度。

在孩子的眼中，有钱的时光总是快乐的。可是，孩子衣食无忧的生活环境让她们的脑海中没有"钱是靠自己赚来"的概念。那么家长在这个时候就需要主动地来引导孩子，让她知道："劳动创造财富"。

和大多数美国总统一样，尼克松的童年也可以看做是美国历史的缩影——没有多少祖先留下的资本，靠自己的努力才成功。尼克松的家境并不富裕，但是父母非常勤劳，这也影响了尼克松。他很早就帮忙操持家务，做力所能及的事，父母经常拿《圣经》中的"你必须汗流满面，才得糊口"这句话教育他。尼克松回忆说，童年的他每天早晨 4 点钟就起床，5 点赶到洛杉矶第七街菜市场。他自己挑选水果和蔬菜，把价钱压到最低，选购好的货物用马车送回家，等这些货物洗净、分级，放到店铺，接着8点钟去上学。尽管很辛苦，但每次劳动后，尼克松都感到轻松和快乐。

很多父母都觉得跟自己的女儿算钱是一件很伤感情的事情，而且孩子那么小，父母根本就不忍心要她们亲自劳动。这也是为什么很多家庭条件优越的孩子，她们逐渐地养成了依赖父母，不停地向家里要钱的坏毛病。因为没有亲手体验，这些孩子从小就不懂得赚钱的辛苦，又怎么能懂得勤劳致富的内涵呢？

所以说，家长一定要培养女孩的这种意识。在吃饭的时候可以随意地谈谈自己今天的工作，并且强调一下自己工作的辛苦。这样，坐在餐桌一旁的女孩们也就有了金钱来之不易的概念。这种方式既简单又轻松，是培养孩子的良机。

建议一：妈妈应该让女孩了解家庭财政收支状况

父母靠努力工作所赚来的钱都是血汗钱，父母不是孩子们可以随意取钱的"银行"，更不是随要随有的"印钞机"。让女孩了解家庭的实际情况，这是她们懂得省钱的重要前提，也是消除攀比之心很好的方式。

每个家庭的情况有所不同。如果家境不是很理想，生活的压力较大，那么父母就可以尝试着把自己每个月的收入透露给孩子。在这个基础上，再让孩子慢慢地知道家里面每个月的开销，那么女孩很快地就会懂得一进一出之间的差距了。若是每月的开销刚好够家庭所有成员的支出，或者有时候还会超支消费，在这样的情况下，女孩在买一些不是必需的东西时，她就会考虑自己实际的家庭条件了。

其实，很多孩子的父母，他们的身体都未必很好。然而为了让孩子能够有一个快乐的童年与少年，他们都带病在工作中努力地奋斗，无视着自己的身体。如果孩子懂得体谅父母的艰辛还好，可是如果她们不懂得生活的艰苦，还是大手大脚地花钱，那么父母的辛劳岂不是白费了吗？

所以作为父母，我们有义务让孩子了解自己的家庭条件，让她们从小就懂得幸福来之不易的道理。而且要明确地告诉女孩，家境的贫苦并不代表她就比别人低下，相反，在艰苦的环境中走出来的孩子更应该有一颗顽强的心灵。用自立代替自卑，这样才能给自己一个美好的未来。

父母可以每个月或者每周，抽出一天或两天的时间来让女孩亲自持家。把当天所需要的家用事先交到女孩的手中，根据自己手中的钱，让她在前一天就做好第二天所需要购买的条目。如此，女孩在精打细算之际就能够懂得父母持家的不易，从而为自己乱花钱的行为感到惭愧。

建议二：对女孩的享乐主义要提高警惕

在家庭教育中，父母对"享乐主义"要有清晰深刻的认识。因为只有父母的思想中没有"享乐"二字，那么女孩才不会受到享乐主义的感染。此外，父母还要告诉女孩生活并不是为了享乐，而在于自我价值的真正实现。

对于女孩来讲，她们的人生才刚刚开始，她们还处于为日后的生活打基础的阶段。学习与培养日后独立生存的能力才是这个阶段她们应该做的事情，而不是衣来伸手，饭来张口，更不是拿着父母的钱到处寻欢作乐。假如每个人都以享乐为生活的目的，人人都自私自利，为了获得快乐，甚至踩在他人痛苦不堪的肩膀上。人与人之间再也没有情感可言，社会将变得多么可怕。

父母还需要让女孩知道，贪图享乐不但得不到什么好处，而且还会造成财富与资源的极大浪费。例如，女孩用自己从父母那里挣到的"工钱"随便买东西，而买来的物品却没有一件是有意义的，这不是财富的损失吗？她完全可以把这些钱存起来，或者是买些学习用品和书籍，或者是为灾区的人民献上一份爱心。

历史上有多少君王是因为贪图享乐而导致国破家亡，刘禅乐不思蜀就是一个很好的例子。如果在青年的阶段滋生了享乐主义的思想，那对青少年朋友的危害是不言而喻的。不仅学业会一落千丈，而且在享乐主义的纵容下，女孩的人格与气质都会改变。可以说，一个天真无邪的女孩，当享乐主义占据她的思想后，罪恶就会在她的心中萌芽。

在教育女孩的过程中，尤其是能力方面，父母应该培养她靠自己生存的能力。因为被享乐主义沾染的人往往都是"寄生虫"，她们的享乐大多数是在榨取别人的心血与汗水。因此，女孩子如果有了自食其力的想法，那么她就会为了生活而考虑更多的事情，而不是贪图享乐。

生活不是为了享乐，女孩子也要有更高远的追求。由于许多父母的思想不正确，他们从小就教育女孩长大后要嫁到富有之家，这样就可以过上幸福与安稳的生活。然而，别人的财富终究不是自己的，更何况拥有更多的金钱并不是人生真正的目的。女孩的理想也可以高远，乐于奉献远比贪图享乐更受到人们的敬重。

细节 89　引导女孩打理好自己的小金库

　　佩宁最盼望的时刻就算是过年了，为什么呢？因为每到这个时候都会有很多很多的红包，红包里有很多很多的钱，有了钱就可以买很多很多的东西……而且，今年妈妈告诉她，这次所有的压岁钱都由她自己来支配，这才是最令佩宁感到高兴的。

　　要知道在往年，佩宁的压岁钱都是要"充公上交"的，今年终于有自己的"小金库"了，这笔"巨额财产"要如何使用？真的够她琢磨一段时间了。

　　正当佩宁要暗自窃喜的时候，老妈走了过来问她："你有这么开心吗？"

　　"嗯，当然。"佩宁点头称是。

　　"那你打算怎样使用这笔钱呢？很想听听你的理财计划。"听了妈妈的话，佩宁心想不好，老妈一定还在打着这笔钱的主意。

　　听到妈妈这样说，佩宁不禁有点警觉了，担心地问道："妈妈，您不会是要又变卦了吧？我们已经说好了这笔钱来交给我的啊。"

　　妈妈被佩宁那认真的模样逗乐了："怎么会呢？你现在已经是中学生了，当然有能力管理自己的压岁钱。我只是想了解一下你如何支配自己的钱，顺便好给你提一些理财的建议。"

妈妈的话就好像给佩宁吃了一颗定心丸，让她虚惊一场，"您放心吧，这些钱我是不会乱花的，我早就已经计划好了，把四分之三的钱存起来，用这笔钱给姥姥买生日礼物，再把用剩下的钱来买学习需要的书，您看这样好吗？"

妈妈听了佩宁的计划，赞许地点点头："没想到，我们宁宁还是很有思路的小孩嘛！"

女孩如何理财，如何去打理自己的零花钱呢？

首先，你要学会有计划地使用钱，对花钱有个预算。要给自己的零花钱规定一个数额，最好是把握在自身有能力支配的范围之内，随着你年龄的增长和实际需要再做些适当增加。

然后，你还要养成制定开支计划的好习惯。比如用多少钱可以买多少学习用品，用多少钱买自己喜欢的日用品，用多少钱来买零食。这样提前都预算好可以防止自己乱花钱，还可以让自己养成把钱花在刀刃上的好习惯。

另外，你还要学会存钱。以自己的名义开一个户头，这样可以增强你自我管理的兴趣和能力。

花钱绝不是一件简单的事情，它是一门学问。你如果真的想要成为一名"成熟的大人"，就应该从现在开始，学会正确的消费，学会保管，支配好自己的"小金库"。

钱只是解决生活问题的一种媒介，它本身并不存在价值，它只是平常之物，钱并不能解决一切问题，应该能够正确地面对它。

建议一：让女孩自己管理自己的压岁钱

过年发压岁钱，这是中国传统的习俗，也是长辈向晚辈表达关爱的一种方式。女孩们是最喜欢过年的了，因为这个时候她们都会收到来自各方的压岁钱，厚厚的钱攥在手里，又可以买自己想要的东西，真是一件令人兴奋的事情。

王子彤也是收压岁钱大军中的一员，她今年十二岁，因为家里比较富裕，每年的压岁钱都有好几千块。今年由于姑姑从国外回来，所子彤更高兴了，她又可以有一笔额外的"收入"。

之前过年收到的压岁钱都被妈妈"没收"了，说是要给她存起来作为以后上大学的费用。可是子彤每次被"没收"压岁钱的时候都十分不开心，她想象着商店里那一件件漂亮的衣服又被妈妈拿走了。今年子彤无论如何也不愿意再把钱交给妈妈了，她想要跟妈妈进行"谈判"。

"妈妈，我都十二岁了，为什么还不能保管自己的压岁钱呢？"

"没有说不可以啊，可是，你如何保管呢？"

子彤好像真的没有想过这件事，于是她无奈地摇了摇头。妈妈看出子彤脸上的变化，知道孩子不开心，于是就说：

"彤彤，有钱当然好，可是，如何使用钱也是一门学问啊。因为你要把钱花在该花的地方，这样才能够实现它最大的价值，不是吗？随便花钱谁都会，可是那既浪费又没有意义。"

"妈妈，我知道了，我可以把压岁钱分成五份，然后把其中的四份存到银行，剩下的平时买文具与书籍用，可以吗？"

"很好啊！那么就照着彤彤的想法去办吧，从今年开始，你的压岁钱就可以由自己管理了。"

听到妈妈的回答之后，彤彤开心地笑了。她觉得自己不仅年龄上长大了，而且在心理上也成长了许多。

其实，女孩在有了钱之后会产生许多想法，而这些想法却不易被父母所察觉。有的女孩想要去旅行，有的女孩想要去做一些有意义的事情，而父母却总是想着女孩要把钱挥霍掉。这不仅扼杀了孩子心中的憧憬，而且还阻碍了与孩子之间的情感沟通。

将压岁钱完全没收或者任由孩子自己支配都是不可取的。家长合理的做法应该像例子中子彤的妈妈那样，在与女孩协商的基础上，把压岁钱的支配权还给女孩，而自己也要与孩子约定好：假如被发现了乱花钱的现象，家长有权力出来适当地加以干涉，以保证压岁钱的正确使用。

把支配压岁钱的权力交给女孩之后，在父母的指导下，在自我的管理中，女孩能够获得更多的乐趣。她通过自己的管理一步一步将小小的理想实现，而且也不会乱花钱，还能够学会如何理财。因此，在管理压岁钱这件事上，父母要学会用民主的方式来对待。

对于想要自己管理压岁钱的女孩，父母不妨试着采取支持的态度。沙子攥在手中越紧，它就越容易泄漏。教育孩子也是一样，你越是不让她做什么，她却偏要做什么。倒不如随了孩子的意，让她来管理自己的压岁钱。当然，作为父母，我们在正面支持的同时，还要做到在一旁默默地观察与监督。

　　一些女孩的想法比较特别，也许她并不想要用它们来买漂亮的衣服与裙子，也不想要其他物质上的满足。她或许想要拿出其中的一部分钱来帮助需要帮助的人，或许是其他有益而无害的想法，对于这些，父母都应该予以一定的肯定和支持。

建议二：零花钱的数目可以商量着给

　　为了增强家庭的民主氛围，父母在决定给女孩零花钱的额度时最好与女孩一起商议。这样也会让女孩觉得自己是家庭中不可缺少的一分子，在增强她对家庭责任感的同时，也可以让女孩学会如何同他人商议事情。

　　心理专家建议家长，在给女孩零花钱的时候，首先要根据家庭的实际情况来决定。这个过程可以同女孩一起来完成。家长找个空闲的时间，把女孩叫到身边来，与她一同聊关于家庭的事情，问问女孩认为自己的家庭属于哪一个消费层次。父母也可以把自己每个月的收入额度告诉孩子，让女孩心中有一个"家底"的概念。这样，在与她商议零花钱的数目时，也就容易多了。

　　除了要按照家庭收入的情况来确定孩子零花钱的数目外，孩子的年龄大小也是确定零花钱额度的一个重要标准。毕竟，随着年龄的增长，孩子所需要的零花钱也会越来越多。这就要求家长在给女孩讲道理的时候要到位，更要实事求是。父母可以列举出一些实际的花销例子，如上小学需要花些什么，上中学又有哪些消费。在这些例子中，女孩就能够清楚地知道自己应该获得多少零花钱。

　　事实上，每个女孩都是通情达理的，只是在于家长如何加以引导。在与孩子一同将自己的家庭收入规划进某个等级，以及确定了女孩所在的年龄应该获得的零花钱范围之后，女孩所能够得到的零花钱数目也就基本可以确定了。因为在确定这件事的整个过程中孩子都全程参与，因此孩子也就十分愿意接受了，毕竟这是她自己协商出来的数额。

在确定零用钱的数目之后，家长还可以试着与孩子签订一份协议，以避免双方任何一方的反悔与不遵守协议中的条款。当然，协议中还应该清楚地表明：如果遇到了一些特殊或者紧急的情况，家长和孩子需要经过商议之后另作决定。协议中还可以做一些奖励性的规定，例如孩子成绩提高了能够多得多少零用钱，孩子做了好事之后又有多少奖励性的收入，等等。

每个女孩都是家庭中的小主人，与孩子商议零用钱数额的过程就增加了她们对"主人"的理解，也增强了她们对于家庭的责任心。与女孩所签订下的协议可以随着时间的推移而不断地进行修正与完善，这也是见证女孩成长的一个非常好的方式。

零用钱的额度应该符合女孩的实际需要，钱不能随意给，在家庭教育中，家长应该做多方面的实际考察与思考。之后，再决定给女孩零用钱的数额。如果不假思索地胡乱给钱，如果给多了，就会让女孩养成乱花钱的坏毛病；假如给少了，女孩又会对父母的不负责态度感到委屈，从而也会产生对抗的意识。这些对于家庭的和睦以及女孩的成长都是不利的。

细节 90　教女孩一些理财基本知识

古时候，当梵授王在波罗奈治理国家的时候，有个青年小商主，聪明睿智，具有天生的经营本领。

有一天，他在大街上捡到一只老鼠，便决定用它为资本做点买卖。他把老鼠送到一家药铺，药铺老板给了他一枚铜钱。他用这枚铜钱买了一点糖浆，又用一只水罐盛满一罐水。他看见一群制作花环的花匠从树林里采花回来，便用勺子盛水给花匠们喝，每勺里搁一点糖浆。花匠们喝后，每人送给他一束鲜花。他卖掉这些鲜花，第二天又带着糖浆和水罐到花圃去。这天，花匠临走时，又送给他一些鲜花。他用这样的方法，不久便积聚了8个铜钱。

有一天，风雨交加，御花园里满地都是被狂风吹落的枯枝败叶，园丁不知道怎么清除它们。小商主走到那里，对园丁说："如果这些断枝落叶全归我，我可以把它们打扫干净。"园丁同意道："先生，你都拿去吧。"

这小商主走到一群玩耍的儿童中间，分给他们糖果，顷刻之间，他们帮他把所有的断枝败叶捡拾一空，堆在御花园门口。这时，皇家陶工为了烧制皇家餐具，正在寻找柴火，看到御花园门口的这堆柴火，就从小商主手里买下运走。这天，他通过卖柴火得到 16 个铜币和水罐等五样餐具。

小商主现在已经有 24 个铜币了，他心中又想出一个主意。他在离城不远的地方，放置了一个水缸，供应 500 个割草工饮水。这些割草工说道："朋友，你待我们太好了，我们能为你做点什么呢？""等我需要的时候，再请你们帮忙吧！"之后他四处游荡，结识了一个陆路商人和一个水路商人。

陆路商人告诉他："明天有个马贩子带 500 匹马进城来。"听了陆路商人的话，他对割草工们说："今天请你们每人给我一捆草，而且，在我的草没有卖掉之前，你们不要卖自己的草，行吗？"他们同意道："行！"随即拿出 500 捆草，送到他家里。马贩子来后，走遍全城，也找不到饲料，只得花 1000 个铜币买下这个小商主的 500 捆草。

几天后，水路商人告诉他："有条大船进港了。"他又想出了一个主意。他花了几个铜币，临时雇了一辆备有侍从的车子，冠冕堂皇地来到港口，以他的指环印做抵押，订下全船货物，然后在附近搭了个帐篷，坐在里边，吩咐侍从道："当商人们前来求见时，你们要通报 3 次。"

大约有 100 个波罗奈商人听说商船抵达，前来购货，但得到的回答是："没你们的份了，全船货物都包给一个大商人了。"听了这话，商人们就到他那里去了。侍从按照事先的吩咐，通报 3 次，才让商人们进入帐篷。100 个商人每人给他 1000 枚铜币，取得船上货物的分享权，然后又每人给他 1000 枚铜币，取得全部货物的所有权。

由于小商主巧作经营，在很短的时间内，以一只老鼠为本，成了远近闻名的富商。

一枚小小的铜币，在很多人眼里是毫不起眼的，但是在有些人那里却能够"繁殖"出千万资产。也许，世界上产生了富翁和乞丐的原因之一，便是由于他们之间存在着认识上的差别。

只要你有足够的才智，只要你善于思考，那么任何一样物品，任何一件事情，都可以挖掘出非凡的价值！只要善于把握机会，再小的钱也会起到很大的作用。

财富是一个人思考能力的产物。生活中，有很多人之所以能够成功、成为富人，就是因为他们懂得改变自己的思维方式，开阔视野。因而，我们在生活当中，也要积极地锻炼自己的思维能力，这样，在以后的生活当中，就能够敏锐地发现商机，成为一个高财商的人。

成功和失败的分水岭往往就在于我们没有去思考，而有的人去思考、去努力，然后成功了。平庸的人只知道埋头苦干，而成功的人却能"投机取巧"。所以，我们要努力提高自己的思考能力，这对创造财富是很重要的。

"你的头脑就是你最有用的资产。"成功者从来不墨守成规，而是积极地思考，千方百计来解决问题。亿万富翁亨利·福特说："思考是世界上最艰苦的工作，所以很少有人愿意从事它。"但是，如果你想变得富有，你就需要积极地思考，而不是盲从他人。

建议一：妈妈不妨给女孩办一个银行账户

中学生小艾一直都有储蓄的习惯，因为平时能得到的压岁钱和零花钱较多而且预定的用途也不一样，于是她将自己的压岁钱以定期存款的方式存在了农业银行的卡里，而将自己平时结余的零花钱以活期存款的方式存在了建设银行的卡里，后来因为觉得建设银行离自己的家较远，于是又办了一张工商银行的卡，并将建设银行卡里的大部分钱也取了出来，卡里还剩下两百元钱。后来，她很长时间也没有去打理自己建设银行的账户，直到过了两年之后，她想用这张卡取钱了，却发现原来所存的钱已经少了三四十块。

小艾一直只知道存钱会积少成多，却不知还有越存越少的情况，于是就向银行的工作人员询问。后来得知，这是因为银行会对500元以下的小额储蓄账户收取一定的管理费用所致，因为自己的账户每年要被收取12元的管理费，此外还要每年扣除10元的年费，这样在两年之后，原本存有两百元的账户就只剩下了156元了。

小艾因为没有及时关注自己的银行账户并适时进行打理，才导致了存款缩水的现象。青少年的存款本身就不多，为了避免钱越存越少的现象，同时也为了真正做到科学理财，我们确实应该学习一些打理银行账户的相关知识，并努力去执行。

有些女孩从小受到良好的教育，在很早的时候就已经学会勤俭节约，并且也能将自己剩余的零花钱存入银行，逐步学习理财。但在这个过程中，一些人只是单纯地学习了存钱、取钱的方法和步骤，却少有人关心银行账户的打理问题，这是女孩以后要多加注意的。

如果单纯地学习一些存钱的技巧，而不懂得如何打理自己的账户，你的存款不但不会增加，相反还会减少。

了解了这一情况后，女孩们就应该赶快行动起来，积极地去打理自己的银行账户。首先，大家应该明确自己的账户余额，如果准备继续使用该账户，就可以多存些钱在这账户里，使余额保持在规定的底线之上，如果不想使用了，最好能及时销户；其次，女孩的存款毕竟有限，所以最好能少开一些账户，如果已经办了多张卡，在余额有限的时候也最好能整合一下，取消一些不常用的账户，这样既能避免资金上的损失，也是在减轻银行的负担；再次，大家应根据自己的情况，采用恰当的储蓄方式，适当的时候可以选用定期存款、定活两便等方式来代替活期存款，以增加收益、减少损失。

"不积跬步无以至千里，不积小流无以成江海。"所有的成功都不是一蹴而就的，培养财商、学习理财也是如此。如果想要加强自身在这方面的修养，锻炼和增强自己的理财能力，我们就应该从关注和打理银行账户开始，在养成良好储蓄习惯的同时，我们也不能忽视小额钱财的损失，要尽量争取实现储蓄利益的最大化。

我们强调让女孩打理好自己的银行账户，并不是要求大家花费很多的精力去想着和算计自己的存款情况，而是希望大家能在平时存取款的时候稍微留心，尽量合理地运用和节约资源，减少不必要的损失。

建议二：鼓励女孩当个有投资意识的小"财"女

有很多人认为，家长不应该过早地让女孩了解她们将来所要继承的财产与事业，特别是对于有钱人家来说。然而，经验证明，给予孩子的理财教育却是越早越好的。美国人有一套针对孩子的不错的理财教育理念，有很多例子可以作为证明：

有一个名为劳拉的人说，由于他的孩子从小就喜欢吃麦当劳，所以在孩子七岁的时候，他把第一股麦当劳的股票作为礼物送给了孩子，之后的每一年都如此，而且额度也在不断地增加。经过一些年月的积累，孩子所持有的股票已经占到麦当劳公司的一定比例。

法尔瓦诺是新泽西银行的开创者，他在女儿八岁的时候就教育她要有理财投资的意识，还教导孩子怎样管理自己的大学教育基金。没想到的是，法尔瓦诺在女儿十五岁的时候离开了人世，幸运的是他已经教会了女儿如何生存。小法尔瓦诺已经完全有能力依靠自己的力量来管理父亲留下的产业了。

在琳琅满目的消费品市场上，各色极具诱惑的商品深深地吸引着未成年人，让喜欢追赶潮流的他们欲罢不能，口袋里的钱也在经历巨大的考验。在控制花钱欲望方面，比利时人有着相对较好的教育方式。

比利时是一个比较富裕的国家，然而生长于这里的孩子们却从八九岁开始就已经有了为自己的将来投资的意识。在管理钱财方面，孩子们往往非常细心，不到钱攒够的时候绝对不会买自己想要的东西。有很多孩子都会说，自己要等到商品降价的时候才去买。比利时的父母认为，善于管理自己的零用钱，这是培养孩子理财投资意识的小法宝。

如果孩子实在急着要买一件商品，可是钱还没有攒够，这个时候，孩子可以先开口向父母借钱，借助父母的帮助来完成自己的心愿。之后，孩子需要继续攒钱，直到可以偿还父母上次支持自己的数额为止。这种方式能够让孩子知道：任何事情都需要付出代价，自己的欲望得到满足的同时，他还需要在事后偿还钱财。这是控制孩子消费欲望的一个不错的方法。

此外，法国人在培养孩子投资理财意识方面也有自己的方式。法国的孩子从六岁开始就可以获得自己的零用钱，钱的额度也会随着年龄的增长而上升，法国孩子的零用钱数额比同年龄阶段的其他国家的孩子都要多一些。以一年来算，六岁的孩子大约有600法郎的零花钱，14岁的孩子则是1500法郎，高中生甚至达到了6000法郎。法国父母会在孩子的小学阶段就帮助他们开设一个个人的银行账户，并且在里面打上一笔钱，然后就将这笔钱的管理权交给自己的孩子。父母此后就不再进行插手，孩子需要在钱财一进一出之间学会如何理财，如何投资。同时，他们也收获了一份责任心。

有个美国人讲述了关于他女儿的一件事。他的女儿是极具投资理财头脑的小"财"女，通过自己的劳动还获得了生命中的第一桶金。这个美国人告诉女儿，她的这笔钱应该放进她自己的退休账户，等到退休之后就可以有很大一笔收入了。

在教育女孩投资理财方面，家长也可以尝试着这么做：给女孩设立一个劳动基金，每当她做了家务之后，父母不仅要付给女孩"工钱"，而且还需要在她的基金账户中额外地加入这次做家务的劳动额度。例如，女孩拖一次地赚得两块钱的零用钱，按一块钱50分来计算，那么父母就需要在基金中投入100分。经过数年的积累之后，女孩就可以用基金中的钱来支付大学的学费了。

第十九章　忽视健康就等于忽视一切

——健康的身体才是女孩最大的财富

细节 91　妈妈是女孩的营养专家

在中医名著《黄帝内经》中有这样的话："毒药攻邪，五谷为养，五果为助，五畜为益，五菜为充，气味合而服之，以补精益气。"这句话点出了一个人要想身体健康，就必须注意平衡膳食。

人的身体必须有热量才能正常运转，而碳水化合物是身体热量的主要来源。谷类食物中富含碳水化合物，易于人体消化和吸收，所以古人讲"五谷为养"是很有道理的。

有的家长可能会有疑问，那脂肪也是重要的热量来源，为什么不能多吃？这是因为脂肪摄入太多会造成心脑血管方面的疾病，尤其对于女孩来讲不易消化。蔬菜和水果是维生素、矿物质盐和膳食纤维的主要来源，而这三种营养成分可以有效地帮助身体吸收食物中其他的养分，使身体机能保持正常，所以说"五果为助"、"五菜为充"。

鸡鸭鱼肉中富含蛋白质和各类矿物质，这些营养物质可以促进身体的生长和发育，但是如果孩子吃得太多，就会使脾胃受到伤害，为以后的健康埋下隐患，所以说"五畜为益"，也就是说肉类食物对人体虽然有益处，但是不能"五畜为养"，不可以把肉食当主食。家长在日常生活中一定要注意女孩饮食的平衡，只有这样才能够健康地成长。

孩子是纯阳之体，火力比较大，所以爱吃凉的东西。但是生冷之物会直接伤害脾胃，让孩子气血两亏，最后导致体内寒湿过重，影响健康。所以对于正处在生长发育阶段的女孩，父母一定不要再让她继续贪凉，而应该让她们多吃一些性温平的食物。

现在食物极大丰富，一个水果还能被充分利用吃出很多种花样来。有些人就只吃食物的一小部分，比如只吃鱼唇、鸭舌等。其实一个完整的食物的能量和效用是完整的。比如一个鸡蛋，蛋白是凉性的，蛋黄是温热的，加起来吃，鸡蛋是性平的，这对身体最好了。橘子吃多了会上火，可是橘皮却可以清热化痰。所以，父母一定要给女孩多吃完整的食物，吃小小的食物，小豆子、小芝麻、小鱼、小虾之类的，因为它们的能量是最完整的。

现在一年四季都能吃到反季节、跨区域的食物，物质极大丰富。但是，父母要想让女孩保持健康，就要让女孩所吃的食物始终与所处的环境、季节保持一种平衡，因时、因地去选择不同属性的食物，才能保证女孩不生病或少生病。

建议一：饮料不能当水喝

如今，市场上的饮料可谓五花八门，各种饮料在宣传的时候都声称具有补充营养、益智健脑等功能，于是很多家长都让女孩喝饮料，甚至用饮料来取代水。殊不知，人体内水分的来源主要靠喝水，而长期喝饮料会危害到女孩的健康，影响女孩的正常发育。

在古代，名医朱丹溪就曾说过，人在十六岁之前血气旺盛，但是阴气不足，所以这个阶段一定要注意补阴。而白开水是最好的养阴圣品，但如今绝大部分女孩却对白开水不怎么"感冒"，而是喜欢甜滋滋、酸溜溜的饮料。

不可否认，饮料中含有大量的水，而且还含有一些对身体有益的物质，与此同时，我们也不能否认，饮料中还含有大量的脱水因子，这些脱水因子进入身体后，不仅让进入身体的水迅速排除，而且还会带走体内储备的水，这对女孩的健康来说才是大忌。调查研究表明，经常喝饮料易造成女孩肥胖、营养不良、身体免疫力降低、易患多动综合征，某些特殊饮料还可导致女孩性早熟。

白开水不仅解渴，而且最容易透过细胞促进新陈代谢，调节体温，增加血液中血红蛋白含量，增进机体免疫功能，提高人体抗病能力。温开水能提高脏器中乳酸脱氢酶的活性，有利于较快降低累积于肌肉中的"疲劳素"——乳酸，从而达到消除疲劳的目的。

那么，怎样教女孩补充白开水才最科学呢？在白天的时候，我们应在女孩两顿饭期间安排她们适量饮水，不要等到口渴时才想起喝水，因为感到口渴时，体液已经有所损失了。也不要大口吞咽，因为喝水太快、太急，会无形中把很多空气一起吞咽下去，容易引起打嗝或腹胀，因此最好先将水含在口中，再缓缓喝下。

作为父母，应该告诉女孩在睡觉之前要少喝水，起床后宜多喝水。因为睡前喝太多的水，会造成眼皮水肿，半夜也会老跑厕所，使睡眠质量不高。而经过一个晚上的睡眠，人体流失的水分很大，早上起来需要及时补充，因此早上起床后空腹喝杯水有益血液循环，也能让大脑清醒，使一天的思维清晰敏捷，有助于学习。

建议二：女孩零食要有节制

因为女孩生长发育迅速，消化食物的速度也很快，所以她们会很容易饥饿，总是在饭后吵着要吃零食。一般人都知道只有三餐搭配合理，孩子才能健康成长，而零食作为三餐之外的补充食品，同样也要吃得合理。那么，给女孩吃什么样的零食才有益于她们的身体健康呢？

有的女孩爱吃爆米花和皮蛋，而爆米花在制作过程中，机罐受高压加热后，罐盖内层软铅垫表面的铅有一部分会变成气态铅，皮蛋的原料中则含有氧化铅和铅盐，而铅能取代其他矿物质铁、钙、锌在神经系统中的活动地位，因此是脑细胞的一大"杀手"，如果长期吃含铅的食物或者所食的食物含铅量过高，就会损害大脑导致智力低下。

有的女孩喜欢吃油炸及烟熏的食物，要知道，油温在200度以上的煎炸食品以及长时间暴晒于阳光下的食物中都含有比较多的过氧脂物，然而过氧脂物对大脑的伤害很大，这种食物会在人体内积聚，使人体某些代谢系统受到损害，导致大脑早衰，所以女孩还是少吃炸薯条、烧鸭、熏鱼等食物为好。

很多时候，女孩喜欢吃的食物往往是对身体不好的。那么在给女孩选择零食方面，父母们应该合理地为女孩选购。

奶制品中含有优质的蛋白质、脂肪、糖、钙等营养物质，因此女孩可以适量食用，酸奶、奶酪可作为下午的加餐，牛奶可早上和睡前食用。水果中含丰富的矿物质、维生素和有机酸，经常吃水果能促进食欲，帮助消化，对女孩的生长发育是极为有益的，所以在每天吃完饭后，女孩也可以吃适量的水果。

在每天午饭、晚饭之间或午睡后，可以给女孩一些零食，但量不要多，应该占每日总摄入食物量的 10%～15%，不能让女孩在饭前吃零食，否则会影响正餐进食。

尽量让女孩远离高糖、高脂肪的食物。太甜、太油腻的糕点、糖果、巧克力不宜经常作为女孩的零食。因为这些食物的热量高，油脂多，不易被女孩消化，如果经常食用还会引起肥胖。

细节 92　好妈妈要学几招疾病应急方法

感冒是一种常见病，越是免疫能力低的女孩就越容易感冒，所以女孩容易患感冒是很正常的现象。

感冒又分为普通感冒和流行性感冒两种。

普通感冒又可以称为呼吸道感染，是由多种病毒所引起的常见的呼吸道传染病。当女孩淋雨、过度疲劳或者是营养不良的时候，就很容易患感冒。这种感冒一般会表现为打喷嚏、流鼻涕、咽喉肿痛等，一般会持续 7 天左右。当女孩患感冒的时候，一定要嘱咐女孩多喝开水，多休息，这样有利于早日康复。

和普通感冒相比，流行性感冒就要相对顽固一些。流行性感冒主要也是经过空气、飞沫再通过呼吸道传染。由于流行性感冒的症状与一般的伤风感冒极为相似，很容易让家长分不清而忽略它。但是与普通的感冒不同的是，流行性感冒会来得更加突然，对于女孩来说，这样的感冒会非常不舒服。

一般来讲，感冒这样的病是不需要去医院治疗的，但是如果出现了以下的情况，就需要去医院了：

如果女孩出现了连续的低烧；

如果女孩出现呕吐症状，而且不愿意喝水，那也许就不仅仅是普通感冒了，甚至有可能是肺部感染；

如果女孩总是说自己不舒服，却又说不清楚的话，那家长最好带她去医院看一下。

普通感冒通常来说是没有特效药的，这个时候家长能做的主要就是减轻女孩的感冒症状，尽可能地让她舒服一点，而且一定要让她多喝水。这个时候，吃饭少点没有关系，如果女孩胃口不好的话，可以少吃一些，但是一定要多喝水。

如果女孩在感冒的几天后出现了发热症状的话，那很有可能就是继发性的细菌感染所致，那就有必要在医生的指导下服用一些抗生素来治疗。

抗生素之类的药品应该尽量避免使用，这一类的药物在国外是禁止使用的。抗生素有很大的副作用，会破坏人体的免疫力，更会使内脏功能出现失常症状。

建议一：好妈妈对付女孩发热有妙招

孩子出现发烧，一般而言是由于扁桃体发炎而导致的上呼吸道感染所致，普通的感冒也有可能会引起发烧。总之，分析发烧的原因，感染是其最主要的原因，在发烧的时候还会伴随出现流鼻涕、喉咙肿痛、耳朵痛或者是咳嗽等症状。

千万不要小看发烧，因为发烧的病症一旦恶化，很容易转成其他性质更加恶劣的疾病。所以，家长们不可以小看发热，对于发热要有一个清楚的认识。

发热，它的实质只是疾病的一种表现方式，而并非是一种疾病。如果将发热理解成为一种疾病，是错误的。基本上，发热都是由于感染而引起的，可能是病毒感染，也有可能是细菌感染。当人体在发热的时候，实际上是身体的免疫系统在和病菌顽强地抗争着。当人体在发热的时候，会感觉很难受，甚至会出现一些恶心、呕吐、抽筋、昏厥的症状，所以首要做的工作就是降温，这一点非常关键，即便是不能治病，但是可以降低不舒适感。等发烧过后，要想消除不舒适感，还要再经过一段时间，依靠自身的免疫力。

有的时候，家长还容易对这样一个问题闹不明白，那就是：女孩体温高到多少才算是发烧？

一般来说，发热的温度肯定是高于正常的体温，而我们知道人体正常的体温应该是 37℃ 左右。当然，根据具体情况也会有所不同，很多女孩的体温会低于正常的体温，有的时候会比正常的体温略高。这个判断的标准，必须要以温度计为准。有的时候，当家长觉得自己的孩子体温很高的时候，会误认为她发烧了，如果再拿温度计量一量，就知道其实孩子并没有发烧。

当女孩发烧时，家长应带着女孩及时去医院治疗。

女孩在发烧之后，通常会出现食欲不振的现象，这个时候家长应该给女孩吃一些以流质、营养丰富、清淡、容易消化的饮食为主。另外，还要让女孩多喝温开水，增加体内组织的水分，这些做法都能有效地帮助女孩身体的恢复。然而有些家长觉得女孩发烧了，应该多给她们增加营养，会给她们做看起来好吃容易消化的鸡蛋面汤，但是鸡蛋富含蛋白质，很容易使温度降低，还有可能使体温增加，并不利于女孩的早日康复。

很多女孩的发烧是因为感冒引起的，如果有明显的发冷症状却不是发烧的话，家长们可以用生姜红糖水为女孩驱寒，并在水里加上两三段一寸长的葱白，这样有利于女孩发汗。如果女孩发烧的时候舌苔的颜色是黄色的，那说明女孩内热大，这个时候就不可以喝姜糖水，而应该让她喝大量的白开水。

建议二：治疗咳嗽，化繁为简

其实，咳嗽并非是件坏事，而且这是人体保持胸腔清洁的一项很好的措施。比如，女孩在吃饭的时候不小心呛了一下，这个时候很自然地开始咳嗽，将气管中的异物咳出来，没有什么不好。

在很多时候，咳嗽是人体中的一种反射活动，能够保持气管以及肺部的清洁。如果女孩的咳嗽很严重的话，一般会有以下表现：

1. 夜间咳嗽。如果女孩在夜间不断咳嗽，或者在运动过后不停地咳嗽，很可能是哮喘的表现症状。千万不要错误地认为只有呼呼喘气才是哮喘，小孩子哮喘的一个重要标志就是咳嗽。

2. 呼吸急促伴有干咳。这样的情况一般是由支气管炎引起的，大多发病于婴儿，而年龄稍微大一点的女孩一般不会患这样的病。当女孩出现这样的症状时，可以通过使用喷雾剂来减轻症状。

3. 支气管炎和肺炎。这两种病都是由于感染引起的，女孩在 4 ～10 岁的时候比较容易患肺炎，肺炎是肺部出现的感染，支气管炎是呼吸道出现的感染。

女孩在小的时候很容易咳嗽，尤其是在秋冬时节。在这里家长需要注意，并不是说女孩咳嗽就要赶快用药或者看医生，过度用药会使女孩的胃口变差、食欲不好、营养跟不上、抵抗力差等，这样的女孩往往会长成一副面黄肌瘦的样子。所以当女孩出现咳嗽症状的时候，必须及时去看医生。

当女孩还在蹒跚学步的时候，出现了持续的咳嗽，那么潮湿的空气将有助于她们缓解咳嗽的症状。家长们可以试一下，带着女孩到浴室，然后打开热水喷头，这对治疗女孩的咳嗽，会有很好的效果。当然，家长们可以在室内放一个电水壶，打开盖子，让壶里的水保持充足并且保持沸腾。这样做的时候要注意的是，要保证电热水壶中有足够的水，防止电壶烧干。

当女孩咳嗽的时候，先不要盲目地使用镇咳药，当女孩有痰的时候，通过咳嗽可以将痰排出体外。只有当咳嗽频繁以至于影响到女孩的睡眠或进食的时候，才可以选择镇咳药。女孩在咳嗽的时候会出现不同程度的脱水，这个时候家长要让女孩多喝水，这样才有助于毒素的排出。

细节 93 女孩的身体靠调养

我们都知道一句话：只有早睡早起，才能保证身体的健康，而且我们也能感觉到，如果前一天晚上有一个良好的睡眠，那么第二天我们就会感到精力非常充沛，这是为什么呢？

其实，睡眠就像空气、阳光、水分一样，是我们体内不可缺少的"营养"，它可以帮助人的大脑消除疲劳，促进生长激素的分泌，增强机体的免疫力，对于正处在生长发育期的女孩来说，每天保证 9 个小时的睡眠是很有必要的。

但是，这对于很多女孩来讲却并不容易，因为很多女孩早已经养成熬夜看电视的习惯，更喜欢在早晨睡懒觉，快帮帮她们改掉这样的坏习惯吧。

家长可以帮助女孩为自己制定一个作息时间表，然后严格地按照表上的作息时间来要求自己，每天在晚上 9 点钟之前睡觉，早上的时候可以设一个闹钟，让它来帮助女孩养成良好的睡眠规律。如果实在是起不来的话，可以把闹铃时间调得稍微早一些，让女孩自己有一点"缓冲"的时间，不至于觉得起床是件很难受的事情。

另外，如果女孩刚刚被闹钟叫醒时感到身体很不舒服，就可以下床做少量的运动，比如说弯腰、伸腿、转动手腕等，这样的话可以帮助女孩尽快地清醒过来。

有一句健康谚语叫"坐有坐相，睡有睡相，睡觉要像弯月亮"，所以女孩在睡觉时应采取这样的标准睡姿：身体向右侧卧，屈右腿，左腿伸直；屈右肘，手掌托在头下；左上肢伸直，放在左侧大腿上，这样的睡姿就像一轮弯月亮。

建议一：不要让女孩蒙头睡觉

有些女孩因为在黑暗中会感到害怕，所以不少家庭整夜地为女孩开着灯，这种做法其实是错误的。

在熄灯睡眠后，人体的生理机能协调，代谢平衡。但女孩如果长时间处于人工光源照射下，由于微妙的"光压力"，女孩的视网膜生理调节会受到干扰，眼球和睫状肌得不到充分休息，久而久之，就会影响女孩的视力。

专家经过研究也发现，晚上经常处于光照环境下的女孩，钙质的吸收会降低 25％ 左右。而钙质的缺乏，不仅会引起近视，还会使女孩出现入睡后易醒易惊等许多问题，这对女孩的生长发育不利。另外，还有可能影响女孩的中枢神经，导致女孩出现智力和语言障碍。

所以，为了让女孩健康发育，晚间入睡后应熄灯，并且不要在女孩身边开灯干活、阅读或看电视。

有些女孩在冬天因为怕冷，或者是自己睡觉害怕，所以总爱把头蒙在被窝里，这样做对健康是非常有害的。因为人在入睡的时候，身体内的各个器官仍然在不停地运动，这就需要吸进新鲜空气，呼出二氧化碳。而蒙头睡觉就会导致这些二氧化碳在被窝里不断积累，容易造成空气污染，使含氧量降低。当空气中的二氧化碳达到 1％ 时，人就会呼吸困难，达到 5％ 时就会出现气喘、头晕、四肢无力等症状。因此，蒙头睡觉的女孩在清晨起床后，经常会感到头痛、眩晕、精神委靡不振，这就会严重影响白天的学习效率。所以，为了身体的健康以及白天能有一个良好的学习效率，应该让女孩在睡觉的时候不要把头蒙住。

建议二：饭后不要立即睡觉

经过一个上午的学习，女孩通常会感到很疲劳，这时，利用中午休息的时间小睡一会就显得尤为重要，午睡可以帮助女孩补充睡眠，使其身体得到充分的休息，进而消除疲劳，提高下午的学习效率。虽然午睡很重要，但是家长也要帮女孩做到科学午睡，否则可能会适得其反。

首先，午饭后不能立即睡觉，因为刚吃完饭就午睡，这时胃里充满了食物，很可能会引起食物反流，使胃液刺激食道，轻则让女孩感到不舒服，严重的则可能产生反流性食管炎，所以，午饭后最好先轻微地活动 15 分钟，然后再入睡。

其次，午睡的时间不能过长，达到半个小时左右就可以，因为睡得时间过长，人就会进入到深度睡眠的状态，大脑中枢神经会加深抑制，体内代谢过程逐渐减慢，醒来后就会感到更加困倦，影响下午的学习。

再次，午睡时最好以平躺姿势为好，许多人为了省事，习惯坐在椅子上或趴在书桌上睡觉，这样会压迫身体，影响血液循环和神经传导，轻则不能使身体得到调节、休息，严重的可能导致颈椎病。对于实在没有条件而又需要午睡的女孩来说，至少也应该在椅子上或书桌上采取卧姿休息。

虽然午睡是非常重要的，但对于那些没有午睡习惯的女孩，顺其自然是最好的方式。因为午睡是一种需求和享受，它可以充分休息和放松心情，但对于没有这种需求的女孩来说，强迫自己午睡，反而可能扰乱生物钟，导致疲劳和困倦。

如果女孩饭后有困乏感觉，可让其稍加休息，适当玩一会，散散步，这有助于腹肌节律性地收缩，使胃肠活动，促进胃肠功能。如果吃饱饭马上上床睡觉，则会影响胃的正常蠕动和消化液的正常分泌，妨碍胃的正常活动，天长日久，会出现消化不良和胃病。可见，刚吃完饭就睡觉，是一种不良的卫生习惯，因此家长应避免女孩饭后立即睡觉。

即便是白天，也不要让女孩在睡觉的时候开窗子。在炎热的夏天，许多女孩喜欢开着窗户，露着肚子睡觉，即使是到了秋天，气温开始下降，一些女孩也仍然延续着夏天的习惯。其实，人的肚脐部位没有脂肪组织，表皮角质层比较薄嫩，所以肚脐的屏障功能很差，是腹壁薄弱处之一。而初秋时节正是寒暖交替、冷热交锋的时候，前半夜暑去爽来，让人感到非常凉爽，后半夜寒邪下注，室内暑湿上蒸，二者相交在一起，如果这时露着肚子睡觉，寒邪就很容易从肚脐进入到人体内，导致人体经脉阻滞、气血不通，出现腹部疼痛、呕吐、不思饮食、腹泻等症状。所以，在女孩睡觉的时候一定要关好窗子，最好能够盖好被子，只有这样才不至于因为身体受凉而患疾病。

细节 94　合理运动保障健康

俗话说"饭后百步走，能活九十九"。很多家长受到这句话的影响，不仅自己每次吃完饭后要起来活动一下，而且还让女孩跟着自己一起活动，那么，这种做法是否有益于女孩的健康呢？

在吃完饭后，胃部正处于充盈状态，这时必须保证胃肠道有充足的血液供应，以进行初步消化。如果饭后马上活动，血液就必须抽出一部分来满足身体其他部位的需要，供应给胃肠的血液就会减少，食物也就不会得到充分地消化。而饭后让女孩适当休息一下再活动，就可以保证胃肠道得到更多的血液供应量。

走路对于人的身心健康都大有裨益，同时如果能够经常跳绳的话，那就可以加快肠胃的蠕动和血液循环，促进身体的新陈代谢，这对于身体的健康十分有益。当女孩手握跳绳的时候，会刺激拇指的穴位对脑垂体发生作用，进而增加脑细胞的活力，提高思维想象能力，起到健脑的作用。此外，跳绳还可以增加女孩的平衡感和节奏感，有助于女孩左脑和右脑的协调发展。

建议一：女孩不宜过早进行的运动

在生活中，女孩因为运动而造成伤害的事情并不少见，所以家长要让女孩知道哪些运动不宜过早地进行。

1. 拔河。女孩的心脏正处于发育阶段，神经对心脏调节功能尚不完善，当肢体负荷量增加时，就必须依靠提高心率来增加供血量。拔河时女孩需要屏气用力，有时一次憋气可能长达十几秒钟，当女孩由憋气突然变成开口呼气时，静脉血流也会突然涌向心房，这有可能损伤女孩的心房壁。

拔河除了会对女孩的心脏造成影响，还可能会伤到她们的"筋骨"。儿童时期的肌肉主要是纵向生长，固定关节的力量非常弱，骨骼弹性大而硬度小，拔河时极易引起关节脱臼和软组织损伤，抑制骨骼的生长，严重时还会引起肢体变形。

2. 倒立。女孩的眼压调节功能是比较强的，但是如果经常进行倒立或者每次倒立的时间过长，就会损害眼睛对眼压的调节，从而影响眼睛的发育。

3. 滑板。女孩的身体正处在生长发育的关键，如果经常玩滑板，就会造成腿部肌肉过分发达，影响身体的全面发育，甚至会影响女孩的身高。

4. 掰手腕。掰手腕时需要屏气，这样会使女孩的胸腔内压力急剧上升，静脉血向心脏回流受阻，而后，静脉内滞留的大量血液会猛烈地冲入心房，对心壁产生过强的刺激。而且女孩四肢各关节的关节囊比较松弛，坚固性较差，掰手腕时很容易发生扭伤。

5. 兔子跳。女孩在做兔子跳运动时，身体重心所承受的重量相当于自身体重的 3 倍，每跳一次膝盖骨所承受的冲击力相当于自身体重的 1/3，这很容易造成韧带和膝关节半月板损伤。

同时，家长们还要明白这样一个道理：运动固然能够使身体健康，但是也需要把握好度，不能过力、过量。一个人如果长时间做过量的运动，就会使大脑机能受到损伤，尤其是小女孩，运动过量极容易让她们出现注意力不集中、失眠、健忘等现象。而且对于女孩来说，有些运动损伤是难以彻底恢复的，严重时甚至会影响到她们正常的生长发育。例如，每天都做超过自身承受能力几倍的大运动量，就会使她们的肌肉长期处于极度疲劳的状态而导致肌肉疲劳损伤，从而留下运动损伤后遗症。

建议二：女孩也可以"赤脚走"

赤脚走这项运动，一般的家长都不太喜欢接受，可能是觉得这样的运动有伤大雅，也可能是担心女孩会把脚划伤。但是从健康的角度来说，让女孩经常进行"赤脚走"对她们的身体健康是有益的。

人的脚是由骨头、肌肉、肌腱、血管、神经等组成的器官，脚上的穴位很多，并有许多与内脏器官连接的神经反应点，所以中医认为脚是人体之根，脚部血液循环的好坏，与脑、骨盆内的血液循环密切相关。如果女孩能够经常赤脚活动，有利于促进全身血液循环和新陈代谢，并可以调节内分泌功能，提高机体对外界变化的适应能力，预防神经系统和心脑血管病。赤脚活动对锻炼踝关节的柔软性也至关重要，如果踝关节僵硬或柔软性差，女孩在活动时不仅易疲劳且极易跌倒，在走路较多的情况下，足弓会变硬甚至变形。女孩经常赤脚活动，还可以满足女孩喜欢光脚的愿望。大多数女孩活泼好动，特别是在炎热的夏季，鞋内又潮又闷，然而女孩的皮肤娇嫩，对细菌的抵抗力差，赤脚可以减少因穿鞋不当而引起的鸡眼、脚癣、脚部软组织炎症等。

所以，家长在能够保证女孩安全的情况下，不妨让女孩在露天的某些场地练习一下赤脚走，这将对她们的身心健康大有好处。

少年儿童时期是女孩在一生中生长发育最重要的时期，她们在这一阶段如果能够科学地锻炼身体，不仅可以促进身体的血液循环和发育，还可以增强抵御疾病的能力。这对女孩一生的健康都很有益。

当女孩在进行体育锻炼的时候，不但要注意身体各部位的协调发展，同时也要发展力量、速度、耐力、柔韧、灵敏、平衡等各项身体素质，并且能够提高生活劳动所必需的跑、跳、投掷、攀登和游泳等实用技能。在锻炼中培养果断、机敏、勤奋、吃苦耐劳、大胆沉着的意志品质，才能起到健身、强身、养身的功效。

家长要鼓励女孩专心地做好课间操和上好体育课，并且积极地参加学校组织的各种体育活动。每当到了周末或者是节假日的时候，不仅要让女孩能够认真地完成功课，还要让女孩与其他的小伙伴一起多参加户外活动，比如说打羽毛球或者慢跑等。

如果女孩患病了的话，家长应该帮助她们有选择地来进行锻炼，比如说患呼吸系统疾病的女孩要避免静止的肌肉用力，刮大风时应停止体育锻炼，天冷时严格遵守用鼻吸气的原则，避免冷气直入肺部；患心血管系统病的儿童不宜做剧烈的运动，锻炼时间以 30 分钟左右为宜。患消化系统疾病的女孩要加强腹肌锻炼，多进行温水浴，不可做剧烈运动和引起身体震荡的运动，例如跳高、跳远等。

细节 95 　 女孩身体的烦恼

晶晶最近比较烦。

"晶晶，全市数学竞赛，老师已经帮你报名了，这个周六要记得去参加。"数学老师和蔼的笑容中透出了期待。

"嗯，谢谢老师，我一定争取好成绩。"晶晶嘴上这么说，其实心里别提有多郁闷了。因为，这个时候，她还要同时准备一场朗诵比赛。

调节一下，换个彩铃吧："学校的生活实在太枯燥，我学学这个学学那个忙得不得了；我的烦恼又有谁能知道，学得太累学得太多消化不了。"

晚上12点了，爸爸妈妈都已经睡觉了，而晶晶却在灯下苦苦进行"题海战术"。外面施工的声音隆隆不绝，恰巧这个题目无论如何就是想不出来。

晶晶一时气不打一处来，紧皱了眉头，咬着笔杆，抓着头发……终于忍不住了，把手中的笔使劲地摔在桌子上。心里突然产生了强烈的怨恨：都怪老师不好，一点都不体谅我们这些做学生的，交代给我这么多事情，叫我做得完吗？外面的人也太缺德了，这都晚上几点了，还制造这么大的噪音，还让人休息吗？讨厌！还有，爸爸妈妈也是，根本就不应该把我送进这所学校里面来。总之……一切都很令人生厌！

过了半个小时，终于安静下来了，外面也不吵了，晶晶洗洗脸，准备清爽一下再重新想想这道做不出来的题目，可是，墙上的钟表却一直"滴答""滴答"响个不停，烦人！

这个钟表的响声也太大了啊！扰乱了晶晶的思路，真讨厌。算了，还是去睡觉吧。

晶晶关上了台灯，飘到自己的小床上睡觉，可是无论怎样就是睡不着。她翻来覆去，很长时间过去了还是睡不着，于是就使劲地踢被子，床上发出"嘎吱""嘎吱"的声音。

半夜的时候，妈妈中间醒过一次，顺路来到晶晶的房间看看她。其实这时晶晶还没有睡着，看到妈妈来了，不禁带着哭腔说："妈妈，我睡不着啊，难受死了。"

妈妈看到晶晶这个样子，温和地拍拍她："晶晶，恢复平静的情绪，你很快就可以睡着了。"

晶晶暴躁的脾气停了下来，和妈妈说："我要准备朗诵比赛，还要准备数学竞赛，这个周末还有考试，每天作业又这么多，想起来就觉得头都炸了啊。"

"嗯，妈妈知道晶晶很辛苦，不过事情要一件一件来处理，我们只要尽力了，就不要去想结果，抱着这样的态度，最后的效果可能会更好些的。如果你听妈妈的话，就先冷静下来，不想这些事情，只管好好睡觉，明天早上起来我们一起制定一个合理的学习计划，好不好？"

妈妈的话就像一颗定心丸，让晶晶一下感觉放松了许多，真的不一会儿就睡了啊。

青春期是焦虑症的易发期，由于在这个时期个体的发育加快，身心变化处于一个转折点。随着第二性征的出现，可能有些女孩对自己的体态、生理和心理等方面的变化，会产生一种神秘感，甚至不知所措。好奇和不理解往往会出现恐惧、紧张、羞涩、孤独，引起自卑和烦恼，还可能伴发头晕头痛、失眠多梦、眩晕无力、口干厌食、心慌气促、神经过敏、情绪不佳、体重下降和焦虑不安等症状。

青春期焦虑症可能会严重地危害青少年的身心健康。如果长期处于焦虑状态，会使神经衰弱，所以必须及时予以合理治疗。一般是以心理治疗为主，下面介绍几种不错的方法：

1. 暗示疗法

自信是治疗青春期焦虑症的必要前提，所以即便患病的是女孩也要相信这并不可怕，而是要暗示自己树立信心，正确认识自己，相信自己有处理社会性事件和完成各种工作的能力，坚信通过治疗可以完全消除焦虑疾患。通过暗示，患者每天多一点自信，焦虑程度就会降低一点，同时又反过来使自己变得更自信。通过这种良性的循环就可以摆脱焦虑症的纠缠。

2. 深度松弛疗法

如果能够学会自我深度松弛，就会出现与焦虑症所见相反的反应，自我深度松弛对焦虑症有显著的疗效，比如：患者在深度松弛的情况下去想象紧张情境。首先出现最弱的情境，重复进行，患者会慢慢在想象出的任何紧张情境或整个事件过程中，都不再体验到焦虑。

3. 分析疗法

也许有时你会有这样的反应：成天忧心忡忡、惶惶犹如大难将至，痛苦焦虑，不知其所以然。此时，患者应分析产生焦虑的原因，或通过心理医生的协调，把深藏于潜意识中的"病根"挖掘出来，必要的时候可以进行发泄，这样，症状一般可以消失。

4. 刺激疗法

如果你感觉自己总是胡思乱想、坐立不安、痛苦不堪，此时患者可采用自我刺激，转移注意力。如在胡思乱想时，找一本有趣的能吸引人的书读，或从事自己喜爱的娱乐活动，或进行紧张的体力劳动和体育运动，以忘却其痛苦。

5. 催眠疗法

如果有睡眠障碍怎么办呢？难以入睡或从梦中醒来的时候，如果想恢复平静，可以进行自我催眠，比如可以闭上眼睛，进行俯瞰："我现在躺在床上，非常舒服……我现在开始做腹式呼吸……呼吸很轻松……我的杂念开始消失……我的心情平静了……眼皮已经不能睁开……手臂也很重，不想抬了，也抬不起来……我的心情十分平静……我困了……我该睡觉了，我能愉快地睡着……明早醒来，我的心中会非常舒畅。"你可以试试，也许会很管用呢。

建议一：告诉女孩节食不是唯一的减肥办法

"冰冰，小脸有肉了。"居然连老师看到冰冰都会这样说，弄得冰冰有点不好意思了。

女孩的身材很重要啊，谁不希望自己能瘦一点呢？冰冰很羡慕那些长得瘦的孩子，人都显得很精致。冰冰也很怨自己，谁叫自己在家里吃了这么多东西，怎么会不发胖呢？

不行，冰冰要给自己安排一个"减肥计划"。冰冰拒绝吃各式快餐，而且饮食以素食为主，鱼肉之类坚决不要碰。不仅如此，米饭也要尽量少吃，因为稻米属于"淀粉类"的食物，吃多了也会发胖。所以，要想成功减肥，就要管住自己的嘴。

妈妈似乎看出来冰冰有点不好好吃东西，除了吃饭的时候叨叨两句之外，这几天把饭菜做得色香味俱全，今天是"叉烧鸡腿"，明天是"蟹棒炒虾仁"，总之，拿出十八般武艺，希望能勾起冰冰的食欲。

看到老妈做出的菜肴，冰冰口水都要流出来了，恨不得把一整盘菜端到眼前大吃一气，可是，自己已经下定决心要减肥了啊，在苗条和美食之间，一定要舍弃一个。

"无论多么好吃的菜，都诱惑不了我。冰冰，千万不能吃，吃了你总还是那么胖。"冰冰在和自己作心理斗争，还好，抗住了，她没有动筷子夹一口尝尝。

"来，冰冰，就吃一口，你一定会喜欢妈妈做的菜。"

妈妈给了冰冰温柔的一刀。

"不行，一口也不吃，不想吃。"面对如此的考验，冰冰要保持住自己的气节。

冰冰拿起筷子，只吃桌上的那一盘"素炒笋片"，希望自己能保持住吃素的持续。

"冰冰，最近一段时间，看你总是不好好吃饭，是怎么回事啊?"妈妈直截了当地问她，"是不是想减肥啊?"

看到妈妈胸有成竹地问话，冰冰点点头承认了。

"俗话说了，一口不能吃成胖子，一下子也不可能吃成瘦子啊。你现在正处于青春期的发育阶段，身材稍稍胖一点没有什么不好啊。可能你认为，你的体重是和你每天吃多少有直接关系的，如果你超重或是肥胖，一定是与你长期过度饮食有关。所以你就觉得如果以后吃得少了，就可以减肥了，对吧?"

"是啊，我就是这样想的。"老妈真是神算啊，"胖了一点都不好看。"

"其实你这样想是错的，这是一个误区。事实上，如果你吃得很少，体重当然会减轻，但减得更多的是肌肉，而不是脂肪。我们的身体非常聪明，它会在食物充足的时候贮藏能量，在你饿的时候节约能量。当你在绝食或者减少饮食的时候，他的身体会以为饥荒来了，它就会尽可能地节约能量，把你的新陈代谢水平降下来。而肌肉往往被首先划分出来供给能量。这时，你会觉得不想动，总想休息，无精打采。"妈妈很专业地帮冰冰分析了一下这样减肥的不可行性。

"如果用这样的方法减肥，我敢断定你不会坚持太久，因为强烈的饥饿感和食欲会逐渐超过你最开始减肥的决心。到了那一刻，你又开始了原来的饮食习惯，继续大吃大喝，你的体重也会迅速增加，甚至超过了你原来的重量。"

听了老妈的一番分析，冰冰恍然大悟，顿然觉得妈妈所说的一席话，省了她少吃 10 顿饭！

青春期是人体生长发育最旺盛的时期，身体需要充足而均衡的营养，而节食势必造成营养缺乏，从而给身体造成极大的危害。

首先，节食会使人体的各种维生素摄入不足，谷类中含有丰富的维生素 B2，如不足时会出现口角炎等病症；而蔬菜中则含有大量的维生素 C，缺乏时会造成坏血病症；维生素 D 缺乏则可引起骨代谢异常，身体长不高，甚至骨骼变形；维生素 A 缺乏则会出现夜盲症。

其次，节食会引起蛋白质摄入不足，女孩的青春期发育一般较男孩子早，同时伴有明显的内分泌变化。蛋白质不足的后果最为严重，造成营养失衡，从而使发育缓慢、消瘦，抵抗力下降，智力发育也会受到一定的影响，严重者还会出现营养不良性水肿。

最后，节食还会导致人体所需的热量不足，处于青春期的女孩机体代谢旺盛，活动量大，机体对营养的需要相对增多，每日所需要的热量一般不少于 12552 千焦，如果达不到这一要求，就会对生长发育产生影响，青春期的热量应高于成年期的 25％～50％。

青春期厌食症会导致人的体重下降、消瘦、营养不良、闭经等。要改善营养状况，就要吃东西，少量多餐，逐步增加消化能力。不能完全由饮食补充时，需静脉补充，当体重下降了原体重的 35％～40％，或在 3 个月内体重下降 25％～30％时，就会出现心律不齐或贫血，在消化能力逐渐好转的情况下，可用药物刺激食欲。

总之，处于青春期的女孩正是长身体、长知识的重要阶段，这一阶段的体质将影响到一生的健康。所以，单纯为追求外表美而不科学地节食是不可取的。

建议二：怎样才能长得再高一点儿

　　今天的体育课上，同学们组织了一场小型的篮球比赛。

　　在这场比赛中，成绩最好的要算是"蒜瓣"了。也难怪她的成绩好，因为她长得很高，而且平时又热爱运动，所以只要轮到她投篮，十有八九会投进。况且，"蒜瓣"投篮的姿势可帅了，竟然引来好多小女生在旁边为她喊："蒜瓣，加油！蒜瓣，加油！"

　　"不公平哦，人家全靠长得高嘛。"媛媛一脸的不服气。

　　确实如此，身高当然是优势，不仅可以使女孩子看起来亭亭玉立，还可以在篮球比赛上获得优势。

　　冬冬的海拔低得可怜，也只好和媛媛一起哀叹起来。不过，看到"蒜瓣"的英姿飒爽，居然希望自己也可以长得很高。

　　冬冬觉得很奇怪呢，要说自己的爸爸妈妈，都长得很高啊，为什么偏偏自己会长得这样矮呢？

　　回到家，冬冬迫不及待地问了妈妈："妈妈，我想长高一点，您有好办法吗？"

　　"就你这样，怎么会长得高。"妈妈说话明显带出了抱怨的口气，"整天这个也不吃，那个也不吃，又不喜欢锻炼。要想长高，就要多吃多运动。"

"你现在正处在生长发育的关键阶段，这时候身体对能量和各种营养素的需求逐渐加大。人体50％的体重、15％的身高在此期间获得，体内脂肪开始积累，骨骼增长加速，上下肢比躯干长得快，肩宽和骨盆开始增大，从少年状态开始转变成青年、成人状态。营养不良的孩子青春期发育可以推迟1～2年，所以呀，你现在就是营养不良了。知道吗？你如果想长高，以后就要好好吃饭，还要多运动。"

在人的一生中，只有两个快速生长时期，第一个是在婴儿期，第二个就是青春期。青春期的女孩一般从9～11岁开始，身高每年增加6～8厘米，甚至有的可以每年加高10～12厘米，是人生一个重要的生长高峰。过了青春期，身体各方面基本发育成熟，骨骼完全钙化，身高也就停止增长，到那个时候要是再想增高就比较困难了，所以，如果你想让自己变得更高，一定要好好把握这几年啊。

要知道，人体的长高，是全身性的增长，但是最突出的是四肢的增长，尤其是下肢的增长。而组织学家认为，人体的长高关键在于长骨的增长。长骨的两端骨骺和骨骺板与身高的进展关系极为密切。软骨的骨化不断地在骨骺和骨骼板内进行。骨骼内的骨化不断地向干骺方向延展，从而使骨长轴增长，人也就长高了。而一旦骨骺的骨化完成以后，骨骺板与骨骺同骨干就会完全融合，自此以后，人也就再不可能长高了。

10～16岁是女孩的黄金发育期，16～25岁，是长高的关键冲刺阶段。这时的女孩明显长高，对钙离子需要量也特别多，每多吸收3万毫克的钙离子，身高便可多长1厘米。

应该多吃蛋白质，尤其是含有氨基酸的食物，比如：面粉、小麦胚芽、豆类、海藻、牛奶、乳酪及深色蔬菜等。

另外，像白米、糯米、甜点这些食品则应该尽量不吃。可乐与果汁也应该少吃为妙，因为过多的糖分会阻碍钙质的吸收，吃多了不利于骨骼的发育。盐也是增高的大敌，所以要养成少吃盐的习惯。

第二十章　榜样的力量无穷大

——妈妈帮女孩建立一个"榜样资料库"

细节 96 梦想成就她们钻石般的人生

在浩瀚的宇宙中，有一颗小行星，它的名字叫"吴健雄星"。1990 年，中国科学院紫金山天文台以世界著名女物理学家吴健雄的名字命名了这颗小行星。吴健雄，以对物理学界的杰出贡献，赢得了全世界人民的赞誉，同时也赢得了"中国的居里夫人"的美誉。吴健雄出生在江苏太仓浏河镇，父亲是个多才多艺的人。1929 年，吴健雄以优异的成绩从女师毕业，被保送到南京中央大学。但当时规定要教书一年才能入学，她就跑到上海的中国公学读书。那时胡适并不认识她，只听说过"吴健雄"这个人是一个成绩优秀的学生。

有一次历史考试，胡适担任监考老师，他发现坐在前排的一个女生两个小时就答完了题，第一个交卷。胡适浏览了一遍她的试卷，十分满意，就把卷子送到教务处，正巧遇上另外两位老师，胡适兴奋地说："我还从来没有见过一个学生，对清朝 300 年的思想史能理解得那么透彻。"胡适决定给她 100 分。那两位老师也说有个女生十分聪颖，常得满分。于是，他们约定，大家暗地把那个学生的名字写出来，然后共同拿出来看。结果，当 3 个人各自把写出的名字一一对照的时候，发现 3 个人写的都是

"吴健雄"这个名字。

　　在学校里，她经常闭门不出，很少参加学校的娱乐活动，节假日也从不外出，所有的时间都用来读书学习。她有一位叔叔跟她在同一个城市，没事的时候叔叔就开车来学校，想接她出去"换换脑子"。

　　在此后的数十年中，吴健雄一直勤奋学习和研究，为世界物理学的发展做出了杰出的贡献。1944 年，吴健雄在美国参加了制造原子弹的"曼哈顿计划"，解决了连锁反应无法延续的重大问题，被人尊称为"原子弹之母"。同时，她还验证了著名的物理学定律，成为了著名的"世界物理女王"。

　　吴健雄平时以俭朴著称，但为设"吴仲裔奖学金"，她捐出近 100 万美元巨款。1992 年，4 位华人诺贝尔奖得主：李政道、杨振宁、丁肇中、李远哲，在中国台北发起成立"吴健雄学术基金会"，要给八十华诞的吴健雄一个惊喜，她一再婉拒。吴健雄说："我不喜欢出风头，做研究是我的本分，我只是运气好，成果还不错而已，不要以我的名字成立基金会。"

　　高尔基曾说："青春是有限的，智慧是无穷的。"趁着我们这短暂的青春去学习无穷的知识，勤奋努力，不断进步，你就可以成为智慧的女性，成为社会生活中的一名佼佼者。否则你不但会变得很浅薄，也将会被社会前进的步伐所抛弃。

　　通过不懈的努力，吴健雄最终成为了"世界物理女王"。其实，她的才能并不是天生的，而是靠着坚持不懈的努力得到的。纵观古今中外，那些伟大人物都是靠着勤奋取得杰出成就的，就像爱因斯坦说的："人们总是把我的成功归因于我的天才，其实我的天才只不过是刻苦罢了。"那些本来天资聪慧但是却在平常疏于劳作的人，最终也只能落得个两手空空的下场，终会无所收获。

可以这么说，一个人成才的最主要因素就是勤奋学习，就算是女性，只要拥有崇高的理想、坚强的意志，坚持勤奋学习、努力不止，也完全可以成为一位成功的人物，为社会做出贡献。其实，勤奋就意味着要彻底地沉下心来，专心于自己的学业，把自己多数的时间和精力都运用在学习功课上，并且养成善于钻研的习惯，用心去攻克学习上的疑难问题。此外，勤奋还需要有坚持不懈的精神，任何道路都不会一帆风顺，在勤奋学习的道路上也不可能，只有持之以恒地勤奋努力才能最终到达成功的彼岸。

建议一：三毛：追求梦中的那棵橄榄树

《撒哈拉的故事》《哭泣的骆驼》《背影》《稻草人手记》，所有故事发生的时候都毫无预兆，只不过一刹那就成了永恒。作家司马中原说，三毛用她云一般的生命，舒展成随心所欲的形象，无论生命的感受，是甜蜜或是悲凄，她都无意矫饰，行间字里，处处是无声的歌吟，我们用心灵可以听见那种歌声，美如天籁。

"爸爸，我不要这个字！"我们似乎又看到了那个小小的女孩儿嘟着小嘴指着自己的名字"陈懋平"三个字中间的那个"懋"说。

1943 年 3 月 26 日，三毛出生于重庆，"懋"是家谱上属于她的排行，当时战火连年，父亲期望这个世界太平安康，于是给了女儿"平"字。

后来这个孩子开始学写字，可是无论如何都学不会那个"懋"字。于是每次写名字，调皮的她自作主张把中间那个字去掉，叫自己"陈平"。没有办法，父亲只好怜爱地摇摇头投降。她给自己取名字那年，才三岁。

时光飞逝，1967 年，当年的那个毛头小孩已经长成了亭亭玉立的大姑娘，她喜欢给自己瀑布般的头发梳两个大辫子：

"我最喜欢做印第安人。"她笑着说，露出参差但很可爱的牙齿。

于是为了梦中的那棵橄榄树，她只身远赴西班牙。三年时间里，三毛先后就读于西班牙马德里大学、德国哥德书院，以及进入美国伊诺大学法学图书馆工作。在此期间，她结识了自己未来的丈夫，西班牙人荷西。

撒哈拉沙漠是世界最大的沙漠，西属撒哈拉（今西撒哈拉）是其中一部分，占地 266000 平方公里。这片大漠，终年乏雨，黄沙漫漫，深沉而旷伟。这位年轻的中国女孩子，跋涉万里关山来到这里，艰苦的生活和特别的经历酝酿了她无边的思绪，一一在纸上铺陈开来，化为《撒哈拉的故事》《哭泣的骆驼》《背影》《稻草人手记》等作品。令人惋惜的是，1979 年荷西溺水身亡。于是悲痛的三毛回来了，带着满身风尘。

直到 1991 年去世，为了追寻心中的那棵"橄榄树"，三毛踏遍万水千山，足迹遍及半个地球。她的作品也在全球的华人社会广为流传，在中国大陆也有广大读者，千千万万的人在她的作品下涤荡了自己的心灵。

白驹过隙，斯人已去，留下的是永远无法抹灭的身影和魅力。在那片遥远的天边，我们似乎又听到了那个三岁小女孩的声音："爸爸，你看我的名字现在多好。"小女孩得意洋洋地指着去掉"懋"字的"陈平"说……

妈妈可以向女儿介绍三毛的生平和她的作品。三毛的代表作有《撒哈拉的故事》《哭泣的骆驼》《背影》《稻草人手记》等，文笔具有一股清新的格调，阅读三毛，好像就是在阅读一个像空气般自由的人，当遇到什么妨碍心灵自由的事情时，绝不妥协。

家长也可以和女孩一起讨论她对于三毛的看法，并且帮助女孩树立正确的人生态度，比如可以在讨论的过程中告诉女孩：自杀的做人态度是不对的。甚至可以和女孩探讨关于自杀的人的心理，以至于告诉女孩要给世间以爱。

建议二：英格丽·褒曼：永远的玫瑰

在英格丽·褒曼十几岁的时候，她就梦想着当一名演员。但是当时，她的叔叔是她的监护人，叔叔很想让她成为一名售货员或者是秘书。为此，两人常常争执不下，很难达成共识。最终，无奈之下的叔叔告诉她，她可以有一次报考戏剧学校的机会，但如果没有考上就必须服从他的安排。

为了考上戏剧学校，褒曼颇费了一番心思，她还精心准备了一个小品。在正式考试之前，她专门给这个戏剧学校寄去了一个棕色的信封，并且在信中表示，如果自己落选了，就请学校把棕色信封退回来；但如果她通过了，就请学校寄回来一个白色的信封，并且告诉她下次考试的日期。

初试开始了，很快就轮到了褒曼去表演小品。只见她从后台跑两步往空中一跳，一下子就站在了舞台中央，满脸欢笑地念出了第一句台词。就在这时，她朝评判员的席位上瞥了一眼，惊讶地发现评判员正在议论着什么，还不断用手比划着什么。

一看到这个情景，褒曼沮丧极了，她想评判员一定是在说她表演得很糟糕，因此一下子连台词都忘记了。而就在这时，她听到评判员主席说："停下来吧，小姑娘，谢谢你，下一个请开始。"

一听到这句话，褒曼立即感觉到自己肯定不会通过初试了，马上匆匆地离开了舞台。接下来，她好像什么也看不见，什么也听不见了，她那美好的希望破灭了，她无法成为一名演员了，此刻她唯一想做的事情就是去自杀。

她想投河自杀，于是来到了一条河边。看着黑乎乎的河水，上面还漂浮着肮脏的油污，她有些犹豫了。她可不想当别人把她的身体拖上岸的时候，身上沾满了脏东西。这样一想，她自言自语地说："唔！这样子可不行。"于是，她随即放弃了投河自杀的念头。

没想到，第二天，瑞典皇家戏剧学校就给她送来了白色信封。当她拿着参加复试的白色信封时，她简直激动地跳了起来。

很多年过去了，褒曼已经成为了一个明星。一次，她又碰到了当年的那位评判员。闲聊的时候，她问评判员："请您告诉我，为什么当初在初试的时候，你们对我的态度看起来那么不好？我差点儿因此去跳河了！"

"不好？不喜欢你？"评判员瞪大了眼睛，"亲爱的姑娘，你疯了吗？你知道吗？就在你从舞台侧翼跳出来，站在舞台上冲着我们微笑的那一瞬间，我们就情不自禁地互相说着：'啊，太好了，她被选中了，看看她多么自信，多么可爱，台风多么好啊，我们不需要再浪费多余的时间了，还有很多人要测试呢，赶快叫下一个吧！'"

人人都有梦想，而梦想是一个人希望的起点，也是成功的基石。当你为梦想而努力，并自信满满时，你就是最美丽可爱的女孩。也许褒曼并不出众，但当她为了梦想，充满自信又可爱地站上舞台时，她就成了最美丽的姑娘，光彩照人。

一位诗人说："机会女神的头发长在前面，后面是光秃秃的。如果抓着前面的头发，你就有可能抓着她；如果让她逃脱，那么即便主神朱庇特本人也休想抓到她。"褒曼就曾经站在十字路口上，梦想成为戏剧演员的她，却被叔叔要求成为一名售货员或者秘书。在这个人生的关键抉择点，她顺利地通过了初试，但此刻，她却以为自己被否认了，差点错失良机。幸运的是，她最终收到了复试的通知，并如愿成为了一名电影明星。

褒曼的事迹告诉我们，成功往往缘于一个小小的机会。人生的很多机会都需要自己去争取，当你具有一定实力的时候，机会来了也不会从你的手中溜掉；但当你不具备充足的实力时，就算你抓住了机会，结果也不见得很好，甚至可能事与愿违。就像拉特尔所说："再好的机会，如果你没有能力把握，那么还是放弃的好。"因此，我们一定要放正心态，在适当的时候学会以退为进。

俗语说："磨刀不误砍柴工。"在某些时候，退就是进，遇到困难挫折的时候，我们应保持良好的心态。人生道路从来就不是笔直的，作为女孩，只有尽快充实自己，以退为进，努力提高自己的能力和实力，积蓄力量，才能在机会到来时抓住它并获得成功。

细节 97　才气让她们熠熠发光

香港文坛曾有三位大家，亦舒是其中唯一的一位女性。

亦舒原名倪亦舒，另有笔名梅峰、依莎贝和玫瑰等。1946 年，亦舒出生于上海，祖籍浙江镇海，五岁时随同家人从内地到香港定居，曾经就读于嘉道理小学和北角公立小学，毕业于何东中学。

15 岁那年，念中学的亦舒就已经开始写稿，常常有报刊的编辑上学校来问她要稿，因此成为编辑们不敢得罪的"小姐"。中学毕业后，她又担任《明报》记者，电影杂志采访和编辑等。1973 年，亦舒留学英国，修读酒店及食物管理，3 年后回港，并担任富丽华酒店的公关。之后，任新闻官 7 年，同时还兼当电视台编剧。

亦舒美丽而豪爽，"有着追求理想的翅膀"，因为她的小说充满幻想色彩——虚无缥缈，却又执著而不肯放弃。她具有敏锐的观察力与触觉，有将平凡的字眼变成奇句的才华。她的人如她的写作，麻利、泼辣，且又快又多，即使换上十个笔名，读者也不难一下子从作品中把她辨认出来。

无论在曼彻斯特做学生还是在中国香港做官，亦舒依然坚持写她的小说、杂文。以前，政府不许工作人员卖文，所以亦舒就用新的笔名发表，当新的笔名保不住密，又重新换上另一个，哪怕冒着被打破饭碗的风险，她也要写。至今，亦舒的作品已结集出版的有七十种，代表作是《玫瑰的故事》《喜宝》《朝花夕拾》等。

同时，她已成为专业作家，并已移居加拿大。

"一个女人，要有很多很多的爱，没有爱，要有很多很多的钱，以上两者都没有，有着健康，也是好的。"这是亦舒最广为人知的名言，这些文字，虽不华丽，却很深刻，有人甚至拿来做"葵花宝典"应对真实的生活。

虽然是俗世生活，但亦舒由衷地热爱着它，因为她对生活有睿智的理解和看法，知道如何应对。初中时，亦舒穿着中学校服去交稿，于是便想，一定要为自己买一件衬衣。那时，一千字稿费才六块钱，她足足写了一万字，才从百货公司买到一件衬衣，共花去三十七块半。一旦喜欢上什么，亦舒绝对不会嫌贵，她会用整月的稿费去买一套连名人都嫌太贵的连卡佛名牌套装，当然，她也会穿着蓝色的牛仔短裤，套一件褪了色的T恤，坐在大饭店里吃饭，左右顾盼，旁若无人。她的生活取决于自己的喜好，不受外界干扰。

亦舒对生活的睿智，还来自于生活的低调，过着普通人的生活。她每早5点多起床，写作到7点多，然后伺候女儿、打理家务。所以，女儿从来没见过她写作，她也从来没告诉过女儿自己的职业身份。后来，女儿问及，她反问女儿自己是否是好母亲，女儿说是，问女儿被照顾得她好不好，女儿说好，她便说，那你理我是做哪行的做什么。

"一开头就持悲观态度，往后便不会失望。"亦舒这样告诫人们。所以她最爱看《红楼梦》《莎士比亚》《鹿鼎记》，因为里边有世俗的人，并且都有双面性，过着现实的生活。亦舒自称是家族里最钝、最不聪明的一个，殊不知，那是她对待生活的另一种智慧，她认为，一个好作家应该正确面对生活，至少要学会用一种昂首的姿态应对。

泼辣、尖刻、逼真，是亦舒小说的语言风格，她常以三言两语

不娇不惯，富养女孩的100个细节

Bujiao Buguan,Fuyang Nühai De 100 Ge Xijie

切中时弊，鞭辟入里，在尖锐犀利中她却能冷静客观去应对。她写的都是灰暗的故事，灰色的调子，让人觉得她定是愤世嫉俗，对世界充满愤怒与不屑，甚至仇恨。但她其实是深爱着这个世界的，她渴望温暖和真情。亦舒仿佛就是一个道行高深的人，在俗世中，冷眼旁观芸芸众生，或悲、或喜、或怒，无关别人，只存于心，表于文。

亦舒的文字，往往给人以洞明世事、达连人情的感觉。家长不妨鼓励女孩读一读亦舒，并且建议她将自己认为比较好的文字记录下来。这样不仅促进女孩的阅读兴趣，家长还可以通过女孩所看中的格言来进一步了解女孩的心智程度。

如果女孩具有虚荣心重的毛病，家长就可以以讨论亦舒为契机为女孩做思想工作，因为亦舒说过"真正有气质的淑女，从不炫耀她所拥有的一切，她不告诉人她读过什么书，去过什么地方，有多少件衣服，买过什么珠宝，因为她没有自卑感。"或者当女孩心里难过在家长面前痛哭的时候，我们就可以这样劝她："你能哭出来就好，哭是开始痊愈的象征。"

建议一：林徽因：你是人间四月天

我说你是人间的四月天

笑响点亮了四面风

轻灵在春的光艳中交舞着变

你是四月早天里的云烟

黄昏吹着风的软

星子在无意中闪

细雨点洒在花前

……

读林徽因的诗，犹如随她一起漫步在细雨云间，那种悠然的感觉，就像在仰俯之间听到花开的声音，诗意而含蓄。其实林徽因对新诗的兴趣与徐志摩有关。

1904 年 6 月，林徽因出生在素有"人间天堂"之称的杭州，祖父林孝恂进士出身，父亲林长民毕业于日本早稻田大学，曾任北洋政府司法总长等职。良好的家世给了这个女孩良好的家教。1920 年 4 月，林徽因曾跟随父亲游历欧洲，结识了诗人徐志摩，对新诗产生了浓厚的兴趣，而且相同的志趣让两个人成为了无话不谈的朋友。

1923 年，徐志摩、胡适等人在北京成立新月社，林徽因常常参加新月社举办的文艺活动，还登台演出了获得诺贝尔文学奖的印度大诗人泰戈尔的诗剧《齐德拉》，林徽因在其中扮演主角齐德拉公主，她流利的英语和俊秀的扮相，给文艺界留下了无比深刻的印象。

一年以后，应梁启超与林长民之邀，泰戈尔来华访问，文学界在天坛草坪上举行欢迎会，于是英语非常流利的林徽因成了泰戈尔的翻译。当时媒体纷纷报道："林小姐人艳如花，和老人挟臂而行，加上长袍白面、郊寒岛瘦的徐志摩，犹如苍松竹梅的一幅三友图。"

卞之琳曾这样评价林徽因："她天生诗人气质、酷爱戏剧，也专学过舞台设计，却是她的丈夫建筑学和中国建筑史名家梁思成的同行……是他灵感的源泉"。

对于林徽因来说，作为中国第一位女建筑学家，她在建筑方面曾做过三件改变历史的大事：参与国徽和天安门人民英雄纪念碑的设计，以及改造传统的景泰蓝工艺。

事情得从 1949 年初说起。

　　那年的一个清晨，两位解放军找到林徽因和梁思成，摊开北平军用地图，说："请你们用红笔圈出一切重要文物古迹的位置"。原来，他们害怕在战火中损坏文物古迹，所以想在攻城的时候尽可能地予以保护。作为有名的建筑学家，林徽因夫妇深知文物古迹对于一个国家的重要，这使夫妇二人十分感动，立即生出一股钦佩。

　　没过多久北平就解放了，梁思成被聘为清华大学建筑系教授，1949 年 9 月国家开始策划设计国徽的时候，梁思成、林徽因和自己的同事接下了这个艰巨的任务。1950 年 6 月，经过数百次的研究修改，她们终于完成了中华人民共和国国徽图案的设计任务。

　　转眼，为了纪念那些为了保卫祖国而英勇捐躯的战士们，中华人民共和国决定在天安门广场修建一座纪念碑，于是在 1951 年，林徽因成了人民英雄纪念碑建筑委员会委员，承担为碑座设计纹饰和花圈浮雕图案的任务。

　　与此同时，经过几年的恢复生产，中国的一些传统手工业开始复兴，为了濒临停业的景泰蓝、烧瓷等传统工艺品的复兴，林徽因又亲自设计了一批具有民族风格的新式图案，并亲手参加了试制，才得以让景泰蓝这门工艺传承了下来。

　　1954 年 6 月，林徽因当选为北京人民代表大会代表。值得一提的是，1955 年 4 月林徽因因病去世后，她的遗体安葬在八宝山革命公墓，墓碑下方那块刻着秀丽花圈的汉白玉，就是当初她为天安门广场上人民英雄纪念碑碑座雕饰试刻的一个样品，人民用这种独特的方式来纪念这位杰出的人物。

林徽因是中国当代的一位奇女子。家长可以带女孩去参观北京的天安门广场，同时为女孩讲述国徽、人民英雄纪念碑的来历。家长还可以带女孩去参观其他的一些建筑，比如五台山佛光寺和南禅寺，同时告诉女孩：这是梁林夫妇发现的中国唯一的唐代建筑遗址。

林徽因的诗总是别有一番韵味，对于熏陶女孩的气质很有好处。家长可以在闲暇之余与女孩一起朗诵欣赏，同时可以和女孩在一起谈论，比如可以和女孩一起规划她将来要成为一个什么样的女孩。

建议二：张爱玲：最后的贵族

在中国文坛上，她是一个异数，她有显赫的家世，但没有以此寄生，而是勇敢地闯了出来，因为她的理想并非局限于狭小的空间、简单富足的生活。她从小就被视为天才，发表文章，小小年纪红遍上海，正如她小说集名一样，堪称一个时代的传奇。但她是孤独的，在中秋佳节快要来临之际，孤独地离开人间。关于她的话题、研究难以计数，但能真正走进她的世界却少之又少，她就是张爱玲。

"我是一个古怪的女孩，从小被目为天才，除了发展我的天才外别无生存的目标。然而，当童年的狂想逐渐褪色的时候，我发现我除了天才的梦之外一无所有——所有的只是天才的乖僻缺点。"

这是张爱玲散文里开篇的一段话，只需看这段话，便可以看出她多么满怀抱负，多么有信心挑战未来，但那也不是故意的做作，表明自己如何满腹才华和野心勃勃。但它也绝对不是一句童言，因为从出生，张爱玲就是一个传奇。

1920 年 9 月，张爱玲出生于上海一个没落的贵族家庭，祖母是李鸿章之女，祖父乃晚清重臣张佩伦，从落地那刻起，她就留着贵族的血，注定有传奇的一生。但是，并非所有出身高贵的人，都能缔造不平凡的人生。

张爱玲的父母在她很小时就离异了，母亲几度出国又回国，但她有着传奇的人生：三岁会背"商女不知亡国恨，隔江犹唱后庭花"，7 岁时就写了一篇小说，12 岁的时候，公开在刊物上发表处女作《不幸的她》，17 岁时就已经成名，发表很多的文章。23 岁时和 38 岁的胡兰成结婚，三年后离婚。1955 年去美国，认识长她 30 岁的剧作家赖雅，一年后与他结婚，1967 年赖雅逝世后，她一个人独居美国，1995 年，在自己的寓所内悄然离世。

张爱玲是一个传奇，已被人们说过无数次，同时她无可厚非地成为中国文坛的翘楚，曾一度与鲁迅先生齐名。她不是靠着家世得来的响当当的名头，因为她知道自己要什么，正如她所说，"出名要趁早，否则来得也不是那么受用欢欣。"所以，多少年后，人们更多地记住的是张爱玲的才华和在文学史上的地位，并不是她的家世，那只是一个陪衬。

如果说张爱玲是幸运的，那么是因为她没有落入贵族小姐以往的俗套，再次嫁入豪门，过一辈子奢靡而没有意义的生活。如果说她不幸，是因为她从一个贵族小姐变成自食其力的作家，这个反抗的经历充满着艰辛和叛逆。

张爱玲是高傲的，所以每次照相，她总会把头高高扬起，像俯视风景一般对待人生浮华。她留给后人们的关于自身的情况很少，很多人是借助文字来了解她本人的，下面将辑录一些她的语录，帮助人们走进张爱玲的世界。

"人性"是最有趣的书，一生一世看不完。

最可厌的人，如果你细加研究，结果总发现他不过是个可怜人。

书是最好的朋友。唯一的缺点是使近视加深，但还是值得的。

要做的事情总找得出时间和机会，不要做的事情总找得出借口。

一个知己就好像一面镜子，反映出我们天性中最优美的部分来。

一个人在恋爱时最能表现出天性中崇高的品质。这就是为什么爱情小说永远受人欢迎——不论古今中外都一样。

有人说：不觉得时间过去，只看见小孩子长大才知道。我认为有一个更好的办法，就是每到月底拿薪水——知道一个月又过去了，但从来没有过这种经验。

"秋色无南北，人心自浅深"，这是我祖父的诗。

张爱玲的一生是充满辛酸的，但是她的文学成就不可磨灭。家长们可以为女孩挑选适合她阅读的张爱玲文集，培养女孩的淑女气质。

细节 98　坚强铸就的永恒之碑

有人说，张海迪就是现实生活中的"保尔"，虽然身有残疾，但是在悲悲戚戚中抱怨上天的不公和顽强的自我拼搏中，她选择了后者，并且成为了一个生命的强者。

1997 年，张海迪被日本 NHK（日本放送协会）评为"世界五大杰出残疾人"；2000 年被国务院授予"全国劳动模范"称号；2001 年被新华社《环球》杂志评为"环球二十位最具影响力的世纪女性"，以及 2008 年当选中国残联第五届主席团主席，对于张海迪来说，都只是生命的开始而已。

对于张海迪，邓小平曾亲笔题词："学习张海迪，做有理想、有道德、有文化、守纪律的共产主义新人！"虽然命运对于她来说似乎显得特别不公平，脊髓病、瘫痪、癌症，每一样都让常人无法承受，但当它们一一肆虐于这个看似柔弱的女孩生命中时，看到的却是一个伟大灵魂的不屈。

1955 年秋天，张海迪在济南出生。5 岁那年，脊髓病使她胸以下全部瘫痪，从那时起，张海迪就开始了她奋斗的人生。

那个时候没有条件上学，她便在家自学。太阳东升西落，一个个日子在转瞬间流逝，不知不觉，小小的张海迪靠着自己顽强的毅力学完了小学、中学、大学的专业课程。15 岁那年，海迪跟随父母下放到聊城一个偏僻的农村，于是颇有学问的她给缺少音乐老师的孩子们当起了教书先生，教孩子们唱歌。这期间，她发现落后的农村没有医疗设施，于是便利用空余时间自学了针灸医术，为乡亲们无偿治疗达1万多人次。

1983年，年轻的张海迪开始了酝酿已久的文学创作，编著了《向天空敞开的窗口》《生命的追问》《轮椅上的梦》等书籍。其中《轮椅上的梦》在日本和韩国出版，而《生命的追问》出版不到半年，已重印3次，获得了全国"五个一工程"图书奖。随着《是颗流星，就要把光留给人间》那篇文章的发表，张海迪名噪中华，成为了人们眼中的"保尔"。

"我像颗流星，要把光留给人间。"张海迪这样形容自己。

生活中的张海迪经常去福利院、残疾人家庭，看望那里的孤寡老人和残疾儿童，给他们送去自己的礼物和温暖。后来，她用自己的稿费为灾区和孩子们捐款，还积极关心帮助残疾人，激励他们自强自立，而张海迪的助人为乐是周围人有目共睹的，当年她自学针灸的时候，为了找到准确的位置，她忍痛在自己身上反复练习扎针。短短的几年过去，居然真的成了当地一个年轻的"名医"。只要有人求医，她就无偿地热情接待。

那时候有一位姓耿的大爷，因患脑血栓后遗症瘫痪在床，疾病甚至使他不能说话。张海迪知道后，一面在精神上鼓励耿大爷增强战胜疾病的信心，一面翻阅大量书籍，精心为耿大爷治疗。风里来雨里去，在她的精心治疗下，耿大爷终于能开口说话了，慢慢地也能走路了。看着耿大爷脸上日益露出的笑容，张海迪深深体会到了帮助他人所得到的幸福，是任何事情都无法比拟的。

张海迪自强不息的奋斗历程和助人为乐的精神，也鼓舞着不同民族的人民，她曾三次应邀出访过日本、韩国，举办演讲音乐会，1995年，她作为中国政府代表团成员参加了第四次世界妇女大会。

后来，张海迪的身份是"作家"，2002 年 10 月，她的长篇小说《绝顶》被中宣部和国家新闻出版署列为向"十六大"献礼重点图书，一年后，《绝顶》获第二届中国女性文学奖。她喜欢用自己的文字告诉人们很多心灵深处的故事，她喜欢用自己的笔触帮助更多的人树立起生活的信心，看淡人生的风雨。

时光在流逝，生活在继续，海迪说她最喜欢的事情是散步，散步其实很简单，只需要三样东西：闲散的心情、怡人的景色和健康的双腿。虽然张海迪没有健康的双腿，不过她照样可以散步，因为她有一份别人无法企及的心情。

家长介绍女孩认识张海迪，让女孩感到自己的生命是多么可贵的同时，还要启发女孩思考：当生活的磨难出现的时候，要如何来面对呢？

张海迪曾经说过："活着就要做一个对社会有益的人。"父母也要把这样的人生态度传递给女孩，通过张海迪的事迹让女孩了解到，一个人如果能够想到帮助更多的人，她生活的动力就会加倍。一个懂得为他人着想的人，本身就是一个幸福的人。

建议一：默克尔：跳水台上的女总理

一群小女孩在练习跳水，当所有的孩子都已经勇敢地从 3 米跳台上跳下水时，只剩下一个小女孩没有跳。这个小女孩长得很漂亮，但是恐慌却写在了她的脸上。老师在旁边鼓励，周围的同学也在鼓励，但是她就是害怕，害怕得泪水已经流了出来。

"还有几分钟就要下课了。"老师似乎已经对这个小女孩失去了耐心，说出了这样的话。小女孩听到后双腿颤抖得更厉害了，但是她艰难地退了一小步，又向前迈进了一大步，往池子里看了看3米的高度。突然，周围的人看见她眯着眼睛跳了下去，水花溅得很高，可见并不成功，但却赢来了全场的热烈掌声。

"安哥拉，我们都为你自豪，你是如何战胜自己的胆怯的呢？"旁边的一个小伙伴向她如此问道。

这个叫安哥拉的12岁的小女孩已经抹干了泪水，穿上了衣服。她用还有一点发颤的声音慢慢地说："我突然想起了爸爸说过的一句话，他说在困难的时候闭着眼睛也要往前迈一步。""在困难面前也要迈一步"，正是这样的信念让小女孩做出了她平时不敢去做的事情。很多时候也许就是这种在困难面前迈出一小步的坚持，就会让我们战胜困难。

小女孩的父亲是当地一位很有名的神学院院长。他对女儿的要求十分严格，希望她能在同龄人中出类拔萃。小女孩也没有忘记父亲对她的教诲，在各个方面都很刻苦，即使是在最差的体育方面，她也做到了坚持。小女孩在学业上非常优秀，进步很快，尤其在科学和政治方面显露出不同凡响的能力和才华。

她就是安哥拉·默克尔——德国历史上第一位女性总理，同时也是最年轻的总理。一位长期被人忽略、被很多人称为"小灰老鼠"的女政治家。

每当默克尔在面对政治上的重重困难时，她都会想起少年时的那次跳水，那个胆怯的小女孩终于鼓足勇气往前迈了一步！"我要好好地感谢我的父亲，因为他在我面对困难的时候都会重复这样一句话：当你在烦恼事情没有什么进展时，请不要停下你也许发抖的双脚，请你再往前迈一步，只要一步！"默克尔如此说道。

父亲的一句话，让默克尔受益匪浅。它让默克尔即便是在变幻莫测、风云起伏的政治舞台上也能从容应对，也让她赢得了德国政坛"铁娘子"的称号。

康德曾经说过："既然我已经踏上了这条道路，那么，任何东西都不应妨碍我沿着这条路走下去。"既然决定了应该去做，就一定要走下去。很多时候，在前进的道路上，我们以为支撑不下去、承受不了了，但其实，也许我们哪怕只是往前再迈一小步，再坚持那么一会儿，事情往往就会出现很大的改观。最关键的就是要再多坚持一秒，最大的困难也就在这一秒之内。

伏尔泰说："不经历巨大的痛苦，就不会有伟大的事业。"我们做每一件事，都有两道墙会出现在前方，一道是外显的墙，那是关于整个外部大环境的围墙；另一道是内隐的墙，这是我们心中自我设限的围墙。而决胜的关键往往在于我们是否能翻越心中的那一道墙。

很多人花费许多力气去找寻"无法成功"的原因，其实他们不知道自我设限就是主因。因此，在面临生活中这样那样的不如意时，不妨将这些不如意当做一次突破自我的机会，勇敢地跨越自我的极限，生命就会更上一层楼。

鹰活到40岁的时候，它的爪子就开始老化，不能有效地抓住猎物。它的喙开始变得又长又弯，几乎触到胸膛。它的翅膀也开始变得沉重，因为它的羽毛长得又浓又厚，飞翔起来显得有些吃力。

这时它只有两种选择：等死，或开始一次痛苦的重生——150天漫长的操练。它必须很卖力地飞到山顶，在悬崖上筑巢，停留在那里，不能飞翔。

鹰首先用它的喙击打岩石，直到喙完全脱落。然后静静地等候新的喙长出来，它会用新长出的喙把指甲一根一根地拔出来。当新的指甲长出来后，再把羽毛一根一根地拔掉。5个月以后，新的羽毛长出来了，鹰经历了一次再生。

如果40岁的鹰选择逃避，那么等待它的就是生命的枯萎。它唯有选择经历苦痛，生命才能得以重生。重生与成功的道路上注定要密布荆棘。

人生道路上，每一次辉煌的背后肯定都有一个凤凰涅槃的故事，世上没有不弯的路，人间没有不谢的花。折磨原本就是生命旅途中一道不可或缺的风景。生命，也总是在各种各样的折磨中茁壮成长。

建议二：法拉奇：世界第一女记者

手术之后，气息奄奄的法拉奇要求看一眼大夫摘除的肿瘤，大夫说，那上面布满了癌细胞的血肉并不好看。"它是我的肌体，我想看一眼。"于是，一块又长又白的东西出现在她眼前，她开始对那块异物大骂道："你这个可恶的东西！你在我身体里留下孩子了吗？我要杀了你！你赢不了的！"

尽管癌症毁了她的生活，但对于疾病，她只有痛恨和反抗，绝对没有眼泪。这个在战火中长大的女孩，一直记着爸爸的话：女孩不哭。

法拉奇出生在二战中，当美国飞机轰炸她居住的佛罗伦萨时，她还是个孩子，蜷缩在一个煤箱里，恐惧得号啕大哭。一旁的父亲不但没有安慰她，反而给了她一记重重的耳光："女孩是不哭的。"从那以后，法拉奇跟着父亲从事地下活动，学会了使用手榴弹，父亲的英勇形象也成为让她骄傲和效仿的对象。

法拉奇采访过世界各地的政要和敏感人物，美国总统国家安全事务助理基辛格、埃塞俄比亚皇帝海尔·塞拉西、巴基斯坦总理布托、以色列总理梅厄夫人等等。每一次，她都以无所畏惧的姿态，直面各种冲突和问题，让那些受访者印象深刻且心生敬意。

亲眼目睹二战的法拉奇，一直无法摆脱法西斯的阴影，她厌恶德国，厌恶法西斯和一切形式的极权主义。"我不知道纳粹分子和德国人是两码事，所以我对德国产生了刻骨仇恨。"仇恨和反抗，是法拉奇从父亲那里学到的生存智慧，直到她成名之后，也承认："我永远忘不了那记耳光，对我来说，它就像一个吻。"这个吻擦干小女孩的眼泪，带走了她的懦弱，让她像一个勇士一样勇往直前。

培根说："如果问：在政治中最重要的才能是什么？那么回答是：第一，大胆，第二，大胆，第三，还是大胆。尽管大胆常常是无知与狂妄的产儿，但却总能迷惑并左右世上许多的愚人。甚至这种狂妄的盲勇有时还能唬住某些智者。"在大部分人都需要其他人的附和才会坚持自己的意见时，勇敢地坚持自己，并且勇敢地表达出自己，不畏强权和胁迫，就能成为成功者和明星。要知道，很多时候，仅仅是别人不敢说出的一句问话，都足以让你成为勇敢者的象征。

人们都希望自己的人生能够一帆风顺，但这只能是人们的美好愿望。生活中，各种意想不到的困难和打击是在所难免的。尽管命运给予了人们各种各样的波折和坎坷，但是我们要明白一点，困难和坎坷也是人生的一种馈赠，它能使我们的思想更清醒、更深刻、更成熟、更完美。

在这个世界上，有阳光，就必定有乌云；有晴天，就必定有风雨。从乌云中解脱出来的阳光比以前更加灿烂，经历过风雨洗礼的天空才能更加湛蓝。人们都希望自己的生活如丝顺滑、如水平静，可是命运却给予人们那么多波折坎坷。此时，我们要知道，困难和坎坷只不过是人生的馈赠，它只是让我们的思想更深刻、更成熟并且更加完美。

每个人都需要不断地自我激励，不能因为一时的挫折就把自己的一生永远困在逆境的泥淖中。生活中不可能总是阳光明媚的艳阳天，狂风暴雨随时都有可能来临。每一个人都要以一种勇敢的人生姿态去迎接命运的挑战，跌倒了再爬起来，坚持下去，种下希望的种子，就一定能成功。

诗人胡德说："到处都有明媚宜人的阳光，勇敢的人一路纵情歌唱。即使在乌云的笼罩之下，他也会充满对美好未来的期待，跳动的心灵一刻都不曾沮丧悲观；不管他从事什么行业，他都会觉得工作很重要、很体面；即使他穿的衣服褴褛不堪，也无碍于他的尊严；他不仅自己感到快乐，也给别人带来了快乐。"

细节 99　爱心成就伟大

　　许多年前，在弗吉尼亚北部，一个很冷的晚上，一位老人等待骑手带他过河，他的胡须上挂上的霜已在冬天结成冰。等待似乎是永无止境的，在冰冷的北风中，他的躯体变得麻木和僵硬。

　　他听见马沿着冰冻的路面奔跑着逐渐远去的均匀的蹄声，当几个骑手路过时，他忧虑地看着他们。他让第一个骑手走过而没有让自己引起他的注意；第二个、第三个都这样过去了；当最后一个骑手来到老人坐的地方时，老人已像一个雪人。老人看着骑手的眼睛，说："先生，您不介意带一个老人过河吧？我已经找不到路了。"

　　骑手停住了马，亲切地回答道："当然，上马来吧。"看到老人被冻僵的身体不可能起身，他便下马帮助老人。骑手不仅带着老人过了河，还把他带到了目的地。当他们来到温暖的小屋前时，骑手好奇地问："老先生，我注意到您让几个骑手走过而没有请他们带你。然而我来，您即刻请求我，我觉得奇怪，这是为什么？在这样寒冷的冬夜，您情愿等待和请求最后一个骑手，如果我拒绝，您怎么办？"

　　老人慢慢地从马上下来，看着骑手的眼睛说："我在这里已经有些日子了，我想我更了解当地人。"老人继续说，"我看见了他们的眼睛，立即知道他们并不关心我的状况，请求他们帮助是没有用的。但在您的眼神里，我看到了友善和同情。"

这名骑手就是美国历史上著名的总统托马斯·杰斐逊。

善良是可以通过眼神来表现的，一个人可以穿得像个乞丐，但那透过眼睛表现出的善良却是没有办法消除的。这也从侧面说明，无论一个人的外表怎样，他的本质是不会变的，透过眼睛，透过真正的事件的考验，我们会分出真正的善良之人和不善之人。同样，真正的善良从来都不是外表做做样子就可以养成的，善良的心需要从关爱每一个人、帮助每一个需要帮助的人开始的。

一个没有同情心的人，是冷酷残忍的；一个没有同情心的世界，是冷漠可怕的。但同情心不会自发产生，同情心也要靠精心培植和维护，在心灵里播下爱的种子，才能长成同情之花；只有全社会都为同情心叫好呐喊，才能形成一个充满同情心的环境。

19世纪末叶的西伯利亚，富于同情心的小镇居民，常常在深夜房外的窗台上放着酸奶、面包和旧衣服，以供那些从流亡地逃跑的十二月党人食用，一些著名的十二月党人，就是靠着这些食物和衣服才逃出了冰天雪地的西伯利亚。小镇居民的名字至今谁也不知道，更不见经传史册，可他们的善举，不仅温暖了冻饿至极的十二月党人，也至今还温暖着世界人们的心田。

培根说："同情在一切内在的道德和尊严中是最高的美德。"孟德斯鸠也说过："同情是善良心所启发的一种情感之反映。"一个善良的人一定是充满了爱心和同情心的人，一个没有同情心的人也不可能是一个有爱心的人。拥有同情心，你就拥有了去帮助别人的善心和爱心，你就会懂得在困难和需要帮助时，给别人以帮助是一件多么美好和值得骄傲的事情，你的生活和生命都将因此而充满光彩。

建议一：特蕾莎：以爱为天职

1985 年 4 月，《美国新闻与世界报道》杂志在青少年中举行了一场规模很大的问卷调查，调查的题目只有一个：当前世界上你最崇拜的人物是谁？青少年们选出了 9 位他们"最崇拜的人物"——其中 6 位是娱乐界赫赫有名的顶级明星，另外的三位分别为：当时的美国总统里根，罗马教皇约翰·保罗二世，还有一位是特蕾莎修女。

1910 年，特蕾莎修女生于南斯拉夫，37 岁正式成为修女，1948 年远赴印度加尔各答，1950 年正式成立仁爱传教修女会，竭力为贫困中的最穷苦者服务。1979 年，特蕾莎获得诺贝尔和平奖，并被人尊称为"贫民窟的圣人"，很多人亲切地称她为"德蕾莎嬷嬷"。

荣誉背后的特蕾莎，只是一个衣着简朴、长相平平的普通妇女，比起衣着光鲜、浑身亮彩炫人的顶级明星，实在有天壤之别，比起教皇或总统，她更没有显赫的地位和耀人的权势。但就是这样一个普通的妇人，因为怀着仁慈的爱，用一生践行了爱的诺言，才赢来世间无数的尊崇和爱戴，同时把爱洒向人间。

1948 年，特蕾莎放弃修道院的优越生活，走出修道院的高墙，来到世界上以贫民窟多且脏而闻名、被印度总理尼赫鲁称为"噩梦之城"的加尔各答，走进那些不避风雨的贫民窟，置身在贫困者中间。她在那里开办学校，到患病者的家中去医治他们，并给他们带去温暖。

难民从特蕾莎的身上获得了粮食，垂死的人在她爱的召唤下重又回到了人间，特蕾莎不是普通的修女，她就像一位天使，因为爱，来到人间。在荒凉悲惨的城市里，她犹如一只令人尊崇的、高洁的百合，把爱扎根土壤，回报大地。

"我的天职就是爱"，这是特雷莎修女常常挂在嘴边的一句话，这也是对她艰难而光荣的一生最精致的回答。她因爱而来，因爱而成长，也因爱而去。特雷莎的血液里充满的都是盈盈的爱，慈祥而温馨。

远赴印度后，特蕾莎修女每天都在与一些外表肮脏的病人来往，但她对每个病人都予以关怀，用手一个个抚摸他们的身体和手，病人们想到以前遭到父母或兄弟姐妹厌恶的情况，常常感动得流下了眼泪。印度有一些麻风病人为避世，经常隐藏起来。为找到这些患者，特蕾莎修女走遍荒凉无人之地。

对于那些找到的不幸患者，修女们安慰他们，给他们注射药剂，包扎伤口。此外，更重要的是给他们以朋友般的鼓励，鼓励他们自立。正如诺贝尔授奖词上所说，"她的事业有一个重要的特点：尊重人的个性，尊重人的天赋价值。那些最孤独的人、处境最悲惨的人，在她的手中接受了不含屈尊恩赐意味的同情，接受了建立在对人的尊重之上的同情。这种情操发自她对人的尊重，完全没有居高施舍的姿态"。

在那座阴霾的没有一点生机的城市里，特蕾莎曾无数次地握住在街头将要死去的穷人的手，给他们临终前最后的一丝温暖，让他们微笑着离开这个世界。她亲吻艾滋病患者的脸庞，为他们筹集医疗资金。战争爆发后，特蕾莎又出现在悲凉的战场之上，给战争中被炸掉双腿的难民送去轮椅，细心为每个难民从溃烂的伤口中拣出蛆虫，亲切地抚摸麻风病人的残肢。

特雷莎所创造的功绩与历史上的风云人物相比毫不逊色，虽然表面上看起来，她只是一个平凡的女人、一位修道院的修女。但是她一直默默无闻地奉献自己，直到生命最后。她是凡人，却演绎了超凡的爱，并用这种超凡的爱感动了整个世界。

特蕾莎的很多箴言还有她的行为都深深感动着世人。家长可以买一本关于特蕾莎修女的书送给女孩，鼓励女孩成为像特蕾莎修女这样善良的人，受人尊敬。

特蕾莎修女曾经荣获 1979 年诺贝尔和平奖，家长可以让女孩自己上网或者从图书馆翻阅相关的资料，了解诺贝尔和平奖的相关情况和获奖者的情况，无形中让女孩可以了解到更多的好榜样。

建议二：林巧稚：天使从她的手中来到世界

1901 年 12 月 23 日，在厦门鼓浪屿的一个基督教家庭中，出生了一个小女婴，她的哥哥姐姐们都已经是谈婚论嫁的年龄了，这个女孩的到来，为家里添了一些童趣。父母加上兄长们的宠爱，让女孩沉浸在幸福之中，但这延续了不长时间，母亲就病故了。夺走母亲性命的病叫做宫颈癌，是一种可怕的妇科疾病。这个名叫林巧稚的小女孩，与这种疾病结下了不解之缘。

林巧稚的童年时期，中国正备受欺凌。她的家乡在东南沿海，常看到外国人颐指气使、呼来喝去的模样，当地的人都不喜欢那些洋人，林巧稚也不例外。离她家不远，就是郑成功、戚继光抗击过外辱的地方，孩子们经常听老人讲英雄救国的故事，在林巧稚的心中，不甘受辱和自尊自重牢牢地扎下了根。

有一次，小巧稚在上劳动课的时候，学习编柳条筐，老师见她的双手灵活得如同两条小鱼儿，便称赞道："真是一双巧手啊，可以去做外科医生呢。"说者无心，听者有意，这句话便记在了林巧稚的心里。

19岁时，林巧稚已从厦门女子师范学校毕业了。毕业后何去何从呢？很多人都说，巧稚你嫁个好人家吧，趁现在年轻。家人也开始为她张罗着相亲的事情了。但在林巧稚自己看来，人生才刚刚开始，怎么就要定下终身了呢？旁人对女子一无是处的评价，也激起了她不服输的心理。

思前想后，林巧稚终于在父亲面前宣布了自己的想法："我想到北京的协和医院读书！"这个决定，立即遭到了大多数家庭成员的反对。"上协和？那要读8年才能毕业啊，你受得了吗？""这会误了你的终身大事的！""女子读那么多书干什么？早晚还不是嫁人！"

众人七嘴八舌，让一向温顺的小妹妹忍不住大声叫起来："读书就是我的终身大事，我不嫁人，就是不嫁人！"家人被她的气势吓倒了，哥哥看到妹妹如此有决心，便改反对为支持，站在妹妹一边，终于说服了父亲，使林巧稚离开了家乡，走向了医学。

进了协和医院，还要接受残酷的淘汰。在这里75分才算及格，一门主课不及格留级，两门不及格就要除名，绝无补考和商量的余地。

有一次，一个男生当面对女生流露出不屑的神情，认为女性就能当一当护士，根本不能救人性命。林巧稚又拿出小女孩的那股子倔劲："哼！不要觉得男生行，女生不行。你敢比吗？你考100分，我就考110分！"

在漫长的八年学习中，林巧稚独占鳌头，一路领先。当从学校毕业的时候，入学时的25人，只剩下16个了！而林巧稚一直是稳稳的第一名，并获得协和的最高荣誉奖——文海奖学金，同时获得了博士学位。那个曾经挑衅她的同学，也不得不佩服她的实力。

也许是为了读书时说的那句"我不结婚"应了验，林巧稚一生都没有结婚。但是，她并不孤独，因为她用双手迎接了五万个生命的到来。

毕业后从事什么专业呢？她想过从事儿科，但后来她觉得许多儿童的病痛来自先天，看来妇女的病痛是影响下一代的大问题，加上每每想起自己的母亲，她最后终于选择了妇产科。

仅仅半年时间，她就走完了常人需要 5 年才能走完的路——被破格聘为总住院医生，不久她又赢得了去英国深造的机会。到 1935 年，林巧稚已成为协和医院很有名气的主治医生了。

林巧稚把传统的"接生婆"变成了一种职业，妇女生产和护理，成了一门精湛的艺术。这成为我国妇产科学的重要基础。

在过去的旧时代，女孩子读书太多似乎不被人所接纳，但是在知识经济的今天，要想成为一个有所成就的成功人士，女孩子一定要有自己的主张，而且还要锻炼很多能力来应对时代的发展，所以，家长要从女孩小的时候就支持她有自己的追求。

林巧稚在协和求学的时候连续八年都是第一名，这说明她有惊人的毅力。林巧稚并非是天才，她的成功完全得力于她的决心。家长也要以此来教育女孩，只要下定决心，就可以克服一切困难。

细节 100   拥有智慧胜过一切

　　哈莉·贝瑞是美国好莱坞当前最红的女明星之一，曾获得第七十四届奥斯卡最佳女主角奖。这位"黑珍珠美人"得到了大量的赞扬和恭维，但这并没有让她迷失，她特别认真地倾听各种批评和指责的声音。

　　一个人敢不敢，或者愿不愿意接受批评和指责，是对他自己的一种严峻考验。批评和指责往往能够直接指出我们的错误和不足，而那些地方正是我们急需要改进的地方。如果一个人拒绝接受别人的批评，那么他又怎么能得到提高呢，又怎么会取得成功呢?! 哈利·贝瑞之所以能够取得如此大的成功，就和她的虚心接受批评指责有关。

　　2005年2月26日晚，贝瑞参加了第二十五届金酸莓电影奖颁奖仪式，成为第一位亲手接过金酸莓"最差女主角"奖杯的好莱坞女明星。

　　金酸莓电影奖设立于1981年，跟奥斯卡奖评选"最佳"相反，是专门评选"最差"影片、"最差"导演和"最差"演员等奖项的。对于这个带有恶作剧意味的颁奖，好莱坞的明星大腕们从不正眼相看，过去不仅没有一个当红女明星参加过金酸莓颁奖仪式，更没有一个女明星有勇气前来亲手接过授予自己的"最差女主角"奖杯。

　　哈莉·贝瑞主演的《猫女》获得了本届金酸莓"最差影片"、"最差女主角"等7项大奖的提名。得知这个消息后，她就表示要参加金酸莓奖的颁奖仪式，她说："我认为，作为一个演员，不能只听他人的溢美之词，而拒绝接受别人对你的批评和指责。既然我能参加奥斯卡颁奖典礼并接过小金人，那么我也就该有勇气去拿金酸莓的奖杯。"

　　面对有可能引起的尴尬局面，哈莉·贝瑞没有退缩，而是勇敢地出席了颁奖晚会。她希望能够以此为戒，让批评与指责为自己加油，成为自己不断向上的动力。

　　颁奖的当晚，哈莉·贝瑞走上领奖台，接过了金酸莓"最差女主角"奖杯。她发表获奖感言时说："我这辈子从来没有想过我会来到这里，赢得'最差'奖，这不是我曾经立志要实现的理想。但我仍然要感谢你们，我会将你们给我的批评当做一笔最珍贵的财富。"

　　听到这话，人们给了她一阵又一阵热烈的掌声。

　　颁奖过后，记者围住了哈莉·贝瑞，问她为什么竟不怕丢丑前来领奖。她说这不是丢脸，接受批评不丢脸，不接受批评反而会出更大的丑。她举了举手中的"最差女主角"奖杯说："我要将它放在我的厨房里，我每天都会面对它。就是全世界的赞扬像飓风一样袭来的时候，只要看它一眼，我就不会被吹到云彩上面去。在许多人都赞扬和恭维你的时候，批评的声音是最珍贵的，因为它使你清醒，让你不会头脑发热找不到自己。"

欧洲流行一句谚语："即使是有一双大眼睛的人，也看不到自己全部的缺点和毛病。"因此，别人的批评就尤为可贵。面对别人对自己身上的一些不足和缺点的指责，敢于正视接受，并且以此为继续努力的参照标准，也是一种勇敢。

哈莉·贝瑞是聪明的，她没有因为被批评而沮丧泄气，也没有因为被批评而激愤拒绝，而是诚恳、高兴地接受，并将其当成珍贵的财富，当成激励自己的动力。有这样宽广的胸怀和博大人生智慧的人，在将来，无论获得怎样的成就，人们都是不会觉得意外的。

事实上，生活中有很多坚强的人，即使遭受不幸，精神上也会岿然不动。生活是喜怒哀乐之事的总和。我们必须清楚，不顺心、不如意，是人生不可避免的一部分，这些不是我们个人力量所能左右的。明白了这一点，我们就会对生活抱一种达观的态度，而当这种态度占据一个人的心灵后，他就拥有了阳光的心态。

挪威戏剧家易卜生曾说："不因幸运而故步自封，不因厄运而一蹶不振。真正的强者，善于从顺境中找到阴影，从逆境中找到光亮，时时校准自己前进的目标。"有些人总是能够在恶劣的环境和别人的指责批评中坚定地屹立着，并努力从逆境中汲取营养，让自己变得更强。从这个角度来说，批评实在是达到成功的一个动力。

建议一：钟彬娴：力挽狂澜，巾帼不让须眉

钟彬娴至今还清晰地记得，吉姆用坚定的眼神看着自己说："我完全相信，在未来的 10 年一定会有一位女性来领导雅芳。"

1993 年与雅芳前 CEO（首席执行官）吉姆会面时，钟彬娴记

得吉姆办公室的饰板上印有四个足印，分别是猿猴、赤足男人、男皮鞋和女高跟鞋。上面的题词很简单：领导权的演变。当时，美国《财富》杂志评出的 500 强企业还没有一家是由女性领衔，因为那时在各个行业都有一块透明的、限制女性上升的天花板。

让钟彬娴没有想到的是：这个破卷而出、令无数人期待的女人，会是自己。

1999 年，是美国有史以来最大的经济繁荣期，雅芳的股票却一落千丈，公司很不景气。雅芳董事会成员 ANNMOORE 回忆说："当时确实有那种疑问，雅芳时代已经过去了吗？"

然而这个疑问并没有坚持多久就得到了回答。因为这年 11 月，钟彬娴接手了雅芳，她由此成为了雅芳百年历史上的第一位华裔女 CEO。而钟彬娴的到来，好似从天而降的"神仙姐姐"，拯救了濒临倒闭的雅芳。

在一次分析研讨会上，她说：要开拓全新的产品领域，开发一鸣惊人的产品。最令人惊讶的是，她没有放弃表面上看来已经过时的直销销售方式，同时提出通过零售点销售雅芳产品——这是在雅芳 115 年的历史中从未有过的。现在雅芳专柜已经进入了遍布美国各地的零售业巨头 J. C. Penney 商场内。

与此同时，为了壮大雅芳销售代表队伍，她实施了一系列新的计划，仅一个季度，雅芳的销售代表总数就增长了将近 10%。更优的产品加上更优的销售方式，使得雅芳在竞争中逐渐找回了过去的优势地位，在化妆品行业牢牢占据自己的一席之地。

钟彬娴的一举一动都透露出了智慧，而她的智慧之一就是认识到了自己的优势，并且利用好了这些优势。女性天生比男性敏感，并具有细致的观察力。女性在情感的表达和感知方面，具有男性无法比拟的优势，女性往往比男性富有情感，直观能力强，有一种天生的感觉力，对事物的观察力更为细致、敏锐和准确，能感受到男性所不能感受到的东西。

在组织活动方面女性领导的效果也更好一些。我们看到，在解决矛盾、调动同事的工作、建立同级或上下级关系以及奖励和处分等问题上，女性领导的做法更容易被理解和接受。女性似乎天生就比男性更知道怎么和别人打交道，怎么得到自己想得到的信息。也似乎天生多了几分敏锐，而这敏锐在商场上带来的价值可能是无价的。正如钟彬娴所说："如果你不能敏感地认识到自己处于走下坡路的阶段，那么你很可能会一滑到底，翻不了身。"

所以当钟彬娴被公认为"华人女性在企业界成功的典范"的时候，似乎正是对这句话的最好注解。其实早在 1997 年，《广告时代》杂志就授予她"全国杰出母亲奖"；2002 年，《时代》杂志和CNN（美国有线电视新闻网）宣布她入选最有影响力的 25 位全球行政人员；2003 年 1 月，她以年度最佳经理人的身份成为《商业周刊》的封面人物；2003 年 10 月，《财富》杂志连续六年推选她为"全美 50 位最有影响力的商界女性"之一。

钟彬娴在小的时候，有一段时间很想得到一套彩色铅笔，于是爸爸就对她说，如果想得到的话，一定要让自己的功课全部是"A"。钟彬娴为了得到自己想要的东西，让自己在房间里复习功课，错过了很多参加网球比赛和生日派对的机会，终于成功了。家长们也应该效仿这样的方法，可以将女孩喜欢的东西作为给她的奖励，激励女孩努力上进，但是千万不要以钱为奖品。

建议二：吴小莉：高调做事，低调做人

南怀瑾说：要学佛的人，"应生无所住心"，要随时观察自己，要使此心无所住。如果心心念念住在某一种东西上，或住在某一

种习气上，始终不能解脱，已经是走入魔道了。那段美好的记忆，吴小莉只把它当成一个"美丽的职业互动"长存心底。

吴小莉坦言，自己是一个高调行业中希望低调做人的人。她无法预料如果没有那些美丽的机遇，她是否会有今天的知名度，但她可以肯定，即使没有当年，她仍然会在自己喜爱的岗位上奋斗，依然会干得很好。

拈花微笑间，这个睿智的女子心如明镜，物来则应，物去则灭，不将不迎，在获得了荣誉和别人羡慕的目光时，还能清醒地认识自己，还能让自己的生活远离这些纷扰，这是难得的，也是我们需要慢慢修炼才能具备的修养。

现在是周一晚上 9：50 整，凤凰卫视的直播间里，所有的灯光都打在主播台的位置，一声"开始"，镜头里闪现出吴小莉那张生动的笑脸："大家好，我是吴小莉，这里是《小莉看世界》。"瞬间，空气也仿佛被这盈盈笑意感染得喜气洋洋。

《小莉看世界》是凤凰卫视最热销的节目，毫无疑问，这个在镜头前滔滔不绝的女人，成为了凤凰名嘴。但是 2001 年，吴小莉的身份却悄然发生着变化，她已经不仅仅是凤凰一个知名的主持人，她新的身份标签是凤凰资讯台副台长。

从台前到幕后，一个聪明的职业女性懂得在事业上瓶颈期未到的时候，适度地转型，所以，吴小莉说，如果能再有多一点的空余时间，她会去读书，读关于媒体管理的专业。

虽然吴小莉一直在强调自己是一个从来不规划人生的人，只要是大方向对了，一切都顺其自然，但其实细心的人总会发现，她又敏锐地往前跳了一步。没有人能随随便便成功，机会只会留给有准备的人，吴小莉已经张开了双臂，迎接那随时可能降临的机会。在她这里，机遇不会擦肩而过，也不会敲错门，因为，其实她早就等在了那里。

"所以后来索性放手，不为自己限定目标，因为一路走来，总会看到路边有很多自然风光，这样不经意间地采集而来，反倒有意想不到的惊喜。所以只要大的方向确定，就会一直走下去。碰到机会了，就抓紧机会，突破原有的束缚，静悄悄地转了型。"

吴小莉并不是刻意转型，她对大部分事情都顺其自然，却独独对"快乐"二字是用心经营的。当孩童年代单纯的快乐一去不复返，在长大成人后的复杂世界中寻找单纯的快乐，其实需要智慧，需要定力。

一直持有健康心态的吴 16 小莉自言在内心有一种对抗伤害的堡垒，痛苦也因此得到化解。对她而言，她希望能一直保持现在这样"阳光"的心态，而经营的方法其实也很简单，就是按部就班地，一步步把每一件事情做好，等待下一个快乐。

和那些热火朝天的综艺节目相比，家长们应该多引导女孩看一看知识类、时事类、人物类的报道，不至于浪费时间。家长也可以和女孩坐在一起看凤凰卫视吴小莉主持的节目，然后和女儿一起分析吴小莉的主持风格，这样也是一次不错的亲子活动。

古人说"淡泊以明智"，吴小莉的可贵之处在于能够不为外界的舆论所牵引，非常淡泊，依然能够专心踏踏实实地做事。家长应该引导女孩也有这样的一个胸怀，在成长的道路上才能够目标明确。

不娇不惯，富养女孩的100个细节

（第三册）

宿文渊　编著

中国华侨出版社

前　言

　　养育一个优秀女孩，是天下父母的心愿。拥有一个出色的女儿，是天下父母的福气。然而面对这个天赐的娇柔公主，父母们都会有一个困惑：要怎样养育才能让她最幸福、最优秀？答案就是富养。

　　富养女孩是中国历来已久的传统，中国传统上称女孩为"千金"，正包含着富养的意味。过去大户人家的女儿，养在深闺，从小学习琴棋书画、诗词歌赋，舞文弄墨，知书达理，而且上得厅堂，下得厨房，何等优秀。在现代社会，富养女孩就是说女儿要精细地养，不能像养男孩那样粗放，在家庭经济条件许可的前提下，尽可能地满足女儿对物质的需求，让她享受公主般的待遇，要从小宠她、爱她。

　　女孩的个性也决定了父母应该富养女孩。女孩天生胆小、感性、脆弱、优柔寡断、渴望爱、自控能力差、易受外界诱惑……因为胆小，所以她们总是躲在父母的身后，慢慢变得依赖性强，乃至自卑；因为感性，她们常常冲动行事，容易被坏人欺骗；因为脆弱，她们往往经不起打击，一旦生活中出现一些风风雨雨，就会一蹶不振；因为优柔寡断，她们经常会错失很多机会……也正是因为如此，作为女孩的家长，我们才更应该明白这样一个道理：富养女孩，不仅仅是要让她在成长过程中感受到父母的爱，感受到家庭的幸福，更是要赋予她独自面对未来、独自创造幸福的能

力，更是要培养出她的主见、自信、勇气、坚强、决断等关乎她一生成败的良好品质。

那么，女孩的优秀品质如何去培养？这是问题的关键。女孩富养其要义之一就是开阔她的视野，增加她的阅世能力，从而大大增强她的见识。如此，她长到花一样的年龄时，就不易被浮世的繁华和虚荣所迷惑。等到了谈婚论嫁的年纪时，她们就能找个能力出众、事业有成的丈夫，顺利地从父母的呵护过渡到丈夫的呵护，如此便可安度一生。富养女孩就是要注意培养她的优越感，因为优越感是女孩拥有自信和勇气的基础。富养女孩要让她学会自重和自爱，要教会她善良和关爱，要塑造她的气质，因为女孩的美永远不能只依靠外表。当然，富养女孩不能忽视女孩文化素质的提升，女孩可以不立业，但不能没有知识。著名作家斯迈尔斯在《品格的力量》里说道："女性的素质决定着整个民族的素质。"的确，女孩的品位，小则关乎一个人的人生，大则关乎整个民族的命运。高贵典雅的女孩就有富贵祥和的命运，能使自己的周围产生安乐稳定的氛围；自卑狭隘的女孩，就有凄惨悲凉的命运，使自己的周围蒙上晦暗飘摇的阴影。所以，女孩就是要高贵。女孩就要富着养。

本书结合女孩的特点个性以及成长规律，从不同角度出发，为父母们提供了一套成功育女方案，使父母们掌握教育的正确方向和科学方法，真正教到点子上，是每一位望女成凤的父母的必读书。本书深刻分析了女孩与男孩的不同之处、女孩天性中的优缺点，以及父亲和母亲在养育女孩过程中所应起到的不同作用，统揽女孩成长过程中的教育问题及解决办法，全面介绍女孩的身体、心理、性格、气质、品质、理财、才艺、潜能、学习等各个方面的培养方式，指导父母教出有素质、有能力、有眼光、有魅力的卓越女孩。静心阅读，用心思索，掌握了这些富养女孩的细节，你就会发现，想要养育出一个优秀的女孩并不是多么困难的事情！

目　录

第九章　好习惯胜过好老师(续)
——好习惯让女孩成为受欢迎的人

第十章　完美的女孩不任性，更理性

——能管住自己的女孩才有好未来

第十一章　知足才能淡定，智慧才能从容

——女孩的从容淡定需要长期培养

第十三章　梦想是女孩飞翔的原动力
——告诉女孩梦想需要行动去实现

不娇不惯,富养女孩的100个细节

Bujiao Buguan,Fuyang Nühai De 100 Ge Xijie

细节42　小毛病容易累积大错误

女孩有小毛病、小缺点时，家长不放在心上，或只是草草了事，根本没有把这件事认真放在心上，常常心存侥幸，认为是只是微不足道的小事，来来往往，岁月流转，小毛病变成大错误，岂不是养虎为患吗？这样因小失大，太不值得。这样的家长有，绝对有，总是声称没太大问题，等等，再等等，结果等下去的结果是让事情没有能在该抑制时得到抑制，留下了后患，这样不想发生的事情，等到真的发生到那一天，再悔再叹，却已是悔之晚矣！有这样一则故事：

在一次攀峰比赛上，一位勇者发誓要攀登一座高峰，在众人期待的目光中，他出发了。

长途跋涉中，恶劣的气候没有使他退缩，陡峭的山壁没能阻碍他前行，难耐的孤寂没有动摇他坚定的信念，疲惫与饥寒没有使他畏惧。然而，最终他没能登上那座高峰，使他放弃的原因竟是鞋中的一粒沙。

不知何时，他的鞋里落入一粒沙，他原本有时间和机会把那粒沙从鞋里倒出来，可是在我们的勇士眼中，它实在是太微不足道了，勇士没理由为一粒沙停下来耽搁时间。的确，比起勇士所遇到的其他困难，那粒沙的存在简直可以忽略不计。然而，越走下去那粒沙变得越来越磨脚，终于每走一步都伴随着锥心刺骨般的疼痛。这时，勇士不得不停下脚步，清除沙粒。然而，为时已晚了，我们的勇士惊异地发现，他的脚已经破皮、红肿。沙被清除出去了，可是脚上的伤口却感染了，痛得钻心……最后，除了放弃，他别无选择。

读完这个故事，许多人会为勇士的遭遇感到惋惜，但爸爸妈妈们更应该从他的遭遇中吸取教训。

古语说得好："小水不防，大雨围房"、"小窟窿不堵要摧坝，小毛病不改要犯法"，指的就是小错误和小毛病要趁早改，以免生出大错误，到时再改就迟了。爸爸妈妈如果发现女孩的小毛病，应该及时纠正，任由其发展，必然会对女孩以后的成长、交际，以及生活和学习带来不好的影响。

建议一：女孩爱说谎不是小毛病

教育女孩要诚实是家庭教育中的重要内容，要想让女孩诚实，家长应该多注重平常的小事，而不应等到发现女孩说谎之后再来补救，做父母的应当允许女孩犯错，但是要心平气和地与女孩一起分析犯错的原因，帮助女孩克服说谎的毛病。

现实中，由于各种原因，有时女孩会说谎。作为家长，如何对待女孩说谎呢？是大声斥责、严厉批评，还是心平气和地引导女孩知错的心理觉醒呢？

当你发现女孩说谎时，是否想过用间接婉转的方式，来使女孩从内心深处认识到自己说谎是错误的，从而产生要诚实的良知？

女孩子说谎实在是一个严重的问题。而且一旦说谎成为了女孩的习惯，那就很难戒除了。所以，面对女孩说谎的问题，父母们一定要抱着认真的态度去处理。

教育说谎话的女孩，一定要注意批评的技巧，切不可一味地批评和打骂女孩。

当发现女孩说谎时，父母一定要弄清楚女孩说谎话的原因，一般情况下，女孩说谎是模仿成人行为的结果。父母在日常生活中由于应付某些特殊情况而不得不讲假话时，女孩如果不加分析、判断就会全盘模仿。

此外还有可能是为了逃避责任，免遭打骂和惩罚。女孩有时是在环境的压迫下才说谎的，而且只有发现说谎可以逃避责任、免遭打骂和惩罚时，才真正有意识说起谎来。

针对这一点，家长可以对女孩说："说谎的人会失去别人的信任。"以此来增强女孩的自律意识，使女孩能够自觉地改变说谎的坏习惯。

家长要把握女孩说谎的心理原因。并非女孩的所有谎言都与"品德不端"有关。许多时候，女孩说谎的最初原因可能在家长身上，也可能是无意中模仿大人的不实之词；或出于自我保护的本能；或为了迎合家长的过高期望，满足某种虚荣心。当发现女孩说谎的时候，作为家长要正确理解并加以引导，根据不同情况客观分析，对她进行正确的教育引导，即使女孩犯错，只要说了真话，就应肯定她的表现，并引导她不断完善自己。

对于女孩无意识的说谎，家长不要过分追究。因为随着认识能力的提高，这种现象会慢慢消失。而对于有意说谎的女孩，则要严肃对待。有意说谎通常带有明显的欺骗目的，当她们知道一旦讲出事实真相将要受到惩罚时，就可能用谎言来掩盖事实；或者，当女孩意识到不隐瞒事实将得不到社会承认或家长表扬时，也可能采用说谎的手法。

建议二：告诉女孩不要贪图小便宜

有一则有趣的故事。有一乡下的青年，因为牙齿坏了，来到街市寻找牙医欲拔掉那颗坏牙。他问牙医说："拔一颗牙齿要多少钱？"牙医说："一颗 500 元，拔两颗 800 元。"青年想虽得跑一趟街市，只拔一颗浪费时间和金钱，既然拔两颗比较便宜，就拔两颗省得再跑一趟又省钱。所以就拔了两颗牙。本来只一颗牙坏，因贪便宜而拔了两颗，是聪明或不聪明，是便宜还是不便宜呢？

以前有个老太太，非常崇敬吕纯阳（吕洞宾），一直吃素念佛，积德行善，天天念叨吕纯阳，想以此得仙人点化。

吕纯阳感知后，便化作一个卖姜小贩来考验老太太诚心与否。

老太太将卖姜小贩迎进门，叫称一斤姜。卖姜小贩说："我不认识秤，你自己称吧。"老太太似乎有点不相信，便把姜放在秤盘里叫卖姜小贩看重量，卖姜小贩说自己看不清。老太太于是在秤盘里放了二斤姜，对卖姜小贩说："看看，就一斤姜。"

卖姜小贩没有任何异议，收下一斤姜的价钱就回去了。

老太太窃喜不已，讥笑天下竟有这样蠢的人。第二天老太太起来，发现家门口写了几行字，赶忙叫识字人读一遍：早也念吕纯阳，晚也念吕纯阳，吕纯阳来卖姜，两斤当做一斤卖！

老太太听罢，悔得要死。为了贪小便宜，多年功德白费。

平时家长应该找机会与女孩正式地讨论关于偷窃问题：不动别人的东西是我们所生存社会的公共准则，大家都必须遵守。

"那我确实很喜欢那件东西怎么办？"——顶多走近它多看几眼或者伸手摸摸它就足够了！任何一个人不可能得到自己希望的一切事物，每一个人都不得不学会自己克制自己的欲望，身边的每个人都在克制着自己的欲望，你并不是世界上唯一不能满足愿望的人，日常生活中谁都会遇到自己心爱的东西，人人都不问自取的话，社会就乱套了，你自己心爱的东西都会被别人拿走。

"那我通过什么正当途径来获得呢？"——买，自己努力学习好本领，将来长大了自己挣钱买！小孩子注重的应该是精神食粮，我们大人看哪个孩子好的标准是谁的精神世界最丰富、谁懂的道理最多、谁知道的事情最多、谁最善良正直、谁最乐观向上、谁的成绩最好等，而不是看谁的玩具最多、文具最好、衣服最贵等，因为这些都不是她自己挣的，都是她父母买的。

"那我确实是无意把同学的东西带回家了"——家长立即表现得深恶痛绝以及对失主的歉意与难过，十分严肃认真地迅速做出决定：赶紧还给人家，向人家道歉，解释清楚，要求保证接受教训，今后永不再犯！

让女孩在体会被惩罚之中感受教育，或者让孩子将其最心爱之物找来，当面扔进垃圾堆："请你感受一下属于你的东西永远不属于你的滋味"。

事后，父母应耐心找女孩谈话，了解她为什么拿人家的东西。针对问题进行教育。例如，儿童真正需要的是情感和关注，而不是某件东西；那么，父母或老师就应更多地给予热情关怀，让她感到温暖体贴，逐渐克服为了求得人们注意而产生的偷窃行为。如果女孩的偷窃行为是由于父母乱放钱物的引诱，或是偷了没有及时被家长发现给予制止所引起的；那么，父母一方面应减少或消除这种引诱，另一方面要细心观察并发现女孩的不良行为，及时给予教育。

不要只是粗暴地辱骂她或严厉地惩罚她，或者限制她的一切行动，冷淡、厌弃她，不去细致地了解她所以产生偷窃行为的内在理由。贪图小利会让女孩们目光短浅，无法获得长期的成功和最终的幸福。

家长要告诉自己的女孩：不属于自己的，不应该自己得到的，就不要出于各种目的去占有。这样的信条值得一生奉行。

家长们高尚的人格，平日中良好的生活习惯，就是女孩们的一个表率。如果有贪图小便宜的父母，今天看了邻居家的葱很好，顺手拿了一根，明天因为买东西少付了钱而欣喜若狂，这样的家长教育出来的女孩，也会像他们一样贪图小利。

细节43 培养女孩好习惯要靠妈妈的耐心

记得默默小的时候，只要是在凳子上坐定了，就会习惯地抖抖脚。

妈妈看到之后，一定会严厉地斥责她说："默默，女孩一定要有女孩的样子，你的脚不可以抖。"

后来，妈妈只要是看到默默的脚在抖，她就会直接用手去敲默默的腿来提醒默默。

经过妈妈几次的提醒，默默的坏毛病终于改了过来。

现在默默长大了，有时会看到身边那些习惯抖脚的女孩，看上去既不雅观，也显得没有教养，心里不禁会感激妈妈当时对自己的严格要求。

要不是妈妈，默默想自己的形象气质一定会大打折扣。

经常听到有人说，"没什么大不了的！小毛病人人都有！"现实生活中，对此抱着无所谓态度的人很多，你是否又是其中一个？

美国著名的心理学家威廉·詹姆士说："播种行为，收获习惯；播种习惯，收获性格；播种性格，收获命运。"一种好习惯可以成就人的一生，一种坏习惯也可以葬送人的一生。

试想，一个爱睡懒觉、生活懒散又没有规律的人，怎么约束自己勤奋学习和工作？一个不爱阅读、不关心身外世界的人，能有怎样的胸襟和见识？一个自以为是、目中无人的人，如何去和别人合作、沟通？一个杂乱无章、思维混乱的人，做起事来的效率会有多高？一个不爱独立思考、人云亦云的人，能有多大的智慧和判断能力？

古希腊伟大的哲学家柏拉图曾告诫一个游荡的青年说："人是习惯的奴隶，一种习惯养成后，就再也无法改变过来。"那个青年回答："逢场作戏有什么关系呢？"这位哲学家立刻正色道："不然，一件事一经尝试，就会逐渐成为习惯，那就不是小事啦！"

坏习惯就像是身后的尾巴，一直紧紧跟着你，等你发现它严重影响了你的生活，才想到要摆脱时，一切恐怕就难以挽回了。要知道，习惯的养成是一个不断重复的过程，每一次，当我们重复相同的行为时，就等于强化了这一行为，最终，就成了根深蒂固的习惯，把我们的思想与行为也缠得死死的。

正如英国桂冠诗人德莱敦在 300 多年前所说的："首先我们养出了习惯，随后习惯养出了我们。"我们是从习惯中走出的，所以，如果想要拥有一个美丽的人生，就需要养成好习惯，那么，从现在开始，我们就要改掉坏习惯。

"那如何改掉坏习惯呢？"很多人都问过同样的问题。想要让坏习惯不再如影随形，那就要向自己排解了。

不妨从以下几点出发：

1. 从思想深处认清不良习惯的危害性，清楚不良习惯会影响人的身心健康或左右人的行为方式，以争取自觉树立起戒除不良习惯的意识。

2. 以好习惯取代坏习惯。坏习惯之所以存在是因为它能够在一定程度上使你得到一种心理上的满足，例如懒惰，所以，如果要与坏习惯彻底告别，可以找一个同样使你感到满意好的习惯来取代它。

3. 求得支持。许多戒除不良习惯者体会到，别人的支持十分重要，是防止复发的有效手段。这种支持可以来自家庭、朋友和志同道合的同事。

4. 避开诱因。如果你总喜欢在晚上喝咖啡或饮茶，这样极容易变得兴奋因而影响睡眠，你就可以改喝白开水和饮料；如果你和一些朋友在一起，就想说话聊天而影响做作业，你就要试着改改对象。

5. 自我奖励。取得小成功——如坚持练琴一个月，可以自我奖励一次，如买本好书给自己。

6. 不找借口要防止自欺欺人。"这是小亮借给我看的武侠书，要不我不会看的"、"这是最后一次，这次之后我就再也不看动画片了"……诸如此类的借口，其实都是下次再犯的苗头和征兆。

建议一：女孩要善于倾听

懂得倾听的女孩最美丽。倾听所折射出的是一个人内在的品质，同时也是一种极其好用的交往工具。一个再聪明伶俐的女孩，如果不懂得如何与人交往，那也注定只能是一个"孤家寡人"，独自品味着"高处不胜寒"的孤独。因为一个人不懂得与他人相处，那么他的潜能也很难施展出来。即便他才高八斗，学富五车，那也只是个闭门造车的书呆子。倘若想走进他人的世界，灵活周旋于人与人之间，最重要的一点，就是要懂得倾听。

倾听是一门艺术，有的时候，善于倾听他人，不仅能够使自己更受欢迎，还可以避免很多误会的发生。欢喜和怨怼之间，可能仅仅只是一句话、一秒钟的距离，你应该记住的就是，永远不要在别人说话的时候打断，耐心听对方把话讲完。

> 一位母亲问她 5 岁的女儿："假如妈妈和你一起出去玩时渴了，一时又找不到水，而你的小书包里恰巧有两个苹果，你会怎么做呢？"
>
> 女儿小嘴一张，奶声奶气地说："我会把每个苹果都咬一口。"
>
> 虽然女儿年纪尚小，不谙世事，但母亲对这样的回答，心里多少有点失落。她本想像别的父母一样，对孩子训斥一番，然后再教孩子该怎样做，可就在话即将出口的那一刻，她突然改变了主意。
>
> 母亲握住孩子的手，满脸笑容地问："宝贝，能告诉妈妈你为什么要这样做吗？"
>
> 女儿眨眨眼睛，满脸童真地说："因为……因为我想把最甜的一个留给妈妈！"
>
> 那一刻，母亲的眼里隐隐闪烁着泪花，她在为女儿的懂事而自豪，也在为自己给了女儿把话说完的机会而庆幸。

倘若这位母亲没能把女孩的话听完，就错过了了解女孩真实想法的机会。家长在平日的家庭生活中也是如此。一般父母平日在生活上非常关心女孩，可在真正能够静下心来倾听女孩的想法感受方面做得却很不够。女孩学习和生活上有什么问题，在向父母诉说时，稍不如意，就被打断，家长不让女孩把话说完，轻则斥责，重则打骂，对此，女孩只能将话咽回去。久而久之，女孩便关闭了向父母敞开心扉的那扇大门。

教女孩学会倾听，父母首先就要学会倾听女孩的心声。若女孩感受到父母能够耐心听他把话说完，则会产生一种被尊重、被关注的感觉。当女孩感到他能自由地对任何事物提出自己的意见，而他的认识又没有受到轻视和奚落时，他就能毫不迟疑、无所顾忌地发表自己的意见，因而更容易树立和保持自己的自信心，认识自己的能力并敢于说出自己的想法。

有些家长以为，递个耳朵过去听女孩说话就是倾听了，其实不然。家长如此做法只是机械地听女孩诉说，体会不到女孩在倾诉时的情绪，这种情况下，女孩的想法得不到父母的重视，他们只能把自己的秘密埋藏在心里，做父母的就很难知道女孩的所思所想，这样对女孩的教育就会无所适从。女孩的说话权得不到父母的尊重，久而久之，女孩就会与父母产生对抗情绪，以至双方相互不信任，沟通困难。一份调查显示：70%～80%的儿童心理卫生问题和家庭有关，特别是与父母对女孩的教育和交流沟通方式不当有关。另外，父母不懂得倾听女孩，也会从侧面限制他语言能力和社交能力的发展。

很多人都认为，要想让自己变得优秀，就要主动出击去与别人竞争，在竞争中获胜最能证明自己的能力。其实，表现优秀的方法还有一个，那就是学会倾听，以静制动。人之所以长了两只耳朵、一张嘴巴，就是为了多听、少说。善于倾听的人比起总是滔滔不绝的人来说，更容易得到他人的信任。每个人都希望自己说的话被他人重视，试想，当一个人对着你兴高采烈地说话的时候，你静静地坐在他的对面，用心听着，他肯定会觉得说的酣畅淋漓分外愉悦。"听"是一种无声的交流，学会当一个好的听众，欣赏对方的表现，就可以得到对方的肯定和尊重，在双方之间建立起相互信任的基础，因而产生不断与你交往的愿望。

倾听是孩子感知和理解语言的一种行为表现，对孩子来说，倾听将直接影响到其学习新知识、新本领的能力。那么，该怎样培养孩子养成良好的倾听习惯呢？

首先，父母是孩子学会倾听的最好榜样。要孩子学会倾听，父母就要先懂得倾听，父母的一言一行、一举一动都是孩子学习倾听的最好榜样。通常自家人在交谈时比较随意，长此以往势必影响到孩子。因此，即使是在家里爸爸妈妈也要特别注意交谈时的方式和礼仪，专心听对方讲话，不要同时做其他的事。

其次，父母要让孩子懂得，当他人快乐或难过的时候，用心去倾听对方，分享他们的快乐，分担他们的痛苦，他们就能毫无顾忌地向你敞开心扉。因为倾听，对方能够看到你的真诚和细心，也会对你更加信任和友爱。再有，倾听可以让自己很好地发现自身可能存在的问题和缺陷，有利于自己的及时改正。

最后，培养孩子倾听的习惯，父母要从生活的细节着手，引导孩子掌握倾听的艺术。例如，父母可以告诉孩子，在听对方讲话时应耐心听完，不要抢话、插嘴，特别是在上课时要做到安静地听、专心地听，不做小动作，不影响别人，让孩子懂得影响别人的听讲也是一种不礼貌的表现。

建议二：让女孩远离是非之人

有人的地方就有谣言。家长们闲来无事，喜欢三五成群，闲话邻家长短。她们聊起来，从不注意身边的孩子是否听到。结果说者无心，听者有意。那些在他们身旁玩耍的孩子们将大人的闲话记在心上。在某一个周末的午后，粗粗的柳树投下斑驳的影子，正好遮挡了秋千，池塘里的鱼活蹦乱跳的，满墙的蔷薇争先恐后地开着，处处弥漫着沁人心脾的花香。可是与这景色不搭衬的是几个小孩子的闲言碎语。她们闲聊着从家长那里听来的谣言，同时也聊着自己班上同学的坏话：卡卡喜欢上阿蒙了，我见过他们牵手逛街呢；悠悠是个小偷，偷了很多同学的东西；露露不是亲生的，她爸妈从来不管她……结果可想而知，谣言传来传去，传到了当事人耳朵里，不仅伤害了他，而且大大影响了人们之间的关系。

如果女孩学着别人的样子，喜欢说那些天花乱坠、漫天飞舞的谣言，这时，家长不妨告诉女孩一个这样的故事：

清朝的时候，清河县有一位非常睿智的老人，无论是富人还是穷人都非常爱戴他，都追随他，喜欢他，这一切都是因为他的善解人意。

有一次，一位邻居的年轻女孩来到他面前倾诉自己的苦恼。他明白了这个孩子的缺点，其实她心地倒不坏，只是她常常说三道四，喜欢说些别人的闲话。这些闲话传出去后就会给别人造成许多伤害。

老人说："你不应该谈论他人的缺点，你明知这样做不好，可就是控制不了。我知道你也为此苦恼，现在我命令你做一件事情。你到市场上买一只母鸡，走出城镇后，沿路拔下鸡毛并四处散布。你要一刻不停地拔，直到拔完为止。你做完之后就回到这里告诉我。"

女孩觉得这是一件非常奇怪的事情，但为了消除自己的烦恼，她没有任何异议。她买了鸡，走出城镇，并遵照吩咐一路不停地拔下鸡毛。然后她回去找老人，告诉他自己按照他说的做了一切。老人说："你已完成了这件事情的第一部分，现在要进行第二部分。你必须回到你来的路上，捡起所有的鸡毛。"

女孩为难地说："很难做到吧？在这时候，风已经把它们吹得到处都是了。也许我可以捡回一些，但是我不可能捡回所有的鸡毛。"

"没错，我的孩子。你脱口而出的愚蠢话语就如同这些鸡毛，一旦拔下，就很难收回。你给别人所造的谣言，在你想收回的时候就能收回吗？"女孩说："不能。"

"那么，当你想说些别人的闲话时，请闭上你的嘴，不要让这些鸡毛散落路旁。"

也许女孩在听完家长的故事后，会有些许醒悟。家长在此时要抓住时机，给她灌输："说闲话去恶语中伤别人，这对于自身是没有好处的。只会失去越来越多的朋友，让越来越多的人讨厌你。作为一个有修养的女孩，这样做是不恰当的。你必须要控制好自己的舌头，坚决不做是非之人。"

台湾著名女作家张梨华女士在《改变一生的一句话》一书中写道：

下课铃一响，大家纷纷站起，挤向门口，我经过讲台往门口走时，赵老师说："你到我办公室来一下。"我跟在她身后，心里七上八下，不知道自己闯了什么祸。老师中，赵淑茹是我最崇拜的。那时她大约二十七八岁，身长如玉，一张瓜子脸，双瞳如剪，语调和婉，生气时，自己两颊先绯红起来，我们都不怕她，但对她敬爱异常，她是我们初二的语文老师。跟她到办公室，她坐下，把我叫到她跟前，双眼牢牢地看住我说："好好用功，将来你可以做个好作家。"说着，把手里的我的作文《冬天里的太阳》扬了扬说："写得实在好，明天我去贴在布告牌上。"

我鞠了躬，退出来，她还嘱咐了一句："记住我今天的话哦!"

那年我14岁，44年来，我从来没忘记过她的话。

每个人都喜欢被他人赞美，哪怕是一句简单的赞语，都会使其感到无比温馨。而赞美者鼓励别人的同时，也会改善自己与周围的关系，丰富自己的生存智慧，使得自己更有涵养。家长应该在自己的女儿面前多多赞美他人，多说别人的好话，比如"小张字写得真棒"、"林总为人诚信，帮了自己不少忙"、"李老师对学生非常好，常常看到她深夜还在桌前批改作业"……女儿听了类似的话，她便会在自己的生活中努力发掘别人的优点，去真诚地赞美他人，这样，她在拥有很多朋友的同时，也会在无形中保护了自己。

家长应避免和邻居或朋友，在女儿面前大谈那些无聊的闲言碎语，比如"李强升迁了，不就是会巴结领导吗?""张亮最有心计，想方设法为自己谋取一些利益"等。女儿听了这些话语，她便学会了说三道四。真正的朋友会逐渐疏远她，取而代之的是一帮虚伪的朋友。

也许很多情况下，家长为人和善，没有在女儿面前说过谁的不好。但女儿却是一个喜欢造谣的女孩。如果女儿在父母面前说别人的坏话时，父母则应采用暂时的冷漠，不理睬她，以不高兴的脸色来对待。

细节 44　妈妈要坚决剔除女孩邋遢的坏毛病

很多年以来，哈佛新入校的学生都会听到这样的一些小故事：

一位加拿大医生奥斯勒，为了从繁忙的工作中挤出时间来读书，强制自己在每天晚上睡觉之前必须读 15 分钟的书，哪怕已经忙到很晚，也要坚持，雷打不动。就这样，他天天睡觉前读书，一直坚持了 50 年，总共读了 1000 多本书，合计 8000 多万字。而他对人类最大的贡献就是，他成功地研究了第三种血细胞。

大家都知道，格劳福特·格林瓦特是世界上最大的化学公司——杜邦公司的总裁。公务繁忙对他而言是家常便饭。但身为总裁，他竟然也每天挤出一个小时的时间来研究世界上最小的鸟——蜂鸟，并在研究的过程中用专门的设备给蜂鸟拍照。后来，他撰写了一本关于蜂鸟的书，权威人士把它称为自然历史丛书中的杰作。

科尔是一位普通的美国数学家。20 世纪初期，数学界曾流传着这样一道难题，那就是 2 的 76 次方再减去 1 的结果是不是人们所猜想的质数。很多学者为了攻克这一难题都在努力着，但都未能如愿，谜题依然没有揭开。后来有一次，在纽约数学学会的年会上，数学家科尔通过一系列令人信服的运算，成功地解答并证明了这道难题。当时有人问他："您论证这个课题一共花了多少时间？"他掷地有声地回答："三年内的所有星期天。"

好多年以来，哈佛大学的教授都不厌其烦地给新生讲述上面的小故事，以此来解释学校图书馆墙壁上的一句名言："没有人可以随随便便地成功，成功只来自严格的自我管理和毅力。"

英国教育家赫伯特·斯宾塞说："必须记住我们学习的时间是有限的。时间有限，不只由于人生短促，更由于人事纷繁。我们应该力求把我们所有的时间用去做最有益的事情。"学会利用时间，是很多成功人士的必备法宝，女孩们要想这一生有所作为，就一定要抓住稍纵即逝的时间。

苏格拉底说："当许多人在一条路上徘徊不前时，他们不得不让开一条大路，让那珍惜时间的人赶到他们的前面去。"

很多人把时间当做河，坐在岸旁，束手无策地看它流逝；也有的人把时间当做自己忏悔的温床，躺在对过去的追忆与哀悼中，苦苦呼唤着已逝的时光；还有一些人把时间看做未来的宠儿，总是在晚霞中想象着旭日初升的欢愉。而时间自己却不管你把它当做什么，都按它自己的步伐从容不迫地走着。未来姗姗来迟，现在像箭一般飞逝，过去永远静立不动，而你对待这三者的态度决定了你能抓住时间还是被时间所抛弃。

莎士比亚说过："在时间的大钟上，只有两个字——现在。"昨天唤不回来，明天还不确定，一个人能拥有、把握的就是今天的时间，虚度今天，就是毁了昔日的成果，丢了来日的前程。

古今中外，凡事业有成者，都是十分珍惜和善于驾驭时间的人。我国宋代文学家欧阳修说："余平生所做文章，多在三上——

马上、枕上、厕上。"三国时董遇读书的方法是"三余"：冬者岁之余，夜者日之余，阴雨者晴之余。也就是说充分利用寒冬、深夜和阴雨天，别人休息的时间发奋苦学，他还认为"三余广学，百战雄才"。

鲁迅先生说过："我把别人喝咖啡的时间都用到读书和学习上。"他几十年如一日，从不浪费一分一秒，为后人留下了700多万字的著作。就在重病缠身的日子里，他还抓紧时间工作和学习，在逝世的前一天，还写了他最后的一篇作品《因太炎先生而想起的二三事》，真是惜时到了生命的最后一息。

女孩们也可以效仿这些成功的伟人，充分利用自己的闲暇时间。其实，已经有一些女孩开始这样做了，她们将外语单词和语法记在小本子上，随身携带，等公交车时拿出来读一读，排队买饭的时候掏出来背一背，日积月累，她们的成绩有了显著的提高，这无疑要将一部分功劳归于闲暇时间的利用。女孩们，你一定不想落后，那就开始行动吧！让自己的时间增值，相信你可以做到。

建议一：守时就是最大的礼貌

德国哲学家康德计划去拜访老朋友威廉·彼特斯，他在动身前曾写信给彼特斯，说自己将于3月2日上午11点钟之前到达。

康德第二天早上租了一辆马车前往彼特斯的家。老朋友的家住在离小镇12英里远的一个农场里，小镇和农场中间隔了一条河。当马车来到河边时，细心的车夫告诉他说，桥坏了，不能过河。

康德下了马车，看了看桥，中间的确已经断裂了。

河面虽然不宽，但水很深，而且结了冰。

"附近还有别的桥吗？"康德焦急地问。

车夫回答说："有，先生。在上游 6 英里远的地方还有一座桥。"

康德看了一眼怀表，已经 10 点钟了。

"如果要赶到那座桥，我们以平常速度什么时候可以到达农场？"

"我想大概得 12 点半。"

康德又问："如果我们经过面前这座桥，以最快速度什么时间能到达？"

车夫回答说："最快也得 40 分钟。"

康德跑到河边的一座很破旧的农舍里，客气地向主人打听道："请问您这间房子要多少钱才肯出售？"

农妇大吃一惊："您买如此简陋的破房子，究竟是为什么？"

"不要问为什么，您愿意还是不愿意？"

"那就给 200 法郎吧！"

康德付了钱，说："如果您能马上从破房上拆下几根长木头，20 分钟内把桥修好，我将把房子还给您。"

农妇把两个儿子叫来，让他们按时修好了桥。

马车平安地过了桥，飞奔在乡间的路上，10 点 50 分康德赶到了老朋友的家。

在门口迎候的彼特斯高兴地说："亲爱的朋友，您可真守时啊！"

康德在与老朋友相会的日子里，根本没有对其提起为了守时而买房子、拆木头过河的经过。

后来，彼特斯在无意中听到那个农妇讲了此事，便很有感慨地给康德写了一封信。信中说道："您太客气了，还是一如既往地守时。其实，老朋友之间的约会，晚一些时间是可以原谅的，何况您还遇到了意外。"

一向一丝不苟的康德，在给老朋友的回信中写了这样的一句话："在我看来，在一定意义上说，无论是对老朋友还是对陌生人，守时就是最大的礼貌。"

时间如同金钱，越是懂得利用时间的人，越感觉到时间的价值；越是贫穷的人，越感觉到时间的可贵。问题是当我们富有时，往往不知如何利用而任意挥霍了时间，但当真正需求的时候，时间却已经所剩无几了。

要想赢得时间，就必须做到恪守时间。

守时就是遵守对时间的承诺，是对自己和别人生命的尊重，是一个有助于打动别人的简单方法，守时是信誉，也是最大的礼貌。时间是生命的计量符号，是生命的格式特征，不守时就是对生命的践踏；守时即惜时，是珍爱生命、尊重生命的表现。成功的秘诀在于守时，有时间观念，这是一种信用。

守时就是遵守承诺，按时到达要去的地方，没有例外，没有借口，任何时候都要做到。如果你对别人的时间不表示尊重，你别指望别人会尊重你的时间。如果你不守时，你就没有影响力或没有道德的力量。但守时的人会取得职员、助手、货商、顾客……每一个人的好感。

守时就是诚实守信，诚实守信是一种美好的品德，更是做人的基本原则。近年来，诚实守信在社会上的被重视程度逐渐提高。

约会准时问题是我们最常遇到的诚信问题之一。每逢节假日，朋友约好了出去是常事。事先我们都会定好时间和地点，可是到了时间后，总会有人迟到甚至不去。"路上堵车"、"起晚了"、"自行车坏了"……迟到者总是有千万条理由——搪塞焦急等待着他们的人。以如此草率的态度对待每次朋友间的约定，久而久之，就会失去朋友的信任。其实，若是你真的有事情会影响你赴约，早一些告诉同行的人就会避免类似的局面出现，而你也算是坚持了诚信的原则。

生活中类似的问题还有许多，对于小事不加以重视的我们就这样一次次抛弃了诚信。我们在今后要做的，就是在小事上提高自己的注意力，将诚信的原则渗透到我们生活中的每一个细节。特别需要引起注意的是，在生活中，我们也许有过失信于人的经历，有些人会因此"破罐破摔"的反复践踏诚信。但事实上，越是曾失信于人，就越应该以亡羊补牢的态度在今后的生活中努力改变自己失信的习惯，只有这样，才能继续得到别人的信任。

建议二：告诉女孩大可不必那么慌张

凯瑟琳是一个十分珍惜时间的人，她从来不浪费一秒钟的时间，只要时间允许，她就一定在拼命工作。所有知道她的人都说："看，凯瑟琳真是太会珍惜时间了！"人们都知道，为了能成为一名出色的建筑师，她拼命地想要抓住每一秒钟的时间。

每天，她把大量的时间用在设计和研究上，除此之外，她还负责很多方面的事务，时间长了，她自己也感觉很累。而其实，在她的时间里，有很大一部分时间都浪费在管理其他乱七八糟的事情上了。无形中，她增加了自己的工作量。

有人看她忙得实在是不可开交，就问她："为什么你的时间总是显得不够用呢?"她笑着说:"因为我要管的事情太多了!"

后来,一位学者见她整天忙得晕头转向,但仍然没有取得令人骄傲的成绩,便语重心长地对她说:"人大可不必那样忙!""人大可不必那样忙?"这句话给了她很大的启发,就在她听到这句话的一瞬间她醒悟了。她发现自己虽然整天都在忙,但所做的真正有价值的事实在是太少了!这样做对实现自己的目标不但没有帮助,反而限制了自己的发展。

从睡梦中惊醒的凯瑟琳除去了那些偏离主方向的分力,把时间用在了更有价值的事情上。很快,她的一部传世之作《建筑学四书》问世了,该书至今仍被许多建筑师们奉为《圣经》。她的成功只是因为一句话:"人大可不必那样忙!"

很多时候,我们会觉得,生活中有太多需要关注的、需要去做的事情,女孩喜欢唱歌、跳舞也不错,画画也行,所以就哪一样都不愿放弃,都要进行。但实际上,人的精力毕竟是有限的,与其参与那么多却一个都没成功,倒不如把精力和时间都集中朝着一个方面努力发展,取得更精、更高的水平,这样才有可能真正成功。

1897年,意大利经济学家帕累托偶然注意到英国人的财富和收益模式,于是潜心研究这一模式,并于后来提出了著名的80/20法则,即二八法则。

帕累托研究发现,社会上的大部分财富被少数人占有了,而且这一部分人口占总人口的比例与这些人所拥有的财富数量具有极不平衡的关系。也就是说,一般情况下,我们付出的80%的努力，也就是绝大部分的努力，都没有创造收益和效果，或者是没有直接创造收益和效果。而我们80％的收获却仅仅来源于20％的努力，其他80％的付出只带来20％的成果。

80/20法则告诉人们一个道理，就是要把自己的精力放在自己的主要目的上，这是提高一个人工作和生活效率的关键。80/20法则对工作的一个重要启示便是：避免将时间花在琐碎的多数问题上，因为就算你花了80％的时间，你也只能取得20％的成效。你应该将时间花在重要的少数问题上，因为解决这些重要的少数问题，你只需花20％的时间，即可取得80％的成效。

当我们把80/20法则应用到时间管理上时，就会出现以下假设：一个人大部分的重大成就——包括一个人在专业、知识、艺术、文化或体能上所表现出的大多数价值，都是在他自己的一小段时间里达成的。在创造出来的东西与花在创造活动上面的时间这两者之间，有极大的不平衡。如果快乐能测度，则大部分的快乐都发生在很少的时间内，而这种现象在多数的情况里都会出现，不论这时间是以天、星期、月、年或一生为单位来度量。

我们对于时间的品质及其扮演的角色所知甚少。许多人用直觉即可明白这个道理，而千百个忙碌的人并不知道学习管理时间，他们只是瞎忙。由此看来，我们必须改一改我们对待时间的态度。

细节 45　爸爸妈妈先要养成好习惯

在那次真人秀大奖赛之前，我并不是太熟悉这个女演员，就知道她是个演员，有点儿面熟，但却根本叫不出她的名字。因为，她根本不是什么大明星，而只是一个半红不红的演员而已。

三年前的一个真人秀歌手大奖赛上，她被邀请去当评委。在赛场上，她很认真，每一个选手都仔细地观察，然后逐一打分。现场有三个评委，最终谁能晋级，谁被淘汰，都由她们三个说了算。

在最后的决赛时刻，她们做出了选择，然后把结果交给了主持人。几分钟之后，主持人宣布了结果。

让她大吃一惊的是，结果竟然不是她们选择的那个。非常明显，有人进行了暗箱操作，把真正的冠军给顶替了。

面对这样的情景，另外两个评委沉默了。

她愣了一会儿，然后直接拿起话筒说了实话。"非常抱歉，这个结果不是我们刚才评选的那个。"这句话一出，现场观众全愣了，整个赛场静得连掉一根针也能听得到。

接着她说："孩子们都是千辛万苦来比赛的，但最后关头却是这样的结果，我想他们一定会委屈的。评委们都应该有自己的良知，我不想欺骗观众，昧着良心做事。"

就是那一次，我真真正正记住了她的名字——一个爽快的山东姑娘，半红不红的女演员。这样真实的人，不知道如今还有几个！

从那以后，当再有人问我生活中什么最美丽时，我会脱口而出：真实。真实的东西总是会打动人，就像那些美丽的花儿，虽然会凋零，可我还是喜欢它，因为它们是真的；而那些假花，就算多美丽多好看，都一样是假的，没有生机，难以让我喜欢上。

布瓦洛说："只有真才美，只有真才可爱……虚假永远无聊乏味，令人生厌。"别林斯基也说："失去了真，同时也失去了美。"唯有真实，可以对抗一切的虚假和虚荣，可以在关键时刻彰显一个人的高贵品质，也才能让一个人在自己的道路上越走越远，并赢得人们的尊重。

因为真实，所以美丽。

女演员也许并不美丽，但因为她有了一颗公正的心，所以就成了人们眼中最美丽的人，这就是内心美的表现。我们常常会以为，迎合别人、迎合大众，才会得到别人的喜爱和赞扬。但实际上，没有自我，没有表露自我价值观的人是毫无美丽可言的，因为她根本没有属于自己的真实，也就根本没有人会真正关注她。

没有自我的人是可悲的，因为她的世界中除了别人还是别人。她的衣着发型是很多人都追求的时尚样式，她的喜好兴趣也丝毫没有任何特别的地方，在对待一件事情上，她没有自己的判断，别人说什么就是什么。这样的人，无论是真的没有自我，还是太过隐藏自己的本意，都是难以走入人心的，因为她就像一团飘乎乎的空气，随时都可能飞走。

真实的人，哪怕她伤心时在你面前哭泣，你都会觉得那是一种美，会由衷地去安慰她，给她人性的温暖，并由此成为朋友。但那些假面的人，总是戴着面具，无论什么时间，都用一张大众的标准"脸谱"来应对众人，你无法探知她的真心，所以，也难以对其信任，难以发现她本身的美丽。

不要总是戴着面具，试着拥有自己的真实吧，你会发现，把真实的自己坦露出来，会得到意想不到的收获，这种收获，是隐藏自己远远比不上的。

建议一：妈妈首先不抱怨

现在已经是晚上十二点多了，外面的雷声还在轰隆隆地响着，可这个时候爸爸还没有回来。秋荷已经困得不行了，虽然很想睡觉，但还是更想陪陪妈妈。

秋荷走到客厅，去冲了两包咖啡。

妈妈看着秋荷，脸上露出了欣慰的表情，她说："秋荷，妈妈觉得你比其他同龄的孩子要懂事得多。以前，妈妈总是抱怨你长不大，抱怨你自己不能独立完成作业，甚至会对你发脾气。其实，随着你的慢慢长大，你会越来越懂事的。"

听了妈妈的话，秋荷的心里热乎乎的，妈妈居然在自己面前反省起来，哈哈。

也许是她之前望子成龙心切的缘故吧，不过无论如何秋荷都相信妈妈是世界上最爱自己的人，对她的责备，秋荷从来都不会怨恨的。如果自己变得抱怨了，或者总是为自己找到各种各样的理由和借口，那自己也很难得到快乐。

体悟良久，秋荷突然想起了一个故事：

连绵秋雨已经连续下了几天。在一个大院子里，有一个年轻人浑身淋得湿透，满腔怒气地指着天空，高声大骂道："你这该千刀万剐的老天呀！已经连续下了几天雨了，弄得我屋也漏了，粮食也霉了，柴火也湿了，衣服也没得换了，你让我怎么活呀！我要骂你、咒你……"

这时，一位智者对年轻人说："你这样骂天，过两天，龙王一定会被你气死，再也不敢下雨了。"

"哼！它根本听不见，我骂它其实也没什么用！"年轻人气呼呼地说。

"既然明知没有用，为什么还在这里做蠢事呢？与其浪费力气在这里骂天，不如撑起一把雨伞，自己动手去把屋顶修好，去邻家借些干柴，把衣服和粮食烘干，好好吃上一顿饱饭。"智者说。

一味抱怨的人生永远都不会快乐，遇到事情要现象解决问题的方法，而不是去怨天忧人。因为不抱怨的人，才会积极地去生活，最终会跨越困难，获得快乐和幸福。

嗯，说到做到。秋荷决定，以后再遇到不会解决的问题，一定要先看书，把定理和公式弄明白，然后再按照书上的方法去解，而不会像以往那样抱怨出题的人这么变态。

"事情怎么会这样呢？真是烦人！""我这次考试没考好，全都怪昨天晚上……""考试题出成这样，老师根本就是在为难我们。""太讨厌了……"

心情不愉快的时候，这些抱怨的话好像是不经过大脑自己就到嘴边了。然后心情就会变得很沮丧。在这样一种精神状态下，不难想象，女孩犯错误的几率自然要比别人高，许多新的烦恼又在后边等着，那么又开始新一轮的抱怨——沮丧——出错——倒霉……

其实，抱怨只是暂时的情绪宣泄，它可做心灵的麻醉剂，但绝不是解救心灵的方法。

罗曼·罗兰说只有将抱怨环境的心情化为上进的力量，才是成功的保证。也有人说，如果一个人青少年时就懂得永不抱怨的价值，那实在是一个良好而明智的开端。倘若我们还没修炼到此种境界，就最好记住下面的话：如果事情没有做好，就千万不要为抱怨找借口。

古人云：人生之事，不顺者十之八九，常想一二。这句话的意思是说人活在世上，十件事中有八九件都会使人不顺心，但要常去想那一两件使人开心的事。每个人都会遇到烦恼，明智的人会一笑了之，因为有些事是不可避免的，有些事是无力改变的，有些事情是无法预测的。能补救的应该尽力补救；无法改变的就坦然面对，调整好自己的心态去做该做的事情。

其实，只要放平心态，也可以活得平静而满足。

有一个人从一棵椰子树下经过，一只猴子从上面丢下来一个椰子，正好打中了他的头。这人摸了摸肿起来的头，然后把椰子捡起来，喝椰汁，吃果肉，最后还用外壳做了一个碗。

朋友，假如猴子丢下的那个椰子打中的是你的头，你会用什么样的态度来对待这个"意外的打击"呢？如果是怨恨，是咒骂，那么不但无济于事，反而还会使你的心情变得更糟糕；如果你选择了积极的心态，就像故事中的那个人一样，只是摸了摸头上的肿块，然后捡起椰子，饶有兴致地吃掉果肉，并把椰壳做成一只碗。这时，你也有可能因心情变好而感谢那只猴子、头上的肿块和椰子。因为如果没有这一切，或许你就无法排解旅途中的寂寞、饥饿和无聊。

女孩的天空本该是明媚的，但是抱怨却如阴云一样使明朗的蓝天变得混浊。抱怨的人不见得不善良，但常常不受欢迎。抱怨就像用烟头烫破一个气球一样，让别人和自己同时泄气。谁都不愿靠近牢骚满腹的人，怕自己也受到传染。抱怨除了让你丧失勇气和朋友外，别无他用。

女孩要拒绝抱怨，如果真的遇到问题，就应该去寻找克服困难、改变环境的办法；女孩更应摒弃抱怨，因为抱怨是一种坏习惯，你要做的就是化抱怨为抱负，变怨气为志气。

世界是美丽的，世界也是有缺陷的；人生是美丽的，人生也是有缺陷的；成长是美丽的，成长也是有缺陷的。因为美丽，才值得我们活一回；因为有缺陷，才需要我们弥补，需要我们有所作为。

建议二：父母不要在孩子面前争吵

没有一个孩子喜欢整天吵架的家庭环境。所有的孩子都希望自己的爸爸妈妈能够相亲相爱，希望自己的家有一个和睦、友爱、温暖的气氛。但是很多父母却时常忽略女孩的这点心理要求，有的时候，父母脾气一上来，往往就顾不了这么多了，当我们与另一半有分歧的时候，就会毫无顾忌地大吵大闹，吵架的时候忘记了父母应有的榜样作用，说脏话，不顾及家长的形象。

良好的家庭气氛是孩子能够健康成长的重要依托，而家庭气氛又是两种环境关系的产物，它包括家庭物质环境和家庭心理环境。物质条件差没有关系，如果我们可以给孩子足够的快乐，她们依然会生活得非常愉快。

犹太人认为家庭气氛在教育中是具有重要作用的一个因素。尽管世界上大部分的犹太人都在过着颠沛流离的生活，但是他们依然会竭尽全力为女孩营造出和谐、温馨的家庭环境。

曾经有过一位英国学者先后走访了20多个国家，并对1万多名不同肤色、条件各异的学龄儿童进行调查发现，他们对于家庭生活和家庭气氛分外重视，这位学者还总结出了各国儿童对父母的10条要求，其中"父母不要在孩子面前吵架"高居榜首。

中国的一位儿童教育专家也对小学和幼儿园的孩子做了"你最喜欢什么样的家庭"的调查。结果发现，孩子们对父母和家庭的要求放在首位的并非是经济、物质条件，他们对吃的、穿的、用的和玩的东西似乎都不大在意，相反，却很关注自己家庭的精神生活。最喜欢的家有5种，而排在第一位的是：和睦、团结、友爱的家。孩子们最喜欢爸爸妈妈和和气气，不吵架、不斗嘴，全家老小和睦相处，让家里始终充满爱。

父母之间能够彼此恩爱，和睦的家庭气氛能够为女孩的身心成长注入生机与活力，增加女孩对于生活的信心与勇气。如果一个女孩长久以来是在一个紧张压抑的氛围中成长，就会逐渐变得性格内向，严重的还会形成心理障碍。

有些父母在和女孩说话的时候，常常会使用命令式的口气，像"你为什么不……""你赶快给我……"难免让女孩产生逆反心理。每当父母发现女孩缺点的时候，可以给女孩一些委婉的建议，像"如果""不妨""或者"等等，但是注意不要说伤害女孩感情的话。

吃饭、散步、临睡前、旅行都是很好的交谈机会，这时候女孩的情绪比较放松，常常会表达出自己最想说的东西。女孩在越小的时候越愿意诉说，教师与父母应该以充满耐心与兴趣的姿态来倾听，因为这个时候才是沟通的黄金时期。如果将这种沟通坚持下去，即使是女孩长大了，也会习惯与教师、父母交流。

第十章　完美的女孩
不任性，更理性

——能管住自己的女孩才有好未来

细节 46 妈妈要掌握女孩的情绪敏感期

女孩在成长过程中有两个情感敏感期。

第一个情感敏感期在 4～6 岁。这一时期，女孩进入婚姻敏感期。初始阶段的表现是对自己父亲的喜欢，女孩渴望嫁给爸爸。对于幼小的她来说，还没有形成对于年龄的认识和区分。但是再发展一段时间后，小女孩会突然意识到，我应该跟我同龄的人结婚，这时，她就会在小朋友中间选择结婚的对象。她的选择往往是一厢情愿：我要让谁谁当我的王子！

这个阶段过去后，小女孩开始懂得与自己喜欢的小伙伴交往的技巧，比如她会给对方好吃的零食，会给对方自己喜欢的玩具。如果有小朋友和她喜欢的伙伴打架时，她会自然而然替他辩护或者去打那位小朋友。

再发展一段时间以后，女孩 5 岁左右时，会因为喜欢而痛苦……但当她长到五六岁的时候，她会坦然接纳这个问题：你很不错，所以别人也会喜欢你，你既可以选择我，也可以选择别人。这都没有关系。你如果选择别人而没有选择我，并不是因为我不如她好，而是你们更合适。通常 6 岁的女孩便已经达到了这样一种生命状态。

事实上，婚姻的敏感期标志着女孩的情绪、情感是否能达到一个成熟的状态。女孩通过几个月来发展完成的事情，可能成人十年或者一生都没有办法解决。家长如能帮助女孩解决这个时期的问题，将有助于健全她的情感世界，健全她的家庭关系，健全她的婚姻关系。

处于婚姻的敏感期的女孩，其实已经开始涉足成人世界的道德问题。由于很多父母并不清楚这一点，便不允许孩子问一些问题，也不允许她同喜欢的小伙伴交往。家长这种错误的做法，不仅仅破坏了儿童的婚姻敏感期，同时也过早地强加给孩子一些错误的观念。

女孩的第二个情感敏感期便是她的青春期。女孩青春期开始来月经，这从生理上表明了女孩的性成熟。此时的女孩，以其特有的性别磁场在对异性产生吸引力，或被异性磁场吸引。也许她们自身并没有意识到这一点。

女孩一般对那些和自己父亲有些相像的男性有好感，这在无形中悄然强化着所谓的"恋父"情结。因此，细心的父母可以观察到，进入青春期的女孩，在对爸爸的态度、表情、言行上发生着微妙的变化。但这个过程不可持续太久，需要尽快让孩子的性别磁场指向从父亲转向同龄同辈的异性，这是青春期社会化的一个特殊环节，也称为"心理断乳期"。如果一个女孩迟迟不能完成"心理断乳期"，那她在以后与异性交往中或成人后的婚姻里将会遇到种种挫折。

父母应引导这一时期的女孩一边认识异性世界，一边认识自己，在这种认知中，增强与异性相处的自信、自尊感和相互容纳、尊重、平等的观念，为将来的婚姻生活做好远期准备。

另外，女孩在这一时期，极容易出现一些心理困扰，此时，父母要关注女孩的情绪变化和心理烦恼，并及时化解她的困惑。避免女孩从一般的情绪困扰转而成为心理障碍。

对于处于第一情感敏感期的女孩，父母要介入其生活，帮助她顺利度过这一时期。而对处于第二敏感期的女孩，即青春期女孩来说，父母的介入并不是什么好办法，反而使她们感到反感。她们势必要反抗，要独立。反抗形式多种多样，有的不与父母交谈，有的与父母处处对立，有的离家出走，甚至走上犯罪道路。

和青春期的女孩对话最主要的不是发火，而是给她足够的自由。父母不妨装作无知，尽量去欣赏她的变化。适当的时候，父母要学会闭嘴，尊重她的生活方式；当然，有时父母也需要温柔地坚持，青春期的女孩认识偏颇，难免会做错一些事，比如早恋或者整夜泡网吧，这时候你就要温柔地坚持，说："这样做对你是不好的。"记住，是对她不好。

父母也可以帮女孩寻找一个父母之外的朋友。这种父母之外的朋友最好是由和女孩岁数相差不大的"小姨"、"姑姑"等父母的亲人来担任。与这样的人来往，对女孩来说是非常有益的。女孩在他们面前可以畅所欲言、毫无顾忌，这些"大人"在与女孩的交往中能够倾听她的烦恼，并给予女孩明智的建议，更利于女孩顺利度过第二情感敏感期。

有些女孩被人们称为"坏女孩"，她们逆反心理很严重、厌学、抽烟甚至交上坏朋友。其实造成这些女孩变坏的最根本原因是——家庭缺乏温暖，父母对生活缺乏信心，排斥或纵容女孩。

佳的父母本来是做生意的好搭档，但一次商场打击后，几乎破产。父母情感上出现了裂痕。继而佳的父亲有了婚外恋，对女儿不闻不问。佳的母亲则将丈夫抛置一边，开始投资股票。有一天，父母终于离婚了，母亲独自一人带着她生活。母亲对佳并不好，总是拿她当出气筒。

一次，几个男女生来与佳一起学习和聊天，佳的母

Bujiao Buguan,Fuyang Nühai De 100 Ge Xijie

亲一回家就大发雷霆，将佳的同学赶了出去，佳哭道："你怎么能这样对待我的朋友？"从此佳的学习成绩更是一路下滑。

做父母的，无论遇到什么事情，千万不要忽视了女儿的成长！父母应该为女孩营造一种健康积极的家庭氛围。父母双方和睦融洽，尽量不要在女孩面前吵架；每逢周末，一家人一起出去游玩；全家人搞一些有趣的活动；远离电视，家人之间多聊天……即使父母自身的婚姻、工作、生活、健康等发生各种变故时，应该及早告诉女孩，令她的正常生活有保障，使她对这个家仍有一定的安全感。如此，女孩才能顺利度过第二情感敏感期。

建议一：妈妈应理解女孩的小情绪和小脾气

与男孩相比，女孩似乎来自于另一个星球，她们的脾气天生就是变化无常。当女孩会表达之后，她们的苦恼原因会更加复杂，有的时候她会因为觉得父母不再爱她而哭，有的时候她会因为小伙伴不理她而哭。面对女孩的这些情绪变化，父母不可以轻易地否定，这是女孩成长过程中的正常现象，同样需要被尊重。

一天放学后，珍珍跑回家哭着说道："妈妈，体育老师不让我进入学校的体操队。"

"老师为什么不让你去呢？"

"她说我的协调性不好。呜呜……"珍珍看上去难过极了。

"老师怎么可以这样说？我现在就打电话过去问问。"

妈妈要为女儿摆平这件事，做出一副"打抱不平"的架势。

但是令妈妈吃惊的是，珍珍对妈妈的这种行动并不领情，她哭着对妈妈说："臭妈妈，我不理你了。"说完就跑进自己的房间，"砰"的把门关上了。

女儿的这种反应把妈妈吓了一跳，妈妈最后也没有给学校打电话过去。

后来，珍珍向妈妈道出了自己的想法："其实我并不是想把问题解决，只是想发泄一下。"

看，这就是女孩奇怪的脾气，她们又哭又闹，只是为了博得爸爸妈妈的同情，只是想获得他们的认可和安慰，并不是为了要解决问题。父母在了解了这一点之后，就可以在与女儿沟通的时候多聆听，少提建议。在女儿发泄脾气的时候，先要明确女儿是希望父母帮她解决问题，还是只想向父母倾诉一下。明白了女儿的心理，就能减少这种不必要的冲突了。

当女儿渐渐长大，父母会发现怎么平时乖巧伶俐的小女孩突然间变得脾气暴躁起来了呢？父母会为此忧伤、难过，甚至是生气。但是，在不了解女儿情绪的状况下，我们做出的任何帮助措施对女儿来讲都是不起实际作用的。当走入了女孩的内心之后，我们便了解女儿需要的很可能就是父母一个认可的眼神，一个关爱的动作。其实只要做到这些就足以使女儿从不良的情绪中摆脱出来。

敏感的小女生都希望自己的感情能够得到父母的重视和肯定，即便她真的受到了坏脾气的干扰，父母对她的情感认同也能够使她很快地从这种坏情绪中摆脱出来。

但是如果女孩觉得自己的情绪没有得到父母的肯定，就会认为父母对她不够尊重，她会因此继续伤心，并且情绪会变得更糟糕，甚至会苦恼、摔门、大发脾气。

事实证明，一直得不到父母对她情感肯定的女孩总会有一颗悲观的心。当女孩向您表达自己的情感时，尤其是负面情感，父母与其给孩子提供解决的办法，不如接受她的情绪，并对她产生情绪的遭遇表示同情。

女儿哭着对妈妈说："妈妈，我的小白兔死了。"

"没事，回来妈妈再帮你买一只。"

"我只想要这只小白兔，我就喜欢它。"

听到女儿这样讲，妈妈不耐烦地说道："你这个孩子怎么这样任性呢？不就是一只小白兔吗？再给你买一只不就得了吗？"

女儿听到妈妈这样讲气不打一处来："你快别说了，烦死了。"

"你怎么这么大脾气……"

小女孩还想要一只和以前一样的小白兔是不合道理的，妈妈的建议才是合理的，但是妈妈说的话小女孩为什么会听不进去呢？正是因为父母不认同她的情感，才使她的情绪被激化。其实同样的事情，如果父母换个说法，效果就不一样了。

女儿哭着对妈妈说："妈妈，我的小白兔死了。"

妈妈同情地对她说："难怪你这样伤心。"

"它是和我最好的朋友了。"

"失去朋友是件很难过的事，妈妈理解你的感受。"

"我每天都喂它吃东西，还给它水喝。"

"是啊，乖乖很用心照顾自己的朋友，你应该问问兽医就对了。"

女儿恍然大悟，不再哭了，她认真地对妈妈说："我要是问问就对了。妈妈，你再买一只小白兔给我吧。"

这位妈妈在与孩子沟通的过程中表现出对孩子遭遇的同情，使孩子觉得和妈妈能产生共鸣。其实，父母对女孩的情绪认同就是向孩子传达了一个信息：你的感受是对的。女孩的情绪缓和起来之后，反而更容易采纳父母的建议。

小君回到家，看到桌子上的晚餐，忍不住大声抱怨："妈妈！你又做胡萝卜，我最不喜欢吃胡萝卜了。"

"你看上去很不高兴，今天发生什么事情了吗?"妈妈平静地问她。

"我很生气，在电影院里我坐得很靠后，而且什么都看不见。"

"怪不得你很不高兴，坐在后面确实没有什么意思。"

"而且我前面还是一个高个子的男生，他几乎挡住了我的视线，而且他的头还在不停地晃来晃去。"

"那的确很糟糕，你肯定什么都看不到吧。"

"是啊。"小君的脾气缓和了下来，"妈妈，你今天做的胡萝卜馅饼比以前的好吃。"

这位妈妈与女儿的沟通方式值得提倡。

当女孩情绪激动的时候，父母需要做的就是接纳她的情绪，而不是火上浇油。面对女孩的情绪，如果妈妈也不能保持理智，对孩子的坏脾气展开抱怨，那一定会引发一场战争，而且伤害母女的感情，妈妈觉得女孩不够懂事，女孩觉得妈妈不够体贴。

　　然而，当妈妈体谅并接纳了女孩的情绪之后，不仅会使女孩的气愤心情削减一大半，而且还会主动认识到自己刚才的冲动是错误的，并向妈妈委婉地道歉。

建议二：闹别扭不总是女孩的错

　　一些正处于青春期的女孩经常向同龄人抱怨自己的妈妈："我妈妈可真唠叨，总是说了一遍又一遍。""她总是心急火燎的。""真是的，告诉她不用担心，她还要为此失眠。"

　　而一些处于更年期的妈妈也经常向朋友、邻居抱怨自己的女儿："女儿以前可听话了，现在越来越倔强。""我说东，她偏要往西。""女儿现在什么都不告诉我，宁可告诉那些小毛孩。"……

　　当更年期的妈妈遇到青春期的女儿时，她们之间便有了"火药味"。妈妈总希望女儿按照自己设计的道路成长，而女儿总是渴望摆脱妈妈的影子，两者矛盾剧烈升级。

　　　欣宜和妈妈向来是对"欢喜冤家"，两人的争吵在欣宜初三那年开始，到现在越演越烈。最近妈妈刚刚内退在家，听说高中女生容易早恋，就格外关注女儿和男同学的交往。可欣宜是学校里的文艺积极分子，总有不少男生打电话或写信找欣宜，欣宜怕妈妈知道后又要和她吵架，便什么都不跟妈妈说。妈妈只好以偷听女儿电话的方式来监督她，以防出现早恋问题。

　　　一次吃着饭，欣宜讲起了学校里的事。她说某个男生球打得好，人也长得帅，唱歌比明星唱的还好听，还说女生都被他迷住了。妈妈听后,火冒三丈,指责女儿"不好好学习,受男生干扰"。

针对妈妈的批评,欣宜也不示弱:"我们班确实有女生对那个男孩有好感,有的甚至给他写'情书',可我对他没感觉,您用得着翻脸吗?"

吵着吵着,妈妈打了欣宜一巴掌,欣宜哭着跑了出去。从这以后,两人几天不说一句话。后来外婆把欣宜接过去住了一个月,母女关系才得到了缓和。

对于青春期的女儿来说,这一阶段自我意识已经产生,对异性会产生朦胧的好感,作为母亲,一方面,要理解女儿情感上的变化。妈妈应该告诉女儿学会保护自己;另一方面,也要分享女儿成长中的苦乐。妈妈最好以朋友的身份,宽容地看待长大的女儿。女孩的心灵是十分敏感而脆弱的,如果不能给女儿正常的亲子关爱或者采用不当的教育方式,那么很可能会给她造成一定的伤害。

其实女儿和妈妈闹别扭,不是女儿的错,一方面是因为青春期的女孩叛逆性比较强,喜欢特立独行,希望有更多个人的自由空间,就像上文的欣宜。另一方面造成母女矛盾的一个重要因素是:女孩潜意识里"喜欢父亲,排斥母亲"的情节在作怪。

岚岚在老师眼里是个懂事、听话的孩子,她学习成绩好,还多次被评为"三好学生"。可是,岚岚的妈妈却满腹烦恼,因为岚岚在家里经常会做出一些叫人无法理解的行为。

岚岚从小就和爸爸感情特别好,爸爸也很宠她,一有空闲就带着她玩。很小的时候,岚岚就认真地对爸爸说："爸爸，长大了我要嫁给你。"爸爸妈妈听了也没放在心上。每次岚岚总喜欢对爸爸撒娇，而很少理会妈妈。

开始的时候，妈妈也没有在意，认为岚岚是孩子气，长大了就懂事了。但是岚岚现在已经上初一了，仍然没有任何改变，并且对妈妈更加仇视了。

妈妈对岚岚的种种行为深感困惑，这孩子是怎么了？是幼稚、没长大，还是出了其他问题？长期这样下去，岚岚和自己的关系岂不是会越来越僵？

岚岚有明显的亲近父亲、反对母亲的情绪和行为，也就是心理学上常说的"恋父情结"。"恋父情结"是一种性心理障碍，也称做性心理倒错。一般源于女孩在 3～6 岁时的第一情感敏感期没有得到正确的关爱和适当的教育。这一时期男孩恋爱母亲，嫉妒父亲；女孩亲近父亲，嫉妒母亲。弗洛伊德认为，这是一种本能的异性爱的倾向。父母习惯上把这看做亲情问题，很多父母觉得孩子喜欢哪一方都无所谓，尤其那些感情较好的夫妻，常常觉得孩子亲谁都一样。其实，这是孩子在进行性别角色方面的认同。因此，在这一时期，女孩需要格外亲近具有女性心理特征的母亲，从她那里学习女性特有的性格气质和举止神态，以便学会如何做女人。

如果女孩的"恋父情结"获得正确的解决，那么她在青春期里，基本上不会有仇视母亲，喜欢父亲的现象。母女之间的关系也将更加融洽。

上文中说到女孩和母亲之所以不和的两种深层原因，这里分别针对这两种原因给出父母好的解决方案：

接受青春期女孩的叛逆心理，并给她足够自由。青春期的女孩，她们的自我意识进一步发展，并逐渐形成自己的价值观，这种价值观有时与父母的价值观不同，遭到父母的反对，得不到父母的理解。于是她开始在同龄孩子中寻找共鸣，父母也就变得不那么亲近了。

　　这时候的家长，要耐心倾听女孩的想法。找个时间找个她容易接受的方式和她聊聊她的近况。比如她最近感兴趣的话题，她和同学、朋友的关系。学校里又有些什么新鲜事等等。家长尽量多给她鼓励和表扬。让她知道父母是爱她的。家长也可以和她说说自己那个年龄时的一些事情和一些心路历程。也许不经意间的一句话，也能够给她启发。

　　摆脱"爱女孩，轻老伴"的错误家庭模式。使女孩顺利度过恋父情结期的最好办法是——将夫妻关系放在最重要的地位，其次才考虑她。这是很难做到的，但是从心理学的角度看，这样做又是必须的。因为女孩天生有一种倾向：牺牲自己，来平衡父母的关系。如果父母关系不和谐，女孩会做出一些异常的举动来平衡这个关系。表面上，女孩是有"恋父情结"，实际上，这是对父母关系发出的信号。

　　父母双方必须摆脱"爱女孩，轻老伴"的心理，要让孩子知道："妈妈（爸爸）才是爸爸（妈妈）最爱的人，我不是。但即使如此，爸爸妈妈依然无条件地爱我。"当女孩不必承担那些过于沉重的负担时，她就可以安心地做一个快乐女孩了。

细节 47　女孩的"不高兴"可以传染

很多家长认为，如今的女孩不愁衣食，她们会受到无微不至的照顾，怎么会出现抑郁呢？其实，当一个女孩在得到铺天盖地的爱的同时，她也失去了随心所欲的玩的自由，失去了与父母拥抱、游戏和谈话的机会……这些都会使女孩产生压力，引发她们的抑郁。

有的女孩会在小小年纪遭遇感情上的重大打击，比如说亲人的故去、父母关系的紧张或者离异、考试失利等等，往往会出现情绪上的剧烈反应。此外，还有的女孩总是抱怨自己学习成绩不好，长相不够出众，总是认为自己处处比不过别人，不受老师的重视，不引人注目等等，这些想法都会使女孩产生失落感。

当成人遭遇到抑郁的时候，可以向人诉说、排泄，而当女孩感到有压力的时候，由于语言表达能力的有限，往往无法清楚地表达自己的情绪，因此，她们有时无法得到成人及时的帮助，而且由于他们自身的知识以及处世经验缺乏，处理问题的能力差，自己往往不能够很好地排解压力。所以，当压力过大或者是持续的时间过长的时候，女孩就会产生很多的生理或者心理问题，这些将严重损害女孩的身心健康，这时，女孩就可能出现精神抑郁。

抑郁使女孩感到孤立、恐惧和不快乐。抑郁的女孩不知道自己哪里不对，只知道自己的感觉糟糕透了，不像以前的自己。当她感觉到自己越来越糟糕的时候，会感到自己越来越没有力量，不能控制自己的心情和生活，好像有一种神奇的东西在控制自己。有一些小学生还通过饮酒、上网聊天等方式来排解抑郁带来的痛苦，但是这样的结果往往会使他们的抑郁加重，甚至更有一些人试图自杀。

尽管并不是每个孩子都有患抑郁症的可能，但是父母们也要引起特别的警惕，如果父母对自己的女孩有这方面的担忧，就应该及时带着女孩去咨询或者是看心理医生。

帮助女孩把脸上的笑容找回来，建立良好的家庭氛围。对于女孩子来说，家是她最为温馨的港湾。所以，一个温馨的家就可以培养一个快乐的孩子。尽管父母的工作很重要，但是抽出时间对女孩进行教育也是个不可忽视的问题。作为父母，平时应尽量多抽出时间来陪女孩，比如陪着孩子看一些喜剧、小品、动画片，跟着女孩一起做游戏，带着女孩到外面的世界去走走看看，领略美好的自然风光，让笑声驱散抑郁的情绪。父母的关心和爱，以及温馨的家庭氛围都会使女孩变得快乐起来。

家长要学会真诚地鼓励女孩。对于女孩来说，没有什么能够比父母真诚地鼓励更能激励她们去热爱生活和追求成功了。对女孩在成长过程中不可避免的错误和观点，要能够给予她充分的理解和宽容。对于女孩的特长以及获得的成功，要及时给予肯定和鼓励。不论在什么时候，都不能太苛刻女孩的言行举止。

建议一：乐观的父母能使女孩免遭抑郁侵袭

文海今年已经 40 岁，担任某公司的经理。由于平时压力大，又很少有真正交心的朋友，文海这几年来有一种难以言状的苦闷与忧郁感，但又说不出什么原因，总是感到前途渺茫，一切都不顺心。即使遇到喜事，他也毫无喜悦的心情。过去下班后常常和小女儿一起玩，有时也和妻子去看电影、听音乐，但后来就感到一切索然无味。

他深知自己如此长期忧郁会伤害身体，并且影响家人心情，但又苦于无法解脱，而且还导致睡眠不好、多噩梦及胃口不佳。有时他感到很悲观，甚至想一死了之，但对人生又有留恋，有很多放不下的东西。

他的妻子知道他的抑郁心理比较严重，总是想方设法讨他欢心，经常和他谈心，陪他听音乐，给他讲一些幽默笑话……可是没什么效果。妻子最近也总是觉得心灰意冷，更糟糕的是，她发现11岁的女儿好像也有抑郁倾向：不爱说话，成绩好但很自卑，总觉得自己缺点太多，对自己的长相不满意。文海的妻子很着急，她越想越不明白，难道是丈夫的抑郁传染给孩子了，才使得一向优秀的女儿缺少自信？

很显然，文海是被抑郁"缠上了"。而他的妻子的问题也并不是空穴来风——抑郁症的确会传染，但孩子虽会有潜在的抑郁症风险，如果没有外界刺激，一般不会发作。孩子的抑郁其实还需要进一步诊断。那么什么是抑郁心理呢？

抑郁心理是以心境低落为主，与处境不相称，可以从闷闷不乐到悲痛欲绝，甚至麻木。期间常常伴有厌恶、痛苦、羞愧、自卑等情绪，严重者可出现幻觉、妄想等精神病性症状。但是对大多数人来说，抑郁只是偶尔出现，历时很短，很快就会消失。但对有些人来说，则会经常地、迅速地陷入抑郁的状态而不能自拔。

然而，在多数人眼中，抑郁仿佛永远在他处，与己无关。事实并非如此，据世界卫生组织估计，几乎每 30 个人当中，就有一个人正经受着抑郁症的困扰，每 15 个人当中，就有一个曾经面对过这种疾患，并且女性比男性更容易患上抑郁症，其几率为 2∶1，并且抑郁症还具有一定的遗传性。但没有重大事件的刺激，女孩和父母一般不会同时患上抑郁症。所以即使自己患有抑郁症，也不必忧心忡忡。避免女孩遭受不必要的打击，能很好地让她远离抑郁症。

抑郁症的危害也比较严重，一旦被抑郁缠身，便会很难摆脱，有的甚至抑郁情绪反复发作，时好时坏。并且六成以上的抑郁症患者有过自杀的行为或想法，15％的抑郁病人最终自杀。

现代医学认为抑郁症发病一般不是单方面因素引起的，而是遗传、体质因素、神经发育和社会心理等因素共同作用的结果。家族病史；婴幼儿期没有得到足够的爱；突发灾难；长期精神压抑等，都是致病因素。

良好的家庭环境是使得女孩免受抑郁侵害的保护伞。父母应避免长期在女孩面前吵架、向女孩诉苦、给她讲一些悲观的想法。如果父母中没有患抑郁症的一方比较乐观，那么女孩的情绪也会受到积极的影响。

当女孩心情不佳时，家长们不妨建议女孩拿起一支笔，抒发胸中的情感，将自己的心情诉诸纸上，会有释放的感觉。或者是将女孩感到忧郁的事情画出来，比如，因为想念双亲而忧郁，就把双亲慈祥的面孔画出来，不要计较像与不像，只要倾注全部感情去画。如果讨厌一个人，也可以去画他，把厌恶的感情也画进去。

建议二：受伤的成人和女孩往往会选择"作茧自缚"

五年前，白莉和丈夫离婚了，她悲痛欲绝，她恨丈夫的背信弃义。自那以后，她便陷入了一种孤独与痛苦之中。

她为了女儿，没有再婚。但她经常觉得很孤独。本来以为时间长了，这些伤痛和孤独会慢慢减缓消失，她也会开始新的生活。可事实并不是这样，白莉对婚姻一直都很绝望，她不相信自己还会有什么幸福的日子。她唯一的愿望就是抚养女儿，以后希望女儿嫁个好人，过幸福的生活。

就这样，几年过去了，白莉始终没有从那场失败的婚姻中走出，她还是单身，带着一个女儿。

但这几年，女儿的变化很大，父母离婚的时候，她正上初三，那次痛苦的经历是可怕的阴影，始终笼罩着她的世界。她有着很强的自我防御心理。她总觉得世界上没有好男人，她比妈妈感受到的孤独更大，她从来没有感受过生活的快乐与幸福，她有时觉得全世界都在孤立她、抛弃她。

父母离异，最受伤害的人是女孩。而按照孩子的年龄段来说，上初中的女孩是最容易受到伤害的。她们在以后的日子里，往往变得性格怪异、偏执、孤独、内向甚至仇视父母，仇视他人。案例中，母亲的孤独情绪较为严重，可女孩则有明显的孤独症倾向。

孤独其实是人的自然本性，人既需要集体生活的欢娱，又需要偶尔的独处。但孤独也有个度，过犹不及。有些人，他们性格孤僻，不愿意和人交往，有时还会封闭自己，逃避社会。这种孤独便超过了"度"，心理学上把这种心理称为"孤独心理"。由这种心理产生的与世隔绝、孤单寂寞的情感体验，就叫做孤独感。这种过度的孤独是一种消极的情绪。

一般情况下，这种消极情绪的诱因有四种：一是由于自傲，认为别人都是低微平庸的，如果与这些人交往，自己就会没有"面子"，久而久之，人们自然会远离这种孤芳自赏的人。二是由于自卑，觉得自己不如别人，认为别人会因为自己的某些短处或缺陷而看不起自己，因此筑起"围城"自我封闭。三是由于愤世嫉俗，这种人处处追求完美，在他们心中，有个"理想世界"，而这种"理想世界"又与别人的现实世界格格不入。从而使得与他人缺少共同语言，内心孤独。四是曾经受到过伤害。正如文中的母女，母亲在受到婚姻伤害后，惧怕了伤害，从而在自己的世界，筑起一道围墙来保护自己，而这也给女儿带来了不好的影响。

其实孤独归根结底是当事人找到某种理由或借口将自己封闭起来，作茧自缚的原因。

帮助女孩通过交朋友来摆脱孤独感。感到孤独时，不妨给朋友打个电话，或者约上三五好友吃顿饭，亲自下厨，炒上几道香喷喷的佳肴，大家开怀畅饮，自在谈心。同时还要多为别人想想，做一个"雪中送炭"的人。

引导女孩懂得享受孤独，享受孤独提供的闲暇时光。生活中有许许多多活动，都是充满了乐趣的，而孤独使你能够充分领略它的美妙之处。在感觉孤独的时候，做自己最想做的事情。一个总是有喜欢的事情可忙的人极少会感到孤独。

细节 48 宣泄——妈妈帮助女孩找到宣泄口

女孩是天真无邪的，她们的喜怒哀乐很真实，也很强烈，这往往直接支配着她们的行为。同成人一样，女孩常常利用多种情绪来表达自己的需要与愿望。烦恼、攻击、挫折、愤怒这些侵犯性情感是点燃攻击性行为的导火线。因此，父母和老师应当更多地体察和理解女孩的情绪变化，为她们创造一定的条件，帮助她们将这些不良情绪发泄出来。

很多父母都认为，女孩没有太多学业上的负担，不愁衣食，受到的照顾无微不至，她们不会有什么压力。怎么会抑郁呢？其实，现在的女孩在得到铺天盖地的爱的同时，却越来越失去了随心所欲地玩的自由；在得到大量玩具的同时，却失去了与父母拥抱、游戏和谈话的机会；在幼儿园，教师与女孩、女孩与女孩之间有时会有一些矛盾发生，如受到批评、不能与小朋友友好相处，这些都会使女孩产生压力感。

在女孩的眼里，这是一个陌生的世界，每天都会有很多新的事物发生。女孩正以惊人的速度吸收各类不同的信息，结果她每天都发现很多不可理解的事情。爸爸妈妈可能会离开一段时间，不知去了哪里，还会不会回来？白天在街头看见一只大黑狗，晚上睡觉时就会想，狗会不会趁我睡觉的时候走进我的房间咬我呢？或者会不会有魔鬼躲在我的床底下呢？妈妈送我上幼儿园，爸爸、妈妈都不去，为什么我要去呢？幼儿园是什么地方？这些忧虑使女孩不安和恐慌。

有的女孩在小小年纪就遇到了感情上的重大打击，如亲人去世、父母关系紧张或离异、考试失利（特别是未考上理想的学校）等，往往会出现情绪上的强烈反应。此外，学习成绩不好，长相不出众，总认为自己处处不如人，不受老师重视，不引人注目等，也会使女孩产生一种失落感。

抑郁使女孩感到孤立、恐惧和不快乐。女孩抑郁起来并不知道自己哪里不对，只知道自己的感觉糟透了，不像以前的自己，心里的那种感觉会越来越糟糕。甚至有一些女孩还会通过饮酒、上网聊天、吸烟等来排解抑郁，但是这样的结果往往会使她们的抑郁加重，还有一些人试图自杀。

在日常生活中，父母要培养女孩开朗、自信、合作的性格，与女孩建立互相平等、互相尊重、信任的关系。父母不以家长的权威强迫、压制女孩，尊重女孩的意见。当女孩从父母那里体验到父母对她的尊重时，她就懂得了要尊重别人。

即使当女孩发生了比较激烈的事件时，父母也不能用简单粗鲁的方式处理，这会使女孩萌生愤怒感，非但不能解决问题，而且会造成破罐子破摔的不良后果。这时，父母应耐心地与女孩沟通，倾听女孩诉说，减轻女孩的心理压力，同时要帮助女孩正确地面对事件，妥善处理好与同伴的关系。

父母应该帮助抑郁的女孩缓解情绪。尽管并不是每个女孩都有患抑郁症的可能，但也应该引起父母的特别警惕，当女孩遇到困难、情绪压抑的时候，我们应该及时告诉女孩，不要把烦闷锁在心里，有不开心的事情要说出来。此外，还可以教给她一些宣泄情绪的小窍门，比如让她大哭一场，或者做一件自己喜欢的事情，还可以和好朋友倾诉等。

帮助女孩找到发泄情绪的合理途径。当女孩感到情绪郁闷但是无法发泄的时候，父母可以通过一些方法来帮助她们。比如说，可让女孩用语言发泄情感，创设悄悄话角，当她们感到愤怒时，独自大喊大叫，舞动自己的手臂。又如：可让女孩通过运动形式表达情感，设立体育角，当她们想打人的时候，就打陀螺，用沙包击靶子，或戴上手套任意打击沙袋，也可任意在垫子上翻滚，这样使女孩将自己的情感发泄到一个合适的替代对象上，从而得到心理的满足。

建议一：别被情绪牵着鼻子走

在古老的西藏，有一个叫做爱地巴的人。每次生气或者与人争执的时候，他就以很快的速度跑回家去，绕着自己的房子和土地跑三圈，然后坐在田地边喘气。

爱地巴工作非常勤劳努力，他的房子越来越大，土地也越来越广，但不管房子有多大，只要与人生气了，他还是会绕着房子和土地跑三圈。爱地巴为何每次生气都这样做呢？

所有认识他的人心里都疑惑，但是不管怎么问他，爱地巴都不愿意说明。直到有一天，爱地巴很老了，他的房地也已经很广大，他又拄着拐杖艰难地绕着土地跟房子走。等他好不容易走完三圈，太阳都下山了。爱地巴坐在田边喘气，他的孙子在身边恳求他："阿公，您年纪已经大了，这附近也没有人的土地比你的更大，您不能再像从前，一生气就绕着土地跑啊！您可不可以告诉我，为什么您一生气就要绕着土地跑上三圈？"

爱地巴禁不起孙子恳求，终于说出了隐藏在心中多年的秘密，他说："年轻时，我一和人吵架、争论、生气，就绕着房地跑三圈，边跑边想，我的房子这么小，土地这么小，我哪有时间、哪有资格去跟人家生气，一想到这里，气就消了，于是就把所有时间用来努力工作。"

　　孙子又问："阿公，那您年纪大了，又变成了最富有的人，为什么还要绕着房地跑呢？"爱地巴笑着说："我现在还是会生气，生气时绕着房地走三圈，边走边想，我的房子这么大，土地这么多，我又何必跟人计较呢？一想到这儿，我的气就消了。"

　　生气是拿别人的错误惩罚自己，聪明的人从来不会把时间浪费在自己无法改变的事情上。面对别人对自己的冒犯，与其自己生闷气，不如忘掉它，干好自己的事。

　　生气是拿别人的错误惩罚自己。然而真正做到不惩罚自己的人恐怕没有吧？不生气真的好难啊！

　　走在路上被人泼了水，虽然对方一个劲儿地道歉，你也明白人家不是故意的，可是看着自己湿漉漉的衣服，还是忍不住抱怨：真可恶，怎么这么倒霉？于是一整天都在想这件事，又后悔不已：早知道就早点出门，或晚点出门。总之，到头来还是在生自己的气。可是仔细想一想，真是不值得，反正已经被泼了，再怎么抱怨、后悔都没用，衣服还是湿的。那么，倒不如想：也许我穿这件衣服不好看，也许我会发财，不是常说遇水则发吗？这样一来，快乐指数就上来了，回家换件衣服，重新开始新的一天。宽恕了他人，宽恕了这件事，不就等于宽恕了自己吗？为什么要为了一件已经无法挽回的事而破坏情绪、浪费时间呢？

　　实际上，做到不生气有利于健康。心理医学研究表明，一个

不娇不惯，富养女孩的100个细节

Bujiao Buguan,Fuyang Nühai De 100 Ge Xijie

人心情舒畅、精神愉快，中枢神经系统处于最佳功能状态，那么，他的内脏及内分泌活动在中枢神经系统调节下处于平衡状态，使整个机体协调，充满活力，身体自然也健康。

那么怎样才能不生气呢？

在不幸面前，应保持冷静的思考和稳定的情绪，客观地做出分析和判断。要多方面培养自己的兴趣与爱好，如书法、绘画、集邮、养花、下棋、听音乐、跳舞、打太极拳等，可以修身养性，陶冶情操。对自己要有自知之明，遇事要尽力而为，适可而止，不要好胜逞能而去做力所不能及的事。不要过于计较个人的得失，不要常为一些鸡毛蒜皮的事而动辄发火，愤怒要克制，怨恨要消除。保持和睦的家庭生活和友好的人际关系、邻里关系，这样在遇到问题时可以得到各方面的支持。

建议二：失落时帮她找回积极情绪

有个年轻人去微软公司应聘，而该公司并没有刊登过招聘广告。见总经理疑惑不解，年轻人用不太娴熟的英语解释说自己是碰巧路过这里，就贸然进来了。总经理感觉很新鲜，破例让他一试。面试的结果出人意料，年轻人表现糟糕。他对总经理的解释是事先没有准备，总经理以为他不过是找个托词下台阶，就随口应道："等你准备好了再来试吧。"

一周后，年轻人再次走进微软公司的大门，这次他依然没有成功。但比起第一次，他的表现要好得多。而总经理给他的回答仍然同上次一样："等你准备好了再来试。"就这样，这个青年先后5次踏进微软公司的大门，最终被公司录用，成为公司的重点培养对象。

如果这个年轻人在前几次受到拒绝之后就失落放弃，便不可能获得最终的成功。

什么东西比石头还硬，或比水还软？然而软水却穿透了硬石，坚持不懈而已。也许，我们的人生旅途上沼泽遍布，荆棘丛生；也许我们追求的风景总是山重水复，不见柳暗花明；也许，我们前行的步履总是沉重、蹒跚；也许，我们需要在黑暗中摸索很长时间，才能找寻到光明；也许，我们虔诚的信念会被世俗的尘雾缠绕，而不能自由翱翔；也许，我们高贵的灵魂暂时在现实中找不到寄放的净土……那么，我们为什么不可以以勇敢者的气魄，坚定而自信地对自己说一声"再试一次"！

曾有人做过实验，将一只最凶猛的鲨鱼和一群热带鱼放在同一个池子，然后用强化玻璃隔开，最初，鲨鱼每天不断冲撞那块看不到的玻璃，奈何这只是徒劳，它始终不能过到对面去，而实验人员每天都放一些鲫鱼在池子里，所以鲨鱼也没缺少猎物，只是它仍想到对面去，想尝试那美丽的滋味，每天仍是不断地冲撞那块玻璃，它试了每个角落，每次都是用尽全力，但每次也总是弄得伤痕累累，有好几次都浑身破裂出血，持续了好一些日子，每当玻璃出现裂痕，实验人员马上加上一块更厚的玻璃。后来，鲨鱼不再冲撞那块玻璃了，对那些斑斓的热带鱼也不再在意，好像它们只是墙上会动的壁画，它开始等着每天固定会出现的鲫鱼，然后用它敏捷的本能进行狩猎，实验到了最后的阶段，实验人员将玻璃取走，但鲨鱼却没有反应，每天仍是在固定的区域游着。

它不但对那些热带鱼视若无睹，甚至于当那些鲫鱼逃到那边去，它就立刻放弃追逐，说什么也不愿再过去。

不要被假象迷惑住你的智慧的灵光，经历了痛之后依然要执著，那才是坚强的！成功往往就在于最后一秒的坚持中。

家长面对孩子的失落情绪，最重要的是要有耐心倾听。让孩子把心中的委屈和不满都表达出来，舒缓了她们的情绪之后，再加以疏导。为她们认真地分析原因，和她们一起寻找正确的方法，为她们树立信心。

很多孩子在遭受挫折之后，变得沉默，不爱吃东西，这些都是她们对家长发出的求救信号。如果家长们工作太忙，忽略了这些表现，或者说没有引起足够的重视，孩子的心理会受到较大的伤害。因此，家长们平时应该多关心女孩们的"小举动"，有的时候，并不是没有新衣服穿、想吃好吃的东西那么简单。家长们切忌简单处理，草草了事。

细节 49　自制力——女孩情绪的杀伤性武器

　　在一次暴雨之后，有一堵围墙被雨冲倒了，一个穷人从倒了的墙里挖出了一坛金子，他一夜暴富。有了钱之后，这位穷人想让自己变得更聪明一些，于是，他就向一位老人诉苦，希望老人能指点迷津。

　　老人告诉他说："你有钱，别人有智慧，你为什么不用你的钱去买别人的智慧呢？"

　　于是他就来到了城里，见到一个智者，就问道："你能把你的智慧卖给我吗？"

　　智者答道："我的智慧很贵，一句话100两银子。"

　　那个穷人说："只要能买到智慧，多少钱我都愿意出！"

　　于是那个智者对他说道："遇到困难不要急着处理，向前走三步，然后再向后退三步，往返三次，你就能得到智慧了。"

　　"智慧这么简单吗？"那人听了将信将疑，生怕智者骗他的钱。

　　智者从他的眼中看出了他的心思，于是对他说："你先回去吧，如果觉得我的智慧不值这些钱，那你就不要来了，如果觉得值，就回来给我送钱！"

　　当夜回家，在昏暗中，他发现妻子居然和另外一个人睡在炕上，顿时怒从心生，拿起菜刀准备将那个人杀掉。突然，他想到白天买来的智慧，于是前进三步，后退三步，各三次，正走着呢，那个与妻同眠者惊醒过来，问道："儿啊，你在干什么呢？深更半夜的！"

穷人听出是自己的母亲，心里暗惊："若不是白天我买来的智慧，今天就错杀母亲了！"

于是，第二天，他早早地就去给那个智者送银子去了。

我们在遇到不如意的事情时，常常会不分青红皂白地大发雷霆，由此导致很多误会，严重时甚至引发悲剧。如果我们遇事能够保持冷静，等了解了事实真相后再做决定，那么很多悲剧就都可以避免了。

19世纪英国道德学家塞缪尔·斯迈尔斯曾说："财富掌握在意志薄弱、缺乏自制、缺乏理性的人手中，就可能会成为一种诱惑和一个陷阱。"对于那些手持万贯家财，却心灵空虚的人来说，即便能得到一切美好的物质享受，其精神上永远都是匮乏的，他随时随地都处于别人的有色目光之下。

人不应当只重视物质上的拥有，同样要不断充实精神财富，这样才是一个灵肉完美结合的人。没有自制力的人终将一无所成，因为一点的小刺激和小诱惑他都会抵制不了，进而深陷其中。控制自我情绪是种重要的能力，也是人区别于动物的重要标志。人是有理性的，而非依赖感情行事。托马斯·曼告诫人们："抵制感情的冲动，而不是屈从于它，人才有可能得到心灵上的安宁。"

懂得自制的人，在生活中会过的更加坦荡快乐，一个意志坚强的人是能够自觉控制和调节自己言行的。如果一辆汽车只有发动机而没有方向盘和刹车的调节，汽车就会失控，不能避开路上的各种障碍，就会有撞车的危险。一个想要有所成就的人如果缺乏自制力，就等于失去了方向盘和刹车，必然会"越轨"或"出格"，甚至"撞车"、"翻车"。

如果一个人有比较强的自制力，那么这个人一定能够战胜自我，远离祸害，做到快快乐乐。如果不幸遇到祸害，他也一定能够泰然处之，化祸为福。可见，自制对平安快乐的人生是极其重要的。

建议一：教女孩学会用理性控制情感

一个商人因为业务发展的需要，决定招聘一个店员。

他在商店里的窗户上，贴了一张独特的广告："招聘：一个能自我克制的女士。每星期4美元，合适者可以拿6美元。"

"自我克制"这个术语在城里引起了议论，这有点不平常。这引起了人们的思考，也引起了父母们的思考。这自然引来了众多求职者。

每个求职者都要经过一个特别的考试。

"能阅读吗？孩子。"

"能，先生。"

"你能读一读这一段吗？"他把一张报纸放在小姑娘的面前。

"可以，先生。"

"你能一刻不停顿地朗读吗？"

"可以，先生。"

"很好，跟我来。"商人把他带到他的私人办公室，然后把门关上。

他把这张报纸送到小姑娘手上，上面印着她答应不停顿地读完的那一段文字。阅读刚一开始，商人就放出6

只可爱的小狗，小狗跑到小姑娘的脚边。这太过分了，小姑娘经受不住诱惑要看看美丽的小狗。由于视线离开了阅读材料，小姑娘忘记了自己的角色，读错了。当然，她失去了这次机会。

就这样，商人打发了 70 个小姑娘。终于，有个小姑娘不受诱惑一口气读完了，商人很高兴。他们之间有这样一段对话：

商人问："你在读书的时候，没有注意到你脚边的小狗吗？"

小姑娘回答道："对，先生。"

"我想你应该知道它们的存在，对吗？"

"对，先生。"

"那么，为什么你不看一看它们？"

"因为我告诉过你，我要不停顿地读完这一段。"

"你总是遵守你的诺言吗？"

"的确，我总是努力地去做，先生。"

商人高兴地说道："你就是我要招聘的人。明早 7 点钟来，你每周的工资是 6 美元。我相信，你大有发展前途。"

后来，女孩的最终发展的确如商人所说，若干年后，女孩成了一个有着良好口碑的商人。

最难做到的是自制，因为它需要用自觉的行动来自我鞭笞、克制。但是，只有能够做到克制自己、懂得自制的人，才能在工作和生活中收获更多。没有自制力，我们就会变成像动物一样具有兽性的原始物种，动不动就会以武力相向，毫无秩序和道理可言，也就不会有人类的进步。

英国剧作家莎士比亚曾说过这样一段话："理智可以制定法律来

约束感情，可是热情激动起来，就会把冷酷的法令抛弃不顾；年轻人是一只不受拘束的野兔，会跳过老年人所设立的理智的樊篱。"

确实如此，年轻人的热情是值得鼓励的，没有热情的工作或者生活是不可想象的。但如果一味地热情，没有节制，则会影响我们更好地去工作和学习。如果我们希望能超越同龄人，做出不错的成绩，那就要服从理智，服从自我控制。否则，随意放纵，没有克制，失去理智的话，一切都会显得荒诞。

理智是最高的才能，人类的情感让我们比其他动物更多了份团结和合作，但如果情感不受控制，肆意而为，那么你最后将什么也得不到，甚至弄得满盘皆输。懂得运用理智来控制情感，有恰当的自制力的人，才可以凭借理性判断形势，作出决断，收获应有的成就。

建议二：克制会使自己变强

有句名言说得好：在面临诱惑的旋涡时，自制力就是你的中流砥柱。在人生路上，我们会碰到各种各样的诱惑，面临各种各样的挑战，而唯有自制力可以让你顺利地通过这些屏障，走向光彩的殿堂。也许当自制力从你的心中崛起时，很多暂时的快乐会远离你，但请你相信，将来，你定会因此时的自制而事业有成。

对处于成长期的女孩来说，面对各种各样社会上的诱惑，很容易控制不了自己而犯错。而现实生活中，各种言情、暴力的书籍或者过于开放性的电视节目都会给女孩躁动的内心添油加醋，一不留神就容易冲动，酿成恶果。因此，能够自制是女孩们尤其要重视的。那么，要成为一个约束自己、自制力较强的人，应该怎么做呢？

1. 对自己多分析，找出自己在哪些活动中、何种环境中自制力差，然后拟出培养自制力的目标步骤，有针对性地培养自己的自制力。

2. 对自己的欲望进行剖析，扬善去恶，抑制自己的某些不正当的欲望。

3. 提高动机水平。心理学的研究表明，一个人的认识水平和动机水平，会影响一个人的自制力。一个成就动机强烈、人生目标远大的人，会自觉抵制各种诱惑，摆脱消极情绪的影响。无论他考虑任何问题，都着眼于事业的进取和长远的目标，从而获得一种控制自己的动力。

4. 从日常生活小事做起。人的自制力是在学习、生活、工作中的千百万小事中培养、锻炼起来的。许多事情虽然微不足道，但却影响到一个人自制力的形成。如早上按时起床、严格遵守各种制度、按时完成学习计划等，都可积小成大，锻炼自己的自制力。

5. 绝不让步迁就。培养自制力，要有毫不含糊的坚定和顽强。不论什么东西和事情，只要意识到它不对或不好，就要坚决克制，绝不让步和迁就。另外，对已经做出的决定，要坚定不移地付诸行动，绝不轻易改变和放弃。如果执行决定半途而废，就会严重地削弱自己的自制力。

6. 进行自我暗示和激励。自制力在很大程度上就表现在自我暗示和激励等意念控制上。意念控制的方法有：在你从事紧张的活动之前，反复默念一些建立信心、给人以力量的话，或随身携带座右铭，时时提醒、激励自己；在面临困境或诱惑时，利用口头命令，如"要沉着、冷静"，以组织自身的心理活动，获得精神力量。

7. 经常进行自省。如当学习没完成而忍不住想看电视时，马上警告自己；当遇到困难想退缩时，马上警告自己别懦弱。这样往往会唤起自尊，战胜怯懦，成功地控制自己。

细节50　帮助女孩学会将快乐变成习惯

　　不快乐的人即使看到阳光也不会感受到灿烂，所以忧郁的眼睛只会看到灰色。不快乐的人在遇到困难的时候总是把问题往不好的方面想，继而退缩、停止不前。不快乐的人不自信，她不会镇定地迎接挑战。不快乐的人遇到问题时往往惊慌失措，毫无主见。

　　你的孩子是否有这样的时候？或悲观忧郁，或在困难面前退缩迟疑和惊慌失措？如果是，那么你的孩子需要学习快乐的智慧。因为快乐的人始终拥有积极乐观的心态，因此也就拥有积极思考和主动应对的动力，也就会具备对人生的掌控能力。

　　　张珊和张怡是姐妹俩，很小的时候她们就失去父母，相依为命。姐姐张珊整天闷闷不乐，总是抱怨生活。妹妹张仪却乐呵呵的，快乐地忙来忙去。不幸的是，一次火灾从天而降，虽然得救，但她们却被大火烧得面目全非。

　　　姐姐姐经常唉声叹气："被烧成这样，我以后怎么见人？还怎么养活自己？还不如死了算了。"妹妹则经常劝姐姐："我们能捡回这条命，就证明我们的命很珍贵，我们是幸运的，应该让我们的生活更有意义。"

　　　姐姐一直自卑自闭，她无法面对别人对她的嘲讽，对生活完全失去了信心，最后吞食了大量的安眠药，结束了自己的生命。妹妹张仪却时常提醒自己："我生命的价值比谁都高贵。"无论遇到多大的冷嘲热讽，她都咬紧牙关昂首挺过去，坚强乐观地生存下来。别人见到的她始终是一副快乐的样子。

一天，妹妹为别人送货，途中见到一个人不小心滑进河里，她救起了这个人。为了报答救命之恩，这个人决定帮助他。凭借着诚信经营，张仪从一个积蓄微薄的送货司机，逐渐发展成了拥有一个有数百万资产的运输公司的老板。

相同的经历，同样的不幸却有着不同的命运，理由很简单，就是看是否拥有快乐的心情和乐观的心态。不幸不可避免，但是命运却由自己掌控。用悲伤的眼睛看世界，又如何能看到生命中的阳光？威廉·詹姆斯曾说过："这一代最伟大的发现是：人类若改变本身的心态，就能使生活本身发生变革。"所以，作为父母，培养一个懂得快乐、有着乐观心态的女孩尤为重要。

懂得了快乐，你的女孩就能主宰自己的人生。

当女孩表现很好时，不要只是说"很好"。赞美要具体一些，说出细节，指出有哪些地方让人印象深刻，或是比上次表现更好，例如，"你今天主动跟警卫伯伯说早安，真的很有礼貌。"不过，赞美时也要注意，不要养成孩子错误的期待。有些父母会用礼物或金钱奖赏女孩，让女孩把重点都放在可以获得哪些报酬上，而不是良好的行为上。父母应该让女孩自己发现，完成一件事情所带来的满足与成就感，而不是用物质报酬来奖赏她。

建议一：将不快乐统统留给过去

女孩进入青春期后，往往会不由自主地关注自我，关心自己在别人心目中的形象。一方面她们对自己常常不满意；另一方面又担心别人不喜欢自己。加上女孩情绪不稳定，易偏执地看问题，因此在这一时期，女孩的内心相当敏感细腻。有时，还会莫明其妙地感伤。

如果此时女孩没有能够调节好情绪，长时间处于悲伤状态，或者其父母没有给予恰当帮助，那么女孩很有可能会由感伤情绪发展成抑郁心理，进而影响身心健康。

阿珠出身于农民家庭，父母均无文化。她自小勤奋好学，家中对她寄予的希望很大，她也想依靠自身的努力使父母生活得更好一些。因此，她自小就埋头苦读，从小学到高一，她的学习都很好。但由于一心读书，她很少交朋友，根本就没有什么知心伙伴。因此，她常感到很孤单。

上高二后，她压力很大，学习成绩飞速下降。她整个人也变得郁郁寡欢。她心里常有一种难以言状的苦闷与忧郁感，但又说不出什么原因，总是感到前途渺茫，一切都不顺心，老是想哭，但又哭不出来，即使是遇到喜事，她也毫无喜悦的心情。过去很有兴趣去看小说、听音乐，但后来就感到索然无味。有时她感到很悲观，觉得自己前途一片渺茫。

很显然，阿珠现在被抑郁缠身，很难挣脱。过大的压力和内向的性格是抑郁情绪形成的两大元素，而悲伤的情绪得不到合理宣泄则是其逐渐恶化的首要原因。

抑郁的女孩总是处于一种自我责备、自我贬低状态。她们无论对环境压力还是对自我，都不能积极地对待。对环境压力总是被动地接受而不能积极地控制，更谈不上改造；对自我也总感到难以主宰而随波逐流，于是在人生征程上没有理想与期待，只有失望与沮丧。总感到茫然无助，陷入深重的失落感而难以自拔，对一切都难以适应，只能退缩回避。

家长如何得知自己的女儿是不是陷入抑郁状态呢？

一般来说，可以首先对她的生活进行一番审视。看看她在学业上是否退步；或最近是不是经常和朋友吵架、和家人发生冲突；她最近有没有说"我觉得没什么未来""生活不可能好起来了""我不会再烦你了"等消极的话语；看看女孩最近是否注意力不集中，记忆力下降，心神不宁；是否对以往感兴趣的事物提不起精神。

如果答案是肯定的，那您的女儿可能已经有了抑郁情绪，如不能及时调节，还可能导致抑郁症的发生。

那么如何帮女孩走出抑郁情绪，重新找到生活的快乐呢？在此，我们将和家长分享一种教育方法：

父母不妨送给女儿一个精美的公主式日记本，并鼓励她从今往后开始写日记。

但父母务必要教给女儿一些写日记的正确方法。因为如果写日记的方法不对，女儿不但不能摆脱忧伤，反而会更加忧郁。

这里告诉家长们日记里隐藏的情绪疗法。

写日记的时候，最好多回忆回忆今天或最近发生了哪些难忘的美好的事。将这些美好的事写在日记本上。比如"同学帮我值日了"、"我的数学考试得了 A"、"老师今天夸我聪明"、"同学默默说我漂亮"这类积极的美好的事情一定要写进去。

当然，写日记是为了宣泄情绪，悲伤的事情也要记入日记中。但在这里要注意一点：在记录那些不快乐的事、不幸的事时，不要一味抱怨、宣泄，这样只会在这一过程中强化了自己不平衡、不平静的心态。正确的做法是突破思维局限，从一个全新的角度来认识这些带来不快乐的人和事，并记录下自己的心得体会，比如写出"我对这个事怎么看""别人怎么看""我下一步应该怎么处理"。这样，写日记就变成一种对自己人生应对方式的整理和总结，你会由此获得的是自我审视的机会。并在这个过程中，强化一种积极的情绪和心态。

建议二：多拥抱会让女孩更快乐

当女孩出生的时候，细心的家长都会发现一个问题：她似乎不太喜欢安分地躺在自己的小床上一个人玩耍。当妈妈把她抱上婴儿床转身离开的时候，她就会哭闹不止，直到妈妈跑过来哄她。难怪有的时候家长们会说自己的女儿：

"她知道欺负人呢，只要看我闲下来，就会哭闹着让我过来哄她。"

"这个小家伙，居然懂得找人陪她说话呢。"

这就是女孩的天性，她对于接触的感觉要比男孩敏感得多，幼小的女孩通常是以感受父母的拥抱来确认自己在他们心中的重要性。所以，多给女孩一些拥抱，她会生活得更加愉快。

小女孩波波在刚生下来的时候似乎不太受到爸爸妈妈的重视，在她很小的时候，妈妈就经常把她放在床上自己干活去了。波波起初经常会大哭大闹，但是妈妈对此不理不睬，任凭波波在床上"哭天抢地"。时间久了之后，波波果然不喜欢哭闹了，而且对周围的事物反应比较迟钝，有的时候爸爸过来逗逗她，她也没有什么反应。波波逐渐大了一些，但是她似乎不喜欢爸爸妈妈，也不喜欢听他们说话，也不喜欢笑，就自己一个人默默地坐在那里玩耍。这个时候波波的爸爸看出问题的严重性了："这个孩子看上去呆呆的，会不会有些智障呢?"

波波被带到了医院，医生根据观察她的病情得出结论，波波所患的是一种"皮肤饥渴症"，因为她从小得不到父母的爱抚与亲昵，导致发育不好，并且妨碍到了智力的发展。

爸爸妈妈万万没有想到抱抱孩子能对孩子的发展有如此大的作用。而事实上，拥抱孩子能比语言更好地传达给父母想要表达的疼爱之情。一个经常接受父母拥抱的女孩，总是会比其他的女孩更加活泼开朗。不要小看拥抱，这种身体的拥抱激活了女孩大脑思维细胞的基因链，让她的每一种生命功能都能发挥到最大限度。

爱自己的女儿，就多给她一些拥抱吧。

小女孩们能够从温暖的拥抱中找到勇气，不再惊恐不安。女孩在成长的过程中同样需要父亲的拥抱。

在女孩出生两年之内，每天和女婴保持 15 分钟的身体接触，将会使以后与子女的交流更加融洽。在父亲温暖的怀抱中，女孩体会到的是温馨。

有一位儿童行为研究专家认为：大人的拥抱能使女孩感受到快乐，这有利于她把自己的能量集中在最需要的地方——调整自己的呼吸系统和消化系统，并使之得到清理，对于很多孩子来说这是有一定困难的。正因为如此，经常被拥抱的女孩要比其他的孩子更加健康。

孩子长大之后，家长可能会忽视和孩子进行拥抱，一方面觉得她已经长大了，不像小时候那样需要哄着。另一方面因为家长总是想要显示自己的权威，爸爸可能会觉得如果和女孩拥抱的话会让自己不再威严。其实这种观点是错误的，大一些的女孩同样需要父母的拥抱。

拥抱会帮助父亲与女儿在进行沟通的时候更加顺畅，不易产生误解，而且在转瞬之间即可完成，比语言更有感染力。

拥抱女孩所起到的作用是让她感受到爱。当领会到这个道理之后，聪明的爸爸就会明白其实很多其他的行为也都能起到和拥抱一样的作用。父亲只要多用点心思，就能挖掘出很多向女孩表示爱意的举动，比如对女儿说一些温和的话，在说话的时候认真地倾听并注意女儿的眼睛等等。

爱的动作是父亲给予女孩最好的礼物，是保证两代人感情维系的最好方式，父亲们千万不要放弃这个简单又具有温情的方法。

第十一章　知足才能淡定，
智慧才能从容

——女孩的从容淡定需要长期培养

细节 51　女孩的从容品质源自于妈妈从小的影响

女孩从出生开始，母亲与她有着最为直接的接触。女孩在最初的触摸记忆和声音记忆都来自母亲，母亲是与女孩身体和心灵靠得最近的人。等到女孩长大之后，其他的女孩是否接纳她，关键在于她怎样去接纳别人，适应社会。而这种接纳他人的能力就是从模仿母亲开始的。一般说来，一个热情的女孩，她的母亲往往对别人也很热情；一个性格古怪的女孩，她的母亲往往性格也比较古怪。

当女孩做错事情的时候，往往是妈妈来给她安慰和鼓励；当学校里发生了不愉快的事情，妈妈也会耐心地倾听并关注女孩的感情。所有的这些无论是对于妈妈还是对于女孩来说，似乎都是理所当然的事情。如果一位妈妈可以做到善意地倾听，让女孩能够体会到被尊重和被珍视的快乐，女孩也就会模仿母亲的口气和神态，去分享他人的喜悲，这样的女孩一定是大家都会看中的朋友。

另外，当女孩与人相处的时候能否心态自如，也与她和母亲相处时候的心态有很大关系。如果一个女孩从小就能够与母亲随时随地进行有效沟通、交流感情，从小就会在表达和感情上比较明确、稳定，这也是决定她能否与人自如交流的关键。

莉斯的妈妈是一个慈善活动家，她关照社区的孩子和老人的生活，并且常常带着莉斯参加各种活动。妈妈常常给莉斯讲教义，告诫她要做一个诚实、勇敢、富有同情心的人。虽然妈妈的要求都非常正确，但是妈妈因为繁忙的事务，常常以命令的语气与莉斯交流，她不能容忍孩子有一点点异议，否则就会歇斯底里地痛哭，在孩子面前表现出受伤者的样子。

妈妈的反应让莉斯不敢有一点反抗意识，她也不愿意和父亲交流。父女两人形同陌路。而莉斯的同学们常常取笑她是一个古板的人，毫无生趣。

很明显，由于受到母亲不当的影响，莉斯已经在人际交往上出现些故障，这些不得不归咎于母亲的过于敏感。女孩与别人和睦相处，交结朋友是她人生中的重要内容，妈妈们要经常告诫女孩反省自己能否做到耐心、倾听、及时回馈、赞美等等。具体来说，首先是让女孩在家庭中学会沟通，在沟通中学会理解；其次是要尽量支持女孩多与同龄人交往，如果女孩有成年朋友的话，也不要过于担心，不妨看成是证明女孩社交能力的最好征兆。

让女孩能够自如地讲话是提高她交往能力的第一步。很多妈妈习惯在女孩说话的时候在旁边纠正，这样的做法会使女孩在表达自己意见的时候有所顾虑。比如一个女孩指着一个漂亮的小汽车说："妈妈，你看。"这个时候妈妈就立刻接话："你说的是那辆黄颜色的车子吗？它很漂亮，对不对？"女孩要说的话都被妈妈说完了，她只好"嗯"一声，就不再说话了。妈妈这样的做法既不利于女孩自信心的建立，同时也不利于养成良好的说话习惯。

建议一：妈妈的宽容造就女孩对人对事的从容

每年至少会有 25 万人死于自杀，200 万人自杀未遂。在这些数据的背后，都是一个个鲜活的生命啊！他们有自己的家庭，有自己的亲人，也就是说，每一天都会有一些人沉浸在亲人自杀的悲痛中。

痛定思痛，为什么会有这么多的人要选择这条路，难道没有其他的解决方法吗？世界这么大，难道就没有一个人的容身之所吗？其实这些自杀的人，困惑他们的并不是外界的一些情况，而是在他们的内心中厌倦了很多的人或者是事情，就是这样不健全的心理，使很多孩子对世界彻底绝望，从而走上了绝路。

为人母者有责任帮助女孩树立生命意识。如果一个人能够在第一时间内把积极的生命意识传达给女孩的话，告诉她在任何时候生命都是很宝贵的，那么在社会上就会少很多由于一时冲动而酿成的悲剧。有的女孩因为他人的一句"小胖子"就跳了楼，如果她能够意识到这句话在生命面前多么地不值一提，也就不会这样做了。

曾经有人研究过自杀者的心理，认为他们是由于内心感受不到爱，感到没有一丝希望才会走上绝路的。如果一个人在困难面前感受不到丝毫温暖的话，那就很难有勇气面对困难了。所以，妈妈一定要给女孩足够的爱，让她感受到生活是美好的，让她感受到即便是遭遇再大的困难，也会有人始终在后面为她加油打气。如果把一颗强大的心比喻成为一幢建筑，那么爱心就是建筑之前的地基。

妈妈要让女孩明白轻视生命是不负责任的行为。没有谁的生

不娇不惯，富养女孩的100个细节

Bujiao Buguan,Fuyang Nühai De 100 Ge Xijie

活是一帆风顺的，当生活中遇到困难的时候，有些人失去克服的勇气，希望以死来求得解脱，希望一死了之，一了百了。也许，孩子觉得这样做最简便易行，但是她却没有想到别人的感受，没有想过自己的爸爸妈妈这些与她生命息息相关的人。所以，妈妈在对女孩进行生命教育的时候，应该将这样的思想灌输给女孩，告诉女孩，生命是宝贵的，即便一无所有，还有最爱她的人，还有机会可以闻到花香，可以看到天上的星星，然而如果生命没有了就什么都没有了，身后还会有人伤心一生。

建议二：于细微处培养女孩从容淡定的品质

无论谁都喜欢美好的、具有高尚品德的人，排斥肮脏的、品行恶劣的家伙，这是每个人与生俱来的天性。

对女孩来说，培养她的美德，就要从现在身边的小事做起。

前苏联教育家苏霍姆林基对他的学生第一个要求就是要爱妈妈，他说：如果一个孩子连他妈妈都不爱，他还会爱别人，爱家乡，甚至爱祖国吗？因为妈妈是为他付出最多的人。如果孩子对自己的父母亲都很薄情，那么将来走上社会，即便是对某人很好，也一定是出于利益的需要。

家庭是社会的细胞，父母是女孩的第一任老师，如果女孩在家庭中还没有接受良好的道德培训就被推向社会，可想而知其后果。当女孩来到学校之后，问题会一一暴露，这时不管老师付出多大的努力，都收不到完美的效果。因为学校里一切问题都会在家庭里折射出来，而学校在教育过程中产生一切困难的根源也都可以追溯到家长。没有家庭教育的学校和没有学校教育的家庭不可能完成造就品格完备、全面发展的人这一极其细致艰巨的工程。

我们都听说过童话故事中的灰姑娘，虽然饱受欺凌，但她勤劳本分，心地善良。作者也偏爱这样的姑娘，因此，但凡心地纯洁的人，最终都会得到圆满轻松的结局，这种安排也受到世人的欢迎。

近年来，有教育学家提出不应该提倡传统的童话，因为女孩们的目光渐渐都偏向了高贵和奢华，喜欢享受和安逸，开始攀比外貌和生活条件，而恰恰忽略了美的本身。这种提法可以视为现代人对美德的重申，美好的品行比外貌和身世更值得关注。

美德无价，它让一个人高贵而充满魅力。培根说过："美德好比宝石，它在朴素背景的衬托下反而更华丽。同样，一个打扮并不华贵，却端庄、严肃而有美德的人令人肃然起敬。"

美德，使女孩的心变得雅致，带来的是幸福的生活，永远乐观的心。

在家庭教育中，家长应该为女孩营造一个适于美德教育的环境。

"人之初，如玉璞，性与情，俱可塑。"家长的教育和影响，对女孩具有先入为主和潜移默化的作用，家风家教对女孩能否健康成长至关重要。教育女孩，说理固然重要，但言之无物，唠叨过多，成为空洞的说教，往往教而无效。

作为家长，首先必须严格要求自己，要把女孩培养成为品格高尚的人，家长首先必须是一个好家长。

总之，让女孩拥有美德，是让她走向美好人生的基础。

良好的德行无论对男孩还是女孩，它的意义都极其重大，甚至决定了孩子今后的生活质量。因此，培养女孩良好的品德应是教育的第一要务。

品德是一个女孩的灵魂，是她走向社会的指南针，是她为人立世、事业成功的根基。家长应该从小对女孩进行品德教育，不忽略任何一个细微的地方。

　　善于从细微的地方发现女孩的品德，并及时给予指导。对于女孩做出的美德行为充分表达你的赞赏，而对于不好的行为也及时批评并指正。

　　对于女孩品德的教育，父母的作用非常重要。在女孩品德的培养中，父母之所以起到举足轻重的作用，主要是因为父母是陪伴女孩的第一人，也是时间最长的人，他们的一言一行都成为女孩模仿的对象。不注意培养女孩品德的父母，是不尽职的父母。

细节 52　认清自我才能从容地独立于世

"爱自己"听起来很简单，也是一个老生常谈的话题，但真正完全、理性地爱自己的人其实并不多，也就是说现实生活中，很多人实际上是缺乏"爱"的能力的。虽然我们知道这严重影响了我们原本应当更加灿烂的人生。

要懂得人间有爱、世界有爱，首先得从爱自己开始，爱自己是一切爱的基础。

是不是足够爱自己，你可以试着自问以下几个小问题：

（1）你喜欢自己的父母以及他们给你取的名字吗？

（2）你喜欢自己的才干或学历吗？

（3）你喜欢自己的气质、谈吐、微笑和习惯性的小动作及打喷嚏的声音吗？

在现实生活中，有许多给出这样的答案："不"、"还好吧"、"已经这样了，能怎么办呢"等，这些答案不免使人感悲哀：为什么我们总是只会"发现"并且难以原谅自己的错误？

或许有人说，爱自己岂不表明一个人过于自恋？这种想法其实是错误的。我们必须清楚爱自己其实既是一种孩童般的天真无瑕，又带有一种哲人般的知性豁达；既包含着一种"要进取才有前途"的智慧，又有着"自己并没有那么重要"的襟怀和勇气。总之，就是热爱自己一切与生俱来或亲手打造的东西，并努力发扬光大其中的长处。

　　然而，"爱自己"却并不容易做到。简单点，在一件细小的事情中可以体现，复杂点，要用一生的过程去打造。因为在这个世界上没有人是完美的，身为凡人，我们的缺陷更是成箩成筐，如果较起真儿来我们干脆别活了。所以如今，只要我们尚拥有一颗热爱美好的心，并为此孜孜努力着，我们就应该以为自己是个可爱的人。

　　还有人说爱自己是一种自私的行为，这同样也是不正确的。

　　爱自己不是一种自私行为，我们这里所说的爱并不是虚荣、贪婪、傲慢、自命不凡，而是一种善待自己，对自己无条件接受的做法。如果你能够认识到自己是一个有自尊心的综合体，如果你能够注意养生，保持自己的身心健康，那你就已经学会爱自己了。如果你拥有了这种爱，那你也就可以把它奉献给别人了。

　　爱，非常像花散出的香气，无论有没有人去闻它，香气都是存在的。那些有爱的天性的人们，无论走到哪里，都会辐射出爱。而且，他们把爱撒播给别人并不是通过压制自己的欲望、牺牲自己的需要来实现的。而是由于他们十分充实地享受生活，所以非常希望别人也能分享这种快乐。他们在友善地对待他人的过程中，发现自己能够获得一个愉悦的心情，这种愉悦正是他们的爱产生的源泉。因此，为了更好地爱自己，不妨做如下尝试：

　　在你比较轻松、事情比较少的日子里，专门空出一天时间。在这一天中，做你自己最要好的朋友，满怀感情地对待自己，为自己祝福，你可以放声歌唱，你可以尽情地舞蹈，用一整天的时间来爱自己。

　　通过友善地对待自己，你会逐渐地觉得自己的状态开始好转，觉得生活是美好的，而且你还会对自己的身体和思想产生感激之情。

因为不敢爱自己，不会爱自己，没有爱过自己，因此没有养成爱自己的习惯，结果在"爱他"的过程中自卑产生了，自信消失了，随之消失的还有志气、理想、信念、追求、憧憬、主见和创造的精神。

也许你担心自己过于平凡，你既没有非凡的智慧，也没有一技之长，你更没有惊人的力量，甚至是财富和地位……哪怕你一无所有，你仍然有理由珍爱自己。我们始终都在走一条路，一条属于自己的路；我们始终都在营造一处风景，一道涂抹着个性色彩的风景。路在延伸，风景依然亮丽，我们把朝霞走成了夕阳，把暖春走成了寒冬……我们为什么不能爱自己呢？

我们有足够的理由爱自己，一是只有自己才是属于自己的；二是只有热爱自己，才能热爱他人；三是只有热爱自己，才能出现和巩固这个不断延长爱的世界。

要相信，每个人都有自己的位置，每个人都能找到自己的位置，发出自己的声音，踏出自己的旅途，作出自己的贡献，我们应该相信：正因为有了千千万万个"我"，世界才变得丰富多彩，生活才变得美好无比。

学会爱自己，只有爱自己，生命之花才能馨香芬芳。

建议一：告诉女孩她不是世界的中心

再过几天就是晓白的生日了，爸爸妈妈说今年要给晓白过一个"豪华级别"的生日——举办生日晚会，请了很多的人过来陪她一起过生日，除了爸爸妈妈的一些比较要好的朋友、同事之外，晓白也想请她班上的同学过来。

晓白兴冲冲地抓起了电话听筒，给所有能想到的人都打了电话，最后她想起了班上有一个最不爱说话的男生张亮，晓白也想邀请他过来，让他和同学们关系更加融洽一些。

"张亮，下个周六的晚上，我要在家里举行一次生日晚会，我和爸爸妈妈都希望你能够参加，你有时间吗？"

"我还是不去了吧，路途太远了，怕晚上回来之后不方便。"

其实晓白心里清楚，张亮是害怕见到许多的陌生人，于是晓白安慰他说："没事的，咱们班上有很多同学都来了，我还和妈妈说了，你的口琴吹得特别好，给你安排一个节目。如果你不来的话大家会感到遗憾的。"

"这样……那好，周末我过去吧。"电话那头的张亮终于大大方方地答应了。

妈妈在晓白后面一直听她打电话，她表扬晓白说："晓白做得不错，你能够让别人感觉到他在你心目中的重要地位，这是一个很好的习惯啊。每一个人都有被尊重的需要，我们要满足人们的这种需要，这样很多事情都会迎刃而解。"

"嗯，那我们怎样才能让别人感觉到自己很重要呢？"晓白想进一步请教妈妈。

"其实很简单，只要在生活中不吝啬自己对他人的由衷赞美和认可，能尊重他人的兴趣爱好，在你的尊重和认可中让对方认识到自己的价值就可以了。这也是发挥你影响力的一种重要途径。"

嗯，晓白明白了，在生活中要懂得尊重别人，赞美别人，因为自己并不是这个世界的中心。

很多人都会有类似的体会：当被别人夸奖学习成绩好时，你的心里顿时觉得美滋滋的。当别人说你很懂礼貌时，你的笑容顿时绽放如花，当有人夸你漂亮，你会一整天心情愉悦，卡耐基也曾说：姓名是最甜蜜的语言，当你与有交往时，提出他的名字，并真诚地赞美他时，往往这样的人更容易走向成功……

而当你由衷地赞美对方时，你会发现，对方的反应也会同你一样。甚至是两个陌生人之间，也会因为一句赞美而迅速地拉近了距离。

每个人都渴望得到别人及社会的肯定和认可，尤其在付出了必要劳动和热情之后，都期待着别人的赞美。所以，不妨把自己需要的东西先慷慨地奉献给别人，而这无疑是在给你的人际交往添加润滑剂。

世界上的人大都爱听好话，没有人打心眼里喜欢别人来指责他，就是相濡以沫的朋友，你批评几句，对方往往脸上也有挂不住的时候。

美国哈佛大学的专家斯金诺通过一项实验研究证明，连动物的大脑，在收到鼓励的刺激后，大脑皮质的兴奋中心也会开始起劲调动子系统，从而影响它行为的改变。同样的道理，人作为万物的灵长，期望和享受欣赏是人类的基本需求之一。

林肯有一次在写信时，开门见山地说："任何人都喜欢受人奉承。"美国著名心理学家威廉·詹姆斯也说："人性深处最大的欲望，莫过于受到外界的认可与赞美。"

人类正是因为有这种渴望与价值的冲动，才会有人在一文不名、帮人打杂的情况下，仍不惜花掉仅有的微薄工资，去买法律书来看，充实自己、提高自己。

这个可怜的杂工绝非虚构，他就是美国前总统林肯。

人类大部分的成功和失败都源于对这种需求的满足。许多在事业上卓有成效的伟人正是因为他们懂得这种取人之术——真诚地赞美他人。

只要给予他人由衷的认可和毫不吝惜的赞美，人们自会感怀在心，牢记着你的每一句话，甚至在你早就忘掉自己的赞美之后，他们仍将视同珍宝般反复地在记忆中取出，慢慢地品味、咀嚼。

赞美的力量是巨大的，所以，在面对别人的时候，发现对方的优点，并给予真诚的赞美吧！

建议二：让女孩明白没有人必须对她好

在人际交往中尊重别人的人格是赢得别人喜爱的一个重要条件。人格，对每个人来说，都是最珍惜、最宝贵的。对每一个人来说，他都有这样一个愿望：使自己的自尊心得到满足，使自己被认可、被尊重、被赏识。如果你不尊重他的人格，使他的自尊心受到了伤害，当时，他或许会一笑了之，但是，你却严重地打击了他。事实上，如果你表示出了对他的不尊重，即使他当时对你还是很友善，但是，如果他不是一个精神境界极高的人，他以后是不会很喜欢你的。这样，你就"赢得了战场，而输掉了战争"。

相反，如果你满足了他的自尊心，使他有一种自身价值得到实现的优越感，那么，这表明你很尊重他的人格，你帮助他获得了自我实现。他因此会为你所做的一切表示友好，对你有一种感激之情，他便会喜欢你。

一些高明的政治家是精于此道的。为了笼络人心，赢得别人的拥护和支持，他们绝不轻易伤害别人的自尊和感情。一位评论华盛顿政治舞台的专家指出："许多政客都能做到面带微笑和尊重别人，有位总统则不止如此。无论别人的想法如何，他都会表示同意。他会盘算别人的心思，并且能掌握这些心思的动向。"只有尊重别人，别人才会喜欢你。你满足别人的精神需求，别人才会满足你的精神需求。

怎样才能算是尊重别人呢？

1. 不要总是自命清高，容不下别人的批评和建议

对于别人的批评、意见，你要虚心接受，即使有不对的地方，你也不要当面反驳。不要什么事都认为自己正确，你应该学会站在别人的立场考虑问题，这样就会改变你固执的做法。

2. 对你周围的人要宽容

别人一不小心得罪了你，并再三向你道歉，你却仍然骂骂咧咧，得理不饶人，结果只会导致你们之间的关系越来越疏远，最终失去一个朋友或能做你朋友的人。

3. 不要在别人面前装出一副冷漠的神情

你冷漠地对待别人，别人会以为你瞧不起他。如果你周围的人诚恳地向你征求意见或诉说苦闷，你却显出一副心不在焉、不感兴趣的样子，即使你心里并没有不尊重对方的意思，可你的行为已经伤了对方的心。

4. 不要贬低别人的工作能力

当你周围的人在某一方面做出成就时，你应该给予适当的赞

扬，而不是对其成就进行有意无意的贬低。即使你周围的人工作能力不强，你也不要贬低。否则，不但会使你们的交往不成功，还会激起更深的矛盾，甚至反目成仇。

最重要的一点就是要学会倾听。倾听，是有效的沟通过程中最强有力的招数，可是，事实上却很难找到喜欢倾听的人。如果你遇到真正能听你说话的人，而且能告诉你，你所说的真正意思，而不是他以为你说的是什么，那就是珍贵的经历了。善于听别人说话的人，应该能给对方反馈，说话的人会有心照不宣之感。说话的人知道，你的确在听他说话，他就能更倾心、更热忱、更愿意回报。

细节 53　女孩因为知足，所以淡定

一位成功人士说："财富不仅仅指金钱，我们既有心外的财富，也有心内的财富。"可是现在的人却整天忙于增加金钱上的财富，而忽略了内心财富的积累。丢掉了心中的那一份清净，也就丢掉了知足常乐的好心态。因此，父母在教育女孩的过程中，应该注重女孩对内心品质的培养，而不是把"物欲至上"挂在口上，要孩子学做一个安分的女孩。

生活中却有不少的女孩，她们在得到这件物品的时候又要追着父母去买另一个，这些孩子的欲望永远也得不到满足。之所以出现这样的情况，其实与父母平时错误的教育是分不开的。一些父母认为，现在生活条件这么好，不能苦了自己的孩子，别人家孩子有的，自己的孩子就应该拥有。然而这却是一种极其错误的观点，最终导致了孩子物欲的纵横。

有这样一个故事：

有一个小女孩，她每天晚上在睡觉之前都喜欢让妈妈搂着她，并且给她讲一个故事。有一天在妈妈的故事快要讲完的时候，女孩突然就用妈妈的口气为这个故事画上了句号："从此以后，王子和公主过上了幸福美满的生活。"

女孩随后又问妈妈什么是幸福，由于问题来得突然，妈妈一时间也不知道应该怎样回答，于是就说："幸福就是每天快快乐乐的，不愁吃也不愁穿。"可是，女孩又问妈妈："那你的那位同事阿姨不是很有钱吗？她为什么总是不开心，总是跟你抱怨呢？还有，我们隔壁的那个哥哥，他有一个幸福的家庭，所有人都对他好，可他为什么还总是哭哭啼啼的呢？"

听到这里，妈妈沉思了一会儿，于是镇定自若地回答女儿说："同事阿姨和隔壁的哥哥都不懂得知足，所以才发现不了生活的乐趣，也觉得自己很不幸。"听到妈妈的回答之后，女孩似乎很开心，她满足地对妈妈说："妈妈，我们真幸福！能够天天听你讲故事，真好！"

此外，对于孩子在物质上的要求，父母还可以故意不马上给予她满足。等待的时间也是锻炼孩子耐心的好机会。一段时间之后，孩子的欲望就会减少，同时她也会发现，自己之前急切需要的东西，现在看起来似乎并不那么重要。慢慢地，孩子在向父母要东西的时候就会事先考虑清楚，这件物品到底是不是自己所需要的。

总之，一个在物质上安分的女孩，她的精力都能够更多地投入在学习或者其他更有意义的事情上。而当女孩的精力过多地放在追求物质上时，她的内心就会躁动不安，这对于青少年的成长是极为不利的。

托尔斯泰曾说："物欲越小，人生就越幸福。"然而现实中，很多父母都会对生活有着各种各样的抱怨，更糟糕的是，他们的抱怨还是当着孩子的面进行的。有的说生活这么艰难，有的说工作一点都不顺心，还有的父母成天都羡慕富贵人家。在这样的家庭环境中，女孩又如何能够做到物欲上的安分呢？所以说，父母首先应该学会如何知足，这样，自己的女儿也就不会"物欲至上"了。

不要让女孩把注意力全部集中在对物质的追求上。事实上，许多家长除了整日奔波于工作地点与自己的家之外，就再也没有其他可以去的地方了。工作是为了赚钱，为了养家糊口，这当然没有错。可是生活并不是只有赚钱和工作，还有其他的美好事物等待着我们去发现。因此，不仅是孩子，家长也应该做到多多发现生活中美好的事物。在闲暇的时间可以带着孩子一同外出玩耍，而不是把注意力全都放在对物质的需求上。

建议一：知足的人更快乐

病来如山倒，病去如抽丝。昨天贝贝已经请假一天，在家里休息，没有想到今天照样高烧不退。

早上醒来贝贝发现自己浑身无力，说话都有些张不开嘴，一想起自己要落下这么多功课，心里不禁有些着急。

"妈妈，我要什么时候才能去学校啊？"贝贝问妈妈。

"贝贝，你烧得太厉害了，需要恢复两三天的时间，这些都是人体的正常反应。难道这点小痛苦你承受不了吗？"妈妈温和地说。

"嗯，总之生病让人心情不爽。"贝贝只管自己嘟嘟囔囔。

"贝贝，人的一生难免会遇到一些疾病的困扰，我们只要坦然去面对就好了。面对痛苦我们要乐观，要知道

不娇不惯，富养女孩的100个细节

Bujiao Buguan,Fuyang Nühai De 100 Ge Xijie

痛苦和快乐是一对孪生兄弟。难道一个小小的发烧就能把你打倒吗?"

"可是很难受啊。"贝贝很委屈地对妈妈说。

"体力的恢复是需要时间的,只要你保持心情愉快,多吃点东西,很快就会康复的。最重要的是要保持一颗快乐的心。生活中只有懂得在痛苦中寻找快乐的人,才会过得有意义。这个时候就是锻炼你的时候,你要学会在这种病痛中找到快乐,才能更快地成长。"

"嗯,妈妈我知道了。有你的陪伴我很高兴,你温暖的胸怀可以让我倚靠。"听了妈妈的话,贝贝心里感到暖暖的,觉得自己其实是很幸福快乐的。

"这就对了,贝贝。"妈妈很高兴地对她说,"懂得让自己快乐,能够让自己在痛苦中找到快乐,这是人生寻找的真谛之一。"

其实幸福本没有绝对的定义,许多平常的小事往往能撼动你的心灵。能否体会幸福,只在于你的心怎么看待。想要拥有幸福的生活,就要怀有一颗感恩的心。

有的时候我们会觉得自己拥有的一切不值得感恩,因为我们并不知道自己到底拥有哪些东西。朋友不值得感恩,因为他们并没有为我们做什么让我们感恩戴德的事情。老师不值得感恩,因为我们是交了学费的。身体健康不值得感恩,因为我们还小,本来就不该有什么疾病纠缠。

懂得知足,懂得感恩,不仅感谢帮助我们的人,更要感谢曾经以及还在拥有的一切。

世界无限大,而我们能够拥有生命、健康的体魄,享受食物、阳光,拥有家人的爱,不是值得感激的吗?

建议二：知足的人才不会被欲望牵着走

人类最容易在荣誉与财富两个方面和别人攀比，当一位朋友发现居里夫人的小女儿手里正在玩的是英国皇家科学院最近授予居里夫人的一枚金质奖章时，他不禁大吃一惊，忙问："居里夫人，能够得到一枚英国皇家科学院颁发的奖章是极高的荣誉，你怎么能让孩子随便拿着玩呢？"

居里夫人说："荣誉就是玩具，只能看看而已，绝不能永远守着它，否则就将一事无成。"

真正追求成功的人把眼前取得的成就看作是对过去的一个总结。

爱好虚荣的人在与周围各种各样的人的接触中，非常注意人们对自己的态度，喜欢想象他们对自己的评价，并以此作为一种客观标准而内化到自己的心理结构中去，在这个基础上形成自我形象，达到自我认识。也就是说，他们对自己的形象的建立和认识，常常在与他人的接触、想象他人对自己的判断和评价中形成。这种自我认识的方式，在一定程度上有利于深入认识自己，但是无形之中就给自己带来了巨大的压力，这是一种不良的习惯。

有对中年夫妇，妻子整天为缺少财富而忧郁不乐，他们需要很多很多的钱。有了钱才能买房子，买家具家电，才能吃好的穿好的……可是他们的钱太少了，少得只够维持最基本的日常开支。

她的丈夫却是个很乐观的人。丈夫不断寻找机会开导妻子。

有一天，他们去医院看望一个朋友。朋友说，他的病是累出来的，常常为了挣钱不吃饭不睡觉。回到家里，丈夫就问妻子："下次如给你钱，但同时让你跟他一样躺在医院里，你要不要？"妻子想了想，说："不要。"

过了几天，他们去郊外散步。他们经过的路边有一幢漂亮的别墅。从别墅里走出来一对白发苍苍的老者。丈夫又问妻子："假如现在就让你住上这样的别墅，同时变得跟他们一样老，你愿意不愿意？"妻子不假思索地回答："我才不愿意呢。"

他们所在的城市破获了一起重大团伙抢劫案。这个团伙的主犯抢劫现钞超过一百万，被法院判决。

罪犯押赴刑场的那一天，丈夫对妻子说："假如给你1000万，让你马上去死。你干不干？"

妻子生气了："你胡说什么呀？给我一座金山我也不干！"

丈夫笑了："这就对了。你看，我们原来是这么富有：我们拥有生命，拥有青春和健康，这些财富已经超过了1000万，我们还有靠劳动创造财富的双手，你还愁什么呢？"妻子把丈夫的话细细地咀嚼品味了一番，也变得快乐起来。

不要去和别人攀比，别人拥有的你不一定拥有，但你有的别人也不一定拥有。

1. 抑制我们的物欲

物欲是什么？物欲是人生存环境中的一大障碍。中国古代思想家老子说："祸莫大于不知足，咎莫大于欲得。"富人希望自己的钱更多，穷人希望自己口袋里也有钱。当人的物欲没有节制时，就会引出麻烦和祸害。一切脱离实际的欲望，都是生命的不幸。如果为了攀比，自己又没有能力实现，就会心态失衡，嫉妒怨恨，心里难受；如果心态失衡，胆子又大，敢闯"红灯"，那就是祸。钻进深渊最终会导致咎由自取的下场。不过，许多懂得珍惜生命的人则不会让自己引出麻烦，而是引出快乐。

2. 保持一颗平常心

中国古代的"福为祸所伏，祸为福所倚"的福祸论，讲述了世间有一个自然法则：有得必有失，有失必有得。老子的"曲则全，枉则直，洼则盈，敝则新，少则得，多则惑"，讲述了委曲可以求全，弯曲可以伸展，低洼可以充盈，敝旧可以生新，少取其实多得，贪多引出惑乱的哲理。因此，处于不利地位其实也有好的一面，我们完全没有必要自卑。保持一颗平常心，尽自己的力去做自己的事才是我们要关注的。

细节 54　从容的女孩最出色

一身纯白的套装，面带微笑，每天早上，她走过公司的大门，人们都会投去美慕的目光。她的高雅华贵由内向外散发，她的灿烂微笑毫不做作。这并不奇怪，拿着高薪，衣食无忧，兴许还嫁了位富豪，又有什么理由不高雅呢？

可熟悉她的人都知道，这些仅仅是人们的主观臆断罢了。

她只是这家公司的勤杂工，做着领报纸、送文件、打开水、拖地板之类的琐碎事，每月仅有 1000 元的薪水，她还经常被大家召来唤去。她下岗后找到这份差事。两年前离婚，负心的丈夫除了女儿什么也没有留下。她寄宿在娘家，和女儿住在父亲那间书房里。

父亲对她的影响极大。她小时候，家里日子过得很清苦。但父亲常对 3 个女儿说："精神富足才算是真正富有，无论贫困还是富贵，都要优雅地活着。"

父亲不光用乐观的态度影响孩子，还用行动告诉他们如何快乐地过好每一天。父亲衣着极讲究，虽不是名牌西服，可总是一尘不染、风度翩翩。即使在最艰难的时期，父亲也不忘周末带着 3 个女儿到公园散步。有一次，父亲指着远处一对正在散步的父女说："看见了吗？那是一家公司的老总和孩子，我们过得丝毫不比他们差。"

她相信父亲的话，美好的生活靠心灵的创造。她从不追求奢华的生活，可她的生活绝对高品质。她爱听音乐，喝自己磨的咖啡；她没有名牌的香水，但不化淡妆从不出门；她只是一名打工者，但从不觉得自己比别人低贱；她极少有品牌服装，但打扮得优雅脱俗；她从不在乎别人的评价，但在意自己是否真的开心；她也常常教育自己的女儿，但从不讲那些世俗浮华的东西。总之，她就这般心平气和地生活着。

贫穷不会磨灭一个人高贵的品质，反而是富贵让人丧失了志气。比之内心的充实和满足，外在物质的华丽和简陋都不值一提。因为一切的物质享乐都只是为了精神上的满足和快乐，再有钱的人，没有快乐也一样是"贫穷"的。

德国作家施瓦布说："一个人的品格，犹如一朵花的芳香。"我们要细心地呵护和培养自己高雅的品位，让它散发出愉快的芬芳。但绝不是穿金戴银，啜几口上好咖啡，或开一辆大奔，出入几趟五星级酒店就能变得"品位"十足。一位智者说过："人格无法在市场上买到，必须孜孜不倦地塑造。"一个人品位的形成，如同吃中药，是慢慢调理出来的。我们看古今中外那些有着高尚人格和不俗品味的人，都是十分注意这一"塑造"和"调理"功夫的。

有品位的人一定有优雅的风度，但是，风度的优雅没有固定的模式。各种各样的风度，有各种各样的优美。有的热情，有的文静，有的果断，有的谨慎，有的敏捷，有的庄重，有的温文尔雅，有的秀丽端庄，有的脉脉含情，有的含蕴深沉。

品位蕴含在我们日常生活的精致中，而生活中的精致无处不在。这种点滴的精致，溶入一个人的血液、生命、言行中，就形成高洁的品位，就显出非凡的教养，就透出摄人的高贵。这种精致的生活只在于我们的小心和习惯，而不在于环境的优劣。这种精致的生活越是出自粗劣的环境，它所培养出的一个人的天生风骨就越震慑人，这个人也更是有了脱离粗劣环境的力量。因为一切都表明：他虽出身于这样的环境，可他却超越了这个环境，这个环境已配不上他了，他已属于更好的环境，他的一切已显示他该拥有更好的一切。

生活的精致无处不在。整洁的书桌，干净的床铺，无不显示出一个人的生活品位。闲来学学钢琴绘画，陶冶身心的同时也显出我们生活的精致。无需金钱，无需地位，任何一个普通人都可以过上有品质的生活。

建议一：从容的女孩能够欣赏比自己优秀的人

每个人身上都有优点与缺点，爱看到优点的人比总看到别人缺点的人会更快乐、也更受欢迎一些。所以，我们鼓励每个人多去看别人的优点，多去欣赏别人，它带给别人自信的同时也愉悦了自己。一个会欣赏别人的人，是自信的、快乐的、勇敢的、开放的。而这项本领，可以、也需要从小培养。很多家长认为，让一个不懂事的孩子懂得欣赏别人，难度很大。其实并非如此，生活中的点点滴滴都是极好的素材，就看你怎么使用。

欣赏是一种理解的延伸，是一种知性的壮美，是一种无穷的力量。一切力量本身都是有局限性的，因为它们产生着迟早将和它同等或超过它的力量。欣赏他人则简单地始终在起作用，它不产生阻碍它的对立关系。它消除现存的对立关系，它排除误解和不信任，通过呼唤真诚与宽容，从而强化了自我。因此，欣赏他人始终是一种真正的力量。这种力量的源泉在于一个人"心中有光"，有一颗仁慈、宽容、博爱之心，有一份热诚、坦荡、无私之情。

欣赏别人是一种美德。培根说过："欣赏者心中有朝霞、露珠和常年盛开的花朵，漠视者冰结心城，四海枯竭，丛山荒芜。"古语有云，"欲将取之，必先予之"，"爱人者，人恒爱之"。人与人之间的关系往往是相互的，与人为善，也是与自己为善。在工作或生活中，同事朋友之间，需要相互理解，更需要相互欣赏，当你用欣赏的眼光看别人时，别人也会向你投来欣赏的眼光；当你用鄙视的眼光看别人时，别人也会向你投来鄙视的眼光。

一个会欣赏别人的人，首先要会欣赏自己，而要会欣赏自己，就要有自信，要有自信，就要有成功的感觉，要有成功的感觉，则要能做到，也就是经常有完成自己能力范围内的任务的机会。而当她完成时，还能及时地从周围的人中得到具体的反馈，对她的努力与进步表示肯定。

所以，对家长来说，重要的是多提供一些难度与孩子能力相当的事给孩子去完成。其中又有一定的技巧，一个很重要的方法是把学习或要完成的东西进行分解，而不是要求孩子一步到位。

比如走路，所有的孩子都不是一下子就会走路的，如果要求她一开始就会走、走得好，对她的自信只能是一个打击。而应把走路这件事分解为很多块，比如扶着东西走、走走爬爬、走得摇摇晃晃、走时摔跤不多了……孩子每完成一个阶段，都是付出努力的，这个时候要给予鼓励。

在孩子的学习与探索中，有一个问题要注意，就是很多家长常帮倒忙，总是忍不住要伸手去帮孩子，其结果是剥夺了孩子发现自己的机会与权利，这对自信心的构建没有丝毫的好处。其实，在成长中，每个孩子都会自然地去发现自己，并从中感受自己的能力，比如婴儿的翻身，她很努力地翻，但开始时总是不能成功，在一边的家长如忍不住用手推一下，帮她一把，这样做的结果是让她体验不到自己翻过去的成就与快乐，而事实上，孩子是完全可以自己完成翻身这个动作的，而且她还会找到一个令自己最舒服、最有效的翻身方法，在完成翻身这个动作过程中，她会体会、并找到自己的优势。

家长要做的，就是给孩子一个鼓励的眼神，或跟她说："宝宝，你这次翻得不错啊，你好努力哦。"让她知道她的努力你是明白的，就足够了。这样，孩子会有勇气继续尝试新的东西，她的自信也会建立起来。而孩子知道被人欣赏是一件很舒服的事后，她才会去欣赏别人。

只有同样努力过的人，才会欣赏别人的成就与努力，因为只有努力过，才知道要做到某个程度，是需要花很多工夫的，是很难的。小朋友多去经历，才能知道其中的难处，而且在这种经历中，得到正面的、积极的引导，才能学会欣赏别人，如果在她经历时，总是遇到挫败，她会放弃。家长首先要会欣赏自己的孩子，要认同、肯定孩子的每一点努力与付出。在这样的环境中成长，孩子自然而然地也会欣赏别人。

建议二：从容的女孩更容易得到别人的赞赏

孩子往往由于学习成绩较好或者某方面有特长而经常受到家长和老师的表扬，这种太多的表扬常常会误导孩子，使她们不能正确认识自己，于是就会滋长骄傲情绪。她们会因此夸大自己的优点，看不到自己身上的问题，而把别人看得一无是处；她们听不进别人的善意批评，总是处于盲目的优越感之中，就会逐渐地放松对自己的要求，因此导致成绩下降，表现也就不再那么优秀了。对这样的孩子，家长应该及时予以纠正，让她们正确认识问题。

盲目骄傲自大的人就像井底之蛙，视野狭窄，自以为是，严重阻碍了自己继续前进的步伐。科学家巴夫给青年人的一封信中这样写道："切勿让骄傲支配了你们。由于骄傲，你们会在应该统一的场合固执起来。由于骄傲，你们会拒绝有益的劝告和友好的帮助。而且由于骄傲，你们会失掉客观的标准。"当然，我们要让孩子分清楚自信和骄傲的区别。

自信是一种积极的人生态度，它能使人乐观上进；而骄傲是对自己的不全面认识，是盲目乐观，常会让人不思进取。对于父母来说，应该培养孩子的自信心，但不能让她们滋长骄傲自满的情绪。形式上两者有很大的相似性，常会让人迷惑，孩子们常会把自己那点小得意看做是自信的表现，这时父母应该让孩子分辨出两者的区别。

家长应该让女孩认识到骄傲也是健康成长的绊脚石，任何成绩的取得只是阶段性的、局部的，只能作为一个起点。在学习上，知识是无边的海洋，如果一时一事领先就忘乎所以，恰恰是知识不够、眼界不宽的表现。"满招损，谦受益"，家长应有意识地给孩子介绍一些成功者的经验，告诉他们古今中外凡是有所作为的人都是在取得成绩后仍能保持谦虚奋进的人。

小兰已经小学五年级了，是个爱学习的女孩，由于学习成绩在班里一直名列前茅，因此非常自负。在家里，小兰认为自己已经是个大人了，对于父母说的话越来越不放在心上。在学校里，小兰也非常清高，不太愿意与

不娇不惯，富养女孩的100个细节

Bujiao Buguan,Fuyang Nühai De 100 Ge Xijie

成绩不好的同学一起玩，觉得跟他们在一起没什么意思。对于任课老师，小兰也不太尊敬，她认为老师的水平不过如此，自己自学都能够学到很多知识。唯一令小兰比较敬重的是她的班主任侯老师。侯老师是一位快退休的语文老师，他对小兰非常好，经常给小兰介绍一些学习方法，讲一些名人的故事。

有一次，小兰在一篇交给侯老师的周记中表现出自己看不起同学的思想，她还提到了一次与数学老师发生的争执，原因是数学老师批评小兰做作业不够仔细。

侯老师后来在小兰的本子上是这样写的：

"有人批评你，并不是他看不起你，而是他希望你进步。因为，他不批评你，你不会怨恨他，他批评你，你则会怨恨他，而他却选择了批评你，原因就是他希望你进步。侯老师也是这么希望的。"小兰深受触动，后来，她果然慢慢改正了自负的毛病。

批评往往直指一个人的缺点，如果一个人能够接受批评，她就能够比较清楚地看到自己的缺点。对于女孩来说，她在评论自己时常会出现偏差，原因是"不识庐山真面目，只缘身在此山中"，若能经常听取别人的意见或建议，就能不断充实和完善自己。

父母要教育孩子，取得了一定的成绩，这确实是自己努力的结果，但是不要忘记这里也包含着家长的培养、老师的教诲和同学的帮助。

另外，不正确的比较也容易滋长骄傲情绪。在班集体中，若以己之长与别人之短相比较，这样比较的结果，自然容易沾沾自喜，自以为什么地方都比别人强，因而看不起别人。父母应该开阔女孩的胸怀，引导她们走出自我的狭小圈子。带她们到更广阔的地方走走，陶冶她们的情操；让她们了解更多的历史名人的成就和才能，以丰富的知识充实头脑，使之变骄傲为动力。

许多人都看过《卡尔·威特的教育》这本著名的书，这本书写于1818年，是世界上论述早期教育的最早文献之一。

卡尔·威特生下来时是一个智障儿，但他的父亲老威特运用一种与众不同的教育方法，使小威特8岁时，就已经掌握德语、法语、意大利语、拉丁语和希腊语5种语言，同时，小威特还通晓动物学、植物学、物理学、化学，尤其擅长数学。小威特在9岁时就考上哥廷根大学。当他未满14岁时，就被授予哲学博士学位。16岁时又获得法学博士学位，并被任命为柏林大学的法学教授。

对于这样一位才华出众的天才，父亲老威特非常注意培养孩子谦虚的习惯，他禁止任何人表扬他的儿子，生怕孩子滋长骄傲自满情绪，从而毁了他的一生。

孩子产生骄傲往往源于自己的某方面特长和优势，父母应该先分析这种骄傲的基础：是学习成绩比较好、有某方面的艺术潜质，还是有运动天赋什么的。然后应让孩子认识到，她身上的这种优势只不过限定在一个很小的范围内，放在一个更大范围就会失去这种优势，正确的态度应该是积极进取，而不是骄傲懈怠，并且优势往往是和不足并存的，同时应该努力弥补自己的不足。

第十二章　培养女孩感恩的心

——懂得感恩的女孩，是父母的"贴身小棉袄"

细节 55　日常生活中培养女孩一颗感恩的心

"感恩"就是一种美好的生活态度，一个不懂得感恩的女孩不会懂得幸福的滋味。而那些常怀感恩之心的女孩，她们总能感受到生活的美好。

不知你有没有观察过女儿的行为？她是自己吃饱了喝足了就什么也不管，还是能够主动关爱他人，懂得"滴水之恩，当涌泉相报"？

请不要认为"感恩"是女孩可有可无的品质，要明白，不懂得感恩的女孩也就品尝不了被关爱的幸福。

教育女孩感恩，首先要教育她感恩父母。家长可以给女孩讲动物反哺的故事：乌鸦长大后，还返回来喂自己的老父母，就像当初父母喂自己一样。鸟类都能做到感恩父母，更何况人类？人类不仅要感恩父母，还要感恩每一个帮助过自己的人。

家长还可以告诉孩子，感恩在生活的点点滴滴中清晰可见，比如帮爸爸妈妈分担家务，当朋友遇到难题时鼎力相助，下雨时给别人撑起一把伞，等等。告诉孩子，懂得感恩是最平凡的举动，也是最高尚的行为，应该抓住每个感恩的机会。

父母要教育孩子不仅对于曾经有过"大恩"的人抱有感恩之心，并且对于别人看起来微不足道的小事，也常怀一颗感恩之心。

多年前，一个单身女子的隔壁住着一户穷人。一天晚上，当地停电了，单身女子点起蜡烛。不一会儿，突然听到邻居小孩敲门。

她打开门，小孩紧张地问："阿姨，请问你家有蜡烛吗？"女子以为小孩子是来借蜡烛的，于是对孩子说："没有！我这已经是最后一根蜡烛了。"正当她准备关上门时，小孩微笑地说："阿姨，我就是来给您送蜡烛的。"说完，从怀里掏出两支蜡烛。"妈妈和我怕你没有蜡烛，所以我给您送两支过来。"单身女子问小孩："你告诉阿姨，为什么要给我送蜡烛呢？"小孩儿说："阿姨，您平时的灯光总能通过窗户照亮我家。我妈妈说我们要懂得感恩。"

犹太父母认为，真正的感恩是发自内心的感激，他们相信，只有懂得感恩，孩子才会去帮助别人，关爱他人，才不会成为一个"自私鬼"。

在犹太家庭里，每当和孩子闲聊时，父母总是有意地让孩子说出自己需要感谢的人或事，这样，孩子就会把这些人和事牢牢地记在心里，在合适的时机给予他们回报。不仅如此，孩子在感恩的过程中，也学会去帮助别人，同别人分享快乐。这种美好的品质不仅给她带来心灵的慰藉，而且还会使她的人际关系更加融洽。

父母教女孩学会感恩应该从生活的一些细节开始，通过日常生活的点滴，逐渐培养女孩的感恩之心，如教育学生主动帮助老师擦黑板，要尊敬老人，理解父母，为父母分忧，帮助别人，同时也铭记别人对自己的好，等等。总之，点点滴滴都能当成感恩教育的素材。

父母为女孩做了很多事情，许多女孩向父母表示"您辛苦了"

的时候，父母往往说："你在学校里好好读书就行了"或者"你不再让我们生气就行了"等，父母这样的话语会把女孩自发的感恩之心扼杀掉。

建议一：向女孩"索要"关爱

不懂得爱父母的女孩很难学会爱别人，这一点尤其值得家长重视。因为随着独生子女的增多，自私自利，以自我为中心的"小公主"也逐渐增加，这些女孩只懂得无止境地索取，心安理得地接受父母和他人的爱，却吝啬得不肯付出一点。

一位妈妈给3岁的女儿买了盒新鲜的点心。小女孩津津有味地吃着，爸爸走过来说："什么好吃的？让我尝一尝。"没有想到的是，女孩按住盒子盖大叫："不给，不给。""小东西，别这么自私，给一块。"爸爸故意从盒中抢了一块点心咬了一口。结果女孩大哭起来，非要爸爸吐出来不可。妈妈连忙跑过来哄着："宝贝别哭了。都是爸爸不好，咱们打爸爸。"女儿大叫着："坏爸爸！坏爸爸！"最后在爸爸连声的"认罪"中，女儿才破涕为笑。

这个故事中，不仅女孩的做法让我们感到很无奈，妈妈的做法更加让我们深思。难道我们就不可以从女孩那里得到一些关心吗？我们作为家长为什么只是一味的奉献，但是却不告诉女孩爱别人才是她今后走向幸福生活的必需？善良和同情是女孩的天性。其实1岁前的婴儿就有情感反应，别人哭她会随着一起哭；一两岁的幼儿看到别人哭，就会拿自己喜欢的玩具去安慰，这表明她已能清楚地分辨自己和他人的痛苦，有了想减轻别人痛苦的本能，这是爱心先天的自然流露。可如果后天得不到很好地培养，她们的爱心就会逐渐消失。有一对父母在这方面的做法希望能对家长们有所启发：

一鸣的父母为了培养一鸣的良好品格，让一鸣从小就关心父母，不小气、不自私，每次吃东西父母都要她和父母分着吃。有一次，一个朋友从外地带来了一筐橙子，父母要求一鸣每次吃橙子都要拿出3个，最大的两个给父母，小的留给自己。开始一鸣每次都做到了，可是，当筐里只剩下三个橙子时，一鸣却舍不得了。这时爸妈就告诉一鸣：越是好的东西少的时候越能考验人，这时，你能想到把好的、大的橙子给长辈，才是真正的好孩子，要求一鸣继续坚持以前的做法。最后，一鸣是一边哭着一边把大的橙子分给父母，而且眼泪汪汪地望着父母，希望他们不要把橙子吃下去。这时，妈妈给爸爸使了个眼色，一瓣一瓣地把橙子吃掉了。两个橙子到底是什么味儿，谁都没吃出来，因为他们也"心疼"。但从这以后，一鸣遇事总是先想到爸妈，逐渐养成了关心父母的习惯。

父母不应该让女孩在家中当特殊人物，养成衣来伸手、饭来张口的坏习惯。父母要让女孩知道，家庭中的事务每位成员都有义务承担。要循序渐进地教女孩做些力所能及的事，比如擦桌子、摆放碗筷、摘菜叶、洗手绢等。在女孩稍大些时，还可以让她分担相对重要的家务，既让她获得成功感，又使她从小养成勤劳的好习惯，并从中体会到父母为家庭付出的辛劳和养育之情，体会到爱是需要付出的。

若是爸爸和自己女孩说："孩子啊，你爸爸不容易，你要好好孝顺你爸爸。"或者妈妈经常对女孩说："孩子啊，妈妈天天忙里忙外的真不容易，你以后一定要好好心疼你妈妈啊。"其效果不如爸爸妈妈之间相互夸赞，爸爸对女孩说妈妈好，妈妈对女孩说爸爸好，这样的话，女孩既懂得爱爸爸又懂得爱妈妈了。

建议二：让女孩当一天家

让女孩当一次家不仅可以锻炼女孩面对问题的能力，而且还能让女孩获得一定的技能和技巧，这不仅是一次道德教育，更能提供一个广阔无垠的思想世界。

根据一项抽样调查显示，某个城市的高中生近六成起床不叠被子；五成从不倒垃圾，也不扫地；七成不洗碗，不洗衣服；九成从不洗菜做饭。还有部分高中生什么家务也不做，个别人连整理书包都还要家长代劳，更别说给他一次当家的机会。

针对女孩做不了家务，当不了家的情况。一些家长给出的理由是：她还只是个孩子，她现在的任务就是学习，这些事等她长大了再学着做也不迟。

这些家长的一片"苦心"，使孩子们不仅不会做家务，还养成了衣来伸手、饭来张口的习惯，以为别人为自己做什么都是应该的，却不知道自己也有关心与帮助别人的一份责任。

独立生活能力差，是当前我国儿童普遍存在的问题。究其原因，大多归之于"独生子女"。其实在西方发达国家，许多家庭也是独生子女，但他们对待女孩的态度则与我国的父母很不相同。

女孩小时，正是孩子品性形成与发展的重要时期，极具可塑性。孩子虽小，却也具有独立的人格，也是家庭中的一员，父母应该适时教育，加以指导，让孩子在家里承担一定的责任。

有一个懂事善良的小女孩，名叫曼丽。

在她5岁的时候父亲已经过世，陪伴着她的，只有穷困的母亲和一个2岁大的妹妹。

她很想能帮上母亲的忙，因为母亲挣的钱总是难以养家糊口。

一天，曼丽帮着一位先生找到了他丢失的笔记本，于是这位先生给了她10块钱。

曼丽把钱放到一个谁也找不到的地方。她母亲一直教育她要诚实，绝不能拿任何不属于自己的东西。

她把这10块钱用来买了一个盒子、三把鞋刷和一盒鞋油，接着她来到街角，对每位鞋不太干净的人说："先生，能让我给您的鞋擦擦油吗!"

她是那样的彬彬有礼，因此人们很快便都注意到了她，并且也十分乐意让她替鞋擦油。第一天她就挣了5块钱。

当曼丽把钱交给母亲的时候，母亲情不自禁地流下了热泪，喃喃地说："你真是一个懂事的好孩子，曼丽。我以前不知道怎样才能赚更多的钱来买面包，但是现在我相信我们能够过得更好了。"

从此以后，曼丽白天擦鞋，晚上到学校上课。她挣的钱已足以负担母亲和妹妹的生活了。

俗话说："穷人的孩子早当家。"穷人家的孩子，由于家境贫困，从小就经历了痛苦和磨难，因而较早地体味到生活的艰辛，从而更加珍惜现在，努力创造未来。

从这个意义上说，女孩能否早日"当家"，其实并非只取决于家境，而是看她有没有经受过艰辛的经历。我国古人也指出："父母之爱子，则为之计深远。"因此，对家长而言，只有立足于现在，适时地让女孩吃点苦，才能帮助女孩将来早当家。

在此，家长为了女孩将来能更好地适应社会，让女孩了解父母的辛苦与不易，在女孩上小学高年级或初中时，周期性地让女孩当一天（或两三天）家，是一个行之有效的办法。

家长可以找一个周末，让女孩为第二天的生活与活动安排做一个预算与计划，然后从第二天早上起床开始，就由女孩上岗指挥与组织一天的家务与游玩。父母则在女孩指挥下加以配合，需要多少钱，买什么菜，到哪里玩，坐什么车，走哪条路线，均由女孩来筹划。

父母要放手、信任，不要干预，即使女孩安排得不是很合适，也不要当即否定，而是等第二天再与她一起总结，先让她自己提出改进意见，然后再补充。相信女孩对这样的活动定会兴致很高，也会十分用心和负责任，快乐与收获定会出乎家长们的意料。

细节 56　不妨教女儿对自己说"谢谢"

一天晚上，小琳琳跟妈妈吵架了，她什么都没带就只身往外跑。但是，走了一段路，她发现自己竟然一分钱都没有，连打电话的钱都没有！

走着走着，她肚子饿了，看到前面有一个面摊，煮出的馄饨香喷喷，一定很好吃！可是，她没钱啊！过了一段时间，面摊老板看到小琳琳还站在那边，一直没有离去，就问她："小姑娘，你是不是要吃面啊？"

"但是……但是我忘了带钱。"小琳琳很不好意思地回答。

面摊老板热情地说："没关系，我可以请你吃呀！来，我给你做碗馄饨吃吧，怎么样？"

"太好了！"小琳琳已经饿得有些摇晃了。

不一会儿，老板端来了一碗面条和一碟小菜。小琳琳吃了几口，忍不住掉下了眼泪。

"小姑娘，你怎么了？"老板问道。

"哦，我没事，我只是感激！"小琳琳边擦眼泪，边对老板说，"您是陌生人，我们又不认识，只不过在路上看到我，就对我这么好，煮馄饨给我吃！但是……我妈，我跟她吵架了，她竟然把我赶出来了，还不让我再回去了……您是陌生人都能对我这么好，而我妈，竟然对我这么绝情！"

老板听了，委婉地劝说她："小姑娘，你怎么会这样想呢！你想想看，我只不过煮了一碗馄饨给你吃，你就这么感激我，而你妈呢？为你煮了十多年的馄饨，洗了十多年的衣服，你怎么不感激她呢？你怎么还要跟她吵架呢？"

小琳琳听了这话，当场愣住了！是啊！陌生人煮了一碗馄饨，我都如此感激，而妈妈辛苦地把我养大，也煮了十多年的馄饨给我吃，我为什么没有感激她呢？

"而且，只是因为一件小事，我就跟妈妈大吵了一架，唉……"匆匆吃完馄饨，小琳琳鼓起勇气，朝家走去。

当小琳琳走到自家胡同口时，看到妈妈那疲惫而又熟悉的身影，正焦急地左右张望……

还有一个故事：

有三个妇女在井边打水。

有一位老人坐在石头上休息。

一个妇女对另一个说道：

"我的儿子很机灵，力气又大，谁也比不上他。"

"可我的儿子会唱歌，唱得像夜莺一样悦耳，谁也没有他这样好的歌喉。"另一个妇女说。

第三个妇女看着自己的水桶默不做声。

"你为什么不谈谈自己的儿子呢？"两个邻居问她。

"有什么好说的呢？"她说，"我儿子什么特长也没有！"

　　说着，她们装满水桶，提着走了。老人也跟着她们走去。水桶很重，她们走得很慢，不时地停下来休息一下。

　　忽然迎面跑来了三个男孩，一个孩子翻着跟头，他母亲露出欣赏的神色。另一个孩子像夜莺一般欢唱着，妇女们都凝神倾听。第三个跑到母亲跟前，从她手里接过两只沉重的水桶，提着走了。

　　妇女们问老人道：

　　"喂，怎么样？我们的儿子怎么样？"

　　"呵，他们在哪儿？"老人答道，"我只看到了一个儿子！"

　　是的，关心父母应当体现在日常的行动中。帮父母做一点力所能及的事情，哪怕是一件微不足道的事情也可以体现我们的爱心。如果缺乏行动，你又能怎样证实你是关心父母呢？

　　你在生活中有许多的同学和朋友，你们可以在周末或者假期团聚在一起，学习、唱歌、旅游、运动……但是当你外出的时候，你是否想过在家时刻期盼着你、牵挂着你的父母，是否想过父母会为你担忧呢？是否想过父母也会孤单呢？

　　比尔·盖茨曾经说过这样一句话：在这个世界上，什么事情都可以等待，只有孝顺是不能等待的。这位富可敌国的大富翁为什么会发出如此的感慨呢？因为他觉得，时间如流水，是不会等人的，在现实中，我们每个人都有很多事情要忙，忙学习、忙游戏、忙作业……等我们成人了，我们还要忙工作、忙事业，当我们认为真正拥有了可以孝顺父母的时间，可能已经为时太晚了，因为这时候的父母已经吃不动也穿不了了，有的父母甚至已经远离了尘世。就是为了避免这种悲剧发生，比尔·盖茨每年都要拿出一大笔钱孝敬父母，让父母自由消费。

天下的父母并没有希望自己的孩子可以像比尔·盖茨那样，他们只求自己的子女可以多为父母做点哪怕是微不足道的小事，用实际行动来表达对父母的爱和感激，而不要总是把爱埋在心里。

古语中说，"树欲静而风不止，子欲养而亲不待"，意思就是说孝敬父母要及早行动，不要等父母都不在了才想起要孝顺，那已经为时已晚，只能空留遗憾。

建议一：不妨让女孩为妈妈洗一次脚

一个懂得爱父母的女儿，将来才能够真正地懂得去爱别人、爱生活，以至于爱整个世界。如果一个女孩连她自己的爸爸妈妈都不爱的话，那她将很难真正地爱一个人。这一点是尤其值得家长们重视的，因为现在大多数的家庭里都是独生宝贝，自私自利、以自我为中心是这些独生女儿们的通病。如果她们从小就只是在没有节制地索取父母给她的爱，却不懂得付出的话，那将来父母只好自食苦果了。

善良是一个孩子的本性，如果不是父母的教导无方，为何这与生俱来的品行会在日后日渐消退，以致荡然无存了呢？

有一所中学给学生们布置了一道作业：回家之后给父母洗一次脚，其中一个女孩是这样写的：

一天晚上，我端着一盆温水走到正在看电视的妈妈身旁。

"妈妈，我帮你洗一次脚吧。"

妈妈先是愣了一下，接着高兴地说："好啊，我的女儿终于长大了，知道孝顺妈妈了。"

　　我有些惊讶，原来这么小的事情竟会给母亲带来如此大的快乐！

　　我慢慢地脱掉穿在妈妈脚上的鞋子和袜子，缓缓把她的脚放入水中，拿起手巾在她的脚上擦了又擦。

　　妈妈连声说："真舒服啊！能有你这样的好女儿，妈妈真是幸福！"

　　这时候，我却忍不住流泪了。若不是学校这样要求，我会想到帮妈妈洗一次脚吗？泪水模糊了我的双眼，我深深自责，感到非常愧疚。

　　"乖女儿，"妈妈喊了我一声，"行了吧？"

　　我这才回过神来："哦，行了，行了。"

　　我立即帮她用干手巾擦干了脚。看着这既粗糙又布满伤痕的脚，我的泪水又禁不住淌下来。妈妈为了这个家日夜操劳，岁月早已在她的脚上留下了无情的沧桑印记，而我这个粗心的女儿竟到今天才发现。

　　妈妈满足地看着我，帮我拭去眼角的泪水。

　　"别哭，好孩子。"她慈祥地安慰我。

　　"妈妈，我下次放假回来再帮你洗脚好吗？"

　　"好，好，再洗，再洗。"她的脸上露出了无限的喜悦。

　　让你的宝贝女儿也为你洗一次脚吧，这样做不仅可以弘扬中华民族的传统美德，更是给了女孩一次尽孝道的机会，因为在平日的生活里，女孩的妈妈包办了大堆的家庭事务，把她们的生活安排照顾得无微不至，造成了她们只知道享福，不懂得给予。

当女儿的双手握住妈妈脚的那一刻，会有很多女孩能真切地体会到妈妈平日的辛劳，那双脚、那双手不再像年轻时候那样绵软细致，而成了如今的模样。当女孩怀有一颗感恩的心的时候，将来才更容易做一个对社会有用的人。

其实，在日常的生活中，妈妈也要想办法让女儿懂得，每个家庭成员都要互爱互助。在平日里就要循序渐进地教女孩做那些力所能及的事情，比如擦擦桌子、摆放碗筷、摘摘菜叶、洗小件的物品，等等。同时，妈妈要学会变通地向女孩"索要"关爱，让女孩有关爱父母的意识，从实际行动中体会到父母为家庭付出的辛劳和养育之情，体会到爱是需要付出和回报的。

"女儿，妈妈每天都很辛苦，养你长大不容易。今天晚上你来给妈妈洗洗脚吧。"这样的话，相信任何妈妈都不好意思当面对女儿说。那怎么办最好呢？别忘了，家中除了妈妈，还有爸爸。当妈妈不在现场的时候，爸爸就可以大大地向女儿鼓吹"为母洗脚"理论了。"女儿啊，你妈妈每天在家操劳很不容易。这两天她的脚上生了冻疮，你去市场里给妈妈买一瓶泡足药水，然后晚上帮她好好按摩一下，好不好呢？"当爸爸心平气和地和女儿商量，相信女儿一定不会拒绝。同样的道理，妈妈也要在爸爸不在现场的时候多和女儿夸奖爸爸，这样一来，女儿既爱妈妈，又爱爸爸，家庭的氛围就会越来越和谐，亲情也会越来越浓厚了。

建议二：从小培养女孩孝敬父母的行为习惯

"百善孝为先"，这是中国的一句古话，就是说孝敬父母在各种美德中是占第一位的。女孩懂得孝敬长辈，才是一个有责任心的人。但是很多年轻的父母只看重女孩的兴趣开发、技能学习，通常都没把培养女孩敬老爱老列入家庭教育的项目。这将会阻碍女孩的健康成长，以及美好品德的养成。

"老吾老，以及人之老"，爱自己的父母，才能由此延伸，去敬爱天下的老人。如果女孩连自己的父母都不爱，是很难再去爱他人、爱祖国的。女孩在家里养成孝敬父母的好习惯，到社会中，才有可能做到承担责任，关心他人，与人合作，真正立足于社会。

在俄罗斯的一个校园小区里，生长着一朵非常漂亮的花，这朵花被那里的人称为"快乐之花"，人们都很喜欢，都舍不得去摘。大家每天走过那朵花的旁边，都会忍不住赞叹一声，这朵花也给大家带来了不少快乐。

一天，小女孩莎莎正要摘这朵花，这个时候一个老师发现了，问小女孩："为什么要摘这朵花?"小女孩回答："我奶奶病了很久了，一直没有好，我想让她看见花，然后快乐起来。"小女孩为自己的行为显得有些难为情。这个时候，老师给那个小女孩摘了3朵其他的花，并很欣慰地对小女孩莎莎说："我奖给你3朵花，第一朵奖给你，你是那么的好，那么的孝顺。后面两朵奖给你的爸爸妈妈，他们能把你教育得那么好。"小女孩接过老师的花，高兴地回去了。

小女孩并没有因为要摘花朵而受到指责，相反，还受到老师的奖励。因为她的那颗孝顺老人的爱心，无时无处不打动着人们，这种女孩无一例外都会受到大家的喜爱。

司汤达说："老来受尊敬，是人类精神最美好的一种特权。"尊老爱老是中华民族的传统美德。做一个孝顺的女孩，将受到更大

不娇不惯，富养女孩的100个细节

第十二章 培养女孩感恩的心

五一一

的欢迎。何乐不为呢?

合理,是指全体家庭成员之间的关系首先是平等的,相互尊重的,尤其父母要尊重女孩的独立人格,在处理女孩自己的事情时,一定要充分听取女孩的意见。同时,家庭又是一个整体,要有人来当家长,管理安排家庭的生活。父母是家庭生活的供养者,有丰富的生活经验,自然应当成为家庭的核心和主事人。女孩应当在父母的指导下生活、学习。

很多女孩不知道父母工作的情况,不知道父母的钱是怎么来的,只知道向父母要钱买这买那,认为父母让她们吃好、穿好、用好是天经地义的,这样,女孩肯定不会从心里孝敬父母。父母应当有意识地、经常地把自己在外工作的收入和情况告诉女孩,说得越具体越好,让女孩明白,父母的钱得来不易,女孩就会珍惜自己的生活,并从心底产生对父母的感激和敬重。

孝敬父母的一般要求是:听从父母的教导,关心父母的健康,分担父母的忧愁,参与家务劳动,不给父母添乱。要把这些要求变为女孩的实际行动,父母就应当从日常小事抓起。如:问候下班回家的父母;当父母劳累时,主动帮助父母或请父母休息;父母有病时,应主动照护,多说宽慰话,替他们接待客人等。

细节 57 懂得珍惜就是一种感恩

卡耐基的成功学著作中有这样一个十分感人的故事。故事的主人翁是一位名叫彼姬儿的女教授，她是一位充满勇气、坚强达观的女性，她写过一本自传体的书，书名叫《我希望能看见》。

她在书中叙述道："我有一只眼睛，却又布满伤痕，只能奋力通过眼睛左边的一小部分看东西。念书的时候，我得把书本举到眼前，并且用力把眼珠挤到左边去。"可是她拒绝接受别人的怜悯，不愿意别人认为她"异乎常人"。

小时候，她渴望和小朋友做游戏，但苦于看不清地上画的线。当别的孩子回家后，她趴在地上认准地上的线，等下次再和小伙伴玩。

她在家里看书，把印着大字的书靠近她的脸，直到眼睫毛都碰到书页上。她得到两个学位：先是在明尼苏达州立大学得到学士学位，再在哥伦比亚大学得到硕士学位。

她开始教书的时候，是在明尼苏达州双谷的一个小村子里，然后渐渐升到南德可塔州奥格塔那学院的新闻学和文学教授。她在那里教了 13 年，也在很多妇女俱乐部发表演说，还在电台主持谈书本和作者的节目。"在我的脑海深处"，她写着，"常常怀着一种怕会完全失明的恐惧，为了要克服这种恐惧，我对生活采取了一种很快活而近乎戏谑的态度。"

1943 年，波姬儿已是 52 岁的老妇，奇迹出现了！著名的"美友医院"为她动了一次成功的手术，她看得见了，比她以前所能看到的还要清楚几十倍！

一个崭新的、令人兴奋的可爱世界呈现在她眼前。现在，她甚至在厨房水槽洗碗的时候，都会有战栗的感觉。

"我开始玩着洗碗盆里的肥皂泡沫，"她写着，"我把手伸进去，抓起一大把小小的肥皂泡沫，我把它们迎着光举起来。在每一个肥皂泡沫里，我都能看到一道小小彩虹闪出来的明亮色彩。"

生活需要一颗感恩的心来创造，一颗感恩的心需要生活来滋养。对苦难者而言，清晨的阳光都是上天的恩赐，我们看似简单的一句问候都足以让她们热泪盈眶。而正常生活的我们，面对上天所赐予的一切，父母所给予的关爱，朋友所给予的友情和爱人所给予的爱情，不也应该时刻感恩吗？面对非洲儿童连饭都吃不饱的现状，我们不也应该感恩吗？所以女孩们，学会感恩吧，感恩生活中一切你所拥有的。

一个幸福的人应当懂得珍惜自己拥有的一切。戴尔·卡耐基曾引用过一句极富智慧的话："生命中只有两个目标：其一，追求你所要的；其二，享受你所追求到的。只有最聪明的人可以达到第二个目标。"我们要珍惜自己所拥有的一切，学会感恩。在我们的生活当中，有太多的人吝啬于感恩，他们把自己今天所拥有的一切视为理所当然。认为这一切都是自己努力得来的，与他人无关。事实上，一个人成功是靠别人，而不是靠自己。有了别人的帮助就要感谢别人。

一个人要想快乐和幸福，就要懂得珍惜自己所拥有的一切。生活中的大多数人都是这样，往往要等到拥有的失去了，才会懂得珍惜。其实，只要我们懂得珍惜身边的点滴小事，从一些平凡的小事中去寻找感动，快乐就会围绕在我们身边。

在感恩教育中，女孩们最容易接受和理解的就是她们在生活中切实感受到的亲情。然而对于如何感恩父母，她们的认知还比较模糊、零碎，往往缺乏感恩的实际行动。

建议一：珍惜朋友之间的帮助

父母要培养女孩帮助他人的好习惯，教育女孩，使她懂得帮助他人其实就是在帮助自己。

帮助他人摆脱痛苦和不幸，会使女孩变得高尚而慷慨；时常为他人着想，会丰富女孩的生活，提升女孩的修养。

一位妈妈曾经给女儿讲过这样一个故事：

那次我出差，车内已经站满了人。门开了，随着挤车的行列上来一个小男孩，他手里拎着画板，肩上背着重重的双肩包。

男孩站在打卡机处，画板和身后的书包将过道堵死了，也让男孩在拥挤的车厢里站立不稳。

我主动提出帮这个孩子拿东西。男孩却不愿接受我的帮助："不用了，我自己拿着就行了。"

司机回头看看我，确定是位阿姨。然后跟男孩说：

“让阿姨帮你拿着吧。”

　　谁知男孩坚持不肯，还说：“我绝对不能依靠别人！”

　　这真是一个要强的男孩。

　　车行了半小时，司机实在看不下去，在他的坚持下，男孩才勉强让我帮忙拎着书包。

　　当他将要下车时，我将他的书包和画板递给他，他一直没有说出那声“谢谢”，也没有喊一声“阿姨”。

　　或许要强的孩子其实内心里并不情愿接受我的帮助，觉得有损他“男子汉”的尊严。

　　但我想对他说：孩子，有时候欣然接受别人的帮助，大声地说一句“谢谢您”，也是一种美德！

　　母亲讲完这个故事，告诉她女儿：当我们有能力为别人提供帮助时，不要吝啬自己的帮助；当我们需要帮助时，请用一颗感恩的心欣然接受别人的帮助。要知道，爱与被爱同样重要。

　　有些女孩可能觉得接受别人帮助有损自己的面子，她们可以施舍给别人，可以救济别人，但不能接受别人的帮助。这种行为貌似强大，其实不然。

　　爱是双向的，帮助别人的人会获得一种成就感，同样被帮助的人也能因他人的一臂之力，使自己摆脱困境。这又是何等的快乐。如果一个倔强的孩子不肯接受他人的帮助，势必会挫伤别人和她的关系，也许最终会成为孤家寡人。

　　父母引导孩子助人为乐可以从以下一些方面入手：

　　1. 父母要想让女孩知道如何帮助别人，就应当在日常生活中鼓励她为他人着想，站在别人的角度来想问题。积极行动起来，从一些细节入手来帮助他人。如平时在公交上给老人让座；当同学在学习上遇到难题时，主动告诉他如何解答；当小伙伴受欺负时，要站在正义的一边……

2. 解释原因。就像女孩得由大人告诉她们打人、骂人是很不好的一样，她们也有权利知道帮助别人是多么好的一件事。父母可以多说些这样的话："如果你也把你的芭比娃娃让妹妹玩，她会很开心，并且她会认为你是个好姐姐！""如果你帮老奶奶过马路，虽然是举手之劳，但她会觉得好幸福。""如果你在周末给爸爸妈妈做一顿早餐，我们会觉得生活真惬意，孩子好懂事！"

3. 家长要做榜样。女孩很容易模仿家长的行为！家长如果总是教育她，要她乐于助人是没用的。家长身体力行最有效。

4. 培养女孩对周围人事与情感的敏锐，并让她们尝试做一些力所能及的事。例如：假设哥哥或弟弟不舒服，或狗狗生病了，让她去照顾，在这些过程中，她会了解什么是"帮助"，并从中体会到帮助别人的快乐。

建议二：懂事的女孩知道报答家人的付出

犹太人有句谚语："上帝不能无所不在，才为人类创造了妈妈。"是的，在这个世界上，所谓的上帝只不过是虔诚的信徒心中一个虚幻的影像或可说寄托。真正寄托了这个世界、支撑了这个世界的，使这一片土地有绿的希冀的，这样的光荣更多地属于那些平凡、正直、善良、坚忍不拔、任劳任怨的母亲们。感恩母亲吧，每个女孩都应谨记。

如果有人问世间什么最伟大，大家一定会毫不犹豫地说：母爱最伟大。有人说"孩子是母亲生命的延续"，因此，几乎所有的母亲在对待自己的孩子时，都拥有舍己为人的意念，哪怕她是一位胆小懦弱的女性，哪怕她手无缚鸡之力，只要孩子深陷险境，她们都会在一瞬间展现出最伟大的勇气和行动。

如果说爱是一种力量的话，那么，母爱绝非尘世间一股普通的力量，而是一股日积月累逐渐形成的超自然神力。

对母亲而言，爱的付出不是一种责任，而是一种本能。因此，即使她的孩子畸形弱智，被浅薄者视作瘟疫，遭社群遗弃，她们也会忠贞于生生不息的母者精神，让生命的光在孩子身上辉映。

女孩们，你们深切感受到过母爱的伟大吗？你们对父母有过感恩的行为吗？如果有，请继续保持，并且更加用心地去做；如果没有，请现在开始珍惜这份伟大的爱，尽自己的一份孝道，回报母亲的爱吧。

"快，前面的废墟里又发现了一名幸存者！"一杯水被刚刚递到那干裂的嘴唇边，那边忽然有人又大叫了一声，她马上放下到口的杯子快步奔了过去。

是一个小姑娘，大约四五岁的样子，左腿已经被倒塌的石块压住了。救援队长观察着周围的情况沉闷地说："周围倒塌的水泥横梁和石灰块太厚了，我们这些人根本搬不动，只能等待重型救援设备前来救援。"

人们一听，都急了："那重型救援设备最早也要到明天早上才能来啊，这孩子能撑那么久吗？"

她看到这里，再一次哽噎了："让我来吧，她是我女儿，让我来吧！"说完，她就慢慢地跪下去，缩着身体往那废墟的窄缝隙里钻，一点点艰难地渐进。终于接近那孩子了，她大声对孩子说："孩子，别怕，我是妈妈，我是妈妈啊——"

"妈妈——"听到这声音，小姑娘哭得更凄惨了。

"孩子，你放心，妈妈就在这儿，别怕啊，妈妈会跟你在一起的!"她温柔地说,"来,把手递给我。"

很快,一只脏兮兮的小手就从废墟里伸了出来,她一把握住,握得紧紧的,对小姑娘说:"孩子,别哭,妈妈就在你身边呢,妈妈相信,你是最坚强的,你一定可以坚持到底的。"

听了这话,小姑娘不再哭泣了,她低声喃喃地说:"妈妈,你不要离开我,我不哭,你别离开我⋯⋯你能唱歌给我听吗?"

她的泪水禁不住落了下来,然后就缓缓地唱了起来:"小兔子乖乖,把门儿开开,我要进来,不开不开就不开,妈妈还没回来⋯⋯"

时间在一点一点地流逝,一个小时、两个小时⋯⋯她就那样一直跪在遍布碎石的废墟上,没有换过一个姿势,也一直没有停止歌声。

天慢慢地黑了,淅淅沥沥的小雨飘了起来,她还是跪在那里,一首接着一首地唱着歌,不知疲倦。废墟里的小女孩终于不再害怕了,跟着她一起哼起歌来。救援人员过来叫她去吃饭,她摇摇头;给她送雨衣,她依然摆摆手;一些好心的队友走过来想代替她一会儿,她同样都拒绝了。整个晚上,她就那样跪在那里,没有动过。

第二天一大早,重型救灾机械部队终于赶到了现场。两个小时之后,小姑娘被成功救出来了。这个时候,离小姑娘被发现已经整整过去了 15 个小时。而她因为劳累过度,已经在小姑娘被抬上救护车的那一瞬间晕了过去。

在场的所有人都被她的执著和坚强感动了,纷纷钦佩地说,"她真是个了不起的女人,伟大的母亲,小姑娘太幸福了,有这么一个全世界最伟大最坚强的妈妈。"

"不，你们说错了。"队长转过头来，红着眼眶说："她根本就不是小姑娘的妈妈，她的女儿，早在地震当天就遇难了。到现在为止，她已经像这样营救出了八个女儿。"

现实生活中，我们并不经常遭遇到大的自然灾害或者危急时刻，因此很多时候，母亲的爱并不特别出众，不似故事中一样让人震惊和感动。但丝毫不用怀疑的是，一旦出现同样的情况，每一个母亲都会做出同样的举动，都会表现出无私伟大的爱。

所以女孩们，你们要比男孩更应懂得母亲的爱，更应体贴母亲、孝敬母亲。随着年龄的增长和自我意识、独立意识的增强，很多女孩与父母之间会产生意见不一致的情况，对事物的看法也存在很多明显的分歧，甚至出现极大的矛盾和隔阂，在不经意间出现抵触和反叛情绪，经常牢骚满腹、怨气冲天。这个时候，你一定要克制住自己的任性和坏脾气，想一想母亲对自己的付出和关爱，没有一个人会像母亲那样对你好，无论什么时候。因此，不要故意让母亲伤心。

理解母亲，抽出时间来听听她的想法和心声，繁忙的家务已经占据了她太多时间，使得她作为一个女人的喜怒哀乐都变淡了，而唯有女儿，可以贴在她的怀里听她发泄，安慰她，让她得到安慰。

女孩们，多回报一点儿爱给自己的母亲吧，你是最应理解她并给她力量和安慰的人，无论生活多么艰辛，或者有多少争吵和矛盾，理解母亲，把爱给她，让她开心，给伟大的母爱一点回报。

细节 58　培养女孩宽厚的品行

　　大多数人在受到伤害之后一直以为，只要我们不原谅对方，就可以让对方得到一些教训。也就是说，只要我不原谅你，你就没有好日子过。而实际上，不原谅别人，表面上是那人不好，真正倒霉的人却是我们自己。一肚子窝囊气不说，甚至连觉都睡不好，时间长了还很有可能会积出病来。

　　作恶的人，是应该受到惩罚，但是当他们为此付出了代价并决心悔改之后，就应该得到世人的原谅。那些伤害他人的人，如果程度不深的话，就对他们一笑了之吧。我们经常看到武侠电视剧里那些的报仇情节，结果冤冤相报没完没了，受苦的反而是那些报仇的人，他们的人生中没有快乐，他们为了报仇放弃了爱情、友情甚至生命。

　　传说，古代的时候，有一位画家在集市上卖画，不远处，前呼后拥地走来一位大臣的孩子，这位大臣在年轻时曾经把画家的父亲欺诈得郁郁而终。这孩子在画家的作品前流连忘返，并且选中了一幅，画家却匆匆地用一块布把它遮盖住，并声称这幅画不卖。

　　从此以后，这孩子因为心病而变得憔悴，最后，他父亲出面了，表示愿意付出一笔高价。可是，画家宁愿把这幅画挂在自己画室的墙上，也不愿意出售。他阴沉着脸坐在画前，自言自语地说："这就是我的报复。"

　　每天早晨，画家都要画一幅他信奉的神像，这是他表示信仰的唯一方式。

可是现在，他觉得这些神像与他以前画的神像日渐相异。

这使他苦恼不已，他不停地寻找原因。有一天，他惊恐地丢下手中的画，跳了起来：他刚画好的神像的眼睛，竟然是那大臣的眼睛，而嘴唇也是那么地酷似。

他把画撕碎，并且高喊："我的报复已经回报到我的头上来了!"

这个故事告诉我们，一个人若心存报复，自己所受的伤害会比对方更大。

原谅别人，是对待自己最好的方式。因为释放了自己，才能有幸福自由的心态。

人生就像是一块肥沃的土地，它既种植希望和成功，也会播种怨恨。但你要记住，最好不要在人群中播撒这种怨恨的种子。生活的经验告诉我们，不管我们的理由如何，怀恨总是不值得的。潜留在我们内心里的侮辱，永难平复的创伤，都能损坏我们生活中的许多可爱的事物。我们被锁在自己的苦恼之渊里，甚至无法为别人的幸运而愉快。怨恨就像毒害我们的血液、细胞的毒素一样，影响、侵蚀我们。

所以，无论你经历过怎样的痛苦，或者看到过怎样的人间惨状，都请记住：不要怀疑人生，不要怨恨他人，生命中总是有很多美好的东西。既然如此，我们为何不将怨恨化为宽容，停止这种难熬又难堪的自我折磨呢？

建议一：让女孩学会谦让、礼让和忍让

这天是姗姗的生日，姗姗很高兴啊，用她的话来说就是"盼了一年可过生日了"，由于这一天来得太不容易

了，姗姗决定要好好庆祝一下，邀请几个不错的好友一起开 Party。

晚餐时刻到来，姗姗突然发现买来的蛋糕不太好分，因为她买的是那种很小的蛋糕，所以四个蛋糕都不一样，而且价位也不一样，怎么给大家分呢？

"真是的，我买的时候把这个忘记了，买了四个各不相同的，而且口味也完全不一样。算了，你们只好自己拿吧。"

几个好伙伴之间开始了一番谦让。

"你们先挑，最后剩下的给我吧。"

"我喜欢那个奶油最少的，吃了不容易发胖，我就拿这个了。"说着就拿了一个最便宜的。

大家的晚餐在很融洽的气氛中进行，因为大家的谦让，所以那块最贵的蛋糕反而被姗姗吃掉了。

在生活中，有很多人无缘享受友谊之乐，以致丧失了许多生命的欢乐，成为孤独、不合群的人，他们曾经发出强烈的呼声："唉！我真希望，我能吸引一些朋友；我真希望，我能成为一个受人欢迎、为人所乐于接受的人啊！"但是他们不知道造成他们这种苦恼的原因很可能是他们对于自己的朋友和身边的人们过于吹毛求疵、缺乏谅解。

不能忍受别人的缺点，常常对别人吹毛求疵，对于别人行为上的失误，常常冷嘲热讽——你该留意，这样的行为会让你失去朋友、失去和谐友好的生活环境。

有人说过这样一句名言："真正的爱，是在于能忍受别人的一切缺点；见别人的软弱不会惊讶，见别人的小德行，则努力效法。"这个人就是小德兰，小德兰是特蕾莎修女的精神导师，她深刻地影响了特蕾莎修女的为人。

小德兰的这句话也能够给予我们启发，如果有人自诩为一个宽容的人，但在她的眼里，看到的经常是别人的缺点，那么这个人不是真的宽容。

具有豁达心胸的人，看出他人的优点比看出他人的缺点更快。反之，心胸狭隘的人，目光所及都是过失、缺陷甚至罪恶。轻视与嫉妒他人的人，心胸是狭隘的、不健全的。这种人从来不会看到或承认别人的优点。而胸襟开阔的人，即使憎恨他人时也会竭力发现对方的长处，由此来包容对方。其实，心胸狭窄的人，生活在挑剔和抱怨的怪圈里，无法获得真正的快乐。

小玉是一个刚刚上大一的女孩子，第一次离家过集体生活，她很不习惯，尤其让她难以忍受的就是宿舍里的室友。宿舍里一共四个人，小玉觉得有一个穿衣服买东西都很没有品位，根本没有共同语言。另外两个她也很看不惯：一个非常自私，只要求别人帮她做什么，很少替别人着想。另一个总是多管闲事，天天就像一个大妈一样，在人们的耳边唠唠叨叨。

因为小玉对她的室友有偏见，所以，她们的相处并不和谐，经常闹一些小的矛盾。后来有一天，小玉终于难以忍受了，于是她就私下和舍监阿姨说要换寝室。

新的学期开始了，小玉如愿以偿地换到了新的寝室，开始的时候她着实开心了很多天，但是经过一段时间的相处，她又发现问题了，上铺的女孩不爱干净，旁边的女孩不会说话，总是惹人生气。结果，在一个女孩持续三周没有做值日之后，她又一次提出调换寝室。

经过几次的折腾，小玉最终还是没有找到她满意的室友，大学四年很快就过去了。等到大四的时候，她又一次提出换寝室的要求，但是很多学姐学妹都知道了她的"事迹"，不愿意接受她。提起她，舍监阿姨也很头疼。

不娇不惯，富养女孩的100个细节

Bujiao Buguan,Fuyang Nühai De 100 Ge Xijie

生命中最美丽的四年就在小玉的不断"乔迁"中流走了，等到毕业的时候，小玉才悲哀地发现，原来她的身边经没有一个知心朋友，她遗憾地离开了大学校园。

"金无足赤，人无完人"，我们必须明白这个道理，完美并不存在，在生活中他人身上存在一些不尽如人意的地方是很正常的，你需要用一颗宽容的心去看待这一切。

有人说"前世的五百次回眸，换来今生的擦肩而过"，其实，大家能住在一个宿舍，或者生活在一个学校、一个国家、一个地球，这是多大的缘分啊！何必再生一些无所谓的气，毁掉学生时代的美好回忆呢？如果我们都退一步想问题，认清世界上没有完美的人，用宽容自己的心态去宽容别人，那么快乐就会自动地走到我们的中间来。

建议二：懂得感恩是一种美德

小宋是名牌大学毕业的，在一家事业单位工作。单位里要写很多材料，她毕竟刚来，公文写作还不很熟，于是每次写好后，她都要给同事老王看，待老王修改完，她再拿去请科长审阅。很快，小宋的材料越写越好，老王已经没有什么可以修改的了，可科长仍旧东涂西抹，不留情面。小宋虽有些不悦，但没说什么，依然是很谦虚地请科长批改。

老王愤愤不平，他认为科长的水平已修改不了小宋的文章了。他给小宋讲过这样的故事：赫鲁晓夫观抽象画展，看不懂，就破口大骂，负责展览的艺术家回敬道："您对艺术根本不懂。"赫鲁晓夫说出了他的那句名言："当我是一名矿工时，我不懂，当我是党的低级官员时，我不懂，但是，今天我是部长会议主席、党的领袖，因此，我现在当然懂。"老王揶揄道："他现在是科长，他当然能够修改科员的文章。"小宋只是笑，显得不介意。有时被老王逼紧了，她也只是说："不就是改个材料吗，又不是修改我的人生。"

由于小宋的谦虚勤奋或许还有才能，科长把小宋推荐给上级宣传部门，小宋升职了。

一天，上级要求科里写一个大材料，材料组织好后，科长让人先送到宣传部门说是请上级把关，两天后，小宋把材料修改好，这个材料得到了上级的好评。科长很满意，说："小宋还真行，我没有看错人。"小宋拿出钱来请大家吃饭，有人私下里对小宋说："你应该让科长请你吃饭才对，那文章是你写得好。"小宋说："那怎么行，我会写材料是你们教的，我得感谢你们才对。我老爸在我参加工作时，送我四个字，'第一感恩，第二宽容。'"学会了宽容，你就有可能反过来修改领导的文章，学不会宽容，你的文章就永远被领导修改。

小宋受到了苛责之后，并没有抱怨和指责科长的专制和挑剔，而是感激科长给自己带来的成长进步的机会。事实也证明了这一点，由于虚心，由于自省，由于感恩，她确实得到了能力和职位的提升。

身在职场，与上下级和同事相处的时候，要互相理解，互相帮助；要多反思自己的不足，多感激别人的恩惠，少谈论别人的缺点，对矛盾不要老是耿耿于怀。如果能做到这些，同事之间的摩擦就会减少许多，工作就会更加和谐，生活也会更加温馨。正如法国启蒙思想家卢梭所说："忍耐是痛苦的，但是，它的结果却是甜蜜的。"

清代金缨的《格言联璧》中有这样一句话："静坐常思己过，

不娇不惯，富养女孩的100个细节

Bujiao Buguan,Fuyang Nühai De 100 Ge Xijie

闲谈莫论人非"，在后世广为流传。它的意思是沉静下来要经常自省自己的过失，进而以是克非、为善去恶；闲谈的时候莫议论别人的是非得失，这是儒家倡导的道德修养的重要方法。

这个看起来非常严肃的道德问题，可以通过感恩和人的需要结合在一起。

因为感激他人对待自己的恩德，所以在遇到冲突和矛盾的时候，不是寻找和指责他人的不是，而是静下来，反省自己的错误。即使他人有不对的地方，也因为感恩的缘故能够在内心谅解他。这样的处世态度，既有利于人与人之间关系的和谐，也有利于个人的成长和进步。

现实生活中，有些人总是认为别人对自己的帮助是"应该"的；而有些人在得到别人的帮助后一点儿也不知道回报，甚至一时感激之后，马上就忘掉了；还有一些人甚至不图感恩，恩将仇报……与此相反，一旦有人不小心损害了自己的利益时，许多人都会牢记在心，甚至长期内心耿耿于怀。这个时候，他们会把别人对自己的损害整天挂在嘴边，一见到人就大讲不停，甚至会以牙还牙，导致冤冤相报……这样的人绝不在少数。

懂得感恩是一种美德，而随时不忘责己之过更是一种珍贵的美德。总是回顾自己的过错，不随意把过失抱怨到别人头上，而是谦卑地寻找自身的不足，同时以一颗感恩的心来对待别人，这样的人怎能不取得进步，获得良好发展呢？

人与人之间应该互相理解、互相帮助。多反思自己的不足，多感恩别人的帮助，对彼此间的矛盾不要耿耿于怀，尽量不谈论别人的缺点。若能做到这些，人与人之间的摩擦就会少很多，而整个社会就会更和谐，生活也会更加温馨舒适。

一个时时刻刻铭记着自己的引路人、念念不忘别人对自己的恩典，同时又能够凡事从自身找错误、不随意抱怨他人、宽容谦虚待人的人，一定会走出更好的天地来。

细节 59 懂得分享懂得关爱的女孩快乐多

同情心是关怀、助人、分享以及道德感等社会品格养成与社会交往技能组成的基本元素，孩子有了同情心就能增强对别人想法的理解，孩子才有可能更深入地感受到别人的痛苦、困难，这种感受可以让孩子更宽容、更能理解别人的需要，并在别人有困难的时候主动想到帮助别人。而缺少同情心的孩子往往会变得冷漠、孤僻、不合群以及挑剔，他们也就难以站在别人的角度分担别人的痛苦或需要。因此，家长们对孩子们同情心的培养就显得至关重要了。

同情心是一种美德，从女孩子还小的时候，家长们就要培养她们的这种美德。拥有了同情心，女孩子在做事的时候，就总能设身处地地为别人着想，同时也能赢得别人的同情，最重要的是拥有同情心的女孩肯定是一个善良的女孩。

美美从幼儿园回家后对妈妈说："我们今天在假山上玩的时候，发现了一只死的小刺猬，特别可怜，老师说肯定是烧树叶时被烧死了。小刺猬会有多疼呀！我们班小朋友都哭了，张老师和我们一起把它埋了。"

"那你哭了吗？"妈妈故意问她。

"我没哭出来。"美美看着妈妈，有些不好意思地说。

"没关系，你难受就说明你有同情心，有同情心不一定都要哭的。"妈妈帮助美美校正着她的想法，"你说它特别可怜，就说明你同情它。会同情别人是件好事。上次姥爷生病的时候，你不是把你的好吃的给姥爷吃了吗？这说明你是一个有同情心的孩子。"美美听了妈妈的话，若有所思地去玩了。

培养同情心的过程需要在孩子的生长环境中营造一种富有人情味的家庭氛围、幼儿园的生活氛围。

让女孩从小感受到家庭的氛围，为女孩营造一个有人情味的家庭环境，是培养女孩情感感受力的重要手段。没有人希望自己的孩子养成一种孤傲、怪癖、冷漠的性格，要让孩子知道如何感受别人的痛苦，了解别人的需要，学会理解和宽容，并且在别人需要时主动伸手援助。两岁女孩在看到别人哭时会把自己的小汽车送给哭的人，并小声说"不哭，不哭"，对女孩最初的这种移情行为的积极肯定，就是对女孩情感感受力的培养。

家长可以用故事、图书向孩子传达同情心。给女孩讲道理有时是行不通的，女孩对机械的说教并不感兴趣，也不理解，而故事和图画书的情感体验更适合女孩的理解，用故事和图画书吸引女孩，与女孩一起理解故事的内容和画面的内涵，故事中与女孩年龄相似的人物的感受会激发孩子的同情心，在女孩能用语言表达自己的感情时，就鼓励孩子将听故事、看图画书的感受讲出来，关注孩子的心理感受，就会有助于孩子同情心的培养。

在有条件的情况下，与女孩一起照顾小动物，也是培养孩子同情心的一种好办法。孩子和动物有天生的接近的本能，在照顾小动物的过程中，培养孩子的同情心、爱心，进而将这种情感迁移到对社会、对更多人的关爱。这种同情心的培养和渗透就为以后的道德发展奠定了基础。

建议一：会分享的妈妈是女孩最好的榜样

"这是我的，不许你们玩！"再乖巧的女孩，也可能说出这样的话来。

其实，一朵花不可能点缀一个春天，家长应该学着培养女儿乐于分享的意识，让"我们一起玩"取代之前的独享和蛮横！

家长应让女孩体会到分享的快乐，使孩子明白分享并不等于失掉自己拥有的东西。当孩子乐于与他人分享的时候，她的快乐就变成了双倍的快乐，她的忧伤也只剩下一半，而她的经验会得到再一次的验证。

阿琳准备参加学校举行的舞蹈比赛，这次她选的舞蹈是西部牛仔舞，阿琳希望能借小晴的皮靴上台表演。可是，小晴不舍得，因为那双靴子是美国的姑妈给她寄回来的生日礼物，平时小晴也不舍得穿。现在阿琳开口向自己借靴子，而且是要到舞台上蹦蹦跳跳的，要是弄坏了，怎么办？那可是有钱也买不到的呀！

小晴没有立刻答复阿琳，推说自己先回去问问妈妈的意见。

回到家里，小晴和妈妈商量了起来："妈妈，你觉得我应该借给她吗？要是弄坏了，怎么办？"

妈妈没有正面回答女儿的问题，她笑着说："别人也借给你东西吧？那次，阿琳还把最喜欢的芭比娃娃借给你玩了好一阵子呢。你还记得吗？"

小晴听罢妈妈的话，脸红了起来，说道："对呀，阿琳对我可是从来不吝啬的，我太小气了。"

看到孩子脸红了，妈妈接着说：“懂得分享，人生往往更加快乐，所以，越珍贵的东西，越要懂得与人分享。”

听完妈妈的话，小晴立刻给阿琳打电话了：“靴子我明天就给你拿去，你可要好好比赛，争取得第一名……”

妈妈在一旁，欣慰地笑了……

生活需要分享，快乐和痛苦都需要有人分享。作为父母，你教导孩子学会与人分享了吗？当孩子与伙伴玩耍时，你是否教孩子与他人一起分享玩具？当孩子遇到高兴的事情，你是否鼓励她去说给伙伴听？

如果女孩能够做到乐于分享，那么她们将获得融洽的人际关系和快乐的生活！

现在的许多女孩可能都不知道什么叫分享，父母也许在这方面欠缺必要的引导和教育。舐犊之情使为人父为人母的家长都宁肯亏了自己也不愿怠慢自己的孩子。好吃的、好玩的、好用的尽数都往孩子面前堆。一边担心着孩子会发展为不关心别人的冷血儿，一边又在做着阻止孩子学会分享的事。

经常会发生这样一幕：

孩子诚心诚意请父母分享，父母却坚决推辞，哪怕只是象征性的分享，也不肯接受，谢绝孩子的一份好心。

久而久之，孩子也就没有了谦让与分享的习惯。

父母自己首先要学会分享，坦然地分享，成为与孩子分享的伙伴、与孩子分享的对象。

许多父母很少与孩子一起非常融洽地大笑，这就说明父母不会与孩子分享快乐。父母不妨看看她最喜欢什么，然后尽量参与进去。如你可以和她开玩笑，对她开的玩笑发笑，对你做过或想过的傻事发笑，一起看笑话，和她一起看情景喜剧等。

家长是孩子最好的榜样。在日常生活中，家长关心别人、帮助别人，自然会给孩子潜移默化的影响。父母要做与人分享的模范，经常主动地关心和帮助别人。

做了好吃的点心分给邻居尝尝，毫不吝惜地借给别人需用的物品等，这些小事都会为培养孩子的分享意识起表率作用。

这些行为都无声地鼓励着孩子与人分享，这样的孩子也会有人愿意与她们分享。

互惠心理其实也有些像坐跷跷板，不能永远固定某一端高、另一端低，就是要高低交替。一个永远不肯吃亏、不与别人互惠的孩子，即使赢了，从长远来看，她也得不到多少好处，因为没有人愿和她玩下去了。

建议二：好女孩懂得善待自己，善待他人

每一个人生活在世界上，往往要处理好两种关系，一种是人与自己的关系，第二种是人与他人的关系。季羡林先生曾这样说过：当我们待人处世时，应当想到别人的时候比想到自己的时候稍微多一点。只有处理好与自己的关系，与他人的关系，然后才能成为幸福快乐的人，才能成为成功的人。

一个善待自己的女孩，必是一个充满自信与乐观的人，能体验到自己的存在价值的女孩。即对自己的能力、性格、情绪和优缺点都能做到恰当、客观的评价，对自己不会提出苛刻的非分期望与幻想；成功时不苛求自己，失败时不追悔自己，凡事从大处着眼，不在意一城一池的得失，把握现在，迎接下一次挑战。人生也许是平凡的，却能从自己的身上找到闪光的地方，生活也许是平淡的，但心里永远都充满温暖的阳光。

一个善待自己的女孩，必是一个不断完善自己的人，是一个讲责任的女孩。也许她不是天才，但她肯定是一个有着炽热追求

和拼搏精神的人；也许她不是世上最聪明的人，但是最有抱负和最勤奋的人。

　　一个善待自己的人，还要善待他人。人与人之间的关系就是唇齿相依的关系，在生活中，对人多一份理解和宽容，其实就是支持和帮助自己，善待他人就是善待自己。我们常讲：授人玫瑰，手留余香。当今社会人与人之间需要的是合作与互动。孟子曾经说过："君子莫大乎与人为善。"只有教会孩子先去善待别人，善意地帮助别人，才能处理好同学关系，长大后才能处理好同事关系，从而获得相互的愉快合作，提高学习与工作的效率。那些慷慨付出、不求回报的人，往往容易获得成功；那些自私吝啬、斤斤计较的人，不仅找不到合作伙伴，甚至有可能成为孤家寡人。善待他人，应学会宽容，"海纳百川，有容乃大"，宽容是人生处世的一种艺术，宽容者豁达大度，乐观向上，自然善待自己。

　　一天，一个贫穷的小男孩为了攒够学费正挨家挨户地推销商品。劳累了一整天的他此时感到十分饥饿，但摸遍全身，却只有一角钱。怎么办呢？他决定向下一户人家讨口饭吃。当一位美丽的女孩打开房门的时候，这个小男孩却有点不知所措了，他没有要饭，只乞求给他一口水喝。这位女孩看到他很饥饿的样子，就拿了一大杯牛奶给他。男孩慢慢地喝完牛奶，问道："我应该付多少钱？"女孩回答道："一分钱也不用付。妈妈教导我们，施以爱心，不图回报。"男孩说："那么，就请接受我由衷的感谢吧！"说完男孩离开了这户人家。此时，他不仅感到自己浑身是劲儿，而且还看到上帝正朝他点头微笑。

　　其实，男孩本来是打算退学的，但他放弃了这个念头。

　　数年之后，那位美丽的女孩得了一种罕见的重病，当地的医生对此束手无策。最后，她被转到大城市医治，由专家会诊治疗。当年的那个小男孩已是大名鼎鼎的霍华德·凯利医生了，他也参与了医治方案的制订。当看到病历上所写的病人的来历时，一个奇怪的念头霎时闪过他的脑际。他马上起身直奔病房。

来到病房，凯利医生一眼就认出床上躺着的病人就是那位曾帮助过他的恩人。他回到自己的办公室，决心竭尽所能来治好恩人的病。从那天起，他就特别地关照这个病人。经过艰辛努力，手术成功了。凯利医生要求把医药费通知单送到他那里，在通知单的旁边，他签了字。

当医药费通知单送到这位特殊的病人手中时，她不敢看，因为她确信，治病的费用将会花去她的全部家当。最后，她还是鼓起勇气，翻开了医药费通知单，旁边的那行小字引起了她的注意，她不禁轻声读了出来：

"医药费——一满杯牛奶。霍华德·凯利医生"

善待他人，更应学会换位思考，推己及人，人我合一；将心比心，两心相通。善待他人，应尽量体会别人的难处，体会学校、家庭、社会的难处，要学会释怀，善待他人也就是善待了自己。

家长要教育女孩学会设身处地地为他人着想。比如，让孩子学会换位思考，让孩子多想"如果我是她，我会怎么做"这样的问题。只有将心比心，才能懂得如何善待他人。

宽容就是推己及人，己所不欲，勿施于人。善待他人，需要善良和宽容作为背后的支撑。培养孩子平正宽和的心态，要教育她们好的东西懂得与人分享，和别人有了矛盾的时候要宽容大度，不要事事计较。

第十三章　梦想是女孩飞翔的原动力

——告诉女孩梦想需要行动去实现

细节 60　有梦想就有希望

有一年，一群踌躇满志、意气风发的天之骄子从哈佛大学毕业了，他们的智力、学历、环境条件都相差无几。临出校门，哈佛对他们进行了一次关于人生目标的调查。结果是这样的：27％的人，没有目标；60％的人，目标模糊；10％的人，有清晰但比较短期的目标；3％的人，有清晰而长远的目标。

25 年后，哈佛再次对这群学生进行了跟踪调查。结果是这样的：

3％的人，25 年间他们朝着一个方向不懈努力，几乎都成为社会各界的成功之士，其中不乏行业领袖、社会精英。

10％的人，他们的短期目标不断实现，成为各个领域中的专业人士，大都生活在社会的中上层。

60％的人，他们安稳地生活与工作，但都没有什么特别的成绩，几乎都生活在社会的中下层。

剩下的 27％的人，他们的生活没有目标，过得很不如意，并且常常在埋怨他人、抱怨社会、抱怨这个"不肯给他们机会"的世界。

其实，他们之间的差别仅仅在于 25 年前，他们中的一些人知道自己的人生目标，而另外一些人则不清楚或不很清楚。不知道或者不清楚自己人生目标的人，在人生前行的路上就会迷茫，因为迷茫而浪费宝贵生命，在有限的时间内取得的成就就会大打折扣，甚至会一事无成。

　　在生命中没有一个目标的人，很容易受到一些微不足道的诸如忧虑、恐惧、烦恼和自怜等情绪的困扰。所有这些情绪都是软弱的表现，都将导致无法回避的过错、失败、不幸和失落。因为在一个权力扩张的世界里，软弱是不可能保护自己的。

　　所以，每一个女孩都应该在心中树立一个目标，然后着手去实现它。她应该把这一目标作为自己思想的中心。这一目标可能是一种精神理想，也可能是一种世俗的追求，这当然取决于她此时的本性。但无论是哪一种目标，她都应将自己思想的力量全部集中于她为自己设定的目标上面。她应把自己的目标当做至高无上的任务，应该全身心地为它的实现而奋斗，而不允许她的思想因为一些短暂的幻想、渴望和想象而迷路。

　　训练你的女孩为自己设定目标。如果你的女孩尚且年幼，那你不妨教会她在做每一件小事时都给自己设定一个可行的目标，比如搭积木，有的孩子搭得又快又好，有的孩子却反反复复也搭不出一个样子，这就是有目标和没有目标的区别。因此我们不妨在女孩动手做一件事前，总能先提示性地问问她："你要做的是什么？要做到什么程度才可以呢？"这样习惯成自然，渐渐地，女孩就会懂得凡事都给自己确立一个目标了。

　　引导你的女孩设计适合自己的目标。如果你的女孩正在为不知方向而犯愁，那你不妨问问她下面几个问题来启发她们。比如说："你想在你的一生中成就何种事业？""如果把它作为自己终生的事业，怎样做到在有利于自己的同时，也对别人有帮助？""阻碍你实现自己目标的因素又有哪些?""你为什么没有现在去行动,而是仍然在观望?"等等这些问题。当她们认真、慎重地思考上述问题之后,你会发现,她对于寻找、定位自己远大的目标,将有着切实的帮助。

建议一:梦想拥有巨大的力量

牛津大学的教授克拉克从小有一个梦想,就是希望自己能像他心目中的那些英雄那样改变世界,服务于全人类。不过,要实现他的目标,就需要接受最好的教育,他知道只有在美国才能接受他需要的教育。

无奈的是,他身无分文,没办法支付路费,而到美国足有10000公里的距离。而且,他根本不知要上什么学校,也不知道会被什么学校招收。

但克拉克还是出发了。他必须踏上征途。他徒步从他的家乡尼亚萨兰的村庄向北穿过东非荒原到达开罗,在那儿他可以乘船到美国,开始他的大学教育。他一心只想着一定要踏上那片可以帮助他把握自己命运的土地,其他的一切都可以置之度外。

在崎岖的非洲大地上,艰难跋涉了整整五天以后,克拉克仅仅前进了25英里。食物吃光了,水也快喝完了,而且他身无分文。要想继续完成后面的几千英里的路程似乎是不可能的,但克拉克清楚地知道回头就是放弃,就是重新回到贫穷和无知。

他对自己发誓:不到美国誓不罢休,除非自己死了。他继续前行。

有时他与陌生人同行，但更多的时候则是孤独地步行。大多数夜晚他都是过着大地为床、星空为被的生活。他依靠野果和其他可吃的植物维持生命。艰苦的旅途生活使他变得又瘦又弱。

由于疲惫不堪和心灰意懒，克拉克几欲放弃。他曾想说："回家也许会比继续这似乎愚蠢的旅途和冒险更好一些。"

他并未回家，而是翻开了他的两本书，读着那熟悉的语句，他又恢复了对自己和目标的信心，继续前行。要到美国去，克拉克必须具有护照和签证，但要得到护照他必须向美国政府提供确切的出生日期证明，更糟糕的是要拿到签证，他还需要证明他拥有支付他往返美国的费用。

克拉克只好再次拿起纸笔给他童年时起就曾教过他的传教士们写了封求助信。结果传教士们通过政府渠道帮助他很快拿到了护照。然而，克拉克还是缺少领取签证所必须拥有的那些航空费用。

克拉克并不灰心，而是继续向开罗前进，他相信自己一定能通过某种途径得到自己需要的这笔钱。

几个月过去了，他勇敢的旅途事迹也渐渐地广为人知。关于他的传说已经在非洲大陆和华盛顿佛农山区广为流传开来。斯卡吉特峡谷学院的学生们在当地市民的帮助下，寄给克拉克 640 美元，用以支付他来美国的费用。当他得知这些人的慷慨帮助后，克拉克疲惫地跪在地上，满怀喜悦和感激。

1960 年 12 月，经过两年多的行程，克拉克终于来到了斯卡吉特峡谷学院。手持自己宝贵的两本书，他骄傲地跨进了学院高耸的大门。

　　一个人要实现自己的梦想，最重要的是要具备以下两个条件：勇气和行动。最初所拥有的只是梦想，以及毫无根据的自信而已。但是，所有的一切就从这里出发。拥有梦想，并且付出行动，你就可能成功，因为梦想在起步的那一刻，就已经开始生根发芽。

　　梦想是所有成就的出发点，很多人之所以失败，就在于他们从来都没有，并且也从来没有踏出他们的第一步。其实，人生是一个旅程，而非目的地。旅程的快乐和到达目的地的快乐一样，其中的关键是，透过现实的伟大目标，按照希望和理想的方向努力前进。所以，梦想指的是伟大和令人鼓舞的目标。

　　当我们开始梦想时，就会对心灵深处产生作用，这时候从心底就会引发反作用，从而产生外在的复杂效应，这种作用当然是无限大的。所以当人的梦想在心灵深处起作用时，就可以把不可能变为可能。梦想可以靠着心底的作用，使事情的结局如己所愿，运势被打开。

　　大思想带来大成就，小思想带来小成就。纵观古今中外，大成就、大影响力的历史人物都是拥有大思想、大格局的人。小思想是大成就的障碍，是大成就的真正破坏者。

　　很多人都因为小思想而受苦。他们害怕，如果他们的思想太大、梦想太大、目标太大，如果实现不了，他们就会成为失败者。所以，为了不成为失败者，他们把目标定得很低。但事实是，如果你瞄准星星，你最起码也能打中电线杆，如果你瞄准电线杆，你可能会打在地上。打在电线杆上总比打在地上要好。

　　有伟大梦想的人，即使是铜墙铁壁也不能阻碍其前进的脚步。有了梦想才有希望，才能激发潜能。树立希望后，人的思想和情感会变得坚定不移。梦想具有鼓舞人心的力量，它鼓励人们完成自己的事业；它又是才能的增补剂，可增长人们的才干，使一切美梦成真。

梦想能使人产生一种力量，这种力量是一种最奇妙的力量，也是存在于宇宙中最不可抗拒的力量。人因梦想而伟大，没有梦想的人生是最枯燥乏味的。

建议二：让信念导演人生

美国著名学者丹尼斯·威特勒教授通过对奥林匹克运动员、商业界总经理、宇航员、政府领导人等的多年研究，发现他们与普通人最大的区别就在于他们相信自己能够创造自己的未来。

威特勒教授告诉我们如果想和这些成功人士一样相信自己能够创造未来，其实也不难，只要遵照以下三方面去做就可以了。

首先，要敢于改变自己的命运。

乔·索雷蒂诺在市中心的居民区长大，是一伙小流氓的头，并在少年教养院待过一段时间。但是，他一直记着一位中学教师对他在学术方面能力的信任。他觉得他成功的唯一希望就是抛开他那可怜的中学历史，完成学业。于是，他在 20 岁的时候重返夜校，继续在大学就读，并在那里以优异成绩毕业。接着，他又全修了哈佛法学院的课程，成了洛杉矶少年法庭的一位出色法官。假如乔·索雷蒂诺没有勇气改变自己的命运，那么，这一切都是不会发生的。

其次，发现自己的才能，不屈服于任何人。

在莎士比亚的名剧《哈姆雷特》中，大臣波洛涅斯告诉他的儿子："至关重要的是，你必须对自己忠实；正像有了白昼才有黑夜一样，对自己忠实，才不会对别人欺诈。"波洛涅斯劝告儿子要根据自身最坚定的信念和能力去生活——去正视不同的世界，但是，必须尊重他人的权利。

最后，要适应而不是逃避现实。

一个人的能力与一个人的学习、思想和身体素质紧密相关。处于重压之下，许多人会变得沮丧，失去对生活的向往和追求，最后沉溺于游戏、武侠小说等。虽然游戏和小说可以暂时地转移我们的注意力，减少我们对失败和痛苦的畏惧心理，但也阻碍了我们去学会承受这些压力。

适应压力的最好方法之一就是简单地把它们作为正常的东西加以接受。我们应该学会以正确的态度来看待生活中的逆境和失败，并且把它当做正常的反馈来看待，这样可以帮助我们增强免疫能力，防御那些有害的反应。

未来在自己的手里，只有失败者才会乞求机遇降临，而成功者的永远致力于创造未来、寻找机遇。

细节 61　眼高手低是女孩应该规避的

有一条涓细的小溪，细小的流水是由山上融化的雪水和天上所下的丝丝雨水汇聚而成的。

一场大雨过后，溪水暴涨，细小的溪流一下子就变成了滔滔的洪水。小溪高兴得忘乎所以，心中滋长了骄傲的情绪，很想把自己升格为一条滔滔的大河。

于是，小溪借助雨水的威力，使劲地冲刷两边的堤岸。它卷走泥土，冲塌石块，尽力拓宽自己的河床。

令小溪感到遗憾的是，那可恶的风很快就驱散了带雨的乌云，明亮的太阳又高悬在蓝天中了。雨过天晴，溪水骤减，不仅无力再拓宽河床了，而且那小小的溪流也被自己所冲积的泥石挡住了。

如果小溪再不吸取教训、努力改变现状的话，往日那活泼跳动的小溪恐怕只能成为一汪不能够流动的臭水了。

我们就像那一条小溪，能力有限却能够涓涓流动不停息。如果有一天，借助外界的力量我们变得强大了，这时，正确的做法是再次审视自己的能力与成功事件的关系，是否真的是自己的力量促使了事情的成功，有没有外界力量的介入，等等。而不能像小溪一样盲目地想将自己升为更为宽阔的大河。如果没有正确认识自己的能力，当外力不复存在时，恐怕也要被"泥石"挡住了。而这"泥石"

不是别的，正是我们内心滋长起来的那一份狂妄和自大。

盲目自大的人往往过高地估计个人的能力，失去自知之明。心高气傲的人，有的自视过高，总爱抬高自己贬低别人，把别人看得一无是处，总认为自己比别人强很多；有的固执己见、唯我独尊，总是将自己的观点强加于人，在明知别人正确时，也不愿意改变自己的态度或接受别人的观点。自大的人一般很少关心别人，与他人关系疏远。他们经常从自己的利益出发，不太顾及别人。不求于人时，对人缺少热情，似乎人人都应为他服务，结果落得门庭冷落。还有的自大者过渡防卫，有明显的嫉妒心，这种人有很强的自尊心，当别人取得一些成绩时，其妒忌之心油然而生，极力去打击别人、排斥别人。当别人失败时，幸灾乐祸，不向别人提供任何有益的信息。同时，在别人成功时，这种人常用"酸葡萄心理"来维持自己的心理平衡。

盲目自大的人认为自己是"天之骄子"，什么都懂，什么都会，应得到优待，而实际上这样的人不易被社会所接纳，而造成这一障碍的就是他们不切合实际的想法和眼高手低的作风。

了解了盲目自大的诸多害处，我们可以认真思考一下，自己有没有这种不良的心理倾向，如果有，一定要努力克服。

建议一：不要让女孩的梦想流于空想

成功往往在我们以为快要失败的时候出现，但前提是，你付出了实际行动。很多事情，在我们一开始做的时候都会觉得很困难，或者无法实现。但当你迈出那一步，并勇敢地再次往前走的时候，你那无畏的行动力就会成为你身上最闪耀的品质，从而得到别人的认可。

有一位幽默大师曾说："每天最大的困难是离开温暖的被窝走到冰冷的房间。"他说得不错，当你躺在床上认为起床是件不愉快的事时，它就真的变成一件困难的事了。就是这么简单的起床动作，即把棉被掀开，同时把脚伸到地上的自动反应，都足以击退你的恐惧。凡成功者都不会等到精神好时才去做事，而是督促自己去做事，马上行动，不把问题留到最后。

只有行动才能让计划变成现实。成功在于计划，更在于行动；目标再伟大，如果不去落实，永远只能是空想。许多人习惯于玩嘴皮子功夫，遇事总是说说而已，毫无行动，这种人最终会浑浑噩噩，一事无成。曾有人这样计算，人生如果以 70 年寿命来算，除去少不更事和老不方便的 10 年，也不过 2 万余天，再除去睡眠的四分之一到三分之一时间，剩下的时间真可说是寸阴寸金。所以还是把那些有意义的事抓紧列出来，赶快去做，而不只是停留在嘴皮子上。

人的行动动力基本上源于两点：对快乐的追求和对痛苦的逃避，而后者的力量往往更大。有的人不能化"心动"为"行动"也往往源于两个原因，要么是对快乐的渴望不够强烈，要么是对痛苦的滋味尚未尝够。

生活也是这样，有人之所以还仅仅只是在"想"成功，而却没有行动起来，是因为他还可以安于现状，现状还没把他逼上绝路。所以艰难困苦容易造就成功，也是这个道理。因此，我们应该认识到现状的某种危机，应该正视面临的困境，这有助于我们积极地、坚定地付诸行动。

这是一个讲究效率的时代，在信息瞬息万变的现代社会中，存在着很多不确定因素，稍有迟疑，就可能使原来非常精妙的构思在一夜之间变得一文不值。因此，看到机遇就应该在第一时间行动起来把它紧紧地抓在手里，接到工作就应该争取在第一时间行动起来，争取在第一时间把问题圆满解决。

为了养成行动的好习惯，你可以遵照以下两点去做：

1. 用自动反应去完成简单的、烦人的杂务。不要想它烦人的一面，什么都不想就直接投入，一眨眼就完成了；

2. 把你的想法写到纸上。把你的想法写在纸上时，你的注意力就会集中在上面，你的潜能也会因此而发掘出来。因为我们无法一心二用，何况你在纸上写东西时，也会同时将它写在心里。如果把相关的想法同时写出来，就可以记得更久，记得更准确，这是许多实验已经证实并得出的结论。一旦养成这个习惯，你的思想就会促使你行动，你的行动就会引发新的行动。

建议二：告诉女孩她的未来从现在开始

明日复明日，明日何其多！

我生待明日，万事成蹉跎。

世人皆被明日累，明日无穷老将至。

晨昏滚滚水东流，今古悠悠日西坠。

百年明日能几何？请君听我《明日歌》。

这是明代钱福写的一则《明日歌》，这首歌旨在告诫人们珍惜今日。珍惜当下，不要将事情拖到明日去做，明日复明日，长此以往，万事皆成蹉跎。

与之相对应，明代文嘉又写了一则《今日歌》，内容为：

今日复今日，今日何其少！

今日又不为，此事何时了？

人生百年几今日，今日不为真可惜。

若言姑待明朝至，明朝又有明朝事。

为君聊赋《今日诗》，努力请从今日始。

特蕾莎修女和他们的思想一样，她说，世界上最美好的一天就是"今天"。为了把握好生命中的每个今天，特蕾莎修女为"今天"做了详尽的安排：

早上 4 点半，起床，做默想和晨祷。6 点钟参加清晨弥撒，然后做杂务——有时是打扫院子，有时是清理厕所。7 点半吃早点。8 点钟开始服务工作——有时去麻风病院照顾病人；有时去安息之家服侍和安慰垂死者；或者去弃婴之家照料孩子；或者去贫民区帮助穷人；或者到医院、学校去查看，每一天她都会去不同的处所服务。对她而言，只要是对人有帮助的事，就没有一件是卑下的。

中午，午饭后休息半小时。

下午，参加一小时的集体祈祷，然后读《圣经》，或其他神修著作，接下来处理修会里的杂务。有时候修会里来了很多客人，人们急切地等着见她。她没有会客室，就站在教堂外的走廊里和客人说话。

晚上，晚饭后半小时做杂务，然后参加集体敬拜圣体的仪式，最后以集体晚祷结束一天。夜里 10 点钟，修女们就寝之后，她还必须在那间只有一桌一椅的斗室里继续工作——有许多来自世界各地的信件等着她处理，她必须持续工作到深夜。

时间对特蕾莎修女来说是极其宝贵的，以至于吃饭都被她认为是对时间的一种浪费。她甚至付诸行动把一日三餐减为一日一餐，致使教皇亲自出面干涉，她才不得不放弃。

我们知道，时间对每个人都是公平的。历史上凡是有成就的人都是善于抓住"今天"的人。

人们问富兰克林："你怎么能做那么多的事呢？""您看看我的时间表就知道了。"他的作息时间表是什么样子的呢？5 点起床，规划一天事务，并自问："我这一天要做些什么事？"上午 8 点至

11点，下午2点至5点，工作。中午12点至1点，阅读、吃午饭。晚6点至9点，用晚饭、谈话、娱乐、检查一天的工作，并自问："我今天做了什么事？"

朋友劝富兰克林说："天天如此，是不是过于……""你想爱生命吗？"富兰克林摆摆手，打断朋友的话，"那么别浪费时间，因为时间是组成生命的材料。"

富兰克林说："把握今日等于拥有两倍的明日。"今天该做的事拖延到明天，然而明天也无法做好的人，占了大约一半以上。不能做好今天的事，就可能无法做大事，也可能永远无法成功。所以，应该经常抱着"必须把握今日去做完它，一点也不可懒惰"的想法去努力才行。歌德说："把握住现在的瞬间，你想要完成的事务或理想，从现在开始做起。只有勇敢的人身上才会有天才的能力和魅力。因此，只要做下去就好，在做的过程当中，你的心态就会越来越成熟。那么，不久之后你的工作就可以顺利完成了。"

比照他们，我们又在做什么呢？"就还有这么点，明天再说吧！""这么多，反正今天也做不完，明天再继续吧！""这个不着急，明天再开始也不晚。"诸如此类的话几乎成了我们的口头禅。这样日复一日，最后我们发现堆积在我们手上的工作越来越多，不知道该从哪儿下手。其实，所谓"今日"，正是"昨日"计划中的"明日"；而这个宝贵的"今日"，不久将成为遥远的过去。对于我们每个人来讲，得以生存的只有现在——过去早已消失，而未来尚未来临。昨天，是张作废的支票；明天，是尚未兑现的期票；只有今天，才是现金，是有流通性的有价值之物。

不要肆意挥霍你手中最珍贵的今天，在我们还可以自由地支配它的时候，让它发挥最大的作用，成就自己青春的梦想。

成功人士的做事秘诀是：抓住现在，不要留恋于过去，也不要把该做的事推到未来。

细节 62　机遇偏爱有准备的人

　　在唐僧西天取经的路上，有数不清的妖精想要吃他的肉，但却没有一个能够成功。

　　这一天，唐僧师徒几人快要接近一座大山，而山中居住着一群妖精。听说唐僧要来了，妖精们兴奋不已，马上召开大会讨论具体事宜。

　　只见年纪最老的妖精站在正中间的石凳子上，眉飞色舞地对着周围的小妖精说："你们听说过吗？吃了唐僧的肉可以长生不老啊！听说，他们师徒马上就要从咱们这座山下经过了，你们可得仔细给我盯紧了，千万不能让他跑了。等我抓住了他，我就给你们每个人都分一杯羹！"

　　小妖精们一听这话，都兴奋地跳了起来，马上叽叽喳喳地炸开了锅，各自打起了自己的小算盘。一些妖精大喊："好啊，太好了！大王放心，这山是咱们的山，路是咱们的路，咱们平时结交了那么多英雄好汉，这会儿，只要他唐僧敢从这里过，我们一定能让他提前上西天去。"

　　另外一些妖精却有些胆怯："要抓唐僧？没那么容易吧！他可有三个徒弟呢，而且听说他那个大徒弟孙悟空很厉害，不但有七十二般变化，而且有火眼金睛，什么妖精都能看出来，一条如意金箍棒不知道打死了多少妖精！就凭我们这些小喽啰，能打败得了他吗？"

"是啊，是啊"一些妖精也随声附和道，"你说得一点儿也没错，再说，就算我们费了九牛二虎之力把那唐僧捉住了，还不是得先给大王享用，等轮到我们的时候，还不知道有没有一斤半两呢。依我看，他那二徒弟猪八戒的肉又多又肥，手段也不是很高超，比较容易抓到一点儿，吃了他的肉说不定也能长生不老，那倒也能痛快地过几天好日子。"

"对，这主意不错，咱们就这么办……"马上有人附和，而旁边一小妖却又害怕起来了："这样不行吧，大王要是知道了，肯定饶不了我们，我看，咱们还是听大王的，捉住唐僧要紧。"

……

转眼一天时间过去了，妖精们还在洞里高谈阔论，争论不休，而大路上，唐僧师徒已经翻过了这座山，朝着西天大步而去了。

"聪明的人马上行动，愚蠢的人拖到最后一刻才行动。"再美好的梦想离开了行动，就会变成空想；再完美的计划离开了行动，也会失去意义。如果没有行动，即使钱财摆在你的面前，你也无法真正得到它。

科学家与梦想家之间最大的差别就在于：前者会让信仰和目标不断作用于自己的思想，并为了让脑海中的想象成为现实而努力；而后者只会陶醉于伟大美好的想象中，忽视了信仰和目标的作用。

只有行动才能让计划变成现实。很多成功人士都反复强调：

成功虽然在于计划，但更在于切实的行动；你的财富目标再伟大，如果不注重落实，就永远只能是空想。最削弱生命活力的事情，莫过于总是梦想富甲天下，却从不肯进行一丁点儿的努力去实现这些梦想。眼高手低，有理想而不行动，只会消磨人的意志，摧毁人的创造力。

一个人如果在一扇门外站得太久，就会在想象中无限放大房间内的困难，最后再也没有力气抬起敲门的手。事实上，最好的方法是推门就进，不给自己犹豫、彷徨的机会。不管怎样，先进去再说吧！

我们总是计划着未来的富裕生活，但如果不通过行动将其变为现实，计划就永远只是计划。试想一下，如果没有工人的艰苦工作去使之实现，那么设计师的蓝图也不过是一张废纸而已。

很多女孩也有过这样的想法：我一定要做一件很有意义的事情，或者我将来一定要做一番大事业。当然，这样的想法很好，但是有些女孩却只是空想，却完全没有落实到实际行动上。因此，即使是再美好的梦想也不会变成现实，更不会取得成功。所以，要想获得成功，你就必须采取行动，哪怕是仅仅在某一方面做得比别人好一点点，你就有获得成功的机会。

建议一：告诉女孩第一次就把事情做对

"第一次就把事情做对"是著名管理学家克劳斯"零缺陷"理论的精髓之一。也只有在第一次就把事情做对，你才有足够稳固的基础来顺利地走接下来的路。

第一次就做对是最便宜的经营之道。无论做什么事，都要讲究做到位。时间管理专家常常告诫工作中的人们："永远不要'随手'把东西暂时先放在那里，即'别把东西放下，而要把东西放起来'。不这么做的话，就意味着第一次没有把工作做完，过一会儿就至少得做两次了。"

当人们被要求"第一次就把事情做对"时，许多人会反驳："我很忙。"因为很忙，就可以马马虎虎地做事吗？其实，返工的浪费最不值得。第一次没做好，再重新做时既不快，花费也不少。

所以，只要在做事情之前想一想出错后可能给自己和他人带来的麻烦、造成的损失，就应该能够理解"一次就把事情做对"这句话的重要性。

"第一次就把事情做对"，这句话，我们有必要将它作为自己的准则。现在有很多学生，似乎流行起了找家教。为什么要找家教呢？是自己的学习能力出了问题，跟不上老师讲课的步伐吗？其实，很多学生并不是因为自己在课堂上的理解能力有问题而需要在课堂之外找来家教再学一次书本上的内容，很多学生因为对某位任课老师有偏见或是因为前一天晚睡导致白天上课的时候精力无法集中，从而使自己在课堂上无法高效率地吸收老师讲课的内容，这样一来，就会对该门课的知识一知半解，只能在课后花不少的时间来补习。一位资深的中学老师曾经说过："课堂上的45分钟对一个学生来说尤为重要。如果在这45分钟里你无法吸收老师的讲课内容，那么要想将这块知识补起来，你则需要在课后至少花费2~3个小时，而且效果并没有课堂上的好。"

在学习中可能也会出现这样的情况，学生因为知道周末会有家教来帮助自己学习，那么在课堂上更是逍遥自在，不会认真地去听老师究竟讲了什么。如果有同学问他为什么不认真听讲，他会带点炫耀地回答："反正我有家教，到时候什么都可以知道。"其实，这样的学生就是走进了一个很严重的学习误区。他们将课堂上最宝贵的时间浪费了，反而要在课后花费大量的时间和金钱来弥补自己在课堂上的不认真，这样的学生一定不懂得"第一次就把事情做对"的道理。如果自己能够抓住课堂上的 45 分钟认真听讲，一般来说每个学生都能够充分掌握老师讲课的内容。即使可能会遇到一小部分不理解的内容，那也可以在课后抓紧时间请教老师或同学，尽快将这块知识消化掉，也就完全没有必要在晚上或周末补习。将周末的时间拿来休息，或是与同学一起外出郊游，那岂不是更好？

所以，青春期的女孩们，不要让自己在课上课下都忙得一塌糊涂。学习成绩的好坏不一定与你花费在学习上的时间成正比，也与你是否请了家教没有必然联系。真正会学习的人是懂得在最关键的时间认真听讲的人，这样的人也便拥有了在课下"闲庭信步"的自由和乐趣。因此，不要让自己在课下忙得一塌糊涂，尝试着将所有的学习精力用于课堂上，你一定会有不小的收获。

而且，时间并不像金钱以及原料，可以预先蓄积。不管你喜欢或者不喜欢，每分钟都会给你 60 秒的时间消费。既然已经决定用这一段时间来做某一件事情，就要努力做到"时有所值"。抓住做事的每一分钟，让每一分钟都有很高的效率，这样，很多事情都能够在第一次的时候就确保成功。而且只有在第一次就将事情做对，你也才有更充裕的时间来做其他的事情。

那就从现在开始，让"第一次就将事情做对"成为自己的行为准则吧。

建议二：聪明女孩选择对自己最有利的

周日的时候兰兰和媛媛去逛书店，两个人都需要买一些学习的参考书。

兰兰瞄上了一本《经典解题王》，这本书看上去又厚又大，而且价格便宜，里面收录了数千道不同类型的习题，超值。

兰兰兴奋地把这本书拿过去给媛媛看。

媛媛看了之后，没有像兰兰想象中那样兴奋，反而对兰兰说："你看我选的这本。"

说着，她把她手里的这本《题型分析精解》拿给兰兰看。

看来是仁者见仁，智者见智了吧。那本书没有兰兰的这本厚，内容没有兰兰的这本全，而且价格和兰兰的这本差不多。

兰兰想了一下，还是自己选的这本值。

媛媛帮兰兰分析："你选的那本确实实惠，但是你想想，我们学习的时间本来就很紧，也没有多余的时间做更多的题，所以选书就要选小而精，针对性比较好的。像我的这本虽然价格贵，但是确是名师讲授的解题方法。你的那本看上去很厚，内容丰富，但是肯定不比我的这本思路清晰。况且，你敢保证自己有足够的时间把题目做完吗？如果空下大半本的题目都没有做，那不是更浪费吗？"

兰兰想了一下媛媛的话，感觉她说的有道理，看来自己还是再选一本针对性较好的书吧。

钱钟书在《围城》中讲过一个十分有趣的故事。他说天下有两种人。譬如一串葡萄到手后，一种人挑最好的先吃，另一种人把最好的留在最后吃。但两种人都感到不快乐，先吃最好的葡萄的人认为他的葡萄越来越差，第二种人认为他每吃一颗都是在吃剩下的葡萄中最坏的。原因在于，第一种人只有回忆，常用以前的东西来衡量现在，所以不快乐；第二种人刚好与之相反，同样不快乐。

但这两种人为什么不这样想："我已经吃到了最好的葡萄，有什么好后悔的；我留下的葡萄和以前相比，都是最棒的，为什么要不开心呢？"选择幸福，往往只在于一念之间。

美国第 16 届总统亚伯拉罕·林肯所说的一样："我一直认为：如果一个人决心想获得某种幸福，那么他就能得到这种幸福。"幸福离你并不遥远，一直以来，它与你就只是一窗之隔，只要你决心伸出手臂，就可以拥抱幸福了。

有一对年轻夫妇，他们住在美国南部的一个小城市里，其邻居是一对年老的夫妇。妻子几乎瞎了，并且瘫痪在轮椅中，丈夫身体也不很好，他整天待在屋子里照料妻子。

一年一度的圣诞节快到了，这对年轻夫妇想装饰一棵圣诞树送给这两位老人。他们买了一棵小树，将它装饰好，带上一些小礼物，在圣诞前夜把它送了过去。老妇人感激地注视着圣诞树上闪烁的小灯，哭了。她的丈夫也一再说："我们已经有许多年没有欣赏圣诞树了。"在以后的日子里，只要拜访这两位老人，老人都要提起那棵圣诞树，对于这对年轻夫妇来讲，也许他们只是做了一件很小的事情，但他们把最大的幸福送给了他人，因而自己也获得了巨大的幸福。这种幸福是一种十分深厚的感情，而且一直留在他们的记忆中。

细节 63　受伤也能飞

　　1899 年 6 月的一天，美国哈佛大学的女子学院的一个考场里，迎来了一位不平凡的女孩。这是一个 19 岁的少女，之所以说她不平凡，是因为她不仅是一位盲人，而且还是一位聋哑人。在这场让人匪夷所思的考试中，这个女孩只花费了 9 个小时的时间就顺利地完成了德语、法语、拉丁语及其他课程的考试，并且都取得了优异的成绩，正式成为哈佛大学的一名学生。

　　要想通过哈佛大学的考试，就算是一个身体健全的人，也不是一件非常容易的事情，更何况是一位又聋又哑又盲的少女呢！但奇迹确实就这样实实在在地发生了，而缔造奇迹的正是美国享誉世界的作家海伦・凯勒。

　　在凯勒一岁半的时候，她患上了一种叫做"猩红热"的疾病，在当时，这种病很不好治愈，不久后，她就因病成为了一个又聋又哑又盲的小姑娘。看到小海伦无法与别人正常地交流，她的父母就专门为她请来了一位非常有经验的家庭教师安妮・沙利文小姐。

　　沙利文小姐就送给了小海伦一个漂亮的布娃娃。摸到可爱的布娃娃，小海伦非常开心，于是沙利文小姐就在娃娃上写下"娃娃"这个单词，并且读出"娃娃、娃娃"。海伦听不到也看不到，她一开始根本就不明白"娃娃"这个单词究竟是什么意思。在这种情况下，沙利文小姐表现出了异乎寻常的耐心，她一遍又一遍地耐心教小海伦，终于，海伦慢慢地明白了。通过这样一遍一遍重复的练习，小海伦终于掌握了生活中许多常用的单词。

以后，海伦进了聋哑学校。在那里，校长富勒女士亲自教小海伦学习发音。她以无比的热情教导海伦，让她把手放在自己的脸上，来感觉舌头和嘴部肌肉的变化规律，同时一遍又一遍地教小海伦模仿自己的发音。就这样，小海伦每天都坚持练习，后来终于学会了用嘴巴来说话，用手指来"听"话。

从此以后，海伦就开始以惊人的毅力学习英语、德语、法语、拉丁语等。老师讲课的时候，沙利文小姐就把讲授的内容拼写在小海伦的手掌上。等小海伦明白了之后，就靠着记忆去理解学过的这些课文，之后再用凸写器来做作业。就是以这样常人难以想象的方式，海伦学习了代数、几何、物理等等课程，并且开始用打字机写文章和翻译其他作品。

坚强的信念、顽强的毅力，让海伦克服了常人难以想象的苦难和挫折，学习到了比正常人更多的知识。在她大二的时候，她就已经完成了自传体小说《我生活的故事》。小说发表后，受到了马克·吐温等著名作家的赞誉，并被誉为"世界文学的杰作"。自此，海伦笔耕不辍，一生总共出版了 14 部著作，成为了一个著名的作家。

很多人都会把少女比作是天使，但从身体健康上来说，海伦是不完美的。这种身体的残缺曾使得海伦一度缺失了飞翔的翅膀。

但可贵的是，她并没有就此沉沦，而是以自信和毅力为自己插上了飞翔的翅膀，冲出黑暗，迎来了人生的黎明。海伦·凯勒曾说："对于凌驾命运之上的人来说，信心是命运的主宰。"人生道路上，曲折坎坷并不可怕，只要你坚持梦想，拥有自信，顽强拼搏，你就能够飞向自己的理想彼岸。

海伦·凯勒从最初的一个又聋又哑又盲的儿童，靠着自身的自信和坚强毅力，不断奋斗努力，最终成为了美国著名的作家。那么你呢？

很多女孩小时候都会有一些语言天分，喜欢文字表达，写作文的时候也往往比同班的男生写得要好。还有一些女孩在小学的时候就爱好文学，尝试着写诗歌、散文等，希望自己可以成为一名女作家。但当若干年过去，有几个人真正成了作家呢？

要成为一个女作家，光有信心是不行的，还要有勤奋的精神和坚持不懈练习写作的习惯。三天想写就写，不想写了就一个月不动笔，这是不行的。短暂的热情是成功的大敌，唯有持之以恒坚持到底，才能有所收获。女孩们，只要你有信心，坚持自己的梦想，并且多读多看、多写多练，就一定可以梦想成真。平常在学校的时候，可以多参加一些写作小组或者是文学社团等，如果觉得自己的某篇稿子写得不错，也不要忘了去投稿。相信在这样的练习中，你一定会有美好的收获。

建议一：告诉女孩像蝴蝶一样破茧而出

妈妈的书桌上放了一本小书《假如给我三天光明》，周周好奇地拿起来翻了翻。

"周周，你在做什么？"妈妈走了进来，"哦，你在看那本书啊。"

"妈妈，海伦·凯勒是什么人啊？"周周问。

"她是美国著名的盲聋教育专家。她最令世人称道的地方就是她很坚强，因为她在两岁的时候因为猩红热而失明，而且双耳失聪。"

"啊！那她还是成为了教育专家。"周周感到很惊讶。

"是啊，因为她敢于和命运抗争。你知道她小的时候是通过感受喉咙的变化而逐渐摸索发音的，这是多么的不容易啊。后来她还考上了大学。"

"哇！真不简单。"对于这个海伦·凯勒，周周感到由衷地赞叹。

"是的，因为她的坚强，所以在她成名之后受到很多人的关注和敬仰，尤其难得的是她将精力专注于对盲童和聋哑儿童的教育方法研究上，这样的奉献社会的精神，很受世人的称道。"

"通过自己的艰苦抗争取得成就已经极其难得，而她居然还想到了要奉献社会，真是太值得尊敬的一个人。"周周觉得这个人简直是不可思议的伟大。

"你知道吗？当她去日本访问的时候，当时的日本政府破例请她用手触摸日本的国宝——鉴真和尚塑像，这在日本历史上还是史无前例的，可见她在世界各地备受尊敬。"

"嗯，她是一个勇敢坚强的典范，所以无论给她什么样的礼遇，都受之无愧。"周周说道。

了解了海伦·凯勒，周周的心中突然涌起了一股正气：做人应当如此。

生活中的不如意乃至不幸的确存在，只是因为生活之中有了坚强，一切才变成了风雨之后的彩虹，绚丽而又张扬。

台湾影星王思懿，在演艺事业取得巨大成功前，曾遭遇过理想破灭的巨大打击。

王思懿从小酷爱舞蹈艺术，为了跳好一个动作，可以练习上百次而毫无怨言，从小学到中学，她已经打下了扎实的舞蹈功底，因此很顺利地考上了艺专舞蹈科。

在舞台上翩翩起舞，这是王思懿最美丽的梦想。她的形体条件很好，双腿修长，身段苗条，天生就是块练舞的材料。她的个性又十分要强，凡事喜欢冒尖，所以学习上刻苦用功，进步很快，成绩一直名列前茅。

天有不测风云。在一次腾空飞跃交叉舞步的练习中，王思懿不慎跌倒，腿部关节的韧带因此拉断，医生告诉她不能再跳舞了。王思懿一向将舞蹈视为自己的生命，将舞台视为自己唯一的世界，突然遭受到如此打击，她伤心得落下了眼泪。

坚强的王思懿不甘心就这样放弃自己的梦想。伤愈之后，她仍然回到学校，坚持上课习舞。尽管她的舞蹈还是有相当水准，但她越来越明显地感到力不从心，艺术上已无法再有新的突破、新的超越。于是到了三年级时，她怀着极为无奈、极为痛惜的心情，从艺专休学，去寻找属于自己的新的发展空间。

她选择了广告模特儿的工作，幸运的是，她很快成了这一行业的新宠。

不久她又投入影视圈，并逐渐走红。她在《水浒传》中扮演潘金莲令千万大陆观众牢牢地记住了她的名字。她出色的演绎彻底颠覆了"千古淫妇"的形象，反而将一种女性的美及对爱情、自由的追求诠释得淋漓尽致。因而不仅获得圈内行家的佳评，且深受广大观众的喜爱。她从此走上家喻户晓的明星之路。

王思懿的成功，首要的原因就在于她能以坚强的信念支撑自己。尽管遇到了严重的挫折，看似步入绝境，也不放弃希望，而是用积极的心态引导自己开创一片新的未来。

《易经》曰："天行健，君子以自强不息。"

我们或许比王思懿幸运一些，没有遭受过那么大的打击。但谁又能完全避免挫折和失败呢？每一天，都可能有不如意的事情发生，比如面试没有通过，比如被老板责备，比如受到不公平的待遇……

哭泣是允许的。痛哭一场，洗净你心中的尘埃，然后擦干泪水，你还是你，一个坚强的你。再对自己念一遍那句经典的台词："明天又是新的一天。"

坚强是一种傲人的勇气。坚强是困境之中一抹浅浅的微笑。坚强是失败后一个坚定的眼神。

坚强可以让你坦然面对一切突如其来的挫折，将这些挫折转化为动力，从中总结经验教训，最终创造出辉煌的人生。

建议二：不展翅就永远失去了飞翔的可能

一只鸟儿，倘若不展翅，就永远失去了飞翔的可能。曾经有一个小男孩将一只鹰蛋带回他父亲的养鸡场，他把鹰蛋和鸡蛋混在一起让母鸡孵化。于是一群小鸡里出现了一只小鹰。

小鹰与小鸡一样过着平静快乐的生活，它根本不知道自己与小鸡有什么不同。慢慢地，小鹰愈长愈大。

一天，它看见一只老鹰在养鸡场上空自由展翅翱翔，小鹰十分羡慕，它多想像老鹰一样飞上天空，去感受一下高处俯瞰的美妙，但是小鹰又觉得害怕："可是我从来没有张开过翅膀，没有飞行的经验，如果从半空中坠下岂不粉身碎骨吗？"

经过一阵紧张激烈的内心斗争，小鹰终于决定甘冒粉身碎骨的风险，也要展翅高飞一下。随着两翼涌动出的一股奇妙的力量，小鹰成功了，它飞上了高高的蓝天，小鹰惊喜地发现：世界是如此地广阔和美妙！

很多人都希望成功，但在千千万万人当中，只有少数的人才能取得成功，原因何在？其实很多人都并非能力的问题，他们完全可以像鹰一样翱翔蓝天，而他们却因为缺乏冒险的勇气和精神，于是缩手缩脚、患得患失。最后，就只能像小鸡一样默默无闻，一辈子蜷缩在农场的那一小片天空。

人生本身就是一场冒险。如果你贪图安逸，希望过着宁静的生活，这固然没有错，但却也因此会与成功失之交臂。因为只想维持现状便意味着原地踏步，不求进步，这时如何奢望成功的到来呢？

很多时候，成功的机会往往与风险并存，要想抓住成功的机会，就得学会冒险，否则，就会丧失许多可能是人生重大转折的机会，从而使自己的一生平淡无奇，毫无建树。当然，敢于冒险的人并不一定个个成功，但成功者当中，很多是因为他们敢于冒险。

有一次，摩根旅行来到新奥尔良，在人声嘈杂的码头，突然有一个陌生人从后面拍了一下他的肩膀，问："先生，想买咖啡吗？"

陌生人自我介绍说，他是一艘咖啡货船的船长，前不久从巴西运回了一船咖啡，准备交给美国的买主。谁知美国的买主却破了产，不得已，只好自己推销。他看出摩根穿戴考究，一副有钱人的派头，于是决定和他谈这笔生意。为了早日脱手，这位船长说，他愿意以半价出售这批咖啡。

摩根看了货。经过仔细考虑，他决定买下这批咖啡。当他带着咖啡样品到新奥尔良的客户那里进行推销的时候，大家都劝他要谨慎行事，因为价格虽说低得令人心动，但船里的咖啡是否与样品一致却还很难说。但摩根觉得，这位船长是个可信的人，他相信自己的判断力，愿意为此而冒一回险，便毅然将咖啡全部买下。

事实证明，他的判断是正确的，船里装的全都是好咖啡。摩根成功了。

就在摩根买下这批货不久，巴西遭受寒流袭击，咖啡因减产而价格猛涨了 2～3 倍。摩根因此而大赚了一笔。

同样的情况下，相同的机遇，只有敢于冒险的人才善于把握，最后获得成功。很多人在机遇面前过于谨慎，虽然小心谨慎并没有什么不好，但过于谨慎往往让你很容易错失机遇，这就像一个笑话里所说的：有天晚上，机会来敲某人的门，当这个人赶忙关上报警器，打开保险锁，拉开防盗门时，它已经走了。

如果不展翅，你将永远失去了飞翔的可能，所以，为了一览无余，不妨多一点冒险精神！

细节 64　用持续行动去追求梦想

古龙曾说："梦想绝不是梦，两者之间的差别通常都有一段非常值得人们深思的距离。"光做梦，是永远实现不了梦想的，梦永远只能是虚幻的、华丽的，与现实无关。而梦想，只要你肯付出行动，坚持不懈，努力进取，就有可能实现。所以，想有所成就的女孩们一定要谨记，光做梦是永远不会有实质性收获的，必须要付出实际的行动和努力，才可能将梦想变为现实。

你的处境肯定和那位乞丐完全不相同，生存环境也与他有着天壤之别，但是你是否也同样拥有各种各样的梦想呢？

对于"梦想"，人们有各种不同的看法。有人认为健全的人应面对现实，不应当耽于幻想。也有人觉得，爱梦想的人，根本不适合在现实社会中生存。

可是我们却认为，只要懂得判断能够实现的梦想和近乎虚妄的梦想之间的差别，拥有梦想并不是一件坏事。

如果没有梦想，美国人到现在恐怕还激荡在大西洋海岸的一角；如果没有梦想，人类恐怕到现在还只是跷着脚仰望天上的飞鸟……

但千万不可以仅仅把梦想停留在梦想上，一旦有了梦想，就必须拥有实现梦想的坚强意志和决心。如果也像那位乞丐一样只有梦想而不努力，只有愿望而不能拿出力量来实现愿望，那是不可能成事的。

只有下定决心，历经学习、奋斗、成长，才能摘下成功的甜美果实。而大多数的人，在开始时都拥有很远大的梦想，只是他们从未采取过行动去实现这些梦想，缺乏决心与实际行动的梦想于是开始萎缩，种种消极与不可能的思想衍生，甚至于就此不敢再存任何梦想，过着随遇而安、乐天知命的平庸生活。

这也是为何成功者总是占少数的原因。了解了一些成功哲学后的你，是否真心愿意在此刻为自己的理想，认真地下定追求到底的决心，并且马上行动？

当你养成"想好了就去做"的工作习惯时，你才掌握了向成功迈进的秘诀。

建议一：父母要懂得培养女孩追求成功的意念

天下父母无不期望女孩获得成功。女孩怎样才能获得成功呢？家长首先要培养女孩追求成功的意念。当女孩相信自己是有能力的，并感觉到他人的欣赏、肯定，她就会多一份自信，多一份责任，也就会具备追求成功的意念。父母的激励将有助于女孩获得这些。

父母要激励女孩，可通过发现女孩最擅长做的事来表扬、肯定她。

有个女孩，从 7 岁起就帮助父母洗菜做饭，她特别爱打鸡蛋。

一次她自己打好鸡蛋，用筷子搅匀放入锅中做成汤后，全家都夸奖她。之后一遇到家里打鸡蛋的活她就包了。不仅自己打，自己搅，还学习自己做。后来她能自己做鸡蛋汤了。由于爸妈表扬孩子擅长做鸡蛋汤，来了客人，大家也都讲想吃她做的鸡蛋汤，于是这个女孩就更加认真地做汤。几年之后，她不仅做蛋汤，还会做一些好吃的饭菜。

激励的教育方法主要是通过家长的谈话来实现的。这方面的范例比较多，如英国科学家汤姆生父子都是诺贝尔奖获得者，科学殿堂里的最高荣誉为什么会出现这样的子承父业的奇迹呢？这与母亲对小汤姆生采用激励的教育方法是分不开的。母亲在小汤姆生14岁生日的时候说："孩子，别忘了你爸爸14岁就上大学了，虽然你的祖父只是一个小书贩。"这对小汤姆生的激励是不言而喻的。他想："父亲14岁已入大学，我14岁才是中学生，而我现在的条件比父亲小的时候好得多，有什么理由在学业上比不上父亲呢？"在以后的岁月里，母亲的教诲一直激励他奋发读书，直至取得最辉煌的成就。

家长期望的目标，有时会成为女孩追求的目标。父母要对女孩的发展充满信心、充满希望，要善于抓住女孩的优势以激励她主动发展，追求成功。父母可以针对女孩的具体特点，为其设定合适的追求目标。父母特定的动作、手势、表情、眼神在特定的环境中也都具有某种激励作用，以至于女孩会具有更强的追求成功的意念。

女孩，特别是幼小的女孩，她不知道自己能够做什么，适合做什么，需要做什么。家长可以多方面了解女孩，并与女孩多交流，帮助她确立目标，有了目标之后，女孩才会产生为实现目标奋斗的动力。当女孩认同这个目标，并为此付出劳动时，她已有了追求成功的意念。许多聪明的女孩，常常觉得课业的学习内容过于简单，而不需下太大的工夫，课业就可以表现得不错。由于缺乏挑战，以致无法去施展才能。

在家庭中，父母应有意识地分派给女孩一些力所能及与其年龄相当的劳动任务，例如打扫卫生、负责为花草浇水，等等。与女孩进行平等的交流，也是培养责任心的一种方式，不但要倾听她的心声、感受，也要同她谈些自己的喜怒哀乐。女孩的责任心就是在家庭的日常生活之中点点滴滴培养起来的。

建议二：告诉女孩今日事今日毕

拖延与等待会使你裹足不前，而生活是需要用双手去改造的，而不是一个等待者的呐喊能改变的。"永远不要把工作留到明天"，因为明天是永远没有尽头的。等待只能在明日复明日的盼望中老去。所以现在就行动吧！

明日复明日，明日何其多。我生待明日，万事成蹉跎。

拖延是生活中司空见惯的一种现象，对一位成功者而言，拖延是最具破坏性、也是最危险的恶习，因为它使人丧失了主动的进取心。一旦开始遇事拖拉，那么就很容易再次拖延，直到它们变成一种根深蒂固的恶习。而拖延的恶习，往往让人失去生命中所追求的东西，并使人的时间、精力和情感在无谓的浪费中而变得一文不值。拖延最终的受害者是我们自己。

不管做什么事情，总是喜欢拖延，没有到最后时刻，就不会去动手。为了一部好看的电视剧，或者难以割舍的网络游戏，或是同学之间一场可有可无的聚会，把原来计划要做的事搁下了。事后又懒得补上去，一天天过去该做的事仍堆在那里。结果要考试了，这才着急起来。原来漏了这么多的笔记，或者要参加某项比赛了，才发现自己还没准备好……拖延是一种坏习惯，对我们的危害极大，因此我们必须要克服这一恶习。

我们每个人都有着种种憧憬、理想和计划，如果我们能够将这一切迅速地加以执行，那么我们所取得的成就就会不可估量。然而，大多数人有了好的想法、计划后却不去执行，而是一味地拖延。

当你充满兴趣、热诚时，做事是一种喜悦；而当兴趣、热诚消失时，做事是一种痛苦。喜欢拖延的人往往意志薄弱，他们或者不敢面对现实，习惯于逃避困难，惧怕艰苦，缺乏约束自我的毅力；或者目标和想法太多，导致无从下手，缺乏应有的计划性和条理性；或者没有目标，甚至不知道应该确定什么样的目标。另外，认为条件不成熟、无法开始行动也是导致拖延的原因之一。

要知道，今天有今天的事，明天有明天的事。因此，我们不要像寒号鸟那样，在拖延中耗费时间和精力，因为你所耗费的时间和精力足以让你把今天的工作做好。人生稍纵即逝，犹如昙花一现，一定要珍惜时间，这样才能切实把握好每一次发展的机遇，把自己从拖延的泥潭中彻底拯救出来，使拖延的恶习得以改正。要记住：凡事要立即行动，行动才能成功。

第十四章　培养女孩的多才多艺

——让她成为最耀眼的明星

细节 65　妈妈多观察，尽早发现女孩的天赋

在生活中，听话的女孩最讨人喜欢，但是任性而喜欢顶嘴的女孩往往会遭到家长的责怪和训斥。家长这种看似"管教"的专制作风，实际上是遏制了女孩的思维，扼杀了女孩的天赋，对女孩的成长只能起到反作用，这样的做法都有哪些不好的地方呢？

1. 使女孩形成认知障碍。犯了错误的女孩，因为没有真正认识到错误而与父母争辩。这时家长简单粗暴地不给女孩争辩的机会，不让其通过"辩"来分清是非，根本性的问题其实没有真正解决。由此，女孩的认识就会逐渐产生偏差。

2. 扼杀新思想。一个喜欢"顶嘴辩解"的女孩，往往能够将是非善恶权衡在自己的评判标准上，显示出求是明理的思想特质。许多女孩正是在这个过程中逐步学会了认识问题、处理问题的能力。但是家长的高压往往使女孩产生唯唯诺诺的心理，对女孩的成长非常不利。

3. 扼杀创造力。通过事实证明，喜欢顶嘴的女孩，隐藏着无穷的创造欲望，总能做出出人意料的事。所谓的创造力是把别人不曾思考过的事自己思考完成。

女孩在2～5岁时正是自我启蒙期，开始动脑筋思考问题及观察事物，若在此时压抑她的反抗或消除其抗因，反而阻滞了女孩自由思想的能力。把眼光放在女孩的未来，就会明白女孩的反抗

证明了女孩自己具有了一定的判断力，才能提出不同于己的意见，这会促进女孩智力的发育与成熟。根据一份调查显示，从小反抗能力强的女孩，将来有 85% 的概率会成为意志坚强、独具判断力的人，而没有反抗意识的女孩将来具有坚强意志的概率只占 24%，且多数会成为缺乏判断力而依赖他人生存的人。

有的女孩不仅喜欢顶嘴，更是顽皮得让父母感到头疼。很多父母在观念上倾向于承袭旧有的看法，认为"听话的孩子"才是理想中最好的孩子。而实际上，那些喜欢恶作剧的女孩，更是隐藏着无穷的创造欲望，所以才会时常做出出人意料的事情。有很多的名人在小的时候绝对不是老师和父母眼中的优等生，相反，甚至是令老师和家长头疼的劣等生。

诗人拜伦，在阿巴丁小学总是排第一名，这是因为这个小学的习惯作法是把劣等生放在首席的缘故。当时，教师用半开玩笑并带鼓励的话说："乔治，你能不能偶尔也来个倒数第一呢？"他的拿手好戏是打架，班里有一个学生虽然成绩好但力气小，他就和那个学生结成同盟，吵嘴或打架时拜伦出来帮助他，而让那个同学给他做作业。

诗人海涅，生在法国，长在法国，他在学校里是一个尽人皆知的劣顽生。他讨厌课程，反对服从，正如他自己所叙述的那样，上法语诗课时，常听得晕头转向，其他课程更加糟糕。后来他虽然能写出那样的好诗，但在孩童时期却弄不懂诗的韵律，教师常常痛骂他说："你是个从山沟里出来的野蛮人，对于诗一窍不通。"

著名儿童文学家冰心老人，曾经有一句话送给家长与教师们，她说:"淘气的男孩是好的,淘气的女孩是巧的。"她奉劝每一位家长,"千万别将淘气作为不听话而严加压制,要知道淘气是孩子的年龄特征。等到不淘气时就不再是孩子了"。

建议一:天赋的征兆都有哪些

人类是有灵性的动物,每一个孩子生来就有着专家们也无法预测的诸多能力。波士顿大学医学院的神经学教授霍华德·加德纳认为,人类本身具有六种基本天赋,但是一般的智商测验都集中在语言和逻辑数学这两种天赋上了。其他的四种,比如说是音乐、空间想象、身体动觉以及了解"人"的天赋也是很关键的部分。加德纳本人认为,天赋所包括的内容如下:

语言天赋

看一个女孩是否有很多的语言天赋,不用等她长大,从小就可以看出来,因为有语言天赋的女孩一般都是爱讲话的女孩。这样的女孩可能说着自己的话语或一种颠倒的话语到处玩耍;她也可能容易学会外语的短语和记住电视及书上的一长串单词;有时她还喜欢讲故事,这种有语言天赋的女孩往往在早期就自己学着读书。

音乐天赋

有音乐天赋的女孩对各种声音着迷,她喜欢听汽车喇叭、打字机键及洗衣机的声音,她会蹒跚行走去摸钢琴的键并且呆呆地站着听。其后，她会认出别人弹的或用管弦乐奏的她们所熟悉但没有歌词的歌，她能无困难地学唱新歌并且在伴奏下把它唱出来。

逻辑数学天赋

数学和逻辑方面能力强的女孩对范畴和类型着了迷。她比较爱问：这些积木相同的地方在哪里？不同的地方在哪里？她也善于下棋，喜欢抽象概念并很快学会等量（例如：两天等于 48 小时）。她会构想出仔细安排的、有纪律的幻想世界（《阿丽丝奇境历险记》的作者路易丝·卡罗尔就是一个数学家）。

空间想象天赋

有这种天赋的女孩是超常的想象者（观察者）。例如她很小就能正确地合乎透视画法地画出一个立体物体，比如牛奶箱子。

身体动觉天赋

这种天赋包括两种基本技能：如何设法使自己的动作优美及如何灵巧地操纵物体。有才艺的运动员和舞蹈家就是有这种天赋的人，许多工程师也是这种人。如果你的女孩对于翻筋斗、游泳和空手骑车这些活动很容易完成，她就可能有身体动觉天赋。这些女孩能很好地完成那些需要有灵巧运动神经的任务，例如接球、穿针，使用各种工具，拆卸和改装钟、收音机甚至计算机等。

了解"人"的天赋

识别一个女孩是否具有了解自己的天赋是困难的。有"了解自己"天赋的女孩在她们年纪大些时就体现出较强的生活自理能力，懂得怎样做计划并最大限度地发挥自己的能力。有这方面天赋的女孩会特别注意别人的变化，她会问："这个为什么会令祖母伤心？"如果她在看有关侦探的小说或是电影，她会很快把坏人认出来。

总之，每个女孩都会具备其中的某种天赋，但是很难完全具备这六种天赋。作为家长，我们最好能够敏感地感觉到女孩的天赋，而不是为女孩的种种表现而叹气。

建议二：父母怎样做才能激发她的天赋

有一句名言："一切为了孩子，为了一切孩子，为了孩子的一切。"许多父母对自己的女孩也确实是有求必应，爱到无以复加的地步，恨不得女孩一夜成才。如此看上去一切为了女孩，实际上是耽误了女孩，甚至害了女孩。

每个女孩都有某个方面的天赋，只是，天赋也需要激发，如果父母对女孩的爱的方式不当，则其天赋会被压抑甚至扼杀。著名的教育实践家和理论家苏霍姆林斯基曾经认为，在父母和老师眼中的"差生"，往往有三种类型：

1. 思维尚未"觉醒"的学生。如一位叫费加的学生，"最大的障碍是算术应用题和乘法表"，是对乘法表的迅速遗忘，因此被定位为"差生"。而正是这位"差生"后来成为一名物理专家。幼年的费加就是一位思维尚没有"觉醒"的学生，家长和老师的任务是"激发它的觉醒"。

2. "天赋"面纱尚未揭开时的差生。巴甫里克就属于这类学生，他曾被判定为"没有能力掌握知识"的学生，直到他的生物老师发现了他具有植物学方面的天赋。后来巴甫里克进了农学院，成为农艺师。

3. "理解力差和头脑迟钝"的"学习有困难"的学生。在霍姆林斯基看来，前两类"差生"实际并不是"差生"，只不过他们的潜力或天赋暂时没有被发现罢了。从心理学的角度看，对于多数学生来说，确实存在着"天赋"上的差异。他们往往表现出强烈的学习兴趣而成为优秀生；另一些学生的"天赋"则呈"隐性"，由于还没有被发现，再加上教学方法方面的因素，而被判定为"差生"。

在现实的生活中，很多孩子的潜能得不到激发，并非是偶然的现象，其中主要的原因有三：

1. 家庭因素的影响。在一次对家长的问卷调查中有这样一道题："孩子犯错误时，你对孩子说的第一句话是什么？"接受调查问卷的53%的父母回答是："你看某某多好，你有他（她）一半，我就知足了。"从中我们可以看出，有些父母不能正确评价孩子，关键是评价标准有问题。他们常常觉得别人的孩子是天才，自己的孩子是蠢材；别人的孩子是金子，自己的孩子是沙子。面对父母这样指责和不屑的态度，孩子的天赋又怎么能不被压抑呢？

2. 老师的教育方法简单粗暴。有个学生对植物怎样吸收营养、怎样呼吸弄不懂，生物老师经常训斥她说："难道你连这么简单的东西都弄不明白吗？你究竟能干点什么？"这个学生渐渐失去了学习信心，并产生了逆反心理。

3. 孩子的思维"尚未觉醒"。孩子的思维需要家长和老师用心灵将其唤醒，如果一个女孩自暴自弃的话，那就彻底失去了自尊和自信，更难说上进。

父母要懂得激发女孩的好奇心，并且要培养女孩善于发现问题和提出问题的能力，家长在女孩的学习、生活以及其他活动中，要善于根据女孩的实际有意识地对她"设疑"，引起女孩对问题的注意和思考。比如说，当女孩喜欢看小鱼在水中嬉戏的时候，这个时候家长可以及时引导女孩"为什么鱼能够在水中游泳而不会被淹死？"通过这样的方式，有效地激发女孩思考和寻找问题的答案。

家长还可以将女孩的好奇心引向大自然，也可以带她去观察春天里各种花鸟鱼虫的变化，比如说带她去池塘边观察小蝌蚪，看看她们是怎么变成欢蹦乱跳的青蛙的；可以让女孩养几条蚕宝宝，看看蚕宝宝一生要脱几次皮，每次脱皮后有什么变化，蚕宝宝最后怎样吐丝做茧，也许女孩会由此开始一个未来生物学家的探索；可以带她观察夏夜的星空，让她对横亘的银河、闪烁的星星以及盈亏交替的月亮产生兴趣，也许，未来天文学家会由此诞生；可以让女孩注意昼夜的更替、四季的变化、阴晴雨雪、电闪雷鸣；还可以让她搞些家庭的种植、饲养活动等。总之，可以让神奇的大自然来容纳女孩无穷而强烈的好奇心，培养她勇于探索的精神。

细节 66　才艺是女孩成长的好伴侣

随着生活水平的提高，人们的业余生活也越来越丰富多样了，无论是大人还是孩子，在闲暇的时间里可供休闲的场所都有很多。在周末的时候，有些家长可能会选择陪女儿到游乐场去玩，有的则带着孩子去公园里散步，另外一些也可能去商场购物。但是却很少有家长想到可以带着孩子一同参观各种博物馆与展览馆。

带孩子去参观博物馆有很多好处，其中最主要的是能够增长孩子的见识，扩充她的知识。特别是当孩子在学校中开始学习相关的知识时，为了理论联系实际，让孩子把书中的文字描述与实际的物体结合起来，去博物馆就是很好的一个途径。例如，孩子在学校里学习了一些天文知识，父母就可以带孩子到天文馆去参观学习；假如孩子在学校里学到了动植物的知识，那么带她去动植物标本的展览馆也不错。

有一位母亲，为了培养女儿广博的爱好的兴趣，经常带她去一些博物馆。女儿最喜欢的是自然博物馆，于是妈妈收集了许多与自然界动物、植物有关的资料，分成不同的专题，每次选定一个主题有针对性地带她去参观。女儿虽然去过很多次自然博物馆，但她还是很喜欢去。她酷似一个小小的生物学家，说起恐龙为什么灭绝、猿猴是如何变人的头头是道，她对自然界中动植物的观察也细致入微。

　　一次，女儿去故宫和天坛时，对古色古香的建筑十分好奇，不住地问："这些大房子是怎么盖起来的？"为了解答女儿的问题，也为了激发她的求知欲，妈妈带她来到了古代建筑博物馆。她们边走边看，与此同时，妈妈给女儿讲：天坛祈年殿三重檐和金丝楠木大柱，故宫角楼 9 梁 18 柱 72 条脊，鲁班发明锯子盖宫殿，李春建造赵州桥……一个个有趣的历史故事与建筑常识有机融合，女儿听得津津有味，恨不得整个暑假都在这里度过。

　　一些家长带孩子去博物馆过于追求向她灌输知识，结果丢掉了趣味性，一两次过后，孩子就再也不想去博物馆了。而上述的这位妈妈就十分聪明，她为了增加去博物馆观看的次数，把想要女儿了解的知识都分门别类，而且讲解的过程也富有趣味性，女儿不仅增长了知识，而且也越来越喜欢跟着妈妈去博物馆了。

　　当然，父母不能急功近利地要求女儿在短时间里了解很多的东西，但是在去博物馆参观的时候，也不能有只是随便玩玩的心态，因为这样就丧失了对孩子进行培养与教育的大好机会。带女儿参观博物馆需要家长事先就有所准备，选择一些适合女儿年龄的博物馆，或者是与女儿目前正在学习的某一方面知识相关的博物馆，这样就更有针对性了。参观的时间也不易过长，最主要的是，父母不能够强求孩子参观。

　　从某种意义上讲，一座博物馆就是一部物化的发展史，通过与历史对话，我们不仅能够了解过去、展望未来，而且还能让自己的知识更加广阔，思想也更加开阔。

建议一：多才多艺也有度

如今，让孩子学习各种各样的才艺成为很多父母生活中的重心所在。他们认为，学习各种才艺是素质教育的一种，因此，无论孩子愿不愿意，父母都逼迫着孩子进各式的才艺班。

从小学习一门艺术，不但可以陶冶孩子的情操，开发她潜藏的艺术才能，而且对于日复一日枯燥的课本学习都有着很大的调节作用。如果学的好，日后还可能在才艺方面有所作为。但是，家长在为孩子报才艺培训班的时候并不能自作主张，而是要根据孩子的特点，在与孩子协商的基础上再斟酌。

一位父亲在女儿两岁时，就让女儿学才艺，每天都规定女儿必须做什么，不准做什么。如果女儿不听话，就没完没了地唠叨。在这种环境里，女儿的确取得了不小的进步，不到 10 岁，就弹得一手好琴，还擅长书法绘画。

一次，女儿在绘画比赛中获得一等奖。父亲非常高兴，洋洋得意地说："我太幸福了，10 年磨一剑，工夫终于没有白费。"但是，当他看到女儿获奖的那一幅画时，惊呆了：在画上，有一只乖巧的小羊正在弹琴，在旁边站着一只龇牙咧嘴的大灰狼，在狼旁边标了这样一行字："你得一直弹我爱听的曲子！不然，我就吃掉你！"他恍然大悟——乖巧的小羊，还有龇牙咧嘴的大灰狼——这是女儿在控诉自己啊！

有些孩子在看到钢琴这类漂亮的乐器，或是听到优美的音乐时，她自己也会想要用好看的乐器演奏出美妙的音符。好奇是孩子特有的天性，最初喜欢某样东西的时候大多都是因为好奇心所引起的。但是有的孩子在接触了一段时间之后，却发现她手中的乐器并不是自己真正喜欢的，也就不愿意继续学下去了。这个时候，家长应该多站在孩子的角度考虑，而不是以强迫的方式让孩子做自己不愿意做的事情。

事实上，很多父母在才艺学习这方面的意识本身就很模糊，多是随大流地对孩子胡乱地进行培养。他们看到别人家的孩子今天去学美术，明天又去学声乐，于是觉得自己的孩子也不能够落后，也让孩子去学。他们并没有想到，在孩子没有兴趣的情况下学习才艺，只会给孩子的生活和思想造成巨大的压力，别的一无所获。既耽误了学校里的文化学习，才艺方面也没有很大的长进，何苦呢？

每个人都有自己所擅长的领域，并不是所有的孩子都有艺术的天分。有的孩子可能对文学感兴趣，如果父母强迫孩子去学舞蹈，那根本就是南辕北辙，最终孩子将什么都没有学到。因此，在家庭教育中，父母如果想要自己的孩子学习才艺，就一定要根据孩子自身的条件以及兴趣来决定。

无论做什么事情，要想把这件事做得更好更精，那么就一定要花费大量的时间与精力在这件事情上，学习才艺也不例外。孩子的接受力本来就有限，再加上现在学校学习的负担也重，如果父母还让孩子在课余时间参加过多的才艺培训班，那么孩子就会不堪这种过大的压力。因此，对于真正有艺术天分的孩子，父母只需要让孩子扎实地学习一门才艺就已经足够了。

不要认为孩子年龄小，不要觉得她们什么都不懂，更不要对女孩说："我做的一切都是为了你，你现在反抗，长大后就知道是对你好了。"可是似乎很多父母都会说这样的话，让孩子年幼的心灵承担了太多的负重。孩子是追求自由的，可学习才艺的压力往往埋没了她心中对自由的向往，这对她的成长是很不利的。因此，父母在决定孩子是否学才艺之前，一定要多与孩子沟通，倾听她自己的想法，之后再做决定。

建议二：别逼女孩学自己不喜欢的东西

关于"媚雅"，很多人并不知道这是什么意思。已故作家王小波在一篇文章中曾经说："这个词的意思我倒知道，是指大众受到某些人的蛊惑或者误导，一味追求艺术的格调，也不问问自己是不是消受得了。在这方面我有些经验，都与欣赏音乐有关。高雅音乐格调很高，大概没有疑问。我自己在音乐方面品位很低，乡村音乐还能听得住，再高就受不了。"

也就是说，"媚雅"之人本身欣赏不了高雅的美，可是却要故作高雅，硬着头皮学习"高雅"，无奈自己却是"媚雅"之举。可是很多家长就是这样，他们让自己的孩子学习孩子并不喜欢的东西，不管孩子怎样垂头丧气，还是硬逼迫着其去学。

有许多诸如此类的父母，他们不但自己不懂得某种艺术，更谈不上欣赏，可是非得把自己的这点虚荣心强加在孩子的头上，让孩子去学习自己没有获得的东西，让孩子承受着"嘱托前辈梦想"的压力。

要知道，无论艺术本身有多么高雅，可是自己不喜欢的艺术就是"媚雅"。难道作为父母，你愿意让自己的女儿变成"媚雅"之人吗？

艺术的学习是基于兴趣，而不是为了考级。专家认为，孩子学习艺术可以本着兴趣去学，而不是追求社会上流行的考级。考过钢琴十级的人，如果本身并不喜欢钢琴演奏，那么他弹出来的音符也只是没有灵魂的篇章。相反，只有一个人心中热爱一门艺术，那么他在艺术中所表现出来的东西才有来自灵魂的震撼和力量。

孩子在学习自己不喜欢的东西时，往往会产生抗拒心理。鲁班小时候非常聪慧，他的父亲非常高兴，想要让他读书成才，不要跟自己一样再做木匠。可是鲁班并不这么想，他执意要做一个好木匠。父亲没有把自己的意志强加于鲁班身上，于是鲁班才有了后来的巨大成就。在现实生活中，父母应该多观察孩子，发现孩子的内在潜质，看孩子究竟喜欢什么，适合什么，而不是随大流地让孩子去学艺术。

细节 67　让她的生活与艺术零距离接触

我们都知道，在充满艺术氛围的环境中长大的孩子可以更好地开发潜能。一个人可以不擅长艺术，但却不可以对艺术一窍不通。艺术可以拓宽女孩的视野，增加女孩的见识，培养女孩良好的情趣。

艺术并不等同于才艺，学会了才艺并不意味着真正了解了艺术。中国古代有许多才华横溢的人，但他们中并不是每个人都懂得艺术带给人的真正的美感。

所以，家长在引导女孩懂得艺术的过程中，先要告诉她们真正的艺术没有得失，没有成败，没有功利，唯有陶冶情操而已。艺术不是附庸风雅，不是显示自己的格调。女孩果真是这样的想法，才算走上了艺术的大路。如果家长不明白演艺的重点是什么，也不了解女孩的兴趣点究竟在哪里，盲目地让女孩来学艺无疑是失败的教育，学艺将会成为让女孩天赋扭曲甚至变形的一种手段，甚至压制了她们的潜能，影响她们的一生。

艺术的魅力在于能够激发心灵、调动情绪、在写女孩的心灵世界，发现生活当中的美丽，让女孩建立起对美的信仰和追求。有艺术修养的女孩，更容易得到别人的尊敬，这也是艺术带给人生的一种财富。

建议一：音乐可以陶冶女孩的情操

音乐能够陶冶人们的情操，让人们从烦躁中解脱出来，从压力中得到舒缓，并且达到修身养性的作用。毕达哥拉斯就曾说："如果我们把各种优美的音调融合在一起，就能使各种行为缺陷转化为美德。"希腊著名的哲学家柏拉图也说过："如果教育适当，节奏和和声比什么都深入人的心灵，比什么都扣人心弦。人人知道，当我们的耳朵感受音乐旋律时，我们的精神就会起变化。"

除了陶冶情操之外，音乐还能够起到一些规范人们行为的作用。例如，一些国外的公共场所就会播放一种叫做"文雅劝说者"的音乐，这种音乐的旋律是经过专家精心地研究与编制后才在公共场所加以播放，以起到约束不好行为的规范作用。另外，有的工厂和企业也用音乐给员工进行精神上的调节，在紧张的工作之后，播放一小段轻松舒缓的音乐，让疲累的大脑和身体得到适当地缓解，从而让员工恢复到最佳的工作状态。

作为一种有节奏的律动，音乐在人的大脑中能够起到让细胞起和谐共振的同步作用，同时刺激大脑皮质神经细胞的兴奋度，从而让人们产生不一样的情感体验，以达到陶冶情操的目的。可以说，在家庭教育中，音乐是帮助父母培养孩子的好帮手。父母可根据孩子不同的特征和状态，适时地播放一些音乐，净化孩子的心灵。

在阳光明媚的清晨，在悠闲而宁静的下午，在温暖的家中播放一些舒缓而温馨的音乐，让温暖与舒适将孩子包围，让她在音乐中享受体验家庭的和谐，亲人的美好。当然，我们所说的背景音乐并不是指满街响起的流行音乐，因为一些流行音乐的歌词对青少年的成长并不能起到健康引导的作用，相反，还会让孩子迷失自我。父母播放的音乐最好是纯音乐，优美舒缓，或者是享誉世界的名曲，这些大师级的作品一定会让你收到不错的效果的。

女孩正处于成长的关键时期，对于任何事物都有着极强感知力，音乐也是如此。如果家长能够时不时地播放一些好的音乐，这样就可以增强孩子对音乐的感受力。在节奏中享受艺术带来的美妙，在音符中思考一些人生的道理。当然，如果孩子的情感细腻的话，在音乐中，她或许还能够与作曲的人在精神领域进行交流，也能够通过音乐引起某些方面的共鸣。

纯音乐给人以很大的遐想空间，孩子在听音乐的过程中可以尽情地放飞自己的想象力，在音乐的国度中尽情地遨游。

舒缓的音乐有助于人们放松紧张的情绪，如果孩子学习的压力过大，特别是面临升学考试的女孩，很有可能因为过于紧张而睡不着觉。这个时候父母就可以请出音乐这个好帮手，在孩子躺在床上的时候，播放一些节奏缓慢的轻音乐，让孩子闭上眼睛，放松心情。慢慢地，就会进入梦想。

有时候，因为对一些事情不满意，孩子的情绪会有或大或小的波动。无论是流泪哭泣、大吵大闹还是生闷气不说话，如果父母在这个时候拿女孩没有办法的话，不妨任由她做什么，而父母只需要放上一些舒缓的音乐就可以了。不知不觉中，你会发现女孩糟糕的情绪已经烟消云散了，洋溢在她脸上的还是之前快乐的笑容。

建议二：画画能培养女孩的美感

三味书屋中少年鲁迅曾用"荆川纸"蒙在小说的绣像上，将人物一个个描下来。他在回忆时风趣地说："书没有读成，画的成绩却不少了，最成片断的是《荡寇志》和《西游记》的绣像，都有一大本。后来，因为要钱用，卖给一个有钱的同窗了。"这种情节，其实与你在课堂上偶然偷偷在笔记本上画一个小猫或者雪橇狗的往事有些相像吧。可见，这绘画中，确实有无穷的乐趣。

画画不仅不能培养美感和空间的把握能力，而且还能提高手眼以及大脑之间的协调力。孩子正在成长发育的关键时段，让身体的各个器官灵活起来是非常重要的。而且画画还能够激发孩子的想象力，既陶冶了情操，又锻炼了心智，何乐而不为呢？

孩子有着极强的模仿力，看到课本上有喜欢的图画，就想尝试着自己把它画下来。无论是照着画还是贴着画，对于提高孩子的审美能力都有一定的帮助。关于绘画方面的名人故事有很多，其中就不乏因为热爱画画而勤学苦练的例子。

"江南四大才子"之一唐伯虎的画画技艺很高，有一次，一个画家向他挑战，两个人在相同的时间里面，都完成了两幅非常好看的画，栩栩如生。正当大家争执不下谁画得好的时候，两只蝴蝶飞了过来，都围着唐伯虎的百花争艳图飞，还时不时地停上去。这时候，比赛的结果就出来了，唐伯虎的画骗过了蝴蝶的眼睛而当之无愧地成为了赢家。

日本 16 世纪的"画圣"雪舟，因幼时家贫，不得不进山当和尚，但他酷爱绘画，常因为学画而误了念经，以致一再触犯庙里的长老。长老见他为绘画走火入魔、"屡教不改"，大怒，将他的双手反绑，捆在寺院的柱子上。雪舟虽然行动受制，却不愿意因此放弃绘画，想到伤心处，不由得泪如雨下。那些泪水刚好滴落在地上，激发了雪舟的灵感，他居然伸出了大脚趾，蘸着泪水就在地上画了起来，画出了一只活灵活现的小老鼠。长老见了大吃一惊，终于认定这孩子日后必有出息，便不再限制他绘画。后来，雪舟果然成了一代宗师！

许多女孩对粉笔都很感兴趣，因为从小就看到老师在黑板上用粉笔写啊画的，因此自己也有了强烈的好奇心，想要用粉笔诉说内心的情愫。她们会拿着粉笔乱写乱画，在黑板上、在墙壁上、在地上……这个时候，家长不能因为女孩弄脏了墙壁或者地板就大声地对其进行训斥，因为这会让她对涂鸦的兴趣有所丧失。家长最好用循循善诱的方式对女孩进行劝解，而且可以买一块小黑板，让孩子在上面尽情地涂鸦。

孩子的世界充满了无穷无尽的乐趣，与其让这些童年的乐趣随着时光的流逝而消失得无影无踪，倒不如让孩子拿起画笔尽情地涂鸦，以留住此时此刻的快乐与感受。

素描是学习绘画基础性的阶段，也是练习基本功的重要途径。因此，要想学好绘画就必须从素描练起。当然，对于孩子来说，素描的黑白色调也许会减少孩子的兴趣，但是如果真的是在绘画方面有潜力的孩子，家长就要想方设法让孩子带着兴趣学习素描。

学习名家名作并不是要求孩子能够模仿名人的作品，毕竟孩子还小，画不出难度高的作品。我们这里所说的学习，重点是学会欣赏。在平时的教育中，家长需要帮助孩子理解名作的内容，从结构、色彩、内涵等诸多方面进行诠释，这对于提高孩子对绘画的理解是十分必要的。

细节 68　这些才艺适宜女孩学习

对女孩来说，画画并不是可有可无的，它对女孩的心理和智力健康发展具有相应的推进作用。其次，绘画过程是一个需调动多方面因素同时合作的过程。它是在观察、理解、记忆、想象的基础上，通过手的具体劳动来完成的。通过绘画练习既可以培养女孩的观察力、理解力、记忆力和想象力，又可以培养女孩脑与手的协调能力。同时，由于绘画不是一种单纯的摹写，而是一种极富创造力的劳动，所以它在女孩创造力的培养方面又有着不可忽视的特殊作用。绘画也是女孩表达其思想感情和内心世界的一种方式，它对女孩表达能力的提高也具有一定促进作用。此外，敢于让女孩大胆落笔，不加怀疑地表现自己所看到、想到、感受到的东西，又是培养女孩树立自信心的一种途径。

具体说来，画画对于女孩的成长，有哪些重要作用呢？

1. 画画是女孩成长的需要。从女孩第一次动笔画画起，能够把多维的世界在二维的画纸上表现出来，对于女孩来讲已经是一种最简单的创造了。女孩通过用笔在纸上画，不断地试验，体会自己对纸施加的影响，并对留下痕迹感到惊奇。她们又不断地把画出的痕迹和自己感受到的形象进行对照，从中学习到一定的经验，感受到自我的存在并试图更新的表现。这种创造也是女孩的一种趣事。

2. 画画有利于女孩的心理调整。对于女孩来讲画画是一种游戏，是一种轻松、愉快、简单的活动。绘画这种运动能够使女孩的心理感受和心理变化（生气、高兴、自卑、喜爱等）很自然地通过绘画抒发、发泄出来。绘画对女孩心理有一定的调节作用。

绘画是要通过手、脑、眼的配合以色彩图案来表现一定的视觉效果，使女孩的视觉感受能力在活动中得到锻炼。另外，在生活中的感受和经验的积累是女孩表现内容的源泉。绘画会促使女孩不断地通过视觉、味觉、嗅觉等多种感觉去进行感知，增强感知能力。

3. 画画是女孩的另一种表达语言。孩子的内心世界是神秘的、童话般的，绘画能够创造出文字所不能替代的意境。在女孩文字语言还不完善时，绘画就成了儿童的另一种交流语言。

要让女孩自发地涂画，以鼓励的话语调动女孩的思维和情绪。多为女孩订阅一些图文并茂的少儿读物及各种绘画入门的杂志，有机会去观看各种书画展、文艺节目，多到大自然中去领略秀丽风景。小女孩像花草一样，她的发育也依照永久不变的规律。花草需要日光、雨水、空气、营养，女孩需要自由、需要自然发展，做老师和父母的，不要束缚女孩的思想，不要压迫她的成长。

世界有多大，童心就有多大，女孩画的天地就有多宽广。女孩美术作品的魅力，就在于其充满神奇的想象力。那些涂抹于墙角、地面或木地板上的不为功利所动的画，最具女孩的天性。所以同龄女孩的画，都具有共同的特点、特征。也表现出鲜明的个性特征，或大胆随意，或拘谨局促，或细腻精致，或马虎潦草，都是女孩的心灵映象、生命集体的体验，也是区别不同个体女孩的外观要素之一。

建议一：音乐提升女孩的修养

如何判断女孩是否具有特殊的音乐才能？现代父母已意识到音乐教育在女孩成长过程中的巨大影响，因此在家庭中一般都可以做到培养女孩对音乐的兴趣。但是，要提醒家长注意的是，对女孩进行音乐教育的目的并不在于培养音乐家，而是为了对女孩进行音乐艺术的熏陶，让她学习体会音乐的魅力。而且，特殊的音乐才能往往与遗传大有关系，所以当你觉得投资巨大，女孩却无长进时，不要责怪她，其实你已经给了她一件一生受用不尽的珍贵礼物。

我们可以从大量的文献中看到，那些被称为"天才"的人，大多数都是非常地喜爱音乐，并且都有过接受音乐教育的经历。而对于一个孩子来说，音乐对她的影响的确非常明显，女孩对音乐的敏感远远超出了视觉。

著名的教育专家塞德尔兹在儿子诞生后不久就发现了这一点，所以在儿子的成长过程中，他始终把音乐教育放在很重要的位置上。

每当母亲在客厅中演奏钢琴时，小塞德尔兹总会有不同的反应，这种反应在他还在摇篮中的时候就已经开始，当他哭闹之时，一听到悦耳的琴声便会立刻停止，甚至有时会流露出愉快的笑容。

当孩子哭闹的时候，母亲并没有像其他的父母那样递上吃喝，而是常常用音乐去慰藉孩子。因为孩子哭闹时给他递上吃喝的东西，不但对孩子的健康有害，也会使孩子养成一种恶习，会在幼儿的头脑中形成这样一种概念，即哭闹便能换来吃喝，吃喝是世界上最好的事。形成了这种概念的孩子必定会变成一个俗物。

由于钢琴的声音过大，母亲便时常弹吉他给儿子听。她认为，吉他是一种很棒的乐器，如果儿子将来打算学音乐的话，她一定首先教他演奏吉他。

事实上，在以后的日子里，母亲的确是这样做的，直到小塞德尔兹在哈佛念大学的时候，他一直将那把心爱的吉他带在身边，他的演奏也得到了人们的好评。

塞德尔兹认为：如果小塞德尔兹能称得上"天才"的话，那么从某种意义上讲，音乐便是他成为天才的潜在因素。这种说法千真万确。

通常，人们总以为让女孩学习音乐仅仅是为了使她们多一种爱好，或者陶冶性情，或者消磨时光，而在塞德尔兹看来，学习音乐正是孩子智力开发的有效手段。

小塞德尔兹之所以那么小就能读书写字，并对词汇的意义能准确地理解，这在某种程度上都归功于音乐，塞德尔兹用一个真实的例子说明这个问题。

有一天，母亲正在教小塞德尔兹学习一系列的形容词，当她讲到快乐、兴奋、幸福这些词时，小塞德尔兹流露出了不理解的表情。他觉得这几个词都差不多，在多次讲解之后仍然不能领会它们之间的区别。这时，母亲拿起了那把可爱的吉他。她轻松地弹奏了一连串音符，并且主要是在吉他的一弦（E）上演奏的。

"你明白了吗？这就是快乐的感觉。快乐是一个形容词，快乐就像在一弦上弹奏出来的音符。"母亲演奏完后对小塞德尔兹说道。

"原来是这样，"小塞德尔兹似乎明白了一些，"那么，兴奋和幸福又是什么样的呢？"

于是，母亲又以极快的速度演奏了几段和弦，又在吉他的二弦（B）和三弦（G）上演奏了一小段乐曲。

"这个和声就是兴奋的感觉，而二弦和三弦上的这几个音就是幸福。"母亲一边演奏一边对小塞德尔兹说道。

这时，小塞德尔兹的眼中充满兴奋的目光："妈妈，我明白这几个词的意思了。"说着，他从母亲的手中抢过了吉他并有力地弹奏了几个和声，"我现在很兴奋。"

从此以后，小塞德尔兹在对词汇意义的把握上显得轻松起来。他不仅能够准确地掌握形容词的意义，还能够把它们用音乐表现出来。

从赛德尔兹对孩子的音乐教育启发当中，做父母的就不难看出音乐对孩子的重要性。当然，如果你的女孩确实有非凡的音乐才能，你最好也能够尽早发现。

如果你的女孩在婴儿时期就有很好的音乐感受能力，比如说她在听到音乐之后就会停止哭闹，听到熟悉的曲目时更会有手舞足蹈的表现。她对音乐有很好的记忆力，能够轻而易举地哼唱听过三遍的乐曲。如果你的女孩有这样的迹象，那么说明她是一个在音乐方面比较有天赋的女孩。

建议二：书法提炼女孩的沉静

文霞的妈妈认识一位阿姨学习书法已经有 40 余年，

现在受人邀请在学校里面开班授课。文霞听妈妈告诉她说，无论工作是多么地忙碌，这位阿姨也一样是每天坚持练习写字，从不间断。

文霞感到很好奇，难道书法有这么大的魔力吗？怎么会让阿姨如此痴迷，手持一杆毛笔，一写竟是40年。

妈妈想把文霞带到阿姨的书法学校里面去，让文霞也接受一下良好的教育。出于好奇心的驱动，文霞也很想去看看。

来到办公室，阿姨热情地接待了文霞："文霞，你好。"

文霞对阿姨说："阿姨您真有魄力，居然一写就是40年从不间断。"

阿姨笑笑说："是哦，我从4岁的时候开始练习书法，那个时候爸爸对我的要求很严格，一个点要点到上万个，直到全身放松为止。写书法，这里面有无穷的乐趣。通过一幅字，一个人有多少涵养，读过多少书，眼明的人马上可以判断出来。"

文霞听了阿姨的介绍，又喜欢书法，又担心自己会坚持不下去，因为书法并不是一时兴起，随随便便可以学会的，而是要付诸几十年的努力才可以见到效果。书法很高雅，让文霞神往，文霞真的很想试一试，想达到阿姨所说的那种境界。

书法以其独特的工具材料为表现形式，具有鲜明的民族风格，从萌芽到发展至今绵延几千年而从不中断，一直屹立于世界艺术之林，并享有极高的声誉。书法自古以来是读书人的必修课。但是很可悲的是，现在的人们已经不再重视书法，甚至认为电脑打字可以完全取代汉字。甚至有的人不要说能写一手，就是连一些普通汉字都已经是能读而不会写了。现在，有的日本人要来和我们比赛写毛笔字，不能不说是一种耻辱。

如今的社会在发展，时代在进步，书写方式也由原先传统的毛笔向如今的硬笔转型，甚至有被键盘所代替的趋势，这是社会发展的必需无可厚非。但是，无论社会怎么变，但是作为一个中国人，我们不可以轻易丢掉自己的文化，丢掉祖先留给我们的宝贵财富。俗语说见字如见人，它能直接表现出人的学问、品格、情操、气质、甚至是人的经历与感悟，是我们人生的第二门面啊。

看一个人擅长写什么样的字，也可以观察出一个人的性格。如果一个书法家的一生专门以楷书见长，那么我们就可以毫无疑问地判断出他的性格相对来说是比较内向，而且做事的态度非常严谨认真，属于那种小心谨慎的人。而一个擅长写行草书的书法家，一般性格比较热情奔放不羁，这种人一般性格积极进取，不会轻易满足于现状。一幅好的行书或草书作品多数是作者在扎实的功底基础之上通过情感、激情迸发的瞬间而完成的。

同时，学习书法也可以培养一个人忍耐性与坚毅的品格，当你全神贯注融入其中的时候，是一种暂时的精神超脱，红尘中的一切俗事歪理都会消失殆尽，灵魂也随之净化。

建议三：舞蹈使女孩肢体优美

培养女孩对音乐舞蹈的兴趣，可以发展她的智力，以及培养她良好的个性品质，与此同时还可以满足女孩想象、联想、思维和创造性表现，交流合作的需要，为女孩身心健康的发展提供必要的外部条件。因此舞蹈在儿童教育中是促进女孩德、智、体、美全面发展的重要内容和有力手段。

好的舞蹈作品，能够使女孩在受到美的熏陶的同时，还能受到潜移默化的启迪和教育。从而促进女孩的身体素质、思想品德、智力开发及美学欣赏教育等综合素质的提高，达到寓教于乐的效果。还可以促进女孩的骨骼发育，提高女孩的身体素质。

女孩经常参加生动活泼的舞蹈教育和活动，可以增强她们的体力，促进幼儿骨骼、肌肉、呼吸、神经系统和循环系统的生理机能发育，加快新陈代谢，使她们的机体不断生长发育。例如：学习舞蹈《嘀哩、嘀哩》，通过用手模仿小草在春风中轻轻摇摆和花儿开放的动作，可促进女孩手指肌肉的灵活性和协调性以及指关节和腕关节、肘关节的灵活性；通过娃娃步、小碎步、蹦跳步等动作的学习可促进女孩的腿部肌肉的发育。学习动作、练习动作表演这个舞蹈的过程中，女孩的呼吸加快、心跳加速、胃肠蠕动的次数增多，神经系统与循环系统也都积极参加活动。由此可见，舞蹈不仅能增强女孩动作的协调性和节奏感，而且对女孩的身体机能健康发展有不可忽视的作用。

女孩在轻松、活泼、愉快的环境中通过身体动作去感受音乐形象，通过表情、动作表达自己的思想感情，易使女孩形成活泼、开朗、热情、大方的性格。舞蹈教学对女孩品德的形成也是十分重要的。例如舞蹈《学做解放军》，通过各种操练动作、杀敌动作，培养女孩勇敢、不怕困难的精神和爱憎分明的情感。如《采茶舞》中，通过舞蹈表现小姑娘清晨去茶园采茶，与小伙伴们一起劳动，然后跳起了欢乐的采茶舞，最后带着劳动的喜悦回家的场景，以此培养女孩爱劳动、团结友爱的好品质。通过民族舞的学习，可以培养女孩热爱祖国、热爱集体、热爱本民族音乐和舞蹈的热情。我国著名的舞蹈家吴晓邦说："艺术以它的感染力去培养人们良好的道德情操和高尚品质，鼓舞人们的乐观主义和进取精神。"舞蹈以感情活动为中心，通过潜移默化来塑造美的心灵，来辨别真、善、美和假、恶、丑。

让女孩在游戏中舞蹈，效果最好。女孩舞蹈不需要像成人那样跳得艺术化，对她们的训练也不需要像成人那样专门化。只要她们能用动作随心所欲地表现自己看到、听到、感受到的形象、情绪情感，随着节奏合拍地动作，与乐曲和谐就可以了。而这一切，只有女孩觉得她们在游戏时，才能很好地做到。

尽可能地为女孩提供最好的舞蹈环境。如果条件允许的话，建议家长能够为女孩提供比较好的练习舞蹈条件。因为所有的孩子都能够从幅度较大的、自由的身体运动中获得快乐。一个体操房或者是一个装有跨墙镜的现代舞蹈训练厅，都可以使运动变得更加愉快和优美，当然最好还能够有音乐伴奏。

不娇不惯，富养女孩的100个细节

（第二册）

宿文渊　编著

中国华侨出版社

前　言

养育一个优秀女孩，是天下父母的心愿。拥有一个出色的女儿，是天下父母的福气。然而面对这个天赐的娇柔公主，父母们都会有一个困惑：要怎样养育才能让她最幸福、最优秀？答案就是富养。

富养女孩是中国历来已久的传统，中国传统上称女孩为"千金"，正包含着富养的意味。过去大户人家的女儿，养在深闺，从小学习琴棋书画、诗词歌赋，舞文弄墨，知书达理，而且上得厅堂，下得厨房，何等优秀。在现代社会，富养女孩就是说女儿要精细地养，不能像养男孩那样粗放，在家庭经济条件许可的前提下，尽可能地满足女儿对物质的需求，让她享受公主般的待遇，要从小宠她、爱她。

女孩的个性也决定了父母应该富养女孩。女孩天生胆小、感性、脆弱、优柔寡断、渴望爱、自控能力差、易受外界诱惑……因为胆小，所以她们总是躲在父母的身后，慢慢变得依赖性强，乃至自卑；因为感性，她们常常冲动行事，容易被坏人欺骗；因为脆弱，她们往往经不起打击，一旦生活中出现一些风风雨雨，就会一蹶不振；因为优柔寡断，她们经常会错失很多机会……也正是因为如此，作为女孩的家长，我们才更应该明白这样一个道理：富养女孩，不仅仅是要让她在成长过程中感受到父母的爱，感受到家庭的幸福，更是要赋予她独自面对未来、独自创造幸福的能

力，更是要培养出她的主见、自信、勇气、坚强、决断等关乎她一生成败的良好品质。

那么，女孩的优秀品质如何去培养？这是问题的关键。女孩富养其要义之一就是开阔她的视野，增加她的阅世能力，从而大大增强她的见识。如此，她长到花一样的年龄时，就不易被浮世的繁华和虚荣所迷惑。等到了谈婚论嫁的年纪时，她们就能找个能力出众、事业有成的丈夫，顺利地从父母的呵护过渡到丈夫的呵护，如此便可安度一生。富养女孩就是要注意培养她的优越感，因为优越感是女孩拥有自信和勇气的基础。富养女孩要让她学会自重和自爱，要教会她善良和关爱，要塑造她的气质，因为女孩的美永远不能只依靠外表。当然，富养女孩不能忽视女孩文化素质的提升，女孩可以不立业，但不能没有知识。著名作家斯迈尔斯在《品格的力量》里说道："女性的素质决定着整个民族的素质。"的确，女孩的品位，小则关乎一个人的人生，大则关乎整个民族的命运。高贵典雅的女孩就有富贵祥和的命运，能使自己的周围产生安乐稳定的氛围；自卑狭隘的女孩，就有凄惨悲凉的命运，使自己的周围蒙上晦暗飘摇的阴影。所以，女孩就是要高贵。女孩就要富着养。

本书结合女孩的特点个性以及成长规律，从不同角度出发，为父母们提供了一套成功育女方案，使父母们掌握教育的正确方向和科学方法，真正教到点子上，是每一位望女成凤的父母的必读书。本书深刻分析了女孩与男孩的不同之处、女孩天性中的优缺点，以及父亲和母亲在养育女孩过程中所应起到的不同作用，统揽女孩成长过程中的教育问题及解决办法，全面介绍女孩的身体、心理、性格、气质、品质、理财、才艺、潜能、学习等各个方面的培养方式，指导父母教出有素质、有能力、有眼光、有魅力的卓越女孩。静心阅读，用心思索，掌握了这些富养女孩的细节，你就会发现，想要养育出一个优秀的女孩并不是多么困难的事情！

目 录

第六章　好品德让女孩受益一生

——善良与爱心是女孩行走世界的通行证

第七章　打造女孩的优雅气质
——良好的家庭教育是提升女孩气质的关键

第八章　自尊的女孩更易获得尊重
——民主的家庭环境是培养女孩自尊的最好土壤

第九章　好习惯胜过好老师
——好习惯让女孩成为受欢迎的人

细节 19　勤奋的人更懂得节俭

　　有这样一家贸易公司，主营业务是小商品批发，尽管表面生意兴隆，但年终结算时总是要么小亏，要么小赢，年复一年地空忙碌。几年下来，不但公司规模没有扩大，资金也开始紧张起来。眼看竞争对手的生意蒸蒸日上，分店一家一家地开张，公司老板张某决定向对方求教取经。

　　待对方把一笔笔生意报出后，这个老板更纳闷了：两家交易总量并没有太大的差距，为什么收益却这么大呢？看着目瞪口呆的张某，对方道出了其中的原委。

　　原来，在公司员工的共同努力下，这家公司对商品流通的每一个环节都实行了严格的成本控制。比如：联合其他公司一起运输货物，将剩余的运力转化为公司的额外收益，几年下来，托运费就赚了将近60万元；采购人员采购货物时严格以市场需求为标准，使存货率降至同行最低，每年大约节约货物贮存费5万元，累积下来将近20万元；与供应商签订包装回收合同，对于可以重复利用的包装用品，待积攒到一定数量后利用公司进货的车辆运回厂家，厂家以一定的价格回收再用，这项收入大约为每年2万元；为出差人员制定严格的报销标准与报销制度，尽管标准比别家略低，但公司规定可以在票据不全的情况下按标准全额支付差旅费，该项措施每年为公司节约大约 5 万元。

严格的成本控制不但为公司节约了可观的资金，也培养了公司员工的成本意识，倡导节约、反对浪费已经蔚然成风。

在市场以及职业竞争日益激烈的今天，节约已不仅仅是一种美德，更是一种成功的资本。商业经营的终极目标就是要赚取利润，节省在某种程度上就是收入。而且，省下来的一分钱，大于所赚的一分钱。因为，节省下来的每一分钱，都是地地道道的纯利润。那么，能够为企业节约开支的员工，就是在为企业创造利润。

人们都知道，犹太人的理财智慧是很高明的，同时，世界上还流行着这样一种说法："犹太人是吝啬鬼。"这一说法虽然带有偏执的色彩，但也不是毫无根据的。在商业活动中，不少人都会发现，不管是富有的犹太商人还是处于创业初期的犹太商人无不是精打细算的，即使是小量的金钱和物品，也没有人会随意丢弃。

实际上，身为商人，如果不懂得节俭和爱惜金钱，那又怎么会盈利呢？即使不是经商，在生活中，几乎所有犹太人都奉行着这样的理财观念：把钱花费在需要的地方，在不该用的地方，即使是 1 美元也不要浪费；在宴请宾客时，以吃饱、吃好为尚，不会讲排场、乱开支；在生活中，以积蓄钱财为尚，不会用光、吃光。正是凭借着这样的理财观念，犹太人积累了不少财富，有本钱之后他们便开始经商，经商时仍始终奉行着爱惜钱财的行为，勤俭节约，最终积累出了可观的财富。有些犹太人还进行过这样的测算：依照世界的标准利率来算，如果一个人每天节省 1 美元，88 年后可以得到 100 万美元。这 88 年时间虽然长了一点，但每天节省 2 美元，大都在实行了 10 年、20 年后就能够很容易达到 100 万美元。

这就是犹太人理财智慧之一，也是一些犹太人经营致富的重要秘诀，他们在努力创造新的财富的同时，也总是想办法守护自己的既有财产，在爱钱的同时也惜钱。犹太富商亚凯德就曾经说过："犹太人普遍遵守的发财原则，那就是不要让自己的支出超过自己的收入。如果支出超过收入便是不正常的现象，更谈不上发财致富了。"

其实不仅是在经商时需要爱惜钱财，我们在生活中也同样是如此。试想，一个总是大手大脚、不懂得爱惜钱财的人又怎么能积累出财富呢？所以从这点上来说，犹太人对待金钱的态度是很值得我们学习的。

建议一：成由节俭败由奢

阳阳和朗朗是好朋友，朝夕相处在一起。

和阳阳在一起吃饭的时候，朗朗从来都没有看到过她浪费，她不会乱丢一粒米，每天中午吃饭，她都会吃得干干净净。

对于这些孩子来说，中午吃饭扔一些米，那又算得了什么呢？可是阳阳从来都不会。

起初朗朗对阳阳的行为表示不理解，觉得她一定是家庭条件不好，后来发现不是，她的爸爸妈妈还有姐姐都有稳定的工作，她是家里面最受宠爱的孩子。

有的时候，很多同学会看到阳阳的妈妈来到学校里给她带来新鲜的汤羹，心里都特别羡慕她：阳阳真是一个幸福的孩子。

那天阳阳和朗朗在一起吃饭，把饭菜要多了发现吃不了，朗朗说："算了，吃不了就扔在这里吧。"

阳阳却不同意她的意见，对她说："朗朗，我们不着急，慢慢把这些吃完了再走吧。"

朗朗不禁感叹，只要和阳阳外出，休想浪费食物。

不仅如此，阳阳还特别懂得珍惜资源，她会在教室里随手把灯关掉，如果看到水龙头没有拧好，就会跑过去关好再离开。

记得有一次，厕所里面的水在不停地流，无论如何都停不住，阳阳发现之后赶快就去把总闸关掉，然后跑到物业部去报修。回来还和朗朗说："如果不修理的话，不知道要浪费多少水，那就太可惜了。"

这就是阳阳，多可爱的女孩啊。

其实每个人都不应该浪费，或者可以这样说，是没有资格去浪费，因为资源不是属于某个人，而是属于自然界所有的生物，资源不是属于某一代，而是属于往后一代又一代的人。所以，基于此，我们才说浪费是可耻的。

"我在马路边，捡到一分钱，把它交到警察叔叔手里边。"这首歌几乎已经没有人再唱了，很多人看到地上躺着一枚硬币，也不会再弯腰捡起它了。

在校园中，浪费现象更是屡见不鲜，水龙头中的长流水，教室、办公室中人去灯不熄，教室外的垃圾桶里可以见到的半新的书包、文具、还没有吃或者没有吃完的水果、点心、牛奶，食堂里每顿倒掉的剩菜剩饭；还有，每到暑假时候，毕业班的同学把还可以穿的衣服当成垃圾丢到垃圾房里……

我们这个世界上的资源其实是非常有限的，它属于我们所有的人，不管是谁都没有权利挥霍和浪费。每个人都有义务使这些有限的资源得到更好的和更有效的利用。

　　成功的人都应该明白，只有节俭，才能为自己累积更多的财富。悉尼奥运会上曾经举办过一个以"世界传媒和奥运报道"为主题的新闻发布会，出席的有世界各地的传媒大亨和记者数百人。

　　就在新闻发布会进行之中，人们发现坐在前排的炙手可热的美国传媒巨头 NBC 副总裁麦卡锡突然蹲下身子，钻到了桌子底下，他好像在寻找什么。大家目瞪口呆，不知道这位大亨为什么会在大庭广众之下做出如此有损自己形象的事情。

　　不一会儿，他从桌下钻出来，手中拿着一支雪茄。他扬扬手中的雪茄说："对不起，我到桌下寻找雪茄，因为我的母亲告诉我，应该爱护自己的每一个美分。"

　　麦卡锡是一个亿万富翁，有难以计数的金钱，他可以挥金如土，可以买到一切能用钱买到的东西，一支雪茄对于他来说简直是微不足道。按照他的身份，应该不理睬这根掉到地上的雪茄，或是从烟盒里再取一支，但麦卡锡却给了我们第三种令人意料不到的答案。

　　美国有位作家曾以"你知道你家每年的花费是多少吗"为题进行调查，结果是近 62.4％的百万富翁回答知道，而非百万富翁则只有 35％知道。该作家又以"你每年的衣食住行支出是否都根据预算"为题进行调查，结果竟是惊人的相似：百万富翁中编预算的占 2/3，而非百万富翁只有 1/3。进一步分析，不作预算的百万富翁大都用一种特殊的方式控制支出，亦即造成人为的相对经济窘境，如将一半以上的收入先作投资，剩余的收入才用于支出。

　　这难道是巧合？当然不是！其实这正好反映了富人和普通人在对待金钱上的区别。节俭是大多数富人共有的特点，也正是因为节俭，他们还养成了精打细算的习惯，有钱就拿去投资，而不是乱花。看看在你的周围，你是否会发现这样的人，他们花钱就像流水一样，总是胡乱挥霍，他们把父母亲戚给的钱用来打游戏看电影或者是喝酒抽烟，甚至有的人即使没什么钱，也偏要胡乱地把钱花光，等到需要用钱时却分文全无。试想一下，如果他们有节俭意识，能把这些不必要的花费节省下来，时间久了那一定是大为可观，而且这笔钱也可以为将来的发展奠定一个经济基础。

"成由节俭败由奢。"资源有限，无节制地挥霍和浪费，终会自食恶果。世界上没有任何财富是花不完的，但你要记住，所谓"由俭入奢易，由奢入俭难"，在当省的时候不省，那么在当用的时候你就会发现没有什么可用的了。

建议二：帮助女孩养成勤俭节约的好习惯

有一次，王强去一个朋友家做客。晚餐时，厨师为朋友的女儿特别做了一盘酸奶油木耳，可是，小女孩却一点也不吃，将这盘菜全都倒在了地上，只因为这道菜不合她的口味。从这点王强可以看出，这个小女孩平时一定是被宠惯了的。

看见朋友对这种行为居然视若无睹，王强忍不住说道："真浪费呀！这么好的木耳不吃就倒掉。"

"有什么浪费的，树林里多的是。要吃的话，明天叫佣人再去采就是了。"小女孩说。"可是去采也是很辛苦的呀！你这是不尊重别人的劳动成果。""不会啦！有什么辛苦的呢？采木耳是一件很好玩的事呀！"

"真的吗？那我们两个人把这个星期采木耳的工作承

包下来，怎么样？""好啊！我正想去森林中玩呢！有你和我一起，爸爸一定会答应的。"

　　于是，每天早晨，王强和小女孩去几公里之外的森林采一篮木耳回家。开始的头两天，小女孩兴致很高。第三天她有些受不了了，开始叫苦叫累，第四天就完全不行了。她说，她腰酸背痛不能去了。不过这几天，不管木耳做得味道如何，她都能吃得干干净净，一片不剩。偶尔她的父亲要扔掉一片，她都阻止道："哎！太浪费了，你不知道我采得多辛苦！"从此之后她明白了，节约是对劳动的最大尊重，因为一切东西都是来之不易的。

　　只有懂得辛劳的人，才懂得一衣一食一物的来之不易，也才懂得俭朴，在工作或事业中才能刻苦顽强。女孩们学会在节俭中积累财富，就是要学会珍惜金钱和物品、不浪费，要懂得自己的吃穿用都是来之不易的，随意浪费是不珍惜劳动果实、不尊重劳动的表现。所以要学会控制自己的行为，先认真思考再花钱，避免盲目消费；要养成储蓄的习惯，在花钱的时候尽量节俭一些，适当储蓄。

　　有些女孩之所以一踏入社会就花钱如流水，胡乱挥霍，是因为她们从不知道金钱对于事业的价值。她们胡乱花钱的目的只是想让别人觉得自己"阔气"，或是让别人感到她们很有钱。

　　具体来说，造成女孩们浪费的原因不外乎三种：一是对任何物品都讲究时髦，比如服饰、日用品、饮食等都想要最好的、最流行的，任何方面都想越阔越好；二是不善于自我克制，不管有用没用，想到什么就买什么；三是有了各种各样的嗜好，又缺乏戒除这些嗜好的意志。总之，她们从来不去考虑加强自身的修养，克制自己的欲望。

如果你是一个挥金如土、毫不珍惜的人，那么你的一生就可能因此而断送。因此，为了自己的将来，为了女孩的好未来，家长应该帮助女孩去掉攀比和虚荣的心理，及早帮助女孩养成节俭的好习惯。

　　那么，如何帮助女孩改掉浪费的毛病，养成勤俭节约的好习惯呢？

　　1. 正确认识金钱的含义。要懂得钱是什么，钱是怎么来的和怎样正确地对待钱财；

　　2. 学会花钱。让女孩学会自己买东西，如何用钱，如何选择物有所值的物品。把钱保管好，防止丢失、被窃。养成先认真思考再花钱的习惯，避免盲目消费。可以让女孩"一日当家"、记收支账，这是学会理财、培养节俭品质的好方法；

　　3. 学会积累。手里的零用钱、压岁钱应该计划使用，适当积累。在存钱、用钱的过程中养成节俭的好品质；

　　4. 懂得量入为出。必须明白，花钱必须有经济来源，花钱要看支付能力如何。即使家庭经济富裕，也要坚持前面提到的三条标准；

　　5. 珍惜物品，不浪费。要懂得所吃、所穿、所用来之不易，随意浪费是不珍惜劳动果实、不尊重劳动的表现。经常参加劳动，体会劳动的艰辛；

　　6. 去掉攀比和虚荣的心理。

　　告诉女孩，从现在开始，从身边小事做起，一点一滴地养成节俭的好习惯，为今后的好生活打下基础。

细节 20　用勤奋把时间留住

1845 年 10 月 31 日,是德国著名有机化学家、诺贝尔奖金获得者阿道夫·冯·贝耶尔的 10 岁生日。前一天晚上,贝耶尔就高兴地盘算着:明天爸爸妈妈一定会带自己上街采购各种生日礼物,然后在家里热热闹闹地庆祝一番,或者带自己去痛痛快快地玩一玩。德国人对生日特别看重,小朋友们过生日总是这个样子的。谁知天一亮,父亲照例在早餐后就戴起老花镜伏案攻读,母亲则领着他到外婆家去消磨了一整天,直到黄昏才返回。

对父母亲这样的安排贝耶尔感到很奇怪,也有点儿不高兴,细心的母亲看出了这一点。在回家的路上,母亲边走边开导贝耶尔:"我生你时,你爸爸已 41 岁,还是一个大老粗。现在他跟你一样,正在努力读书,明天还要参加考试。我不愿意因为你的生日,耽误他的学习时间。妈妈现在只能尽心尽力,使我们的家庭生活丰富多彩一些。你长大了,可要使我们这个世界更加多姿多彩啊!"

贝耶尔的母亲出身名门,是德国一位著名律师、历史学家的女儿,她见多识广,通情达理,既是贤妻又是良母。她在贝耶尔 10 岁生日时给贝耶尔的这番教诲,成了贝耶尔受用终身的座右铭。贝耶尔在1905年70岁时获取诺贝尔化学奖之后写的一部自传中回忆说："这是母亲送给我的10岁生日的最丰厚的礼品。"

贝耶尔的父亲约翰·佐柯白原先是普鲁士总参谋部的一位陆军中将，军阶虽高，科学文化水平却不高。在军队服役时曾有一位牧师劝告过他，叫他退役后一定要学习，掌握一门科学技术，以便更好地立足于世界。他父亲认为牧师的话很有道理，自己又很热爱自然科学，所以50岁退役后便不顾别人笑话，拜师学习地质科学。小贝耶尔10岁时，他父亲已51岁，正是其苦心攻读地质科学、积极准备应考的第二个年头。父亲的好学上进、勤奋刻苦成为一种无形的力量，给贝耶尔的学习以有力的推动和深刻的影响。

父亲对贝耶尔既严格管教，又时时给予鼓励。1858年，年仅23岁的贝耶尔以出色的论文获得了柏林大学博士学位，父亲特意赶去参加了他的学位授予盛典，向他表示祝贺。因为贝耶尔是取得博士学位的人中年纪最小的一个，盛典结束时校长特别关心地问起他今后的去向。贝耶尔向在座的化学家们扫了一眼，耳边又响起了父亲那深沉的声音，于是从人群中请出了年轻有为的奥古斯特·贾古拉教授，对校长说："我要追随他！"父亲看到儿子接受了自己昔日的批评教育，脸上露出了满意的笑容。

贝耶尔年少得志却不自满。他牢记父母的教诲，学习父亲那好学不倦、珍惜时间的精神，几十年如一日地不断向科学高峰攀登，在研究有机染料和氢化芳香化合物方面做出了卓越的贡献，终于在1905年获得了诺贝尔化学奖。

伟人、名人视时间为生命，对时间无比珍惜，他们的成功是由于他们做出了超出常人的努力。时间对每个人都是平等的，谁有紧迫感，谁珍惜时间，谁勤奋，谁就可以得到时间老人的奖赏。

珍惜现在的时间，就要改掉拖沓的毛病，养成立即行动的习惯。那些懒惰的人最喜欢给自己找借口，他们最重要的特征之一就是拖沓，把今天的事情拖到明天，明天的事情又拖到后天，可能还要一直拖下去。这种错过太阳又错过星星的习惯，会消磨人的意志，使人怀疑自己的行为、毅力和目标。

漂亮的鸟儿，不要在天气变冷的时候才去筑巢，那会儿为时已晚，凛冽的寒风会在你还没有把巢筑好的时候就把你冻死；

勤劳的蜜蜂，不要在花朵凋谢的时候才去采蜜，那会儿为时已晚，花粉会飘落在地上，最终你将会因为没有食物而不能飞行；

灵巧的蜘蛛，不要在风雨来临的时候才去织网，那会儿为时已晚，风雨会把你辛勤的劳动成果撕成粉碎，你将因此而无处安身；

聪明的你，不要在考试的前夜抱怨时间过得太快，没来得及翻书就要进入考场。那会儿为时已晚，等待你的将是残酷无情的结果。

所以，让我们从现在开始，抓住身边的分分秒秒，养成珍惜时间的好习惯。

建议一：时间是挤出来的

"怎么这么多作业！又是数学试卷，又是英语试卷的！还让不让人活啊！"铭铭大发牢骚。

"是啊！这次连语文老师也来凑热闹。居然让我们写什么'我最难过的事'，还从 500 字提升到 800 字！我看啊，写完这些作业就是我目前最难过的事了。"程程也跟着起哄。

"写作业倒不是我最难过的。"铭铭很想阐明说明自己的意图。

"那什么才是你最难过的啊？"程程莫名其妙地朝媛媛发问。

"时间啊！我都不知道时间怎么够用？恨不得一天有 48 个小时。"铭铭看上去真的一副很焦虑的样子。

"倒也是，我们怎么忙也忙不过你。又要去见你的钢琴老师吧？"程程同情地说。

"可不是。就要考过级考试了，本来就要练曲子，又加上这么一堆的作业，看来，和朋友出去春游的事这段时间都不用想了。"铭铭说得可怜兮兮的，"之前约好的，看来又要推掉。"

随着孩子年龄的增大，要面对的事情也会越来越多，那么如何分配好自己的时间，在有限的 24 小时内做好自己需要做的事情呢？挤时间。

没错，就是要挤时间。时间是挤出来的。

不相信吗？孩子不仅要完成老师布置的作业，除此之外，还要练习钢琴曲，如果不挤时间，又怎么做得到呢？即便希望自己有 48 个小时，这当然不可能，爱因斯坦虽然提出了相对论，不过他也做不到。那么怎么挤时间？

很简单，让孩子为时间做一份详细的计划表。而且计划表最好能够分等级，比如说大的等级可能是这一年内要实现什么目标：比如语文成绩提高 20 分。接下来就是一些更细的计划：为了年末的语文成绩能提高 20 分，要全面提高基础知识部分的得分，估计为 5 分；作文部分的得分，力求提高 10 分；阅读理解部分的得分，也是提高 5 分。

然后，怎样才能提高基础知识的得分呢？每月学习 30 个新字新词，平均下来每天一个字或词。每月看一本世界名著或者中国名著。这个可以计划为每天放学后阅读半个小时或者一个小时，具体时间看书的厚度和页码来定。每月自己给自己加 10 个阅读理解的练习，每隔两天做一次，每次时间大约为半小时，定在吃中饭后午休前的休闲时间。

有一个对待读书的看法，我们需要改变：就是太把读书当一回事儿。

中国人常常由于把读书看得太重，而多多少少浪费了一些可以利用起来的时间。把读书看得重，虽然不是件坏事，但在"挤时间"学习法上可能也不能算是一件好事。比如很多人觉得，读书就一定要有大把大把固定的时间，然后专心致志地坐在书桌前什么也不做，只看书。还有些人，在书包里随时放一本近期想看的书，在等公交车或者乘坐地铁的时候拿出来阅读。这样积累下来的时间，对一个天天要坐地铁的人，甚至可以在一周内看完一本小散文随笔。

如果真能做到这样，那可是真正地算"挤"时间了，而且把学习融入到生活中了。这种心态就是"太把读书当回事儿"。说得简单点，就是心无旁骛、见缝插针地随时学习。

现在我们回头再来看看上面的计划，算是很详细而且有层次。从年到月再到天，甚至小时。计划这么细而全的好处是，既能保证做到切实可行，又能有目标。人们在做一件事情的时候一旦有了目标，就不会觉得盲目而不知所从了。

大目标，比如这里的年计划，需要很强的意志力和耐心去坚持，而这些坚持只要每天认认真真地完成一个一个的小目标就可以了，这样算下来，大目标变得不再遥远而不可为了。你要做的，就是脚踏实地地做好每一步。

当然，在计划执行的时候，常常会碰到意外情况，这可能会打乱你已经做好的计划。那怎么办呢？

首先，要冷静，不要浮躁。如果可以，最好每个月，调整一下计划，并且在计划里预留一些可能会发生的意外情况，别把时间排得太满，比如，某个中午该做阅读的时间，临时去做数学老师发的试题去了，那么就改为第二天中午，或者当先下午。总之，尽量不要破坏整个计划的进度。如果你订的那个计划，执行了一周，发现很多地方都完成不了，那么可以在周末，利用放假时间，好好调整原有计划，重新制定一个可以落实的。

要能落到实处，是制订计划的首要原则。不然，订了等于没订，就可能给自己带来沮丧感。

另外，制订计划的又一个原则是：充分利用白天的时间。科学研究表明，白天学习一个小时几乎等于晚上学习一个半小时。白天学习的效率还是很高的。所以，白天能做的事，别拖到晚上再去做。

当然，"身体是革命的本钱"，这句话什么时候都不过时，所以，再怎么挤时间，也不能挤了应该休息的时间，能吃能睡，才能好好学习嘛。

建议二：妈妈教女孩利用零碎时间

"我说，寒寒，这些天，我晚上总睡不着，怎么办啊？"华华着急地问道。

"你也是啊？最近我也总这样呢！一躺下去就是半个小时都睡不着，有时候甚至要等一个小时才能入睡，急死我了。又不知道怎么办才好。大把的时间就这样白白浪费掉了！"听了华华的话，寒寒就像是找到了知音，一个劲地抱怨着。

看来由于快期中考试了，大家压力都很大，开始有了轻度失眠的现象，寒寒对此也是深有同感。

"睡不着还算好的。我现在是晚上该睡的时候睡不着，早上该起来的时候起不来。"华华接着寒寒的话，两人好像比赛着谁更能失眠一样。

"晚上睡不好，早上自然不想起。"寒寒笑了笑，看来她比华华稍微好点，早上不存在起不来的问题。

"就是就是！我躺在床上吧，想起来，又想着，再睡一会儿吧，还没到时间呢。可是妈妈在厨房做饭的声音都能听到。觉得自己老是迷迷糊糊的。"华华说，"要是能做点什么就好了，这样也太让人难受了。"

其实华华遇到的事，很多女孩都会遇到，就是入睡前常常要过上近半个小时，睡醒后又有点"赖床"，不想立刻起来。这不用太紧张，不算是失眠症状。不过，也不必过于担心这个问题。华华说得好，要是能用这些时间做点什么，比如学习，会不会很好呢？

答案是肯定的。

据心理学家试验研究表明，在睡前和刚刚醒来后学到的东西，保持记忆的时间最长。我们完全可以利用这些片段的时间来学些东西。科学上叫做"睡前醒后学习法"。

那么，为什么睡前醒后的记忆相对能保持得最长呢？

研究发现，人的大脑在睡眠期间，大脑皮层的神经细胞会受到抑制，转入抑制状态，也就是大脑皮层的活动比起人醒着的时候要缓慢得多。所以，入睡前，如果学习一些东西，这些信息会因为神经细胞的抑制而不受到干扰，清晰地记在大脑皮层上。如果睡醒后，我们试着去回忆入睡前看到的知识，会发现能很清楚地分辨出自己记住了哪些，遗忘了哪些。

这个原理其实也可以根据记忆的干扰理论来解释。记忆的干扰理论认为：先学习的材料会对人们回忆后学习的材料产生一定的干扰作用。当然了，后学习的材料也有可能对先学习的材料起一定的干扰作用。在这里，干扰作用不利于我们记忆东西。

而我们睡觉休息的时候，由于大脑皮层的活动规律，早晨醒来后，大脑还没有接受外界刺激的时候，我们便去回忆前天晚上临睡前学到的东西，这时记忆的干扰作用降低，从而使记忆量保持最大。

有的认知神经科学家说，人在半睡半醒的时候的记忆是隐性记忆，耗能少，效率高。这可能也是某些学生在临睡前对一个数学题冥思苦想都得不到解决的方法，等睡了一觉，第二天醒来，竟奇迹般地想通了，会做了！可能睡眠中，记忆也在帮忙呢。

所以，我们完全可以用这段时间来学习一些较难的记忆内容，比如背外语单词，背语文课文，记数理化公式。我们还推荐用这睡前睡后的半个到一个小时来收听英语广播。

如果是记忆外语单词的话，量不要过多，20 到 30 个就行。并且最好能做到把常用的搭配及用法——做动词还是形容词或者名词使用——记住，同时建议临睡前看着英文中文含义。而到第二天早上起来，还是复习这些单词。最好先仍然从英文想中文含义，并且尽力回忆他们相关的常用搭配和用法，然后再多做一步，从中文想到英文。到了第二天晚上，重复一遍中文到英文的过程，这样，这 20 到 30 个单词的记忆就会非常牢固。

如果是语文课文呢，就没这么复杂，重复背诵就好了。

数学公式等等也是这样。当然，可以想想白天老师是怎么推导这些公式的，以及通常在解答什么类型的题目时需要用到这些公式，这样，就不会出现单纯地为了背公式而背公式，到最后，背出了公式仍不会用的情况。

至于用它来听英语广播，有的专家甚至认为，如果是播放效果好的工具，可以让它整夜开着，这样会不知不觉提升英语的语感。不过，最好别戴耳机，因为久了可能会造成听力下降。所以，最好是外放。声音也不能太大，不然不仅吵到别人，你自己也可能半夜被惊醒。

其实，女孩每天满足8个小时的睡眠就可以保证学习时所需要的精力了。如果能把每天躺在床上发呆的时间或者数绵羊的时间用来学习，长期坚持下去，你会发现有意想不到的收获。

不过，不能走极端，把睡觉的时间"挤"出来学习哦，不然就得不偿失了。

到了睡觉的点，有困意的时候可以随时放下书本安心睡觉。

第五章　正确指导女孩的爱美行为

——外表的美丽的确能给女孩带来好运

细节 21　美丽——上天赋予女孩的特权

　　很多父母看到这个标题的时候，可能会有点惊讶。现在还有谁会让女孩穿脏衣服破衣服呢？对生活在大城市的女孩子们来说，可能她们很幸运，已经不用再穿表姐和小姑姑留下来的衣服了，但有曾经生活在贫困年代的父母们或许还有记忆，如果自己能穿一件像样的衣服到学校里去，是一件多么幸福而骄傲的事情。

　　常言道人的外貌是三分长相、七分打扮。现代社会，打扮可以看出一个人的素养和生活环境，服装的背后有很多文化因素。女孩们经常穿校服，穿自己衣服的时间集中在亲戚串门。逢年过节的时候，虽然时间不长，可选择的服装也不多，但同样需要妈妈用心。

　　很多父母好奇为什么别人家能够养出清水芙蓉一样的女孩，那是因为她们从小接受的也是不一样的教育。这一点我们可以从著名的宋氏家族中看出来。

　　　民国时候的宋氏家庭在上海是有名的实业家族，与他们往来的也都是一些很有名望的人，真是"谈笑有鸿儒，往来无白丁"。吸引宋庆龄的孙中山先生就是其中之一。宋庆龄接替姐姐霭龄，帮孙中山先生整理日常工作，后来与其相恋，结成伉俪。

宋庆龄的妹妹宋美龄也接受了先进的西方教育，她在5岁时就被送进上海的一所外国教会学校，她的姐姐宋庆龄也在这所小学读过。父亲这样安排，就是为了让她们姐妹俩将来可以到美国学习。

　　在那个年代的中国人是很少出国的，但是宋美龄的父亲宋耀如，不是一个寻常人。他在美国马塞诸塞州开办丝茶商店的舅舅身边长大，接受了美国教育，而且是一个基督徒。回到上海后，宋耀如开办了一家印刷厂，和当地的名门闺秀组建了家庭，生活非常富足。

　　宋美龄在马克谛耶小学读了5年，就被父亲从上海送到美国，成为一个小留学生。初到美国，她先修了6年的语文和小学、中学课程，然后进入贵族子女就读的魏斯里安学校上学。

　　宋美龄回忆魏斯里安学校的种种时，我们可以感受到她的性情："这无忧无虑和快乐的童年时代所熟悉的园地……早晨，用震荡的铃声惊醒我们好梦的裘利亚河麦咪，小姑娘们那时认为这是很难忍受的时刻。她们还随时亲切照看我们，呵责我们天真的淘气，可惜她们现在都已不在人世。永远面带笑容、随处出现、一头灰发的关门人汤姆叔叔，和我经常玩乐做伴，形影不离的爱罗伊斯及其他许许多多的人，都已离开此地。"宋美龄是在一个充满田园乐趣的环境中长大的。

　　由于父亲笃信宗教，宋美龄也从小开始信教。艰苦的宗教生活，也深深地在她脑海中烙下印记。教堂的奎瑞博士每天都要做15分钟的教堂讲话，那些带着宗教的怜悯和自省的话语、牧师的端正举止和严肃的神态，都影响了宋美龄。这位奎瑞博士，让宋美龄永远印象深刻的是"女士们应当高尚娴雅"这句话。

宋美龄的人生中，也有很多精彩的片段留给后世。1943年2月18日，她在美国国会的演讲就是其中之一。当天，国会座无虚席，媒体也都调好了设备，只等着宋美龄走上讲台。其实，宋美龄并没有向众议院发表演说，她只预备向参议院"说几句话"。

宋美龄一开场，就完全赢得了听众。她向美国人讲述了中国人反抗日本侵略的艰苦和决绝。为了唤起美国人的共鸣，宋美龄道出了美国人最爱的自由和中国人最需要的自由："我们有一致的理想，这也是贵国总统向全世界揭示的'四个自由'，自由的钟声、联合国自由的钟声，和侵略者的丧钟响彻我国辽阔的土地。中国人正在为实现这些理想而奋斗，也迫切地希望和贵国合作，因为我们希望这些理想不会流于空言，而是成为我们的子子孙孙、全人类的真况实境。"

宋美龄的话音一落，台下立即爆出了经久不息的掌声，美国人见识到了这位"第一夫人"的魅力，不仅在于她迷人的外表，更在于她智慧的头脑和坚定的语气。罗斯福总统夫人这样称赞宋美龄的演说："不仅盛极一时，而且举世无双。"一位议员听完演讲，悄悄抹去眼泪。宋美龄演说的优雅神态、对世界局势深刻的解析，让美国人为之动容。

一位住在新泽西州的家庭主妇，寄了一张3美元的汇票和一张上海难童在火车站哭泣的剪报至白宫，要求代为转交给宋美龄。这位美国太太说："3美元汇票是我的三个女儿合送给那位在火车站哭泣的小朋友的。"像这样的信件，每天有数百封来自全美各地的信件寄至白宫，收件人是宋美龄。

宋美龄还在好莱坞发表了重要的演说，劳勃·泰勒、贾利·古柏、英格丽·褒曼、凯瑟琳·赫本、秀兰·邓波儿等全都慕名来听她的演讲。

可以说，从宋氏家族走出来的两位女性，她们之所以能够有令人赞叹的影响力，与她们从小就很体面的生活是分不开的。

建议一：女孩都不想当"黑姑娘"

"哎呀，最近怎么都变得这么黑了？我都天天打伞了，还这么黑啊？"淘淘对着镜子喊起来，不知道什么时候开始连这家伙也开始关心自己的肤色了。

"你什么时候白过啊？奇怪了，我怎么没印象。"平平在一边打趣。

"你白！还不是擦防晒霜擦的！"淘淘没好气地说。

"光擦防晒霜就能白了？观念不对，神仙都救不了你，更别说照镜子反省了。"平平也不是省油的灯。

"呵呵，知道平平是美容专家，不妨给我们大家补补美白的知识吧。"旁边有一个同学听着她们俩越说越有火药味，连忙放下手里正在看的《新概念作文选》上前打岔，"这夏天到了，我也觉得自己被晒黑了不少呢？听说，要想白，一年四季都要注意，而且要区别对待，是这样吗？"

没有女孩愿意当"黑姑娘"，如果要想美白，从"黑姑娘"变成"白雪公主"，那就得好好关注自己的皮肤了。而且不同的季节有不一样的应对方法。只要方法得当，一般来说，我们号称炎黄子孙的黄种人也能让自己的肤质有所改善，达到一定的美白效果。

春天的阳光常常是温暖而不晒人的。不过不要以为这样的阳光就可以随便晒晒，无所谓防晒不防晒了。其实在春季，皮肤美白也是有很多工作要做的。

如果家有爱美的青春姑娘，T区比较油腻，有可能因为化妆品与皮脂混合在一起导致皮肤暗黄，不够白皙。这时首先要做的是：扫除脸上的油光。这一步就是要把皮肤清洗干净。

一般要求做到，入睡前必须把皮肤清洗干净。这时，尽量选择香料少的洗脸香皂，用中指和食指在脸部由上往下，由内往外（靠近鼻子为内，靠近耳朵为外）轻轻按摩。油性的皮肤使用面刷可获得更好的效果。按摩后则要记得，一定要用清水洗干净。

可以在温热的洗澡水中加适量的醋。睡前，有条件的话，人们通常会洗个热水澡。那么，不妨在温热的洗澡水中加适量的醋，洗浴后会格外舒服。将醋与甘油以 5∶1 混合，经常擦用，能使粗糙的皮肤变得细嫩。

除此之外，还可以在饮食中多多摄入可促进新陈代谢的维生素 A。含有丰富维生素 A 的食物主要有：动物肝脏、蛋黄、乳制品、黄绿色蔬菜和鱼类食物。

也有可能在颧骨高处为中心的周围部位出现特别暗沉的现象。这往往是因为一年四季的紫外线，让黑色素变得更浓了的原因。如果是这样，要记得定期进行美白护理和去角质护理，同时无论晴天阴天，都要不忘防晒。冬春两季是一年四季中全球臭氧层含量最少的季节，缺少了臭氧层这件"防护外衣"，紫外线便会乘虚而入，伤害我们的肌肤。因此，为了避免黑色素积聚，春季一定要坚持防晒。

夏天日照强烈，防晒更是很必要的。那么具体需要注意些什么呢？其实也不难：

第一，避免在早上 10 点至下午 2 点外出。如果不是一定要外出，避免在早上 10 点至下午 2 点出去，因为此时阳光中的紫外线最强，对肌肤的伤害也最厉害。

第二，坚持使用防晒产品。每次曝晒于阳光下，应及时使用防晒产品，而且每隔 2～3 小时再擦一次。此外，即使在水中一样也会晒伤，所以喜欢游泳或潜水的人，需使用防晒系数高且具防水效果的防晒品。

第三，只要从事过户外活动，无论日晒的程度如何，回家后应先将全身冲洗干净。以轻松的动作擦拭身体之后，以温水将泡沫冲洗干净，再以冷水冲淋，并可抹些身体的护肤品。或用毛巾包裹冰块，冰镇在发热的肌肤上，减缓燥热不舒服的感觉。

第四，将西瓜皮冰敷在晒红的皮肤上。天然西瓜皮含有维生素 C，可以镇定、温润皮肤；天然芦荟也具有同样效果，取出中间芦荟质敷在肌肤上，有消炎作用，又具有凉快清爽功用，改善肌肤发红现象。

第五，日晒前避免服用某些含糖精比较多的东西，比如某些冰激凌。因为在接触紫外线后，这些糖精会引起皮肤黑色素加深。

第六，日晒前最好避免用柠檬、芹菜、黄瓜等蔬菜敷脸。因为这些蔬果含有某些成分，很容易在吸收阳光紫外线的同时引起色素沉淀。

到了秋天，肌肤往往会发生一定的改变。夏季的美白保养品相对轻薄，甚至具有控油的功效，而一到秋季，是否延续夏日所使用的美白保养品，要根据自己的具体肌肤状况决定。

因此，进入秋季，首先需要检查自己的肌肤发生了哪些变化，比如可能出现这种情况：涂过乳液 2 小时后肌肤开始感觉紧绷，斑点变得明显（不一定是晒斑，这时出现的斑点也可能是肌肤缺水的表现），肤色不匀。

有上述变化是正常的，不要害怕。可以继续使用夏季的美白保养品，但相对减少使用次数和强度范围。比如夏季每周使用 2 次的美白面膜，现在可以每周用一次，甚至可以只在有斑点和肤色不匀的局部肌肤上使用；同时添加一瓶够分量的保湿霜。如果是混合性肌肤，也可以选择保湿乳液或者保湿精华液。

到了冬天，要想继续美白，还是得遵循一个基本准则：远离阳光。同时要涂一定的美白防晒产品。美白＋防晒，才是真正的美白。因为美白是一个深层导入的过程，防晒则是对肌肤表层加以保护。如果一款产品既要美白又要防晒，取各自的最大功效则往往不可能同时发挥好。先涂美白品，再涂防晒品，才是美白肌肤的基础。专家强调不要怀疑美白产品的功效，尤其是在用了不到两个月的时候。

真正能看出效果的美白保养一般需要持续 45～60 天，为求肌肤白嫩，这是一段绝对值得投资且尚不算长的等待时间。美白不是一朝一夕的事，最重要的就是要坚持，而且要选择适合自己的美白产品。

我们说了这么多美白要注意的事项，但是最后别忘了最最重要的一点：肌肤美白的最高境界是拥有健康、洁净、明亮的肌肤。在这里，健康是第一位的。对肌肤最好的保护也体现在日常健康的饮食作息中。

每天洗脸的同时，不要忘记清洁颈部；涂抹颈霜或滋润型的颈霜、晚霜，因为护肤产品通常都能让颈部紧致。

早睡早起，告别熬夜、烟酒，健康的生活会让大家的肌肤皱纹减少，保持水分，整天容光焕发。

牛奶有催眠的神奇功效。容易失眠的人睡前不妨喝一杯新鲜牛奶，这会放松神经，轻松入眠。优质的睡眠让皮肤也能充分休息，比任何护肤品都来得有效。

正如越来越多的美容专家所提出的警告，我们追求的不是苍白，而是美白的最佳境界，不能脱离实际地想让自己的黄皮肤变成欧洲人的白皙肤色。所以要记住，美白的标准应该是健康、洁净、明亮的肤色。而关于社会上说的美白针，当然不提倡女孩去医院打。

建议二：爸爸妈妈可以适当赞美女孩的外貌

古语说："士为知己者死，女为悦己者容。"可见从古至今，容貌对女性都有特殊的意义。其实我们生活中已经有很多这样的经验，一个女孩子小时候长得不起眼，但"女大十八变"之后，越是有人夸奖她，她似乎越有朝气和光彩。如果说哪个女孩会完全不在意自己的容貌，那是骗人的，尤其是当她们有了爱美之心以后，更是会对自己的外貌非常在意。

婷婷是个外向的女孩子，她一直大大咧咧，同伴们都已经习惯和她称兄道弟，几乎没有什么人把她当成小女孩。上了初中以后，婷婷好像变了一个人，突然害羞起来，而且也不愿意再扎在男孩子堆里了。

有一天，婷婷的妈妈推门找婷婷，看到女儿正在对着镜子微笑、做各种鬼脸，妈妈简直惊呆了，这可不像那个总是要穿哥哥球衣的女孩啊。妈妈又高兴，又担心。高兴时因为她终于像个姑娘家了，担心的是她开始在意自己的外貌，会盲目追求外在的美。

“婷婷，忙什么呢？”妈妈想了想，决定主动和女儿交流。

“哦，没什么……”婷婷急忙将镜子收起来，“妈，以后进屋能敲一下门吗？”女儿有点生气，但是，妈妈从来都是这样直接进屋的啊。

“好的，我习惯了。不过你现在是大人了，妈妈以后进屋一定敲门。”妈妈马上改变了自己的态度，因为她有更重要的事情需要和女儿心平气和地沟通。

“其实，我最近看到一件衣服很适合你，一直想带你去买呢，但是是小碎花的，怕你不喜欢。”妈妈坐在了女儿床边，看着女孩红扑扑的脸，开始注意到，以前那个假小子已经不知不觉长大了。“是该给你买些新衣服了，以前那些都不适合你了。”

“那我想和妈妈一起去，这样我好试一下。”女儿的语气缓和了下来。

“好的，这样正好，你也好久没有陪妈妈逛街了。如果你愿意的话，我们再去买点盆景和小花回来，其实我一直都想养养花，你可以帮我的忙。”

“哦。”女儿淡淡地应了一声，完全没有反对的意思，看来，女儿真的是长大了。

从那以后，妈妈就把婷婷当做姑娘家来对待，再也不让她夏天穿着小背心去买水果，给她换了床单被罩，房间也重新布置了一下。在妈妈的细心呵护下，女儿变得越来越乖巧，也越来越有少女的美与羞了。

婷婷的妈妈很敏感地捕捉到了女儿爱美的心理变化，顺着这个变化，妈妈尽可能地做了自己可以满足女孩爱美之心的事情。

这看起来很自然，妈妈也没有花很多的心思，但是实在是家长里面少见的细心之人。

很多人发现女孩爱美之后，会很直接地说女孩子"爱美""不怕丑"之类的话，这些有点开玩笑的话语，会伤害女孩的自尊心，也会让女孩更加"偷偷摸摸"地爱美。

其实，女孩爱美是天性，如果女孩在容貌上不太有自信的话，爸爸妈妈应该尽可能自然地赞美一下女孩的外貌。

"你穿紫色的衣服真不错"、"齐刘海挺适合你的脸型的"、"你的眼睛和姑姑的眼睛一样又大又亮"、"你们刘家人就是长得很修长"……这些话对女孩来说，可是证明自己美丽的重要证据。如果妈妈们回忆自己的少女时代，谁曾经赞美过自己的容貌，一定是记忆深刻的。但是，越是熟悉的人我们越是懒得去赞美、欣赏，这种习惯让我们忽略了身边需要赞美的亲人，是很遗憾的。

但是，也要提醒父母不要过于在意女孩的外貌，无论是长得很好看，还是很难看，都不要过多地强调。有人很习惯，如果自己的女儿长得不好，少说两句可以理解；为什么女孩长得好看也要少说呢？因为父母过于强调女孩长得好，会让女孩以为长得好是自己的功劳，然后很在意别人是否会看到这个"功劳"，甚至认为自己长的美就该得到比别人高的待遇。有一个备受夸奖的"小西施"回家对妈妈说："妈妈，我们班上来了一个怪物。"

"怎么这样说？"

"因为他是唯一一个没有多看我两眼的男生，之前从来没有过！"小女孩的心里，竟然在意到了这个小细节，妈妈后悔自己以前太为女儿的美貌而得意了！

著名的教育家卡尔·威特就非常注意控制别人夸奖自己的孩子，每当有人赞叹小威特聪慧过人的时候，他就会说："犬子尚有很多需要进步的地方，惭愧惭愧。"可是当小威特刚出生、身体孱弱的时候，老威特从来不在意别人怀疑的眼光，照样和孩子一起锻炼身体、训练他学习。

其实，老威特的教育思想也可以总结为这样：父母的责任就是帮助孩子对外貌有一个正面的理解，尤其是女孩子，人见人夸的女孩，父母尽量帮她降降心里面的得意之情；被人忽略的女孩，父母帮她树立一点容貌上的自信；一直被当成假小子的女孩，在有爱美之心的时候，父母多一些理解和心照不宣，让女孩大大方方找回"遗失的身份"。

著名的作家伍尔夫有一间属于自己的写作间，虽然只有三本书大的一张小桌，但正是在那个简单的书桌上诞生了伟大的女性文学作品。写《简·爱》的作者夏洛蒂·勃朗特也有一个不大的书桌，夏洛蒂最喜欢在上面创作了。其实，不管你的女孩是否有成为作家的潜质，她都应该有一个属于自己的小天地。

由于家庭条件有异，有的女孩可能会拥有公主一样的卧房、琴房和书房，而有的女孩只能在父母的床边摆一张小床，或者在客厅中间隔一道木板作为自己的卧室。但这些并不影响女孩对自己生活的满意程度，如果父母能够尽心地帮助生活条件一般的女孩打扮自己的房屋，她们都能感受到爱和美。

女孩的房间就像是女孩的心，能够看出她的思维习惯和性格爱好。一般来说，女孩子的房间里最好不要有太多不属于她的东西。父母因为寄放一些东西在女孩的卧室里，经常出入，就不能给她带来很安全、隐蔽的感觉。而女孩在长到青春期的时候，是非常需要这种安全感的。另外，女孩的房间最好有一点点艺术感。可以是名画的仿制品，可以是一圈漂亮的墙纸，可以是她自己最喜欢的一张照片，一家人的合影，或者是自己创作的第一幅画。

如果女孩喜欢在床头接很多的电器，耳机、电脑、音响的线总是缠在一起，建议爸爸妈妈最好帮她设计好走线，因为这些不安全，而且也容易引起女孩做噩梦。

如果女孩的小东西太多，妈妈可以和女孩动手做一些收纳盒子。这些盒子可以用买了纸巾、电器等日用品的结实的纸箱改造而成，最好是在外面包上可爱的包装纸。

如果女儿没有合适的床头灯，爸爸可以帮她接一个插座和普通的节能灯泡，妈妈帮她用电饭锅的盒子做一个灯罩，可以把纸盒的外面剪到只留下骨架，然后用半透明的纸糊上，贴上一些小兔子、月亮、星星等的贴纸，选择女儿最喜欢的颜色来包装一样，罩在节能灯上，这样既有朦胧的睡意感，更有爸爸妈妈的一片爱心在其中！

细节 22　女孩的美丽体现在细节的完美

有这样一个故事：

有一家的小女孩总是喜欢在地上打滚，刚换的衣服，总是三分钟就弄得很脏了，妈妈一直拿她没有办法，只好专门给她几件在地上打滚用的旧衣服，一回到家里就换上，任由她撒野去。

有一天，从省城里回来的叔叔给女孩带了一样礼物——一件纯白的公主样式的连身裙，蕾丝裙边，收腰蝴蝶结，两指宽的吊带，栀子花一样厚实的布料……一切都是那么完美无瑕，女孩喜欢得不行。

第二天，全家人都发现了女孩惊奇的变化，她再也不是那个在地上滚来滚去的野丫头了，她变得很规矩，很安静，很爱干净。那条洁白的裙子她穿了一个暑假，竟然连一滴墨水也没有沾上！

这个故事告诉父母的教养智慧有很多，但最简单最直白的一条就是：让女孩穿得体面一些，她们也会把自己当成一个体面人来对待。

如果你总是给女孩穿不整洁的衣服，又怎能指望她可以优雅如百合呢？

建议一：从"头"开始美丽起来

女孩要想有一个美好的形象，头发是不可忽略的部分。

头发是另一种气质的投影，健康、亮丽的秀发往往能够吸引不少人的目光，同时也能衬托出美丽的容颜，散发出与众不同的神韵和气质。

要想有一头富有弹性且乌黑亮丽的秀发，适当的头发护理是必需的。如果父母能够根据自己女孩的发质情况执行正确的美发方法，那么女孩就会拥有一头飘逸的秀发了。

一般来说，人们把发质分为以下几种：

第一种，油性发质。油性发质的特征是：发丝油腻，洗发后第二天，发根就会出现油垢。头皮如厚鳞片般积聚在发根，容易头痒。

油性发质由于皮脂分泌过多，而使头发油腻。这种发质的形成大多与激素分泌紊乱、遗传、精神压力大、过度梳理以及经常进食高脂食物有关。这些因素可使油脂分泌增加。一般来说，发质细的女孩，油性头发的可能性较大。这是因为每一根细发的圆周较小，单位面积上的毛囊较多，皮脂腺同样增多，故分泌皮脂也多。

如果女孩的头发细长、油腻，第一天洗完后，第二天清晨起来就发现整个头发黏糊糊的，像抹了一层油似的，那么她的头发应该是油性发质，需要经常清洁。

第二种，干性发质。干性发质的特征是：油脂少，头发干枯、无光泽；易缠绕，且容易打结；头发松散，头皮干燥，容易有头皮屑。特别在浸湿的情况下难于梳理，通常头发根部颇稠密，但至发梢则变得稀薄，有时发梢还开叉。这样发质的头发往往很僵硬，弹性较低，其弹性伸展长度往往小于 25%。

干性发质的形成常常是由于皮脂分泌不足或头发角蛋白缺乏水分造成的，经常漂染或用过热温度恤发，天气干燥也是形成干性发质的原因。

第三种，中性发质。中性发质的特征是：不油腻，不干燥；柔软顺滑，有光泽，油脂分泌正常，只有少量头皮屑。如果没有经过烫发或染发，保持原来的发型，总能风姿长存。如果女孩的头发不油腻，不干燥，那么她的头发是中性发质。

第四种，混合性发质。混合性发质的特征是：头皮油但头发干。这种发质的头发靠近头皮 1 厘米左右以内有很多油，越往发梢越干燥甚至出现开叉。

帮助女孩认清自己的发质，选用真正适合的洗发、护发方法，对头发的健康美观很重要。对比上面 4 种不同发质的特点，看看女孩的头发属于哪一种类型。

由于四季更迭以及环境各异，女孩洗发的次数也相应地有所不同。一般来说，干性发质皮脂分泌量少，洗发周期可略长，一般 7～10 天洗一次。油性发质皮脂分泌多，洗发周期略短，一般 3～5 天洗一次。中性发质皮脂分泌量适中，一般 5～7 天洗一次。

在保养头发之前首先要了解自己的头发属于哪一种发质，这就如同皮肤保养的道理一样，头发的类型是由头发的天然状态决定的，即由身体产生的皮脂量而决定，不同的发质有不同的特性。了解头发的性质，是护理头发的第一步。

建议二：谁不渴望成为"明眸善睐"的女孩

如今，青少年近视的发生率高达 50%～60%，并且近视眼的人数连年攀升，已经成为影响我国人民健康的重要问题。

很多家长忧心自己女孩也会患上近视眼，不仅给生活带来了极大的不方便，而且即便再明亮有神的眼睛，只要戴上一副眼镜也会失色不少。

近视眼是怎样形成的呢？一旦女孩不小心成为近视眼，又该如何正确对待呢？对于这些常识父母们最好能有一个大致的了解，防患于未然，尽量做到不戴眼镜或者是降低眼镜佩戴的度数。

近视眼也称短视眼，看远处的东西，正常视力范围内别人能看清的，近视眼患者却看不清，而看近处的东西时，则和视力良好的人没有什么差别。这种眼睛只能看近不能看远。

近视眼一般分为假性近视和真性近视两种。假性近视具有治疗（含休息）则消失，不治又复发的特点。虽然治疗时各种方法可能都有一定效果，但所有效果都不能持久。不过，不管怎样，假性近视还是有治愈的可能和希望的。

成为真性近视前常常有一段时间是假性近视期。

而如果一旦成了真性近视，则往往不通过一定的手术就不能再恢复到以前的好视力了。

现在的女孩有的从2～3岁便开始入学接受学校教育。随着近距离用眼时间的逐渐增大，女孩眼睛的望远能力就逐渐弱化，慢慢地就会出现睫状肌麻痹，视物成像在视网膜前，形成近视，也就是所谓的"学校近视"，再加上年级越高、度数越深的现状，有人甚至戏称说：今世"进士（大学生）"尽是近视。

据有关资料显示，青少年近视眼以长期用眼距离过近引起者为多见。青少年眼睛的调节力很强，当书本与眼睛的距离达7～10厘米时仍能看清物体，但如果经常以此距离看书，写字就会使眼睛的调节异常紧张，从而可形成曲折性（调节性）近视，即所谓的假性近视。如果长期调节过度，使睫状肌不能灵活伸缩，由于调节过度而引起辐辏作用加强，使眼外肌对眼球施加压力，眼内压增高，眼内组织充血，加上青少年眼球组织娇嫩，眼球壁受压渐渐延伸，眼球前后轴变长，超过了正常值就形成了轴性近视眼，即所谓的真性近视。

家长要引导女孩防止用眼过度。有的女孩习惯连续三四个小时用眼不休息，甚至直到深夜才睡觉休息，这样不仅影响身体健康，对颈椎等部位不利，同时会使眼睛负担过重。眼内外的肌肉由于长时间处于紧张状态而得不到休息，久而久之，眼睛的肌肉不能放松而呈一种痉挛的状态，看到远处就会感到模糊而形成了近视。有的女孩只要是过了暑假视力就会下降，就是这个原因。因此，家长要告诉女孩，看书写字或者是看电视 40～50 分钟的时候就应该休息片刻或者是向远处眺望一会儿。

家长要促成女孩养成科学用眼的好习惯。家长要告诉女孩，不可以在光线太强或者是太弱的地方看书。因为如果光线过强，阳光辐射到书面上会引起强烈的反射，刺激眼睛，使眼睛不适，难以看清楚字体。相反，如果光线过弱，很容易引起眼睛的疲劳而导致近视。另外，家长们还要嘱咐女孩不可以边走路边看书，这样做对眼睛不利，也不要躺在床上看书。

细节 23　妈妈应从着装上培养女孩的审美品味

爱美是女孩的天性，大部分女孩从很小的时候就喜欢照镜子端详自己，喜欢漂亮的衣服和裙子，而且很在意别人的评价。女孩的父母们也愿意给孩子买漂亮的衣服、鞋子、头饰，把自家的女儿打扮成一个靓丽的人见人爱的小公主。然而，孩子在小的时候是没有形成一套属于自己的审美观念的，她们通常爱模仿母亲和身边亲密女性的穿着打扮，甚至是电视里自己喜欢的人物装扮。还有些爱美心切的女孩，趁父母不在家，便偷偷拿出妈妈的衣服、鞋子、化妆品，为自己"精心"收拾一番，往往弄得家长哭笑不得。所以，女孩的妈妈们，要注意从小引导女儿的审美观，给孩子一个中肯的形象建议。

一个人给人的最直观形象就是他的穿着打扮。民间有句谚语："人靠衣装，佛靠金装。"俗语也常说："人靠衣衫马靠鞍。"衣服是人的第二肌肤，穿一身漂亮的衣服，心情立即愉快起来，不自觉中，头扬起，胸挺起，脚步轻盈而有力，人也特别自信。服饰对人起着很大的辅助作用。

但是，不是说任何服饰穿戴在任何人身上一定都能产生美感。事实证明，服饰只有与穿戴者的气质、个性、身份、年龄、职业以及穿戴的环境、时间协调一致时，才能真正达到美的境界。正确着装，不仅能够给他人留有一个好的印象，也能给自己增添一份自信与魅力。

英国首相撒切尔夫人，素有"铁娘子"之称，个性鲜明，在服饰穿戴上也有自己独到的见解。她说："我必须体现出职业特点和活力。"她认为，女性过分化妆容易给人以男人的玩物、花瓶之类的"浅薄感觉"。所以，她爱着深色、凝重的服装，这样显得严谨、高雅、庄重，突出了一位女政治家的个性风采。

着装没有必要太过华丽，也不一定"跟风"就是好，干净、整齐、合适一定是最重要的，要选择那些适合自己的、能够彰显自己气质的衣服，才是正确的。另外，如果孩子过分在意他人对自己形象方面的评价，难以容忍自己身上的一些小缺陷，父母就要多多引导孩子，让孩子能够正确地审视自己。

5岁的童童突然之间不喜欢去幼儿园了，每天早上都在家里耍赖，说想妈妈不愿意离开妈妈。童童的妈妈觉得事有蹊跷，便开始和孩子慢慢聊天，终于"套"出了童童的心里话："幼儿园的小朋友都说我头发难看，又稀又黄，我不想去幼儿园了。"

原来，童童因为从小有些缺锌，发质有些枯黄。然而妈妈却没想到，这成了孩子的不愿意上幼儿园的一个"心病"。

童童的妈妈觉得，孩子如果太在意这些小事，可能会产生自卑和胆怯的心理。于是妈妈想到了一个疏导的好办法。

"童童，你看童话书里是不是写着，温柔小公主的头发是金黄的、软软的呢？"

童童想了想说："好像是。"

妈妈继续说道："那小公主是不是特别温柔，特别受欢迎的呢?"

"是啊,原来我的头发和童话书里的小公主一样啊!"童童一下子兴奋起来,眼睛也亮起来了。

第二天,童童穿上了一件漂漂亮亮的裙子,跟着妈妈去了幼儿园。

也有一些家长,担心女孩太爱"臭美",会影响她以后的心态和价值观,担心孩子养成虚荣、攀比的坏习惯。有位家长在女儿的穿衣打扮上,坚决不给女儿商量的余地,只让女儿穿自己选择的衣服,告诉孩子"你要不穿我给你拿的要不就什么都别穿",结果孩子在她的强压之下,每次只好乖乖地穿上她选好的衣服。

试想,被剥夺了"臭美"天性的女孩,生活又怎能快乐?

幼儿期孩子的审美观还没有定型,需要家长、老师加以引导。很多孩子喜欢打扮,喜欢"显摆",只是为了得到家长和老师的关注,所以家长们平时应该多关注孩子的情感需求,因势利导,引导孩子形成正确、健康的审美观。此外,爱打扮的女孩往往对色彩较敏锐,家长与其一味压制,倒不如抓住孩子爱美的特点,培养孩子的审美能力。

青春期的女孩追求"美"的愿望更加强烈,"跟风"倾向也更加严重。比如,有些青春期爱美的女孩喜欢给自己的头发变换不同的颜色,但目前,大多数染发剂中都含有过敏源——对苯二胺。这种物质很容易引起红肿、发痒、湿疹等过敏症状。还有一些染发剂中含有芳香胺类化合物,这是一种致癌物质。另外,染料经皮肤、毛囊进入人体,然后进入血液,很有可能会破坏血细胞,对身体百害而无一利。如果你的女儿同样喜欢染发,家长要给孩子讲明其中的利害关系,告诫自己的女儿,染发要有节制,不能成为随心所欲、经常性的行为,否则会影响自己的身体健康。

家长要尽早让孩子知道，一个人的形象除了外在，更多的是内在，一个内心优雅的女性即使她在外貌上不够完美，也同样散发着一种他人难以抗拒的魅力。所以，家长应该由内而外，从仪容形态上培养女孩优雅的气质。当女孩使用很多化学性的物品来装扮自己的时候，家长最好能用科学的解释来制止女孩的这些行为。

建议一：告诉女孩不要当时尚的奴隶

女孩适当地追求漂亮，让自己的魅力得以与时俱进，对时尚的追逐、对自然的崇尚，是女性的永恒话题，而漂亮、随意、活力，也是年轻女孩的专利。

为了能够在纷繁的时尚潮流中脱颖而出，女孩必须要把握两条重要的原则：

第一，要注重时尚的和谐

时尚应当与自己的年龄相符合。不同年龄追求不同的时尚，女孩要根据自己的年龄特征来选择适当的时尚服装；其次，时尚也要有自己的性格与和谐，只有当内在的性格与时尚追求和谐一致的时候，女孩的美才能得到充分的体现。就如同旗袍给人以文静的感觉，"假小子"式的女孩就不适宜穿着；再次，要注意使时尚与所处的环境相和谐。即在选择时尚服饰时，应与一定场合的气氛相和谐。

第二，抓住时尚的精髓

时尚有其特定的内涵，非经提纯不能窥见其全貌，为此家长首先需要帮助女孩对时尚进行"提纯"。要从它的核心部位入手，将它的实质构成寻找出来、挖掘出来，为己所用。

时尚的女孩应当善于抓住流行色。流行的引领是服装，服装的引领是色彩。选用一两种流行色与基本色一起搭配，就能够做到既保持了自我又跟上了时尚。

时尚的女孩应当善于用细节点缀自己。选购裘皮大衣、添置羊绒套裙不必考虑流行色，但可以配上流行色的套衫或围巾，甚至一枚别针、一对耳环、一副项链，那上面的一点点流行色彩，就可以使女孩具有流行特质。

时尚的女孩应当善于自己创造流行。寻找流行目标，关爱自己，展现魅力，把自己当做是流行的晴雨表，偶尔别出心裁的装束，不小心就制造了新一轮时尚。

很多女孩为了盲目地追赶时尚，不惜重金，弄得自己看起来好像是一派风度，感觉却是越来越糟。究竟要把自己放逐到什么位置上，自己心里也没有分寸。而事实上，只有当一个女孩的内涵和外表协调统一的时候，她才会是最美的。

时尚与美并不是完全对立，一个不盲目追随时尚的女孩可以变得更美。聪明的女孩不会盲目追随，而是根据自己的内在精神需求与性格气质，从纷繁芜杂的时尚风潮中升华而出，而获得永久的魅力。

父母应告诉女孩，不要成为时尚的奴隶。俗话说："有人创造流行，有人跟从流行。"因为有众多的人迷信流行，因而有了大众时尚。有的女孩为了追求时尚，往往不考虑自己的年龄、形体、肤色，甚至盲从一些标新立异的时装。做时尚的奴隶是可悲的，父母要教会自己的女孩用眼睛观察自己，相信自己所拥有的不同之处，如果仅仅生活在他人的时尚观念中，所拥有的只能是盲从。

建议二：穿衣要与自己的风格相符

"涵涵！你有没有觉得，我有必要改一下长久以来我的穿衣风格啊。"闹闹又开始折腾了。

"你现在是什么风格？"涵涵一头雾水，不知道闹闹又想说什么。

"古典美女风格！你看不出来吗？"闹闹边说边扭了一下腰，还夸张地用食指从眉头上划过，"柳叶眉，水蛇腰——说的不正是我吗？"

"你有腰吗？不好意思，还真没看出来。"涵涵上下打量了一番，说了句令闹闹喷血的话。

"喂！涵涵同学！我的抗打击能力是很强的！"闹闹故意吼起来，"你没腰别以为别人也没有好不？"

"那你现在想变成什么风格？"涵涵看闹闹搞笑地拼命扭腰，忍不住加了一句。

"前卫少女型，你看怎么样？"

在一旁一直听她们说话的同学中有一个实在忍不住了，大笑着说："小心变成'街头小太妹型'……"

"哈哈——"大家都笑起来。

一般来说，服饰风格和女生的性格很相关。有什么样的性格一般决定你在人前呈现出什么样的服饰风格。

大体来说，女生的服饰风格有以下几种。

第一，自然型风格，又称运动型风格、随意型风格。无论在学校，还是在日常生活中，总会看到这样一类女生，她们给人以潇洒、活力、健康的印象，这类女生往往神态亲切，直线的身材颇有运动感，性格随和大方，在不刻意的修饰中表现着洒脱的魅力。她们比较适合宽松的、不需要太多装饰感的服装，中性打扮、自然型人打扮需要有品位，一般不用化妆。回避华丽、可爱，突出自然、休闲。

第二类，前卫少女型。前卫少女型风格又称为可爱型风格、甜美型风格。一些女孩看起来比实际年龄年轻，当她们穿上成熟的服装后，往往会出现与自身个性不符的情况，这是因为她们甜美的面部及可爱的身材造成的，只有那些轻盈柔美的少女服饰，才能把她们甜美可爱的魅力表现出来，她们属于前卫少女型。这一类女生的服装款式追求圆润感，在平常的款式上加以甜美可爱的因素，穿裙子比穿裤子漂亮。

第三类，浪漫型，浪漫型风格又称为华丽型风格、性感型风格。五官甜美、女人味十足、眼神妩媚、身材圆润，适合华丽高贵的女性化服饰，给人大气、夸张的感觉。这一类女生适合穿做工华美的服装，华丽、光泽感强、细腻的面料，曲线感强、夸张的女性化图案，戴华丽、醒目、夸张的饰物，也可以选择较为饱和、华丽但不过于深暗的色彩，最好用类似色彩搭配。可以强调腰部和臀部曲线，贴身而合体才能尽现浪漫型人的妩媚性感，在所有场合穿衣服的度都可以略夸张。要回避锋利、坚硬、理性和平庸感。

第四类，古典型。古典型风格又称为传统型风格、保守型风格。一丝不苟的古典型女生，往往五官端庄、面容高贵，有一种都市成熟职业女性的味道，她们需要选择一些精致而正统的服饰来衬托自己。选择服装时，应该整体应遵守严谨端庄的风格，适合做工精良、剪裁合体的套装，直线剪裁，服装剪裁要简洁大方，忌夸张，越简单的款式越好，适合穿职业装，用丝巾做套装领部的点缀。

第五类，前卫少年型。前卫少年型风格又称俊秀型风格、男孩型风格。这一类型的女生穿上正统的职业套装，会让少年型人看起来拘谨，蕾丝也与她们无缘。在生活当中，她们常常被我们俗称为"假小子"，活泼、可爱，整个五官氛围给人以帅气的感觉，她们适合时尚化的中性服装。适合穿直线裁剪的衣服，裁剪多用尖角、直线、分割线，口袋也应简洁利落，多用分割线，传递年轻和前卫的感觉。

第六类，前卫型。前卫型风格又称现代型风格、个性型风格、革新型风格、摩登型风格等。她们往往有明亮的眼睛、个性的五官、骨感的身材。白天可以穿短裤与有个性的 T 恤，晚上又可以穿带有金属装饰物的服装。适合短小精悍的服装，款式突出新颖、别致，不对称斜裁风格，打破传统，可大胆采用不对称的裁剪。

第七类，戏剧型。戏剧型风格又称夸张型风格、艺术型风格。这类女生全身充满了鲜明的个性，打扮入时、引人注目。戏剧型人脸部轮廓线条分明、存在感强、五官夸张而立体，身材看起来比实际身高显高。标准戏剧型女生整体总给人以夸张大气的印象，存在感强，性格大胆、极端、有个性、与人较有距离感。她们适合穿包身、性感的衣服，曲线的鞋，夸张的饰品，夸张的青果领、大褶皱的连衣裙，中间收腰，下摆很宽的上衣；枪驳衣领、大尖领、方领，双排扣，适合有光泽感的面料，各种呢料、丝绒、皮革和闪光面料，软硬适宜，避免尼龙。要注意的是，要回避小孩化、小家子气的风格，切记要突出个性，拒绝平庸。

第八类，优雅型，优雅型风格又称为小家碧玉型风格、温柔型风格。这类人脸部轮廓柔美、圆滑，五官精致，有曲线感，身材圆润，走起路来很优雅，给人以小家碧玉的感觉。优雅型女生，无论身材和面庞曲线，都给人女人味的印象，因此，柔软的布料和曲线裁剪的服装都很适合她们。轻柔而流畅的款式最能表现她们优雅的气质。衣服也不强调垫肩，腰部和臀围要收得很合体，连衣裙穿起来往往最漂亮。颜色分四季，风格分八种，完全掌握自己适合的"色"和"款"后，不仅让您在各种场合都能最大限度地展现自己的美，在以后选择服饰的过程当中也能为您更省时、省钱、省力，还能成为搭配高手！

细节 24　饰品的搭配有讲究

当女孩穿上了漂亮的衣服时，如果能够根据衣服的设计在合适的部位增加一些小饰品作为点缀，一定可以使女孩增色不少。

但是，家长在帮助女孩挑选饰品的时候需要注意，不仅在选择颜色上不能弄得七彩斑斓，也要注意不能一次性佩戴太多的饰品，否则的话会起到相反的效果。

具体说来，首饰可以分为戒指、耳环、项链、手镯、别针、袖口、领针、腰链、脚环，等等，关于饰品的佩戴更是一门学问，在很多时候它甚至比服装本身还重要，如果佩戴得宜，有如画龙点睛。

女孩因为脸型、身材、性格、气质的不同而具有不同的风格倾向，然而人本身所具有的风格往往决定了她适合哪一种款式风格的服装和首饰。

1. 优雅型。这一类的首饰富于曲线美，有易碎感，如小花排列的手链、精雕细刻的戒指，等等，适合线条圆润、气质优柔文雅、极富女人味的人。优雅风格的人可用有飘逸感的轻质面料的裙装来搭配透明、娇贵的仿真首饰，如琼瑶小说中清丽脱俗的女主角。

2. 古典型。这一类的首饰正统、精致、高贵，适合面部端正、气质高雅的女孩。紧贴颈部的珍珠项链、一分硬币大小的扣式耳环等都能与古典型的质地高档、直线裁剪的服装相配，完全可以体现出传统的闺秀风范。

3. 天然型。这一类的首饰粗犷、自然，多用树叶等形状作为别针、坠子造型，适合身材高挑、具运动员风格的女孩。当女孩佩戴这样的首饰时，建议装扮应该力求线条简捷，质朴大方、不留豪华设计痕迹。整体风格闲适、潇洒。

4. 前卫型。这一类的首饰造型小巧、新奇、别出心裁，极具个性，适合小巧玲珑、活泼好动、有俏皮少女或男孩儿气质的人。前卫风格的人可用奇特质地的面料做超短设计打扮自己，定能独树一帜。

5. 温婉型。这一类首饰多采用蝴蝶结、花瓣、花心型造型，线条流畅柔美。适合身材适中、圆润、性感、有着洋娃娃般迷人双眼的人。浪漫风格的人最好穿紧身、性感设计的服装，多用大波纹的蕾丝做装饰，配上花型设计的耳环，细细的、有漂亮坠子的项链。

爱美是女孩的天性，特别是对女孩子而言，都希望能够把自己打扮得美丽动人，除了发型之外，饰品也是很重要的一方面。往往一件搭配得当的小饰品，会起到意想不到的作用，可以说是点睛之笔了。

现在卖饰品的地方随处可见，无论是实体店还是网上商城，而每个店铺中的商品更是琳琅满目，花样不断翻新。家长们尤其要注意根据女孩的自身特点帮助她们选择，小到一个发夹，都要和女孩的气质相配才好。

家长要根据女孩的体型选择适合的饰物。体型小巧的女孩子，就不宜搭配体积大的饰品。这样会给人一种不和谐的感觉，也可以讲是反差太大。比如耳饰类，体型小巧的女孩子应该搭配耳钉、长度稍短的耳坠，如果搭配大型的耳环或长线耳坠的话，很容易把别人的注意力引向耳饰的长度与自身身形的比较之中，扩大了自身的缺点，实非明智之举。

家长要根据女孩的性格特点选择合适的饰物。不同的人，在性格方面也有很大的差异，有的女孩子温文尔雅，有的女孩子活泼可爱，在饰品选择方面，也不能光追求新鲜。佩戴饰品是为了好看的，为了提升自身的气质与形象，不根据自身性格特点选择饰品，盲目搭配，往往不能体现其应有的价值，花钱不说，而且费力又不讨好。

家长要注意帮助女孩控制饰品的数量。饰品的搭配不要求多，只要有一两件精巧的配饰点缀即可，如果超过三件，就不免有些庸俗不堪了。饰品佩戴的原则是点缀和调节，使之与自己所要展现的气质合拍。

建议一：鞋子是搭配的重头戏

鞋子的作用是不可以忽视的，很多家长并没有注意过鞋子的重要性，觉得反正鞋子是穿在脚上的，别人会注意不到。而实际上，如果鞋子能够与衣服搭配得当，就可以穿出一番别样的美感。如果鞋子和服饰搭配不好的话，很有可能让自己的形象大打折扣，所以从某种意义上来说，鞋子是搭配的重头戏。

鞋子在与服饰相搭配的时候，主要是考虑到款式和材料两个方面。女孩经常穿的鞋子，主要有哪些类型，又怎样搭配为宜呢？

第一款：靴子。靴子一般分为长筒靴，中筒靴和短筒靴，适合与牛仔裤、脚蹬裤这类式样紧瘦的裤子搭配，不宜与西裤、宽筒裤搭配。另外，装饰较多且时髦的高筒靴只适合个高腿长的女孩，对于腿型好看的女孩来说，短裙搭配中筒靴最为洒脱。

第二款：轻盈便鞋。圆头或小方头的便装皮鞋舒适清朗，一般由头皮、小牛皮、磨砂皮等质料制成。如果你的女孩喜欢崇尚潮流，又不想失去淑女风范，它将是女孩最佳的选择。

第三款：木屐式便鞋，那 3 公分高的粗跟在木质地板上可踏出犹如古筝般的乐声，若配以双肩吊带中式长裙，像是典型的东方美人款款而来。

第四款：经典女鞋。这一类鞋子深深对应了女孩以精巧的饰品和精美的服装构成的那分精致和美丽。在此类鞋款中，色彩一般以黑、灰等暗色为主，皮革以质地细腻、柔软、光亮的小牛皮为首选，偶尔也尝试翻毛皮与鳄鱼皮。

第五款：厚底女鞋。厚底女鞋看上去又厚又笨又重，许多女孩之所以对它情有独钟，原因之一恐怕是此鞋可以帮助她们获得物理意义上的高度，使她们在人群中"鹤立鸡群"。

第六款：休闲运动鞋。休闲运动鞋会让女孩在闲暇时段感受到生活的轻松，它多采用聚胺脂类新型材料，轻便透气，便捷自如。高帮复古球鞋于前卫中透出古典之美，可与简洁优雅的裙子相配，橡胶鞋底向前延伸上翘至鞋尖，若与T恤相配，青春亮丽之美无法言说。

不论是在学校还是在某些活动场合，穿牛仔裤是很多女孩的选择。那么，牛仔裤与鞋子的搭配要注意哪些问题呢?

1. 直筒牛仔裤。此类牛仔裤最好配低帮的皮鞋、休闲鞋和旅游鞋，注意皮鞋最好是圆头或大头型的。颜色方面的搭配，如果是黑色或深色的牛仔裤，建议配黑色、褐色的皮鞋、休闲鞋和旅游鞋；淡色的牛仔裤相对应的配淡色的鞋子，这样做尽量使颜色对比度平衡而不失调。

2. 喇叭牛仔裤。此类牛仔裤尽量选择长一点，最好能盖住脚踝，选择尖头的低帮皮鞋为最佳。

3. 小裤脚牛仔裤。此类牛仔裤也是最时尚、最前卫的裤型。裤子建议不要太长，因为所要搭配的是皮靴、高帮皮鞋、高帮休闲鞋或高帮旅游鞋。

厚底鞋若搭配得当，可穿出别具一格的美感来，但身材娇小的人若穿上厚底鞋，则可能会使原来的玲珑、纤巧、细弱的美感荡然无存，给人滑稽之感；而身材本来就高大的女性，厚底鞋会令她们处于高耸入云的境地。所以对这款鞋子的选择要慎重。

如果家长觉得帮助女孩为衣服搭配颜色是件辛苦的事情，那么最万无一失的做法就是选择和衣服同色系的鞋子。还有一种方法就是，为女孩挑选百搭颜色的鞋子，比如黑色、白色和褐色。

建议二：什么样的形体选择什么样的饰品

在人们的以往观念中，通常认为只有正式和庄重的场合才可以佩戴珠宝首饰，别的场合是不适合佩戴首饰的。其实，这是一种认识的偏差，只要佩戴合适，任何场合均可以佩戴饰品。下面我们就日常生活中人们常见常用的一些饰品的戴法作出说明。

第一，项链

项链要与脸形相搭配。脸部清瘦且颈部细长的女性，戴单串短项链，脸部就不会显得太瘦，颈部也不会显得太长了。脸圆而颈部粗短的女性，最好戴细长的项链，如果项链中间有一个显眼的大型吊坠，效果会更好。椭圆形脸的女性最好戴中等长度的项链，这种项链在颈部形成椭圆形状，能够更好地烘托脸部的优美轮廓。颈部漂亮的女性可以戴一条有坠的短项链，突出颈部的美丽。

就项链的选择而言，价格并不是主要的因素，不管是什么样的款式，与年龄、肤色、服装的搭配协调才是主要的。一般来说，青年人应选用质地优良、色好、款式新的项链为佳。如骨制、珍珠制项链等。

第二，耳环

身材短小的人，戴蝴蝶形、椭圆形、心形、圆珠形的耳环，显得娇小可爱。

方形脸适宜佩戴圆形或卷曲线条吊式耳环，可以缓和脸部的棱角。

圆形脸戴上"之"字形、叶片形的垂吊式耳环，在视觉上可以造成修长感，显得秀气。心形脸宜选择三角形、大圆形等纽扣式样的耳环。三角形脸的女生最好戴上窄下宽的悬吊式耳环，使瘦尖的下颌显得丰满些。

戴眼镜的女生不宜戴大型悬吊式耳环，而贴耳式耳环则会令她们更加文雅漂亮。

另外，耳环与肤色的配合也不容忽视。

肤色较白的人，可选用颜色鲜艳一些的耳环；若肤色为古铜色，则可选用颜色较淡的耳环；如果肤色较黑，选戴银色耳环效果最佳；若肤色较黄，以古铜色或银色的耳环为好。

第三，手镯与手链

手镯与手链是一种套在手腕上的环形装饰品，它在一定程度上，可以使女性纤细的手臂与手指显得更加美丽。

选戴手镯时应注意，如果只戴一个手镯，应戴在左手上；戴两个时可每只手戴一个，也可都戴在左手上，这时不宜戴手表；戴三个时应都戴在左手上，不可一手戴一个，另一手戴两个。手链一般只戴一条。

另外要注意，手镯与手链不是必要的装饰品，青少年朋友戴得相对多一些，到了正式的场合，最好不要戴。

第四，戒指

又叫指环，它佩戴于手指之上，男女老少皆宜。

戴戒指时，最好仅戴一枚，至多可戴两枚。不过，戴在不同的手指上有不同的讲究。按照我国的习惯，订婚戒一般戴在左手的中指，结婚戒指戴在左手的无名指，未婚姑娘则戴在右手的中指或无名指。

这和国际上的有所不同。国际上比较流行的戴法是：

戴在拇指代表自我、率性，且表示正在寻觅对象。戴在食指表示已有情人，但是想结婚而尚未结婚。戴在中指表示处于热恋之中，或者已经订婚了。戴在小指则表示单身，或离婚，或决心独身。拇指通常不戴戒指。

所以佩戴戒指的时候，还真不能乱戴呢。

戴两枚戒指时，可在一只手上戴在两个相连的手指的，也可以戴在两只手上对应的手指上。另外，一个指头上不应戴多枚戒指。

从造型上讲，年轻人戴的戒指则应小巧玲珑，注重艺术化。

第五，胸针

这是不可或缺的配饰，无论是艳丽的花朵襟针或是细闪烁的彩石胸针，只要花点心思配上简洁服饰，就足以令人一见难忘。

粉红色花胸针，其形态或娇艳欲滴或清丽脱俗，代表着不同气质的妩媚。襟花扣在线条明朗的毛绒大衣或柔软的针织毛衣上，女性的温婉娇媚油然而生，令人心花怒放。

镶彩石蝴蝶型胸针，闪亮的银白、娇俏的粉红及柔和的天蓝拼合成缤纷璀璨的光华，跃动于蝴蝶的一双翅膀上，充满活泼动感，配件素色上衣，或为黑色连衣裙作点缀，备显高贵大方。

不过，颜色怎么选，总来说，还是要看服饰的颜色，以与服饰的对比色或者同色系为最佳。

第六，挂件

又叫项链坠，多与项链同时配套使用。其形状、大小各异，常见的有文字、动物、鸡心、锁片、元宝、花篮、十字、吉祥图案、艺术造型，等等。

选择挂件，要优先考虑它是否与项链般配，要力求二者在整体上协调一致。另外，在正式场合不要选用过分怪异或令人误解的图形、文字的挂件，也不要同时使用两个或两个以上的挂件。

第七，脚链

即佩戴于脚踝部位的链状饰物。它是时下新兴的一种饰物，多为青年女孩子所喜爱，主要适用于非正式场合。

佩戴脚链，意在强调脚腕、小腿等相关使用部位的长处，若此处无美可陈，或是缺点较多的女生切勿使用。

脚链一般只戴一条，戴在哪一只脚腕上都可以。若戴脚链时穿丝袜，则应将脚链戴在袜子外面，以便使其更为醒目。把脚链戴在袜子里面，不仅使其作用不能发挥，而且还会令人误以为自己脚腕"静脉曲张"。

另外，专家提醒，一些小饰品，比如耳环，比如戒指，常戴就要常清洗，最好用医药的杀菌酒精进行杀菌处理。因为，不管你多想借助这些可爱的小饰品变得更漂亮，健康是第一位的。也就是说，不要选择容易引起皮肤过敏等不良症状的劣质饰品。

细节 25　塑形是一种时尚潮流

　　有一种父母，在女孩小的时候，由于爱女心切，所以给她最好的享受，把一个原本漂亮可爱的小姑娘喂养成了胖胖的样子，后来女孩长大了，变得臭美了，天天对自己的体型不满意："妈妈爸爸，你们怎么把我喂得这么胖啊！"听到了女孩的抱怨，父母们心里不免有几分不满："让你多吃一点，不是为你好吗？"

　　但是说实话，如果一个女孩从小没有节制的发胖，而父母不加警觉的话，那将来肯定会是个问题，因为没有一个女孩是不爱美的。等到女孩子着急自己的体型以至于到"有病乱投医"的心理时，家长们才知道自己以前的纵容是多么地不明智。

　　有的时候，女孩往往希望通过这种"美容整形"的方法快速达到自己瘦身的目的，通过手术的方式矫正，以达到期望的样子。通过抽脂、形体雕塑等方法，让自己变得更加漂亮。

　　据说，在韩国有很多从艺的明星都愿意去做这种五官整形手术。这些年，因为韩剧的流行和韩国影视明星的美丽容貌受到大众的喜欢和追捧，使得亚韩整形之风盛行。不过，这些整形术常常是从事特殊工作的特殊人群才需要，比如演员、模特和专业的礼仪人员，等等，一般人最好别选择手术美容整形。因为这不仅是对人的身体的一种考验，也是对金钱的一种考验——一个整形手术常常花费十分昂贵。

不管怎样，这些需要动刀子的手术未免显得有点吓人，而且免不了会有一些后遗症或者是并发症之类，甚至有一些手术干脆以失败而告终。女孩小小年纪，怎么能够经受住这种手术带来的心理折磨和生理残害？

　　时下还有一种流行的减肥方法，叫做节食。然而女孩正是在处于人体生长发育最为旺盛的时期，身体中总是需要充足而均衡的营养，而节食势必会带来营养缺乏，从而给身体造成极大的伤害。

　　首先，节食会使人体的各种维生素摄入不足，谷类中含有丰富的维生素 B2，如不足时会出现口角炎等病症；而蔬菜中则含有大量的维生素 C，缺乏时会造成坏血病症；维生素 D 缺乏则可引起骨代谢异常，身体长不高，甚至骨骼变形；维生素 A 缺乏则会出现夜盲症。

　　其次，节食会引起蛋白质摄入不足，女孩的青春期发育一般较男孩子早，同时伴有明显的内分泌变化。蛋白质不足的后果最为严重，造成负氧平衡，从而使发育缓慢、消瘦，抵抗力下降，智力发育也会受到一定的影响，严重者还会出现营养性不良水肿。

　　最后，节食还会导致人体所需的热量不足，处于青春期的女孩机体代谢旺盛，活动量大，机体对营养的需要相对增多，每日所需要的热量一般不少于 12552 千焦，如果达不到这一要求，就会对生长发育产生影响，青春期的热量应高于成年期的 25%～50%。

　　青春期的女孩身体正在发育，无论用什么样的方法来达到减肥的目的，都是残酷的。因为肥胖的形成并非是一朝一夕，一时心急想让自己立即变瘦，谈何容易？

　　所以，家长在养育女孩的时候最好能有一种意识，就是在喂养的过程中强调营养均衡，以免过犹不及。

　　如果女孩总是嫌弃自己体型太胖，但是又找不到太好的解决方法的话，父母只能安慰女孩，告诉她胖也是一种美。并不是说胖是不美，瘦就是美。社会的审美标准总是变化的，比如在唐朝的时候就是以胖为美，所以告诉女孩不要过于自卑，不管长成什么样子，都是独特的自己。

建议一：给女孩报个形体舞蹈班

无论女孩学习什么样的舞蹈作为一项才艺，都可以增强女孩的气质和魅力，而且舞蹈对于塑造形体有很大的帮助。对于女孩自身来说，练习舞蹈，既可以让自己多掌握一种技能，同时还可以使身材得到锻炼，何乐而不为呢？

如果一个女孩想让自己的体型更加优美有曲线，练习舞蹈无疑是最好的选择，原因有以下几点：

1. 练习舞蹈可以锻炼肌肉

舞蹈可以对肌肉进行全面性、综合性的刺激，舞蹈动作可以兼顾到头、颈、胸、腿、髋等部位。舞蹈还同时具备了有氧运动的效果，使练习者在提高主肺功能的同时，达到减肥的目的。

2. 练习舞蹈和其他的体育活动相比具有更强的趣味性

相对于跑步、游泳的枯燥来说，通过练习舞蹈更能带给女孩无尽的吸引力和新鲜感，还有更加良好的健身效果。

3. 练习舞蹈可以增强身体的协调性，并培养良好的节奏感

舞蹈自身都有一整套的连贯动作，流畅而轻快，整齐而有韵律感，对于乐感以及灵巧度的锻炼有很大帮助。而舞蹈的趣味性也更容易让人集中和专注，忽略掉运动疲劳。

4. 练习舞蹈有助于培养气质

由于舞蹈是一种极具表现力的运动，所以通过练习，可以培养出优雅的气质并增强自信心，并且舞蹈还是缓解情绪的好方法。

正因为如此，很多人都把练习舞蹈比喻成为"带着笑容去训练"的体育项目。在舞蹈课中，人们则更为关注是否能够在练习中表现得更加愉快和尽兴，所以练习舞蹈对于放松心理也有很大的帮助。

练习舞蹈不仅可以增强女孩的外在美，同时还可以使女孩的体质得到改善。

1. 舞蹈锻炼能够锻炼身体，有益健康

对于不同年龄的女孩来说，跳舞都是一项非常好的运动，坚持舞蹈练习不仅可以强身健体，增强抵抗能力，而且可以使自身的关节和肌肉得到锻炼，减慢身体骨骼的衰老。

2. 跳舞可以使心肺功能得到增强，促进血液循环

曾经有一个舞者讲述她的心得："当伴随着音乐翩翩起舞的时

候，我忘记了一天的疲劳和工作的烦恼。虽然气喘吁吁，汗流浃背，但却可以使全身得到放松。现在我的精神面貌有了很大的改观，体质也增强了许多，感觉浑身充满着活力，心里充盈着快乐。"

总之，通过学习舞蹈，不仅使女孩得到良好的形体训练，而且对于心灵更是一种美的陶冶。多年的实践证明，学习舞蹈的女孩经过长期地训练之后，她们的身体外形通常会变得更加曼妙。身材更加挺拔,举手投足间处处表现优雅的感觉，无疑就是长期练习舞蹈的结果。

舞蹈作为艺术的表现形式之一，包含着丰富的形式，有不同的种类、不同的样式、不同的风格。根据舞蹈的作用和目的，舞蹈可分为生活舞蹈和艺术舞蹈两大类。这些舞蹈种类繁多而复杂，又具有不同的艺术特点，还可以再细分为古典舞蹈、民间舞蹈、现代舞蹈、当代舞蹈和芭蕾舞等很多种类，家长在帮助女孩选择的时候要注意综合她的爱好及体型特征。

建议二：怎样练出颀长白皙的脖颈

"同学们安静了！开始做头部运动！"体育老师在前排大声地喊着，"一二三四，二二三四……"不过作用似乎不大，每每做预备动作的时候都几乎是老师在上面喊口号，大家在下面讲话。

好像大家一上体育课就格外兴奋，一兴奋就免不了要多讲话。

"丢丢！你说咱老师为什么上课前总让我们这些啊？扭完脖子扭屁股的……"娜娜边扭动头部边开小差。

"老师以前说过原因，不过我忘了。"丢丢笑嘻嘻地说着，还不忘伸伸舌头做个鬼脸，"反正跟着做就好了呗，也挺好玩的。记得那首《健康歌》不？脖子扭扭屁股扭扭，早睡早起咱们来做运动……"

"我说你们怎么回事儿？说着说着怎么还唱起来了？要不要到前面来给全班同学唱一个啊？"体育老师终于忍不住了。

这一声吓得大家立刻全安静下来。

丢丢吓得一句话都不敢说，马上扭过头看远处，好像老师说的不是她一样。

体育老师看有效果了，也就不多计较，笑了一声，开始说："你们女同学啊，尤其要做好头部运动，让脖子多动动，可以美容呢！"

人群中有人发出了笑声，娜娜更是捂着嘴看丢丢脸上红一阵白一阵的样子。

颈部的线条和姿态，在女性人体美中常常起到独特的作用。可以说，人体的所有姿态中，没有哪一部分是独立存在的。一个缩头缩脖的女生肯定谈不上是什么好形象，一个脖颈粗短的女生也很难看。前伸、后仰、左右歪斜都是不美的体态。我们常说"亭亭玉立"，它就是一种美的体态。这种美的体态首先就取决于脖子的挺直。脖子最好挺直柔细，扭转方正自然，不萎缩，不操切，不鲁莽，温文尔雅。

细心的你也许会注意到，凡弯腰驼背、臀部后坐的人，他/她的头颈一定是向前倾的，因为这样才能保证重心落在双脚，以保持身体的稳定。这些难看的形体姿势其实是可以通过形体训练加以改变的。不过，即使你没有受过任何的形体训练，甚至已经形成不太良好的体态，只要你有意识地挺直脖颈，必然连带着挺直腰杆和胸膛，以至整个躯体都为之一振。

让脖颈像白天鹅般柔美，因为美丽是一个整体。美颈的重要性不可忽略。

其实要拥有天鹅美颈，方法也很简单。

首先我们可以考虑一些物理动作疗法，只需三步，就可以让你的颈部变修长。

第一步：盘腿坐在垫子上，腰背挺直，双手轻轻放在膝盖上，深吸一口气，将双肩向上耸起，颈部向下缩，凸显出锁骨后，保持5秒。呼气，慢慢将肩膀下沉，挺直颈部。很多青少年经常坐着，颈部肌肉很少得到锻炼，总是很僵硬，这样脖子怎么会好看呢？做这个动作可以有效地放松颈部肌肉，大家不妨多练练。

第二步：双手合十放在胸前，深吸一口气，慢慢向后仰头，待感觉到颈部前方的肌肉被充分拉伸时，保持5秒，然后慢慢向前低头，闭上双眼，放松颈部。这个动作可以活化颈椎，只要勤加练习，脖子就会灵活自如。

第三步：弯曲右膝，将膝盖对着正前方，再弯曲左膝，放在右膝上，两个膝盖相叠，双手十指交叉，慢慢向上举高过头顶，再翻掌，掌心朝向天空。这样保持5秒，就会感觉肩膀拉动颈椎向上伸展，此时缓缓低头，尽量用下巴去靠近颈部。这个姿势可以让颈部变得更加挺拔、更加修长。

上面这三个动作相对比较简单，现在流行的瑜伽美体法中也有美脖的体式，不过难度就要大一点儿了，但是美颈效果更好。人体的任何美好姿态，其实都是透过训练才得以拥有的，所以不要惧怕困难。这里主要介绍三种体式。

第一式：仰卧婴儿式。

第一步：仰卧在垫子上，做几次腹式呼吸，双肩、臀部和脚跟都要紧贴垫面，脚背要绷直。

第二步：吸气，弯曲右腿，用双手抱住，呼气，用力将腿拉向胸腹部，停顿 5 秒后，轻缓地抬起头部，尽量将下巴靠近弯曲的膝盖，最好能让鼻尖触碰到膝盖。保持一会儿后，吸气，慢慢恢复至仰卧状态，调整呼吸，换左腿做同样的动作。这个体式不仅能拉伸颈部肌肉，还能提高颈部的柔韧性，经常练习，颈部的线条会变得柔和、流畅。

第二式：眼镜蛇式的加强版。

第一步：吸气，伸直手臂，从腰部开始抬起上半身，脚背放平，臀部夹紧，靠后背的力量使上身一节一节地离开地面，髋骨紧贴地面。

第二步：双臂夹紧身体两侧，眼睛盯住天花板，拉伸脖子的前侧，双肩下沉，保持均匀的呼吸。

第三步：将头部还原，再慢慢转向左后方，双眼看向左脚后跟，保持几秒后，转向右侧做同样的动作。

第三式：半莲花脊柱扭转式。

第一步：坐在垫子上，上身挺直，双腿向前伸直，弯曲左膝，将左脚放在右腿根部，脚心朝上。呼气，右臂向前伸，抓住右脚脚尖，如果抓不到的话，握住右脚的脚踝也可以。

第二步：将上身转向左边，左臂收向背部，尽量用左手抓住左脚大脚趾。头部和上身努力向左转，保持背部挺直，坚持 20 秒左右，换腿做另外一边的动作。这个体式同样可以拉伸颈部肌肉、美化颈部线条，而且它还有很多额外功效，比如可以提高脊柱的柔韧度，缓解肩背疼痛等。

除了这些物理动作美颈法，现在也有大量的美容产品用以维护女人的脖子。因为同脸部一样，脖子常年暴露在外，极易衰老。

所以，在坚持做颈部伸展动作的同时，每天应该坚持使用护颈产品。除了基本的清洁外，也要像脸部一样用保养品对脖子进行呵护。

第一，每天使用颈霜或紧致产品。用专业颈霜来护理颈部，护理程序与面部一样，先用温和的洁面乳清洗，随后拍上不含酒精成分的爽肤水，再抹上颈霜。在擦拭颈霜过程中可进行适当的按摩。

第二，定期使用颈膜。一个星期左右做一次颈膜也是必需的。专门为颈部设计的颈膜很少，如买不到，可用面膜或面膜布代替，也可选择目前市面上面部和颈部连体的面膜。此外，还可以自己调制面膜：鸡蛋清配上淀粉、蜂蜜调成糊状，均匀涂在颈部，30分钟后洗掉，有收紧肌肤的作用。

另外，在冬天和有风的季节，应该做好颈部的防护，尽量少让颈部直接暴露在空气当中。冬天最好多穿高领内衣，春秋季也多用丝巾挡风，这样我们才可能在需要袒露脖颈的时候，有一个好的皮肤质感，才有可能呈现光洁动人的效果。如果需要参加一些社交场合，可以用一轻透的蜜粉装饰颈部，这样既可以同面部妆容有效衔接，也可大大改善颈部线条的视觉效果，让颈部线条看起来显得格外柔和。修长的脖子能迅速提升气质，而脖子上娇嫩、柔滑的肌肤则会让女人看上去更年轻。除了精心维护脖子的肤质，使之少生皱纹，少露青筋之外，更重要的还是把对脖子的姿态训练融进我们的日常维护之中。

多仰头，多伸展，想象自己就是一只天鹅，骄傲地挺立着。只要平时多注意进行有益的颈部美容和坚持健美锻炼，那么俊俏的脸蛋配上颀长白皙的脖颈一定会使女孩如出水芙蓉，气质倍增。

第六章　好品德让女孩受益一生

——善良与爱心是女孩行走世界的通行证

细节 26　女孩善良的天性需要保护

曾经看到过这样一个故事：

一个雨天的早晨，我把孩子们送到学校后顺便去了一家快餐店，点了早餐。几张桌子上都是没有收拾的纸杯、盒子和法式炸土豆条。

一位年轻妇女与一个五六岁的女孩走了进来，她们坐下点菜时又进来一个人，背微驼，穿着一件破烂的上衣。他缓慢地走向一张狼藉的桌子，慢慢地检查每个盒子，寻找残羹剩饭。当他拿起一块法式炸土豆条放到嘴边时，女孩对母亲窃窃私语道："妈，那人吃别人的东西！"

"他饿了，又没有钱。"母亲低声回答。

"我们能给他买一个汉堡包吗？"

"我想他只吃别人不要的东西。"

当女服务员递给母女俩两袋外卖食品时，女孩突然从她的袋里拿出一个汉堡包，咬了一小口，然后跑到那人坐的地方，把它放在他面前的桌上。

这个乞丐很惊讶，感激地看着女孩转身、消失。

当我离开饭店时，看见蓝蓝的天空正从铅灰色的云朵下面露出来。

一个汉堡包并不值多少钱，但孩子咬了一口，然后递给了乞丐，这个汉堡包就是无价的了。它的无价之处，是因为那里面藏了一颗爱心，一颗善良的种子。小女孩的行动给很多人带来了快乐，给旁观的"我"，给她的母亲，给乞丐，也给她自己。我们不难想象长大后的小女孩一定会活得有价值，因为她善良。

学会保护女孩表现出来的一点点善行，激发她们的爱心，终有一天女孩长大成人，会具有令人欣赏的爱心和善意，彻底与冷漠无缘。

每个女孩的心里都住着一个天使，只要我们学会呵护，那善良的光芒就永远不会熄灭。

建议一：点滴生活中呵护女孩的善心

女孩三岁了，每一次看见一只蚂蚁，也许别的母亲会鼓励她的女儿一脚踩死那只蚂蚁来锻炼胆量，可是这个女孩的母亲却柔声地对她说："女儿，你看它好乖哦！蚂蚁妈妈一定很疼爱它的宝宝呢！"于是小女孩就趴在一旁惊喜地看那只蚂蚁宝宝。蚂蚁遇见障碍物过不去了，小女孩就用小手搭桥让它爬过去。母亲一脸欣喜。

后来，女孩上幼儿园了。有一次，她吃完了香蕉随手乱扔香蕉皮。母亲看到了，就让她捡起来，带着她丢进果皮箱里。然后给她讲了一个故事：一个小女孩，在妈妈的熏陶下，总要把垃圾扔进果皮箱里。有一次马路对面才有果皮箱，她就过马路去丢雪糕纸。妈妈看着她走过去。然而一辆车飞奔过来，小女孩像一只蝴蝶一样飞走了。她妈妈就疯了，每天都在那个地方捡别人丢下的垃圾。当地人被感动了，从此不再乱丢垃圾。他们把那些绿色的果皮箱擦得一尘不染，在每一个果皮箱上都贴上小女孩的名字和美丽的相片。从此，那个城市成了一座永远美丽的城市。故事讲完了，女孩的眼睛湿润了。她说："妈妈，我再也不乱扔东西了。"

转眼间，女孩上小学了。一个秋晨，有人打电话通知母亲，说她女儿在值日时没有把窗户关严，风把两块玻璃刮破了。母亲马上意识到这事在这个管理甚严的学校里意味着什么。

中午，母亲找来昨天值日的女儿。女儿怯怯地说："昨晚放学时，教室里有两只蝴蝶，赶来赶去，总有一只飞不出教室。我只好开着一扇窗户，好让外面的飞进来，或者里面的飞出去，让它们结伴去玩，想不到会被大风刮破了玻璃……"

女儿几乎落泪地喏嚅着说，自己愿意赔偿这两块玻璃。妈妈一直无语，待她说完后，摸了摸她的头发说："没事了，去玩吧。"

后来母亲去了财务室："这两块玻璃的钱，我现在就掏……"

罗素曾说："在一切道德品质之中，善良的本性在世界上是最需要的。"唯有善良，可以让任何丑陋和邪恶自惭形秽，消失于无形；也唯有善良，可以让整个世界充满爱，每个人都可以为他人着想。保持善良的本性，恪守着心中的善良不变，是每个女孩都应该懂得的道理。

很多女孩天生就充满爱心和善良。在日常生活中，学会保护女孩表现出来的一点点善行，激发她们的爱心，终有一天等女孩长大成人的时候，就会具有令人欣赏的爱心和善意，彻底与冷漠无缘，成为一个受人尊敬的人。

父母平日要多关注女孩，对于她的一些善行要加以鼓励表扬。如果您的女孩缺少善心，您可以从以下几个方面入手，来培养她的善心：

1. 爱护动物。家长不妨喂养小狗、小猫等宠物，并让女孩在亲自照料小动物的过程中，学会体贴入微地关爱生命。此外，也可以鼓励她利用自己积蓄的零用钱来"领养"动物园里的动物，或捐款拯救濒临灭绝的动物。

2. 同情弱者。这是对女孩进行"善良教育"的另一重要内容。鼓励女孩积极主动帮助那些生活中有困难的人，比如帮盲人、老人过马路，为身有残疾的同学排忧解难等。

3. 宽容待人。这是"善良品质"的一个重要方面。教育孩子在与人相处中"将心比心"后，学会宽容他人的错误，这样她不仅会具有善良的品质，并且还会拥有很多朋友。

4. 故事引导。父母可以经常给孩子讲一些关于"善良"的故事，或者给孩子买一些塑造美好品质的故事书，也可以让孩子多看一些宣扬善良的电影。比如法国电影《天使爱美丽》就是一部可以熏陶孩子善心的绝佳影片。

建议二：不妨从让座开始培养女孩爱的能力

一个人只有懂得先伸出自己的手，才能握住别人的手；而有过被爱的深切感动的人，更能有爱别人的能力。这样的道理用在亲情、爱情、友情都一样。如果为人父母者想要培养出一个富有爱心的女孩，让她长大能懂得自爱、爱人，那么从现在开始就要让女孩学会爱，拥有爱的能力！

1997年9月5日，诺贝尔和平奖获得者——特蕾莎修女永远地离开了我们，这一天全世界都哭了。

能感动一些人的人很多，能感动天下每一个人包括罪犯、战犯、杀人犯的只有她——特蕾莎修女。

在诺贝尔和平奖的历史上只有两位获奖者是全票通过的，一位是史怀泽博士，另一位就是特蕾莎修女。她的施爱让全世界的人都看到了希望。

她以最快的速度、最高的效率在全世界127个国家有600多个分支机构，仅1960年一年，就在印度创建了26所收容中心和儿童之家。

但是她的总部只有两个修女，一台老式打字机。她的办公室只有一把桌椅，她接待全世界的来访者的地点永远是——贫民窟，弃婴院，临终医院，收容院……

对她来说，给予他人以爱和尊严比给予食物和衣服更重要。

来她这里做义工的有许多世界级的知名人物，他们中有银行家，企业家，富家小姐，美国加州州长……她帮助了那些处于生活边缘的人，同时也影响了更多的人……

什么是爱心？那不是打电话到新闻媒体去告诉他们"我要献爱心啦"，也不是在镁光灯的闪烁之下向某慈善机构捐款，而是不漠视、不鄙夷不如我们生活条件的生命存在，是通过自己的努力去帮助别人，同时自己也怀着一颗博爱之心去生活。

也许你的女孩出生于繁华都市，也许你的女孩生长于穷乡僻壤，这些都不重要，重要的是要教会孩子如何正确对待出身，如何正确认识社会以及努力做一个具有爱心、乐于助人的优秀的人。这才是女孩健康成长的基石。

一位母亲为了让女儿体验没有水的感觉，暑假的时候，她特意带着上幼儿园的女儿从东北千里迢迢来到甘肃的定西。

在火车上，母亲告诉女儿她们马上就要到一个没有水的地方了。女孩便打算向骆驼学习，赶紧灌下一瓶牛奶。

到了定西的老乡家，母女俩从一口看似干涸的井中打起一桶水，那还是去年积下的雨水。村民告诉她们，日用水紧张，这水得循环着使用：先用来洗脸，然后再用来洗衣服，最后又用这盆脏水去喂猪。

女儿担忧地问："猪怎么能喝这样的水呢？"

妈妈反问："那你觉得应该给它们喝什么？"

"我给它们喝柠檬汁，给它们喂牛奶。"女儿一脸稚气歪着头回答。

后来妈妈问她刚才从井里打上来的水能不能喝，女孩立刻回答："不能喝，不干净。"

"如果你很渴了呢？如果你两天没喝水了呢？也不喝吗？"

"不喝。"

··········

就在那天晚上小女孩哭了，不是因为她太渴，这儿太苦，而是因为妈妈训斥了她。对她来说，毕竟再大的挑剔也抵不过口渴的难耐，于是她终于喝了两天来的第一口水。

这里每天早晨天气都有些阴沉，似乎一场雨即在眼前，给太久没下雨的土地及这两位远道而来的客人带来希望，可希望最终都破灭了。

土地已干得裂出了一道道缝，农民们面临的将是颗粒无收的命运。

这天，母女俩要回家了。女孩已和这儿的孩子结下了友谊，此刻的离去竟有些难舍。虽然那些孩子灰头土脸，衣着破旧，因为他们从未尝过水的畅快淋漓，但可贵的是他们纯真的童心和从单纯的眼中流出的晶莹的泪。

母女俩挥手告别了黄土地，把那里的贫穷落后留在身后，却把一种体会留在心里。年轻的母亲要让女儿体验的，是水的珍贵，更是一种爱的能力。

家庭环境是孩子一降生到这个世界时，就会接触的第一环境。因此，想要培养充满爱的能力的女孩，就要从小开始，而非等到学龄再期盼学校老师来教导。

培养女孩爱的能力，父母应该给女孩提供"爱心"教育机会。比如带女孩搭公车时，看到有老人上车时，父母自己以身作则起来让座，就是让孩子感受到"博爱"意义的好机会。同时引导女孩关心身边的人。如果听到有其他小朋友有困难，父母可以主动告诉女孩去问问同学是否需要帮助，并给予协助，让女孩从小就能体会帮助人的快乐，也能让她更富有悲悯之心。

父母还可以教育女孩尊重生命。为了让女孩将关爱的情绪也能关注到人以外的事物，父母可以在家中养宠物，像猫、狗、鸟、鱼，或者种几盆花草。让女孩负责去饲养或换水、清理时，顺便告诉她万物生命的意义，让女孩自由去跟宠物互动，或者观察植物生长，她就能慢慢体会生命本来的尊严。

管教女孩亦给她充满爱心的感受。特别要提醒父母的是，管教孩子必须有理有据，而且不能是情绪化的打骂，必须让孩子知道错在哪里，违反了一定要处罚，这是为了她将来的人格养成。这样，才不致让孩子有偏差的认知或行为产生。

多讲好的传说、故事给女孩听也是一种好的"寓教于乐"的教育方式，故事的角色会影响、投射到孩子身上，会让她想去模仿众人景仰的英雄、善心使者，自然就会去检视自己日常生活的言行了。

细节 27　告诉女孩善良也是一种力量

　　他对这个冷漠的世界已经彻底失去了希望，除了死他找不到其他解脱的方法。平安夜那天，他来到一家商店，想买一把水果刀，准备杀掉仇人之后自绝于世。

　　他反复试着刀锋，终于选定了一把。可是，就在他要离开的时候，售货员忽然叫住了他，把刀要了回来。他冷冷地站在那里，困惑地看着她往刀锋上一层一层地缠着纸巾，缠好之后，她手握刀锋，将刀柄一方朝着他，把刀递到他的手里。

　　"你这是干什么？"他问。

　　"这样就不容易碰伤人了。"女孩笑道。

　　"其实你不用管那么多，只需要卖刀就行了。"

　　"这里卖出的刀是用来削水果还是做别的，确实和我没关系，但我希望大家都能生活在安全的环境中，活得好一些。"女孩说。

　　他拿起刀走出了商店，心里忽然十分温暖。原来这世界上还有人不为任何利益地关心着他。虽然不多，但一点点也就足够珍贵了。

　　那天下午，他买了许多水果，仔细地用那把刀削着。他边吃边流泪边回想着那个陌生女孩的善意规劝，如果不是她，他的命运恐怕就要改写。自此，这把刀成了他警诫自己的法宝。

当内心绝望的时候，陌生人一句温暖的话、一个善意的举动，都能点燃内心对美好的信任和追求。这就是善良的力量，它能将人从痛苦的深渊中拯救出来，让人看到生活中光明的一面。也许，平时我们所说的每一句话、每一个动作都能影响到他人，我们每一个人都有责任去传递友善，而有一天这友善就会回到我们的身上。

作为一个普通的售货员，那个女孩实在是没有必要在意顾客到底购买了什么样的产品，具体要用它去干什么。但只因为心中的那一点善良，她愿意做个"多事者"，用纸巾将那可能会伤人的刀锋缠起来。真正要发生的惨剧谁也阻挡不了，但是，自己心中的那点善良和对陌生人的关爱是一定要表达出来的，也许这小小的善意就会阻止一场悲剧的发生。

无疑，故事中的女孩是善良的，拥有一颗友善的心，对待素不相识的人都能付出关爱，力图拯救他的灵魂。现在的社会上，恐怕这样的人已经很少了。

善良就如天使的翅膀，可以给你带来美丽和光明。善良又如沙滩上的粒粒细沙，看似平凡琐碎，但又无处不在，于细微处见精神。

善良不仅是物质上的给予，也是对人心灵与精神的关怀。当别人尴尬的时候，报以一个宽容的微笑；当别人紧张的时候，给他一点鼓励的掌声。这样平凡的举动，对别人来说就是善良的理解，会给一颗孤独或者冷漠的心灵注入一股温热的泉水，激活他为人的善良和真挚。

女孩们，请保持自己的一颗善心，在任何时刻，只要力所能及，就用善念来帮助人，哪怕是跟自己不相干的人。也许此时你并不能感受到这种善念的作用和伟大，也可能会觉得生活已经很不友好，自己干嘛还要去帮助陌生人。但当你真正做成一件小事，用你的善心去温暖别人的时候，你就会发现，生活充满了温暖和希望。尽管暂时，你可能没有得到任何收益或者别人的赞赏，但命运之神会看着你，接受你的善良，并在恰当的时刻回馈给你。

建议一：告诉女孩善可以化解矛盾与仇恨

　　1944年的冬天，饱受战争创伤的莫斯科异常寒冷，两万德国战俘排成纵队，从莫斯科大街上依次穿过。

　　尽管天空中飘飞着大团大团的雪花，所有的马路两边依然挤满了围观的群众。大批苏军士兵和治安警察在战俘和围观者之间，画出了一道警戒线，用以防止德军战俘遭到围观群众愤怒的袭击。

　　这些老少不等的围观者大部分是来自莫斯科及其周围乡村的妇女。她们之中每一个人的亲人，或是父亲，或是丈夫，或是兄弟，或是儿子，都在德军所发动的侵略战争中丧生。她们都是战争最直接的受害者，都对悍然入侵的德寇怀着满腔的仇恨。

　　当大队的德军俘虏出现在妇女们的眼前时，她们全都将双手攥成了愤怒的拳头。要不是有苏军士兵和警察在前面竭力阻拦，她们一定会不顾一切地冲上前去，把这些杀害自己亲人的刽子手撕成碎片。

　　俘虏们都低垂着头，胆战心惊地从围观群众的面前缓缓走过。

突然，一位上了年纪、穿着破旧的妇女走出了围观的人群。她平静地来到一位警察面前，请求警察允许她走进警戒线去好好看看这些俘虏。警察看她满脸慈祥，没有什么恶意，便答应了她的请求。

于是，她来到了俘虏身边，颤巍巍地从怀里掏出了一个印花布包打开，里面是一块黝黑的面包。她不好意思地将这块黝黑的面包，硬塞到了一个疲惫不堪、挂着双拐艰难挪动的年轻俘虏的衣袋里。

年轻俘虏怔怔地看着面前的这位妇女，刹那间泪流满面。他毅然扔掉了双拐，"扑通"一声跪倒在地上，给面前这位善良的妇女重重地磕了几个响头。其他战俘受到感染，也接二连三地跪了下来，拼命地向围观的妇女磕头。

于是，整个人群中愤怒的气氛一下子改变了。妇女们都被眼前的一幕所深深感动，纷纷从四面八方涌向俘虏，把面包、香烟等东西塞给这些曾经是敌人的战俘。

这位善良的妇女，刹那之间便用宽容化解了众人心中的仇恨，并把爱与和平播种进了所有人的心田。

宽容是一种极为珍贵的美德，它的力量是巨大的。它能让彼此仇视的人变成为友好的朋友，也能让昔日拔刀相向的宿敌抛开杀戮的刀枪。唯有宽容，可以化解开最深厚的仇恨和憎恶，让人性的光辉普照万物。

憎恨别人，就如同在自己的心灵深处种下了一粒苦种，不断伤害着自己的身体健康，而不是如己所愿地伤害被你所憎恨的人。

与人交往，退一步绝对能海阔天空，很多时候，在我们最需要帮助时，身边出现的人往往是我们的敌人。

多一个朋友，远不如减少一个敌人好。只要我们主动伸出和解之手，化解彼此心中的疙瘩，我们可能就会减少一个敌人，而增加一个肝胆相照的好朋友。

因此，无论你一生中碰到如何不顺利的环境，遭遇到如何凄凉的境界，你仍然可以在你的举止之间，显示出你的包容、仁爱的心态，你的一生将受用无穷。

建议二：告诉女孩善的力量可以驱赶恶念

这是一个真实的故事：

一个人陷入了生活的困境，他找不到出路，整天浑浑噩噩。后来有一天，陷入死结的他决定去抢银行。

结果，他被警察发现了。在银行门前，他被警察包围了。周围都是警察，他已经无路可逃。这时候，逃生的本性使得他顾不得什么道德良心，顺手就拉了一个人过来做人质。他用枪挟持着人质向外突围，面目狰狞可怕。此时的他，已经暂时失去了理智，只想赶快逃跑。可就在这时，突然，他手里的人质大声地呻吟起来，最后竟然变成了痛苦的呐喊。原来，人质是一个孕妇，在极度的恐慌之下，她马上就要分娩了。眼看鲜血已经染红了孕妇的衣服，她的情况十分危急。

这时候，劫犯内心矛盾了，看着流血不止的孕妇，他的疯狂暂时冷却，变得有些冷静，他陷入了矛盾中。一边是漫长无期的牢狱之灾，一边是一个即将出世的生命，劫犯此时心中展开了一场良心、道德与金钱、罪恶的较量。终于，他将枪扔在地上，举起了双手。警察一拥而上。

众人要送孕妇去医院，已戴上手铐的劫犯忽然说："请等一等好吗？我是医生！孕妇已无法坚持到医院，随时会有生命危险，请相信我！"警察经过考虑打开了劫犯的手铐。一声洪亮的啼哭声不但象征着一个新生命的诞生，同时也象征着一个罪恶灵魂的苏醒。劫犯的脸上挂着职业的满足和微笑。警察将手铐戴在他手上，他说："谢谢你们让我尽了一个医生的职责。这个小生命是我从医以来第一个在我枪口下出生的婴儿，他的勇敢征服了我。我现在希望自己不是劫犯，而是一名救死扶伤的医生。"

一念成魔，一念成佛，善恶只在一念间，而唯有善可以挽救迷途的灵魂。每个人的心底都会有一份善念，哪怕这份善良已经尘封多年。生活中，我们要学会恪守心中的善念，时刻站在道德的正面，不管现状多么糟糕，处境多么窘迫，都应该牢记心中的善，行善事而不堕落，不投入恶的怀抱。

善良是世界上最可爱的东西。如果一个人没有善良的美德，那么他的聪明、勇敢、坚强等品质对社会来说将构成一种危险。只因你善良的回眸，可能就会使一颗在寒冬中挣扎的心享受到春的明媚。善良就如天使的翅膀，可以带来绚烂和美丽。所以不要吝啬你的善良，心中常怀善念，你的人生就会因此而变得更有价值。

我们说"人性本善"，是说在人性深处，众人皆是善良的，只不过有时候没有表现出来。在如今物欲横流的社会中，很多人由于繁忙和生活的压力，内心深处的善良有时候会体现不出来，或者暂时被隐藏了起来。但在最关键的时刻，在生死攸关或者最感动最温情的时刻，每个人内心的那种柔软的善良就会显露出来，重又变成善良纯洁的人。就如佛家有言"一念成魔，一念成佛"，善恶常在一念之间。一切恶念、恶言、恶行，对于自己和他人都是地狱；一切善念、善言、善举对于自己和他人都是天堂。如果人人都能弃恶从善，即使是地狱也能成为天堂。因此，每个人都要静坐常思己过，经常检点审视自己的内心，摒除心中的恶念，放弃伤人的恶言、恶行，让自己的心灵纯净，才会得到真正的内心平静和安宁。

细节 28 让女孩懂得帮助别人不仅仅是一种单向的付出

依依是个女孩，她非常，而且物理题做得特别好。班上有很多女孩喜欢找她问问题。只要一下课，会有很多女孩拿着作业本找依依去了。

"依依，你看，刚才老师讲到这一步，我不明白。"

"依依，这样的题型我们以前根本就没有做过啊，你会吗？"

"依依，你能不能一步一步地讲给我听。上课老师讲的，我一句没听明白。"

这几天依依真是够辛苦的，只要到了课间，就会看到她这里忙不迭起来。说真的，这个依依还真是挺招人疼的，她给同学认真讲题的那种精神让很多同学着实地感动了，服务质量那叫一个上乘。对于有的实在是太笨的小女生，依依还会特意帮她画一张示意图，然后一步一步地给她讲，讲到一步，就问她"这一步你明白了吗？"那个同学表示明白了，她才开始讲下一步。

最近快考试了，依依忙了起来，都下课放学了还有同学缠着她讲题，依依也只好舍己为人了。那天依依从学校走出来，已经是傍晚八时。

"依依，你为了给同学讲题目，浪费了自己多少时间。你还有时间复习吗?"有同学很关心地问她。

"嘿嘿，没事。"依依憨憨地一笑，告诉那位同学说，"你不知道，其实给人讲题，最受帮助的是自己。"

"为什么?"那位同学感到很疑惑。

"你想啊，如果你只是在自己做题，你就只想把题目解出来就好，而我在讲题，就要考虑如何让别人明白，所以对题目的理解就更深了一层。你能体会到吗?"

依依说的似乎有道理，因为最后考试成绩发布，她的分数依然遥遥领先。

能倚靠自己的能力给同学带来这么的帮助，是一件多么值得荣幸的事情。我们再来看一个帮助别人的故事吧。

一天，某个村庄来了一位智者，人们纷纷向他请教自己最困惑的问题。一位少年，总感觉自己有很多问题无法释怀，于是也去拜访年长的智者，少年问:"我怎样才能变成一个自己愉快，也能带给别人快乐的人呢?"

智者笑着说:"孩子，在你这个年龄有这样的愿望，已经很难得了。很多比你年长的人，从他们问的问题本身就可以看出，不管怎样跟他们解释，都不可能让他们明白真正重要的道理。我送给你四句话，第一句是，把自己当成别人。"

少年想了一下问:"是不是说，感到痛苦忧伤的时候，就把自己当成别人，这样痛苦自然就减轻了;欣喜若狂的时候，把自己当成别人，那些心情也会变得平和一些?"

智者微微点头，接着说："第二句话是，把别人当成自己。"

　　少年沉思了一会儿，说："这样就可以真正同情别人的不幸，理解别人的需要，而且在别人需要帮助的时候给予适当的帮助，是吗？"

　　智者表示认同，继续说道："第三句话是，把别人当成别人。"

　　少年思索着："要充分尊重每个人的独立性，在任何情形下都不能侵犯他人的秘密，对吗？"

　　智者哈哈大笑："很好！第四句话是，把自己当成自己。"

　　少年说："这句话的含义，我一时体会不出，而且这四句话之间有许多微妙之处，我怎样才能把它们体会明白呢？"

　　智者说："很简单，用一生的时间和经历。"

　　少年沉默了很久，然后道谢告别。

　　后来少年变成了中年人，又变成了老年人，在他离开这个世界很久以后，人们还时时提到他的名字，人人都说他是一位智者，因为他是一个愉快的人，他的热情也给每一个遇到他的人带来了快乐。

　　如果女孩也能够像上面故事中的少年一样，将别人视为自己来看待，那么帮助别人也就是帮助自己，自己就不会这样不情愿、不开心了。这就是快乐与行善之间的关系，明白了这一点，你就会明白那些甘于奉献的人为什么总是面带微笑，为什么都是快乐地投身到自己的善行中去，因为她从自己的善行中感受到了无尽的快乐与幸福。

建议一：不想让她孤独就让她学会帮助他人

在崇尚个性自由发展的今天，女孩的某些个性也在不适当地"膨胀"。她们凡事以自我为中心，却不懂得怎样去关爱别人。比如，当看到别的小朋友摔倒了，她还会在一旁幸灾乐祸；看到路边的蚂蚁，会毫不犹豫地踩踏；看到小花，会顺手折断……

很多妈妈不禁要问，现在的女孩为什么会有这样的表现呢？其实，这正和妈妈自身的行为有着密切的关系。有的妈妈对女孩一味满足，一味迁就，百依百顺，女孩就会容易养成自私、任性的性格。另外，有的妈妈对别人的困难和不幸总是无动于衷，她们不欣赏也不理解女孩的同情行为，怪她多管闲事，久而久之，女孩就会感受不到人间珍贵的友情，幼小的同情心就这样在无形之中被扼杀了。

妈妈是女孩最早模仿的对象，女孩同情心的发展需要妈妈的言传身教。由于女孩的年龄小，模仿性强，具有高度的可塑性，所以一方面妈妈要培养女孩文明礼貌的行为习惯，另一方面妈妈也要提高自身的修养和素质，为女孩树立良好的榜样。天才卡尔的母亲的育子方法值得我们每个母亲学习。

有一天，琼丝独自在家，她把她养的一只小狗拴在屋外的院子里。不久，天下起雨来，但琼丝并没有把小狗带到室内来。小狗在外面"汪汪"大叫，冰冷的雨水使它浑身发抖。

这时，她的母亲从外面回来，看到这种情况，赶忙将小狗牵到了屋里，并立刻质问琼丝。

"琼丝,你为什么让小狗在外面淋雨?"

"我……我忘记把它带回来了。"

"可是,你没有听见它在叫你吗?"母亲听她那样说非常生气,因为她知道女儿在撒谎。

"我想它在外面没什么!"女儿为自己辩解道。

"没什么?那么把你也放在外面去淋一会儿雨,你愿意吗?"

"不愿意。"

"琼丝,你自己不愿意,为什么要小狗去淋雨呢?你看,天气这么冷,小狗也会生病的。把小狗放在冰冷的雨水中,这是多么残忍啊!假若有谁让你去淋雨以致生病的话,妈妈该有多么伤心呀!"

听了母亲的话,琼丝低下了头。她承认是自己错了,并表示以后再也不会这样,一定会爱护小动物。

琼丝的母亲就是这样从生活中的一些小事开始,一点一滴地培养女儿的同情心的。相信所有的妈妈都希望自己的女孩长大后能成为一个具有同情心的人。虽然年龄小的女孩还不懂得同情的真正含义,但是妈妈可以鼓励和教育女孩去关心、帮助他人,将同情心的种子种在女孩的心里,让它茁壮成长。

具体来说,可参照以下办法予以引导:

1. 鼓励女孩关爱别的小朋友

女孩在 1～2 岁时,尚未形成"自我"概念,对自身感觉和他人的感觉不能区分出来。比如,别的小朋友摔了一跤,哭了,她也会露出痛苦的表情,跟着哭起来。女孩出现这种现象,妈妈不能取笑她或责怪她。虽然女孩因为年幼而分不清自己的痛苦与他人的痛苦，但这是她日后产生同情心的重要心理基础。假如不能设身处地地体验他人的苦痛，同情心也就不可能产生了。

因此，要让女孩多与同龄人接触，鼓励女孩多帮助有困难的小朋友。女孩做了帮助别人的事情就要及时给予表扬，让女孩真正明白助人为快乐之本的道理。

2. 培养女孩对动植物及物品的爱护

女孩在玩耍的时候，会很自然地把玩具赋予生命，和它们说话。父母在培养女孩的同情心时，可以利用她们的这一心理特点。比如，当女孩在折树枝时，妈妈可以以小树的口吻说："哎哟，我的胳膊好疼呀！呜呜……"妈妈模仿小树的哭声，很容易使女孩在情感上产生共鸣，这时再因势利导，让女孩想想自己的身体如果受伤了会有什么样的感受，引导她们去体会别人的痛苦，理解别人的感受。

3. 引导女孩关心体贴长辈

在家中，可以培养女孩对家长的体贴和关心。比如，帮爸爸倒杯水，给妈妈递东西，吃水果的时候挑大的水果给爷爷奶奶等。每当女孩这样做的时候，妈妈都要及时地给予肯定和赞许，为女孩感到自豪，让女孩察觉到自己做了符合道德标准的事，以产生积极的情感体验。

同时，让女孩有更多的机会接触家人以外的成人。可以带女孩到邻居家串门，在小区里遇到熟人亲切地进行交谈。让女孩学习与别人和睦相处、互相帮助。所有这一切都会每时每刻影响着女孩，使她们从小培养起与人友好相处，对人具有同情心的情怀。

4. 通过游戏情境培养女孩的同情心

游戏是女孩最主要的活动形式。因此，妈妈可以通过游戏促进女孩的情感发展，培养她们的同情心。可以通过角色游戏，让女孩扮演病人、医生、爸爸、妈妈等角色，体验生病时的痛苦，体会医生给人治病的快乐，感受妈妈做家务的辛苦、爸爸下班归来后的劳累等，从而懂得要热爱、关心自己的父母，同情、帮助有困难的人。

另外，也可以玩其他的情景游戏，如在下雨的时候和没有雨伞的人共撑一把伞、在拥挤的公交车上给需要帮助的人让座等，以此来培养女孩互助友爱的精神，使女孩懂得只有众人快乐才是真正的快乐。

建议二：告诉女孩帮助别人就是帮助自己

小杰特别喜欢帮助别人，甚至对陌生人也是如此，即使吃过几次亏仍不悔改。有一次，他的朋友追问其缘由，他说缘于自己一生中最重要的一个决定。

那是一个晚上，他忙完工作独自驾车回乡下看望母亲，接近家门时忽然发现路旁有一辆摔倒的摩托车，一个人躺在路边，看上去好像是出了车祸。

犹豫着停车与不停车之间，车已开出了好远。"算了吧，这年头管闲事说不定会添大麻烦。"类似的事件给救人者无尽烦恼的报道他读过很多，一旦沾上又没证人，那真的是说不清楚了。"也许他只是喝醉了酒！也许别人会帮忙吧……"这样宽慰着自己，他继续朝家里开去。

已经看到家了，他的手机骤然响起，是母亲打来的，其实没有什么事，只是叮嘱他开车时一定要慢点，注意安全。他的父亲死得早，是母亲含辛茹苦把他和哥哥抚养大的，所以兄弟俩极其孝顺。

往常听到母亲的声音，他脑海里会立刻浮现瘦弱的母亲无数次站在村口盼望他的情景。可今天，他脑海里突然出现那个躺在路边的人，心想：那人是否也有老母亲正在担心，正在盼儿子回家呢？

这个念头一出现，顿时像一片阴云紧紧地罩住了小杰的心。虽然望见了村子，眼看就要见到母亲，他却掉转车头向回驶去。"帮那个人一下吧，就算是为了自己更坦然地面对母亲！"他想。

把那个人送到医院时，医生说：如果再晚来一会儿，性命就保不住了。讲到这里，他突然泪流满面。他一字一句地说："你猜我救的是谁？是我的哥哥，是为我上学、跳出'龙门'作出很大牺牲的哥哥。当天知道我要回家，他没有和母亲说，便借了辆摩托车从镇里往回赶，想与我这个弟弟见见面。"

他停顿了片刻又说："我一直为当时的决定而庆幸，并且不止一次地想，如果那晚我没掉头回去，结果会怎么样。我的这个决定不仅救了哥哥，也救了自己，还有我母亲今天的幸福。我有什么理由不感谢所有的人，不去帮助所有需要我帮助的人呢？"

帮助他人的同时，你就是在帮助你自己！每个人都会遇到困境，需要别人的帮助。你帮助了别人，别人就会因你的帮助而去帮助其他人，这样不断地传播下去，终有一天，当你需要帮助的时候，就会有人来帮助你。把陌生人当成亲人一样去帮助、关爱，那么周围的所有人就都是自己的亲人，世界就成了一个大家庭，每个人都是大家庭中的一员。这才是真正的大善的境界。

善良是一种"传染病"，它会随着一个人的坚持而变成大家的坚持，进而成为整个社会的行事准则。随时准备着去帮助别人，久而久之，善良在不同人之间传递，势必会成燎原之势，造就一个更美好的世界。

帮助他人也是在帮助自己，如果人人都付出一点爱，这个世界将变成美好的春天。或许，女孩不经意间帮助的人恰恰是女孩的亲人；或许，女孩今天帮助了别人，明天就得到了他人的帮助。

不要以为女孩的帮助对于女孩来说只是付出，而无回报。要知道，回报或许不会在此刻就出现，但当我们遇到困难、需要帮助时，这个回报就会出现，就像报答我们上次的付出一样。

每个人在遇到困难时都希望遇到善良的人伸出援救的双手，那么，我们就应该从自我做起，时时准备着自己这双援救的手，在别人需要帮助时果断地出手，施以帮助。请告诉女孩：只要你肯播撒一颗善心，收获的必将是一整片爱的森林。

细节 29　让女孩拥有一颗宽容、博大的心

　　曼莎小姐好不容易找到一份在一家高级珠宝店当售货员的工作。在圣诞节的前一天，当她正在忙碌的时候，店里来了一位30岁左右的男顾客，他虽然穿着很整齐干净的衣服，看上去很有修养，但很明显，这也是一个遭受失业打击的不幸的人。

　　不久后，店里就只剩下曼莎一个人，其他几个职员都因其他事出去了。

　　男子走过曼莎面前，曼莎友好地向他打招呼，男子只是不自然地笑了一下，目光却马上从曼莎的脸上慌忙躲闪开，那意思仿佛在说：你不用理我，我只是来随便看看。

　　就在这个时候，电话铃响了。曼莎赶紧去接电话，谁知一不小心，手臂就将摆在柜台的盘子碰翻了，盘中有6枚精美绝伦的金耳环掉在了地上。曼莎迅速弯下腰去捡，但她捡回了5枚以后，无论如何也找不到第6只了。此时她抬起头，刚好看到那位男子正疾步向门口走去，一瞬间，她明白了那第6只耳环在哪里。

　　当男子的手将要触及门把手时，曼莎柔声叫道："等一下，先生。"

那男子转过身来，两个人相视无言，足足有一分钟。曼莎的心在狂跳不止，心想，他要是粗鲁我该怎么办？他会不会……

"什么事？"他终于开口说道。

曼莎极力控制住心跳，鼓足勇气说道："先生，今天是我第一次上班，你知道，现在找份工作多么不容易，能不能……"

男子用极不自然的眼光长久地审视着她，好一阵子，一丝微笑在他脸上浮现出来。曼莎终于平静下来，她也微笑着看他，两人就像老朋友见面似的那样亲切自然。

"是的，的确如此。"男子脸上的肌肉颤动了一下，回答，"但是我能肯定，你在这里会干下去，而且会很出色。"

停了一下，他向她走去，并把手伸给她："我可以为你祝福吗？"紧紧地握完手后，他转身缓缓地走出店门。

曼莎小姐目送着他的身影在门外消失，转身走回柜台，把手中的第 6 只耳环放回原处。她的眼睛有些潮湿，她心里想：上帝呀，让这些日子赶快过去，让大家都好起来吧。

吴承恩在《西游记》中写道："遇方便时行方便，得饶人处且饶人。"每个人都有不顺心或者做错事的时候，宽容别人，原谅他的一时之错，其实也就是在为自己行方便。因为，说不定某天，你也会遇到同样的情况，也需要别人的宽容。

宽容是一种崇高的生活态度，而能心存宽容则需要一个女孩的良好修养。有时候，你的宽容或许会使你受到不同程度的伤害。然而，如果因此放弃了宽容，你的生活就会变得狭隘、自私。

也许你曾经遭受过别人对你的恶意诽谤或者是致命的伤害，这些伤痛在你心底一直没有得到抚平，你可能至今还在怨恨他，不能原谅他。其实，怨恨是一种被动和侵袭性的东西，它像一个不断长大的肿瘤，使我们失去欢笑，损害我们的健康。怨恨，更多地伤害了怨恨者自己，而不是被仇恨的人。

宽容是一种大度，是一种豁达；宽容能够容纳万物，宽容能够包含太虚。心旷为福之门，心狭为祸之根。心胸坦荡，不以世俗荣辱为念，不为世俗荣辱所累，就会活得轻松、潇洒、磊落。

宽容别人，其实就是宽容我们自己。多一点对别人的宽容，我们的生命中就多了一点空间。有朋友的人生路上，才会有关爱和扶持，才不会有寂寞和孤独；有朋友的生活，才会少一点风雨，多一点温暖和阳光；有朋友的生活，才会感受到幸福和由衷的快乐。

宽容是心与心的交融，所以在生活中，女孩们一定要学会宽容。

建议一：告诉女孩不要太计较那些伤害

乾隆时期，在宣城市南 20 里有个地方叫梅龙，这里有两大姓，梅姓和胡姓。这两个姓在当地都是大家族，非常有名，姓梅的人家土地多，家大业大；胡姓的人家产业虽然略少于梅家，但势力很大，因为胡家有亲戚在宁国府做官。这可真是一山难容二虎，因此两大家族经常发生摩擦。

这一天，天突然下起了暴雨，一个梅家的妇女年龄约 20 有余，背着一捆柴正在山下路上往家里走，忽然看到有一个人倒卧在渠边。她赶紧丢下背上的柴，跑到溪边来拉那人。

原来，这是一个拆字先生，年约50，如今已经奄奄一息了。梅妇立刻把拆字先生背回了家里，取出干净的衣服换上，并且给他喝了姜汤。

不久后，那个拆字先生渐渐恢复过来了，但还很虚弱。于是就留在了梅妇家中调养。妇人见他谈吐文雅有理，就拿出好饭菜来招待他。一段时间之后，他的身体好了，就决定离开。

临走前，他把一柄折扇送给梅妇，告诉她说自己住在京城，是开帽子店的，专门给官员做帽子，因此认识很多官员，以后若是有需要他帮忙的，就拿着折扇来找他。之后，他又对梅妇说："我想要认你做我的干女儿，你看怎么样？"梅妇很高兴地答应了，并且行了父女之礼。临别，还送了些路费给拆字老者，老者没有推辞就满意地离去了。

第二年，梅姓和胡姓的人为了山的分界问题发生了冲突。胡姓因为有人做官，因此侵占了梅姓很多土地，还发生了流血死亡事件。后来事情闹到公堂，梅方被判有罪，要重金赔偿胡方的死亡者。梅姓不服，一直上告，可是官官相护，一直都是维持原判。一天，梅妇突然想到那位拆字先生的话，于是就把事情告诉了族长，然后就拿着折扇上京寻找拆字先生。

原来那拆字先生就是乾隆皇帝，他那年在江南私访，和随从失散了，慌乱中就到了梅龙，然后得到了梅妇的救助。回到京城后，他还常常想起梅妇的热情，感慨自己遇到了好人。

看到折扇，乾隆知道自己江南的干女儿来了。当梅妇到皇宫的时候，才知道自己所救的竟然是乾隆皇帝。乾隆听说胡家仗势欺人后大怒，当即就要判胡家灭九族之刑。

谁料这时候，那梅妇急忙跪求道："民妇也不愿意看到祸及胡家的九族，只要归还侵占我梅家的土地就可以了。"

满朝文武百官都被梅妇的仁德感动了，齐声夸赞她，乾隆皇帝也非常高兴。几天之后，乾隆就派出3000御林军护送梅妇回了梅龙。从那以后，当地再也没有人敢欺负梅家了，而梅家也一直恪守法规，善待邻里，深得当地百姓的爱戴。胡家人见梅家并没有再追究此事，也并没有依仗国亲之势为难胡家，内心深感愧疚，从此以后也开始结善行德，获得了人们的称赞。此后，梅龙这个地方就一片祥和景象，人们安居乐业，一直过着平静、与世无争的生活。

宽容别人，不锱铢必较，不耿耿于怀，和和气气地做个大大方方的人，你将会得到大家的赞颂。宽容是一种温和的泉水，在遇到矛盾和问题时更显得弥足珍贵，它比无止境的报复和怨恨更加有效，也更加愉悦人心。宽容好像一捧清泉，能够款款地洗去彼此之间的一时敌视，让双方冷静下来，从而更清楚地看清事实，由此，也可以看清自己。

生活中，我们会遇到很多伤害我们的人，历史上，很多战争或者仇恨也都是因为伤害而引起。面对伤害，我们该如此处理？像《罗密欧与朱丽叶》里的两大家族一样，仇杀流血不止，直到失去各自最亲的人？还是退开一步，放弃仇恨，给自己和对方一份平静愉悦？

作为皇帝的干女儿，梅妇是可以呼风唤雨的，至少可以凭借权力夺得对方的土地，但她没有，她只是公正地要回了本来就属于自己的东西，然后宽恕了别人。这样做的结果就是：原来伤害她的人也变成了行善的人，整个村庄都和谐美满起来，这就是宽容的力量。她放下了那些伤害，获得了比自己所拥有的更多的东西。

所以，在面对伤害时，请告诉女孩保持克制，以宽容之心去应对，给自己、也给别人留一条后路。要知道，冤冤相报何时了，唯有爱可以终结一切。所以让我们都充满爱心，以宽容的姿态对待这个世界，那么，世界就会宽容地对待你。

建议二：不要随随便便批评别人

有一位父亲给儿子写了一封信："听着，孩子，我有一些话要说。虽然你睡得正熟，一只小手掌压在脸颊下，你的额头微湿，蜷曲的金发贴在上面。我偷偷溜进你的房间，因为刚才在书房看报的时候，内心不断地受到苛责，终于带着愧疚的心情来到你的床前。

"我想了许多事，孩子，我常常对你发脾气。早上你穿好衣服准备上学，胡乱用毛巾在脸上碰一下，我责备你；你没有把鞋子擦干净，我责备你；看到你把东西乱扔，我更生气地对你吼叫。

"吃早餐的时候也一样。我常骂你打翻东西、吃饭不细嚼慢咽、把两肘放在桌上、奶油涂得太厚等等。到了傍晚，情况还是这样。我走在路上偷偷观察你，看见你跪在地上玩玻璃弹珠，脚上的长袜都磨破了。我不顾你的颜面，当着别的孩子的面叫你回家，并对你吼道：'长袜子是很贵的，你要穿就得爱惜一点。'想想看，孩子，这话居然出自为人之父的人的口。

"记得吗？就是刚才，我在书房里看报，你怯生生地走过来，眼里带着惊惶的神色，站在门口踟蹰不前。我从报端上望过去，不耐烦地叫道：'你要什么？'你不说一句话，只是快步跑过来，双手搂住我的脖子亲吻。你小手臂的力量显示出一份情爱，那是上帝种在你心田里的，任何漠视都不能令它枯萎。你吻过我就走了，吧嗒吧嗒地跑上楼。

"孩子，就是那时候，报纸从我手中滑落，我突然觉得害怕，我怎么养成了一个坏习惯啊！挑错、呵斥的习惯——这就是我对待孩子的方法吗？孩子，不是我不爱你，只是我对你期望过高，不自觉地用自己年龄的标准去衡量你了。

"我实在不该把你当成大人，孩子，像我现在看到的你，疲倦地蜷缩在床上，完全还是婴孩的模样。记得昨天你还躺在妈妈怀里，头靠在妈妈肩上，我要求得实在太多太多了。"

托尔斯泰说："我们平等地相爱，因为我们互相了解，互相尊重。"了解是尊重和爱的前提，拥有了相互之间的了解，才能以更真诚、博大的胸怀去关爱彼此。尽量去了解别人，尽量设身处地去思考问题，这比批评要有益得多，而且让人心生同情和仁慈。生活中，你是不是动不动就肆无忌惮地批评别人呢？还是总是以不耐烦和嘲讽的眼神看着周围的朋友？

当别人在你面前犯错或者做了不恰当的事情时，你会怎么做？当你在别人面前犯了错误或者做了不恰当的事情，你想让别人怎么做？

当你准备好了对别人说的话时，要记得，那就是别人可能对你说的话。

当我们批评他人时，先想想自己"我做得怎样？"这样想的时候，你也许就会完全改变自己的想法和行为，并因此得到别人的爱。同样的道理，你也可以先想一想，如果犯错误的是我，我希望别人怎么说我？直言冷漠地批评我？还是善意地宽容，给我尊严和信任，让我愉快改正？相信，大家都会选择后者，那就这样做下去吧。

告诉女孩不要随便批评别人，当你看到别人的错误或者不当行为时，不妨先设身处地地站在他的角度想一想，然后用温婉的方式说出来。批评的本意是好的，但直言的批评毕竟太过于严苛，选择一种善意的方式，不去计较，也许比批评本身更有效。

第七章　打造女孩的优雅气质

——良好的家庭教育是提升女孩气质的关键

细节 30　妈妈应从四个方面打造女儿的气质

女孩应该学会优雅，不止是谈吐和举止，更重要的是性情，谈吐和举止可以一时优雅，真正的优雅来源于丰富的内心、智慧、博爱。

无论时代怎么发展，女孩都不能丢掉自身的优雅气质。

举止优雅的女孩，待人接物彬彬有礼、不卑不亢；

举止优雅的女孩，餐桌上行为得体；

举止优雅的女孩，不和父母顶嘴，不打断别人说话；

举止优雅的女孩，随时随地体贴照顾他人，尊敬和关心他人；

举止优雅的女孩，把"请"和"谢谢"挂在嘴边。

…………

举止优雅带给女孩的好处非常多，它不仅赋予了女孩柔情、大气、得体之美，更为女孩成长为淑女奠定了最强有力的基础。

也许，进入成人世界的父母深深明白，举止优雅将会为长大后的女孩子带来怎样的无穷魅力。

　　艾斯蒂·劳达是世界化妆品王国中的皇后。她拥有几十亿美元的化妆品王国，是世界化妆品领域的主要代表。但艾斯蒂出身贫穷，并没有受过多少教育。最初，她以推销叔叔制作的护肤膏起家。为了使自己的产品能够多销售一些，她不得不走街串巷。后来，她决定将产品定位于高档次上。可是，起初她的推销却没有什么效果。

后来，她终于忍不住问一个拒绝购买产品的客户："请问，您为什么拒绝购买我的产品呢？是我的推销技巧有什么问题吗？"

那位女士道："不是技巧有问题，推销要什么技巧？如果我觉得你在展示技巧，我就会将你赶出去。是你的形象不好，你根本就是一个低档次的人，让我怎么相信你的产品就是高档次的？"

这位女士的话明显带有对艾斯蒂·劳达轻视甚至污辱的成分，但聪明的劳达却兴奋异常，认为自己找到了问题的关键：那就是产品的高档次，首先在于推销人，也就是自己的高档次。她想，换成自己也会是这样，推销人员本身的档次不高，自己也确实会怀疑产品的质量和品味。于是，她决心对自己的形象进行精心改造、包装。她模仿富贵名门和上层妇女，像她们一样穿着打扮，模仿她们的举止。另外，她还注意培养自己的自信，使自己整个人看上去魅力四射。慢慢地，越来越多的人买下了她推销的产品。从此，她一发不可收，直至建立起化妆品王国。

一个人的言行举止，包括她选择怎样的服饰，都像一张名片一样向别人展示着自己，展示着自己的身份、修养、气质。所以，女孩要想具有优雅的气质，就需要从举手投足上注意修炼。要知道，优雅与否，无不体现在一举手，一投足，一回眸，一转身之间。

谈吐不俗，举止优雅，是一种美，一种境界。优雅，就是知道在什么时候该说什么话做什么事，怎么样说和怎么样做。

在一家咖啡馆曾发生过这样一件事。一位顾客指着面前的杯子高声喊道："小姐！你过来！你过来！"他满脸不悦，"看看！你们的牛奶是坏的，把我的红茶都糟蹋了！"

"真对不起！"服务小姐一边赔着不是，一边微笑着说，"我立即给您换一下杯子。"

新一杯红茶很快就准备好了。和先前一样，碟子和杯子里放着新鲜的柠檬和牛奶。小姐轻轻放在顾客面前，又轻声地说："我是不是能建议您，如果放柠檬就不要放牛奶，因为有时候柠檬酸会造成牛奶结块。"

那位顾客的脸一下子红了，匆匆喝完茶，就走出去了。

有人笑问服务小姐："明明是他土。你为什么不直说他呢？他那么粗鲁地叫你，你为什么不还以颜色？"

"正是因为他粗鲁，所以要用婉转的方式对待；正因为道理一说就明白，所以用不着大声。"小姐说，"理不直的人，常用气壮来压人。理直的人要用气和来交朋友。"

如果当时服务小姐大声指责顾客的错误，很可能会引得顾客因恼羞成怒而变得更加粗鲁，如果两个人"脸红脖子粗"地吵架，服务小姐的风度哪还可有"优雅"可谈？

优雅就是对事物分寸的准确拿捏，就是进退有度，游刃有余。好比说人脸上的笑容，冷若冰霜的人让人退避三舍，但若是笑得过于放肆，那就只能被评价为失态了。

优雅就是这样一种魅力：不温不火，不过不失，恰到好处的沁人心脾。我们知道：缺少优雅的风度，任何精致出众的容貌也都只是一潭死水。

曾有一位世界顶级的化妆师这样解释化妆的最高境界："化妆的最高境界可以用两个字形容，就是'自然'，最高明的化妆术，是经过非常考究的化妆，让人家看起来好像没有化过妆一样，并且化出来的妆与主人的身份匹配，能自然表现那个人的个性与气质；次级的化妆是把人突显出来，让她醒目，引起众人的注意；拙劣的化妆是一站出来别人就发现她化了很浓的妆，而这层妆是为了掩盖自己的缺点或年龄的；最坏的一种化妆，是化过妆以后扭曲了自己的个性，又失去了五官的协调，例如小眼睛的人竟化了浓眉，大脸蛋的人竟化了白脸，阔嘴的人竟化了红唇……

"表皮上的化妆只是最末的一个枝节，它能改变的事实很少。深一层的化妆是改变体质，让一个人改变生活方式，睡眠充足、注意运动与营养，这样她的皮肤改善、精神充足，比化妆有效得多。再深一层的化妆是改变气质，多读书、多欣赏艺术、多思考、对生活乐观、对生命有信心、心地善良、关怀别人、自尊自爱，这样的人即使不化妆也丑不到哪里去。我用三句简单的话来说明：三流的化妆是脸上的化妆；二流的化妆是精神的化妆；一流的化妆是生命的化妆。"

读到这里，我们不能不感叹，对于美丽，如果一味持有机械论的观点，实在是不高明的。归根结底，优雅的风度才是对于生命最好的化妆。

优雅的气质并不是与生俱来的，而是通过后天训练达成的。据说，为了一个挺拔的站姿，奥运礼仪小姐每人头顶一本书，两腿关节处夹住一张纸，每天至少站一个小时。所以，如果想让自己的女孩练就与众不同的气质，家长们就要从生活中时刻注意加以训练。

培养女孩的举止仪态，并不需要刻意为孩子报礼仪训练课程，关键在于家庭影响，很多性格和习惯都是从生活不经意的细枝末节处形成的。

父母应该及早让女孩保持一个整洁干净的形象，告诉孩子要养成讲卫生的好习惯，脸、脖颈、手都应洗得干干净净；头发按时理、经常洗，指甲经常剪；注意口腔卫生，早晚刷牙，饭后漱口，不能当着客人面嚼口香糖；常洗澡、换衣服；站立的时候要保持良好的姿态，身体直立、挺胸收腹，忌讳无精打采、控脖、耸肩、塌腰；在正式场合不能叉腰或双手交叉；坐姿要端正挺直而不死板僵硬，不能半躺半坐，两腿间距与肩同宽，不能叉开，双手自然放在膝或扶手上，大方得体；走路要挺胸抬头，肩臂自然摆动，步速适中，忌讳八字脚、摇摇晃晃，或者扭捏碎步；与人交谈时要态度诚恳、亲切，面带微笑，使用文明用语，简洁得体，不能沉默无言，也不能自己喋喋不休，要认真倾听对方讲话，交谈时忌讳东张西望、翻看其他东西。

建议一：仪表——女孩修养的外衣

一个女孩的修养除了体现在气质上之外，礼仪也是展露女孩人格魅力的外在表现之一。

仪表的整洁是女孩学习礼仪的第一步，自己打扮得整洁干净，也是对他人的一种尊重，毕竟谁都不愿意和一个邋遢肮脏的人讲话。无论女孩的长相是否美丽，父母在平日的家庭教育中，都应该教女儿学会保持面容干净。

此外，在衣服的穿着方面也有一定的礼仪。女孩的衣服可以不昂贵，但是必须穿着得体。作为未成年人，父母需要告诉女孩，她的衣服应该与年龄相符合。不能在这个年龄段打扮得过于花哨，更不能过分地涂脂抹粉。

除了仪表之外，女孩的言行举止也需要有礼仪的约束。父母总不希望从一个外表光鲜的女孩口中说出骂人的脏话，也不愿意看到自己的女儿随地吐痰、乱扔东西。因此，父母还需要传授给女儿一些关于言行方面的礼仪。

关于言谈，一个文雅的女孩子，她所说出口的话总是给人一种清新自如的感觉。相反，一个不注意言辞修饰的女孩子，往往容易说出让人反感的话语。父母需要教给女孩的是，无论是与谁说话，女孩的态度都应该是诚恳的，而且需要使用礼貌用语。过于沉默或者话太多都不是礼貌的表现。

仪容仪表以及言谈举止我们都已经略微提到。在家庭教育中，父母还需要结合实际来增强女孩子在礼仪方面的意识。例如，家中来了客人就是检测女孩礼仪学得如何的一个很好的机会。首先，父母需要让女孩知道，客人如果看到一个脏乱不堪的家庭会作何感想。所以，女孩需要先将自己的房间甚至整个家打扫干净，然后再准备好茶水准备迎接客人的到来。

客人来到之后，女儿要热情地对客人表示欢迎，用词和表情都应该表现得大方得体。还要与客人主动地进行交流，以展现小主人的风采。待到吃饭的时候，女孩要懂得先招呼客人用餐，而不是自己抢先端起饭碗。客人要离开的时候，女孩还需要起身送客，并且欢迎客人下次再来。

礼仪的学习是一个长久的过程，不同的场合需要不同的礼仪。因此，在教导孩子学习礼仪的时候，父母要随时提醒女孩用文明的言行来表达自己，不可松懈。时间久了，孩子所学到的礼仪也就自然地成了她为人处世方面的一个好习惯。

在任何方面，如果父母做的合理得当，父母就是孩子最好的老师。礼仪也是如此。因此，父母在平时不但要监督女儿保持文明，自己也要以身作则，无论何时，都不能有丧失礼仪的情况出现。

世界上各个国家都有自己的文明以及与之相适应的礼仪规范，作为一个普通人，我们不可能了解以及掌握全世界的礼仪。所以，在教育孩子的时候，父母需要重点培养的是女孩的礼仪意识。有了这样的意识，无论走到哪里，女孩都会知书达理。

建议二：温柔——女孩的致命武器

温柔，是一种修养，是一种品性。不是所有的女人都具有温柔的特质，然而温柔却是上帝赋予人类爱的起始。温柔是一种能力，更是一种真情的流露，它在感情的装饰下显得更加美好。

有两个女孩子。一个生长在富裕的家庭，由于父母工作忙碌，所以女孩就整日自己待在家里。除了上学以外的其他时间，女孩都在家里看电视，或者就是跟自己的小猫玩。女孩与其他的孩子不一样，她喜欢看打斗的电视剧或者动画片，受电视的影响，女孩的言行举止久而久之也变得粗暴了。她动不动就跟同学翻脸，跟父母吵架，烦躁的时候还打家里无辜的小猫。父母拿她越来越没有办法。

另一个女孩的家境并不富裕，家里除了一个玩具娃娃，什么可玩的东西都没有。可是女孩对这些并不在意，她没事的时候就去图书馆看书，在文学的海洋里释放自己的情感。因为读的书多，女孩子有着文雅的气质，她待人接物都像大人一样成熟，父母看了之后也觉得欣慰。无论什么时候，女孩说话都是用一种温柔的语气，哪怕是她生气了，却也从来不大发雷霆。

两个女孩有着明显的不同特质，一个暴躁无礼，一个却是温柔体贴。之所以会造成这样的差别，与各自父母的教育有着很大的关系。

由于父母忙碌，而且家境又好，第一个女孩从小就养成了骄奢的坏毛病，再加上无人管束，学了一些原本不属于女孩子的言行举止，于是女孩变得脾气暴躁，举止粗鲁；第二个女孩就不同了，她温柔的气质源于自身的修养。女孩没事的时候就去看书，与书中的人物共悲喜，在书海中寻求精神的高远。慢慢地，女孩的身上便有了温柔的特质。

看来，温柔更大程度上是后天修养得来的。温，温存与温和；柔，柔美与柔情。温柔是一个女孩子达到足够的修养之后所表现出来的一种气质，同时也是丰富的智慧与知识在她身上的体现。因此，在家庭教育中，父母要想培养女孩的温柔气质，就需要从女孩的内在修养着手。

温柔，是女孩的天性使然，但是如果在后天不加以培养，那也会失去上天赐予女孩的这一魅力的散发点。温柔是女孩子的致命武器，它可以让障碍及时地消除，让困难在温柔中融化。

据统计，妈妈在怀孕的时候如果能够始终保持平和的心态，而且言行举止都优雅得当，那么她生出来的女儿就会有一定的温柔气质。相反，孕妇如果有一个糟糕的脾气，那么她的这种状态也会影响到自己的宝宝。专家也说，女性温柔的激素会让腹中的孩子变得更美丽，性格更温柔。

有的女孩特别喜欢表现自己，无论什么时候都抢着说话，抢着表达。但是，事实上这种做法并不可取。因为在着急的情况下所表达出来的行为与言语往往都是幼稚的。因此，我们建议父母在平时的教育中，要让女孩养成认真思考的习惯，而不是随便地表现自己。当言语在大脑中经过考虑后，说出来的话才会贴切。

建议三：大方——让女孩不再腼腆害羞

每个人都有过害羞的经历，甚至有的成年人，在一些场合因为尴尬也可能会表现出羞怯。因此，对于孩子羞怯的父母来说，首先，不能够认为孩子的羞怯是不正常的表现。羞怯或多或少也是人的一种天性，由于对事物的不了解而表现出来害羞的情绪，这也无可厚非。

父母需要弄清楚的是，腼腆害羞并不是什么坏事。因为腼腆的女孩往往有着细腻的内心，她丰富的情感世界正是因为腼腆而不为人知。许多著名的文学艺术家都有一个害羞的童年，这也是他们创作灵感的来源之一。

有时候腼腆未必不是好事，可是过于腼腆和害羞，就会影响女孩的交际能力，也会让女孩在学校或者其他场合感到困扰。因此，在家庭教育中，父母还需要有意识地帮助女孩克服害羞的情绪，让女孩在为人处世方面变得大方起来。

父母要想帮助女孩克服羞怯，那么首先就需要知道女孩究竟因为什么而害羞。有的女孩在熟悉的人面前并不会害羞，可是一旦在公开的场合下就会变得十分腼腆。这种羞怯产生的原因是父母平时没有注意对女孩在公开场合下勇气的训练。要想克服这样的情况，父母就需要鼓励女孩多参加一些集体的活动，多与同学交流，勇敢地表达自己的想法。

在一些家庭中，父母总是说这样的话："大人说话小孩子不要插嘴！"久而久之，女孩就不敢在他人面前表达自己的想法，也就会变得越来越害羞。所以，父母应该鼓励女孩大胆地说出自己内心的真实想法，而不是压抑女孩的讲话欲望。这样既可以锻炼女孩的思考能力与讲话方式，而且还能够让女孩变得有勇气。

还有些女孩之所以会有羞怯的表现，是因为她们对周围的环境感到不安全或者是有陌生的感觉。这同样也与父母有关。有些父母或者因为工作忙，或者因为其他的原因，平时没有给女孩足够的家庭温暖，长此以往，女孩就养成了孤僻的性格，不愿意与别人交往，慢慢地就会变得腼腆起来。

面对这样的女孩，父母需要给予她足够的关怀，让她感到有很多人都在关心着她，让温暖将孩子包围。时间久了，女孩腼腆的心理也就克服了。

另外也有一种情况是跟父母息息相关的。父母应该想一想，女孩的羞怯表现是不是与自己也有关系呢？有些父母本身就是有点害羞的人，或许父母在平时的言行中流露出来的羞怯感也在不知不觉中影响到了女孩。所以，要想帮助女孩克服害羞的心理，作为父母，首先就应该让自己从羞怯中走出来。

其实，羞怯最主要的来源是女孩对于自我的不自信。所以说，帮助女孩克服羞怯感最行之有效的方法就是先帮助女孩建立起自信。父母可以通过很多途径来让女孩树立起自信心。例如，平时父母就应该多多地对女孩表示赞扬，而且父母也要从心底里流露出这样的感觉。

害羞的女孩并不是在所有的时候都表现得扭扭捏捏，如果女孩在一次演讲中表现得非常不错，那么父母就应该抓住这次机会，对其大加夸赞，并予以一些物质上的奖励，这样，女孩慢慢地就会对自己有信心，也就会变得大方起来了。

狭窄的空间容易让人胡思乱想，在一个地方待久了，女孩也会感到厌倦。父母不如尝试着多带女孩到外面走走，旅行或者是郊游。女孩在玩的过程中不仅能够扩大眼界，而且还能够接触到不同的人和事，这对于增强她在为人处世方面的能力是很有帮助的。懂得了如何与人交流，当然也就不再腼腆了。

建议四：文静——好女孩不能是个"小捣蛋"

有的家长还在烦恼如何让自己的孩子变得活泼一点，可是另外一些家长却在为孩子的调皮而感到无可奈何。每个孩子都有自身独特的性格，无论是安静沉稳还是活泼好动，父母在教育孩子的过程中，都需要把握住其中的度。

文静的女生似乎很招人喜爱，无论是坐着还是站着，无论是在家里还是外面，性格恬静的女孩子都有着优雅的举止与恰当的言语。她们喜欢安静，可以自己在一个地方默默地看书，玩耍的时候也不会过于疯狂。大多数父母都希望自己的女儿属于文静的类型，而不希望自己有一个调皮捣蛋的孩子。

或许有的女孩生来就比较安静，但是文静的气质也是可以培养的。在小的时候，女孩和男孩由于还没有对性别足够的认识，他们的表现可能根本没有男女之分。因此，父母要尽早地开始对孩子进行性别意识的教育。例如，父母可以对自己的女儿说：女孩子不能像男孩子一样疯疯癫癫地玩耍，安静一点更受人欢迎。

其实，女孩之所以安静不下来，也是有原因的。首先，因为年纪小，她的自控能力比较差，对于一件事的专注程度很低，而且保持专注的时间也很短。这就导致女孩在上课的时候可能喜欢东张西望，不集中精力听老师的讲课，或者就是前后左右地跟同学说话，成为课堂上扰乱纪律的"坏孩子"。针对这种情况，父母可以对女孩的专注力进行训练。一开始的时候，女孩注意力集中的时间可以短一些，然后再慢慢地加长，经过一段时间的训练之后，女孩的精力就能够保持比较久了，在上课的时候也就安静下来了。

另外，父母也可以在平时对女孩进行场合性的行为教育，告诉女孩在一些安静的场所不可以大声喧闹。例如在图书馆、课堂以及庄严肃穆的一些场合中，女孩都必须保持安静。父母不仅是要告诉女孩保持安静，还要让她明白为什么要保持安静。女孩知道了原因之后，今后在类似的场所中她就能够变得文静些了。

在家里的时候，父母要告诉女孩：东西不能够随便乱扔乱放，文静的女孩都是爱整洁、做事有条有理的人。除了在行为上，言语上的文静也是很重要的。父母要教育孩子在说话的时候保持一定的语调，因为过大的声音会让整个人显得吵闹，而声音太小的话也会让女孩看上去很胆小。

在自己家里要文静，到别人家做客就更应该如此了。除了要懂礼貌之外，在别人家做客的时候，女孩也不能乱动他人的东西，需要经过主人的允许。至于在别人的家中乱吵乱闹就更是不可以了。父母可以带着孩子到自己的朋友家去做客，当大人在谈话的时候，告诉孩子，她可以一旁安静地聆听，也可以静静地看书。

其实，文静是女孩的一种特质，文静的女孩子看上去给人一种清新淡雅的感觉，这种气质和感觉是需要时间来磨砺的。有的女孩可能在小的时候像男孩子一样疯狂，可是到了适当的年龄，她就自然地变得文静起来了。

父母不应该过于压制女孩活泼好动的性格。有的家长为了让自己的女孩变得文静，想尽办法让孩子安静下来，结果却忽略了孩子自身的感受，孩子也因此而变得沉默寡言起来。事实上，女孩子天生就有一种文静的气质，这种气质还没有表现出来，是因为年纪还没有达到。

当女孩能够静下心来做一件事情的时候，她就不再捣蛋了。所以，父母可以根据孩子的兴趣爱好培养孩子某些方面的才艺，例如美术、音乐等。这样，孩子在用心地画画或者是弹钢琴的时候，自然就变得安静了。

细节 31　言谈举止，是一个女孩好修养的体现

　　会说话的女孩很容易被周围的人接受，即便是她有着一颗不成熟的心灵，但是由于她的话语在出口之前已经经过了一番美丽的修饰，所以别人听起来也会感到悦耳，从而十分愿意与她亲近。

　　一天夜里，国王梦到自己的牙齿全部都脱落了，他的内心十分不安，害怕有什么不好的事情将要发生，于是就请来了两个懂得解梦的术士前来为他解惑。国王说："昨夜里我梦到自己的牙齿全都掉了，这是怎么一回事呢？"

　　听到国王的问话之后，第一位术士不假思索地回答道："陛下所做的梦跟死亡相关。也就是说，在陛下所有的家人都死去之后，陛下才会死掉。"国王听到术士的答案之后大发雷霆，就派人"赏"了他100大板。

　　之后国王又问第二个术士，术士考虑了片刻回答道："陛下，您的梦是个吉祥之兆啊！意思是说，您是所有王室成员中最为长寿的一个！"国王听到这个回答之后很是满意，于是便奖赏了第二位术士50两黄金。

　　两个术士解梦的内容其实都是一个意思，可是第一个术士说

完之后挨了板子，第二个术士却得到了很大的奖赏。究其原因，还是因为第一个术士没有第二个术士会表达。美丽的语言能够让女孩魅力倍增，因此，在家庭教育中，父母需要锻炼女孩的语言表达能力，不仅要让她学会表达，而且要善于用美丽的语言把自己的内心世界展现在别人的面前。

平时父母在教女儿如何更好地说话时，首先就要锻炼她的措辞。特别是在说一些别人不容易接受的话语时，更加要用比较委婉的语言表达。父母可以让女孩看一些趣味词汇的书籍，多掌握一些表达的用语。在教导女孩说话注意用词恰当的同时，父母也应该留心自己的说话方式，在批评女孩的时候不能够说伤害她自尊心的话语。

除了用词要恰当之外，女孩子在与人交流的时候，还应该有着流畅的表达能力。有的女孩言语表达能力差，说话总是磕磕巴巴，其实流畅地表达自己的能力是可以培养的。父母可以买一些故事类的书籍给女孩，每天晚上让女孩在看完一个故事之后就合上书，然后重新把这个故事叙述一遍。久而久之，女孩就能够用流畅的语言来表达了。

柔和的语调也是语言表达很重要的一个方面，因为尖刻与强调的语调都会让听的一方感到厌烦。聪明的女孩子在与他人交谈的时候都会时刻注意自己声音的速度与力度，力求保持柔和，让语言像音符一般从口中流淌出来。

说话很容易，可是用美丽的语言表达出来就不那么简单了。这是一种语言能力，需要父母的尽心培养才能够达成的一种美丽。

另外，父母要培养女孩欣赏别人的意识。因为赞扬往往是在欣赏的基础上才会从内心里流露出来的，当女孩欣赏一个人的时候，自然地就会用比较优美的语言来表达心中的那份倾慕。

建议一：女孩不能嘲笑别人

有一句名言是这样说的："人性最深切的渴望，是得到别人的尊重。"每一个人都希望自己能够得到他人的认可和赏识，不分年龄、不分性别，谁都不想被别人嘲笑。可是许多女孩并不懂得要尊重每一个人，当看到身体上有残缺，或者是外表有些与众不同的人时，女孩往往会把这样的人作为嘲笑的对象，例如班里比较胖的同学，或是成绩较差的孩子。

小女孩会嘲笑他人，原因是当女孩到了一定的年龄段，不再因为共同喜欢一个玩具或是一首歌而结交伙伴，她们会选择与自己年龄、外貌以及行为相似的朋友在一起玩耍。几个孩子联合起来感觉到力量上的增强，再加上嘲讽他人所带来的快乐，很快的，女孩就会喜欢上这种感觉。其实，女孩嘲笑别人更多的就是为了获得乐趣。

有这样一个故事：

一日，一个年轻的乞丐到一个富有之家去乞讨，正巧这家的女主人在家。于是女主人就让乞丐去后院搬砖头，砖头搬完了就会得到报酬。乞丐看着那一大堆石头，再看看自己残缺了的右臂，他不知道该如何是好。这个时候女主人用自己的左手为乞丐做了示范，于是乞丐开始搬砖头了。一直等到乞丐搬完，女主人给了他20元钱作为酬劳。年轻人在走之前不停地感谢女主人，可是女主人说不用谢，因为这是他通过劳动赚来的钱。

后来的许多年里，女主人也碰到过不少的乞丐上门向她乞讨，女主人都用同样的方法帮助他们。有的人照着做完后，女主人把薪酬付给他们，可是有的人在听到女主人的要求之后，就拂袖而去了。

　　过了很多年之后，女主人接到一个年轻董事长的邀请，到一处地段十分好的豪宅中去做客。女主人到了之后，她看到豪宅的主人是一个没有右臂的残疾人。这位董事长说自己就是当年的那个年轻乞丐，因为女主人的尊重，他从那个时候就知道自己也能够通过劳动来证明自己的价值。因为对女主人有着很深的感激之情，所以想要把这套豪宅送给她。可是无论如何，女主人都不肯收下董事长的这份礼物。她始终都在说："那是你用自己的汗水换来的薪酬，我并没有帮助过你什么。"

在日常生活中，我们每一个人对身体有缺陷的残疾人，都应该给予应有的尊重。正是女主人把年轻的乞丐当普通人看待，才让乞丐有了自信在社会上继续生活下去。因此，家长在教育女孩的时候，要多举一些事例，让女孩认识到每个人都是希望被尊重的，而且每个人的身上都有自己的闪光点。

　　在家庭教育中，父母应该告诉女孩，嘲笑别人是一种不礼貌的行为。不仅如此，还要让女孩从心底里去除这种不好的言行方式。让女孩知道：不论是谁，都有缺点和优点，就算是自己，也有某种程度上的缺陷。今天你轻易地嘲笑他人，或许明天就会有另一个人来嘲笑你。因此，学会尊重彼此，这才是最重要的。

　　在言传身教的过程中，父母可以按部就班地来让女孩消除心中对他人的偏见。例如，可以先让女孩在感情上同情被嘲笑者，让女孩想想，如果自己是那样的话心里会有什么感觉。然后在同情的基础上建立起女孩对被嘲笑者的尊重感，最后再让女孩把心中的那份同情与尊重付诸到行动上去，帮助之前被她所嘲笑的那个人。

　　家长需要通过说理、举例、实地考察以及给出具体的方法来去除女孩心中对他人的偏见。不仅这样，还要让女孩知道，生活在世界上的每一个人都是平等的，每个人都有自己的人格，每一个人都不希望被别人嘲笑。树立女孩的平等观念是非常重要的。

　　不同的人对绰号有着不同的理解，有的人认为，如果绰号没有恶意，而且还能够增进彼此之间的感情，那么用绰号来称呼也很合适。可是有的人就不愿意别人给自己起绰号，他们对于这种称呼十分反感，有时候甚至会激起愤怒的情绪。

　　绰号，也叫做外号，一般都是根据某人的外貌特征或是性格特点等起的非正式名字。也许在小时候，我们或多或少也有过这样的经历：一个同学体形肥胖，大家就叫他"胖子"；或者一个特别瘦的孩子，他会被别人叫做"瘦猴"……可是不是每个人都能够接受别人给自己取的绰号，虽然有一些绰号根本就没有恶意。因此，到了一定的阶段，父母就需要对女儿这方面的言行有所注意了。

　　绰号有时候叫起来是为了表示亲切，可是在使用的时候也要注意场合。平日里跟同学可以打打闹闹，可是到了正式的场合，就需要丢掉平时的习惯，改用对方的正式姓名来称呼。

　　其实，女孩之间所取的绰号还是以褒义的为多，一般都是某人在某一方面特别出众，所以被其他人冠以与之相关的称呼。这是人与人之间表达亲切之感的一种途径。可是也不排除一些女孩

不娇不惯，富养女孩的100个细节

Bujiao Buguan,Fuyang Nühai De 100 Ge Xijie

恶意地给别人取外号，例如有同学说话的时候总是结结巴巴，孩子就叫这位同学"大结巴"。这种以他人缺点或者弱势而起外号的行为，不仅不礼貌，而且还会伤害到被取绰号人的自尊心。

在绰号表示亲切的情况下，私下的场合中可以相互称呼。当然，除了要注意场合之外，家长还需要教导女孩，尽量不要给别人取绰号，尤其是针对别人缺点的，就算是褒义的绰号，也需要在彼此关系不错的情况下才能考虑。

关于绰号，仁者见仁，智者见智，但是父母一定要告诉女孩：在叫别人外号的时候，一定分清场合和时机，不能带有恶意，更不能随便称呼。

叫别人绰号也要有尊重的态度。家长应该尽早在女孩的心中树立凡事尊重他人的信念，无论做什么事情，都要以尊重他人为前提，叫绰号也不例外。只有在尊重别人的情况下，即使是叫绰号，一般也不会让人感到不愉快。

细节 32　妈妈要做女儿气质培养的第一人

　　说情感丰富是女孩独有的财富，这是有根据的。男人与女人还在妈妈的腹中发育时就已经开始有了明显的区别，这一点，美国著名的神经心理学家卢恩·布里曾丹在他的著作《女人的大脑》中就提到过。

　　卢恩指出，在母体怀孕的第八周开始，腹中的胎儿就会接收到性激素的影响。当性激素进入胎儿的大脑之后，雄性激素会降低与大脑交流中心的联系，而雌性激素则会增强这一点，强化情感、语言等表达能力。因此，一般情况下，女性比男性更具有表达的天赋，她们可以顺畅地将内心的情感表达出来，这也是情感丰富的另一种涵义。

　　情感丰富有许多优点，女孩子具有了这些优点之后就有着男孩子所无法企及的自身财富。情感丰富的女孩一般心思比较细腻，在学习上一丝不苟，做其他方面也能够趋近于完美。她们对自己要求往往非常高，不求最好，只求更好。

　　情感丰富的女孩还有着敏感的内心，她们对外界的感知力非常强，甚至从他人一个微笑的表情中就能够感受到这个人的情绪。正是因为这样，所以女孩子比男孩更能够体谅与倾听他人的诉说。情感丰富的女孩都有着一颗善良且乐于帮助别人的热心肠，因为她们能够感受到他人的痛苦和不快乐。

据了解，现代企业的老板都偏向于雇佣情感丰富的员工。因为这样的员工能够更好地跟团队协作，有了矛盾的时候也更加愿意接受他人的意见，而不是固执地听从个人的想法。当这样的员工受到老板或者同事的赞扬时，他们心中激动的情绪能够促使自身更加努力地去工作。假如同事在工作的过程中遭遇了什么麻烦事，他们也会给予同事最大的帮助，而不是袖手旁观。

因此，在家庭教育中，父母需要培养自己的女儿做一个情感丰富的人。这样孩子在家里能够体谅父母的辛苦，在学校能够自觉地遵守纪律，努力学习。当同学有困难需要帮助的时候，情感丰富的女孩会第一个向他伸出援助之手。

正是因为心思细腻，对外界事物的感知力强，也因为敏感，所以情感丰富的女孩都有着一个善于思考的大脑。她们凡事都想要做到尽善尽美，在生活中不断地总结经验与教训，通过一次又一次的经历来自我完善，最终走向成熟。此外，在日常生活中，父母还需要让女孩在遇到事情的时候多站在对方的角度考虑，因为情感丰富的人一般都会有很强的感受他人情绪的能力。

总之，情感丰富是一件好事，与情感丰富的人交流感情比同那些不善于表达情感的人交流更加有趣。所以说，情感丰富是女孩独有的财富，父母在家庭教育中更应该加强女儿在这方面的优势。

在与女孩相处的过程中，父母应该善于发现孩子情绪的变化。假如自己的女儿是个内向敏感的孩子，那么她很有可能是一个情感极为丰富的人。然而由于内向，她内心丰富多彩的世界却不能够很好地表达出来。因此，父母需要着重加强女孩的语言表达能力，让孩子丰富的内心世界能够与外界进行互动。

虽然说情感丰富是女性特有的财富，可是父母在后天的培养也是重要的。想要让自己的女儿成为一个情感丰富的人，那么就要求她能够有丰富的精神世界，多读书是一个很好的途径。在书中与人物一同体验人间的悲喜，感受人物的快乐与悲伤，一起哭、一起笑。读完一本书以后还应该多多思考，从中学到更丰富的人生经验。

建议一：培养女孩的审美力让女孩会美

一般情况下，女孩从三岁开始就有了对自我和外界的审美意识。从心理学的角度来讲，这一时期被称为审美敏感的时期。如果父母在这一段时间内没有对女孩进行正确的审美观教育，那么女孩的审美慢慢地就会出现偏差，最终偏离正轨。特别是女孩子，在审美敏感期内对自己的穿着打扮有着非常高的兴致，在这个时候，父母就应该给予她正确的指导，以免形成混乱的审美观。

妞妞一向是个乖巧的女孩，妈妈说什么她就做什么，吃穿住行，无论是生活的哪一方面，妞妞都听从妈妈的指导与建议。可是有一年冬天，三岁的妞妞突然不在妈妈的面前表现乖巧了。在外面冰天雪地的情况下，妞妞非要妈妈给她穿上夏天的裙子，嘴里还振振有词地说："没有什么衣服比裙子更漂亮！"

因为天气太冷，所以妈妈执意不肯让妞妞穿裙子。可是妞妞一直哭哭闹闹，妈妈也没有办法了。就这样，一连几天，每当早晨穿衣服的时候，妞妞都会要求穿裙子，妈妈也同样拒绝妞妞的无理要求。妈妈上班迟到，妞妞上幼儿园也迟到。终于，妈妈觉得这样下去不是办法，就对妞妞大声地呵斥道："这么小就这么爱臭美！长大后还不知道怎样呢！变成个坏女孩也说不定！"

　　妞妞听到妈妈的训斥后忽然就不再吵闹了。看到孩子安静下来，妈妈又在一旁继续说："女孩子要是小时候就把精力全都倾注在外在的修饰上，就会忽略内在美的养成。人生很短，除了爱美外，还有很多有意义的事。"妞妞似乎懂得妈妈的意思，以后再也没有要求穿裙子了。而且真的到了夏天可以穿裙子的时候，妞妞也不再要求。甚至妈妈给妞妞买回了非常漂亮的裙子，妞妞都执意不穿。

　　妞妞妈妈的教育方式无疑是错误的。冬天的确不适宜穿裙子，可是不能穿的原因只是因为天气寒冷，而跟长大后是否变为坏女孩根本就没有联系。可是妞妞的妈妈为了制止孩子的无理取闹，用恐吓的方式给了孩子不良的教育，最终导致妞妞对裙子产生了错误的审美观念。妞妞原本可能成为一个优秀的服装设计师，可是经过妈妈错误的审美教育之后，妞妞对于裙子的兴趣就彻底地被抹杀了。

　　因此，当孩子在审美敏感期的时候，父母一定要用正确的教育方式对其进行审美指导。例如，有的孩子因为好奇，所以会拿妈妈的化妆品在脸上随意地涂来涂去，把口红当眼影，却又把腮红当做口红来抹。这些其实都是孩子爱美的表现，父母看到这样的场景之后，千万不能大声地训斥她，而是要悉心地进行教导，告诉孩子：这些化妆品孩子以后也是可以拥有的，但是在现阶段必须以学业为重，不能把注意力都放在穿着打扮上面。

　　当看到自己美丽可爱的女儿正孜孜不倦地倾注于爱美的情绪中时，父母不能够在一旁袖手旁观，也不能以训斥的形式加以遏制，而是要给予孩子正确的审美教育，让孩子的审美观朝健康正确的方向发展。

孩子的好奇心永远都是无穷的。父母需要引导女孩欣赏朴素之美，当她看到电视上的人花枝招展地走在路上，还引来众人的回头之后，女孩自己也想要尝试那样的效果。她可能会要求父母把她打扮成成年女子那样，也可能自己把自己画得像个唱京剧的花旦。这时候，父母就需要正确地引导孩子，让她学会欣赏自然与朴素之美。

扼杀女孩的好奇心就等于扼杀了女孩的未来，因为孩子的好奇心很有可能是她日后成功的基石。假如女孩对化妆等事物流露出强烈的好奇时，父母不能硬性地压抑孩子的好奇，而是要给予她正确的指导，并且教给她正确的审美观念。说不定你的宝贝女儿将来会是一个出色的造型师。

建议二：不是每个女孩都会表现自己

竞争如此激烈，每个父母都想自己的女儿将来在社会上能有立足之地，要想达到这个目标，父母就要不遗余力地对女儿进行培养。能够在竞争中脱颖而出的人一般都是综合素质较强，且能够恰当地在别人面前展现自己才能的人。因此，让女儿做个会表现自己，让他人了解、认识自己的人，就十分必要了。

有些孩子或者是因为胆子小，或是由于表达能力的不足，在旁人面前不能尽情地展现自我，这对孩子来说是一个困扰。事实上，很多诸如这样的女孩子都有着很好的才华，只是她们不知道如何将这些才华展现出来罢了。

栗颖就是这样的一个女孩子。由于父母工作忙，她在 8 岁之前都一直跟着奶奶在乡下生活。栗颖的奶奶是个心灵手巧的人，在剪纸与刺绣方面都有着精湛的技艺。栗颖从小就看着奶奶如何穿针引线，用不同颜色的线绣出美丽的花蝴蝶。时间久了，栗颖自己也学着做这些手工制品，在奶奶的指导下，她的刺绣手法也越来越娴熟了。

8 岁之后，父母把栗颖接到了城里上学。由于到了一个新的环境，再加上栗颖本身胆子就小，话原本就不多的她更加沉默不语了。在学校里，栗颖也不和其他的孩子一起玩耍，只是一个人默默地坐在座位上发呆。班主任发现了之后，就把这样的情况反应给了栗颖的父母。他们听到之后感到很愧疚，因为自己的忙碌，都没有与孩子及时地沟通，所以才导致这样。

有一次，学校举办才艺大赛，老师要求每一个同学都在大赛中展现自己的风采。栗颖的父母得知这个消息之后，就鼓励栗颖将自己刺绣的才艺展现在师生面前。在爸爸妈妈的百般劝说之下，栗颖终于动手绣出了一幅漂亮的动漫图。栗颖的作品让爸爸妈妈都吃了一惊，他们知道女儿会点刺绣，可是不知道女儿的手工居然如此惊人。这幅刺绣图在比赛中获得了第一名，老师和同学们也十分惊奇地看着栗颖，原来这么一个沉默不语的女孩子会有如此的才艺。因为这幅刺绣图，同学们重新认识了栗颖，很多同学都愿意主动和她交往，栗颖也不再如之前那样沉默了，她变得开心起来。

正如栗颖一样，适当地表现自己不仅能够让更多的人了解自己，而且还能够展示自己不为人知的另一面。栗颖的父母由于忽略了对栗颖这方面的教育，因此差点埋没了孩子的才华。在家庭教育中，如果孩子是一个如栗颖一样不爱表现的人，那么父母就要帮助孩子勇敢地在人前展现自己。

与栗颖这样的女孩不同，还有一些女孩从小就爱在别人面前表现自己。她们天生就不怕陌生人，无论在什么场合下都敢于大胆地表达自己内心真实的想法。可是这样的女孩却往往会出现表现过度的情况，她们的直言不讳有时候可能会伤害到别人。因此，父母在这个时候就要教育女孩懂得"度"的艺术，了解什么叫含蓄之美。

总之，对于胆子小的孩子，父母要鼓励她勇于表现自己，还要亲自带着孩子做这方面的尝试，与孩子共同成长。而对于那些胆子本来就很大的女孩，父母则要培养她恰到好处地表现自己的能力，这样才能够做到让他人接受。

有些孩子不敢在人多的情况下开口说话，针对这样的情况，父母平时应该多带孩子到人多的地方去，父母要为女儿创造表现的机会，而且要让孩子成为众人瞩目的焦点。慢慢地，孩子就会适应在人群中的感觉。此后，父母就要开始训练孩子在人群前讲话。例如，父母可以让孩子参加一些演讲或者朗诵比赛，这不但能够锻炼孩子的胆量，而且还是锻炼口才的一个好时机。

有的父母不懂得教育的理念，看到自己的女孩唯唯诺诺的时候，总是爱说"胆小如鼠"之类讽刺的话语，极度地伤害了女孩的自尊心。其实，表现的能力是可以慢慢培养出来的，只要父母用心，就没有不会表达的孩子。因此，在平日的家庭教育中，女孩在每次有所表现之后，父母都需要给予她适当的表扬，以增强孩子的自信。

细节 33　仪态美是家庭教育的重要内容

"晶晶，昨天我们去动物园了，你没有去，真可惜啊。"乐乐在学校里看到了晶晶，便滔滔不绝地讲了起来："你知道那天有多有趣吗？"

没等晶晶反应过来，她继续说："你肯定想象不到，特别好玩。从别的地方弄来了几只企鹅巡展，你没有看到。你知道企鹅走路是什么样子吗？我给你学一学吧。"乐乐一边说一边自己摆起姿势来，晶晶坐在那里无动于衷，而乐乐自己把自己却逗笑了。

"唉，真是烦死了。"要知道晶晶当时正对着一道解析几何题苦思冥想，这个乐乐跑过来打乱自己的思路。

"乐乐，帮我看道题吧。我已经想了半天了，都不会做。"晶晶想乐乐一定会有办法。

"晶晶，咱们待会再说题目的事情，我还是先给你讲企鹅吧，你知道企鹅吃什么东西吗？我们买了带鱼专门喂企鹅，它们吃东西的样子……"

乐乐自顾自地在那里说个没完，晶晶的心里越发恼火，越来越烦。

这个该死的家伙，现在哪有心思听你讲企鹅呀！晶晶只好坐在那里一言不发，想耐心地听乐乐讲完之后再请她给自己讲题目。

好容易等乐乐讲完了企鹅，晶晶心里想这下她应该没有话说了吧，谁知她话锋一转："晶晶，从动物园出来，我们还有一个大的发现——找到了一家便宜又好吃的饭馆，菜量还给的很多。下次我带你过去吧。我们中午走到那里之后都是又累又饿又渴，在那里大吃了一顿。我看那里的菜价真便宜，你猜不到，一大碗牛肉拉面才4块钱，味道还很鲜美……"

每个人的内心都有一种要表达自己的欲望，于是，你很希望别人能够听你说，但是，你惊讶地发现，似乎别人并不愿意听，问题出在哪里呢？

其实，每个人都愿意表达，都有表达的强烈愿望，但倘若自始至终都是一个人在口若悬河，别人会有怎样的心理反应？换个角度来思考，如果对方一直说个不休，你会怎样想，而如果对方一直耐心地听你讲，你是否有一种被尊重的感觉？你是否会觉得内心很舒畅？

所以，想让别人听你说，就必须要先学会倾听，这样你不但可以得到了解对方的想法，在一定程度上还可以让你掌握主动权，让你的说服更具感染力。

乌托从商店买了一套衣服，很快他就失望了，因为衣服会掉色，把他的衬衣领子染上了色。他拿着这件衣服来到商店，找到卖这件衣服的售货员，想说说事情的经过，可没做到。售货员总是打断他的话。

售货员声明说："我们卖了几千套这样的衣服，您是第一个找上门来抱怨衣服质量不好的人。"他的语气似乎表明："您在撒谎，您想诬赖我们。等我给您点厉害看看。"

不娇不惯，富养女孩的100个细节

Bujiao Buguan,Fuyang Nühai De 100 Ge Xijie

吵得正凶的时候，第二个售货员走了过来，说："所有深色礼服开始穿时都会褪色，一点办法都没有。特别是这种价钱的衣服，这种衣服是染过的。"

乌托先生叙述这件事时强调说："我气得差点跳起来，第一个售货员怀疑我是否诚实，第二个售货员说我买的是二等品。我快气死了。我准备对他们说：你们把这件衣服收下，随便扔到什么地方，见鬼去吧！"正在这时，这个部门的负责人克拉出来了，他及时制止了这场无休止的争吵。

首先，克拉一句话没说，而是耐心地听乌托把话讲完；其次，当乌托把话讲完，那两个售货员又开始陈述他们的观点时，克拉开始反驳他们，帮乌托说话，他不仅指出了乌托的领子确实是因为衣服褪色而弄脏的，而且强调说商店不应当出售使顾客不满意的商品。后来，他承认他不知道这套衣服为什么出毛病，并且直接对乌托说："您想怎么处理？我一定按照您说的办。"

9分钟前乌托还准备把这件可恶的衣服扔给他们，可现在乌托回答说："我想听听您的意见。我想知道，这套衣服以后会不会再染脏领子？能否想点什么办法？"克拉建议乌托再穿一星期。"如果还不能使您满意，您把它拿来，我们想办法解决。请原谅，给您添了这些麻烦。"他说。

乌托满意地离开了商店。7天后，衣服不再掉色了，乌托完全相信这家商店了。

许多人没能给人留下好印象是由于他们不善于注意听对方讲话。他们如此津津有味地讲着，完全不听别人对他讲些什么。

事实证明，许多知名人士都是重视注意倾听的人，而不是只管说的人。

所以，教会你的女孩适当地关闭"嘴巴"这扇门，适当地竖起耳朵听一听吧，这对每个人将大有益处。

建议一：坐姿展现女孩的优雅

雨轩一个人坐在沙发上，塞着耳机陶醉于音乐中，这时妈妈推门进来看到她的样子："雨轩，你看看你的两个脚丫子都要翘到天上去了，快放下来吧。"

听妈妈这样一说，雨轩才注意到自己，原来自己的脚翘起了"二郎腿"，竟浑然不知。

"妈妈，您如果不说的话我都没有意识到啊。"雨轩不好意思笑笑，和妈妈解释道。

"所以，良好的坐姿要在平时就训练好。不要觉得是在自己家里就可以随便，因为一个人在家中的表现，到了外面可以自自然然地在不经意间流露出来。如果你到了社交场合，也是这样的坐姿，那就失掉了威仪，也会受到别人的轻视。"

"嗯，妈妈言之有理，我马上就改。"雨轩谢谢妈妈的好意提醒。

"呵呵，雨轩可以平时在家中就训练自己良好的坐姿，习惯成自然之后，无论走到哪里都会有优雅的表现了，对不对？"妈妈和蔼地说。

"嗯，嗯，妈妈，良好的坐姿都需要有哪些注意的地方呢？您教我吧。"雨轩决定要向老妈请教。

"好啊，没问题。"妈妈痛快地答应了。

坐姿是一种艺术，坐姿不好，直接影响到一个人的形象。对于女孩来说，这一点尤为重要。因为它决定着你是一位高贵优雅的"女神"，还是一个缺乏教养的人。

在各种场合，都要力求坐得端正、稳重、温文尔雅，这是坐姿的最基本要求。

坐姿如何，是影响社交的一大要素。虽然，对于一般女性不宜用"坐如钟"来一律强求，但坐姿不端，在别人的心目中会留下一个不好的印象。

坐是以臀部作支点，借此减轻脚部对人体的支撑力。坐能使人们较长时间的工作，也是人们日常生活、社交中常用姿势之一。因此，端庄、优雅、舒适的坐姿很重要，而且良好的坐姿对保持健美的体型也大有益处。

那么，什么样的坐姿可使女性稳重、端庄、落落大方呢?

1. 面带笑容，双目平视，嘴唇微闭，微收下颌。

2. 立腰、挺胸、上身自然挺直。

3. 双肩平正放松、两臂自然弯曲放在膝上，亦可放在椅子或沙发扶手上，掌心朝下。

4. 双膝自然并拢，双腿正放或侧放，双脚并拢或交叠。

5. 谈话时，可以有所侧重，此时上体与腿同时转向一侧。

正确的坐姿关键在于腰。不论怎么坐，腰部始终应该挺直，放松上身，保持端正姿势。在社交场合中，坐姿要与场合、环境相适应。

1. 自然坐姿

平时坐在椅子上，身体可以轻轻贴靠于椅背，背部自然伸直。腹部自然收紧，两脚并拢，两膝相靠，大腿和臀部用力产生紧张感。与客人谈话时椅子坐得很浅，就显得你比较拘束。以脚用力着地来平衡身体，时间稍长就会觉得酸，这样的坐姿背部微驼，下巴突出，体态也不美。不妨一开始你就坐得深一些，然后背部保持直立，膝盖并拢，这会使你显得优雅而又从容。

很多人坐下来的时候喜欢将脚架起来，在社交场合，这一般被认为是不礼貌的坐法。如果是积习难改，那一定要注意架腿方式：收拢裙口，遮掩到膝盖以下部分。支撑的脚不要倾斜，双腿内侧靠近，大腿外侧收紧。双手自然搭在腿上。这样显得美观，能产生自然的美腿效应。

2. 坐沙发的坐姿

一般沙发椅较宽大，不要坐得太靠里，可以将左腿绕在右腿上，两小腿相靠，双腿平行，显得高贵大方。但不宜翘得过高，不能露出衬裙，否则有损美观与风度。也可双腿并拢，让双膝紧靠，然后将膝盖偏向与你讲话的人。偏的角度视沙发高低而定，但以大腿和上半身构成直角为原则，以表现女性轻盈、秀气的阴柔之美。

3. 曲线坐姿

双膝并拢，两腿尽量偏向后左方，让大腿和你的上半身构成90度以上的角度，再把左脚从右脚外面伸出使两脚的外线相靠，这样，你的身形便成一个S型，雅致而优美。以这种姿态而坐的女性一般是完美主义者，极重视自我的完美，追求每一部分、每一细节都显优雅，无懈可击。

4. 正式坐姿

膝盖与脚跟都并起，双面垂直向下，背脊伸直，头部摆正，视线向着对方。这种坐姿可用于面谈之类的正式场合，可给予对方诚恳的印象。但也不要双膝并得太紧，一动不动，这会给人产生一种紧张感，一种不安全感。

5. 进退坐姿

在交往时对入座和退座也都有一定要求。入座时，应轻、缓、稳，动作协调柔和，神态从容自如。人应走到椅子前，转身背对椅子平稳坐下，若离椅子较远，可用右脚向后移半步落座。女子入座，要娴静、文雅、柔美，若穿裙子则应注意收好裙脚。一般应从椅子左边入座，起身时也应从椅子左边站立，这是一种礼貌。如要挪动椅子的位置，应当先把椅子移到欲就座处，然后坐下。坐在椅子上移动位置，是有违社交礼仪的。落座后，应双目平视，嘴唇微闭，面带微笑，挺胸收腹，腰部挺起，重心垂直向下，双肩平正放松，上身微向前倾，手自然放在双膝上，双膝要并拢。亦可双脚一脚稍前，一脚稍后；两臂曲放桌子上或沙发两侧的扶手上，掌心向下。坐椅子时，一般只坐满椅面的三分之二，脊背轻靠椅背。端坐时间过长，可以将身体略为倾斜，头面向主人，双腿交叉，足部重叠，脚尖朝下，斜放一侧，双手互叠或互握，放在膝上。若是着西装裙的女子，最好不要交叉两脚，而是并靠两脚，向左或向右一方稍倾斜旋转。起立时，右脚先向后收半步，然后站起。

坐时应克服不雅的坐姿。包括半躺半坐，前仰后倾，歪歪斜斜，两腿伸直跷起或双腿过于分开，跷二郎腿并颤腿摇腿，将两手夹在大腿中间或垫在大腿下，用脚勾着椅子腿，脚放在沙发的扶手上等。不雅的坐姿给人轻浮且缺乏修养的印象，是失礼及不雅之举动。

容貌和身材是天生的，但坐相却是可以更改的，坐相不佳就能直接削减气质的效应。因此，生活中的女性在社交场合中，只要意识到自己的一举一动都在别人的"监督"之下，就能时时注意约束自己，在潜移默化之中渐渐养成优雅的坐姿。

建议二：站姿展现女孩的美丽

"阳阳，看看你，为什么总是弓着身站立呢？"妈妈在旁边唠唠叨叨，"如果我现在手里有照相机，一定把你的样子拍下来。"

阳阳从小好像就是有点站不直，如果旁边有墙的话还一定会靠上。记得上小学的时候，老师想启发阳阳站直了，还特意向她提问题"阳阳，我们做为人，就要挺直腰板站立，这个世界上，只有人类是顶天立地的动物，对吗？"

"老师，顶天立地的动物还有企鹅。"阳阳聪明的太不是地方，曾让好心引导她的老师大为恼火。

阳阳清楚地记着，军训的时候要我们站军姿，教官总是在她的后背猛拍一下，提醒她"站直了"。可见，这个老毛病一直伴随阳阳到长大。

"妈妈，我改不过来了啊，我一直以为自己是直的啊。"阳阳向妈妈抱怨说。

"阳阳，我来教你一个站直了的小窍门吧，你可以试试自己站立的时候身体往后倾，当你觉得自己身体在往后倾的时候，就说明你是站直了的；如果你觉得自己站着没有往后倾的感觉，那就说明你没有站直。不信的话，

不娇不惯，富养女孩的一〇〇个细节

Bujiao Buguan,Fuyang Nühai De 100 Ge Xijie

你可以试试。"妈妈告诉阳阳一个治疗"虾米站姿"的小偏方。

"嗯，我回去试试看，以后就能站直了。"阳阳谢过妈妈之后，打算自己练习一下。

亭亭玉立是一种挺拔而不僵直，柔媚而又富于曲线的娇美姿态，展示女性形体线条美，体现了女性的端庄、稳重和大方，给人娴静、含蓄、深沉的美感。

美是一种整体感受，再绝伦的容貌，再标准的身材，如果加上一副萎靡不振的姿势，粗俗无礼的举止，美根本无从谈起。站立、行走、坐卧三个方面是人体最基本的姿态。

站立是生活中最基本的举止，站姿是生活中静态造型的动作，女性站立的姿势美与不美，直接关系到女性的形象。因此，作为现代女性，在社交活动中站立不仅要挺拔，还要优美和典雅。

怎样才是正确的站立姿势呢？美姿动作的练习里，四分之三站姿的学习是非常重要的，许多其他的动作都经由这个标准的四分之三站姿而完成。其实，我们本来就很熟悉这样的姿态，但是若要取得一个较为标准的姿势，可以经由下列练习方法而得到。

面对镜子站立，两脚平伸与肩同宽。其中的右脚（左或右均可）往后走一步，脚尖朝身体的外侧与肩膀成平行线，前面的左脚收回与右脚成垂直线，左脚跟在右脚跟前一点点的位置，也就是从右脚尖到脚跟三分之二的位置。身体的重量交给右脚，或者说后面的脚承担，左脚较轻，两腿的膝盖都不可紧锁，保持弹性。反之，换左脚的姿势亦同。

另外，你还可以用以下的方法测验一下：把身体贴墙，后脑、肩、腰、臀部、脚跟等部位尽量贴近墙，使身体成为直线。站立时必须注意头要正，下颌微收，双眼望前，肩要平。切忌弯腰腆肚或耸乳突臀，否则你就会显得非常滑稽，又怎会有仪态可言？倘若你想自己的身段看来窈窕些，站立时可把身体稍为偏侧，一脚脚尖向前，两脚成45度角，挺起胸脯及挺直腰部，双手自然地垂下，腹和臀部都要尽量向内收缩，这样的站立姿势既美观又能使你看起来精神饱满。

当你已站立了一长段时间，开始感到疲倦，但却没有机会坐下休息时，有什么办法可以减轻疲劳感？这时你千万不要表现得无精打采，把身体随便靠向墙或其他可以靠背的地方，因为这会使你的仪态大打折扣。你应将肩稍稍向后，这样会使你看来挺直及精神些，双脚可间歇交替变换站立姿势，在感觉上就会好些了。

站姿的功法主要在脚板及小腿上，所以，除金鸡独立外，还可以进一步强化训练：脱了鞋子，取个端正自然，自我感觉良好的姿势，然后，提起一只鞋，将体重完全放在另一只脚上，脚跟弯曲。脚尖向上，反复做弯曲、向上的动作，每只脚做15次，双脚轮换进行。这样，一个平稳、优美的立姿就会练出来。作为女孩，保持身体正直、挺胸收腹，才是好的立姿。弯腰驼背，左右摇晃，或者斜靠在柱子或墙壁上，都会给人一种懒散、轻薄的感觉，根本无美可言，所以是不可取的。

细节 34 注重细节，让女孩优雅起来

正如法国大将军儒贝尔所说："美！这是用心灵的眼睛才能看到的东西。"俄国作家契诃夫也说过："人的一切都应该是美丽的：面貌、衣裳、心灵、思想。"美，是人类不断追求的目标。正因为我们每个人的心目中都有对美的期望，因此才能在共同追逐美的途中相识、相知。美，是联系人与人之间情感的纽带，更是维护人类社会和谐的不可或缺的力量。

一个人只有懂得了美，才能够拥有无限的生活情怀与遐思。而为了要追求美、了解美，我们首先需要有一双发现美的眼睛。这双慧眼要从小就进行培养，因为自我们降生到这个世界上之后，美就源源不断地展露在我们眼前了。对于一个女孩来说，善于在自己的生活中发现美好的因素，这是一件多么美妙的事情啊！

美的产生是我们的主观感觉与客观物象相结合的过程。因此，在家庭教育中，父母要培养女孩发现美的能力，就需要结合主客观两方面的因素同时进行。父母可以带着孩子到大自然中去欣赏美景，不但用眼去看，还要用心去欣赏这自然之美。山川与河流、花草与鸟兽，只要用心，美的感觉就会如涌泉般冒出。

现代人大多生活在城市之中，欣赏自然风光的时间非常少。没有关系，城市本身也是一种美，一种人造的美。城市是展现人类智慧的地方，更是表现人们美好内心的一个窗口。如果没有机

会欣赏自然的美景，父母也可以让女孩多发现城市的美丽。从宏伟壮观的体育场到优美雅致的咖啡屋，从高耸入云的钢筋建筑到马路两旁美丽的花丛……所有的一切，无不凝聚着人类智慧的美。

当然，外物的美好只是一种客体，要想真正地在心中感受到这种美，就需要我们有一颗能够感受美的心灵和一双懂得欣赏美的眼睛。因此，父母不但要让女孩多接触美的事物，还要让孩子对美有一种强烈的感知能力。因为只有主体的感知力与客体的美相结合的时候，才能够产生震撼人心的美。否则，缺少了任何一方，美都是不存在的。

在生活中，父母还要多鼓励女孩发现人性的美。其实，很多偶然的瞬间都足以表达这样的美。例如，在车水马龙的路中央，一位步履蹒跚的老人正拄着拐杖过马路。这时候，一个系着红领巾的少年在老人的身边停了下来，他轻轻地用手将老人的胳膊扶住，陪着老人一起过马路。这不就是人性之美吗？这样的美不需要鸿篇巨制来展现，只要你有一双善于发现的眼睛，人性的美就无处不在了。

爱默生曾说："为美而献身比为面包而活着要幸福得多。"我们相信，一个善于发现美的女孩，她也一定会成为生活中一道亮丽的风景线。

很多人抱怨生活中已经没有了美，可真的是这样吗？在一个阳光明媚的上午，站在窗台上抬头看初升的太阳，阳光哺育着大地，哺育着城市中生活的每一个人，这难道不是一种美吗？父母应该告诉女孩：美无处不在，就看我们能否用心去感受美。

美不仅仅是外物的表面，哲思的美才是更深层次的美。在平时的教育中，父母还需要让女儿懂得生活中的一些哲理，让女孩学会思考生活。在用眼睛欣赏美，在用心灵感受美的时候，我们还应该做到用大脑去思考美。

建议一：音乐让女孩变得更加优雅

因为母亲是一位钢琴教师，所以赖斯很早就跟着母亲学习音乐，她的名字"Condoleezza"就是音乐术语中"甜蜜"的意思。4岁时，她已经掌握了一些曲子，开了第一个家庭独奏会。

赖斯一直梦想成为职业钢琴家，她非常刻苦地练习钢琴，16岁那年，她进入父亲所在的丹佛大学拉蒙特音乐学院学习钢琴演奏。她梦想着将来有一天，可以到卡内基音乐厅这样的音乐圣殿中独奏。然而，在大学学习的一个暑假，她的音乐梦想被现实打碎了。

那年夏天，她参加了一个著名的音乐节，也遇到了有生以来最残酷的竞争。"那些11岁的孩子只看一眼，就能演奏我要练一年才能弹好的曲子。当时我想，我不可能有在卡内基大厅演奏的一天了。"

尽管音乐梦想破碎了，但赖斯没有完全放弃钢琴，这也得益于她的母亲。当她想要放弃钢琴的时候，父母第一次也是唯一一次干预了她的决定。母亲说："你还没有弹得好到能够自己做出这种决定的时候。等你长得够大了，弹得够好了，你可以放弃，可现在不行。"

直到现在，赖斯还非常感谢母亲的建议。因为现在她随便想弹什么曲子，都可以得心应手。赖斯不仅弹得一手好钢琴，还喜欢看体育比赛，受过多年专业的花样滑冰训练。她曾经每天早上4：30就起床，去溜冰场练习步法。儿时的她受父亲影响，对美式橄榄球也十分着迷。

她说："如果我能够当上美式橄榄球联盟主席，宁愿不当国家安全顾问。"当然，这只是一句玩笑。没有了钢琴梦、橄榄球梦，她还有很多东西可以寄托。

维也纳古典乐派的奠基人弗朗茨·约瑟夫·海顿曾经说过："当我坐在那架破旧古钢琴旁边的时候，我对最幸福的国王也不羡慕。"音乐可以提升一个人的修养和品位，懂点音乐的女孩更有气质。对于女孩来说，通过培养自己的音乐素养来提升自己的气质和修养，是最好的方法。

音乐是一种艺术形式，艺术源于生活但又高于生活。对艺术的审美和鉴赏能力的提高，自然也就反馈到日常的生活之中。细心的家长不难发现，学习音乐的孩子往往由内而外地散发出一股一般孩子身上不具备的淡定、优雅的气质。与绘画与舞蹈不同，音乐更注重的是对心灵的唤醒，可以由内而外地激发孩子的气质和灵感，孩子通过对音乐作品的体验和感受，进而提升对生活的感受力。懂音乐的孩子更能品位生活，这正是为什么懂音乐的孩子具备一种他人难模仿的气质的原因所在。

犹太人非常注重对孩子的艺术教育，尤其强调美术和音乐。自古以来，犹太人就以酷爱音乐而著称。音乐在犹太教中有非常重要的地位，犹太人除了普通的读书之外，如果有条件，音乐学习是最基本的。犹太人特别喜欢学习小提琴，所以著名的小提琴家也很多。世界一流的小提琴家有帕尔曼、祖克曼、明茨等。除此之外，还有很多著名的音乐家。

学习音乐可以提高孩子的智力与想象力。音乐是声音的表现艺术，其音符的表现背后蕴藏着无限的意义，这便给孩子的想象力及逻辑思维能力及跳跃性思维提供了无限的空间。孩子可以根据自己的想象来诠释自己心中的音乐，进而慢慢学会体味和欣赏。

不娇不惯，富养女孩的一〇〇个细节

Bujiao Buguan,Fuyang Nühai De 100 Ge Xijie

每个家长都应该有意识地为孩子提供学习和欣赏音乐的机会，为孩子创造家庭和社会等不同的环境，如听各种音乐会，利用电视、音响设备，购置各种音乐音像带，让孩子多多接触音乐。如果条件允许的话，可以学唱歌、跳舞、演奏各种乐器，更直接地接触音乐。

一位犹太教育家告诫家长对孩子的音乐学习不要有什么顾忌，不要怕影响学习，在孩子年级较低时，让他们广泛接触音乐不但不会影响学习，反而有助于发展孩子的想象力和理解力。

音乐是孩子感知世界、表现世界的重要渠道，学习它，对孩子的生活是一种极大的丰富，让他们徜徉在艺术的世界里，感受艺术的美的同时，发展个性、培养美感、完善自我。

家长需要注意的是，学才艺最基本的出发点，应该是孩子对该门艺术有兴趣、有天赋。如果家长忽视孩子的兴趣，强加给他们一些学习任务，就会使他们产生抗拒心理。

建议二：微笑的女孩最迷人

楚楚和妈妈谈话，脑瓜里突然冒出来一个问题："我们上美术课，老师说蒙娜丽莎的微笑流传了几百年，征服了很多人，她的微笑很美。老师还说，我们也应该经常微笑，微笑是世界上最美的语言，真的是这样吗？"

妈妈看着楚楚，笑笑地说："的确如此，你想想，你是喜欢一个整天微笑的伙伴呢，还是喜欢一个整天愁眉不展、从来都不笑的伙伴呢？"

"当然是整天微笑的伙伴了。"楚楚不假思索地回答。

"对啊。"妈妈继续楚楚的思路延续下去，"别人和你一样，也会这么想。只有经常微笑的人才会吸引更多的人喜欢他。"接下来，妈妈讲给楚楚一个故事：

从前有一个小女孩，天生容貌丑陋，她有着严重的自卑情结，别人很少能够从她脸上见到笑容，她也没有什么朋友。幸福女神决定帮助这个小女孩，使她不再孤独。

幸福女神就带她去参观两座玫瑰园。当她们走进第一座玫瑰园时，里面阳光明媚，鸟语花香，随处可以听到爽朗的笑声。在里面遇到的每一个人，都会热情地跟她们招呼，并且送给她们一个真诚的微笑。之后，幸福女神就问小女孩道："你喜欢这里吗？"

小女孩点了点头说："喜欢。这里的人非常热情亲切。"

随后，幸福女神又带小女孩走进第二座玫瑰园。那里面死气沉沉的，天空阴郁，地上长满了杂草，玫瑰花也开得无精打采，她们见到的每一个人，都面带忧郁，没有一个人主动跟她们打招呼。

从第二座玫瑰园里出来之后，幸福女神又问小女孩道："现在你把这两座玫瑰园比较一下，你愿意生活在哪一座玫瑰园里呢？"

小女孩毫不犹豫地回答道："当然是在第一座玫瑰园里了，因为他们每个人的脸上都有着灿烂的笑容。"幸福女神抚摸着小女孩的头说："是啊，当你笑的时候，也就拥有了一座健康的玫瑰园。同时，你也就把自己的幸福分享给了身边每一个人，他们也会被你引入第一座玫瑰园。"

小女孩恍然大悟。她开始经常微笑地面对他人和生活。从此，她变成了一个人见人爱的小女孩。

听了妈妈讲过的这个故事，楚楚决定要练习微笑，一会儿抿着嘴，嘴角上扬，稍有笑意，一会儿露出几颗牙齿，眼睛眯成月牙状。

妈妈看到楚楚的各种鬼脸造型，忍俊不禁。

"其实楚楚，你根本没有必要刻意练习微笑的表情，只有发自内心的微笑才能准确无误地表达你的友好，缩短你和朋友的距离，使你更具有无人可敌的魔力。微笑是一种智慧的体现，善于恰如其分地展现自己微笑的人，绝对是一个聪慧而有修养的人。"

微笑无声，却传达着"我喜欢你"、"我表示欣赏、赞同"、"你很受欢迎"等丰富的含义。微笑，是为人处世中最有价值、最富有吸引力的面部表情。行走在不同民族不同地域，也许肤色不同语言不同，但是，只要微笑，一定能够打开一扇沟通的大门。

微笑能给对方良好的第一印象；微笑可以表示对他人的尊重和友好；微笑能打破僵局，解除人的心理戒备；微笑能表示对他人赞许、理解、谅解等态度。

不要小看微笑的力量，它能够让人以令人舒服的方式收获成功。

一天，美国旅馆大王希尔顿在新旅馆营业员工大会上问大家："现在我们旅馆新添了第一流的设备，你们觉得还应该配上哪些第一流的东西，才能使顾客更喜欢希尔顿旅馆呢？"员工们纷纷提出自己的意见，但希尔顿并不满意，他说："你们想想，如果旅馆只有第一流的设备，而没有第一流服务员的微笑，顾客会认为我们提供了他们最喜欢的全部东西吗？如果缺少服务员美好的微笑，能使我们的上帝有回家的感觉吗？"

稍停片刻，希尔顿又接着说："我宁愿走进一家设备简陋而到处充满服务员微笑的旅馆，也不愿去一家装饰富丽堂皇但不见微笑的旅馆。"

正是这微笑，让希尔顿旅馆赢得了不少顾客，给希尔顿带来了信誉和成功。的确，微笑是人际沟通的通行证。微笑能给人以温暖，令人愉悦和舒畅。

有人把微笑称为一种有效的"交际世界语"，这是十分恰当的。正如罗杰·E·艾克斯泰尔所指出的："有一个世界通用的动作，一种表示，一种交流形式，它存在于所有的文化与国家中，人们不分国别、不分种族地使用它，并理解它的含义。它可以帮助你与各种关系的人交往，不论是业务伙伴，还是朋友，它是人们交流中唯一最有用的形式。那就是微笑。"

与人初次见面，面露微笑，就好像具有一种磁力，使人顿生好感；见到老朋友，点头微笑，打个招呼，会使人感到你不忘旧情，是个重礼仪的人。服务人员自然地面露微笑，则会给人一种宾至如归的感觉。一家百货公司的经理曾说过，在录用女店员时，小学未毕业却能经常微笑的女子，比大学毕业而满脸冰霜的女子机会大得多。

要提醒你的是，在微笑时，要发自内心、发自肺腑，无任何做作之态，防止虚伪地笑。只有笑得真诚，才显得亲切自然，与你交往的人才能感到轻松愉快。切不可"皮笑肉不笑"或笑过了头，给人傻乎乎之感。

你知道吗，微笑其实是可进行技术性训练的。因为人们微笑之时，口角两端向上翘起。练习时，为使双颊肌肉向上抬，口里可念着普通话的"一"字音。还得训练眼睛的"笑容"。取厚纸一张，遮住眼睛下边部位，对着镜子，回忆过去的美好生活，使笑肌提升收缩，嘴巴两端做出微笑的口型，随后放松面部肌肉，眼睛随之恢复原形。还可以在多人中间，讲一段话，讲话时注意自己的笑容，并请同伴给予评议，帮助矫正。

微笑，可以化解人际交往过程中可能存在的一块块坚冰，并能够使自己的亲和力增值不少。

既然这样，那就微笑吧，因为太阳每天都是新的！

细节 35　好妈妈帮女儿擦亮她的气质招牌

　　在婷婷身边有很多朋友，不同的人有不同的气质，在别人的眼中一目了然。每个人都有自己的气质特性和招牌动作。

　　黛黛：

　　招牌气质：大大咧咧的粗线条

　　招牌口碑："什么事情不必太计较，乐和乐和就行了。"

　　招牌行动：过火地热情助人

　　花花：

　　招牌气质：自恋＋臭美

　　招牌口碑："哎呀！你这样做我不满意。"

　　招牌行动：在一切事物中挑挑拣拣

　　媛媛：

　　招牌气质：善解人意的活泼女孩

　　招牌口碑："大家好才是真的好。"

　　招牌行动：不会干扰别人

　　这就是婷婷的朋友，她们每个人都有不同的气质名片。婷婷觉得自己应该也有独特的一面，因为她不和她们任何一个人相同。至于自己的招牌是什么，叫别人去评判吧。

不过婷婷相信，当女孩有一个好的招牌，一定会受到很多人的爱戴和青睐。

女孩的美丽，已经被人们无数次地讴歌和赞美，文人骚客为此差不多穷尽了天下的华章。其实，在美丽面前，诗歌、辞章、音乐都是无力的。无论多么优秀的诗人和歌者，最后都会发出奈美若何的叹息！美丽的女孩人见人爱，但真正令人心仪的永恒美丽，往往是具有磁石般魅力的女孩。那么，什么样的女孩才具有魅力呢？三个字：气质美。

气质是女孩征服世界的利器，就如同一座山上有了水就立刻显现出灵气一样。一个女孩只要插上了气质的翅膀，就会立刻神采飞扬、明眸顾盼、楚楚动人起来。

著名化妆品牌羽西的创始人靳羽西说过："气质与修养不是名人的专利，它是属于每一个人的。气质与修养也不是和金钱权势联系在一起，无论你是何种职业、任何年龄，哪怕你是这个社会中最普通的一员，你也可以有你独特的气质与修养。"

那么，现代的女性应具备哪些气质呢？

1. 人格之美

女性气质的魅力是从人格深层散发出来的美，自尊、自爱、端庄、贤淑、善解人意、富于同情心等都是美好的人格特征。相反，轻浮、自私、唧唧喳喳和鼠肚鸡肠的女人，即使容貌长得再漂亮、惹人喜爱也只是过眼云烟。

2. 温柔的力量

说到温柔，人们自然会想到圣母的画像，想起在极其柔和的背景中圣母玛丽亚温柔而圣洁的微笑。这微笑向人们展示了她的善良、无邪、温柔和博爱，她巨大的艺术魅力亘古不衰。男人们最喜欢的大概不是女人的外貌，而是女人的阴柔之美。

3. 腹有诗书气自华

读书和思考可以增加一个人的魅力。知识和修养可以令人耳聪目明，也会给一个女孩增添不凡的气质。学识和智慧是气质美的一根支柱，有了这根支柱，完全可以弥补容貌上的欠缺。

4. 可贵的坚韧

柔的温情并不是主张女孩子一味地顺从、依赖、撒娇，女性也要有个性、有主见、有行为的自由。这种独立性是一种情感中的柔韧和追求中的坚定，是一种意志上的自持和克制力，是一种既不流于世俗又深深地蕴含着理性的行为。那些见异思迁、毫无主张、遇到挫折便哭哭啼啼的女孩，即使长得再漂亮也不会有人喜欢的。相反，对美的事物毫不动摇，坚持不懈追求的精神，完全可以使丑姑娘变得美丽。

在现实生活当中，所有的男人和女孩都喜欢与这样的女孩相处，因为这种女孩使你既有眼球上的好感，还有一种吸引人的特别力量，能不断地感染你，使你羡慕，让你追随。

气质是一种灵性，一个女性如果只靠化妆品来维持，生命必

不娇不惯，富养女孩的100个细节

Bujiao Buguan,Fuyang Nühai De

定是苍白的。

气质是一种智慧，一点点地雕琢着一个人，塑造着一个人，一个不经意的动作，就能吸引所有人的目光。

气质是一种个性，蕴藏在差异之中，只有不断创新，才能拥有与众不同的韵味，成为一个让人一见难忘的人。

气质是一种修养，在城市流动的喧嚣中，洗练一种超凡脱俗的"宁"与"静"，面对人间沧桑，才会嫣然一笑。

对女孩而言，气质是一种永恒的诱惑，因为气质不仅仅靠外貌就能获得，而且还要拥有丰富的智慧与常识，拥有傲人的气度与素质。

在生活水平日益提高的今天，用来美化包装女孩的手段可谓层出不穷。皮肤不白可以增白，五官不正可以再造，脂肪过剩可以吸除，形体不美可以训练，但至今还没听到有"女孩气质速成"之类的技术面世。

事实上，女孩的气质首先是先天的或者说是与生俱来的，其次，后天长期的潜心修养也很重要。而刻意模仿、临时突击则是难以从根本上改变气质的，弄不好"画虎不成反类犬"，成为效颦的东施，反为不美。

真正高贵脱俗、优雅绝伦的气质，需要的是全方位的修养和岁月的沉淀。像一抹梦中的花影，像一缕生命的暗香，渗透进女孩的骨髓与生命之中，让她们能够在面对岁月的无情流逝时，仍然能够拥有一份灵秀和聪慧，一份从容和淡泊……

建议一：修炼女孩的内在美

很久以前，河马是动物界最美丽的动物之一。它的眼睫毛纤长细致，皮毛柔软光滑，尾巴上的毛很有光泽。河马最喜欢做的事情就是把自己的尾巴梳理得光溜溜的，整天坐在池塘边，举着自己漂亮的尾巴，注视着水中自己的倒影。一边看，一边赞美自己："我真是太漂亮了！""多么光滑的皮毛！多么漂亮的耳朵！多么美丽的尾巴！我是这片丛林中最美丽的动物！"

有一天，森林里发生了一场可怕的大火。炽热的火焰四处燃烧，所有的动物都往河边逃命，而此时河马却仍在池塘边顾影自怜。它得意地注视着自己在水中的影子，却没有发现危险正在一步步地向它逼近。

"大家怎么看不到我美丽的面庞呢？真是一群丑陋又愚蠢的怪物。"它向着水面喃喃自语。

就在这个时候，大火蔓延到了它的身边，火星溅到了它还在空中骄傲摇摆着的尾巴上。

"救命啊！"它大声喊叫，在地上跳来跳去，希望能扑灭尾巴上的火焰。但是火焰越来越大，渐渐地扩展到了它的背上。"救命啊！"它尖叫着，"救救我！救救我！我光滑柔软的皮毛着火了！"

可是，森林中的其他动物都已经四散逃命去了，根本没人理它。眼看着自己就要被火焰给吞噬了，河马跳进了池塘，尽可能地屏住呼吸沉到了池塘底。当它再次浮出水面的时候，大火已经把森林烧了个精光。河马疲惫地离开了池塘，坐在地上不停地喘息着。"这真是太可怕了！"河马低头看了一眼池塘，这时它惊讶地发现水中有一个光秃秃、满身褶皱的怪物。

原来，大火烧光了它美丽的皮毛，美丽细长的眼睫毛也被烧焦了，眼珠凸显在外面，长长的耳朵也萎缩成了两个丑陋的小卷，最糟糕的是，它最自豪的那条尾巴也不见了。

可怜的河马觉得没脸见人，立刻跳进了水里，怕其他动物看到，一直躲着不敢出来。直到今天，它仍然留在水里，只露出眼睛和鼻子在水面上，只在晚上没人的时候才敢出来。

只要你具备了精神气质的美，只要你有这样的自信，你就会拥有风度的自然之美。一旦你拥有了内在美，那么外在的形象也会自然而然变得有魅力。真正懂事的女孩都应该明白：过度关注外表美丽只能成为一个好看的"花瓶"，修炼自己的内心美才能成为真正意义上的"美女"。

爱美之心，人皆有之。追求外在的形象美，是人的天然本性，不应加以禁锢、压抑，而应该从美学上加以积极引导。心灵的内在美可以给人留下难以磨灭的印象，能引起人的内心深处的激动，在心里打下深刻的烙印。它操纵、驾驭着外在美，是人之美的源泉。正因为有了内在美的存在，人才能真正成为完美的人，才能让人产生由衷的美感。灵魂比身体可能具有的美还要美得多。孟子将内在美理解为"充实"、"充实之谓美，充实而有光辉之谓大"，人们如能"善养吾浩然之气"，就能不局限于有限的身体而飞跃到内心充实的境界。所以，内在美比外在美更具有无可比拟的深度与广度。

人人都喜欢美好的东西，但是在追求美丽的同时一定不能丢掉学业和健康。要知道，再美的容貌也会随着岁月的流逝而走向衰老，唯有内心的善良和纯真才是一个人最宝贵的财富。红颜易逝，但源于丰富的内心和阅历的美却可以永存。

外在的美，只给人一道视线上的风景，短暂不持久，而内心的美给人的却是心灵上的感应，幽雅、默契又心照不宣的美好享受。随着时间的流逝，再美的容颜也会逐渐消逝。但内在之美却不受岁月影响，而是随着智慧与阅历的增长，更加富有魅力。

建议二：绝对的自信让女孩风采倍增

有这么一位老太太，她已经 80 岁了，但她却仍然是一位活跃在时装界的超级模特。

这位老太太叫做卡门。1931 年，卡门出生于美国纽约，从孩子时代开始，她就幻想着将来自己能成为一名美丽的模特。因此她向母亲要求进入艺术班学习，但被母亲拒绝了，在母亲看来，卡门实在是不起眼的，只是个有着"两扇门一样大的耳朵和一双又大又丑的脚"的女孩，别说将来能成为一位模特，就是能有一份糊口的工作就不错了。虽然遭到了拒绝，但卡门却深信自己是美丽的，一定可以成为模特。

13 岁那年，在一次搭乘公交车的时候，卡门碰到了一位摄影师。她大胆地走上前打招呼，希望对方能帮自己拍一些照片并拿到杂志上去发表。"我很乐意为你拍照片，可是我没办法保证能把照片发表到杂志上！"摄影师这样说。卡门点点头表示理解，下车以后，摄影师就帮她拍了十多张照片，然后他把这些照片交给了一家规模很小的杂志社。但是那家杂志社以卡门"不太上相"为由，拒绝发表那些照片。

卡门拿着那些照片一遍遍地看，心里想：如果我真的很丑，那么那位摄影师一定不会为我拍照的。"我是美丽的，没有人能否认这点。"她对自己说。一年后，卡门拿着这些照片找到了一家大型时尚杂志社。两周以后，她竟得到了那家杂志社一位女编辑的约见，那位编辑拂了拂她的头发说："你的脖子如果再长一英寸的话，我会直接送你去巴黎，但是……"也许是那位编辑不想把话说得太直接，她话锋一转接着问，"你觉得自己美丽吗？"

"没人可以否认我的美丽！"卡门说。

虽然卡门的脖子并没有"再长一英寸"，但也许是她的自信起了作用，那位编辑最终尝试性地让她做一段时间的时尚模特。而卡门似乎天生就属于 T 型台，在经过短暂的训练后，她一上舞台就散发出了与众不同的魅力。一个月后，杂志社正式聘用她为签约模特。从此，她正式开始了自己的模特生涯，并在第二年登上了《Vogue》杂志封面，成为当时最年轻的《Vogue》封面女郎。

卡门成了一位白天鹅，几乎所有的世界大师和全球名牌都争相请她做品牌代言，而她本人，也以尊贵典雅、超凡脱俗的独特气质获得了"冰山女王"的美誉，且在此后的几十年时间里长盛不衰。

2010 年，卡门已经 80 岁了，但她先后在伦敦和北京的高级时装展览中惊艳全场。那时候有记者问她是怎么做到青春长驻的，她说："你只要拥有自信就拥有了一切，没有人可以否定用自信塑造出来的美丽。"

钱学森说过："不要失去信心，只要坚持不懈，就终会有成果的。"对想实现梦想的人来说，自信是弥足珍贵的，它能促进你在实现梦想的道路上不断采取行动，并且越挫越勇，最终抵达成功的彼岸。不要因为别人的一时否定而放弃了自己的梦想，要坚信：

自己一定可以成功。

　　每个女孩都应该相信自己是独特的，自己所拥有的气质是与众不同的。在不断的培养和优化中，每个女孩都可以成为理所应当的"超级名模"。真正的优雅来自完善的内心，是充实的内心世界、质朴的心灵外在化的真挚表现，是自信的完美个性的体现。一旦你绽放出了自信，勇敢地去追求属于自己的美丽和成功，那么，属于你的独特气质就会散发出来，熠熠生辉，让人惊讶。

　　充分相信自己，这本身就蕴含气韵，它能带给你坚定的立场和独特的思考，从而给别人留下更为深刻的印象。现实中，我们总是被外界的、世俗的观点所迷惑，什么是美丽，什么算有气质，什么样的人才可能成功，什么样的人才是大家喜欢的……这一切，造成我们对自己越加挑剔，越来越失去自己的独特。美丽有明确的定义吗？女孩一定要是瓜子脸才漂亮？身材一定要苗条才够美？必须得穿高跟鞋才有气质？这些，是被大众"污蔑"而产生的社会观点，在这些面前，个人的独特被扼杀，甚至消失，我们开始顺从地统一穿高跟鞋，统一减肥，统一瘦脸……最终，我们看到的每个人都差不多。

　　没有办法感受到自己的独特，就没有办法建立自信，就不可能会打动别人。每个人都应该告诉自己：世上没有完全相同的两片叶子，自己本身就是独特的，有属于自己的气质，怎样发现这种气质，并且获得别人的赞赏，需要你充分相信自己，并展示自己。

　　自信即可打造出自己的气质，且绝对与众不同。现代的女孩们，不妨从现在开始，相信自己，发现自己。

第八章　自尊的女孩更易获得尊重

——民主的家庭环境是培养女孩自尊的最好土壤

细节 36　妈妈少些唠叨，要学会尊重女孩

所谓正确地评价自己，是指孩子能初步运用社会既成的道德标准、行为准则来评判自己的行为，正确估价自己的才能、自己在家庭和幼儿园的地位等。它对儿童良好个性的形成具有重要意义。

研究表明，3 岁孩子已经具有初步的主客体分化能力，开始具有"自我意识"，一方面他们逐渐能够区别"自己"与"他人"的不同，通过把自己与别人比较来确认自己，这明显地表现在伙伴关系中；另一方面，也为孩子能把社会上既成的道德规范、行为准则、长辈对他们的态度、奖励与惩罚等作为参照来评价自己，同时，提供了心理上的可能性。

儿童历史性知识较少，理性思维水平低。因而在评价自己时经常带有情绪性，极易受暗示，往往把成人的言语、表情等作为评价自己的依据。判断自己的行为时只考虑行为后果，缺乏对动机的思考，而且在自我评价中难免带有偏激性和不稳定性，只会简单地肯定和否定，或者一会儿肯定，一会儿又否定。

家长在教孩子正确评价自己时，一方面，应丰富孩子的感性认识，设计具体的情景来提高孩子的认知水平，应经常带孩子到公共场所，让孩子接触一些人物个性鲜明的电影、电视故事、图书等，并抽时间与孩子一起评价里边的人物；另一方面，要客观

地评价孩子的行为，一定要说明为什么这样评价她。有时也可让孩子分析自己，家长再对她的评价给以补充，纠正。

在这一过程中，家长要注意引导孩子根据自己的行为动机来评价自己。当孩子想帮你把碗放到桌上却不小心摔在地上时，你不要发火，而要告诉孩子："你是在帮我们的忙，我知道你不是存心摔碎碗的，下一次不要拿那么多……"对孩子确实没有能力做的事要及时提醒，以防孩子产生挫折心理，影响她对自己的评价。

一般来说，孩子总认为家长让她做的事是她能做并且能够做好的。如果家长事先未经考虑，让孩子做力不能及的事，势必使她的自尊心、自信心受到伤害，产生失败感，影响她正确地认识和评价自己。

帮助孩子发展正面的自我评价是父母所能给予孩子的最好的礼物，也是孩子一辈子的礼物！孩子若觉得自己很能干，很有成就，而且对自己的评价很好，也就培养了孩子的高情商，为孩子在未来社会中成为一个快乐的强者打下基础。

孩子的自我评价是从童年开始的，然后随着年龄的增长而不断发展。父母是孩子发展自我评价的最关键因素，能影响孩子发展出积极的或消极的自我评价。

如何帮助孩子建立积极的自我评价呢？重点在父母所必须有的态度、技巧和行为上。

第一，建立父母自尊心。首先要建立父母的自尊心，建立父母的良好自我感觉，正视自己的优缺点，爱自己、爱别人，这样才能帮助孩子建立自尊心。孩子小时会受到父母方方面面的影响，父母若不注意对孩子自尊心——正面的自我评价的培养与建立，则孩子可能会发展成一个负面的消极的人。罗曼雷特说："我们对自己的看法是从成串的记忆而来的。从小时候，我们就开始对自己，别人及整个世界产生概念及态度。我们的自尊心也是由一连串的态度所组成的——有些是有益的，有些则没有。我们的心会记住每一次经验。也许我们没有察觉，但事实却是如此。"

第二，从尊重开始。建立孩子的自尊要先从尊重孩子开始。小孩虽然不成熟，但她们也是人，和我们一样有感觉，需要被尊重。尊重表示看重对方的价值。每个孩子都是具有独特天赋、气质与个性的个体。去挖掘孩子的想法和感觉是件很有趣的事。孩子是个很好的思想家，而且对生命的看法也很新鲜、很乐观。

第三，重视感觉。不要否定或疏忽孩子的消极感受。如果你的孩子很生气，就对她说："你的声音听起来好像在生气。"那她就会把心扉打开，告诉你她为什么生气。承认怒气是处理怒气的第一步，否定怒气则无法处理怒气、解决问题。除了倾听孩子消极的感觉（就像愤怒）以外，要特别注意让她有时间把这感觉消除掉。你生气时，有时候需要一段时间才能平静下来，小孩子也是一样。

认真研究你的孩子，发现她们之间的差异，并且欣赏她们的特质。把每个孩子身上的特质和性格列出来，然后一一告诉每个孩子你是多么欣赏她们。

孩子都有一些奇奇怪怪的想法。孩子会老老实实地把她心里的想法以及她为什么会有这种想法告诉你。她们需要别人倾听与尊重她们的想法，但这并不表示你一定要认同。你平常和她们在一起时，要能听得进她们的意见。

家长应该注意培养女孩解决问题的能力，不要老是想为孩子解决问题，让她们自己决定并尝到决定后的结果，以后她们才会作出好的选择。在某些小事上准许孩子有正反两面的考虑，并且让她们自己来决定。

建议一：尊重女孩的情绪

婴儿时代，女孩常常用哭来表达她们感情上或身体上的痛苦。如尿布湿了，感觉到饿了、冷了，或者是孤独了，女孩都会哭。这时，由于女孩还不会表达，父母总会去耐心地寻找原因，直到婴儿不哭不闹为止。

当女孩会说话之后，她们哭闹的原因也复杂起来，有时是因为她需要父母的关注、有时是她感觉父母不再爱她了、有时还可能是因为她与小伙伴之间发生了误会等。但此时的父母开始不相信女孩，他们开始否认女孩的情绪。如他们经常这样对女儿说：

"你一定不是这样感觉的！"

"你一定是装的！"

"没事的，打针一点都不痛！"

……

于是，在情绪被父母否定之后，女孩开始变得不再喜欢与父母合作，她们有时甚至会像小男孩那样跟父母对着干。这时，女孩的父母开始疑惑了："我的女儿为什么越来越不听话呢？"

其实，并不是我们的女孩越来越不听话，而是她们长大了，她们有了自我意识。当她们的感觉、情绪被父母否定后，她们就会不高兴，于是便有了不与父母合作的行为。所以，要想让我们的女孩一直做"乖乖女"，父母就要学会尊重她们的自我意识、尊重她们的情绪。

一个 4 岁的小女孩对爸爸说："爸爸，我不想去看医生，医生会伤害我的。"

"我知道，去看医生，医生就有可能给你打针。你很怕打针是吗？"

"嗯，我不想打针，打针很痛。"小女孩很认真地说。

"爸爸知道打针很疼，爸爸小时候也这样认为，不过你不用怕，爸爸会在你身边一直陪着你的。"

终于，在爸爸的耐心引导下，小女孩同意去看医生。

与男孩相比，女孩要敏感得多，当她的感觉和情绪被父母否定之后，她的反应要比男孩强烈得多。因此，有时，认同她的感觉和情绪，往往是促使女孩更乐意与父母合作的主要因素。

女孩是需要情绪发泄的，因此，家长们应该注意为女孩建立疏导情绪的方式，比如让女孩去户外大喊大叫地疯跑等。有的时候女孩们会破坏东西，这也是和她们的情绪息息相关的。家长们应该善于读懂这背后的"隐语"，不要急于批评和改正女孩的错误。

情绪发泄与批评之后，一定要让女孩诚实无讳地面对现实，家长要在女孩情绪平复后，耐心地跟她分享事情的始末，找出存在的问题，帮助女孩慢慢养成自我控制情绪的能力。

家长可以尝试在游戏中让女孩宣泄深藏的情绪，在活泼大笑之后，孩子会感受到父母对自己的爱，感到安全。此时，孩子会用某种方式袒露内心的郁结。比如，她可能坚持要穿一件还没洗好的裙子，是因为她想通过这种方式让家长知道她的烦恼。此时家长应该关心地接近孩子，孩子可能会抓住这个机会大哭一次。这时父母必须有极高的耐力。这种发作，很可能是好事。发作后，孩子会卸掉一个负担，她们会和家长更亲近。

建议二：尊重女孩的天性

　　露露有个表姐，学习、性格、自制能力都不错，而且颇有"领袖气质"。去年暑假露露的父母把露露交给她。大孩子管小孩子绝对比家长直接管教有效。没多久，孩子就被管得服服帖帖，据露露说表姐本事大得很，功课上有问必答，做游戏花样百出，玩电脑只赢不输，她从表姐那里学来不少"玩经"，表姐是她模仿的"偶像"。一个暑假下来，孩子玩得尽兴，写日记、做作文也有了内容。在玩的过程中，露露处处以表姐为榜样，这种效用也延伸到她的学习中。她对妈妈说，"表姐成绩那么好，我要向她学习！"

爱玩并不一定与学习相冲突。反而过度地压抑，会让女孩过度抵触，造成消极的情绪。

　　欣欣的妈妈草拟了一个计划，如果欣欣按计划学习、玩耍，那下次就适当延长她出去玩耍的时间，要是她违反了规定，那下次出去玩的时间就要被扣掉。几天下来，欣欣还真做得不错。不过看她学习的时候还是很不情愿的样子，欣欣妈妈还在考虑要不要把她的小伙伴们请到家里来，一起学习，让她们比赛谁做得好做得快，小孩子就需要这样变着花样哄才行。

适当的奖励和协调，可以使孩子的游戏时间更合理分配。但这不是长久之计，一味的奖励政策，会让孩子对奖赏制度产生一种变本加厉的欲望，最根本的解决办法，还是让孩子可以自我认识，自我调节。

> 琳琳的妈妈一直把女儿当小大人来看待，跟她说话时也尽量用平等的语气，暑假到了，妈妈也事先跟琳琳声明，让她自己管理自己。因为妈妈对琳琳很信任，她自己也很自觉，还自己写了个作息时间表贴在墙上，让爸爸妈妈监督。几天下来，琳琳做得还不错，妈妈也就放心了。

音乐巨人贝多芬说过："使人幸福的是德性并非金钱。"那么，对于一个孩子来说，违背她的意愿，过早地过多地逼着她去参加各种各样的兴趣班和辅导班，她会幸福吗？有些父母亲在孩子很小的时候就给她报了钢琴、画画、舞蹈、书法兴趣班，还报了游泳，甚至跆拳道，"怎么样，我对你够重视了吧？我舍得为你投资，你可不能让我失望啊？"另一些父母看到别家的孩子都在学，那自家的孩子也得去学，总不能让自己的孩子"输在起跑线上"吧？于是社会上出现了前所未有的"儿童启蒙教育热"。孩子们的双休日没有了，忙得像只陀螺。到她们正式上学了，变得只会习惯性地听从老师和父母的安排，被动地接受学习。她们的创造性呢？她们的主动性呢？试问，如果你就是那位孩子，你还会有那么多的创造性和主动性吗？

给我们的孩子一些自由支配的时间吧，让她们去亲近大自然，享受春天和煦的阳光，让她们切实感受到自然的美丽，生活的美好。让她们玩吧，如果你想让你的孩子成为一个健康的公民，首先要尊重孩子们爱玩的天性，把玩的权利还给孩子们！如果你自已能以玩伴的身份给你的孩子提出一些有益的建议，和你的孩子共同成长，那是最好不过了。

历来，教育专家都提倡"寓教于乐"，特别对于一个未成年的孩子，更应该用"在玩中学，在学中玩"一类有益的方式激励孩子们自发地热爱学习。千万不要用围追堵截的方式，使得孩子们从小萌生"怕学习，怕老师"的想法，那真的会毁了孩子的一生。

细节 37 爸爸不要体罚女孩

不论是有时间的爸爸，抑或是忙碌的爸爸，都会遇到女孩犯错误的情况——无论这种错误是有心的还是无心的。所有的女孩都喜欢任何方式的奖励，无论是口头表扬还是物质奖励；同样的，女孩不喜欢被惩罚，任何形式的惩罚都不喜欢。但是，有一些气急败坏的爸爸喜欢用一些方式来惩罚女孩，比如说不让女孩吃饭，甚至有的家长会打女孩，为的就是能够让她记住教训。惩罚女孩是有学问的，如果惩罚的方式不恰当，那将会轻则导致教育的失败，重则毁了女孩的一生。

在对待孩子的奖惩上，日本教育家多湖辉有自己的看法。他认为，孩子会在被批评的过程中，学会辨别是非，学会区分哪些事情是好的、哪些事情是坏的。因此，家长要学会既能帮助孩子改正缺点，又不伤害孩子的自尊心。

批评教育女孩，应该保持冷静的态度，向她讲道理，以理服人，而且自己的立场也要始终如一。另外，在对女孩进行批评教育的时候也要方法得当，讲究分寸。

多湖辉曾因不满学校的严格管理，做出了伙同他人一起破坏学校部分校舍的荒唐之举。学校的规章制度非常严格，所以他已做好了退学的思想准备。而校长却把他们召到校长室，流着眼泪说了下面的一段话："太令人遗憾了。我现在什么也不说，想必你们也在反省自己吧？希望你们能再一次反思一下自己所做的事情。"校长宽宏大量的批评，深深地刺激了学生们，使他们进行深刻的自我反省。因此，采用什么样的批评方式非常重要，它既能使孩子的才能得到提高，反过来也能使之下降。

多湖辉一直主张："批评时要正襟危坐。"进行重要的谈话时，任何人都要端正姿势，创造一种严肃的气氛。而且，不是单方面地命令别人如何去做，而要采取一种理解对方的立场、倾听对方意见的具有包容性的态度。不论做了多么荒唐的事情，都应该有其原因。问清这些原因并予以理解是能让孩子接受批评的先决条件。

可见，对待女孩的错误，粗暴地进行惩罚是多么的不妥。如果万一惩罚得过于严厉，更有可能在女孩心中留下阴影，她可能会觉得爸爸不是世界上最亲近的人，而是世界上最可怕的人。父亲在惩罚女孩的时候，最需要把握在心中的两个字就是"冷静"。即便女孩犯了多大的错误，最好也要态度柔和地来和女孩说，因为如果父亲的语气太重了，往往女孩的注意力并不是集中在反思自己的错误上，而是为爸爸的严厉而难过。

英国17世纪著名的政治家、哲学家和教育家约翰·洛克提出过"绅士教育"，曾得到大部分人的认可。他主张一定要用温存的语言，耐心热情的态度，和颜悦色的劝导，有计划、有步骤地培养儿童的习惯，切记不可声色俱厉、简单粗暴地责备和训斥他们，以免伤害儿童脆弱幼嫩的心灵和正在成长中的自尊心。他提出的这种奖惩方法就是使孩子知道羞耻和光荣。孩子一旦懂得了受尊重与羞辱的区别，尊重和羞辱在他们的心里就成为一种最为强有力的刺激。家长一旦能让儿童爱惜名誉，惧怕羞辱，就等于使他具备了一种真正的做人原则。这个原则会永久性地发挥作用，使他们走上正轨。

但如何才能做到这一点呢？

小女孩对于赞扬是敏感的，她们甚至在幼年的时候就对周围的环境很敏感。她们往往会这样觉得，自己能被别人表扬，是一种莫大的快乐，尤其是被爸爸表扬。所以，当父亲们看到女孩有好的行为，就应该及时地给予赞扬；如果女孩有不好的行为，作为父亲，可以用比较冷淡的态度来对待她，让她能够有所警觉和反思，而并不是用打和骂的方法。这样教育女孩，会使她更加懂得自尊自爱，同时还使她具备一定的羞耻心。

其实，如果频繁地使用威吓或是打骂的方式来对待女孩，那时间久了之后，女孩就对打骂感到习以为常，觉得挨顿批评，或是挨顿打都是家常便饭，这极不利于她们自尊心的培养。所以，如果不是万不得已，千万不要轻易用打的方式来惩罚女孩。

父亲还可以在平时与女儿谈心的时候告诉她，世界上只有优秀的人才能得到可爱的东西。让女孩明白，受到尊敬是值得喜悦的，而经常犯错误是要感到羞辱的。这两种截然不同的心态会有效地在心灵上约束女孩的行为。

如果女孩是在公共场合犯了错误，家长要千万记住不可以在大庭广众之下对女孩进行教训或者是惩罚。因为在公共场合处罚孩子既不符合礼仪规范，更重要的是会严重伤害孩子的自尊心。所以，如果女孩在众人面前做错了什么，也一定要等到回家之后再对女孩进行批评，给她讲清楚错在哪里。

建议一：不要以爱的名义伤害她

一天，乔治教 7 岁的女儿凯丽怎样使用割草机。当他正在教凯丽如何在草地尽头将割草机掉头时，他的妻子叫他接电话。乔治刚刚转身，凯丽由于控制不住割草机的抖动，把割草机推到了草坪边的花圃上，所过之处，大约 2 尺宽的一片花草已被夷为平地。

乔治回头看到发生的一切之后，非常生气。这是他花了很多时间和精力，好不容易侍弄出的令邻居们羡慕的花圃。他开始对女儿吼叫："你这个笨蛋，什么时候能不干这种让人笑话的蠢事！"

这时，妻子很快走过来，把手放在乔治的肩膀上说："亲爱的，请记住，我们是在养小孩，不是在养花。"

花已经死了，还有被棒球砸碎的玻璃窗户、被孩子不小心碰倒的灯以及掉在厨房地上的碟子，它们都已经破了，都已无法挽回。此时，我们不要再去打碎一个孩子的心灵，如果她们充满活力的内心变得麻木，这种无法挽回的损失才是真正的遗憾。

可惜的是，在许多情况下，孩子有时出了差错，常常遭到父母或老师的指责，甚至讽刺和挖苦。

敬爱的父母们，当你用讽刺挖苦的方式教育孩子的时候，你可曾想到这会影响孩子一生的性格。你的孩子，即便她不像你心中想象的那般优秀，但记住：性格比成就更重要！健康的性格才是她一生幸福的基础。

孩子作为一个独立的人，应该受到尊重。挖苦、侮辱孩子，不是体罚却是"心罚",是一种"语言暴力",是一种精神虐待。虽然，每个家长都疼爱自己的孩子，但家长没有认识到孩子虽然还不太懂事，可她们也有情感、有委屈、有苦恼、有失望、有悲伤，做父母的应当去理解孩子的想法，才能引导她们健康成长。

恶言恶语，强迫威胁，甚至挖苦讥讽，大都是那些年轻母亲在气急了的时候、恨铁不成钢的情况下，训斥子女时常采用的方法。但是，她们通常也是最不能为孩子，尤其是那些反抗性或自尊心强的孩子所接受的。这不但不能把孩子教好，反而会把事情弄僵，在不知不觉中给孩子不良的影响。

尊敬的父母一定要知道，为发泄自己的怒气随意说出的那些带刺的话，那些侮辱性的话，会构成对女孩的精神威胁，会伤害她们的心灵，摧毁她们堂堂正正做人的勇气，其后果是断送了她们的前程。

女孩们正处在成长的黄金时期，懵懂的她们尚未建立正确的价值观和世界观，做错事、说错话甚至犯下"惊天"错误，都是在所难免的，也需要来自成人世界的理解和呵护。这时候，老师需要做的恰恰是，积极地、正面地引导她们人生的道路该如何走。自然，惩罚是引导方式的一种，否则放任、纵容孩子的言行会宠坏她们，使她们任意妄为，甚至变坏。一旦这些女孩踏入社会，就会在工作和人际关系方面都会面临重重困难。但是惩罚必须有个尺度，特别是不能让女孩在心灵上觉得受到羞辱，否则容易使女孩产生叛逆心理，对权威产生抵触情绪。

那么，处在没有树立是非观念的阶段的女孩，家长如何让她们深刻认识到自己的错误，并且达到良好的教育效果呢？适当的惩罚其实可以尝试。

惩罚女孩，是每个父母培养女孩、纠正女孩错误的方式之一。俗话说得好：没有规矩不成方圆。女孩犯错误，自然需要父母的教育和惩罚。但惩罚女孩也要讲求科学方式，一旦惩罚不当，不但对女孩的行为起不到规范作用，更可能使女孩的行为逆向发展。如何在家庭教育中有效惩罚女孩，下面六个方法科学又智慧。

规劝

案例：与同伴吵架、抢夺玩具……

方式：先放下手边的工作，并走到女孩身旁，让女孩知道你正在注意和关注；然后询问女孩争执、吵架的原因，并耐心听完女孩的想法；灌输女孩打人、抢夺是不正确的行为和观念，并要求女孩学习说"请、谢谢、对不起"。

建议：勿以很大声音去压住或威胁女孩；勿直接将女孩拉开，然后大声训斥女孩不是；言语间避免伤女孩的自尊心。

帮忙做家务

案例：乱画，乱丢东西、玩具……

方式：准备一条抹布、扫把、盆子等清洁用具，让孩子学习清理和养成整洁的习惯。

建议：父母应随时注意孩子的安全；较小的幼儿可由父母一起带领做家事；训练孩子养成物归原处的习惯；询问孩子在帮做家务时学习到什么。

看书、写字

案例：暴力倾向、说谎、顺手牵羊……

方式：选择固定地方铺上软垫或摆放小桌子；在里面放铅笔、

画纸、彩色笔、故事书、色纸等；让孩子自己先写字或看书，化解孩子愤怒的情绪。

建议：当有不能马上放下的工作时，可先叫孩子去反省；别怒斥孩子的不是，与孩子先隔离，缓和彼此的情绪；等情绪平复后，询问孩子犯错的动机。

没收心爱的东西

案例：吵闹不休、乱丢东西、不收玩具……

方式：将孩子乱丢的物品予以没收，作为惩罚。

建议：父母可以先放下手边的工具来陪伴女孩，让孩子知道妈妈正在注意和关注；告诉孩子将乱丢的物品收好、停止吵闹，否则将有所处罚；让孩子说出为什么犯错和妈妈生气的原因。

排珠子

案例：针对耐心不足、乱丢东西等情况。

方式：准备一个盒子、盘子，里面有红色、绿色等彩色的珠，几个塑料罐子；让孩子在处罚桌上，将各种颜色的珠子摆放在正确位置。

建议：此目的在训练孩子养成物归原处的习惯；可训练手眼协调、分辨能力。

禁止某些权利、要求

案例：不爱刷牙、挑食、乱丢东西……

方式：暂时禁止孩子碰触爱吃、爱玩的东西，作为惩罚。

建议：不以威胁、愤怒的态度大声对孩子说；让孩子知道禁止这些的原因，当孩子日后表现佳时，恢复其权利。

孩子成长过程当中，难免都会犯错，无论是无心的或是故意的，当父母在处罚孩子时，关键是把握原则，控制情绪。另外，还需注意一些事情，以免造成不良的后遗症。

1. 安全问题。

2. 控制自己的情绪反应。

3. 处罚的地点应选择不明显、不正对大门地方，以免伤到孩子自尊心。

4. 注意措词、语气，勿以威胁、恐吓的话语对孩子说。

5. 处罚后，安抚孩子，让她知道父母对她的关心和关爱。

建议二：少些批评，多些赞扬

不管孩子是否优秀，做父母的都应该以平常心对待孩子。只有把孩子当做一个平凡的人，当你在发现孩子的优点和长处时，你才可能发自内心地去赏识她，当你发现孩子的缺点和错误时，才能抱着理解的态度给孩子尽可能少的批评。

楠楠是个好动的孩子，前几天，她总是在客厅里踢球。为这事，妈妈多次与她发生过争执，可是楠楠依然我行我素，想踢就踢。这一天，爸爸下班回来，发现女儿在客厅里踢球，就说："楠楠，你的球技又有长进了，真棒！"楠楠听了这话高兴地不得了，踢得更认真了。

爸爸放下包，见楠楠还在认真地踢球，就说："你这样踢下去会把地板弄糟的，妈妈会很难过的，她现在忙着做饭，等一下还要忙着拖地板，多辛苦啊！"楠楠听了爸爸这番话后，感受到妈妈的不容易，觉得自己的做法确实不对。于是，她不好意思地收起了球，说："爸爸，我要现在就帮妈妈把地板拖干净。"

这时爸爸站了起来，和女儿一起拖地，还高兴地说："女儿长大了，真懂事。"楠楠得到了爸爸的表扬很开心，她感受到自己身上对家庭的责任。她说："爸爸，以后我不会在客厅踢球了。"

每个家长发现女孩不正确的行为时，心里都不会舒服。如果你直截了当地对女孩不正确的行为进行批评，女孩会感到很沮丧。因为有时候女孩做出错误的行为并不是有意的，或许她们根本没有意识到自己的错，所以你的批评会伤害孩子。相反，如果她知道自己错了，自然会很听话地改正不正确的行为。

如果女孩不讲卫生，你与其指责孩子脏，不如对孩子说："大家都喜欢和讲卫生的孩子玩。"让女孩明白，你希望她讲究卫生。这样，你就维护了孩子的自尊心，孩子也会自觉地朝大家心目中的好孩子的方向努力。如果你指责孩子，孩子会认为自己是个坏孩子，是不讨人喜欢的，这样她的自尊心就受到了伤害，她很可能采取对抗的态度应对你的指责。结果会使孩子的问题越来越糟糕。

不急于纠正女孩的"出格"。当孩子做出一些"出格"的行为时，你应该首先去欣赏孩子的出格，而不是立即纠正孩子。比如你让孩子画太阳，孩子却画了一个蓝色的太阳。这时候你应该表现出惊讶的表情，说："哦，太棒了，真是与众不同。"接着，你再问孩子："为什么要把太阳画成蓝色的呢？"这时候，孩子可能骄傲地告诉你："我从海水里看到的太阳是蓝色的，所以我就画了个蓝色的太阳。"听了这些话，你还会纠正孩子的"出格"吗？不会的，你会为孩子的观察力和创造力感到骄傲，并继续给孩子赞赏。相反，如果你看到孩子的"出格"行为时首先就打击孩子："这是什么？你搞什么呀？哪有蓝色的太阳？"这样你就伤害了孩子，孩子会觉得很委屈，因为她确实见过蓝色的太阳。所以，爸爸们不能急着纠正孩子的"出格"，而要用欣赏的眼光看待孩子的"出格"。

误解女孩后要及时道歉。人无完人，家长们有时候会受到情绪或其他一些原因的影响，没有正确理解女孩的意思，结果批评了女孩，给女孩造成了伤害。当你认识到自己的错误后，要及时向女孩道歉，请求女孩的原谅。要知道，亡羊补牢为时不晚。你真诚的道歉能够化解恶言恶语对女孩的伤害。

女孩做错事时，直接指出错误，但是不要用批评的语气。女孩总是会做错事的，这时你直接说出女孩错在哪里就可以了，没有必要添油加醋，甚至翻旧账，对女孩进行喋喋不休的说教。你也没有必要情绪化地处理女孩的错误，尤其是你的语气要保持平和，这样才是对事不对人的表现，让女孩明白你是针对她的错误，而不是针对她本人。只要有可能，家长们都应该在语言表达上要尽可能用正面的积极的语言，发自内心地赞美女孩，客观公正地指出女孩的错误。尽量给女孩少一点指责和批评，多给女孩一些赞扬。

细节 38 引导女孩建立自我价值观

我们让女孩刻苦学习，目的是树立"实现自我"的价值观，而不是为了获得物质的丰硕而学习，如果是那样，当女孩达不到物质目标的时候，就会选择"人生投机"行为。这样的女孩，不但不能实现自我，而且也难找到幸福。物质的富有，经过努力是可以获得的，但失去自我的人，很难获得精神的富有。

让女孩知道自己的独特。告诉你的女孩，每个人都是世界上独一无二的，都是世界上最优秀的，没有什么障碍能阻挡有成功信念的人。

父母需要主动地将基本的价值观和行为方式教给女孩。以便于女孩在社会上成长。当然，在这方面，身教胜于言传，我们可以做女孩的好榜样。

建议一：不要把父母意志强加于孩子

当父母在聊天时抱怨孩子过于依赖父母，性格太骄纵，担心孩子长大后走入社会受不了压力的时候，有没有想到，孩子之所以变成今天这样骄纵、蛮横无理外加依赖父母，是由于父母过于宠溺，过于为孩子操心造成的？

我们都知道，孩子如果过于依赖父母，性格上又霸道无理的话，长大出社会后是会吃亏的。如果父母意识到，自己目前正在做的一切事情，都可能影响到孩子的未来的话，应该立马"刹车"，改变自己对待孩子以及教育孩子的方式。

父母为孩子包办一切，绝对是孩子自尊心的杀手。

太多的中国家长，对孩子的饮食起居照顾得无微不至，为孩子的课余时间安排众多的学习项目，音乐、绘画、舞蹈、外语……家长们希望孩子将来有远大前程的心情可以理解。但这种越俎代庖的方法，会使孩子在生活上产生依赖性，在学习上产生被动、消极的情绪。这极不利于孩子的成长。孩子必须独立承担她生命里的责任。父母的过度保护是对孩子创造力的无情扼杀。一个孩子别的什么事都不做，只是学习绝不可能成为天才。如果从小到大家长什么都替孩子做好，在孩子成年以后，在群体中会感觉自己一无是处，毫无自信，根本没有能力把事情做好。

还有许多父母，在不自觉之中把孩子变成了实现自己理想的工具，而不是真心关注如何实现孩子的人生理想。

曾有一位妈妈向专家咨询，她说："董博士，请问让孩子课余时间学技能班对不对？"

那位专家回答说："学什么是她自己的选择，如果孩子愿意就是对的，孩子不愿意就不对。"

"可是我女儿也没有说她愿意不愿意，我说让她去，她就说行。"

"那你没有问她吗？"

"没问过。"

"孩子最后学了吗？"

"还没有……我觉得学钢琴不错，书法也挺好，又想学芭蕾，哪个我也不想放弃……"

大家注意到了吧，这位母亲说"我觉得"，"我不想放弃"，我们有多少家长因为自己生命中有遗憾，就硬把意志强加给孩子，把孩子当成完成自己理想的工具！

如果你真正爱你的孩子，真的为孩子考虑，就请放开为孩子包办一切的手，不要用爱的名义断送孩子一生的幸福。

过分溺爱孩子，最终只会是毁了孩子。无论孩子在做任何事情，父母只需要在旁引导看待事情以及处理事情的方式，而不需要太亲力亲为，最后变成父母包办了一切，这样孩子的独立能力就无法得到锻炼，霸道无理的性格也不会得到改善。所以，请父母给孩子一定的空间，适当地放开孩子的手，让孩子独立去面对学习和一切事情吧。

建议二：父母要学会用表扬的方式引导她

小红和妈妈一起坐公交车，车到了一站，上来了一个老奶奶。小红很主动地站起来，把座位让给了奶奶。妈妈很高兴，夸奖了小红。小红不好意思地笑了笑。

晚上回到家里，妈妈高兴地把这件事情告诉给爸爸听，爸爸也夸奖了小红。小红很开心，但还是说："这些都是尊老爱幼的基本嘛，学校里都有教的。"

周末妈妈带小红到了奶奶家，又把让座的事情将给奶奶听。奶奶使劲夸小红懂事。小红有些得意了。

相信家长们都已经明白，妈妈在第一次夸奖小红的时候，是对小红正确行为的一种肯定。而下面两次，其实带有过分褒奖的性质。本来，尊老爱幼是每个人应该做到的。小红给老奶奶让座的行为，值得肯定。但家长不应该过分夸大这种行为，让孩子觉得，给老人让座是一种特殊的行为。长此以往，孩子会建立一种思维模式，对于一些本来很普通的事情，期望过高，如果做到了没有得到肯定，孩子会很失望。这样，许多基本的品质得不到加强，反而有可能被削弱。

家长肯定孩子正确行为的出发点固然是好的，但一定要掌握表扬的"度"。

过分的夸奖会助长学生的骄傲自满心理。"你真棒，你真聪明，说得好，真好，非常好，太好了!"对于这样的评价语言，相信孩子第一次听到会激动半天，但我们不想想听到第十次、第二十次甚至于更多时，孩子会作何反应？长期处于夸奖和表扬的氛围中，孩子很容易产生骄傲自满的心理。特别是教师不切实际地对学生进行表扬和夸奖，也会影响学生们正确的思想道德品质的形成。

夸大的表扬不利于孩子专心致志学习品质的养成。孩子取得一点点的成绩，有了小小的进步，就受到家长的大力表扬，似乎能给她们继续进步的信心，但这也很容易让孩子产生一种满足和不再进取的心理，导致她们在学习上产生一种随意应付和浅尝辄止的态度，不利于专心致志和刻苦认真的学习品质的形成。

过分夸奖会淡化批评教育的作用。如果孩子长期处于表扬和夸奖氛围之中，形成了自满自尊的心理，当遇到家长的一点批评教育，她们的心理可能就承受不了，很容易出现问题。因此，"好孩子是夸出来的"这一命题并不是千真万确的。

孩子们都喜欢表扬和夸奖，但实事求是的表扬更有教育意义。如果家长从实际出发，表扬孩子的每一句话都是真实可信的，被表扬的孩子才能深受感染并产生进步的动力，激发前进的欲望。因此，教师和家长对学生表扬之前，要注重对事实进行深入地调查研究和全面了解，不可随意地、不切实际地对孩子任意进行表扬和夸奖。

表扬要具体，要表扬出孩子在具体行为中反映出的精神。对孩子的表扬要具体实际，才更有说服力，切忌用宽泛简单的语言对学生进行表扬，如"你太好了""你是最棒的"，等等，这些语言就没有针对性。要结合学生进步的实际表现进行表扬，例如："你帮助其他同学，这样做是对的"或"你今天上课很认真，进步不小。"这些赞扬的话语内容具体，可以很好地激励她们快乐生活。

表扬的形式要多种多样。表扬通常以口头表扬为主，但不仅限于此。手势、表情、纸条等都可以使用。不同形式的表扬可以收到异曲同工的效果。如表扬女孩有进步，可以说"嗯，不错！"可以向她竖大拇指；可以向她显露惊喜之色；可以向她微笑点头。让女孩在无声的关爱中有新收获，有新进步。夸奖女孩不一定要用夸张的语言，有时候，一个温馨眼神、一个赞许微笑、一个肯定的点头都能让她们找到自信，体会被肯定、被尊重的感觉！

细节 39 妈妈教女孩维护尊严

1955 年 12 月 1 日，在美国阿拉巴马州蒙哥马利市一家百货公司工作了一天的黑人裁缝罗莎·帕克斯登上了回家的公共汽车。那时，公共汽车实行严格的种族隔离制，在车厢里白人坐在前半部分，而黑人只能坐在后半部分。可是，那天的黄昏正值下班高峰，上车的人越来越多。于是，白人驾驶员便命令坐在后排的 4 个黑人乘客站起来为白人让座。其中的 3 个黑人乘客照办了，只有罗莎·帕克斯太太依然坐着，纹丝不动。

为了坐着的权利，为了作为一个人应有的尊严，罗莎·帕克斯无所畏惧地向不公正的法令发动了挑战。很快，她就遭到了逮捕，理由是蔑视蒙哥马利市关于公共汽车上实行种族隔离的法令。

此事散布开后，激怒了这一地区的所有黑人和一部分白人。他们号召所有的黑人弟兄姐妹团结起来，不取消汽车上实行种族隔离的法令，就拒绝乘公共汽车！

4 天后，蒙哥马利市数千名黑人从拒绝乘坐公共汽车开始，掀起了一场波澜壮阔的民主运动。一场在美国现代史上留下浓重一笔的、为争取基本人权的民主运动开始了。他们扶老携幼、互帮互助，或乘小车或步行，甚至宁肯跑步也不乘公共汽车。

虽然罗莎·帕克斯多次接到白人种族主义者的暗杀恐吓，但她一直在为自己的那一份平等的权利和尊严而斗争。面对日益升级的威胁与迫害，他们争取平等的脚步并没有停顿，而是勇往直前，义无反顾。为了那份权利和尊严，罗莎·帕克斯和许许多多的黑人不屈不挠、前仆后继，付出了沉痛而巨大的代价，甚至付出了满腔的热血和宝贵的生命。

历史是在斗争中前进的，时间是最公正无情的法官。在拒乘公共汽车381天之后，美国最高法院被迫做出关于蒙哥马利市在公共汽车上实行种族隔离的法令是"违宪"的裁定。

罗莎·帕克斯胜利了，黑人又回到了久违的公共汽车上。虽然渴望的权利并没有随着最高法院的裁定书一起完全来到，此后他们还要为捍卫自身的权利付出艰苦的努力，但是在公共汽车上争取与白人平等权利的斗争，毕竟取得了影响极其深远的胜利。

44年后的1999年的6月15日，美国各界代表近千人聚集在国会大厅，参加一个隆重的颁奖仪式，克林顿总统亲自授予这个瘦弱的黑人老妪——86岁的罗莎·帕克斯以国会最高荣誉奖。罗莎·帕克斯也被尊称为是美国的"民权运动之母"。

罗素说："自尊，迄今为止一直是少数人所必备的一种德性。凡是在权力不平等的地方，都不可能在服从于其他人统治的那些人的身上找到。"自尊不仅仅是一个人存活于世的根基，更是反抗不平等规则和强权势力的筹码。在尊严面前，任何强制手段和不公平的现象都会自毁其形，黯然失色。也正因为如此，保持尊严对每个人都尤为重要。

这个朴实无华、散发着慈爱光辉的罗莎·帕克斯太太曾有一句著名的话："我上那辆公共汽车并不是为了被逮捕，我上那辆公共汽车只是为了回家。"为什么罗莎·帕克斯不惜冒着生命的危险，而不接受站起来给白人让座的命令呢？美国黑人领袖马丁·路德·金对此说道："她坐在那里没有站起来，因为压在她身上的是多少日子积累的耻辱和还未出生的后代的期望。"

为了坐着的权利，为了正义和尊严，为了子孙后代的幸福，罗莎·帕克斯没有屈服，弱小的她向强大的不公正法律制度发出了抗议和挑战。

同样，在日常生活中，面对属于我们的正当权利受到侵犯，有关于我们的尊严时，我们也要据理相争。当你在自己的课本上读到那篇关于"东亚病夫"的课文时，你的内心难道不会感到震颤、愤怒吗？在自己的国土上，出现这样的事情我们当然要抗争！相信每个女孩都非常珍爱自己的尊严和平等的权利，那么当它们受到侵犯时，我们就一定要奋力抗争。要做一个有出息、有尊严的人，就要在每一件事情上都尊重自己，维护自己的那份尊严。

建议一：尊重自己，也要尊重他人

吉米曾在美国的一家快餐店打工，有一天，他错把一小包糖当做咖啡伴侣给了一个女顾客。女顾客非常恼火，因为她很胖，正在减肥，必须禁食糖和一切甜点。她大声嚷嚷："哼，你竟然给我糖！难道你还嫌我不够胖？"

那时，吉米完全不懂减肥对美国人有多么重要，吉米愣在那里，不知所措。这时，黑人女经理闻声而来，她在吉米耳边轻轻地说："如果我是你，马上道歉，把她要的快给她，并且把钱退还她。"吉米照着做了，再三道歉，那女顾客哼了几下就不出声了，这件事是快餐店的一次小事故，吉米等着经理来批评自己。可是，她过来对吉米说："如果我是你，下班后我大概会把这些东西认认真真熟悉一下，以后就不会拿错了。"不知怎么，这一句"如果我是你"竟令吉米十分感动。

后来，吉米在学校上课，在其他地方打工，老师也好，老板也好，明明是对你提出不同意见，明明是批评你，但他们很少有人会责问你，你怎么做成这样？你以后不能这么干！而是常常委婉地说："如果我是你，我大概会这样做……"这使吉米一点儿也不感到难堪，反而感到有那么一点温暖，那么一点鼓励。仔细分析下来，他们说的话只是多了那么几个字——"如果我是你……"这就一下子站到了对方的立场上。大家一平等，情绪自然不会对立，沟通更容易进行。

同样的事情，也发生在了汤姆身上。

有一次，汤姆去好莱坞一个美国演员家做清洁工。女主人给他布置完工作，突然问他，我能够吸烟吗？汤姆吃了一惊，说："你是在问我？"她说："是啊，我想抽支烟。"汤姆说："这是你的家呀，怎么还要问我？"她说："吸烟会妨碍你，当然该得到你的允许。"汤姆赶忙说："你以后不用问，尽管吸好啦！"她这才拿起烟，把它点燃。

那天汤姆想了许久。一个人在自己家里抽烟，还要温文尔雅地来征求一个清洁工的同意，真是匪夷所思！然而，汤姆不得不承认，那一刻，自己非常高兴，非常感动，因为自己被当做一个平等的人得到了尊重。尽管汤姆是一个清洁工，但他并不比别人低一等，即使在别人家里，他也有自己不被侵害的权利，也是和主人一样平等的人。

德国哲学家叔本华说过："要尊重每一个人，无论他是何等的卑微和可笑。要记住，活在每个人身上的是与你我相同的性灵。"无论你可能确信什么，你都必须确信一点：在自尊心方面，别人和你一模一样，不存在高低贵贱之分。懂得尊重每一个人是一种美德，拥有这种美德的人必将得到大家的尊重。

每个人都是独立的，都是"我"，都有自己的尊严，并且需要别人尊重。

纽约电话公司曾就电话对话做过一项调查，看在现实生活中哪个字的使用频率最高。在 500 个电话对话中，"我"这个字眼使用了大约 3950 次。这说明，不管你是什么人，不管你实际状况如何，你在内心都是非常重视自己的。

由于这样的重视自己，所以在与别人，也就是另外一个独立的"我"接触时，我们往往会不自觉地抬高自己，而或多或少否定了别人。你的朋友爱跳舞，所以在舞厅里，你热情地赞扬她，并鼓励她上台展示；但你爱唱歌，在 KTV 的时候，你就会习惯成为"麦霸"，而忽视了朋友的感受，其实没有几个人不喜欢唱歌的。这样的小细节，在生活中还有很多。它细小到我们几乎感受不到，但却是真正彰显"尊重"一词的绝佳时刻。时刻想到别人也是一个值得尊重的"我"，像自己一样，你就会关注到别人的每个需要尊重的时刻，给别人的心里添注一份温暖和感动。

教育女孩不要轻易地抬高自己，否定别人，应该看到在自尊、自爱方面别人和你是一样的，每个人都是一个"我"，需要我们真诚对待。

建议二：仅仅为了一个人的尊严

有一年的春天，在学生刚开学的时候，王老师和教育局的同事一起下乡去乡镇中学考察，目标是土塔乡中学。

到土塔中学之后，他才发现这个学校比想象中的还要小。整个初中只有三个班，而且一个年级只有一个班。整个学校只有一个两层的教学楼，所有的学生都在一个楼里上课。他们选了初一和初三两个班的两节课来听，虽然学校的教学设施很落后，但他们的课堂气氛却让人感觉惊讶。

初一的课堂上，老师讲课时，学生们都听得很认真。而很有意思的是，一旦老师提问，要回答的学生就会"唰"的一声全站起来，争抢着回答。这样的抢答场面让人目瞪口呆。王老师教书多年，还从没见过这样的场面呢。一般来说，教学手册上都明确规定，学生回答问题要举手发言。

看着那些青涩站立着的身影，王老师心想，大概是孩子们太小了吧，还不太懂得谦让的道理，而老师也不忍心去打击他们的积极性。这么一想，王老师便释然了。

接下来，他们听了初三的课，这是这个学校里最高的班级。但王老师依旧惊讶地发现，他们上课回答问题，居然也是站立起来抢答。这时候，王老师被震惊了，并且产生了疑惑，因为他实在不能相信，孩子们会有这么强的积极性去抢答问题。就在王老师疑惑的时候，身旁一起来考察的同事悄悄地用鄙夷的口气对他说："这个学校作秀作得有点儿出奇了吧。"

王老师也笑了起来，是啊，这明显就是在作秀，为了博取好评。

听完课后，王老师一行人起身下楼。学校的老校长见到他们，就问他们对老师的评价。王老师简单谈了谈意见后，禁不住意味深长地问："刘校长，你们的学生回答问题积极性真高啊，居然都不举手，直接站起来抢答问题，一直都是这样子的吗?"

刘校长笑着说："不。他们不是在抢答问题，这只是我们学校的一个规定而已，是学校要求学生回答问题时都要站起来。"

王老师被校长的坦诚搞迷糊了，又问："不是有举手制吗? 为什么要安排站起来呢?"

刘校长没有回答，领着王老师来到二年级的窗前，对他们说："你们看看第二排的那个学生。"

王老师看到了一个面目白净的孩子，但是却没有双臂。

校长说："你们发现了没有? 这个孩子是没有双臂的，他的家里很穷，只能靠卷些烟花爆竹过日子。去年秋天，他在家里干活时，两只手臂被一场爆炸炸掉了。"

校长停了一下又说："这孩子成绩很好，我们留下了他。但后来我们发现，他回答问题的时候没有办法举手。因此，我们就找了一个'提高学生积极性'的理由，把举手回答问题的制度改成了起立制。这样做，不但可以提高孩子们的学习积极性，更重要的是可以安抚这个孩子的心灵，让他不因残疾而自卑，给他应有的尊严。我们这个乡很穷很小，孩子也很少，我们不想让一个孩子落下。所以，你们今天看到……"

王老师和同事都震惊了。原来，学校居然为了照顾一个孩子的尊严，把校规都做了调整。而正是因为有这样的学校和老师，那个残疾的孩子，脸上不时地绽放出笑容，看起来是那么地温暖。

生命的尊严是普遍的绝对的准则。生命的尊严是没有等价物的，是任何东西都不能代替的。每个人的尊严都是同等重要的，面对尊严，我们要以最大的关爱和热情去对待，尤其是身有残缺的人。当每个人都能以一种大爱的姿态来对待周围的人时，整个世界就会越来越美好。

做一个细心的人，尤其对女孩来说，发现身边人的无助和尴尬，用心帮助他，给他一份应有的尊重和温暖，你会得到别人最真挚的感激。

细心地对待朋友，敏锐地发现他的不愉快，在他不注意的时候给他帮助或者解围，你会收获到深沉持久的友情。善良友好地对待认识的人，把他当做一个朋友来关注，在力所能及的时候暗地拉他一把，你会收获一份新的友情。细心对待陌生人，当你发现他的困境或尴尬时，稍微用一点点心思照顾他，给他心灵上的抚慰和温暖，你会得到心灵上的愉悦宁静。

一个细心的人，会用心去观察周围的人，随时发现别人的困难，并主动伸出手去帮助。一个残疾的乞丐，当别人鄙夷地嘲笑他时，你给他一抹温暖的笑意，就是对他最大的帮助——在没有人关注他的时刻。当你细心地观察生活并且开始在别人注意不到的时刻帮助别人时，你就给别人撑起了一片平等温暖的天空，那是一个人能为别人做的最好的事情。

细节 40　请告诉女孩尊严无小事

教育专家崔宇说："自尊心是孩子的生命之根，如果树根烂了，生命还有希望吗?"所言极是。尤其是女孩子，自尊心是她们成长过程中"变好"还是"变坏"的关键。一个没有自尊心的女孩子是可怕的，她可能什么都会不在乎，做错了事情也不想去吸取教训改正自己，从来不会想到自己的行为会对父母造成什么影响，更不觉得荣誉和别人的赞扬有什么值得追求的。如果女孩子到了这样的境地，就真的难以挽回了。

当然，绝大多数女孩都是自尊心极强的，如果女孩常常因为委屈而哭泣，对自己的成绩不满意等等，就说明她有很强的自尊心。父母需要做的就是去引导孩子保护好自己的自尊。靠什么来保护？靠自己的努力和行动。比尔·盖茨和唐骏这些商业上的精英们都说过，这个世界是不公平的，没有人在乎你自己的自尊心，除非你能证明自己。可以说，没有行动力的人是无法和她谈自尊的，一个人只有用行动去证明自己，她才能维护好自己的自尊。

《简·爱》是英语文学中的佳作，其中就讲述了一个自尊自强的女孩的故事。孤女简从小失去父母，寄住在舅妈家，受尽了不公平的待遇，小小年纪就承受了别人无法想象的委屈和痛苦。成年后，她成了桑菲尔德贵族庄园的家庭教师。纯洁、热情、坦率、爱好真理的简爱上了雇主罗彻斯特。简有一段很有名的表白，成为现在很多女孩心中的座右铭：

"你难道认为，我会留下来甘愿做一个对你来说无足轻重的人？你以为我是一架机器？——一架没有感情的机器？能够容忍别人把一口面包从我嘴里抢走，把一滴生命之水从我杯子里泼掉？难道就因为我一贫如洗、默默无闻、长相平庸、个子瘦小，就没有灵魂，没有心肠了？——你不是想错了吗？——我的心灵跟你一样丰富，我的心胸跟你一样充实！要是上帝赐予我一点姿色和充足的财富，我会使你同我现在一样难分难舍，我不是根据习俗、常规，甚至也不是血肉之躯同你说话，而是我的灵魂同你的灵魂在对话，就仿佛我们两人穿过坟墓，站在上帝脚下，彼此平等——本来就如此！"

简的气魄和才情得到了无数读者的欣赏，而她的表白更是代表着无数女孩的心声。相信任何父母如果拥有这样一位女儿，即使她其貌不扬，也一定是令你感到骄傲无比的。如果你的女孩心中暗藏着这种自尊之心，你不用担心她会在财富和名誉面前丧失自我，因为她会一直奋斗，直到得到自己想要的生活。

女孩要在事业上取得一定的成就，首先就是要懂得欣赏自己，尊重自己。而教育者如果能够很好地树立女孩子的自尊心，就像给女孩的生命中植入了一个永动器，它会源源不断地给女孩输入行动的力量，而行动又将帮助她更好地确认自己，得到更多。

"妞妞过来，给叔叔表演一个丑女无敌。"5岁的小女孩就摇摇晃晃地走到客人面前，跟着电视上面的样子学一些搞怪的动作，爸爸妈妈哈哈大笑，小女孩也跟着父母乐开了花。相信这样的场景在很多家庭都有。其实父母是想展示女儿的聪明可爱，可是这样的事情给女孩留下的印象就是"扮丑就是乖孩子"，她会越来越倾向于扮丑角，一旦"上瘾"，父母想要后悔也很难了。

　　还有一些父母喜欢叫孩子"笨姑娘"、"傻妞"、"丑丑"等等，这样的亲昵的贬称，会伤害孩子的自尊心。让她们在自我认同上，偏向别人对自己的称呼，就真的"越叫越胖"、"越叫越傻"。

　　还有的父母喜欢在发脾气的时候对孩子说"你长脑子没有"、"脑子进水啦"、"笨得像个猪"、"天下第一蠢才"……像这样打击孩子，孩子成为"无耻之徒"也就不足为怪了。

　　家长的这些说法叫做"破坏性批评"，说话的时候伤害了孩子的自尊心。很多人觉得孩子没有什么自尊心，其实孩子的自尊心一点也不比大人弱，在他们刚刚接触社会的时候，他们的自尊心更加强大，甚至会因为一件小事情酿成悲剧。

　　武汉一所中学的一个 14 岁的女孩，上课的时候迟到了一两分钟，等她走到教室门口的时候，同学们都已经坐好了。这时，上课的老师瞅了她一眼："难怪你迟到了，你们看她胖得跟猪似的，能不迟到吗?"第二节课之后，这个女孩从教室冲出去直接跳楼了，抢救无效死亡。

　　这个老师肯定没有想过自己的一句批评会要了女孩子的命，但在同学面前说女孩子胖得像猪，即使这个孩子不跳楼，这句话对她的打击和伤害也是一生都挥之不去的。家长和老师的批评只是逞一时口快，却让女孩一辈子都活在阴影当中，自卑、绝望、厌世……

　　无论女孩犯了多么可笑的错误，一定不要破坏性地批评她们，她们现在最看重别人对自己的尊重，也最渴望得到父母的尊重。父母一定要在言行上好好地呵护她们的自尊。

建议一：丢失什么都不能丢失尊严

3 年前，我大学毕业了。像我这样的文凭，丝毫不会成为引以为荣的资本。每天挤在人头攒动的人才市场里，奔波于不同的公司，去初试、笔试和面试……应聘了 20 余次，却还是竹篮打水一场空。渐渐地，我有些心灰意冷了。

这时，一则广告说一家外资企业招聘一位谈判代表，便想做最后一搏。

那天早上，我早早地就出了门。本来以为会第一个到达，结果到那里一看，居然有几十位难兄难妹比我还早到，心中一下子就没底了。

初试、笔试都在流水线作业方式中结束，我有点佩服他们办事的效率。到最后总经理面试阶段时，只剩下 15 人。面试是单独进行的，没有轮到的在外面大厅候着。当我看到每个人走进那扇门用不了 5 分钟就垂头丧气地出来时，心中就更加没底了。

终于听到秘书叫我的名字了，我心情忐忑地起身朝总经理办公室走去。一推开门，我向那位总经理问好："您好，我来贵公司应聘谈判代表一职。"

那位总经理对我的话置若罔闻。他对面有一张椅子，也不招呼我坐下来谈。他这种傲慢的态度，深深地伤了我的自尊心。我大着胆子对他说："总经理先生，我可以坐下来吗？"

我的这一举动，出乎他的意料。他开始提问，其中一个问题伤害了我的尊严。

"夏先生，请问你有什么宗教信仰？"

"对不起，我没有什么宗教信仰。"

"一个人如果没有信仰，那是很可悲的！"

"总经理先生，我没有宗教信仰，却有尊严。在尊严面前，我与你完全平等。"

说完这番话，我就起身头也不回地朝办公室外走去。当我拉开门时，那位总经理站起来说："对不起，夏先生，刚才那是面试的内容。我十分荣幸，你被公司录取了。"

原来，招聘谈判代表的唯一要求就是：在任何条件下都不能放弃自己的尊严。

俄国现代主义艺术大师屠格涅夫说过："自尊自爱，作为一种力求完善的动力，却是一切伟大事业的渊源。"一个坚守自己尊严的人，不为表面的浮夸或者诱惑所改变立场的人，必定是一个有品格的人，内心坚定的人，对企业、对社会有责任感的人。也只有这样的人，才会在繁杂的工作生活中，保持自己的独特个性，形成自己的风格，做出更大的成就。

每个人在生活中，都或多或少会碰到尊严被侵犯的情况，那么，我们该如何维护自己的尊严呢？

不卑不亢是自尊的表现。如果你面对的是一个跟你一样的普通人，那么你会跟他友好交谈，亲切问候；如果你遇到了一个讨饭的乞丐，不要斜眼鄙视，满脸傲气，他也有属于自己的尊严，你应该像对待普通人一样正眼相对；如果你遇到了一个富贵华丽的有钱人或者高官，不要低头，不要谦卑，大方应对，礼貌待人，让他透过你的话语和行为看到你简朴外表下的尊贵灵魂；如果你遇到了一个傲慢至极的人，对你骂骂咧咧，十分粗鲁，那么克制自己，用绅士的礼节来对待他，让他感受到自己的龌龊，从心底开始尊敬你。

对任何人，都要保持一颗平等的心，不轻易低头，也不总是昂头，平视前方，用水平线上的目光来看待周围的人。不让自己过低，也克制自己过高，把尊严当成一道线，自己时刻处于线上，无论惊涛骇浪，风起云涌，那道线始终在那。这样，很久之后，你就会发现，你的这条线已经高过了很多人的，已经成了所有人都能看到的标杆。

建议二：告诉女孩可以穷活着，但不可以没尊严地活着

拉哈布·萨卡尔昂着头，大步地走着。他没带阳伞，对灼人的烈日毫不在意。拉哈布恪守自己的处世原则，他天生一副傲骨，不屈从任何人和事，也从不指望得到旁人的任何恩惠，追求的只是一辈子活得有尊严、有骨气。

拉哈布正走着，一个黄包车夫来到他身边。车夫摇着铃铛，问道："先生，您要车吗？"拉哈布转过头去，发现那个人瘦得皮包骨头，目光里似乎包含着贪婪的神情。"只有那些没人性的家伙才会以人力车代步。"这是拉哈布坚定不移的观点。因此，他连轿子都没坐过一回，认为那简直就是犯罪。他用那粗布缝制的甘地服的袖子擦了擦额头上的汗珠，连声说道："不，不，我不要。"一面继续走自己的路。

黄包车夫拉着车子跟在他后面，一路不停地摇铃。突然间，拉哈布的脑子里闪出一个念头：也许拉车是这个穷人唯一生存的手段。拉哈布是个有学问的人，许多概念——资本主义、平等、穷苦人、上帝、劳动分配、农村的赤贫、工业、封建主义等等，片刻之间都涌进了他脑海。他又一次回头看了看那黄包车夫——天哪，他是那样面黄肌瘦！拉哈布心里顿时对他生出了怜悯之情。

黄包车夫摇着铃铛，又招呼拉哈布道："来吧，先生！我送您，您要去哪里？"

"去希布塔拉。你要多少钱？""6便士。"

"好吧，你跟我来！"拉哈布·萨卡尔继续步行。

"请上车，先生。""跟我走吧！"拉哈布加快了脚步。拉黄包车的人跟在他后面小跑。

时不时地，拉哈布回头对车夫说："跟着我！"

到了希布塔拉，拉哈布·萨卡尔从衣兜里掏出6便士递给黄包车夫，说："拿去吧！""可您根本没坐车呀。"

"我从不包车。我认为这是一种犯罪。"

"啊？可您一开始就应告诉我！"车夫的脸上露出一种鄙夷的神情。他擦了擦脸上的汗，拉着车子走开了。

"把这钱拿去吧，它是你应得的！""可我不是乞丐！"黄包车夫拉着车，消失在街的拐角处。

无论何时，最要紧的是自尊。懂得自己尊重自己，哪怕在你处于困境中时，也不能因为困难而没有尊严地接受别人的施舍。有尊严地接受，不贪图不劳而获的钱财，不做出卑躬屈膝的行为，而是坦荡自如地接受属于自己的那份劳动成果，这才是一个人格完善的人该做的。

可以贫穷，但不能失去自尊。

乞丐通过不劳而获得到生存，生命之于乞丐不过是还有一口气在喘息而已。只有从不奢望别人的无偿的施舍、通过辛勤劳动获得的人，才能得到自尊，这是做人的根本。

的确，女孩可以贫穷，但不能失去自尊。

自尊，是人的一种美德，是无价的，是人最珍贵的、最高尚的东西。

一个人如果没有自尊，他就会自卑、自馁，就不会爱惜自己，就会自暴自弃，什么也不干，什么也干不成。

一个人如果没有自尊，就不会自敬，就会盲目服从，人云亦云，没有自己独立的思想和主见。因此，其骨子里散发的就只有"奴气"，如此，你怎么让人正视你、尊重你？"自敬，则人敬之；自慢，则人慢之。"这是一条千古颠扑不破的真理。

当然，自尊不等于唯我独尊，不等于刚愎自用，更不等于自负、自我夸大。一个人如果总是过于自爱自贵，最后总是要失败的。

在此，无论女孩今后的日子是富贵还是贫穷，都要保持做人的尊严，唯有女孩自己自敬自尊，才会得到他人的尊敬。并且希望女孩牢牢记住：你把自己看成什么，你在别人的眼里就是什么。

第九章　好习惯胜过好老师

——好习惯让女孩成为受欢迎的人

细节 41　女孩的小毛病妈妈全知道

有一句谚语："早起的鸟儿有虫吃。"无论对女儿多么娇生惯养，父母也绝不会认为懒惰是女孩的好品质。劳动观念的培养，需要父母对女孩从小就进行，教会女孩勤劳，就是给了女孩一个成功的法宝。让女孩儿懂得"懒散如酸醋，会软化精神的钙质；勤奋像火炬，能燃起智慧的火焰"，没有勤劳的品质，即使家财万贯，也有坐吃山空彻底穷困的一天。唯有勤劳才能使女孩生活富足。

某科学研究所曾对 23 名小学生进行调查，结果发现：中国小学生每天平均劳动仅 1 分钟，而韩国的是 0.7 小时，美国的更高达 1.2 小时。可见我国孩子参加劳动的时间是很少的。美国的家长们对孩子劳动教育的理念就是：自己养活自己。无论家里经济状况如何，美国孩子到 12 岁以后，就必须给家里的庭院剪草坪，给别人送报纸，以换取一些零花钱。18 岁后，就必须离开家长独立生活。微软巨头比尔·盖茨就一直在训练自己的孩子独立谋生的能力，并承诺死后将遗产全部捐给慈善机构，让自己的孩子完全脱离父母的庇护。在日本，有一句教育孩子的名言：除了空气和阳光是天赐的，其余的一切都要通过劳动获得。

中国的情况却恰恰相反，因为不重视劳动教育，许多女孩逐渐养成了依赖、懒惰的恶习。很多父母出于疼爱女孩，也为了让女孩能有更多的时间学习，自动承揽了全部的家务劳动。上学放学，有爷爷奶奶、父母帮女孩背书包；甚至有的父母心疼女孩，代替她写作业。长期这样，女孩必然养成生活上"饭来张口，衣来伸手"，学习上不爱动脑，知难而退的懒惰习惯。现在的女孩普遍存在生活自理能力差，自己的事不会干或干不好的现象。这是因为父母溺爱女孩而事事包办，女孩因而懒惰，缺乏动手能力。

孩童时期是培养女孩自理能力的关键期。通常女孩到三四岁时，已经萌发出自信心和独立性，许多事情都要求自己动手做，这时父母要及时鼓励女孩，及早让女孩学会自己的事情自己干，在实际生活的实践中，培养女孩勤劳的习惯。让女孩自己的事情自己干，从小培养女孩勤劳的习惯。

建议一：让毛躁的女孩慢下来

现在有些女孩，看到一部小说在社会上引起强烈反响，就想学习文学创作；看到电脑专业在科研中应用广泛，就想学习电脑技术；看到外语在对外交往中起重要作用，又想学习外语；想当歌星，又想当企业家、老板，今天学电脑，明天学绘画……由于他们对学习的长期性、艰巨性缺乏应有的认识和思想准备，只想"速成"，一旦遇到困难，便失去信心，打退堂鼓，最后哪一种技能都没学成。

俗语说得好，"罗马不是一天建成的"。太过于急躁，会使得青少年离成功越来越远。但是在今天这个一直在提速的时代，渴望"一天建成一个罗马"的青年却越来越多。浮躁心理成了当前一些青少年的通病之一，表现为行动盲目、缺乏思考和计划、做事心神不定、缺乏恒心和毅力、见异思迁、急于求成、不能脚踏实地。浮躁的人自我控制力差，容易发火，不但影响学习和事业，还影响人际关系和身心健康，其害处可谓之大。轻浮、急躁，对什么事都深入不进去，只知其一，不究其二，往往会给学习、生活带来损失。

不娇不惯，富养女孩的100个细节

Bujiao Buguan,Fuyang Nühai De 100 Ge Xijie

有一个小女孩，她很喜欢研究生物，很想知道那些蝴蝶是如何从蛹壳里出来，变成蝴蝶的。

有一次，她看见一个蛹，便取了回家，随时观察着。过了几天以后，这个蛹出现了一条裂痕，里面的蝴蝶开始挣扎，想突破蛹壳飞出来。

这个过程达数小时之久，蝴蝶在蛹里面很辛苦地拼命挣扎，怎么也没法子走出来。这个小孩看着看着不忍心，就想不如让我帮帮它吧，便随手拿起剪刀在蛹上剪开，使蝴蝶破蛹而出。但蝴蝶出来以后，因为翅膀不够有力，变得很臃肿，飞不起来。

蝴蝶以后再也飞不起来了，只能在地上爬，因为它还没有经历自己将蛹打开然后飞出来这个过程。

蝴蝶在蛹里面要破开蛹飞出来的时候，在最后的几小时中，要很辛苦地挣扎，而挣扎的过程实际上是锻炼它那一对翅膀的过程，亦是使它身体能够缩小的过程。

如果通过它的努力，最后将这个蛹打开裂口、飞出来，它便可以一飞冲天。但是这个小孩帮助它，用剪刀剪开蛹壳，蝴蝶轻而易举地出来了，可是它的翅膀没有经过破蛹的奋斗，是无力的。这个小孩想帮蝴蝶的忙，结果反害了蝴蝶，是欲速则不达。由此不难看出，急于求成只会导致最终的失败，所以我们不妨放远眼光，注重自身知识的积累，厚积薄发，自然会水到渠成，达到自己的目标。

古代有一个年轻人想学剑法。于是，他就找到一位当时武术界最有名气的老者拜师学艺。老者把一套剑法传授与他，并叮嘱他要刻苦练习。一天，年轻人问老者："我照这样练习，需要多久才能够成功呢？"老者答："三个月。"年轻人又问："我晚上不去睡觉来练习，需要多久才能够成功？"老者答："三年。"年轻人吃了一惊，继续问道："如果我白天黑夜都用来练剑，吃饭走路也想着练剑，又需要多久才能成功？"老者微微笑道："三十年。"年轻人愕然……

年轻人练剑如此，人的一生生活中要做的许多事情同样如此。家长要让自己的孩子明白，切勿浮躁，遇事除了要用心用力去做，还应顺其自然，才能够成功。

一般来说，毛躁的孩子在情绪上表现出一种急躁心态，急功近利。经常与他人攀比，并显示出焦虑不安的心情，由于极度不安，经常会以情绪取代理智，因而使得行动具有盲目性。行动之前缺乏思考，有时作出违反纪律甚至法律的事情。毛躁的孩子面对学习任务和人际关系，不知所为，心中无底，恐慌得很，对前途毫无信心，干什么事都没有常性，今天学绘画，明天学电脑，"三天打鱼，两天晒网"，忽冷忽热。

粗心毛躁是不少孩子都存在的问题，也让不少父母操心。其实，要改掉孩子毛躁的坏习惯，就要先弄清楚为什么孩子会表现得毛毛躁躁。

通常来说，做事毛躁的孩子思维都比较敏捷，他们经常是在手中做着一件事的时候脑子里同时又想到了另外的几件事。但因为欠缺理性的思考能力和计划性，所以做事就显得朝三暮四，或是把几件事同时进行，最终哪一件都难以完成。

因而，家长要注意引导孩子做事的计划性。父母应给孩子讲，一个人不管做什么事，都应有一个周密的计划，先做什么、后做什么、事前做哪些准备、如何开始等等。也可以告诉孩子做事之前用一小纸条写上自己要用的物品及时间安排等。这样做会对克服做事马虎、毛躁、毛手毛脚、慌慌张张、丢三落四的毛病，产生事半功倍的良好效果。

再有，想让孩子静下来，家长首先自己要静下来。如果家长就是个急性子，平时生活当中没有耐心等着孩子把事情做完，一个劲地催孩子，长此以往孩子就难免毛毛躁躁。孩子做事的时候家长在旁边着急教训着，这对孩子的专心就是一种干扰。所以，家长要容忍孩子的"慢动作"，不要因为嫌孩子动作慢就越俎代庖帮孩子完成他正在做的事情，给孩子充分的时间，让他一个人独立的完成自己的事情。

孩子做事毛躁的个性很多时候是来自家庭环境的影响。有些家长自身的条理性比较差，家长们做事也存在同样的毛病，家里的物品存放零乱没有规律，因而也就没有从小养成孩子良好的习惯，所以家长们应该要注意自身做事的条理性，给孩子创造一个整洁有序的家庭环境。除此之外，家长还可以通过一些比较有意思的方法督促孩子养成行动之前先思考、做事从一而终的习惯，比如可以通过一些家庭比赛：比一比家里谁吃完饭碗最干净，和孩子下盘棋，提前告诉孩子下棋时一定想好了才能动手，一旦决定了，就不能反悔等等，改掉孩子做事毛躁的坏习惯。

建议二：没有人喜欢丢三拉四的女孩

有小朋友的家庭是很容易看出来的，往往沙发上放着玩具，桌子上有很多零食，孩子的用具随处可见。有了小宝贝，再想让整个家庭保持二人世界的浪漫和情调已经成了一件不可能的事情。但随着孩子的长大，有的家庭恢复了规整，有的家庭却"十面埋伏"，总能在某个角落冒出孩子的书本、文具来。

其实，只要方法得当，孩子的东西是能够很好地归类的。

有一个女孩在家里的时候总是丢三落四，不停地找妈妈要东西，这也不见了那也不见了，女孩一边放，妈妈就一边收，结果谁都不知道东西去哪儿了。

但是很奇怪，女孩在学校里面从来不丢东西，从家里带过去的文具和饭盒，总能完璧归赵，从来不缺胳膊少腿。女孩的科目很多，教科书、参考资料、试卷、作业、强化练习，等等，也从来没有少过。这让妈妈很奇怪。

"聪聪，你们在学校都是怎样放东西的？"

"我们每个小朋友都有一个柜子，上面贴了自己的名字，大家都把东西放在自己的柜子里。其他的东西都是装在自己的书包里，别人我就不知道了。"

"哦，原来是这样。"妈妈开始考虑给女孩设计几个专用的柜子。

她给女孩买了一个雕花的大木箱，里面可以放很多东西。"这是你的魔法宝盒，我们把所有的玩具都放进去吧，娃娃留在外面。"然后妈妈给复印纸盒子贴上了好看的包装纸，上面写着"文房四宝"四个字，"往后，所有的文具就放在这个文房四宝盒里面好了。"然后买了几个大大的粘钩，贴在女孩房间的门背后，女孩够得着的地方，让女孩把书包都挂上去，随手可以拿走。

这个办法大大缓解了女儿找东西的痛苦，而且女孩还觉得很有意思，自己又动手做了几个"多宝格"，仿照故宫中的多宝格样子，把大大小小的零碎都放了进去。她的小世界越来越清晰了。

聪聪上小学时，已经渐渐有了自控的能力。

对于那些低龄的孩子来说，妈妈们要培养女孩物归原处的习惯，先要自己做好示范。比如说，女孩要灰太狼玩偶的时候，妈妈最好能每次从同一个地方比如摇篮下面的储物层拿出来，这样孩子就能形成灰太狼放在储物层的概念。她们自己就会动手拿。如果孩子忘了放回去，妈妈可以提醒她："灰太狼可能想要回家啦。"孩子就能明白妈妈的意思是要把灰太狼放回到原处，也很愿意帮助灰太狼回家。

其实人小时候的培养都是生活习惯的培养。小时候培养了良好的生活习惯，孩子在独立之后，更能掌控自己的生活。这种投资是利益长远的，值得妈妈们耐心地培养。

正如故事中的妈妈一样，她对聪聪提出了解决随手乱放这个毛病的有效措施，并敦促聪聪实行，有了一定的成效之后，又跟孩子一起改良原有的措施，一步步帮孩子纠正了随手乱放的毛病。

心理学家说，一个习惯的培养需要 21 天的重复，也就是说女孩要培养一个哪里拿哪里放的习惯，大概需要 3 周的时间。妈妈需要有耐心，不能 1 周之内总是大发脾气说"提醒了多少次你都记不住，真是没用的东西"这样的话，这只会打消女孩的积极性，对培养好习惯一点效果也没有。女孩一两次没有做好也没关系，当她有意无意地物归原处了一次之后，妈妈最好能表达一下高兴的心情："这次我很快就找到你的球鞋了，真好。"女孩也会觉得自己的行为给家人带来了方便，也会感到骄傲的。

不娇不惯，富养女孩的100个细节

（第一册）

宿文渊　编著

中国华侨出版社

图书在版编目(CIP)数据

不娇不惯，富养女孩的100个细节/宿文渊编著. —北京：中国华侨出版社，2015.1

ISBN 978-7-5113-5095-4

Ⅰ.①不… Ⅱ.①宿… Ⅲ.①女性－家庭教育 Ⅳ.①G78

中国版本图书馆CIP数据核字(2015)第007212号

不娇不惯，富养女孩的100个细节

编　　著：宿文渊
出 版 人：方　鸣
责任编辑：彬　彬
封面设计：彼　岸
文字编辑：万永勇
美术编辑：刘欣梅

经　　销：新华书店
开　　本：710mm×1040mm　　1/16　　印张：52　　字数：680千字
印　　刷：北京中创彩色印刷有限公司
版　　次：2015年1月第1版　　2015年1月第1次印刷
书　　号：ISBN 978-7-5113-5095-4
定　　价：296.00元（全四册）

中国华侨出版社　北京市朝阳区静安里26号通成达大厦三层　　邮编：100028
法律顾问：陈鹰律师事务所
发 行 部：(010) 58815874　传真：(010) 58815857
网　　址：www.oveaschin.com
E－mail：oveaschin@sina.com

如果发现印装质量问题，影响阅读，请与印刷厂联系调换。

前　言

　　养育一个优秀女孩，是天下父母的心愿。拥有一个出色的女儿，是天下父母的福气。然而面对这个天赐的娇柔公主，父母们都会有一个困惑：要怎样养育才能让她最幸福、最优秀？答案就是富养。

　　富养女孩是中国历来已久的传统，中国传统上称女孩为"千金"，正包含着富养的意味。过去大户人家的女儿，养在深闺，从小学习琴棋书画、诗词歌赋，舞文弄墨，知书达理，而且上得厅堂，下得厨房，何等优秀。在现代社会，富养女孩就是说女儿要精细地养，不能像养男孩那样粗放，在家庭经济条件许可的前提下，尽可能地满足女儿对物质的需求，让她享受公主般的待遇，要从小宠她、爱她。

　　女孩的个性也决定了父母应该富养女孩。女孩天生胆小、感性、脆弱、优柔寡断、渴望爱、自控能力差、易受外界诱惑……因为胆小，所以她们总是躲在父母的身后，慢慢变得依赖性强，乃至自卑；因为感性，她们常常冲动行事，容易被坏人欺骗；因为脆弱，她们往往经不起打击，一旦生活中出现一些风风雨雨，就会一蹶不振；因为优柔寡断，她们经常会错失很多机会……也正是因为如此，作为女孩的家长，我们才更应该明白这样一个道理：富养女孩，不仅仅是要让她在成长过程中感受到父母的爱，感受到家庭的幸福，更是要赋予她独自面对未来、独自创造幸福的能

力，更是要培养出她的主见、自信、勇气、坚强、决断等关乎她一生成败的良好品质。

那么，女孩的优秀品质如何去培养？这是问题的关键。女孩富养其要义之一就是开阔她的视野，增加她的阅世能力，从而大大增强她的见识。如此，她长到花一样的年龄时，就不易被浮世的繁华和虚荣所迷惑。等到了谈婚论嫁的年纪时，她们就能找个能力出众、事业有成的丈夫，顺利地从父母的呵护过渡到丈夫的呵护，如此便可安度一生。富养女孩就是要注意培养她的优越感，因为优越感是女孩拥有自信和勇气的基础。富养女孩要让她学会自重和自爱，要教会她善良和关爱，要塑造她的气质，因为女孩的美永远不能只依靠外表。当然，富养女孩不能忽视女孩文化素质的提升，女孩可以不立业，但不能没有知识。著名作家斯迈尔斯在《品格的力量》里说道："女性的素质决定着整个民族的素质。"的确，女孩的品位，小则关乎一个人的人生，大则关乎整个民族的命运。高贵典雅的女孩就有富贵祥和的命运，能使自己的周围产生安乐稳定的氛围；自卑狭隘的女孩，就有凄惨悲凉的命运，使自己的周围蒙上晦暗飘摇的阴影。所以，女孩就是要高贵。女孩就要富着养。

本书结合女孩的特点个性以及成长规律，从不同角度出发，为父母们提供了一套成功育女方案，使父母们掌握教育的正确方向和科学方法，真正教到点子上，是每一位望女成凤的父母的必读书。本书深刻分析了女孩与男孩的不同之处、女孩天性中的优缺点，以及父亲和母亲在养育女孩过程中所应起到的不同作用，统揽女孩成长过程中的教育问题及解决办法，全面介绍女孩的身体、心理、性格、气质、品质、理财、才艺、潜能、学习等各个方面的培养方式，指导父母教出有素质、有能力、有眼光、有魅力的卓越女孩。静心阅读，用心思索，掌握了这些富养女孩的细节，你就会发现，想要养育出一个优秀的女孩并不是多么困难的事情！

目 录

绪 论

第一章 女孩需要父母特别的呵护
——女孩的性别特征决定了她们极易"受伤"

第二章 对女孩多用肯定,少用否定
——经常说"你能行"有助于女孩建立自信

第三章　女孩也要坚强
——"富养"应养出女孩坚强的一面

绪　论

女孩为什么要富着养

1981 年 7 月 29 日，容貌高贵、体态优雅的戴安娜披着 7 米多长的婚纱，在圣保罗教堂与查尔斯王子立下永生相爱的誓言。无数的男女老少从四面八方赶来，他们中有人甚至头一天晚上就已露宿街头，只为亲眼目睹这场王子与公主的童话。

在近百万国民的狂热欢呼声与全球 7.5 亿电视观众的瞩目下，戴安娜穿着那件象牙色婚纱，成为了童话故事中幸运的"灰姑娘"。当查尔斯王子送上深情的一吻，戴安娜彻底沉浸在了幸福的喜悦和爱情的甜蜜之中。

戴安娜，一个永恒的名字，她是人们心中永远的"威尔士王妃"。

从平民到王妃，戴安娜的前半生走上了一段童话般的历程。当她出现在人们面前的时候，人们惊异于她的美丽、动人、高雅、端庄。尽管她并没有显赫的家庭出身，但她的美已经征服了挑剔的英国人。良好的成长环境，给戴安娜的王妃之路铺上了鲜花。16 年之后，"英格兰玫瑰"戴安娜王妃不幸在车祸中逝世，当死讯传来，同样是在威斯敏斯特教堂外，成千上万的人手捧鲜花为她祈祷。举世同悲，不仅因为她容貌美丽，更重要的是她生前热衷于慈善事业，她在萨拉热窝访问战争致残的儿童、毫无间隙地与艾滋病人和麻风病人握手、在津巴布韦积极地为难民们分发食品、为抗艾滋病和抗癌协会筹款在纽约拍卖自己的服装……就在去世前的 3 个月，她还访问了波斯尼亚。到戴安娜去世为止，她与世界150 个慈善机构有着密切的联系，并且是许多慈善机构的直接赞助者或经理人。对慈善的关注让戴安娜王妃深深地铭刻在了人民的心中。尽管婚姻不如童话般完满，但没有人责怪戴安娜，她依然是正统的王妃代表，哪怕时隔多年之后，查尔斯王子再娶，人们也禁不住回忆起当年戴安娜的美丽和优雅。戴安娜的人生，既有甜蜜和对美好生活的向往，也有婚姻的失意和专注于慈善的崇高。这些跌宕起伏的人生，已经足够让人们记住她，怀念她；也足够让一个女孩展现自己的美丽和善良。

为何在众多英格兰女孩中，偏偏只有戴安娜有这样的机会？因为父母给她的容貌、家庭给她的气质和教育给她的品格。可以说，这个女孩的命运正是家庭决定的。古往今来的女子的命运，何尝不是如此？

有教养的家庭走出来的女孩大方得体，缺少关爱和教育的女孩往往不能得到好的婚姻和人生。即使是同一个家庭走出来的两个女孩，由于父母的关注程度和对待态度上细微的差异，也能导致两种不同的命运。

在一个普通的家庭里有两姐妹，姐姐从小听话、温顺，父母总是对她很放心，也从不过多地关注她；妹妹性格倔强、淘气，而且长相很可爱，因此常常得到亲戚们的夸奖和父母的关注。正如"马太效应"一样，姐姐得到的关注越来越少，而妹妹却越来越出众。姐姐上了一个不太理想的大学，毕业后回到家乡继承父亲的"衣钵"，做起了公务员；妹妹则考上了很好的大学，顺利读完了研究生，在国外从事汉语教学。

虽然姐姐和妹妹的人生孰好孰坏还不能简单地判断，但是按照很多名人对人生的定义是要"多经历一些事情，明白一些道理"来说，妹妹的人生无疑更加丰富，她可以自由选择的舞台更加宽广。同样是一个家庭的孩子，父母不同的态度，成就了女孩不一样的人生。

虽然现在人们总是喜欢说不要"溺爱"孩子，但事实上很多家长都在溺爱孩子，尤其是女孩，爱她越多越好，绝对不把孩子爱坏了。家长们需要格外注意对女孩子的关注。一方面是因为女孩的心灵比较依赖别人的关注，女孩的性格和对自己的看法往往来自父母的言语和态度，另一方面也是因为女孩有很多问题都是由于缺少关注造成的。

我们建议父母要在每天抽出一段时间来和女孩沟通，最好是在她入睡前的一个小时，可以和她谈谈今天的收获，给她讲讲童话故事，和她一起读一首小诗、听一段音乐等等。即使不是言语上的交流，但是父母和女孩在一起的话，也能起到很好的"关注"的效果。

对于长期工作在外地的父母而言，关注女孩有点力不从心。这时候父母最好能按时给女孩打电话，并且一定要守时。这样的行动看起来很简单，但是能告诉女孩，你一直在关注她，她是你生活中的一部分，你一定会出现在说好的时间里。这样有益于女孩找到安全感和归宿感。

有条件的父母，最好能够带着女孩去见见外面的世界，或者就是到自己工作的地方去看看，这样也是在增加女孩被爱的感觉。

现在有很多人喜欢女孩，自己有了女儿，恨不能马上把最漂亮的衣服和最好的玩具给女儿，一定要让她做"小公主"。

其实，父母对女孩的外在的关注不宜过早。女孩从 0～12 岁之间，最重要的任务是长身体和养性格，如果父母总是过于在意女孩的打扮，会让她自己也把精力放在这些外在的方面。父母想要养出王妃一样高贵美丽的女孩，不用急于求成。女孩的气质往往是从中学时候开始形成的，过早地要求她淑女或者优雅，对她的心灵是不利的。谁都不想要一个只有外貌没有内涵的朋友，更不想要一个只追求外在美的妻子，所以父母关注女孩，一定不要错误地把关注点放在外貌上。小女孩最好少穿成人化的时装、高跟鞋，少做头发等等。

当有很多人夸奖你家的女孩长得好的时候，你也不要过于表现自己的欣慰，更不要在女孩面前说谁家的小孩长得不好。如果女孩问你："我可爱吗?"你最好回答："是的，你无论怎样都是我亲爱的小宝贝。"不要让女孩觉得你是因为她长得美丽才爱她的。

女孩比男孩更需要父母的关注与爱

女孩似乎天生就渴望得到他人的保护。

在女孩很小的时候，她们从来不为什么事情而担心，因为她们知道，爸爸妈妈会一直在身边保护她们。在生活中，不难看到这样的场景：

> 一个小女孩和一个小男孩，他们正在发生争执。小女孩气哄哄地说："哼哼，我不怕你，我爸爸很厉害的，你要是再敢欺负我，我就告诉爸爸。"

当生活中出现的一些状况让女孩感到无法应对的时候，她们的第一反应总是希望能够有人伸出援助之手。而这个给她们提供无微不至的帮助的人，非爸爸莫属。

曾经有大量的研究表明：那些平时与父亲接触较少的女孩，她们在体重、身高、动作等方面的发育速度都会显得较为落后，并普遍存在焦虑、自尊心不强、自控能力较弱等感情障碍，表现为忧虑、多动、有依赖性，这种状况被专家称之为"缺少父爱综合征"。

大多数的女孩都会有这样的一段心理发展历程，甚至有的女孩会形成一种强烈的心理依赖：我要受到别人的帮助和保护，因为我是女孩。很多爸爸妈妈，在面对女孩的这种心理依赖时总会感到习以为常：毕竟，女孩子嘛，娇气很正常。不过，为人父母者可能还不知道这样的危害，其实这样的做法对女孩的成长和发展都极为不利，因为一个女孩如果经常抱有依赖心理，她就会很自然地把自己定位成弱者。长此以往，当她们遇到了人生重大问题的时候，首先想到的一定不是依靠自己的力量来解决，而是总幻想着有人来帮助她。

其实，在小女孩的心目中，她们总是幻想着得到父母更多的爱，父母的爱，是这些小女孩最坚实的依靠。她们想要得到的，不仅仅是疼爱，而是宠爱。

这可能是女孩的天性，她们习惯于把自己定位成"弱者"，而这种定位，可能更多地来自于父母的宠爱。

大多数的父母总认为女孩是娇小而柔弱的，喜欢对宝贝女儿们过度地爱护："哎哟！我的小宝宝啊。"看到女孩受苦了受累了，总是忍不住心疼，看到女孩哭了，就不舍得再教训她了。这些被宠着哄着长大的女孩已经禁不起挫折和伤害，正因为如此，女孩也认为她们受到保护是天经地义的。女孩天生的敏感以及家长的过度呵护，反而让她觉得自己常常会被一种不安全的感觉所包围。

这是一个周末，小女孩芸芸在家里沉沉地睡着，而爸爸妈妈都早早起床，因为他们要去参观一个项目展览。

临走的时候，妈妈写了一张小字条放在桌子上，告诉芸芸他们要下午才能回来，叮嘱她不要随便给陌生人开门。桌子上放好了芸芸的早饭和午饭，吃的时候只需要放到微波炉里加热一下就好。把一切安排妥当，爸爸妈妈安心地出门了。

上午9点多，芸芸终于睡醒了，她揉揉惺忪的眼睛，发现周围一片安静。和往常一样，她习惯地赖在床上，叫着"妈妈，妈妈"。要是以往，妈妈肯定会放下手中的家务，然后来到芸芸旁边，哄着她说："都几点了，你怎么还不起床啦？早饭还要不要吃呢？"可是今天，爸爸妈妈怎么没有反应呢？芸芸一下子就急了，放大声音喊"妈妈，妈妈"，还是没有反应。芸芸感到委屈，撅起嘴不高兴了。

芸芸穿好衣服来到客厅，发现爸爸妈妈都不在家，只有她一个人。桌上的早餐已经凉了，要是在以往，妈妈一定会把热腾腾的早餐摆在她面前。想想以前，一家人总是围着她团团转的情景，不知为什么，芸芸一下子难过起来，眼泪顺着眼角就流了出来。

养育女孩，为她创造一个和睦的家庭气氛是尤为重要的。有相关的研究表明：在和睦的家庭环境中成长起来的女孩，会比其他的孩子更加开朗活泼、聪明可爱。

小女孩心中的美好生活是什么样子的呢？来看看一个小朋友的日记：

今天，爸爸妈妈带着我去公园，我玩秋千，妈妈帮我扶着，爸爸帮我推着，我坐在中间。爸爸还给我买了一个"蓝猫"大号气球，我特别喜欢。我们下午回家了，妈妈又给我做了一桌好吃的饭菜。今天真高兴啊。

想让女孩生活得快乐吗？她们并不需要昂贵的衣服，也不一定要玩最高级的玩具，只要让她感到爸爸妈妈在爱她，女孩就会感到没有比这更值得高兴的事情了。

如果一个家庭不和睦，那么受伤最深的也是孩子，尤其是最看重人与人之间关系的女孩。

"公主"是富养出来的

　　提到公主，很多人都会第一个联想到那些童话中美丽、善良、单纯的主人公。公主最大的美丽就是能够赢得别人的喜欢，而这放到现实社会，就是能够得到更多人的帮助、关心和信任。

　　富养女孩，就是要将女孩养育成一个"公主"。富养20载，女儿必定美丽、温柔、贤惠，善察人意而又心地善良、纯真、诚实、不吝啬，多情而不软弱。自重自爱，平易谦和，彬彬有礼，富有同情心，能体谅人，正直，乐于助人，尊敬师长、老人，不忘乎所以，有自知之明。活泼而不放荡，稳重而不呆板，有内涵，坦白、洒脱、性情开朗，心胸开阔，不叽叽喳喳于大庭广众，不搬弄是非于朋友同事之间，具有现代青年人的文化教养。头脑灵活，虚心好学，不矫揉造作，事业心较强，谈吐不俗，热情开朗，不缩手缩脚、忸忸怩怩、羞羞答答。

　　莉莉安妮·贝当古的确是欧洲少有的"公主"级人物。不管是作为"欧洲最富有女人"，还是前法国政府部长安德烈·贝当古的妻子，她都不可避免地成为媒体竞相聚焦的对象。但奇怪的是，这位世界上最大的化妆品公司——法国欧莱雅集团创始人欧仁·舒莱尔的独生女莉莉安妮·贝当古，在媒体眼中一直是一个神秘的人物。

据英国的《欧洲商业》杂志报道，莉莉安妮拥有近1270亿法郎的资产，并且这一数字还以每年100多亿法郎的速度递增，这使她成为名副其实的欧洲女首富。但莉莉安妮谨慎、内敛的形象和普通亿万富翁的形象相去甚远。她将自己的私生活保护得很好，让媒体为她着迷，却又难以接近。如果不小心被记者逮到，她总是摆出很自然的姿态让他们拍照，但不会停留太长时间。

1922年10月21日，当莉莉安妮·贝当古出生在巴黎第七区的时候，她的父亲还只是一位敬业的企业家。15岁起，莉莉安妮就在父亲的公司里从贴标签开始学习，逐渐成为管理公司的董事。1957年，31岁的莉莉安妮正式继承了父亲的事业，拥有欧莱雅公司27.4%的股份和瑞士雀巢公司3%的股份。

在这期间，莉莉安妮受到父亲的极大影响，无论是在处理公司的业务上，还是在面对人生的态度上。而且，父母给莉莉安妮一个很好的成长环境，可以说当很多同龄人还在为付不起新衣服的价格而担心时，莉莉安妮已经是一个手握几个部门的管理人员了。

25岁那一年，莉莉安妮患上结核病前往瑞士休养。在那个美丽宁静的度假胜地，她邂逅了安德烈·贝当古。生命中最重要的人出现，往往就容易一见钟情，于是他们开始了甜蜜的爱情。

安德烈一直在法国政府里担任重要职务，1970年，他率团到中国访问，成为第一位受到毛主席接见的法国部长级官员，莉莉安妮也陪同丈夫会见了毛泽东、周恩来等人。

在巴黎社交圈里，贝当古夫妇一直行事低调，不过作为时尚品牌的掌舵人，莉莉安妮也有前卫的一面。

20世纪70年代初，当香奈尔的时尚概念席卷全球的时候，莉莉安妮成为她生活圈子里第一个穿裤子的女人。每逢公众场合，莉莉安妮便会选择优雅的香奈尔礼服，与丈夫形影不离。这时，不知有多少人羡慕安德烈有这样一位有能力却不张扬、有钱却从不炫富、安静温柔的妻子。

工作之余，贝当古夫妇最大的爱好便是旅游，所以每逢圣诞节来临，他们就来到法国南部或者印度海岸，尽情地享受碧海蓝天。

在古老的圣莫里斯市，安德烈的祖父给这对幸福的夫妇留了一栋两层小楼，莉莉安妮很喜欢那栋蔷薇花盛开、飘荡着醉人芬芳的老宅子。

在巴黎，每天早上莉莉安妮都会按时去巴加特勒公园转一圈，看喂着鸽子的孩子们嬉戏玩耍、推着婴儿车的母亲们幸福漫步，这似乎已经成了莉莉安妮的生活规律。莉莉安妮还有一件让世人津津乐道的事情，那就是在世界五大洲的五位女首富中，她是唯一一个没有离过婚的。

莉莉安妮的最大爱好是做慈善事业。爱心就像燃烧着的火焰，照亮别人的同时也能够温暖自己，所以1987年，贝当古夫妇成立了"贝当古—舒莱尔基金会"，在旺多姆广场这所普通的屋子里，莉莉安妮任基金会主席，主要包括救助贫民、医学研究、历史遗产保护等方面。

也许，你觉得莉莉安妮实在是太幸运了，生在这样一个"有前途"的家庭里。但富有并不像很多人想的那样，带给人的就一定是好处。有时候大量的金钱和财产、权力，也是一个巨大的任务，如果你没有足够的底气和能力驾驭，极有可能被这些外物所累。对于一个富裕的家庭来说，教育女儿如何适应这种显赫、引人注目的生活，也是父母的责任。如果父亲没有及时手把手地引导莉莉安妮为自己的公司工作，没有交给她为人低调、踏实、忠于婚姻的品格，她也极有可能和很多富翁一样，沦为金钱的牺牲品。

女孩需要富养，但是富养更需要学问。

"我有一个女孩，她聪明乖巧，又很可爱。像她这样的孩子，要是投胎到富人家就好了，偏偏是我们这样一个普通的家庭，根本买不起钢琴什么的，真是对不起她。"偶尔，会有父亲在喝醉酒后吐露这样的真言。

中国历史上著名的"宋氏三姐妹"，其中有两位堪称近代历史上的重要人物——宋庆龄和宋美龄。她们是名副其实的大家闺秀，也接受过先进的西方教育。看起来，好像是只有富豪之家才能养出端庄大气的女孩。其实，富养女孩最重要的是培养女孩内心的满足感和自尊自信，这些情感品质在富足的家庭中容易培养，但即使家庭条件很一般，只要父母肯动脑筋，也能富养女孩。

其实一般说来，女孩子很少会向父母要什么东西。特别是家庭情况一般的女孩心里会比较敏感，她们知道尽量不要去为难家人。如果一向很乖巧的女孩突然开口向你要东西，这时候父母最好不要拒绝她。对你来说，可能是很小的一件事情，或者是很容易达到的，但是对女孩来说，可能是很难实现的目标。

安妮的父亲失业后，全家靠吃羊市上卖剩的羊杂碎过活。一天，安妮在一个商场的柜台内看到了一只带红色塑料花的小发卡，顿时发疯般地迷上了它。安妮赶紧跑回家去央求妈妈给一元钱。母亲叹了口气，因为一元钱能买半斤羊杂碎呢，但父亲说："给她钱吧，要知道这么便宜的价格就能为我们的公主买到快乐，今后是不会再碰上的。"

安妮父亲的教育就是"富养女"的典型案例，一元钱买到女儿的快乐，何乐而不为？女孩子们的快乐感觉，可能就是一杯暖暖的豆浆，一个小发卡就能换来的。

有时候，孩子们会商量着一起做点事情。这时候难免会"集资"。对家庭条件好的女孩来说，几十元可能就是平常的零花钱；但是对你的女孩来说这是一个大数目。如果她开口向你要这笔钱，说明是和同学一起做什么事情的，并且你能确定她不会撒谎，那么就大大方方地将钱给她吧。越是拮据的家庭里，越是要尽可能少地让女孩因为贫穷而负有内疚感、罪恶感。

富养女孩不是满足她的一切要求

让我们先来看看这样一个故事：

张丽是北京广播学院的一名毕业生，她从播音系毕业后，就找到中央电视台实习，而且希望到这儿工作，可到中央电视台实习的不只她一个人。

北京广播学院到中央电视台 20 多公里，每天早晨，她 5 点多起床，6 点多第一拨离开学校。在赶着往城里上班的人群中，她是其中一个。顶着星星最晚回去的，也是张丽。

很快，台里便安排张丽播体育新闻了。

那是 4 月份的一天，风挺大。录了像，晚上 6 点多就可以走了，回到学院已经晚上 8 点多了。忽然，张丽想起一个字：镐。那个时候韩国下棋的小伙子李昌镐还不是很有名。"镐"有两个读音，一是"gào"，一是"hào"。张丽想，这个字有两个读音，就问老同志，这个字怎么读？老同志很果断地说："李昌镐（gào），李昌镐（gào）！"实习生就跟着来吧，张丽就念："李昌镐（gào）……"

回到学院，张丽还在琢磨这事儿。买饭的时候，跟同学磋商，同学说，应该念"hào"！张丽说："我也觉得应该念'hào'！"回到宿舍查字典，地名的时候应该念'hào'，但没有注明人名的时候应该念什么。她还是拿不准，又给一个老师打电话，老师说："念'hào'，没错!"

坏了，念"gào"了，这怎么办？播音嘛，白字、别字、错字，一定要杜绝！上学的时候，都把一些播音员念白字、错字的经历当笑话讲。张丽想，念错字让人当笑话讲也就罢了，正实习呢，出这么大一个错，这还了得！

她饭也不吃了就往回赶。风呜呜地刮着。赶到电视台，已经是晚上9点50分了。张丽顾不上休息就来到三楼的播音室，把录像带取出来，找到播音员，把"gà"改成了"hào"，还不放心，一直看着播完，才走了。在电梯间，张丽碰到了杨台长。

电梯间里就两个人。张丽知道这是杨台长，就主动打了招呼："杨台长，您好!"

"啊，小姑娘，怎么这么晚才走?"

张丽有点不好意思了，她低声回答："有一个字念错了，我回来改一下。"

杨台长说："你住哪儿啊?"

"住广院。"

"啊，很辛苦啊!"

"没办法，念错了字，就要回来改。"

"好好好，小姑娘工作很认真。"

到了大门口，杨台长上了专车，张丽挤上了公共汽车。

最后，在中央电视台实习的五个学生中，只留下了张丽一个。

改错看起来是很简单的一件小事情，但是这样小的事情，只有很少的人愿意去做。张丽是一个责任心很强的孩子，她身上这种认真负责的态度，没有从小经过严格的教育是难以培养出来的。而这样认真、迅速行动的精神，又为她的人生创造了更多的机会。

很多女孩的父母都会有这样一种观点：的确不应该对儿子进行过度的保护，但女儿娇嫩纤细、弱不禁风，一定要尽全力保护她。

在中国人的传统观念中，女孩向来是处在被保护的位置上的，男孩保护女孩，是那样的天经地义、理所当然。然而，在现在这个浮躁的经济社会，男孩的生存压力越来越大，那种像"白雪公主"一般的天天仰头等着别人呵护照顾，遇到事情，坐在那里无助地痛哭流涕的女孩不再受欢迎。

富养女孩，不是把女孩培养成一个十足的小女人，习惯对外界依赖，对任何人都说"好"，缺乏分析、判断能力。这种教育就等于看低了女孩的创造力和学习能力，也看轻了女孩的生存能力。

对女孩而言，什么事情都帮她做好，不仅不能真正培养出有生存能力的女儿，也不能让父母的爱发挥到很好的作用。

那么哪些事情可以让女孩自己来做呢？（这里的女孩年龄在7岁以上）

1. 独立睡觉

很多父母因为疼女儿，一直让女孩和自己一起睡觉，或者在父母的卧室里面给女儿一个小床。或者，当父母中的一方出差的时候，就让女儿过来和自己一起睡觉。其实，当女孩超过6岁以后，不管什么原因，都尽量让她自己睡觉。独立睡觉有利于女孩心灵上的成长，也对女孩情商的提高有很大的帮助。当然，当女孩独立睡觉之后，她的床铺就由她自己来收拾，她房间里面的布局，也由她自己来决定。如果妈妈发现女儿的房间总是很乱，需要和她"约法三章"，说好哪些事情她必须做到，这样她一方面会有纪律感，另一方面也能更好地收拾自己的空间。

2. 买给女孩的读物，也去听听她的意见

现在很多父母喜欢给女孩买书，但是究竟应该买父母觉得对她有帮助的经典诗词呢，还是她喜欢的童话呢？其实，最好在买书的时候带着女儿，让她自己挑一挑。这时候父母不要否定她的想法，说"不可以"、"不太好"等等的意见，如果你让她决定了，就只等最后买单好了，千万不要一边说着"你决定"又一边说着"这不行"。

父母也可以给女孩买书，但是最好作为礼物来给女孩。不要让女孩决定"这是爸爸给我的教科书，必须读"这种印象。

买书让女孩自己决定，可以提高她的参与感，读起书来也就更有兴趣了。

富养女孩也要让她吃苦

也许，当你看到这个标题的时候会很好奇，怎么一边说着要给女孩最多的爱，一边又要让女孩吃苦呢？其实，吃苦也是女孩子成为"公主"的一条必经之路。只有一颗经历过苦难的心灵，才能更珍惜幸福的滋味。

街道小护士、自学大专文凭、勤杂工、IBM 华南公司总经理、微软（中国）公司总经理、TCL 集团副总裁、中国企业家优秀代表，很难想象，反差巨大的这些字眼会同时出现在一个人的身上。然而，事实上，这所有的字眼堆砌起来，也只能勾画出这个女人无数特征的一角，在她的身上，我们更多的是看到一个女性顽强不屈的拼搏精神和改变现实的巨大勇气。

这个人，就是被中国经理人尊称为"打工皇后"的吴士宏。

吴士宏进入 IBM 还有一段冒险的经历。当时还是个小护士的吴士宏，抱着半导体收音机学了一年半许国璋英语，就壮起胆子到 IBM 应聘。当她看着长城饭店那扇透明的玻璃门，吴士宏几次产生退回去的念头。后来，好不容易鼓起勇气推开了那扇门，而笔试和口试吴士宏竟然都顺利通过了。

面试进行得也很顺利，就在快要结束的时候，主考官看着吴士宏说："你会打字吗?""会!"吴士宏条件反射般地说。

"那么你一分钟能打多少个?"

"您的要求是多少?"

主考官说了一个数字,吴士宏发现现场并没有打字机,于是想都没想就点头了。果然,考官说下次再考打字。

实际上,吴士宏从未摸过打字机。面试结束,她飞也似的跑了回去,找亲朋好友借了170元买了一台打字机,没日没夜地敲打了一个星期,双手疲乏得连吃饭都拿不住筷子了,竟奇迹般地达到了考官说的那个专业水准。但进入公司后,根本没有人考她的打字水平。

吴士宏说在人生的道路上,她最不能控制的事情只有两件,一件是她的出生,另一件是她的一场历时四年的大病。病危报了三次,她的头发也脱光了,就在大家觉得束手无策时,她的病居然奇迹般的好了。

"病中方四载,世上已千年",当她从医院出来的时候,突然发现世道变了,好像除了她所工作的椿树医院,哪儿都开始要"大专以上文凭"。要想改变生活,拿到文凭是必须做的第一件事。

为了省钱和省时间,她决定自考,于是报了考试科目最少的英语。考试所用的书也都是向亲戚朋友借的,英语的听力和口语就靠听收音机自学。

自学考试一年考两次,3月和9月各考不同的科目,吴士宏为了赶上所有的科目,开始像个吝啬鬼一样,掰分掐秒地算计时间:一天24小时,2小时要花在路上,她住在工人体育馆附近,到南城琉璃厂上班,路上怎么

娇不惯,富养女孩的100个细节

Bujiao Buguan,Fuyang Nühai De 100 Ge Xijie

也得花 2 小时，坐公共汽车也省不了时间，还是骑自行车省点钱；4 小时连睡觉吃饭在内的一切生理需要，去厕所时是可以看书的，时间不会"浪费"；8 小时工作。这样，一天只剩下 10 个小时学习，怎么算怎么不够，于是她就设法"偷"时间：尽可能多地换成夜班，病房不大，没有重病人，半夜病人都睡得挺踏实。从凌晨 1 点左右到 5 点能"偷"出来 4 个小时。那时的搏命经历，为她以后十几年外企生涯打下了功底。

"若非一番寒彻骨，哪得梅花扑鼻香"，正是早年的这些磨难和挫折，才造就了吴士宏日后领导千军万马的卓越能力。其实，任何一个成功的女性背后，一定有一段不为人知的吃苦的故事。

如果我们养育的女孩都像童话中的豌豆公主那样，因为几十层的毯子下面有一颗豌豆而失眠的话，那么她们将来又怎么能够微笑着面对各种各样的问题呢？

虽然我们说父母要给女孩一个温暖的成长环境，但这并不表示父母要为女孩扫除一切成长的障碍。有的父母会在孩子受委屈之后一起责怪让她受委屈的人不对，甚至小孩子摔倒了父母还去假装责怪让孩子摔倒的小板凳什么的，这些看起来像是在替女孩出气，其实是在误导女孩。

每个人都应该经受一些挫折，才能成长。女孩在家庭中一直安稳自在，在外面受点委屈才是正常的事情。这就像是植物的光合作用，产生氧气，也要吸收二氧化碳，才能达到平衡的状态。

如果同班同学误解了她，不要替她责怪同学；如果老师错怪了她，不要替她抱怨老师。因为这些行为是在告诉女孩："你不应该受委屈。"而事实上，有人说心胸正是委屈撑大的。

有一个崇尚"富养女孩"的家庭，一直对女儿呵护有加。有一天，爸爸带着女儿去好朋友家做客。好朋友进去给孩子拿水果的时候，一个热水瓶突然倒下了。客厅里就只有女孩和爸爸两个人。

当朋友出来之后，爸爸站起身说："真是抱歉，我刚才不小心将水壶弄翻了。"女儿在旁边很惊讶，但是爸爸用眼神告诉她"什么也不要说"。朋友当然没有责怪爸爸，但这件事情让女儿不得其解。

"爸爸，您不是教我做人要诚实吗？诚实就是做错了就承认，但不是自己做的事情，怎么能够承认呢？"

"有的时候，自己受一点点小委屈，却可以化解别人心中的不愉快。这比坚持是非曲直更有价值。"爸爸接着说，"如果将来有一天，你也遇到这种问题，不要急于替自己解释，最好和我一样'承认错误'。"女孩听了并不明白爸爸的道理。

但是当女儿长大成人之后，她越来越明白爸爸的用心，也从心底佩服爸爸做人的智慧。

其实，给女孩不抱怨的智慧，正是培养女孩心胸要宽阔，不怕吃苦，更不会斤斤计较那些小委屈，唯有如此，女孩才能能力超凡。

真正的富养指的是培养女孩灵魂上的富足感

西方有种说法，当人死亡之后，他的体重减轻了 21 克——那是灵魂的重量，他们还说，由于狗死后体重没有变化，因此狗没有灵魂。灵魂，被科学家们在完全密封的环境中称出来的这个数字，用更直观的说明是，不足两袋速溶咖啡的重量，但对人却有着至为重要的作用。

如果一个人活着没有原则，没有信仰，没有追求，我们就说他是没有灵魂的人，是行尸走肉。文学作品中有很多这样的形象，比如华盛顿·鄂文的《魔鬼和汤姆沃克》中的汤姆，把灵魂出卖给了魔鬼，魔鬼对他说："你要勒索债券，取消抵押的赎回权，把商人逼到破产……"汤姆利用魔鬼交给他的方法，变成了一个有钱有势的人。他为了炫耀自己，给自己造了一栋大房子，然而由于他的吝啬，房子的大部分没有盖完，里面也没有家具。他给自己配了马车，但是却把马饿死了；鄂文在文章中这样描绘："当那些没有上油的车轮在车轴上尖叫悲鸣时，你会觉得你听到了他压榨的那些借债人灵魂的呼喊。"

像汤姆那样的为了金钱而出卖灵魂的人，任何国家的历史中都有很多。他们不仅存在于作家笔下，更存在于生活中。一个人一旦没有了灵魂，他们的一生都将和罪恶、耻辱、贪婪相连。

然而，令人感到惊讶的是，往往越是富有的人越容易迷失灵魂。原本在贫穷的生活中能够勤勤恳恳的人，突然一下子暴富之后，往往会丢掉以前吃苦耐劳的习惯，贪婪懒惰到一发不可收拾。有时候，物质就像是灵魂的宿敌。隐居深山清贫度日的人往往志向高洁，身居闹市享尽荣华的人往往流于恶俗。

所以，我们在讲富养女孩的时候，似乎是在宣传一个矛盾的思想：既然要让女孩在物质上得到尽可能好的照顾，那又为何在意灵魂上的富足呢？

因为灵魂的贫富，才是生命的贫富标准。一个富有的人可能是一个精神上的乞丐，一个贫穷的人可以是思想上的富翁。

金钱固然很重要，理财也是人生必需的课程，但拥有金钱最终是为了更好地生活，如果只看重富养的外在形式，而忽略了女孩的精神成长，就像一个人的两条腿一长一短，是不能匀速稳当走路的。越是在强调金钱至上的社会里，父母越是要保护好女孩的心灵，让她在精神上成长得健健康康。

王夫之又叫王船山，是历史上的大学问家，曾经组织过反清复明的运动，晚年在湖南西部的石船山上写书。他们家世代为官，家境很好，也很有名望。

他嫁女儿的时候，人人都想看一看王家的家底到底怎样，以为他会准备什么稀奇嫁妆。结果，新娘子上轿之前，王夫之拿出一个小箱子，交给女儿说："这是我为你准备了几十年的嫁妆。"媒婆打开一看，里面全是书和纸稿！

见到众人失望和惊愕的表情，王夫之对女儿说，别小看箱子里的东西，那是他一生研究的学问，说的是怎样做一个有骨气、有出息的人的，什么金银财宝也比不上有用的知识。

女儿明白了父亲的用意，顿时觉得非常骄傲，风风光光地上了花轿，热热闹闹出嫁了。

别人嫁女儿要求风风光光，但是王夫之嫁女儿只送书本。因为他坚信学问对女儿生活的帮助，比任何嫁妆都值钱。一个女孩到了婆家不明事理、不知道孝顺长辈体恤亲友，不能好好地扶持丈夫的事业，不能给孩子们树立正面的生活榜样，不能把做人的道理和读书的方法等等传授给孩子们，这样的女儿嫁出去也难得幸福。

把书籍当成女儿的嫁妆，在历史上并不多见，因为我们往往看重物质在生活中的重要性，而没有看到人的幸福与否更大程度上取决于精神上的满足与否。理性的家长在教育的过程中，更要注重培养女孩在精神上感受到被关爱、被呵护。

很多父母不知道如何表达对女孩的期待，其实，写信就是一种不错的方式。书信是一种非常隐私的行为，但是它也是最能传递感情的一种方式。女孩子天性浪漫，如果她们收到父母的来信，会非常惊喜，也很容易被感动和影响。

这里就有一个做得很好的父亲：

看到女儿整天心神不宁的，敏感的父亲看出来女儿是谈恋爱了。可能她正在暗恋一个人，可能她正在犹豫要不要接受别人的表白，也可能她正在犹豫要不要和家长商量一下。

这时候，父亲决定趁自己要出差的机会，给女儿留一封信在她房间里：

亲爱的女儿，转眼你已经是一个漂亮的姑娘了。好像昨天还抱着你去儿童公园一样。

在你这个年龄段，肯定会有很多意外的奇遇。比如说遇到了一位让你大开眼界的老师，比如说，有位很优秀的男孩子可能喜欢上了你，或者你会喜欢上特别的人。这都很正常，也很让人烦恼。

如果这些事情真的会让你苦恼，那么希望你能和我或者妈妈分享一下，我们都有过类似的经验，也许能给你一个不错的意见。

写信也好、发信息也好，都是在传递感情，而感情上的丰富和理性，正是人成长的重要标志。一个在小时候得到足够关爱的女孩，她的心灵是健康的、完善的，这样她就有能力去自己经营好人生。一个灵魂上饱满的女孩，就像一个健康的种子，只要你给她阳光雨露，她就能健康地成长起来。

第一章 女孩需要父母特别的呵护

——女孩的性别特征决定了她们极易"受伤"

细节 1　脆弱胆小——女孩比男孩更
需要父母的关注与爱

古典文学作品中喜欢形容一个女孩温婉美丽，就说她娇喘微微，似弱柳扶风；泪光点点，如梨花带雨。眼泪是很多女孩的杀手锏，遇到不如意的事情就会发发小姐脾气。哭是女性的发泄方式，但是总是喜欢哭的女孩可不招人喜欢。

芬妮是家中的独生女，也是爷爷奶奶的掌上明珠。她长得非常可爱，伶牙俐齿也非常招人喜欢，唯一的缺点就是太爱哭了。她小时候爱哭，别人都说过了这个年龄就好了。但是现在已经是一个高中生了，每次考试砸了会哭，老师批评了也哭，朋友闹矛盾了痛哭，和父母因为小事情赌气，也在自己的房间里哭个不停。芬妮没有什么好朋友，因为大家都受不了她总是流眼泪的性格。男孩子们叫她"泪汪汪"，女孩子们也在私下叫她"水汽包"，芬妮还为此大哭一场，让一家人都不知道怎么办才好。

妈妈一直想治一治芬妮的"泪眼"，因为她知道，现在她在家里哭了有人让着她，但是在外面哭多了，别人还会嫌弃她，不想和她合作。有一天，芬妮的妈妈在报刊上读到一个女性的故事，很受触动，于是把这个故事讲给了自己的女儿。

故事的主人公叫做吴健雄，这个名字听起来很阳刚，其实是一位才华横溢的女性，一个被诸多诺贝尔奖获得者推崇的、对人类科学的贡献更胜过居里夫人的华人女科学家。

　　吴健雄出生在江苏太仓浏河镇，那是一个典型的江南小镇，小桥流水，烟雨蒙蒙。她的父亲是一位开明人士，曾在著名的上海南洋公学读书，参加了蔡元培先生主办的倡导"学术自由、兼容并蓄"的爱国学社，并加入孙中山先生的同盟会，参加上海商团。

　　父亲是个多才多艺的人，他自己动手装了一台收音机，让吴健雄听到无线电广播的声音，还为她买百科小丛书，给她讲述科学趣闻。当时很多人还相信"女子无才便是德"的古训，开明的父亲却鼓励女儿上学读书。吴健雄七岁时便进校受启蒙教育。父亲在课余常带女儿出去玩，寻觅家乡的历史古迹，向女儿讲述三宝太监郑和率船队下西洋的故事。

　　在苏州女师读书时，吴健雄第一次聆听了胡适的演讲。胡适的讲题是《摩登妇女》，他的话语让坐在台下的吴健雄眼界大开，当得知胡适第二天在东吴大学还有一场演讲的时候，吴健雄又到东吴大学再次聆听。胡适对社会改造、对新时代妇女的见解，让吴健雄大为赞叹。大师的智慧，点亮了一个普通女生内心对知识和世界的好奇之火。

　　1929 年，吴健雄以优异的成绩从女师毕业，被保送到南京中央大学。但当时规定要教书一年才能入学，她就跑到上海的中国公学读书。那时胡适并不认识她，只听说过"吴健雄"这个人是一个成绩优秀的学生。

　　有一次历史考试，胡适担任监考老师，他发现坐在前排的一个女生两个小时就答完了题，第一个交卷。胡适浏览了一遍她的试卷，十分满意，就把卷子送到教务处，正巧遇上另外两位老师，胡适兴奋地说："我还从来没有见过一个学生，对清朝三百年的思想史能理解得那么透彻。"胡适决定给她100分。那两位老师也说有个女生十分聪颖，常得满分，当三个人各自把那位女生的名字写下来，一对照，写的都是"吴健雄"这个名字。

从此，胡适对吴健雄寄予了很高的希望。1936年，吴健雄离开战乱的祖国到美国加利福尼亚大学读博士，那时候她还是一个英文讲得不太流利的姑娘。但是几年之后，她已经能在世界上最好的物理实验室里工作了。

到美国参加哈佛大学300周年纪念演讲之际，胡适还专门去看望了吴健雄，并给她写了封长信："你是很聪明的人，千万珍重自爱，将来成就未可限量，""你在海外驻留期间，多留意此邦文物，多读文史的书，多读其他科学，使胸襟阔大，使见解高明。"

读书人是"家事国事天下事，事事关心"，吴健雄虽为一介女流，但也对祖国命运非常关注。吴健雄的大学时代正是民族危亡的时期，她足不出户地用功看书。大一时发生了"九一八事变"，莘莘学子愤怒了，纷纷拥向街头游行示威。物理系同学推荐品学兼优的吴健雄做游行请愿的领头人，她当仁不让。

在美国留学期间，她偶遇同学，看到对方处境窘迫，吴健雄硬是拉着她的行李搬到自己家中，给她腾了一间宽敞的房子，并且出双倍的价钱买这个同学的画作。由于她在物理学上的贡献和出众的人品，很多人总是拿她和居里夫人对照，有人评价说："吴健雄在各方面的表现，更甚于西方的居里夫人。她不只教学，她在管理、领导上展现的才能，提倡两性平权的见识，令人如坐春风的处世风格，实在叫人折服。"

虽然在物理学上成就突出，但她没有获得诺贝尔奖。很多人都为此抱不平，为西方对东方的偏见、对东方女性的偏见而呐喊，但她本人并不介意。十多年后，以色列人设立了沃尔芙奖，专为那些应得而未得到诺贝尔奖者而设，吴健雄是该奖第一位得主。

吴健雄平时以俭朴著称，但为设"吴仲裔奖学金"，她捐出近 100 万美元巨款。1992 年，四位华人诺贝尔奖得主：李政道、杨振宁、丁肇中、李远哲，在中国台北发起成立"吴健雄学术基金会"，要给八十岁的吴健雄一个惊喜，她一再婉拒。吴健雄说："我不喜欢出风头，做研究是我的本分，我只是运气好，成果还不错而已，不要以我的名字成立基金会。"

"真的想不到，科学界还有这样一位了不起的华人女性。"妈妈讲完吴健雄的故事，等待女儿接话，但是女儿一时间并没有怎么说话。她自己拿过报刊，又把故事读了一遍，然后说："妈，帮我买一本吴健雄的传记怎么样？"妈妈一听，欢喜得不得了，马上咨询老师，给女儿买了好几本著名女性的传记，和女儿一起看，渐渐地，这个爱哭泣的小姑娘真的就不轻易流眼泪了。

女孩子都有一种"表演"的情结，你越是在意她的一举一动，她就越是想表演给你看。就像有些人在有客人的时候会格外娇气，只有家里几个人的时候就很正常一样。这是人之常情。不过，当女孩因为一件小事情而流眼泪的时候，如果她是故意给你看的，你就假装没有看见好了。像往常一样看看报纸、喝茶聊天，就像把她忘了一样。当没有观众的时候，她就自己停下来了。次数多了，她也会觉得没有意思的。

在美国，很多家庭都主张用放任的教育方式来处理孩子们发脾气的问题。就是当孩子开始发脾气的时候，把他一个人扔在一边不管他，等他自己觉得没有意思了，也就冷静下来了。

不过，一定要注意的是，当女孩在真正受了委屈或者很脆弱的时候，爸爸妈妈还是要第一时间站在她身边。

建议一：妈妈是女儿最亲近的朋友

在家庭关系中，母女是最特别的一对。有人说女儿是父亲前世的情人，那么女儿就是母亲前世的情敌。今生做母女，既有妈妈与女儿之间的血脉之情，也有抢夺关爱和家庭地位的"斗争"。这样奇怪而有趣的关系，也只能母女之间才有。

现在独生子女居多，妈妈不像过去那样需要对好几个孩子负责，如果家里只有一个女孩的话，很容易产生问题。因为妈妈的注意力都集中在女儿身上了，她可能有时候达不到妈妈的标准，就会被责骂。很多妈妈极力想建设好自己和女儿的关系，但都到头来都是徒劳——因为妈妈没有把握好和女儿的距离，其实，你们只要做最好的朋友就好。

朋友就是相互理解，支持，尊重，并且能够始终保持一定的距离。

对于每一个人来说，当自己产生喜怒哀乐的情绪时，总想和人一起分享。我们成年人，有和人分享的心理需要，同样，女孩也需要人与她分享生活中的喜怒哀乐。倾听并分享女孩的喜怒哀乐，有利于协调父母与女孩之间的关系，让女孩感到父母在关心、爱护她，从而取得女孩的信任。

在家庭教育中，妈妈和孩子相处的时间明显多于爸爸，这时候女儿对爱的需求主要从妈妈身上得到满足。妈妈需要认识到女孩的心理特点：

第一，女孩希望有人耐心地倾听她们的告白

女孩在找父母聊天时，和男孩希望得到建议和帮助不同，她更希望父母能专注与感兴趣地倾听，分享她沮丧的感觉或宣泄她遇到的问题或者她的开心喜悦。

沟通对她们来说很重要，她需要的是支持而不是解决问题的途径，因为在女孩的思维里，发泄完了，问题就解决了，情绪也就随之好起来了。

如果女孩在和你讨论问题的时候你不能了解她的感受，反而自以为是地提供一连串解决问题的答案或者敷衍应付，女孩会变得不愿意继续交谈。

> 瑶瑶放学回到家后，她迫不及待地和妈妈分享这天的感受。
>
> 瑶瑶："当班长太累了，又要自己学习，还要维持纪律。"
>
> 妈妈："既然不喜欢，就和老师说说不做了。"
>
> 瑶瑶："可是我也很喜欢做班长，它让我觉得很光荣。"
>
> 妈妈："既然你喜欢，那就不要再嚷嚷着说累了。"
>
> 瑶瑶沮丧："可是喜欢不代表不累啊！"
>
> 妈妈无奈："真不知道你到底要说什么。"
>
> ……　……

谈过话后，瑶瑶只觉得情绪无处发泄，她不愿意继续交谈，因为她觉得无趣极了。

如果妈妈换一种谈话方式，更注意倾听，谈话的效果就会有明显的不同。

瑶瑶："当班长太累了，又要自己学习，还要维持纪律。"

妈妈："你今天好像很累。"

瑶瑶："是啊，当班长让我觉得很光荣，可却也让我总觉得有压力。"

妈妈："嗯，我明白你的感受，我也曾经有过这样的情况。"

瑶瑶："我该怎么做才好呢，真头疼。"

妈妈："妈妈相信你一定能处理好的，来，让妈妈抱抱你。"

瑶瑶："谢谢你，妈妈，我觉得舒服多了。"

瑶瑶继续这样不停地讲着，她很兴奋，喜欢和妈妈说话，因为妈妈愿意当她的听众。

从上面的例子我们可以看出，女孩更需要的是倾听。

第二，大胆地帮助女孩，她会觉得更受珍视

如果男孩不找你，你千万不要主动帮助他，因为他会受到伤害。这个警告并不适用于女孩。女孩通常认为若有人肯帮助她，那是在她的帽子上添饰羽毛，让她觉得自己可爱又受珍视。

第三，女孩喜欢被人珍视的感觉，因此，请尽量表现你对她的爱

相比男孩喜欢被需要的感觉，女孩更希望自己被珍视。如果

女孩发现自己被人珍视和喜爱，就会让她有一种莫名的满足感。

如果女孩在爸爸妈妈那里得到更多的亲切、爱心和体贴，那么女孩会更有安全感。和家人或者朋友畅所欲言，是培养双方关系的大好机会。父母们应该给女孩更多的爱，但必须有一个前提：在不把女孩看成"弱者"的基础上。只有在父母理性的爱的呵护下，女孩才能独立，才能更快成长。如果父母对女孩的感觉表示兴趣、关心她关心的问题时，女孩就会觉得被爱。

要让女孩有这种体验，我们应该注意以下两个方面：

当女儿请求你为她做些事情时，与其说"没问题"不如说"我很乐意去做"。

经常送一些小礼物给女儿，在女儿眼里，她看到的不是礼物，而是礼物装载的满满的珍爱。

第四，分享女孩的沮丧与无助

女孩面对压力时，会愈来愈不知所措和变得情绪化。她们希望有人在这个时候了解并且帮助她。而父母这时候最应该做的就是和她一起谈论问题的细节，然后分享她的沮丧、迷惑、无助的感觉，这样女孩就会不再孤单，而是感到舒服和快乐。

譬如女孩受压力时，会抱怨：

我学习成绩总是上不去。

为什么我长得这么普通，而我特别讨厌的那个女孩却那么漂亮。

为什么我总是这么倒霉？

该死的考试，什么时候才能结束？

女孩通过类似的话来表达她的烦恼、失望和挫折。如果倾听者关心她的挫折与失望，她会感到受支持，当然，她并不需要你的解决方案，她需要的只是发泄，如果有人听她抱怨，不用太长时间，她自己的情绪就会慢慢好转，不再觉得这些是压力。

第五，女孩更关注自己的人际关系

相对于男孩而言，女孩更关注自己的人际关系，女孩们喜欢根据各自个性上的差异，组成一个个趣味相投的小团体，如果女孩不能被团体接受，她会觉得被孤立了，从而产生自卑、怯懦等不良情绪。因此，我们应该鼓励女孩结交朋友，并对其加以适当的引导。

女孩如果自己的人际关系出现问题，如和好朋友吵架、父母对她提出批评等，都会直接伤害到女孩的心灵，她们会觉得自己的付出没有得到相应的回报或者父母不再爱她等心理不良情绪。

另外，与同龄女孩的交往。她们会两两组成"最好的朋友"，而且会时不时地闹闹小矛盾，这时候妈妈千万不要给女孩讲一些"珍惜友谊"之类的大道理，最好的办法就是听女孩倾诉，然后让她自己解决问题。

建议二：爸爸要多给女儿欣赏和信任

父亲是女孩生命中的第一位异性，如果父亲希望自己的女儿将来能充满自信地和异性相处，首先就要要求自己在和女儿相处的时候做到欣赏她、信任她。

从最简单的外貌上来说，有的女孩越来越美丽，有的女孩却越长越没有气质了。这其中父亲的影响很重要。

有一个女孩喜欢颜色很艳丽的衣服，每次妈妈给她买衣服都会引起女儿的不满。"你选的衣服已经过时了，穿着像个老太太。"女儿的态度也让妈妈很生气。这时候爸爸出现了，他该怎样解决这个矛盾呢？

"我看看，哦，这件衣服的颜色可能对婷婷来说有点重，她皮肤很白，可以穿一些浅颜色的衣服嘛。不过深色的也有一个好处，不容易弄脏，在学校穿也挺好的。"

"婷婷，我觉得你上回穿的那件浅绿色的衣服很好看。"

"哦，其实还好，我最喜欢的还是那条吉卜赛风格的裙子，但没有什么机会穿。"女儿开始和老爸聊起来。

"是吗？但我还是觉得你穿浅色的衣服更有神采。不过我代表的仅仅是男性的审美眼光。"

听了爸爸的话，婷婷渐渐喜欢穿浅颜色的衣服了，她那条吉卜赛裙子，终于收到箱子底下去了。

其实，很多问题都可以这样解决，当女儿坚持自己的意见的时候，爸爸代表男性来肯定女孩的观点，然后又说明自己认为更好的一面，女孩们大多都会乐于接受。

当然，父亲对女儿的影响力绝对不仅仅限于穿什么衣服的问题，如果父亲们希望女儿能够选择最适合自己的人生道路，并能够坚持下去，那么最好一直不停地给女儿鼓励和信任。有的父亲喜欢对女儿采取高压的政策，以为这样就能防止女儿走上人生歧路，其实这样做只会影响父女之间的关系。

美国现任的国务卿、前总统夫人希拉里出生在一个男权家庭里，父亲的脑海中，总是充斥着男性中心化思想，他在家中如君主一般高高在上。而希拉里的母亲多萝西是一个苦命的女人，从小就被父母抛弃，好不容易组建了自己的家庭，所以总是忍气吞声，希望让自己的家庭看起来和谐幸福，她在丈夫面前犹如一个侍女。

希拉里出生后，父亲对女性的看法也没有变得温柔。

他对女儿只有不断地要求，希拉里为了成为全校第一拼命学习，明明没有运动细胞，却硬要使自己成为女垒运动员，所有这些都是为了博得父亲的欢心。看到女儿和自己年轻时一样潜心学习、热衷运动，父亲会欣喜若狂，但是发现女儿稍有松懈，就毫不掩饰地流露出失望之情，并立刻收回父爱和信任作为对她的惩罚。

父亲的高压让希拉里感到很疲倦，尽管她事事尽心尽力，却常常不能得到同学的认可，她没有得到大部分学生的支持成为干部，这让她很失落。"为什么他们不喜欢我？"当思考这个问题的时候，她想到父亲严厉的面孔和暴跳如雷时的可怕声音，她似乎找到了答案，并且想采取行动。

1965 年，希拉里和 1000 多名同学高中毕业，大多数同学选择了离家较近的大学，只有希拉里一个人选择了 1600 千米以外，位于美国东部的卫尔斯利女子大学。希拉里告诉同学们她之所以要走这么远，就是"为了摆脱父亲独裁者般的统治"。

而宋庆龄女士，从小受到的则是另外一种教育。1893 年 1 月 27 日，宋庆龄出生在上海一个牧师兼实业家的家庭。父亲作为孙中山的朋友和同志，是她的第一个启蒙老师，母亲也是一位大家闺秀，对她和她的姐妹弟弟都有着很大的影响。

宋庆龄生性腼腆，和姐妹兄弟们在一起时，她总是最文静的一个。不过父亲为她营造的生活环境和气氛，使小庆龄于天性之外受到裨益。假期里，三姐妹和兄弟们在院子里玩耍，爬过院墙到别人的田地里嬉戏。他们到田野里奔跑，采集花草，捕捉虫鸟，无拘无束地尽情欢笑。

有一次，姐妹兄弟玩"拉黄包车"的游戏，宋霭龄装作黄包车夫，宋庆龄扮成乘客，小妹小弟跟在身后又蹦又跳。正玩得开心时，不料"车夫"拉车用力过猛，双手失去控制，一下把"乘客"抛了出去。"车夫"愣在那里傻了眼，知道自己闯了祸；"乘客"又疼痛又委屈，满脸不高兴。

这件事被父亲知道后，亲切地对宋霭龄说："做游戏也要有分寸，'黄包车夫'可不光是使力气呀！伤了乘客还怎么拉生意呢？"小霭龄很不好意思。父亲又笑着对宋庆龄说："我们的'乘客'这样宽宏大量，这样勇敢坚强，真是了不起！"

其实，很小的事情上就能看出父亲在教育上的水准，就像孩子们玩游戏出了小问题时，有水平的父亲会安抚孩子的情绪，让孩子们继续玩耍但是不再犯同样的错误，而冲动的父亲就会充当裁判员的角色，行使自己的"家长特权"去审判孩子，影响孩子的心情和改正的自觉性。

如果站在欣赏和信任的角度去看待你的女孩，你会发现她身上有很多可取之处；如果你能及时让她知道这些是她的优势，她就能朝着这个优势一直发展下去。其实成年人之间也是需要不断的鼓励和信任的，父女之间，就更是如此了。

爸爸千万不要在女儿面前说妈妈的话坏，不仅不利于母女关系，而且影响自己在女儿心目中的形象——试问有哪个好男儿会计较小事情，还在别人背后说坏话呢？这里有一对父母就做得特别好。

在莎莎上幼儿园的时候，有一天她的母亲和父亲整整坐了一夜，也说了一夜的话，也许是一些对她并不重要的话，或是因为莎莎太小没有记住。但有一句父亲说的话她记住了："你走吧，由我来向莎莎解释。"这意味着母亲要走了。

莎莎的母亲走了好几天了，莎莎每天都在等着爸爸所谓的解释。也许他把他说的话忘了，仍跟以前一样接送莎莎上学，给莎莎在学前班的家长手册上认真填写她又学会了的新字，又听到的新的故事，以及纠正莎莎左手写字画画的进展情况。这些在莎莎的其他同学家里都是由母亲来做的事情，在她家里却一直都是由父亲来做的。每当莎莎的奶奶看到这些，就叹气说莎莎的母亲"心早就不在啦"，莎莎的父亲就会用眼神制止奶奶，好像在隐瞒什么。但莎莎并不追问，莎莎相信总有一天父亲会向她解释的。

莎莎母亲走了快到一星期后，又是一个晚上，莎莎父亲合起给莎莎读的故事书，又压了压莎莎本来已经压得很好的被角，像又要给莎莎讲故事一样地说："你一定听过很多天使的故事。"

莎莎的父亲停了停又继续说："每一个天使飞到一个地方，发现那里有人冷了，有人饿了，有人在受苦，有人需要她的帮助了，她就会留下来当差，做他们的父母兄弟。如果一切都很好的话，不当差的天使就会放心地飞走，继续去找需要她帮助的人。如果世界上的爸爸妈妈就是天使，是专门飞来照顾孩子，陪孩子一同好好长大的话，那咱们家里，有爸爸一个人就能照顾好莎莎。所以，妈妈才放心地把莎莎留给爸爸，妈妈去了一个叫澳大利亚的很远的地方，就像不当差的天使一样……"

　　莎莎当时很小，但她听明白了这是怎么一回事，那就是妈妈离开了。

　　这也是莎莎在以后的生活中，听到过的父母在孩子面前对"离婚"做出的最美、最好、最阳光灿烂的解释。

　　母亲是女儿的榜样，那么父亲就要保护好女儿的榜样。和莎莎的爸爸那样做，保护女儿的童心，保持母亲的形象，也就是在培养自己和女儿的感情。

细节2 小气自私——父母需要
多花时间帮女孩学会分享

"爱自己""看清自己的痛苦与快乐"容易做到，可是"就像爱自己那样爱别人"、"感受别人的痛苦和快乐"，就有些难度了。

父母对女孩的美德教育往往到此戛然而止。但是，如果想让别人爱你的女孩，务必从现在起让她明白：只有设身处地地为他人着想，懂得换位思考，你才会获得更多真挚的友谊。

有这样一个流传已久的故事：

古希伯来有个国王所罗门是个令人尊敬的国王。一次，有一对老夫妇闯进来国王的宫殿，老翁讲他想要离婚，所罗门问为什么，老翁讲出了若干个理由。所罗门边听边赞许地点点头，最后说："是的，你说的很对，你们应该离婚。"

话音未落，老妇人就大喊大叫地强烈反对，说绝对不同意离婚。所罗门问她理由，她的"理由"比老翁的还要充足。所罗门听完，同样觉得很有道理，最后说："是的，你是对的，你们不应该离婚。"

这时，国王身边的大臣见国王如此断案，忍不住站出来反对说："大王，你不应该这样断案，你这样断案是不对的。"所罗门听了点点头，最后说："不但他们是对的，你也是对的，作为一个国王，的确没有这么断案的。"

所罗门王在断案时，他不仅仅是听，而且把自己想象成对方，从另一个角度去思维，他所用的其实是"换位思考"。

所谓换位思考，就是要把自己设想成别人，站在别人的角度考虑问题。很多时候甚至需要暂时抛开自己的切身利益，去满足别人的利益。

而在现实生活中，孩子们习惯于从自己的特定角色出发来看待自己和他人的态度与行为，而且习惯于自我中心式的思维方式，从而引发出一些不必要的冲突和矛盾。比如，晨曦的奶奶突然病逝了，晨曦最近心情糟糕到了极点。当晨曦来到学校后，很多朋友这样"安慰"她："她是怎么死的?""你奶奶以前对你好吗?""天哪，没想到这么快就死了?"……这些孩子的出发点当然是关心，但因为没有站在晨曦的角度思考问题，结果使晨曦心理受到莫大的伤害。如果大家都能从晨曦的角色去思考一下，都能将心比心地换位感受一番，那么结果就会完全不同了。

家长在平时的教育中，应该告诉女孩：唯有感同身受地去倾听别人的烦恼、痛苦、快乐、幸福……才能使别人愿意与你交流、沟通，并真切地感觉到你对他的尊重。

当然这种"感同身受"一定要发自内心的，不带任何利己成分。如果关爱别人，目的是希望从别人那里捞取更多的好处，那么这种关爱是丝毫没有意义的。

换位思考的实质是对交往对象的切身关怀，深入对方的内心世界。它是一种理解，也是一种关爱。建立在换位思考基础上的相互理解和关爱，能够很好地促进彼此间的团结与合作。

立场不同、所处环境不同的人很难了解对方的感受，因此对别人的失意、挫折、伤痛，不宜幸灾乐祸，而应给予关怀与了解。

　　春秋时期，管仲和鲍叔牙是一对好友。两人合伙做生意，管仲少出资而多分利，鲍叔牙知道管仲是为了奉养老母，而不是贪心；鲍叔牙听取管仲谋策，遭到失败，鲍叔牙认为是时机不对，而不是管仲无能；管仲三次被罢官，鲍叔牙认为是君主不明，而不是管仲无才。管仲三次打仗三次逃走，鲍叔牙说他不是胆怯而是因为家有老母无人照顾；最后管仲辅佐的公子纠兵败被杀，别的臣子都自杀殉主了，管仲却宁可躲进囚笼受辱，鲍叔牙说他不是无耻贪生而是忍辱负重以成就宏图大志。

　　像鲍叔牙这般将心比心、善用换位思考，实属难得。

　　无怪乎管仲慨叹："生我者父母，知我者鲍子！"

　　只有理解他人，感受他人的痛苦和快乐，才能与人为善。如果不懂得欣赏他人，就难以接纳和理解他人，更谈不上奉献爱心。

　　父母要让女孩明白：与人相处时，充分尊重彼此之间的差异，学会替别人考虑，这样就会取得事半功倍的效果。

　　在女孩与朋友之间因为某些事情发生分歧时，不妨帮她一起分析其中的原因，看看分歧点在哪里，为什么两个人的想法会不同，接着建议孩子这样思考："我要是处在他的情况下会有什么感觉？会有什么反应？"最重要的是让女孩学会体谅他人，从他人的角度看问题。比如，为了让别人听清楚你的声音，不妨提高说话的声调，为了不让对方伤到，递给他剪刀的时候可以把把手那一边冲着他，当对方总是脾气暴躁、对人苛刻的时候，想一想是不是他最近工作压力太大……

　　正像俗语所说的那样，"穿别人的鞋，才知道痛在哪里"，鼓励女孩站在对方的立场上关爱对方，了解他人的真实处境，切身地感受他人的喜怒哀乐，这样女孩才能成为一个真正受欢迎的孩子。

有时候，女孩也很想去帮助小伙伴，也很想进行换位思考。但由于阅历以及其他方面的原因，她们往往是"心有余而力不足"。父母可以教给她们一种对话技巧：想帮助朋友，首先要把自己当做他，安静而专心地倾听他的倾诉，并且在适当的时候用一些简单的词语回应他们的感受，比如"嗯，是这样……哦……"。在朋友宣泄悲伤的时候，还要说出他们的感受，比如"他让你难过了！""这的确使你很灰心！"……在对话的最后，用幻想的方法帮他达到心里的愿望，可以说"真希望当时我在场……"

当然父母不需要直接反复告诉女孩这种对话技巧，只需要在平时的家教中用上这种技巧，使孩子从中受益。如此，孩子在人际交往中，自然会模仿这种有效的方法。

建议一：父母可以适度削减孩子的优先权

"妈妈，我可以去树林中采草莓吗?"一个夏天的早晨，艾米丽问妈妈。

"可以，不过你必须带着罗弗一起去。"妈妈说。

罗弗是她们家的狗，它已经跟随艾米丽三年了。

艾米丽高兴极了，妈妈做的早饭她只吃了两口就出发了。她不用担心自己会饿，因为妈妈把她的午饭装在一个铁盒子里给她带上了。

到了树林里，艾米丽采草莓，罗弗不安宁地到处乱跑，一会儿追松鼠，一会儿追兔子，玩得可高兴了。但它总是与自己的小主人保持一定的距离，以免她发生什么意外。

中午的时候，艾米丽饿了，因为她早饭吃得太少，所以把铁盒子里的饭全部吃完了。

等到罗弗回来的时候，盒子已经空了。艾米丽一点饭也没有给罗弗留下。

吃完饭后，艾米丽又开始采草莓，很快她就把自己的筐子装满了，于是她决定要回家了。就在她要走出树林的时候，一条大蛇停在了她的前面，吓得她惊叫起来。这时，勇敢的罗弗跳到蛇身上，一口就把蛇的脖子咬断了。

它回到主人身边，用头蹭着主人的手，似乎在询问艾米丽有没有受伤。艾米丽搂着罗弗的脖子，哭着说："亲爱的罗弗，我以前太自私了，对不起。"

罗弗才不会那么小心眼呢！它在草地上跳来跳去，似乎什么也没有发生。

这件事给了艾米丽很大的教训，从此她变得不再自私。当别人需要自己帮助的时候，她总是热心地帮助别人，还和身边的每一个人分享自己喜欢的东西。

如今每家的孩子几乎都是独生子女，父母长辈百般呵护，孩子生来养尊处优，对任何东西都有优先选择权和拥有权，当孩子尚未形成独立思想的时候，他会认为所有这些都是理所应当，这就为孩子将来表现出来的"小家子气"埋下了伏笔。随着孩子慢慢长大，接触的人和事多了，他便很难把自己的双手张开，将自己的东西与他人分享，凡事只考虑自己，自私自利，无视他人的状况和感受。

一群幼教专家要进行幼儿心理测试，于是来到了一所幼儿园。

　　他们首先出了这样一个题目："一个小弟弟发烧了，他冷得直哆嗦，你愿意借给他外套穿吗？"结果孩子们半天都不回答。

　　老师着急了，她点名问一个孩子，孩子回答说："病了会传染的，他穿了我的衣服，那我也该生病了，我妈妈还得花钱。"

　　另外一个孩子则说："我妈妈不让，我妈妈会打我的。"

　　第三个孩子说："给我弄脏了怎么办？"

　　第四个孩子说："怕弄丢了。"

　　结果半数以上的孩子都找出种种理由，表示不愿意借衣服给生病的小弟弟。

　　孩子们的回答听着让人心寒，另外一位不甘心的幼儿老师，叫来自己4岁的女儿问道："一个小朋友没吃早点，饿得直哭，你正在吃早点，你该怎么做呢？"见女儿不回答，她又引导："你给他吃吗？"

　　"不给！"女儿回答得十分干脆。

　　她又接着说："可是，那个小朋友都饿哭了呀！"

　　女儿竟答："他活该！"

想想看，如果我们身边的每个人都是这样自私，不懂得互相关照和与人分享，不懂得发现并感恩他人对自己的帮助，那这个世界将是怎样的寂寞荒凉呢？

很多家长总是在孩子出现问题的时候才慌张埋怨，殊不知很多问题都源于家长自身。比如当孩子小的时候，看中了别的小朋友的玩具，想一起玩却遭到拒绝，进而孩子也拒绝其他小伙伴分享自己的玩具。有的父母见状不置可否，甚至给予一些口头上的鼓励，这样，孩子的小气行为便愈加严重，甚至有的时候，家长见自己的孩子将自己的玩具借给小伙伴，或将自己的零食分给同伴后，张口就是训斥，说孩子"缺心眼"、"傻厚道"，这些反应和行为都会造成孩子的小气的秉性。

再有，很多孩子的"小家子气"是源于家长的无谓牺牲的，经常有的家长把好吃的菜先给孩子吃，好的水果先让孩子挑，这种无谓的牺牲在很大程度上滋长了孩子的自私心理，而一旦孩子出现小气行为后，家长往往不分析原因便找出一个相当流行的说法："家里只有一个孩子，要是有两三个孩子便知道分享了。""长大就好了。"等等，以此来掩盖自己教育的失误。

让孩子摆脱小气的毛病，家长务必以身作则，适度削减孩子的优先权，为人处世的时候要无私豁达，以自身的行为给孩子树立好的榜样。

不要过分溺爱你的孩子，要让他懂得好东西应该大家分享，教育他要懂得尊敬长辈。当家中来客人时，可有意识地让幼儿帮助"招待"客人，如拿糖果给大家吃或拿玩具请小客人玩等。另外，家长应多给孩子与同伴相处的机会，让其带着玩具和同伴交换着玩，增加其与同伴分享的经验。当孩子知道对方玩过以后会还给自己或是自己也有过玩他人玩具的体验时，自然会主动与他人分享并感到快乐的。

让孩子学会把自己的东西送给别人，如鼓励和引导孩子把自己的玩具、学习用品送给有需要的小伙伴，或者捐给有需要的社会人群。在节日的时候，提醒孩子给亲戚、伙伴送上一份小礼物，当孩子完成分享的行为时要给予及时的肯定和赞许，孩子就会努力使自己逐渐改掉小气的毛病。

另外，要教育你的孩子心存感恩。让孩子明白，一个自私的人，看到的只是个人的一点好处，通常不愿意主动付出，做事都喜欢讲条件，久而久之，做什么事都想不劳而获，最后的结局只能是一无所获。只有在生活中乐于与人分享、没有私心的人才有可能获得他人的帮助，做出一定的成绩。

建议二：女孩有多慷慨，要看父母

慷慨是一种可以培养的品质与能力，当一个女孩有足够的能力以及一颗宽大的心胸时，慷慨自然而然地就存在于她的品格之中。作为女孩，父母尤其要从小培养她慷慨做人的道理。因为慷慨不仅能够给受到帮助的人带来快乐，而且施与者也会同样感受到欣慰和愉快。

有一个孩子坐在路边的一堆金子上面，他伸出双手，好像在向路人乞求着什么。这个时候刚好一位神仙路过，问孩子："小孩儿，你有这么多的金子还需要什么呢?"。孩子说："我虽然有金子，可是我不快乐，我想要亲情、友情和爱情。"于是，神仙送给了孩子这几样感情。

一个月后，神仙又从这里经过，依旧看到孩子摊开双手乞求着。他问："孩子啊，我已经把那么多你想要的东西给你了，你还没有满足吗?"孩子答："我一点满足感都没有，我还想要成功和荣誉。"神仙听后又把这两样东西给了他。

又过了一个月，神仙经过这里，孩子照样伸着双手。孩子对神仙说："哎，虽然我拥有很多东西，可是我就是没有满足感。"神仙听后语重心长地对孩子说："那么你应该学着付出啊!"

果然,当神仙在一个月后再次经过这里时,他看到小孩儿正在把自己的金子送给穷苦的人们,孩子的脸上露出了甜美的笑容。他对神仙说："原来满足感藏在付出的怀抱里啊。当我一味地乞求时,虽然得到了很多,却没有感到满足。可是当我付出的时候,我为我自己的行为而感到骄傲。"

想要做一个吝啬与小气的人,那很容易,在别人向你寻求帮助的时候,你只需要不闻不问、不管不顾就可以了。可是要想做一个慷慨的女孩,那就不是一件简单的事情了。因为慷慨是一种人生态度的培养,在于平日的修养与学识,更在于家庭的培育。一个慷慨的女孩,她会受到来自各方的欢迎,无论是同学还是亲人。

生活中只要保持一颗慷慨之心,那么无论你付出了多少,都会受到他人的赞扬。

不是所有人都是慷慨的,因为慷慨是一种能力。假如一个女孩连自己的生活都料理不好,那么她又如何有剩余的精力来帮助别人呢?因此,父母应该有意识地培养女孩的能力,因为只有足够的能力才能够在女孩的心中孕育出慷慨的精神。

假如父母在平时对亲朋好友或是邻居都表现出大方、热情及慷慨,那么时间久了,女孩也顺其自然地有了慷慨的精神。

不娇不惯,富养女孩的100个细节

Bujiao Buguan,Fuyang Nühai De 100 Ge Xijie

细节3　任性——富养女孩
最容易导致的一个结果

任性似乎是女孩子的天性，若遇到什么不顺心的事，小嘴一撅，就哭个不停，生气的父母实在受不了，竟也学着和孩子一起任性起来，拉她、扯她、骂她、打她，却不会心平气和地和她谈上一谈，很多时候女孩的任性是善意的，如果父母也学着任性，那就不应该了。

美国儿童心理学家威廉·科克的研究表明，女孩任性也是一种心理需求的表现。他指出，随着生理发育，女孩开始逐渐接触更多的事物，但是却不能像成人那样对这些事物做出正确的判断和评价。

女孩只会凭着自己的情绪与兴趣来参与，尽管这些事物往往是对她不宜、不利，或者是有害的。而家长多以成人的思维去考虑女孩参与的结果，完全忽略了女孩参与的情绪和兴趣。实际上，这种情绪和兴趣，正是女孩心理需求的一种表现方式。

　　5岁的苏苏看到邻居小朋友的一辆遥控小汽车很好玩，回到家后，便向妈妈提出了要求："妈妈，我要小汽车。"

　　"好，"苏苏妈满口答应下来，"明天去买，今天商店关门了。"

"不，我要小汽车，我现在就要。"苏苏坐到地上，哭叫起来。

"你这孩子，怎么这么不听话。"苏苏妈急了，一把拉起苏苏，"都答应你了，你还想怎样。"

然而，苏苏却一直没有安静下来，她反反复复地重复着那句话："我要小汽车，我要小汽车……"

这件事情从表面看来是苏苏太任性，在无理取闹。其实真正的原因是她看到那个小汽车上有个小灯在一闪一闪的，她很想知道那个小灯为什么会闪亮，这是一种好奇的心理需求。当这种心理需求得不到安抚和满足时，苏苏只能以哭闹来表示抗议。

处于独立性萌芽期的女孩，一切事物都想亲力亲为，想弄个透彻，这原本是好事。但是，这种"亲力亲为"的心理，往往会在不合实情中表现出来。这种任性，实质上是一种与家长对抗的逆反心理，其根源又在于家长初始没有重视她的心理需求。

面对这种情况，家长切不可简单地以女孩任性来对待。家长要了解女孩的心理需求，并认同这种需求，给以足够的重视。例如上文中的苏苏妈妈，就完全可以和孩子聊聊那辆小汽车，聊聊车上的小红灯，并对明天和孩子一同买、玩小汽车进行想象。相信解决女孩的任性并非难事。

女孩产生任性的原因主要有两个：首先，由于孩子的认知水平不高，不善于从他人的角度考虑问题，他们只考虑自己的需要、自己的情感，尤其是三四岁的孩子，由于活动能力比三岁前大有进步，于是在活动中追求自主，力图表达自己的意志，因此，常常不肯按照家长的意图去办事。

其次，如今的父母大多过于宠爱女孩。孩子要什么，父母就给什么，甚至一些不合理的要求也迁就答应，养成了孩子以自我为中心的习惯，一旦遇到不顺心的事情，孩子就会大哭大闹，直到家长让步为止，渐渐地，女孩发现，只要自己坚持，家长就会让步，自己的要求就会得到满足，于是就养成了任性的性格。

从心理学的角度来看，任性是女孩意志薄弱、缺乏自控能力的表现。但是，女孩的任性并不是天生的，而是家长不良教育方式的结果。有些家长抱着侥幸心理，认为女孩现在还小，有点小性子也没有关系，等孩子大了自然就会好了。

还有一些家长，则以自己的任性来对付女孩的任性，你越不听，我非要你听不可；还有一些家长，每当女孩任性的时候就互相推诿，爸爸说是妈妈惯的，妈妈说是爸爸宠的。于是，孩子不是出现狂躁、郁闷等异常情绪，就是毫无顾忌地张扬任性。

美国心理学家斯考特·派克认为，对女孩的溺爱和对宠物的爱有一致性，可以说是一种父性或母性的本能。

它不需要努力，不需要经过意志抉择，并且对心灵的成长毫无帮助，所以不能算是真爱。虽然溺爱也能帮助建立亲密关系，但要养育健康而心智成熟的女孩，还需要更多的东西。

派克认为：爱不光是给予，它是合理的给和合理的不给；是合理的赞美和合理的批评；它是合理的争执、对立、鼓励、敦促、安慰。所谓合理，是一种判断，不能只凭直觉，必须经过思考和有时不怎么愉快的取舍决定。并且，这样做的人经常会处于一种两难的困境当中，一方面要尊重所爱的人在生活和人格上的独立，一方面又要适时提供爱的引导。

这种真爱复杂而艰巨，需要认真思考，需要不断创新。相反，溺爱不管看起来是多么富有牺牲精神，也是懒惰的、缺乏思考、陈旧、僵化，而且一成不变的。最懒惰的就是放纵型的溺爱，因为这样做的父母居然放弃了思考，而让没有控制能力的女孩去发号施令。

　　父母要学会对女孩说"不"，但是当面对女孩善意的任性时，父母就应该心平气和地同她讲道理了。在父母给女孩的道理中，她能体会到一些棍棒教育不出来的东西，也只有这样的父母才会培养出一个耐心而懂得交流的女儿。

　　家有女孩，父母的教育方式往往要柔和一些，凡事顺着孩子来，久而久之就养成了女孩一副"大小姐"的架势和脾气，常常颐指气使，但凡提出要求，家长就要立即实现，否则便大哭大闹，无休无止。其实，家长只要掌握下面五招，就能轻而易举地将女孩的大小姐脾气化于无形之中：

1. 预防在先

　　任何儿童的行为都可以找到一些基本的规律，任性也是如此。家长要摸清楚女孩任性的规律，然后再事先和女孩"约法三章"，提前预防。比如，女孩上街的时候总是哭着要求大人抱，那么家长就可以在临出家门时和孩子约定好，今天出门你必须答应妈妈要自己走，如果实在走累了那我们就歇一会儿。如果女孩履行了承诺，不妨给一点小小的物质奖励，或者满足孩子的一个合理要求。

2. 冷处理法

　　女孩任性发作时，家长装作无视，孩子哭闹一阵之后发现无法引起家长的重视，自然也就慢慢停止了闹腾。如果家长表现出心疼、怜悯或迁就，那势必会引起女孩更加激烈的反应，更不要为了制止孩子而和他讨价还价。

3. 转移孩子的注意力

这种方法适用于年龄较小的女孩，父母可以利用孩子注意力易分散、易被新鲜的东西吸引的心理特点，把女孩的注意力从其坚持的事情上转移到其他有趣的物品或事情上。

4. 激将法

利用女孩的竞争和好胜心理，在女孩任性的时候可以拿其他平时表现较好的孩子与之做比较，从而激发孩子的好胜心和自信心，自发地克服任性的毛病。

5. 适当惩罚

对于年龄小的女孩，只靠正面教育是不够的，适当惩罚也是一种极为有效的教育手段。如过女孩任性不好好吃饭，父母不用多费唇舌，过了吃饭时间就把饭菜全部收走，不用担心饿坏孩子，少吃一顿不会对孩子健康造成太大影响，等孩子感觉饿的时候，自然就会好好吃饭了。但需要注意的是，惩罚一定要适度，千万不能有任何过度和过激的行为。

建议一：不要对女孩大惊小怪

提到"沉着"的时候，人们往往会想到那些兵临城下时还能谈笑应对的谋士，千钧一发之际果断决策的领导者，和生死存亡之间慷慨就义的英雄。沉着是担当大事者应有的心态，不仅对男孩如此，对女孩也不例外。

与英德拉·诺伊把自己比喻成"小狗"一样，郑李锦芬也曾经用动物来形容过自己，只是郑李锦芬把"小狗"换成了"鸭子"。

1991年，被委任为安利大中华地区行政总裁的郑李锦芬说："我就像一只鸭子，浮在水面上看似悠闲，但是双脚却在水面下不停地努力划动。"而这种"不慌不乱"正是郑李锦芬的处世哲学，处变不惊的她带领着安利一次次走过了多事之秋。

进入中国内地市场两年后，安利（中国）公司营业额就达到了令人吃惊的15亿元人民币。但是，1998年，中国政府颁布传销禁令。一夜之间，以直销为主的安利在内地30多个城市的分公司，上千名员工立即停止了工作，一停就是3个月，每个月损失1000多万元人民币。

"那是我永生难忘的日子！"多年之后，郑李锦芬依旧感叹。

一纸严厉的禁传令，大整顿开始了，安利也无法独善其身，但是郑李锦芬从来都没有想过要放弃。

后来，郑李锦芬想起那段日子，这样感慨道："1998年的传销禁令等一些比较大的挫折，它们都只是我心海中的波浪而已，但我并不是整天在波涛中生活。我挺自豪的一点就是自己临危不乱的能力。"

1998年7月，禁令推出3个月之际，其他国际直销公司纷纷从中国市场"收兵"。安利却在郑李锦芬的本土化思路下，开始转向"直销＋店销＋服务网点"，这是一种在其他国家从未使用过的多元化营销模式。

到了 2006 年 12 月 1 日，安利（中国）公司顺利地拿到了直销牌照，这可以说是郑李锦芬率领的安利（中国）公司管理团队辛苦努力的结果。同时，这种"安利模式"成为很多直销企业学习的范本。

从那时起，安利的员工喜欢亲切地称郑李锦芬为"郑太"，这不仅是出于对这位优雅端庄的女性的由衷敬慕，更有对她"处世不乱、处变不惊"气度的深深折服。

历史上但凡被人称颂的女性，都是能够在关键时刻顾全大局，从容选择的人。汉代主动和亲的昭君如此，唐代改换天地的武则天如此，清代母仪天下的孝庄皇后亦是如此。

可以说，没有人能够设想一个有智慧又有胆识的女孩最终能走多远、能有多大的成就。虽然社会文化对女性的发展有一种天花板一样的屏障，但正因为如此，个性沉着的女孩是如此的不同，她们可以走到任何想要去的地方，性别差异对她们而言是不存在的。商界、政界乃至艺术领域的女性都能很好地说明这一点。

有一个妈妈正在和其他家长聊天，孩子们在一边玩耍，大家其乐融融。突然，一个小女孩从滑梯上摔下来，掉在了沙堆上。

"哎呀，天呐，我的小宝贝！"那位妈妈冲过去，抱住了女孩，慌乱地拍打着孩子身上的尘土，然后不住地问她痛不痛，有没有摔伤，好像发生了火灾一样地惊慌。结果，女孩号啕大哭起来。

第二天，妈妈又像往常一样来到小区的活动地点，这一次她特地嘱咐女孩一定要小心点，不要和昨天一样又摔倒了。结果今天小女孩就待在一边看别人玩，说什么也不愿上滑梯了。凑巧的是，又有一个小女孩从相同的地方摔下来，而且是后面一个捣乱的小男孩干的。

小女孩摔在沙堆上，然后朝她的爸爸看了一眼。爸爸笑着看看她，做了一个鬼脸。然后，转向那个推女孩的男孩，用眼神示意他，这样很危险，不可以有下次。小女孩自己爬起来，拍拍身上的尘土，就继续玩起来了，而男孩也再没有重复这样的恶作剧。发生同样情况的妈妈，在一边看得很惊讶，而后是有点惭愧的神色。

的确，面对同样的问题时，父母不同的态度会直接影响到孩子的反应。家长越是大惊小怪，孩子越是容易惊慌，容易小题大做。养成这样的习惯，孩子是很难沉住气的。当家长看到女孩生活中出了一点小小状况的时候，如果能确定她自己可以应付得来，就不要主动插手，更不要大惊小怪。如果这样"帮忙"反倒吓着了孩子，让她失去了自己理性判断的机会，这样就谈不上培养沉着之气了。

在欧美等发达国家里，游戏是孩子成长中必不可少的一门课程。有很多教育家认为，游戏对孩子早期的性格、思维、品质都有很重要的影响。女孩们很少做活动量大的游戏，所以父母可以多和女孩做思维游戏，这就像是在给女孩上思维的体操课。

现在有很多专门为亲子设计的游戏书，里面有各种各样的游戏。推理类的、数独游戏、猜谜、协作等等，这些游戏一方面可以模拟生活中可以遇到的情况，帮助女孩提前做好准备，另一方面也能锻炼女孩的判断推理能力，当有紧急情况的时候，帮助她做出理性的判断。

有些父母讨厌小女孩读侦探小说，看《名侦探柯南》一类的动画片。其实，女孩接触这类的东西，对自己的推理能力也有好处。父母可以在游戏方面丰富一下女孩的生活，对她的成长和性格锻炼都有好处。

建议二：让感性的小公主学会理性思考

女孩的心多是敏感脆弱的，对外界的反应相对于男孩来说也更为敏锐，感情变化较为激烈，比较容易被环境影响心情。有的女孩常常读着读着小说，就被书中主人公的遭遇感动得落下泪来，当看到有人生活中遇到不幸的时候，也往往跟着紧锁眉头哀怨。这一切都源于感性的强大。

通常来说，女孩惯用右脑思考。右脑是属于灵感的、直觉的、音乐的、艺术的，可以令人产生美感和喜悦，重视感受，因而惯用右脑的女孩触觉自然也就比惯用左脑的男孩更加敏锐，更加多愁善感。大多数女孩做事的时候，都是随着自己的心理变化而变化，比如高兴，伤心等等；男孩子正好相反，大多数时候都能按照自己的想法去做，情绪波动也不是很大。

有个叫妞妞的小女孩，一天从幼儿园回家后对她的妈妈说："我们今天在树下玩的时候，发现了一只死的小松鼠，特别可怜，老师说肯定是烧树叶时被烧死了。小松鼠会有多疼呀！我们班小朋友都哭了，老师和我们一起把它埋了。""那你哭了吗？"妈妈故意问她。"我没哭出来。"妞妞看着妈妈，有些不好意思地说。"没关系，你觉得难过就说明你有同情心，有同情心不一定都要哭的。"妈妈帮助妞妞校正着她的想法。"你说它特别可怜，就说明你同情它。会同情别人是件好事。上次姥爷生病的时候，你不是把你的好吃的给姥爷吃了吗？这说明你是一个有同情心的孩子。"妞妞听了妈妈的话，若有所思地去玩了。

　　妞妞就是一个典型的感性女孩，看到小松鼠无辜惨死就感觉凄然。诚然，同情心是孩子难能可贵的一种品质，但在现今社会，对于太过感性的女孩，家长们还是要引导她理性一些，以免太过感情用事，影响到孩子日后的抉择和生活。

　　理性的思考能使人看待事物更加客观公正，行事更具条理和逻辑性。理性思考可以帮助人们很好地理清思绪，即使是最懦弱的人，也能通过理性思考使自己的思路清晰无碍。同时，理性思考还能使女孩正确看待并努力战胜遇到的困难和挫折。

　　莉莉小时候得过哮喘，为了她的健康，父母在她六岁时开始让她学习游泳。一开始，莉莉非常怕水，跳进水里后，她用两手紧紧抓住池边，然后就爬出泳池。但渐渐地，她变得越来越有信心，像条小鱼似的在池里游来游去，这时父母已没办法让她停止游泳了。从10岁开始，莉莉逐渐打破过各种纪录。

　　但突如其来的交通事故打破了这美好的一切。事故发生后，当莉莉的父母赶到医院时，医生说莉莉的腿已经爆开了，不得不立刻做截肢手术。但当医生得知莉莉原来是游泳健将时，他们努力地想要保住她的腿。莉莉的腿血流不止，医生先后换了6次床单。每次输血，她的身体反应都很强烈，但想要保住腿的强烈愿望一直支撑着莉莉。来探望的哥哥安德烈说："我来捏捏你的脚指头，如果你有感觉就告诉我。"莉莉总是回答："我感觉到了。"可事实上哥哥的手背在身后。医生做了很大的努力，但最终还是不得不做截肢手术。

不娇不惯，富养女孩的一〇〇个细节

Bujiao Buguan,Fuyang Nühai De 100 Ge Xijie

术后，莉莉最害怕人们会可怜她，所以每次亲戚朋友来探病，她都会主动展示截肢后的腿。"我总是在他们说'我很抱歉'之前撩起床单露出截肢后的腿，让他们来不及说'太可惜了'。"大家都很吃惊，但莉莉的这一举动带走了大家的眼泪，每个人最终都面带笑容离开了病房。对于学会使用假肢，一般需要一年的时间，但在父母的鼓励下，莉莉只用了 5 个小时。她在走廊里来来回回地练习，直到会走路为止。她一心想做的便是重新回到水里，但她得等上 6 个星期，这 6 个星期对她而言似乎是一生的时间。等到下了水，她得重新学习平衡身体，因为截肢后的腿总是浮起来，大部分的游泳动作她都得靠上身来完成。她的目标是能参加奥运会，与身体健康的正常运动员一起比赛。

面对残酷的现实，莉莉的妈妈说："我相信她能做到！我是一个非常独立、有序的人，在这一点上，女儿很像我。她有着非同一般的坚强意志和充沛精力。我们从不说任何悲观的话，而且不愿依赖任何人。要知道，不论孩子多大，父母的感受和言语都会对他们有影响。在家里，我们谈话的内容可以涉及游泳以外的任何话题，但无论女儿赢得了多少奖牌，我们都不会谈论。可是我知道，在女儿将来的道路上，不论有什么样的障碍，莉莉都会坚强地走到最后。"

莉莉说："妈妈非常相信我。她总是在默默地支持我，但绝不强迫我。我总在想任何事情的发生都是有原因的，你必须让它朝着有利于自己的方向发展。幽默和忘却痛苦是帮助我们面对生活中各种挑战的重要武器。我认为自己继承了很多妈妈的优点。她从不放弃，坚信我能做到！在我成长的过程中，我体会到的最重要的一点是，我们必须尽自己的最大努力去完成每一件事——无论需要多少时间。"

作为世界上第一个参加正常运动会决赛的残疾运动员选手，她讨厌"残疾"这个词。她认为自己跟正常人一样，正常人能实现的目标她也能实现。"我不会以残疾选手的身份登记参加比赛，也不愿意被归为残疾选手。"莉莉说，"在体育比赛中，正常选手与残疾选手之间有明显的界线，但奇迹的创造，一切都取决于你的理解力。"

犹太人就非常注重对孩子的理性教育。犹太民族是个多灾多难的民族，很长时间没有自己的国家，却在经济、科学和艺术等方面为世界贡献了一大批杰出的天才：马克思、达尔文、弗洛伊德、爱因斯坦——几十年来，诺贝尔奖的得主，犹太人所占的比例远比其他民族高。犹太人在智力活动中的优势与他们的家庭教育有很大的关系。

犹太家庭十分注重让孩子在童年时代得到良好的教育。据联合国教科文组织 1998 年的一次大调查表明，在以犹太人为主的以色列，14 岁以上的以色列人平均每月读一本书，全国 450 万人，就有 100 万人办有图书证。

作为女孩的父母，可以多学学犹太人的教子方式，引导孩子学会用理性看待问题。当孩子因为一件事致使情绪波动的时候，家长可以多给孩子讲讲道理，视孩子的年龄适当渗透一些社会的现实状况，给孩子打好预防针，做足心理准备，以防当孩子长大成人走向社会的时候，因为太过柔弱太过情绪化而影响生活和日后发展。

细节4 犹豫多疑——不妨让 她像男孩一样大大咧咧

有一棵大树，上面有个鸟巢住了两只鸟——一只公的，一只母的。它们为了储存冬季的粮食，采了很多水果回来，将巢放得满满的。

有一天，因为阳光很强，这些水果被晒得脱水而使体积变小了。公鸟从外面采果回来时，看到原本满满的水果，怎么变少了呢？就对母鸟说："我们一同辛苦地采水果，为什么你独自吃了而不告诉我？"母鸟说："我没有吃啊！"公鸟说："水果明明减少了，你怎么说没有吃呢？"母鸟委屈地说："我真的没吃啊！"

公鸟一生气就用嘴一直啄母鸟，啄得它遍体鳞伤。母鸟受不了这样的虐待，伤心地飞走了。之后，忽然下了一场大雨，水果因雨水浸泡又膨胀起来，和原来一样占满了鸟巢。这时公鸟才知道自己误会了母鸟，觉得很后悔！它在鸟巢旁一直啼叫，希望呼唤母鸟回来。虽然昼夜不停地呼唤，但是再也看不到母鸟的踪影了。

这则故事，可以警惕我们：信任是待人处世不可或缺的因素。凡事要冷静思考，要懂得包容、体贴他人；莫让"疑念"占据自己的心而言行失当，造成遗憾。

有宽大的心量，做人做事才能圆融，也才能保持心境的安宁自在。希望大家时时多用心，在日常生活中努力自我锻炼开阔、坦诚及慈悲的胸襟。

孩子的多疑，大多来自对成人世界的不信任。如果家长对自己的孩子不信任，也容易造成孩子对家长、对外界世界的不信任。

孩子世界是成人世界的折射，孩子多疑，不是孩子的错，是因为成人世界太多疑。

两个才4岁多点的孩子在井边玩儿，那井在村中间的小竹林旁，有4米深，井沿很低，只40厘米。一个孩子掉了下去。

另一个孩子看见井边有根长长的竹竿，竹竿一端有个铁钩子，是大人挂水桶用的，她立即将竹竿伸到井中，用钩子钩住了玩伴的衣服领子。一边扯开嗓子大喊"救命"。

成人赶来了，落井孩子得救了。可就是这样机智又勇敢的小小"司马光"，也有人质疑。竟然有人问：是不是你把她推到井里去的？

孩子瞪大眼睛，使劲摇头。

孩子总是模仿成年人的举止，成年人的言行总会不自觉地影响孩子。

大家庭，除夕宴，孩子给老人拜寿，成人给孩子发压岁钱，其乐融融之时，忽然出现让众人瞠目结舌的一幕。有个5岁的女孩，当场拆开一个红包，抽出百元大钞，一张，一张，对着灯光看。女孩的母亲尴尬地训斥道：这孩子，钱有什么好玩儿的？女孩理直气壮：我看看是不是假钞。一家人哄堂大笑，甚至有人表扬女孩的聪明。女孩得意洋洋，认为自己的怀疑精神受到了肯定。

这种情况其实非常危险。孩子受到鼓励，性格很容易朝着趋利方向发展，为了受到更多的肯定，这种所谓的"小聪明"会变本加厉，很可能造成多疑。

多疑的女孩子，会因为计较太多失去原本的快乐。

有的时候孩子总怀疑父母不爱自己，这种对亲人信任的缺乏会导致女孩对一切事物的不信任。因此，家长应该多用肢体语言如拥抱，多与女孩聊天，建立孩子对家长的信任感。当孩子在家庭中感到信任，感到幸福，会最大限度地避免陷入多疑的症结。也可以通过音乐、美术等艺术方面的学习，让女孩在获得知识的同时感知世界的美好。相信美好的女孩一定不会是多疑的女孩。

建议一：父母不要无端猜疑女孩

现在有一本书叫做《无条件信任的力量》，正如书名所说，无条件的信任可以产生巨大的力量，让陌生人成为你的得力助手，让对手变为挚友。无条件的信任也是教育中的一种重要的思想，它可以让你的孩子爆发出超过你想象的力量。

"我的女儿很平庸，我实在看不出来她有什么前途，这样的女孩教我怎么信任她？眼睁睁看着她浪费生命？"带有这样疑惑的父母，不妨来读一读这个故事，因为故事里的女孩也曾被朋友们定性为一个"满脑子胡思乱想"的人。

有一个姑娘 23 岁，她除了想象力丰富之外，与别人相比没有什么不同，平常的父母、平常的相貌、平常的大学，朋友中也没有人真正懂得去欣赏她。

在大学里，这个姑娘花很多时间去想象，用我们的话说，她整天就在做着白日梦：穿着白衣裙的美丽姑娘、蔚蓝的天空、绿绿的草地，还有巫婆和魔鬼……这就是她最沉醉的一个爱好，没有人能从这个不争气的爱好中看到什么事业。

她爱上了大学的同窗，他是她想象中的"白马王子"，但王子忍受不了这个女孩子整天天马行空的想法，决定和她分手。失恋后，她离开了故乡，来到她向往的具有浪漫色彩的葡萄牙。在那里，她找到了一份英语教师的工作，业余时间继续写童话故事。

她再次陷入爱情，这回是一位青年记者，幽默风趣，才华横溢。他们结婚了。但王子和公主的故事还是没有发生，她的奇思异想同样让丈夫选择了离开。她和女儿相依为命。离婚不久，她又被学校解聘。她落魄回乡，靠领取社会救济金生活。

她把自己想象的王国写出来。此时，她也没有更高的要求了，只要能把这些自创的童话故事讲给女儿听，她就满足了。有一次，她在等地铁的时候，一个人物形象突然涌上心头。回到家，她铺开稿纸，开始了另一个大胆的创作。多年的童话构思，让她写起来如行云流水。

她花了 5 年时间写成的长篇小说《哈利·波特》，终于在她 30 岁的时候问世了，起先出版商并不看好这本书，没想到，一上市就畅销全国，她继续写了 7 部，成为世界上最畅销的书之一。

她叫乔安娜·凯瑟琳·罗琳，不仅位于英国在职妇女收入榜的榜首，还被美国著名的《福布斯》杂志列入"100名全球最有权力名人"中，是第25位。

　　难以想象，在人们猜忌的目光下、在孩子的哭闹声中，罗琳是怎样日复一日地写着不知该拿到哪里去出版的魔幻故事的。罗琳的成功并不是偶然，她将哈利带给她的感动带给了更多人，这样的举动只有纯洁和执著的心灵才可以做到。5年的时间，如果没有家人的信任和支持，该是怎样一种艰难。

　　《哈利·波特与魔法石》在英国出版一年后，美国版的哈利·波特系列书由美国学者出版社的编辑亚瑟·赖文推出。赖文当初花了10.5万美元才买到了该书的版权，那时他心里也没底，不知道花这么一大笔钱能不能赚回本钱。但罗琳对写作的坚持和勇敢的生活态度感动了赖文，赖文表示文如其人，从书中可以看出一个真实的罗琳，她一直用自己独特的世界观解释周遭的世界，他相信这正是这本书的魅力所在。而这一点点的信任，也给他和出版社带来了巨大的收益。

　　每个人都能够成为奇迹，只要你保持坚信之心。罗琳是标准的大器晚成型，谁能知道你的女儿会不会是下一个罗琳？而当她成为下一个罗琳的时候，你是否后悔当初没有完全地信任她？

　　很多家长喜欢和孩子"谈条件"——如果你考上了一类大学，我们就带你去台湾旅游；如果你能在一个月时间里不让我们给你往学校送东西，下个月的生活费就提高50元；如果你这一次参加了才艺表演，下回爸爸就给你报一个你喜欢的泥塑班……看起来好像是在诱惑孩子学习，但这其中总是少了一些信任的力量。

　　《好妈妈胜过好老师》的作者尹建莉女士也在书中说，她从来不以任何条件来要求女儿学习，考试之后，不论成绩好坏都会带她去旅游。因为她相信女儿已经在学习上努力了，她更相信亲人之间不应该有太多的"交易"。

周末，梦涵全家进行大扫除。小轩、可可都来帮忙。不过梦涵今天的心思却不在劳动上。她边干活边想着去划船的事。不料一个不小心，打碎了爸爸最喜欢的大花瓶。梦涵一下子愣在了那里。她想："这下闯大祸了，爸爸一定会骂我的！"爸爸一向比较严厉，想起爸爸接下来要拉长的脸，梦涵手忙脚乱地逃离了"现场"。

眨眼间到了吃晚饭的时间，爸爸妈妈见梦涵还是没有回来，便分头去找。妈妈在小花园里发现了梦涵。她正和小伙伴们玩得不亦乐乎。

"梦涵，回家吃饭了！"妈妈柔声叫她，但梦涵不敢回家。

"今天是淘气的小轩打碎花瓶的。妈妈，咱们今天能不能晚点回家呢？"梦涵央求妈妈道。

妈妈早看出了她的心思，便告诉她："今天打扫卫生，你是咱家做得最好的，你爸还一直对你赞不绝口呢！此外，你爸爸最近一直嫌那个花瓶大，摆到哪都占地方，这下好了，家里显得不那么挤了！你爸爸说早就想扔了。不过呢，以后劳动的时候要注意啊！"梦涵听了妈妈的话，梦涵羞愧地低下了头，她想："我以后可不会犯这样的错误了！"当她回到家时，爸爸并没有训斥她，而是说："梦涵，把碎片打扫干净吧，否则扎到脚就不好了。"

梦涵飞快地去拿扫帚和簸箕。从此她无论是劳动还是学习都变得细心了。

梦涵妈妈的处理方式可以说是明智的，她没有因为孩子闯祸而愤怒，也没有让孩子承受闯祸后的"恐惧"，而是用一种温和的方式让孩子记住"前车之鉴"。

而现实中很多妈妈在发现女孩犯错后，经常不分青红皂白便冲着女孩大喊大叫。事实上，这种方式也收效甚微，因为人们的情绪判断遵循"情绪判断优先定律"，女孩记住当时的"恐惧"，而忘了对错误的判断与反省。

所谓的"情绪判断优先定律"，即指情绪会优先于理性，影响人们的判断。无论是好情绪还是坏情绪都会首先影响到人的行为。例如，现在消费者对生产企业"王婆卖瓜，自卖自夸"式的广告已经深恶痛绝，而更喜欢那些人情味十足的广告。例如，清华清茶广告词："老公，烟戒不了，洗洗肺吧！"短短一句话，像一枚"情感炮弹"，迅速使得消费者"投降"。在这过程中，消费者首先是感动和情感共鸣，继而就会引发他们潜在的消费需求。如此，则为商家带来滚滚财源。

同样的道理，妈妈在与女孩交往过程中也要学会"先处理情绪，后处理事情"。例如，在女孩处于不愉快状态时，她就会将所有外界信息"拒之门外"，这时无论说什么，她都很难接受。但是，如果妈妈能先处理和体谅女孩的感情，宽容和安慰女孩。先处理好她们的情绪，使她们处于良好的情绪状态下，那么问题就会轻而易举地解决。

很多妈妈在女孩犯了错之后，会大骂她们或打她们，这是极其不明智的行为。当孩子闯了祸之后，她们心里其实很痛苦，很内疚。在这种糟糕的心态下，打骂对她们来说，只会感到反感，她们会觉得妈妈并不爱自己，爱的是那些已经损失的钱和物。在这种境况下，她们根本就无心改正错误。暴力教育从来就不会让女孩变得顺从，也不会让她们变得聪明和懂事，只会使她们走向堕落和消沉。

这时，不如先用温和的方式和她们对话，让她们觉得妈妈是了解她们的，与此同时，在她们心里会暗自下定决心，以后不会再犯同样或类似的错误了。

建议二：多给女孩一些积极的心理暗示

有的女孩在演讲的时候，总会出现这样的情况：一切都已经准备好了，她刚要上台的时候，看到台下一片人，于是乱了阵脚，小手捏得紧紧的，同时完全忘记自己要说什么。

而这个时候，如果母亲可以对她轻轻地点点头，或者是近距离地走进她，拍拍她的肩，这样的暗示无疑在告诉女孩"你可以的，你能行"，这样的暗示可以使原本不敢迈出步伐的女孩可以勇敢地向前迈进了。这是一种多么美妙与伟大的心理暗示。

心理学家说过："父母如果总是以正面的信念期待着女孩能够成为什么，那么将来女孩就会成为什么。"这听上去好像很玄，实际上确实如此。

父母对于女孩的期待与评价经常会在言语及日常生活中有意无意地显现出来，积极正面的期待会使女孩感受到爱和支持，从而充满自信和生气；相反地，负面消极的评价会使女孩失去信心和发展的机会。

萧伯纳在他90岁寿辰的时候说过："要记住的是，我的行为并不会受到经验的影响，而是受到了期待的影响。"这种期待的心理，浅显地理解便是"心理暗示"，特别是女孩对自己失去信心，常常怀疑自己的能力时，如果她可以得到积极的心理暗示，她就会增强自信心，反之就会自卑。

曾经有这样一则小故事：

公园里，两位年轻的妈妈分别带着自己的女孩玩耍。

当看到美丽的蝴蝶在草地上翩翩起舞时，两个女孩都奔跑着去追赶，却一不小心摔倒了。

其中一位妈妈赶紧跑过去，抱住孩子心疼地说："乖乖，摔疼了吧？"

随后，孩子"哇"地一声大哭起来："我好疼啊。"

而另一位妈妈则站在一旁，淡淡地说："没关系，自己爬起来。"这个女孩若无其事地爬了起来，又继续奔跑着玩去了。

在这则故事中，两个女孩同样是摔跤了，为什么有的女孩显得比较脆弱娇气，而有的女孩却表现得坚强勇敢呢？

其实，这与两位妈妈的不同表现有关。前一位妈妈紧张不安的态度在暗示女孩，摔跤其实是很痛的，从而在心理上增加了女孩疼痛的感觉，让女孩变得更加娇嫩，这是消极的暗示。但是另一位妈妈却用淡然平静的态度暗示着自己的孩子，摔跤没有什么大不了的，这是积极的暗示。

有的家长经常骂自己的女孩"弱智"，那么当这个女孩在学习上和生活上遇到困难的时候，她就会想起这样的话，从而怀疑自己，甚至干脆破罐子破摔算了。而如果女孩听到的是鼓励和表扬的语言，她自己就会相信自己能行，也就能够不断克服困难，最终取得胜利。

法国有句有名的谚语："自以为是鼠辈的人定会被他人轻视，欺负。"这从一个侧面反映了"心理暗示"带给人的影响。如果家长能够以身作则，以自己的精神感染女孩，或者是建立一个学习型的家庭，激励女孩自强、自立、积极向上，鼓励女孩多参加社会公益活动，在集体生活中得到锻炼和成长。这样，女孩定会沐浴在自信的光晕之中，产生无比巨大的推动力，为一步步攀向人生的高峰奠定坚实的基础。

细节 5 嫉妒虚荣——克服女孩天性中的弱点不容易

嫉妒是人固有的一种心理。即对才能、际遇、名誉、地位比自己好的人怀有怨恨的情感。它是一种负面情绪，是人际交往中的不利因素。

嫉妒是基本人性之一，只不过有的人会把嫉妒表现出来，有的人则把嫉妒深埋在心底。

嫉妒是无所不在的，朋友之间、同事之间、兄弟之间、夫妻之间、亲子之间，都有嫉妒的存在，而这些嫉妒一旦处理失当，就会形成足以毁灭一个人的烈火。朋友、同学、同事之间嫉妒的产生都是因为以下的情况，例如："他的成绩又不见得比我好，可是老师却喜欢他！""他和我是同班同学，在校成绩又不比我好，可是竟然比我发达，比我有钱！"换句话说，如果你受到了肯定或奖赏、获得某种荣誉时，那么你就有可能被同学或同事中的某一位（或多位）嫉妒。女孩的嫉妒会表现在行为上，说些"哼，有什么了不起"之类的话，但男孩的嫉妒通常摆在心里，有的摆在心里也就算了，有的则开始跟你作对，表现出不合作的态度。

有嫉妒之心者，也往往自高自大，认为"老子天下第一"，从而看不起别人，无视别人的成绩，贬他人的才干如草芥。而当别人取得一些成绩时，他的心理便会失去平衡，总会千方百计地给那些优于自己者制造出种种麻烦和障碍：或打小报告，无中生有，唯恐天下不乱；或做扩音器，把一件小小的事情闹得满城风雨。嫉妒者还终日郁郁寡欢，唉声叹气。只有被嫉妒者降到了与他一样的或较低的位置，他们才认为这样可以理所当然地消除妒气了，从而偃旗息鼓。这也正应了"小人常戚戚，君子坦荡荡"一说，嫉妒别人者当也属于小人之列。

本来，嫉妒是人类的一种普遍的情绪，它源于人类的竞争，其本身具有一定的生物学意义，或起积极作用，或起消极作用。有些人嫉妒是出于不服与自惭而不甘居下，奋发努力，力争上游，这就是积极的心理与行为。这种情形在充满竞争的现代社会里，更有其积极的意义。爱情当中的嫉妒也是有一定积极意义的。爱情具有强烈的排他性，自己的恋人如果反对你同别的异性接触和交往，正是反映了他（她）对你的爱的程度。相反，如果从不"吃醋"，毫无嫉妒心，那么也许你们之间的关系还只是"喜欢"水平的友谊，而不是爱情。莎士比亚就曾经把嫉妒视作爱情的"卫道士"。

嫉妒心理出现以后，很快地就会导致嫉妒行为，例如中伤别人、怨恨别人、诋毁别人。而更强烈的嫉妒心理还有报复性，它把嫉妒对象作为发泄的目标，使其蒙受巨大的精神或肉体的损伤。青年的嫉妒心理出现以后，如果不能直接用某种嫉妒行为达到目的时，就可能会转而等着看嫉妒对象的"好事"，稍有一点挫折或失败出现在嫉妒对象身上时，他们便幸灾乐祸，鼓倒掌、喝倒彩，以此挖苦对方，满足日益膨胀的嫉妒心理需要。如果嫉妒对象遭受到比较大的挫折，他们更是乐不可支，不给予半点同情和安慰。

实际上，嫉妒心理及相应的嫉妒行为除了暂时地平衡他们的心理之外，毫无可取之处。一方面，身受其害的嫉妒对象会远离这个"作恶多端"的嫉妒者，旁观者也会对嫉妒者的小人行径不满，嫉妒者以前建立的一些人际关系也可能由此而失于和谐，变得紧张起来。

另一方面，嫉妒者也并不是一个胜利者，他们自己也承受着巨大的心理痛苦，在以后的交往活动中也会裹足不前，不敢与那些条件优越或有很强能力的人交往。所幸的是，严重的嫉妒心理在大多数人那里找不到生长的温床，只有心胸狭隘的人容不得别人比自己有半点的超出，在交往中，心胸狭隘的特点更是暴露无遗。他们总希望别人都围着自己转，一旦满足不了这个愿望时，他们就会发脾气。他们还会因一些微不足道的事而产生嫉妒心理，别人在外貌、财富、学识、地位、爱情等方面的差别（主要是优越），都可以成为滋生嫉妒的基础，例如，别人因面容端正可爱成为交往的焦点，他（她）就会嫉妒得暴跳如雷。这些心胸狭隘的人往往还缺乏修养，他们在本不该产生嫉妒心理时却产生嫉妒的怨恨之后，总是不能控制情绪的发展，更不能将其转化到积极的方面，而是立即将嫉妒心理转变成嫉妒行动，一直到发泄了怨恨、平衡了心理之后，方才罢休。

就拿周瑜来说，一生度量太窄的周瑜，在取得火烧赤壁大战成功后，竟容不下与他共同抗曹的诸葛亮的存在，并密令部将丁奉、徐盛击杀诸葛亮。不料诸葛亮早有准备，密杀不成。为此，周瑜万分气愤。几次阴谋不成，使得周瑜一次比一次气憋于心。最后被"气死"了。

周瑜在临死之前，非但未能悔悟自己的致命弱点，反而含恨仰天长叹曰："既生瑜，何生亮？"可见嫉才之心，到死也不肯更改。

建议一：指责嫉妒不如倾听嫉妒

盈盈和嘉怡小学时就是形影不离的好朋友。两个小伙伴更是整天在一起玩，晚上放学后也一起写作业，有了喜欢的东西也喜欢和对方分享。

但最近，妈妈发现，盈盈对嘉怡有些反感，最近一直没理嘉怡。妈妈感到很奇怪。

这天放学后，电话响了，妈妈接起来后，是嘉怡打来找盈盈一起出去玩的。

"盈盈，嘉怡叫你一起出去玩。"妈妈叫盈盈接电话。

"我不去，就说我正在写作业呢。"盈盈闷闷地说。

"盈盈，你怎么了？"妈妈握着电话不知道该怎么说。

"我都说了不去了，真烦。"

"对不起啊，嘉怡，盈盈她有点不舒服，今天就不去找你玩了，明天让她过去找你好吗？"妈妈只好这样告诉嘉怡。

放下电话后，妈妈问女儿："盈盈，你怎么不理嘉怡了，你们不是好朋友吗？"

"没有呀，只是我今天心情不好。"

晚上吃晚饭时，爸爸说："盈盈，听说嘉怡被评为'市三好学生'了，怎么没听你说过啊？"盈盈突然就放下了碗筷，一脸的不服气："哼，那有什么了不起的！真是的，有了一点点的成绩就到处炫耀……"

妈妈忽然明白了，怪不得盈盈最近不理嘉怡呢，原来嘉怡被评为了"市三好学生"，而盈盈却与此无缘，多年的好朋友之间出现了不平等。于是盈盈因为嫉妒，而不愿意与嘉怡交往了。

孩子的嫉妒心理从很小的时候就会有所反映，有人做过实验，15个月的孩子，如果妈妈当着他的面抱别的孩子，他就会有所反应，非要让妈妈放下别人抱自己，并紧紧搂住妈妈，好像在说："这是我的妈妈，不是你的。"

生活中，好多种情况都能使女孩产生嫉妒心：比如，妈妈夸赞别的小朋友，自家的女孩就会嫉妒。如果别的小朋友有一个好看的芭比娃娃，自己没有，心里就会不好受。

和男孩相比，女孩更容易产生嫉妒心理，因为女孩子更容易专注于一件事，并且好强，自尊心极其强烈。尤其现在的城市家庭大都是一个孩子，由于整天众星捧月一般地宠着孩子，许多孩子都染上了"娇"、"骄"二气，绝对不允许别人比自己做得好，也不愿听夸奖别人的话，所以嫉妒早已成为女孩子一种愈来愈严重的通病。这种可恶的"病毒"还使得女孩的美丽大打折扣。

面对女孩的嫉妒，父母也无需烦恼，最重要的是要帮助她摆脱嫉妒心理，使嫉妒朝良性发面发展，比如去欣赏别人，虚心向别人学习，赞美他人。

其实，家长们与其指责孩子嫉妒，不如倾听一下孩子为何嫉妒。女孩对他人拥有的自己不具备或得不到的东西，往往会产生一种由羡慕转化为嫉妒的心理，这是很正常的现象。父母平时应该多和女孩接触交流，及时掌握女孩的心理变化，了解女孩嫉妒的直接起因，耐心倾听女孩的心理感受。要知道，女孩的嫉妒是直观、真实甚至自然的，它完全不像成年人那样掺杂着许多其他的社会因素，它只是女孩们对自己愿望不能实现而产生的一种本能的心理反应。因此，当女孩显露出其嫉妒心时，作为家长，千万不要严加批评指责，而是倾听、理解他的愤怒、不安、烦躁等不良情绪。在女孩倾诉完之后，要为他正确分析与他人产生差距的原因。积极寻找缩短差距的途径和方法，以便使女孩能正确与他人进行比较，以积极的方式缩短实际存在的差距，最终化解内心的不平衡。

此外，还要在平时生活中，培养女孩豁达乐观的性格。告诉女孩每个人都有自己的优势和长处，但同时也都有各自的不足和短处，任何方面都比别人强是不可能也是没有必要的道理。引导女孩们发挥自己的长处，扬长避短，在学习和生活中学会正视、欣赏别人的优势和长处，从而能够向别人学习、借鉴，以弥补自己的不足，用自己的成功来赢得别人的喝彩。

家长可以教给女孩用自我转换法和自我抑制法宣泄嫉妒这种负面情绪。

引导女孩进行合理的自我转换，不把时间浪费在抱怨外在环境上，而是去积极给自己充电。比如作家爱德蒙德·威尔逊在看到同行写的《了不起的盖茨比》时，非常嫉妒其对戏剧场面的营造。但他马上将嫉妒转换成成功，写出了许多充满激情、技巧高超的作品。

家长还可以建议女孩找一个较知心的朋友或亲友，痛痛快快地说个够，暂求心理的平衡，然后由亲友适时进行一番开导。这样做虽然不能从根本上克服嫉妒心理，却能中断这种发泄性朝着更深的程度发展。如有一定的爱好，则可借助各种业余爱好来宣泄和疏导，如唱歌、跳舞、书画、下棋、旅游等。

建议二：怎样帮助女孩克服自己的嫉妒心

今天回到家，冉冉有点闷闷不乐的。

这次期中班会总结，冉冉考了全班的第十一名，这个成绩令她分外不爽。早在考试之前，老师有言在先，这次考试能考进全班前十名的同学有奖品。要不是有这个前提条件，冉冉可能真的没有这么大的动力好好学习呢！谁知道会这么不争气，考了一个十一名，而且更可气的是，那个第十名的同学原本成绩没有冉冉的总分数高，但是后来她发现老师给她算错成绩了，结果以高过冉冉2分的优势成为全班第十名。

冉冉心里真是觉得窝气！反反复复地核卷子，希望能找出两分来，再超过她，

可是，冉冉把所有试卷翻了个遍，都没有找到一处可以加分的地方。

班会上，老师给前十名的同学颁发了奖品，是很高级的文具套装礼盒。冉冉坐在下面，内心别提多心酸了，因为那奖品原本是可以属于自己的。

"哼，你等着吧，下次我一定会超过你的。"

"哼哼，叫你下次考试的时候拉肚子，让你成绩再超过我。"

"哼哼哼，看她那胖胖的样子，以后肯定会越来越笨。"

总之，冉冉在心里一直咒骂着她，并且由衷地希望在下一次她真的会不如自己。

其实，冉冉的这种心理就叫嫉妒心。黑格尔曾说，"嫉妒是平庸的情调对于卓越才能的反感"。嫉妒是一种心理缺陷。在日常生活中，嫉妒的存在是很普遍的。英国科学家培根说："在人类的一切情欲中，嫉妒之情恐怕要算作最顽强、最持久了。"

那么，如何避免和调适嫉妒型性格使其不再嫉妒、不再产生挫折呢？

第一，竞争、进步、向上。嫉妒别人的人往往是把宝贵的时间用在嫉妒别人身上，而自己却产生焦虑、悲哀、猜疑、消沉、烦恼、敌意等不良情绪，这是一种最愚蠢的做法。为什么要嫉妒他人呢？你把对方的长处学习、借鉴过来，不就成了自己的宝贵财富吗？光阴似箭，人生苦短，与其将有限的精力耗在嫉妒他人的成功上，不如抓住时机做几件实实在在的事，更有意义。就像鲁迅说的那样"不要只用力于抹杀对手，使他和自己一样空无，而应该跨过那站着的前人，比前人更加高大"。我们可以把鲁迅指的前人理解为走在自己前面的人、比自己先成功的人，包括和自己生活在同一生活时间和空间的人。生活中的嫉妒主要发生在同一环境、同一领域中的人中间。普列汉诺夫曾说："在人类智慧发展史上，因为某一个人物成功而妨碍另一个人物获得成功的情形是稀少得无比的。"一个观点的提出，一项研究的成功，留给后人的是新开拓的领域和道路，因而供人驰骋的天地更加广阔无比。在科学的领域里如此，在其他领域里也如此。只要你敢于奋斗，并且不断提高自己的能力和竞争的心理素质，你一定能以真才实学赶上和超过别人。嫉妒这种负面情感是阻止青少年朋友前进的拦路虎。当你全心全意地去为自己的事业奋斗时，就不会有时间去嫉妒别人了，因为"嫉妒是一种四处游荡的情绪，能享用它的只能是闲人"。

第二，"酸葡萄"与"甜柠檬"的自慰法。"酸葡萄"心理是指自己得不到的东西，便故意贬低它的价值，以使自己感到心安，抵消心中的不服气。伊索寓言中，狐狸吃不到葡萄说葡萄酸的故事众所周知。这说明想吃葡萄而吃不到的人用贬低葡萄的办法来求得心理平衡。意思是说，不好的东西我得不到也无所谓，这虽然是一种自欺欺人的办法，但只要能安慰自己不去嫉妒别人也算是可取的。"甜柠檬"心理是指一个人知道自己眼下的境况很不理想，却强迫自己说："这不是也挺好的嘛。"鲁迅笔下的阿Q精神，其精华部分就是精神胜利法，即知足常乐。一旦知足常乐了，就不会去嫉妒别人。

第三，帮助敌对者可以消除嫉妒。当你发现你所嫉妒的人需要有人帮助去办成一件事情时，你就全心全意地去帮助他。这时，你与他的目标一致了，就会由嫉妒他的心理而转向为共同的目标奋斗的心理了。当这件有意义的事情完成后，你从他身上学到了不少长处，你们也由敌意者变成合作者了。

嫉妒是愚人的做法，它害人又害己。家长们应当十分注意消除女孩的嫉妒心理，避免嫉妒贻害女孩身心健康。

第二章　对女孩多用肯定，少用否定

——经常说"你能行"有助于女孩建立自信

细节 6 女孩最初的自信源于父母的鼓励和赏识

一个阳光明媚的下午，小女孩在家里玩布偶，爸爸在一边看报纸。突然，爸爸站起身，放下报纸。好像想起什么事情一样，骑着自行车就离开了。从此再也没有回来过。这个小女孩一辈子记得那个下午，爸爸怎样离开家门，妈妈后来怎样痛哭流涕。直到她结婚后，每当看到丈夫拿起报纸，她的第一个反应就是去关上房门。她害怕他也会和爸爸一样一去不回。

这个故事如果发生在男孩身上，结果会如何，无从考证。但女孩比男孩更容易受到影响是真的。就像一本小说的书名那样，男人是野生动物，女人是筑巢动物。女人从小女孩开始，就有一种强烈的归属欲望。

育儿专家们经常会提醒年轻的父母，不要把女孩单独留在家里太久。因为女孩比男孩有更强烈的不安全感；同时也有很多老师们会说，不要批评女孩子，因为女孩子更容易不自信。女孩经常会为了小事情和父母大吵一架，看起来像是在斤斤计较，其实是因为女孩子更需要父母不断地表达对自己的关心，她们对爱永远有需求。

有这样一个故事：

有一个擅长画画的小女孩，报名参加了一个课外辅导班。她的老师非常欣赏她，经常表扬她的作品，这个女孩子的画越来越好了。

后来，由于老师有事情，就请了自己美院的一个同学来继续教孩子们画画。新来的老师在上课之前就和朋友了解过这个班的情况，他知道有一个女孩画得很好，不用特别操心。于是他开始代课之后，很少去看女孩的作品，也很少让同学们看女孩的新作。

渐渐地，女孩觉得新来的老师不喜欢自己，就开始不去上绘画课。

有一天，女孩的母亲问她："你怎么不去上绘画课呢？以前你不是最爱去的吗？"

"妈妈，我觉得新来的老师不喜欢我。"

"怎么这样说呢？"

"以前的老师总是会关注我的作品，但是现在这个老师完全不在意我画得好不好。"女孩对妈妈抱怨道，看得出来，她真的很在意老师对她的看法。

"老师不关心你，一定就是因为他不喜欢你吗？也许他是觉得你已经做得很好了，才没有怎么管你。还有比你更需要辅导的同学等着他啊，所以他顾不上你了。"

"可是我以前的老师就经常关心我的作品！"女孩哭了起来。

这时候，妈妈突然想到自己和爸爸经常在女孩面前表扬表哥表姐，很少提到自己的女儿，于是决定和孩子好好谈谈。

"先别难过，妈妈给你分析一下你就会明白了。其实你最伤心的不是你自己的画儿画得不好，而是你现在的老师没有之前那个老师那样器重你，是吗？"女儿没有说话，看来妈妈分析的不错。

"其实每个人表达自己看法的方式不同，但是内心的想法是一样的。就像这两位老师，可能都很欣赏你，但是一个会自然而然地表扬你，另一个就会把对你完全地放心看成是对你的表扬。"女孩似乎没有很听懂，妈妈接着说道：

"就像妈妈和爸爸经常会在你面前表扬哥哥姐姐，那并不是因为我们更爱哥哥姐姐，我们表扬别人，恰恰是为了激励你。其实我们心中最爱的当然还是你。"

女儿脸红了，妈妈似乎说中了她的心事。

"不一样……"女孩开始思考妈妈说的这个问题，虽然她没有完全明白妈妈的话，但她将带着这个疑惑继续学习绘画，并在老师那里得到答案。

《读者》上曾有这样一个故事：

有一天，一个黑人小女孩走在大街上，不自觉地就被街上五颜六色的气球吸引了。她看见很多孩子买了气球，有的一放手，气球就飞上了天空。粉的、红的、蓝的、青的……突然，她看到了一个黑色的气球。

"先生，黑气球也能飞上天吗?"孩子问卖气球的男人。男人似乎看出了孩子的疑问中还有更深的含义，他取出一个黑色的充气气球，放在孩子手里："黑气球当然也能飞上天空了，其实气球能不能飞起来，重要的不是它们的颜色，而是它们内在的气体。如果里面都是充的氦气，它们都能飞起来。你看!"说完拿起黑色的气球，松开手，它缓缓上升，越飞越高了……

黑人小孩其实是想问："我能和别的孩子一样优秀、活泼、快乐吗？"对肤色的迷惑不解，转移到了对气球颜色的好奇上。卖气球的男人的回答解开了孩子心中的谜团，也是在帮助孩子确认自我，增强对自己的信心。女孩在自信心和安全感上都有点劣势，这时候也需要父母帮助女孩来确认自己。

"我爱你"这句外国人天天挂在嘴边的话，中国父母怎么说都说不出来，好像我们天生就少了这根筋，但当我们听到女儿的口中说出"爸爸我爱你"这样的话的时候，心中还是会和吃了蜜一样的甜，可见我们并不是不喜欢这样直露的表达方式。如果爸爸妈妈也能对女孩大声说出"我们爱你"，女孩肯定会很开心。

其实，表达爱的方式有很多种，说只是其中一种。我们的语言可以是肢体动作，也可以是白纸黑字。

当女孩放学回家之后，给她一个拥抱，一个吻；当女孩过生日的时候，给她写一张贺卡，表达对她的爱和感谢等等，都能温暖孩子的心灵。

家庭教育是一个潜移默化的过程，都是在各种各样的生活细节中完成的，所以父母一定要注意平时与女孩的对话方式。父母可能经常会说一些无心之语，让女孩觉得自己不如别人。比如：

"别人家的姑娘一回家就忙进忙出，我们家的可好，尽给我们添麻烦。"这样的比较，让女孩对父母有抵触的情绪。

"你别管，不添麻烦就好了。"这样会打击孩子的积极性，也不利于女孩参与家务劳动，缺少一份我为家庭做贡献的参与感。

"你真是投错胎了，本来应该是个男孩的。"这样的话容易让女孩向男孩性格发展，她会以为现在的男孩个性很好，并趋向偏激。

"别打扮得像个妖精。"现在很多女孩子爱美，会打扮得奇奇怪怪，父母看不惯。但不要说她的打扮完全不对或者没有品位，最好是说"你穿淡颜色的衣服更配你的皮肤"。这样的建议性的话。女孩在打扮上比较敏感，就算是父母，也不要妄自评头论足。

建议一：适当地鼓励女孩"顶嘴"

能够同父母进行争辩的女孩，她在以后的人生道路上会表现得比较自信、有创造力和合群。父母千万不要介意女孩"顶嘴"，而应审时度势，并加以耐心引导，使争辩变得更加有意义。

> 有一位妈妈抱怨说："最近我女儿特别爱顶嘴。比如，在从学校回家的路上，我们到一个公园去玩了一会儿。当我说：'咱们回家吧'，她不干，还会反问我：'为什么我非要听你的，而你就不能听我的？'女儿特别喜欢小动物，总想养一只小狗，我不让，说小狗身上有细菌。但是她却说：'你说得不对！电视里说过，小朋友和小动物多接触可以提高抵抗力。'每当这时候我都会很着急，但是又不知道该怎么对待孩子。"

争辩能够帮助女孩变得更自信和自立。在争辩的过程中，女孩会感受到自己受到重视，知道怎样才能贯彻自己的意志力。那么，当你的孩子"顶嘴"时，你是不是会做出如下的反应呢？

女孩的突然"顶嘴"，让你在感到气愤的同时是否反省过自己对于女孩的态度应该改变一下？

在与女孩发生争辩时，你是否注意控制自己的语气与耐心，给女孩以空间让她发表自己的观点和意见，之后再加以合理引导？

随着女孩一天天的长大，有的家长渐渐觉得女孩不如以前听话了，变得难管了。无论大事小事，动不动就与家长顶嘴，家长说东，她偏说西。这令家长感到十分为难和恼火。女孩顶嘴该怎么区别对待呢？

实际上，女孩的顶嘴是有其原因的，随着年龄的增长，当女孩进入青少年时期，就已经具备一定的独立思考能力，所以，从这时起，她们不再愿意别人把自己当做小孩子来看待，不愿意处于被照顾的从属地位。这时，如果对女孩有过多地干涉，就可能出现两种结果：一种是与成人对立，干脆一切都不听你的；或者是影响独立性的发展，养成依赖性，形成依赖的不良习惯。

中国的父母由于受千百年传统观念的影响，总觉得小孩子见识少、阅历浅、不成熟，形成了"父母说话小孩子听"的定论，不少父母要自己的女孩必须"言听计从"，否则就认为有失父母威信和尊严。

德国汉堡心理学家安得利卡·法斯博士通过多年的实验观察后证实：隔代人之间争辩，对于下一代来说，是走向成人之路的重要一步。能够同父母进行真正争辩的女孩，在以后会比较自信、有创造力，也会更加合群。

女孩在与父母争辩的时候，往往是她们最为得意的时候。这样做对于她们来说至少有两个好处：一是当女孩最来劲、最高兴、最认真时，对她们的大脑发育是有好处的；二是这样可以营造家庭的民主气氛，增加女孩各方面的能力。这样的女孩会具有很强的交际能力和其他方面的能力，对将来的发展是大有好处的。

总之，如果一个女孩从不与人争辩，总是与世无争的样子，那么，她的勇气、智商、口才、进取心、自信心等就值得怀疑了。因此，从某种意义上说，争辩是女孩的一门必修课，而这门课最好在家里进行。在争辩的过程中，父母要有热心和耐心，让女孩在争辩中不断成长。

有的父母之所以受不了女孩和自己争辩，原因就在于他们觉得这样是对自己一家之长的权威的挑衅。父母们应该树立一种观念，要允许女孩和自己争辩，因为这并不是什么丢面子的事情。父母如果担心女孩争辩的话，她会不听话，不尊重父母的选择等等，其实这样的想法是多虑的。

家长大可不必为女孩顶嘴而生气恼火，倒不妨为此而感到高兴。因为女孩开始顶嘴就意味着她已经长大了，并且有了独立思考的能力，这不正是家长所期盼的吗？有的父母不能接受女孩顶嘴的原因是担心自己的权威受损。父母不要总按原来女孩三四岁时的标准来要求已经长大的女孩，应该认识到：屈从的时代已过去，取而代之的是说服的时代。

建议二：不要总是拿她与别人比较

很多家长喜欢在不知不觉中和别人对比，你的孩子上一个什么班，那我的孩子绝不能落后。其实，这种不根据孩子实际情况而盲目攀比的行为，最后的结果只能是害了孩子。

"别人行，你为什么不行？"这是许多妈妈训孩子的口头禅。某女士一说起女儿的学习就特别激动："我们做父母的舍不得吃，舍不得穿，一心只想让孩子好好读书，可她就是不争气。我姐姐的孩子比她还小1岁，学习从来就没让父母操过心！我横看竖看，我的孩子不比别人差啊，别人行，她为什么不行呢？"

不少家长老想给孩子树立榜样，拿自家孩子的不足与别人的长处相比，以为这样就可以刺激孩子的上进心，其实，这样只能伤害孩子的自尊，即使刺激了她的奋发精神，到头来还是一种不健康的进取心，很可能会嫉妒别人的成功，或者难以接纳比自己优秀的人。拿孩子作比较，是一种盲目的教育心态。对于女孩来说，家长肯定别人的同时，如果语气和场合不当，难免会伤害了孩子，使女孩产生挫败感，不利于培养女孩的自信心。

没有一个孩子愿意承认自己比别人差，他们希望得到成人的肯定，他们对自己的认识也往往来自于成人的评价，而这种肯定式的评价对孩子自信心的培养亦是尤为重要的。如果家长总是强调女孩比别人差，会使女孩经常自我否定，当她遇到困难时就会恐慌、退缩，拒绝尝试。

家长不要总是拿自家的女孩与别人家的孩子比，孩子之间是无法比较的。每个孩子都是自然界最伟大的奇迹，以前没有像她们一样的人，以后也不会有。由此，我们要让孩子保持自信。不论好坏，你都要鼓励孩子去尝试，这是最大化孩子潜能的重要通道，也是最大化孩子自信的源泉，更是使孩子实现人生价值的必经之路。

曾经有一位家长，自己是大学教授，才高八斗，对女儿要求极严。别人家的女孩钢琴弹得好，他马上叫女儿学钢琴，女儿要是钢琴弹不好，他就气急败坏；他又让女儿报考奥校，希望在理科思维方面一举成名，结果落空了，他极为沮丧，整天在家里苦着个脸。其实，女孩有自己的想法，她喜欢一个人待在屋里浮想联翩，幻想自己在宇宙中遨游，或者是回到中古时代和历史人物对话。但这些想法在父亲的眼中就是瞎扯，根本不可能实现的。

而主张"人性教育"的北京市通州二中的教师李圣珍认为，这样的孩子优点集中，尤其是哲学思维发达，性格敏感，想象力丰富，如果从事文学、哲学和历史方面的学习，一定大有前途。

李圣珍说："每个孩子的智能发展是不均衡的，每个人都有各自的强项和弱项。如果孩子找到自己的最强项，使潜力得到充分发挥，便可取得骄人成就。"

李圣珍早年曾教过一个学生，这个学生的父母看到邻居家的孩子因为一篇作文而被南开大学免试录取，于是，父母便强迫孩子学语文、写作文。不料，一个学期下来，孩子的写作能力并没有多大起色。在和别人的攀比中，孩子的自信心也一点一点被消磨下去，最后彻底失去了学习的兴趣。不得已，父母把孩子送到了李圣珍老师这里。

在和这个学生接触的过程中，李圣珍发现她并不像他母亲所说的"是个笨孩子"，除了有点自卑意识外，并没有其他学习障碍。经过一段时间的教育，这个学生对化学产生了浓厚的兴趣，李圣珍就鼓励她去做实验、去探索、去发现更多的为什么。这个学生的智慧火花一下子被点着了。后来，这个学生考上了一所高校的生物化学专业，毕业后又考上了另一所高校的研究生。

也许你认为自己的女儿很"笨"，但这可能仅仅是因为我们拿她的弱项和其他孩子的强项比较的结果。很多时候我们只看到孩子的弱项，而没有发现她们的强项，如果哪一天我们发现了她们的强项，那么，她们就会变成这方面"前程远大的高才生"。有的女孩可能在那些有音乐天赋的人面前，显得很平庸；但是如果你让她自己动手做一个布艺，会发现她很有设计感。家长千万不要因为孩子在某一方面"不可造就"，就将其整个人及今后的发展全部否定了。

永远不要拿自己的孩子和别人比较，不妨多多挖掘孩子的"可爱之处"。如果你很想让他做比较，那么请让他跟"昨天的自己"来比较。因为人最大的竞争对手其实是自己，战胜了自己，也就达到成功的效果了。

　　小莲的妈妈总喜欢拿小莲和别人比较。她总是说小莲不如乐乐漂亮，不如小雨会说话，不如阿丽懂事……小莲为此郁闷不已。

　　一天，小莲拿着自己的成绩单，兴冲冲地跑到家里。"妈妈，妈妈，我这次考了第三，比以前进步了好多！"

　　妈妈听了，先是一阵喜悦，不过很快又开始沉默，不一会儿，她说了这样的话："虽然你比以前进步了不少，但比起邻居家的那两个孩子，还是差很多。他们一个今年考上了北大，另一个总是年级第一。加把劲，超过他们才算本事。"

　　小莲听了妈妈的话，那股兴奋劲早就跑到九霄云外了。

希望孩子可以做得尽善尽美是人之常情。可是，爱比较的家长可曾知道，这样的做法不但会让孩子反感，而且还会导致她丧失对自己的信心。每个孩子都有自己独一无二的个性，为什么非得让她们成为别人的复制品呢？拿自己的孩子和别人做比较的结果往往是：孩子痛苦，你这个家长更痛苦。也许有的家长会问："我只是想了解她进步了多少，让她明白不能骄傲而已，或者为她寻找一个合适的目标。如果不用这种方法，还有什么更好的方法吗？"当然有，请看一个犹太家长的做法：

有一个叫格兰特的犹太小女孩，在一考试后成绩一落千丈。她心情很糟，一下子由一个活泼开朗的小女孩变成了一个沉默的小女孩。因为她觉得自己太笨了，不好意思见朋友，于是整天把自己关在屋子里。

她妈妈发现了她的变化，便和她一起分析考不好的原因，逐条列出。最后得出这样的结论：之所以考不好，是因为不用功记单词，不愿意动脑子思考数学题，这些困难都是她自己能够解决的。这位妈妈还反复告诉孩子："格兰特，你是个聪明的孩子，你还记得吗？你4岁的时候就能数数了，还会画出好看的画。"

她妈妈谈话结束后，还给格兰特留了一个小纸条：一个人的进步不是一朝一夕可以做到的，只要不断努力，及时总结一些经验，找到一些技巧，一切都会好起来的。

从此之后，格兰特不再灰心丧气，她每天都非常勤奋地学习，时常与自己的小伙伴们一起讨论数学问题。没过多久，她的学习成绩取得了很大的进步，她又恢复了以前的自信和乐观。

与其把力量花在对比上，不如试图挖掘隐藏在孩子身上的数不尽的"可爱之处"。

把孩子当做商品一样比来比去，到头来，很容易出现两种结果，一种是在这种比较中较差的一方会更糟糕，她觉得自己一无是处，什么也做不好；另一种是在比较中，较强的一方会因为优越感而过分膨胀，她为了保持自己的优越位置就会不断给自己施加压力，始终处于非常紧张的状态之中。这两种结果无疑都是负面的。

细节 7 鼓励她大胆去做——行动 是女孩自信的第一步

有的父母总是觉得女孩不会有什么自己的主见，她的想法和意见也不重要，在女孩表达出她的意愿和想法时，家长也总是不屑一顾。当父母就家里的某个决策讨论的时候，女孩在一旁插嘴，父母就大声呵斥："大人说话小孩子别插嘴""这是大人之间的事，没你小孩子什么事，一边玩儿去"，实际上父母的这种态度已经对女孩产生了消极的暗示和影响，无疑是给热情高涨的女孩迎头泼了一盆冷水，使女孩自信全失，严重的可能会觉得自己在家里一无是处，可有可无，进而衍生出一些本来可以避免的心理问题，如轻视自己、自我怀疑等等。一旦女孩真的出现了心理问题，父母就要追悔莫及了。

诗人、国家一级作家骆晓戈教授是一位和蔼可亲的大姐，去大学任教前就是一位很得孩子们喜爱的师友。她的女儿岸子自浙江大学毕业后，凭过硬的自身条件被公派到美国留学。

骆教授夫妇的教子之道值得推崇。曾有幸与他们共事几年，基本见证了他们夫妇对女儿岸子的教育。骆大姐家庭条件优越，唯一的宝贝女儿岸子身上却无骄娇二气。同事们都很喜欢岸子。

在骆教授的众多教育方法中，最大的亮点就是让孩子参与家庭决策。在岸子很小的时候，骆大姐要添置家庭共用品都会征求她的意见。比如买电视机，买多大的、什么品牌、什么颜色、什么价位等等，甚至摆放在哪个位置都和她商量。岸子稍大了点，骆大姐就向她详细通报家庭收入情况，夫妇俩还会认真地和女儿预算一周、一月和一年的支出。后来，全家小到衣服大到房屋的购买，岸子都有充分的发言权和决策权。

"当家方知柴米贵。"由于从小就参与了家庭管理，岸子确实知道"一粥一饭当思来之不易，一丝一缕恒念物力维艰"。所以，除了一日三餐和合身的衣装，她就从不向父母伸手要这要那。在家里，岸子享有惯了平等的话语权，在外面，她就时刻做到了不卑不亢。尤其是，通过长期参与家庭决策和管理，她就自觉不自觉地有了振兴家业和贡献社会的责任感，一直刻苦学习，表现优秀，成绩优异。

一般来说，能够经常参与到家庭决策中来的孩子，性格较为开朗，能够在众人面前条理清楚、简明扼要地表达自己的见解和意见，能够主动关心别人、考虑别人的感受，有较强的集体责任感和责任心，待人接物也处处能彰显出自己的自信；而那些从来不参与家庭决策的孩子，考虑事情通常是狭隘的、自我为中心的，集体意识淡薄，依赖心理强，做事的主动意识差。因而可以看出，让孩子参与到家庭决策中来对孩子的健康成长有至关重大的影响意义。

孩子再小，也是家庭中的重要一员，不管孩子年龄大小，父母都要有意识地让孩子参与到家庭决策中来，一来可以让孩子感受到他在父母心中的重要性，二来也能实现较好的自我认知，感受到自我价值。要知道，父母的肯定是孩子自信心形成的一个尤为关键的要素。

让孩子参与到家庭决策中来，父母首先要主动培养孩子的参与意识。当父母平时在讨论问题或商量某个决策的时候，可以有意识地征询一下孩子的意见，如问问孩子"你觉得我们这么做怎么样？""你认为我们买什么牌子的电视机好呢？"当孩子说出自己意见的时候，父母要及时给予回馈，如果孩子说的有道理，就可以按照孩子说的实行；如果孩子的想法欠考虑的话，父母就要给孩子讲清楚为什么这次爸爸妈妈没有听你的意见，指出孩子需要完善考虑的地方。这样就可以逐渐使孩子关心家里的事情，同时还可以提升孩子的思维，有助于他思考的全面性和理智性发展。

需要注意的是，父母在和孩子沟通的时候，应当把女孩当做一个真正的商量对象，和女孩说话的态度要和蔼，不能颐指气使，更不要对孩子的意见粗暴否定和冷嘲热讽，不要端出家长的架子，要让孩子感觉到，父母的确是想听他的意见的。

再有，并非家庭里的每一件事情都是适合女孩参与的。所以父母在让孩子参与之前，先要考虑好家里的哪些事情适合让孩子来参与，哪些是不适合的。通常来说，凡是参与的过程和结果有利于孩子身心发展的，就可以让孩子一同来参与，如家庭的计划开支、旅行计划等等。

最后，在女孩的参与过程中要引导孩子发表自主的意见。有些孩子在年龄较小的时候，家长说什么他只懂得点头，或是说"我听你们的"、"你们说什么就怎么办"，这就说明孩子还没有真正有意识地参与进来，家长就可以适当教给孩子一些参与的方法，如在买东西的时候，就可以给孩子几个备选项目，让孩子从中选择，并让他说出他的思考过程和最终结论；或者当孩子就某项决策不知道从何下手的时候，父母可以给孩子提醒一些既往经验，让孩子从这个角度出发去主动思考。

总之，父母要抓紧一切时机，时刻让孩子感受到，自己是家庭中不可或缺的一员。

建议一：不要用对与错来评判女孩

生活中几乎没有几个父母是故意损伤孩子的自信心的，但无意识的伤害却俯首皆是。正如下面这位母亲：

> 一位母亲为她的孩子伤透了心，她在心灰意冷的情况下去找心理医生。
>
> 医生问："当您的孩子第一次系鞋带时，打了个死结，从此之后，您是不是再也不给他买带鞋带的鞋子了？"母亲点点头。
>
> 医生又问："孩子第一次刷碗的时候，打碎了一只碗，从此以后您是不是再也没用过他刷碗？"母亲称是。
>
> 医生接着说："孩子第一次整理自己的床铺，用了很长时间，您看不过去，从此代替他叠被子了，是吗？"这位母亲惊愕地看了医生一眼。
>
> 医生又说："孩子大学毕业去找工作，您怕孩子找不着工作，便动用了自己的关系和权利，为他谋得了一个令人羡慕不已的职位。现在您却为孩子的适应能力太差而感到恐慌了！您怕他不能胜任一份好工作，怕他娶不到媳妇，怕他以后过得很凄惨……"

这位母亲更惊愕了，从椅子上站了起来，凑近医生问："你怎么知道的？"

"从那根鞋带知道的。"医生说。

母亲问："我以后该怎么办才好？"

医生说："当他生病的时候，您最好带他去医院；他要结婚的时候，您最好给他买好房子；他没有钱时，您最好及时给他送钱。这是您今后最好的选择，别的，我也无能为力。"

母亲这种不肯放手让孩子去为自己的未来负责的爱，伤害了孩子，使他适应外界环境的能力即自适应心理长期处于停滞生长状态或休眠状态，最终成为"母爱"的牺牲品。

母亲的过度关爱使女孩的心理成长停滞了，这种结果相信没有任何一位家长愿意看到。心理学家指出，孩子从一出生就带有一种"自适应心理"，这种心理是指人们自我调节，应变适应环境的能力。保加利亚学者佩尔努曾作过一段描述："婴儿被相当于20公斤的力推出，从温度为37度的温暖母体腹水中被抛了出来。在那个环境中，他像宇航员处于无重量的状态，现在来到空气温度为20度左右的寒冷环境中，而且在这个环境中还必须呼吸。"

从他的这段论述中，我们不难看出，从新生婴儿脱离母体的那一刻起，就已经用他天生的自适应能力来积极回应母亲子宫之外广阔的生活环境。他不仅能够适应这种内外温差，而且很快便开始在这种环境中健康成长。接下去，他会积极地适应家庭生活，以后还要适应复杂的学校生活，继而要适应更复杂的社会生活。

孩子不仅天生能够自我调节，适应外界环境，而且也确实应该主动去适应，这无疑对他们的未来产生极大的推动作用。心理学家认为，那些自适应心理素质好的女孩，他们对未来有着强烈的求知欲，她们会有选择地接受未来发生的事情，理智地分析生活中的变化。她们有主见，不盲从，明白想要的未来轮廓。因此，她们能够用"未来"的要求来规划自己的行为和思想，不断地为成长增值。

放开手让女孩去接受挫折的存在，对很多父母来说太难了。明明知道有些事情不能做，怎么可以眼睁睁看着女孩去犯错误呢？但如果父母真的想要让女孩有主见、有责任感也有相应的承受能力，就一定要在一些无伤大雅的事情上"眼睁睁"看着女孩犯错误。因为只有真正错过，她才会知道懊悔的滋味、负责任的滋味，还有让别人担心的滋味。

我们总是急于去教会女孩如何争取到成功，却很少教会女孩如何面对失败。失败也是人生中的一种常态，满心带着迎接成功的热情，如何面对失败后的落寞呢？

我们一再地和父母说"放手"，但是真正放手的决心和勇气，都是一个很高的门槛。如果你不知道自己是否可以真正做到给女孩一个自己成长的空间，可以问问自己是否能：

不强求女孩喜欢你自己喜欢的东西；

不评价女孩喜欢的东西是高雅还是庸俗；

不因为女孩没有听你的建议犯了错而暗自得意；

不把女儿的成功当成特别值得炫耀的事情。

如果这些你都能做到，那么你的女儿就是真正幸福而独立的。

建议二：让她做自己喜欢的事情

"小如，这个假期，你想怎样安排呢？"妈妈饶有兴致地问小如。

"嗯，我想做一点自己喜欢做的事。"小如认真地对妈妈说。

"嗯，你说我听听。"妈妈想让小如说得细致一点。

要知道，班上有很多同学的家长都希望利用这个假期给孩子好好补习功课，甚至有一位家长买来了一摞的习题，让那个同学在一个假期之内全部完成，否则就不可以游戏。

也许，妈妈也希望小如能够做上几本习题，巩固一下学习的知识，可是小如实在是想做一些自己喜欢做的事。

听到妈妈问小如有什么计划，小如心里有点发凉，也许妈妈正准备做思想工作，希望她要利用假期的时间好好学习呢。

"妈妈，我想和您商量……我不学习了行吗?"小如想还是先下手为强，主动和妈妈商量起来。

"呵呵，当然好啊。只要你把时间放在做有意义的事情上，做什么妈妈都会支持的。"妈妈说出这句话的时候，小如感觉自己快要幸福死了，眼前的这位母亲，简直就是一位天使。

"嗯，我想利用假期的时间把全套的凡尔纳探险小说读完，还想用假期的时间练习吹长笛和口琴，剩下的时间用来写作业，其实我们的作业很多呢，每天完成一点点，足够我写一个假期的。"小如把自己的构想向妈妈陈述了一番。

"小如，妈妈支持你的想法。"妈妈的话好比是一颗定心丸，总算让小如愉悦起来，她继续说，"你已经学习了一个学期，已经很累了，利用这个假期，好好地调节一下是很有必要的。妈妈不强迫你像其他的同学那样在假期补习。不过，开学之后，我们要有一个更好的精神风貌对待学业，争取更上一层楼，好吗?"

"哦! 万岁!"小如高兴的神情溢于言表。

我们每个人每天都有许多事情可做，在众多事情当中，你一定要清楚地了解一点，那就是：一定要做自己喜欢做的事。

但是往往有很多人并不清楚这一点，为了种种原因，他们最后逼迫着自己去做一些自己不喜欢做的事，最后往往后悔莫及。

有一位机械师不喜欢自己的工作想转行，却迟迟下不了决心，因为他已经学了二十几年的机械，如果突然换一份其他的工作，会感到很不适应，尽管不喜欢，却无法抛开累积二十多年的机械专业知识。他想改变，但又甩不掉过去的包袱，自然无法突破。于是他陷入了痛苦之中，他常常叹息着说："如果当初我选择喜欢的事情就好了。"

生活中，像这位机械师的人很多，不管是学习或是工作，他们大多都在做着自己讨厌的事情，又不得不逼迫着自己去做好这些事情。不断挣扎中，他们往往失去了动力，当遇到学业或事业的瓶颈时也无法突破。他们也想过要改变，为此还不断地征求别人的意见，可最后还是很少有人试着去改变。

这其实是一个矛盾，既然知道自己再继续做下去也不会有兴趣，就应该果断地做出离开的决定。与其在不喜欢的事情上浪费时间，不如把精力投入在喜欢的领域。也许你担心无法适应或开拓一个新领域，其实大可不必，一个人在做自己喜欢的事情，就必定充满了力量，想象力和创造力也更容易被激发出来，只要付出努力，相信一定会取得成功。

很多年前，一位名人讲过一句话："你一定要做自己喜欢做的事情，才会有所成就。"

所以，尝试着改变自己目前的状况，如果想让自己做事更有成效，你就必须做出更好的决定，采取更好的行动。

罗克的故事对你或许会有所启发。

罗克一直很喜欢运动和数学，从小到大，他一直是运动健将，不仅担任过体育队长和篮球、乒乓球队长，是校田径队的杰出运动员，罗克曾经想过要如何把兴趣发展成职业，也曾经梦想成为世界冠军。

但罗克在思考后觉得："靠体力过生活，并不是我真正喜欢过的生活，虽然我非常喜欢运动。"

在高中和大学的时候，罗克的数学成绩一直都是名列前茅，他也曾经想过，要当一位数学教授。但罗克发现，当一位数学教授，也并不是他最喜欢做的事情，于是他继续寻找另一个可以当成他终生事业的工作。

17岁的时候，罗克接触了汽车销售业，因为他很喜欢车子，他想自己应该可以做得不错；真正进入了这个行业之后，他发现这个行业有非常大的特色，但是他的个性似乎并不适合，于是，他又转行了。

从16岁到21岁，罗克陆陆续续换了18种不同的工作，每一处，他都想着一定要做自己喜欢做的事情。他不断地思考，最后他终于得到了一个伟大的发现，那就是他身上的一个特点：他从小到大一直很热心，很喜欢帮助别人，同学数学不会，他很喜欢教他；别人篮球打得不好，他会自告奋勇过去教他。因为罗克相信，只要自己可以，别人一定也做得到。

在一个很偶然的机会，罗克参加了一个激发心灵潜力的课程，它给了他非常大的震撼。

罗克发现，自已上了那么多的课程，学习了那么多的资讯，却没有任何一个课程比得上他的老师安东尼·罗宾，在短短的 8 小时当中，所分享给他的那么多。

罗克想，假如他以后也能做别人所做的事情，把一些真正对人们有帮助的资讯，不管用何种渠道，书籍、录音带或是录像带，然后分享给想要获得这些资讯的人，那该有多好。投入这项工作之后，罗克终于找到了那个他最喜欢的工作，这就是他毕业所寻找的方向。经过了七八年的坚持，他终于可以在心理学崭露头角，让非常多的人得到非常具体的帮助。

从故事中我们不难看出，做喜欢做的事对一个人所产生的影响。

一个人只有在做自己喜欢的事情才能充满激情，所以，家长们应鼓励自己的女孩突破现在的自己，积极行动起来，去做喜欢的事情吧！

细节 8　多一点赏识，少一点苛求

一位哲人曾经说过这样的话："人的精神生命中最本质的要求就是渴望得到赏识。"对女孩来说，训斥只会压抑幼小的心灵；只有赏识她们，才能开发出潜能。

没有种不好的庄稼，只有不会种庄稼的农民；没有教不好的孩子，只有不会教的父母。赏识教育的本质是生命的教育，是爱的教育，是充满人情味、富有生命力的教育。

每一个孩子都拥有巨大的潜能，但孩子出生时都很弱小，好像生活在一个巨人的世界里。德国著名心理学家阿德勒也透露过他在念书时，认为自己完全缺乏数学才能，对数学毫无兴趣，因此考试经常不及格。后来偶尔发生的一件事，让他的潜能开发出来了。他出乎意料地解出了一道连老师也不会做的数学难题，这次的成功改变了他对数学的态度，找到了数学天才的感觉。在老师和家长的赏识中，他成了学校里的数学尖子。

所以，家长们只有赏识自己的女孩，她们才会焕发出生命中无限的潜能。

哈佛大学的心理研究专家做过这样的实验：有两组孩子，先让他们一起长跑消耗体能，然后一组接受严厉的批评，另一组得到热烈的称赞，随之进行体能检测发现，被批评的那组孩子无精打采，体能处于崩溃状态；而被表扬的那组孩子精力旺盛，体能得到迅速恢复，充满自信。

这个实验可以作为我们教育的反思：父母在教育女孩时应多给她们一些适当的赏识，学会赏识、赞美你的孩子，这对她的心理发展十分有利。让女孩知道父母对她们的关注和认可，既能快速抚平她们身体上以及心灵上的创伤，也能促使女孩的心理朝良好健康的方向发展。

适当的赏识与鼓励是必要的，但父母也要注意千万不要对女孩赏识过了头。一个女孩如果受到的赞美过多，心理便会膨胀，就会找不准自己的定位，从而也就不知道自己的言行是否符合一定的社会道德规范，这样的女孩在人格上往往是不完善、不成熟的，心理上也会十分脆弱，在今后的人生路上可能会经不起生活中的风雨与挫折。一个完备的人在成长中是需要经历一些磨难的，只有经历磨难并且能够从磨难中铸就刚强性格的人，才能适应未来的生活。

做为女孩的家张，不要吝啬夸奖孩子，如果孩子做对了事情，就应该夸奖她，而不要怕她会骄傲。

多对女孩说赞美的话，鼓励的话，少说贬损的话，批评的话。当女孩有少许进步的时候，应该及时给予肯定，帮助她们树立前进的信心；当她们做错了事情，应在批评的同时，换一个角度找一个亮点来鼓励孩子。当女孩有一件事情令你感动的时候，你应该马上把你所想的告诉她，让她知道你一直在关注。

家长应该经常赞美女孩的一些做法，让孩子觉得自己很能干，特别有能力。当女孩具有了这样的自信的时候，在做事的时候就会表现出跃跃欲试的心态，处处想表现自己，证明自己。

建议一：不要苛求女孩"十全十美"

也许是由于望女成凤心切，大人们往往对自己的女孩很苛刻，但也比较容易忽略女孩的感受。在工作中，他们总是要求自己的领导能设身处地地替自己考虑这个，考虑那个，但一回到家庭生活中，目标就转移到孩子的缺点上，这也不是，那也不是。继而要求女孩应无条件地服从自己的意志，照着父母的完美计划成长。实际上，这种做法的结果无疑是在推着女孩朝逆反的方向发展，因为女孩会一天天成长起来，有了审视自己的目光，有了自己的世界观、人生观和价值观取向，便有了反抗的心理，对于父母的苛求和指责，便会经常说"不"。

作为父母应该知道，我们自己本身实际上也不是十全十美的，每个人身上也存在着这样或那样的缺点与不足，我们的孩子自然也不例外，为什么总是看不到呢？

如果我们真立志要做个好父母的话，首先就是要理解女孩的感觉，尊重女孩的选择，说不定女孩在某方面的不足正好可以成就其他方面的才能。父母要有眼力去发现女孩的特点。

由此看来，父母在教育女儿的时候，眼光同样很重要，父母们应该让自己多具备一些伯乐精神，及时发现女孩身上的特别之处。利用女孩自身的优点引导她，把她所有优秀的品质发挥出来，帮助她完成人生的自我超越，而不是只盯着某方面的不足不放。

有一项统计表明，从19世纪到20世纪的200年中，能够真正称得上"天才"的孩子只有寥寥的十几位。应该说，世界上大部分的孩子都是很大众化的，不是十全十美的。

责备只能使女孩消极地应对身上不良的行为、习惯。所以，做父母的不要总是苛求自己的女孩十全十美！最重要的是要让她们实实在在地学习，实实在在地做人，实实在在地做事，实实在在地成长，她们才会拥有完美的前途！

如果家长能换一种教育方式，把每个女孩身上的特质和性格罗列出来，然后一一告诉女孩你是多么欣赏她们，让她们感觉到自己是不能代替别人，别人也无法取代她们的，而且也觉得你看到了她们身上与众不同之处。那么，你的女孩就会越来越自信，也就会越来越完美了。

家长应该注意和孩子说话的语气。如果她还小，家长不妨将她抱在怀里告诉她你为她而骄傲，经常不断地给予她表扬，那女孩的感觉是否会更好一些呢？家长和孩子进行交流的时候，不仅在她做得好的时候要表扬。当她做出努力之后，尽管未达到预期的目标，也要进行适当的鼓励，在和女孩说话的时候让她永远感受到如沐春风般的温暖。

建议二：赏识也要把握好度

时常会听到有些家长说这样的话："我的女儿太出色了，聪明绝顶，又那么漂亮！"

母亲这么夸女儿，一旁的女儿则羞愧得简直无地自容，这都什么和什么啊！

似乎，现在的父母觉得好孩子都是夸出来的。

不可否认，赞美确实能起到巨大的激励作用，不只是女孩，大人也一样，如果女孩在工作中得到表扬和夸奖，那么积极性也会大增，随之创造的是更多的价值。被夸奖被赞扬代表着被认可，被夸奖的人也更深入地认识到自己的价值。但是夸奖也要把握适当的"度"，掌握一定的艺术。过分夸奖或者夸奖不当的结果可能适得其反。

心理专家马丁认为：过分夸奖同贬低一样，不能帮助人树立自信，还会让人变得脆弱。所以家教中也应当注意避免过度夸奖。正确的夸奖方法应是先仔细观察，了解女孩所做出的努力和成绩，在此基础上，审其进步程度，有针对性、目的性的夸奖这才是正确的夸奖，而过度夸大，吹捧千万不可盲目使用。

赏识女孩一定要有限度，惩罚女孩一定要有分寸，并且需要有明确的操作方式。如果父母过分夸奖女孩会使得她很难正确认识自己，不知道自己真实的潜力有多大。当然，因为父母的过分夸奖，懂事的女孩会去努力但能力达不到就容易产生压力，甚至会有失败感。

此外，如果过分地夸奖或炫耀女孩的长处，时间久了，易使女孩产生或比谁都强的心理，不允许或不能接受别人超过自己的事实。大人在夸奖女孩时一定要实事求是，不要夸大其词，并在表扬女孩时应给她指出不足之处。

一位母亲忧虑地对老师说："我们并没有给我的女儿什么压力，也很少责备她，更不会疾言厉色。我们奉行以奖励代替责备，为什么孩子会越来越忧虑呢？"

老师单独和这位念中学一年级的孩子交谈，发现她担忧自己不能名列前茅，所以很用功。她经常失眠，觉得压力很大，甚至想休学。

"我很怕考不好，所以每天读到深夜。"女孩说。

"你觉得学习有困难吗？所学的功课你不会吗？"老师问。

"不是，是怕考不好。如果落到三名以外，我会觉得很没有面子。我就是怕输掉！"

"你父母亲要求你考前三名吗？"

"没有。是我自己担心考不好，我就是很在意成绩。"女孩哭了起来，"我怕失败，那很没面子。"

"对谁来说，你会觉得没有面子？"

"我怕对不起爸爸妈妈！怕得不到他们的欢心。"女孩泣不成声。

这位名列前茅的女孩，因为长期生活在父母和亲人的夸奖之中。由于一直保持好名次，她未曾尝过父母没有夸奖的滋味。她怕失去夸奖，并把这个惧怕当成了一种严重的威胁。

可见，过度的夸奖，给女孩带来了心理负担，慢慢地会加重女孩的心理压力，使女孩变得焦虑，遇到困难容易退却，缺乏信心。所以，千万不要看到女孩有一点小成就，就常常将夸奖挂在嘴边，动不动就表扬、夸奖。

著名作家毕淑敏曾写过一篇题为《请为你的夸奖道歉》的短文，说的是她的一位朋友到北欧访问，周末到当地教授家中做客。

这位朋友一进屋，看到了教授5岁的小女儿，这孩子长得非常漂亮。

朋友带去了中国礼物，小女孩有礼貌地微笑道谢。朋友抚摸着女孩的头发说："你长得这么漂亮，真是可爱极了！"

教授等女儿退走之后，严肃地对朋友说："你伤害了我的女儿，你要向她道歉。"朋友大吃一惊，非常不解地看着教授。

教授说："你是因为她的漂亮而夸奖她，而漂亮不是她的功劳，这取决于我们两口子的遗传基因，与她个人基本上没有关系。

"你夸奖了她，孩子很小，不会分辨，她就会认为这是她的本领。而且一旦认为天生的美丽是值得骄傲的资本，她就会看不起长相平平甚至丑陋的孩子，这就成了误区。

"不过，你不要沮丧，你还有机会可以弥补，你可以夸奖她的微笑和有礼貌。这是她自己努力的结果。"

朋友听后，感觉的确很有道理。

不要认为教授对女孩太严苛，事实上他是非常赞同赏识教育的。只不过他认为，表扬不可过多过高，不能让孩子情绪过热，过多的赞美会让孩子产生错觉，要么认为自己比任何人都要出色，要么就逐渐形成压力，为了夸奖而去做。

女孩的父母对女孩的赞美应该就事论事，不可过分夸大其辞。父母在赞美女孩优点的同时也要适当泼点冷水，提醒女孩改正缺点。最好是了解女孩做事情的过程，把她做某件事情的良苦用心和艰难努力都看在眼里，然后再夸奖女孩。

父母对女孩的赞美要把握好时机和尺度，当女孩在表现出色的时候、取得进步的时候、需要鼓劲加油的时候，可以不失时机地赞美她。甚至在指出女孩的不足之前，也要先千方百计地肯定她的成绩，让女孩看到自己的优点，才有勇气、才能自信改正自己的缺点。

当然，必须提醒父母的是，对于女孩的夸奖最好能够适可而止，过多过分的夸奖，会带给女孩不必要的困扰。夸奖具有启发性和鼓励作用，但夸奖过多，会带给女孩压力，形成焦虑。所以家长在平时对女孩的夸奖要适可而止，而且应用欣赏、交谈、聆听等方式代替过多的夸奖。著名教育家老卡尔·威特给父母们的忠告是：我们不能让女孩在受责备的环境中成长，但是也不能让她们整天泡在赞美里。

细节9　向女孩灌输一种理念——"我可以"

他，被人称为"中国第一位觉醒的父亲"；

他，被人称为"当代的陶行知"；

他，曾经影响了上亿含辛茹苦的父母们。

这位伟大的父亲名叫周弘，他也曾是一位普通的父亲，而如今他和他的"赏识教育"早就已经名满天下了。他和他的女儿周婷婷一同与命运抗争，使天生耳聋的女儿获得了常人难以想象的成功。

周婷婷天生耳聋，到了3岁的时候还不能讲话。但是，在周弘细心的教育与鼓励下，原本已经列为残疾人行列的婷婷在6岁的时候已经认识2000多个汉字，8岁的时候就能够背出圆周率小数点后1000位的数字并打破吉尼斯世界纪录。

不仅如此，周婷婷在上小学的时候连跳两级，10岁那年被评为了"全国十佳少年"，17岁时被评为全国自强模范，20岁赴美留学，如今已经获得硕士学位。

周婷婷和同龄人相比，能够拥有的东西并不多，但是她所取得的成就，非常人能及。

原本全聋的女儿能够取得今天的成就，她的幕后高参——爸爸周弘有什么秘诀吗？

面对自己的孩子，周弘曾说过这样一句话："哪怕是天下所有的人都看不起我的孩子，我都会含着热泪欣赏她、拥抱她、亲吻她、赞美她，我会永远为她自豪。"

　　如今，周弘的"赏识教育"已经被越来越多的人所熟知，而"赏识"作为一种教育手段也被越来越多的人所认同。

　　很多爸爸在教育孩子方面并没有周弘这般的耐心，而总是有一种"恨铁不成钢"的心情。他们希望自己的孩子能考满分，于是就批评自己的孩子总也考不了满分；希望孩子进步快，就批评孩子进步慢；希望孩子能再机灵点，就批评孩子反应太慢……爸爸们似乎总有一套自己的"教育经济学"，并自以为是：孩子固有的优点，不表扬还会有，但是孩子的缺点，不批评就改不了。正因为如此，才应多批评，少表扬，不能让孩子对自己的现状满足。这样的教育是周弘最为反对的。

　　周弘则认为：如果一个孩子在成长的过程中得到的是太多的责备、抱怨和训斥，那么教育则会陷入一个怪圈，父母会发现孩子的优点越来越少，而缺点则越来越多。对于孩子的批评过多，会使他们以失败的心态走向社会。

　　婷婷小的时候学习数学很吃力，但是爸爸却从来没有责备过她。有一次，周弘给女儿出了 10 个题目，但是小婷婷只做对了其中的 1 道题，当时，周弘感到眩晕，他心里十分清楚女儿的数学水平差到什么程度，不过，他依然做出很吃惊的表情，对婷婷说："呀，这么困难的题目，你都能做对 1 道，真了不起。"爸爸这样的评价使婷婷喜欢上了学习数学，并且日后的成绩越来越好。

　　也许，有很多女孩都羡慕婷婷有这样一个好爸爸，那么所有为人父者也来做这样一个懂得赞扬女儿的好爸爸吧。

　　帮助女孩唤醒自信非常重要。在一个班上，如果老师只关注

不娇不惯，富养女孩的100个细节

第二章 对女孩多用肯定，少用否定

一一一

考前几名的学生，只关注那些拔尖的学生，那些考得不好的孩子总是灰溜溜的，老师这种无言的否定会使她们被扣上"不认真""成绩不好"的帽子，这样的心理暗示一旦形成，自信心就会受到严重伤害。作为爸爸，我们千万不要再批评自己的女孩了，多鼓励她，相信她一定能够取得好成绩，帮助她恢复自信。

女孩和家长在人格上是对等的，所以，家长必须学会尊重女孩的人格。陶行知先生率先把"小孩子"称作"小朋友"，就是对儿童极大的尊重。在日常生活中，很多小节都可以体现出爸爸对女孩的尊重，比如说蹲下来平视女孩、倾听女孩说话，这样的动作会让女孩感受到被尊重。

建议一：强化女孩的自我价值感

女孩们天生就是感性的动物，她们的情绪和行为总是极易受到外界环境的影响，前一分钟还因为某一个人的褒奖兴高采烈，后一分钟可能就会因为另一个人不经意的一句嘲讽而丧失信心妄自菲薄。作为女孩的父母，一定要时刻注意，引导女孩正确认识自我，强化女孩的自我价值。

有一个年轻人，他历尽艰险在非洲热带雨林中找到了一种高 10 多米的树木。

这可不是一般的树木，整个非洲也就只有一两棵。如果砍下这种树，一年后让外皮朽烂，留下的部分，就会有一种浓郁无比的香气散发开来；如果放在水中，它不会像别的木头那样浮起来，反而会沉入水底。

这种树被称做"沉香"，是世界上最珍贵的树木。

年轻人将沉香运到市场上去卖。由于很贵重，很少有人敢来买，也很少有人买得起，因此，他的生意非常冷清，经常是很多天连一个来问价的都没有。但他旁边一个卖木炭的，生意却非常好，每天都有进账。

　　年轻人终于沉不住气了，他把沉香运回家，烧成木炭后再运到市场上，以普通木炭的价格出售。这一回，他的生意好极了，几天时间就卖光了。

　　年轻人认为自己颇有创意，顺应了市场需求，于是，他很自豪地把这件事告诉了他的父亲。

　　他父亲是一位白手起家的商人。当听完儿子的讲述后，父亲禁不住泪流满面，因为儿子做了一件大蠢事。沉香非常有价值，只要切下一小块磨成粉末出售，其收入相当于卖一年木炭，而将沉香烧成木炭，就和普通木炭一样不值钱了。

有些人都过分关心外界的环境因素，处处表现得小心翼翼，以至于轻易地否定了自己。试想，如果一个人连自己都不认可自己，又如何让别人认同你的价值呢？

　　一位哲人曾经说过："每个人都有自己独一无二的价值。我们的价值不是取决于别人对我们的态度，也不会因为我们遭受挫败而贬值，无论别人怎么侮辱你，诋毁你，践踏你，你的价值依然存在。"

　　在一次演讲会上，一位著名的演说家手里高举着一张 10 美元的钞票，讲了一句开场白。面对大厅内的听众，他问："谁要这 10 美元？"

　　一只只手举了起来。

"我打算把这 10 美元送给你们中的一位，但在这之前，请准许我做一件事。"他说着将钞票揉成一团，然后问："谁还要?"

仍有人举起手来。

"那么，假如我这样做又会怎么样呢?"他接着把钞票扔到地上，又踏上一只脚，并且用脚碾它。当钞票已变得又脏又皱的时候，他才捡起来。

"现在谁还要?"

还是有人举起手来。

"朋友们，你们已经上了一堂很有意义的课。无论我如何对待那张钞票，你们还是想要它，它并没贬值，它依旧值 10 美元。在人生路上，我们会无数次被自己的决定或碰到的逆境击倒、欺凌甚至被碾得粉身碎骨。我们会觉得自己似乎一文不值。但无论发生什么，或将要发生什么，在上帝的眼中，我们是永远不会丧失价值的。无论肮脏或洁净，衣着齐整或不齐整，每一个人依然是无价之宝。"

家长们要让自己的孩子学会正视自己的价值，不要因为别人对自己的评价和态度而改变对自己的看法。告诉孩子，无论别人怎么说，你的价值都不会因之而改变，只要能够将个人价值与社会价值统一起来，做一些对他人有用的事，就能充分施展自己的才华，实现自己的价值。

《世界上最伟大的推销员》一书的作者奥格·曼狄诺认为，在这个世界上，每个人都有自己独一无二的价值，每个人的出生都是一个伟大的奇迹，他的这种观点对我们在内心建立自尊自信很有帮助。他在书中这样写道：

我是自然界最伟大的奇迹。

自从上帝创造了天地万物以来，没有一个人和我一样，我的头脑、心灵、眼睛、耳朵、双手、头发、嘴唇都是与众不同的。言谈举止和我完全一样的人以前没有，现在没有，以后也不会有。虽然四海之内皆兄弟，然而人人各异。我是独一无二的造化。

我是自然界最伟大的奇迹。

我不可能像动物一样容易满足，我心中燃烧着代代相传的火焰，它激励我超越自己，我要使这团火燃得更旺，向世界宣布我的出类拔萃。

没有人能模仿我的笔迹，我的商标，我的成果，我的推销能力。从今往后，我要使自己的个性得到充分发展，因为这是我得以成功的一大资本。

我是自然界最伟大的奇迹。

我不再徒劳地模仿别人，而要展示自己的个性。我不但要宣扬它，还要推销它。我要学会求同存异，强调自己与众不同之处，回避人所共有的通性，并且要把这种原则运用到商品上。推销员和货物，两者皆独树一帜，我为此而自豪。

我是独一无二的奇迹。

物以稀为贵。我特立独行，因而身价倍增。我是千万年进化的终端产物，头脑和身体都超过以往的帝王与智者。

但是，我的技艺、我的头脑、我的心灵、我的身体，若不善加利用，都将随着时间的流逝而迟钝、腐朽，甚至死亡。我的潜力无穷无尽，脑力、体能稍加开发，就能超过以往的任何成就。从今天开始，我就要开发潜力。

家长要让女孩明白，做人要坚持自己的个性，保持主见，不要刻意去模仿别人，人的一生有很多事情需要去做，但最重要的任务还是做自己。

当一个女孩没有自信时，就会看不到自己的长处和优势，有时候甚至会把自己贬低，全部否定自己，丧失了自我价值。家长们可以借助一些小事，让女孩体会到成功的愉悦，如让女孩帮助自己做一些力所能及的家务活、在学校对需要帮助的同学和老师伸出自己的双手，努力学好自己擅长的科目等。鼓励女孩坚持下去，以此来树立女孩的自信心。

再有，引导女孩接受自己——不仅接受自己的优点，也接受自己的缺点，并帮助女孩树立积极向上的生活心态。当女孩表现出"人家都……所以我也要……（和众人保持一致的行为或装扮）"的态度时，家长要让女孩知道，他人的选择不一定是适合自己的，拥有自己个性、懂得坚持自我、不盲目跟风的女孩才是最迷人的。

建议二：告诉她曾经最差不代表一直最差

哈莉·贝瑞是美国好莱坞当前最红的女明星之一，曾获得第七十四届奥斯卡最佳女主角奖。这位"黑珍珠美人"得到了大量的赞扬和恭维，但这并没有让她迷失，她特别认真地倾听各种批评和指责的声音。

一个人敢不敢，或者愿不愿意接受批评和指责，是对他自己的一种严峻考验。批评和指责往往能够直接指出我们的错误和不足，而那些地方正是我们急需要改进的地方。如果一个人拒绝接受别人的批评，那么他又怎么能得到提高呢，又怎么会取得成功呢?! 哈利·贝瑞之所以能够取得如此大的成功，就和她的虚心接受批评指责有关。

2005年2月26日晚，贝瑞参加了第二十五届金酸莓电影奖颁奖仪式，成为第一位亲手接过金酸莓"最差女主角"奖杯的好莱坞女明星。

金酸莓电影奖设立于1981年，跟奥斯卡奖评选"最佳"相反，是专门评选"最差"影片、"最差"导演和"最差"演员等奖项的。对于这个带有恶作剧意味的颁奖，好莱坞的明星大腕们从不正眼相看，过去不仅没有一个当红女明星参加过金酸莓颁奖仪式，更没有一个女明星有勇气前来亲手接过授予自己的"最差女主角"奖杯。

哈莉·贝瑞主演的《猫女》获得了本届金酸莓"最差影片"、"最差女主角"等7项大奖的提名。得知这个消息后，她就表示要参加金酸莓奖的颁奖仪式，她说："我认为，作为一个演员，不能只听他人的溢美之词，而拒绝接受别人对你的批评和指责。既然我能参加奥斯卡颁奖典礼并接过小金人，那么我也就该有勇气去拿金酸莓的奖杯。"

面对有可能引起的尴尬局面，哈莉·贝瑞没有退缩，而是勇敢地出席了颁奖晚会。她希望能够以此为戒，让批评与指责为自己加油，成为自己不断向上的动力。

颁奖的当晚，哈莉·贝瑞走上领奖台，接过了金酸莓"最差女主角"奖杯。她发表获奖感言时说："我这辈子从来没有想过我会来到这里，赢得'最差'奖，这不是我曾经立志要实现的理想。但我仍然要感谢你们，我会将你们给我的批评当做一笔最珍贵的财富。"

听到这话，人们给了她一阵又一阵热烈的掌声。

颁奖过后，记者围住了哈莉·贝瑞，问她为什么竟不怕丢丑前来领奖。她说这不是丢脸，接受批评不丢脸，不接受批评反而会出更大的丑。她举了举手中的"最差女主角"奖杯说："我要将它放在我的厨房里，我每天都会面对它。就是全世界的赞扬像飓风一样袭来的时候，只要看它一眼，我就不会被吹到云彩上面去。在许多人都赞扬和恭维你的时候，批评的声音是最珍贵的，因为它使你清醒，让你不会头脑发热找不到自己。"

欧洲流行一句谚语："即使是有一双大眼睛的人，也看不到自己全部的缺点和毛病。"因此，别人的批评就尤为可贵。面对别人对自己身上的一些不足和缺点的指责，敢于正视接受，并且以此为继续努力的参照标准，也是一种勇敢。

哈莉·贝瑞是聪明的，她把批评变成成功的动力，她没有因为被批评而沮丧泄气，也没有因为被批评而激愤拒绝，而是诚恳、高兴地接受，并将其当成珍贵的财富，当成激励自己的动力。有这样宽广的胸怀和博大人生智慧的人，在将来，无论获得怎样的成就，人们都是不会觉得意外的。

事实上，生活中有很多坚强的人，即使遭受不幸，精神上也会岿然不动。生活是喜怒哀乐之事的总和。告诉女孩，不顺心、不如意，是人生不可避免的一部分，这些不是我们个人力量所能左右的。明白了这一点，我们就会对生活抱一种达观的态度，而当这种态度占据一个人的心灵后，她就拥有了阳光的心态。

挪威戏剧家易卜生曾说："不因幸运而故步自封，不因厄运而一蹶不振。真正的强者，善于从顺境中找到阴影，从逆境中找到

光亮，时时校准自己前进的目标。"有些人总是能够在恶劣的环境
和别人的指责批评中坚定地屹立着，并努力从逆境中汲取营养，
让自己变得更强。从这个角度来说，批评实在是达到成功的一个
动力。

细节 10 女孩也是家庭决策成员
——父母不要替女孩做主

凡凡是班上的一位"小不点"同学，之所以叫她"小不点"，一则是因为她长得比较小，二则是因为她的心理年龄也很小。周末放学回家了，这个"小不点"同学不会和同学们一起坐公交车回家，而是等妈妈开着车子来接她。在平日上课的时候，她的妈妈也会隔三差五地来看她，送点好吃的点心或是应季新到的新鲜水果，总之，"小不点"同学就是在妈妈的细心呵护下成长，不会受一点委屈，所以也就习惯地依赖妈妈了。

如果妈妈不在，"小不点"同学也会和同学们相处得很好，看上去乖乖的。不过她的行为习惯还是特别像个小孩子，自己很难独立，如果别人说去哪里，她总是像一只小尾巴跟着大家。虽然大家都很爱护凡凡，但即便是同龄人也会觉得她和大家有代沟，所以和"小不点"同学的谈话很难深入。

凡凡的妈妈也为她的孩子感到担忧："我的小不点啊，你以后长大了之后可怎么办啊?"

上例中的凡凡很有可能存在着比较严重的依赖型人格障碍。

依赖型人格障碍是一种以依赖心理为主要特征的人格障碍类型，青少年患者一般缺乏自信、自以为难以独立、自愿从属别人、任凭别人左右，如学业、职业的选择需要靠父母和他人决定，为了获得别人的帮助，不惜逢迎讨好。

这种依赖性的人格障碍一般是源于个人发展的早期。有的父母过分溺爱子女，并且鼓励子女依赖父母，不让他们有长大和自立的机会，以致久而久之，在孩子的心中就会逐渐产生对父母或是权威的依赖心理，长大之后依然不能自主，缺乏自信心，总是依靠他人来做决定，终身不能负担起独立选择采纳各项任务、工作的责任，形成依赖性人格障碍。

对这种依赖性人格障碍的治疗，可以采用如下的方法：

1. 习惯纠正法

依赖性人格的依赖行为已成为一种习惯，治疗首先必须破除这种不良习惯。仔细检查女孩的行为中哪些是习惯性地依赖别人去做，哪些是自己决定的。对于自主意识强的事件，以后遇到同样的情况应该鼓励女孩坚持自己的决定。

2. 重建自信法

如果只是简单地破除了依赖的习惯，而不从根本上找原因，那么依赖的行为也可能复发。重建自信的方法便是从根本上加以矫正女孩依赖型人格障碍。

第一步，清除童年的不良印迹。依赖型一般都缺乏自信，自我意识十分低下，这与童年时期的不良教育在心中留下的自卑痕迹有关。最好的方法是回忆童年时父母长辈说过的对自己有不良影响的话，比如："你真笨，什么也做不出来。""瞧你那笨手笨脚的样子"等，把这些话仔细地整理出来，然后一条一条加以认知重构。

第二步，重建勇气。可以选作一些略带冒险性的故事，每周做一项，例如：独自一人到附近风景点作短途旅行；独自一人去参加一项娱乐活动或是一周规定一天"自主日"，这一日不论什么事情，决不依赖他人，通过做这些事情，可以增加勇气，改变以往事事依赖他人的弱点。

建议一：在女孩面前不要太强势

在我们的周围，总会看到这样的现象：

"去，给我回家写作业去！"

"不准说话，赶紧吃饭！"

"今天必须去辅导班听课……"

在父母教育女孩的过程中，很多家长都忽略了，女孩是发展中的个体，具有独立的人格和鲜明的个性心理特征，在向周围世界学习的过程中，她们处于主体地位，是学习的主人，家长应培养富有创造性和主动精神的女孩，让她们在探索中发现，在发现中提高和成长。

因此，了解女孩、尊重女孩、激励女孩、诱导女孩是成功的教育方法，强迫责令，以成人为中心，往往使女孩被动，收不到好效果。命令的方式应慎用，绝对不能滥用。

对此，女孩家长在与女孩的沟通过程中要注意自己的方式，如何说女孩才肯听，如何听女孩才肯说呢？

仔细分析一下，女孩不愿意听从家长命令的原因，不外乎这几种：

1. 当女孩玩得开心之时，家长硬性命令女孩去洗脸，孩子不去，成人便强硬拖着女孩去洗，孩子很委屈，有时还大哭大嚷。其实，只要好言相劝，或能使女孩快快洗了脸又来玩，或稍等片刻再去洗，让孩子再玩得开心一些，这样反而更好。

2. 当女孩用手抓饭吃，妈妈打了一下手，女孩哭了，正在哭得喘不过气来之时，爸爸命令女孩："不要哭，闭上嘴！"女孩怎能一下子憋住这口气呢？纵然成人是一番好心去教子，但实际上起了摧残心灵、摧残健康的副作用，这种命令是女孩不能执行，听从不了，也不应该听从的。

3. 有时一些可听从、可不听从的命令多了，反而会强化女孩不听从命令的习惯。家长在命令女孩时，应该注意不多用、不滥用"命令"，一旦运用便要求女孩认真执行，鼓励肯定女孩执行命令的优点。"命令"要下在女孩有可能接受、有时间准备、又能尝试成功的点子上。尽可能让女孩会乐意去执行，而且会完成得挺好。当命令执行不好的时候，要帮助女孩检查原因，改正错误，并鼓励她下次完成好。

家长也可以尝试着把自己在工作单位执行命令的情况，编成小故事，讲给女孩听，启发女孩的学习和模仿能力。

对家长而言，和女孩交流沟通绝对不是一件无足轻重的小事，它关系到家长与女孩之间的和谐关系，关系到对女孩求知欲的培养以及对其人格的尊重。但遗憾的是：现代家庭教育中，与女孩的有效沟通总是被忽视。

父母应该重视与女孩的沟通，这样才能走进她的内心世界，知道女孩在做什么、想什么，才能更切合实际地为女孩的成长提供一个良好的环境。与女孩沟通就应该像对待大人那样对待女孩的提问。

这个时候，父母首先应意识到不能马马虎虎回答女孩提的问题，而要尽量拿出合乎道理的解答。大人采用有逻辑性的、科学的回答方式，是想让女孩能正确认识问题。但在女孩看来，无论对其做什么样的回答，都不能全部消除其疑问，因此，大人就没有必要一定坚持回答的正确性。

同时，很多人会问，如何用沟通代替命令，跟女孩成功地沟通呢？

教育专家给我们的建议如下：

第一，成功的家庭沟通，应该注意以下因素：理解、关怀、接纳、依赖和尊重。理解要求父母孩子双方能够设身处地地为他人着想；关怀不但存在于内心，更要切实付诸行动；接纳要求考虑到每个人的个性，懂得欣赏人们身上的优点；依赖是要做到既信任别人也信任自己；而尊重是指尊重他人特别是女孩的权利，尊重她们的意见和选择。

第二，要建立一种积极健康的家庭沟通交流关系，应该改变父母是决策人，孩子是接受者这样僵化的家庭角色的分配。父母在家庭教育中应该懂得进行角色交换，每一个家庭成员都可以对他表述的愿望予以积极地辩解。

当女孩能够参与讨论家里的通常是成年人的问题时，她才能够更好地理解父母，而父母一方面可以调动孩子的主动性，使自己清楚地认识孩子的才干，另一方面可以得到有关自己教育的反馈信息。

综上，父母与女孩通过沟通，才能让女孩明白"理解、信任、承诺、准时"等观念的重要。通过沟通，最容易让女孩站在他人的立场上思考，也最容易让女孩养成理解他人的习惯。只有这样，女孩才有可能成为一个全面发展的优秀人才。

做家长的要学会沟通的艺术，当你的女孩"倔脾气"上来时，不要一味地责骂，学会与女孩交朋友，因为在女孩面前我们不仅仅是父母，还是女孩的朋友。家长应该设法巧妙地从与女孩的对抗中解脱出来，不应该继续与女孩抗衡下去，在女孩缓过了顶牛情绪，心平气和，情绪良好之时，也会接受意见，改正错误。

如果家长的命令不合适，应该做自我批评，这样会使女孩心服口服，因为平等的亲子关系，会给双方以好的感受。如果不来个缓解过程，既伤了心、又伤了身体，大家情绪都不好，甚至造成成人与女孩之间的隔阂。

建议二：用她的方式去爱她

爱自己的女孩恐怕是这个世界上所有父母都能够做到的事，但是真正会爱女孩的父母却不多。因为爱也是一门艺术。尤其是对于女孩，要爱得适时、爱得适度、爱得得法都有一定的讲究。

爱女孩，首先就要从了解女孩开始，因为自己的女孩自己最清楚，这是大多数家长这样认为的，可是我们真正了解女孩多少呢？

我们了解她的欢乐吗？

我们了解她的寂寞吗？

我们了解她最讨厌的事吗？

大部分的家长都把眼光放在了 5 年、10 年、20 年甚至更长的时间之后，希望从小抓起，让自己的女孩成为一个好学生，好孩子，有用的人，出色的人。可是，家长们不能忽略的是，真正的爱应该以女孩的方式爱她，并不一定要女孩按照我们的期待来成长，而是让她成为一个快乐的人。

女孩在成长中最需要的是什么？女孩和男孩在成长过程中的

需求有哪些不同？不知有多少父母问过自己这个问题，又有多少父母能够给出答案呢？

打个比方来说吧，女孩和男孩看到同一条河流，男孩注意到的是它的速度和水量，目测它的深度，并估量自己是否可以穿过它到达彼岸；而女孩会注意那些跳跃的浪花、晶莹的水珠，有的还会脱下鞋子跳进河里，顾不得水流里是否暗藏危险。

因为男孩与女孩本身的区别，决定了父母教育女孩与男孩方式的不同。

> 文文一家到郊区野餐。
>
> 在爸爸的鼓励下，文文开始寻找各种各样的小动物，并且捕捉它们，要带它们回家做标本。在看到一只野兔时，文文的哥哥兴奋得大叫："快看呐，有一只野兔，可惜我们离它太远了，不然我们一定能将它抓住，做一顿美味的野兔大餐。"
>
> 听到哥哥的话，文文也开始紧紧盯着那只兔子，目光中充满怜爱。
>
> 午餐的时候，哥哥把他们看见野兔的经历讲给妈妈听，语气中充满遗憾，没想到文文却说：
>
> "为什么要吃掉那只兔子呢，也许他们也是一家人出来晒太阳，享受今天的好天气呢。你想想，要是有人把你带走，爸爸妈妈该多么难过！同样的道理，我们怎么能从野兔的家庭里夺走一个成员，更别说残忍地吃掉它了。"

从这个故事也可以看出，一般男孩富于攻击，女儿富有爱心，因为女孩思考问题迥异于男孩，所以女孩父母需要依据自身的性别特质来教养女孩。

男孩有一个特点是靠行动来表达自己。但女孩不同，她是靠语言来表达自己，同时，她也是在与父母的交流与沟通中来获取父母对她的爱。其实，当女孩还在摇篮里时，就强烈地希望父母与她交流，因此，当一个女婴感受不到父母对她的爱时，她就会哭闹不止，但当父母凑到她面前，跟她讲上几句话时，女婴便会停止哭泣，转而用笑声和挥动的手脚来向世界宣告：她因得到父母的爱而兴奋。

女孩与男孩相比，女孩更注重父母对自己的评价。所以当女孩在某一方面取得成绩的时候，父母应该及时地给予鼓励与表扬。

女孩和男孩的不同并不仅限于此，由于大脑的细微差距以及大脑中某个部位的发育先后顺序及程度不同，也造就了女孩与男孩的差异。

有时，女孩比男孩更敏感。"听"是女孩得天独厚的心智能力，因此女孩对噪音的反应更强烈，同一种声音在女孩听来要比男孩听到的响亮两倍；在触觉方面，最不敏感的女孩也要比最敏感的男孩得分高；女孩的视觉记忆更好，在黑暗中女孩看得要比男孩清楚；女孩的味觉和嗅觉也比男孩敏感：女孩有更多的味蕾，更容易受到气味的吸引。正因为此，女孩更擅长调动自己的听觉、视觉、触觉、味觉和嗅觉等，捕捉到那些微妙的、不容易被人发觉的信息以及更为具体的细节，建立起自己的直觉系统。

这些都是父母应该细心关注的地方。

每一个女孩都能够发现使生活变得更丰富的诀窍，但是首先，她要能够感受到生活的温馨安宁。同时，女孩天生就有一种娇弱的特质，就像是鲜花，在盛开之前，需要更多的精心呵护；女孩是温柔的代名词，是世界的调和剂。如果女孩没有一个安定的生长环境，就难以拥有柔和的心灵。社会需要女孩来培养一种特殊的

"亲密关系"，把所有的元素都糅合在一起，生成一个固定的整体，但是如果不被爱，女孩也就不会理解爱的内涵，也就难以完成这一历史性使命……

女孩需要父母更多的呵护与关爱，需要自始至终精心的培育。要想让女孩健康、快乐地成长，做父母的就要时刻按照女孩喜欢的方式爱她，让女孩感受到父母是多么在乎她、多么爱她，让她在健康和谐的环境下成长起来。

有些父母还应根据女孩的空间感和抽象思维能力不如男孩这一弱势加以培养。女孩更为薄弱的抽象思维能力使得她们在数理方面的学习较男生困难。当数学不再只是四则运算，必须学习、运用抽象的概念和理论时，女孩的语言能力便派不上用场了。因此，家长不妨有意识地让女孩多玩三维立体积木和游戏，以增强的她空间思辨力。

第三章　女孩也要坚强

—— "富养" 应养出女孩坚强的一面

细节 11　父母应拿捏好对女孩的保护度

　　惠施和庄子都是魏王的好朋友。一天，魏王分别送给他俩一些大葫芦的种子，对他俩说："你们把这些种子拿去种在地里，会结出很大的葫芦。比比看，你俩究竟谁种的葫芦大，到时候我还有奖赏。"

　　惠施和庄子都高兴地领受了，并去种在地里。

　　为了能种出比庄子更大的葫芦，惠施非常用心，而且每天都施肥、除草。庄子的葫芦就种在不远的地方，但他从不施肥、除草，只是到时候来看看，见没有什么异常，就做别的事去了。

　　没过多久，惠施的葫芦苗一棵一棵地相继死去，最后，一棵也没成活。而庄子的葫芦苗却长得格外好，慢慢地，都开花结了果，而且，长出的葫芦都很大。

　　惠施觉得很奇怪，就跑来请教庄子："先生，为什么我那么用心地栽培，所有的苗都死光了，而您从来都不曾好好地管理，反而长得那么好呢？"

　　庄子笑着答道："你错了，其实我也是在用心管理的，只不过与你的方法不同罢了。"

　　"那你用的是什么方法呢？"

　　"自然之法呀！你没见我到时候也要去地里转转嘛！

我是去看看葫芦苗在地里是不是快乐，如果它们都很快乐，我当然就不用去管它们啦。而你却不管它们的感受，拼命地施肥，哪有不死之理啊？"

"这么说来，还是我害了它们？"

"就是啊！你的用心是好的，可是你不用自然之法，怎么可能得到自然万物的拥戴呢？"惠施恍然大悟。

这个故事对当今的家庭教育会有所启迪。在孩子成长的道路上，存在着一个非常温柔的陷阱，就是那些过分庇护孩子的父母亲自挖掘的，掉进陷阱里的孩子，由于被剥夺了犯错误和改正错误的机会，从而也失去了长大成人的权力。

保护孩子是父母的天性，没一个父母不对孩子倾注着满腔的热爱。没有父母的保护，孩子是很难长大成人的。然而，过度的保护则没有益处，只会使孩子变得软弱无能，缺乏自主性和独立性。

据报载，一名 8 岁的小女孩，仅仅因为偶然的迷路，她母亲便痛下"不再让女儿离开自己一步"的决心，并辞去公职，留在家里照看女孩。这样的事例，在生活中是很少见的，但家长对孩子过分呵护，凡事顺着孩子，生怕孩子饿着、累着、受委屈的现象却不是个别。我们在一些小学门口观察发现，家长早送晚接，更有甚者，干脆帮小孩做家庭作业，收拾学习用品，帮小孩值日打扫学校卫生区等。一个四年级的学生上课没带课本，老师问她为何不带课本，她却振振有词地说："还不是我妈，忘记装了！"

有一位母亲，在孩子很小的时候和丈夫离异，这位母亲便把全部的爱转移在孩子身上，好吃好穿的任她挑，在家想干什么就干什么，想要什么母亲就帮她买什么，恨不得把天上的月亮也摘给她。母亲的娇惯和纵容，使她滋生了"唯我独尊"的心理。在学校里霸道十足，不听老师的话；在家稍不如意，就拍桌子摔碗；在社会上经常与人打架斗殴，最终走上了抢劫的犯罪道路。

另外，我们要说的是，父母过度保护孩子的做法其实是一种自私心理的反映。因为过分溺爱的背后，一定会有对孩子行动的禁止和干涉。父母们总是按照自己的意愿去爱孩子，总是站在大人的角度去判断何事该做，何事不该做，从来没有问过孩子是否真的就需要这样的保护。尽管这些都是出自于对孩子的爱心和关怀。但是父母们有没有想过，孩子会在这种连续"禁止"中，逐渐失去表达自己要求的能力，甚至会变成"无力量""无意欲""无关心"的"三无人类"。从某种意义上说，过度保护孩子，是一种无形的剥夺。剥夺了孩子独立生活的权利，剥夺了孩子自主选择的意愿。这是一种悲哀！

过分保护导致如今孩子某些生理、心理机能退化。一些家长一方面在学业上拼命给自己孩子"加压"，另一方面又为她们在生活上尽可能地创造很好的条件，这便导致现在的孩子大脑"发达"，四肢无力。在舒适的环境中，孩子身体中的某些机能正在逐步退化。因为她们生活的需要很容易得到满足，几乎不用克服什么困难，不用付出，也就没有发展。孩子成长过程中用于发展自己能力的机会就这样被剥夺了。

真心地关注女孩的需要，不要把自己的意识强加于孩子。父母们应该放低自己的姿态，听听孩子内心深处的声音，真正将自己的关怀和保护用在刀刃上，给孩子们多一些自由成长的阳光、温度、水分、空气……别让你的孩子在"腻歪"了的爱中苟延残喘，倍感"生命不能承受之轻"。

保护女孩没错，但要留给女孩独立的空间，不管我们做父母的多么想保护孩子，她们一旦融入集体生活，就有一种强烈的独立意识，她们会把这种过分的关心看成是很没面子的事。可以说，当孩子们离开家长时，平时在父母温暖的怀抱下软化的独立意识开始得到了复苏。那些向来将孩子"含在口里怕化了，捧在手中怕摔了"的父母需要认真地去思索了。

建议一：要保护，不要约束

在幼儿园的课上，老师向小朋友们提问："如果现在你面前有一位白胡子老爷爷可以帮助你改变性别，那么你们是想当男孩子呢还是女孩子？"

在场的小女孩们表现尤为活跃，并且大部分的女孩都选择"我要当男生"。老师感到很意外："为什么你们都要做男生呢？"

"因为我是女孩，所以妈妈不让我爬树，不让我下河游泳。"其中一个小女孩如是回答。

可见，在这些幼稚的小女孩心中，她们不喜欢当女孩，其中最重要的一个因素就是当女生的束缚太多，让她们感到没有当男生自由。

"男女有别"，不同的性别就已经决定了不同的属性。男孩子的性格天生就是粗放型，喜欢大大咧咧，而女孩则更多的是细腻和乖巧。在平常的生活中，妈妈对女孩的束缚肯定会比男孩要更多一些，如果一个小女孩到了晚上 7 点还没有回家，妈妈们肯定不仅担心而且很容易将事情往不好的方向去想，换作男孩则不会这样。妈妈会答应一个男孩和同学一起结伴去郊游，如果换作女孩，免不了要唠叨一通。

性别就犹如一个标签，束缚着女孩自由成长的天性。

妈妈们习惯于对女孩过度的溺爱甚至有点"专制"。一个女孩在妈妈的保护下长大，一方面很容易被"娇生惯养"，另一方面很容易被"过度保护"，我们将她束缚了。

这些从小就在妈妈的庇荫下长大的女孩，由于受到了过度的保护，她们会在成长的过程中出现一些性格上的缺陷，比如说对妈妈过分依赖，有时会不太喜欢参加集体活动，性格很内向很封闭，而且不太愿意和别人交流。

即便是这样，女孩依然渴望自由，尤其是随着年龄的增长，女孩子更不喜欢大人们打扰她那片属于自己的小天地，每当夜深人静的时候，她们独自一人在那里回味。

有的时候，正是由于家长的过度管教，反而会扼杀女孩本来美好的天性，令女孩感到窒息，甚至会产生不可预料的严重后果。

妈妈们可以静下心来好好想想，自己是不是也犯下过某些错误呢？她们对女孩所做的一切事情都不放心，只觉得要通过自己的照料心里才安稳。她们认为只要女孩能够"听话"就是好孩子了，并且据此名正言顺地严格管理女孩的饮食起居、学习计划以及社会交往活动等等，并且经常干涉女孩的各种事情，自作主张地为女孩安排一切。

著名的教育工作者孙云晓老师曾经说过："中国的妈妈现在所做的事，就是在辛辛苦苦地酝酿着孩子的悲剧命运，争分夺秒地制造着女孩的成长苦难。实际上，我们是在和自己作战，用自己的奋斗来击毁自己的目标。"妈妈们越是限制女孩的自由，实际上就是在制造自己与女孩的距离，在某些时候会导致"控制"与"反控制"的斗争愈演愈烈。

妈妈在教育的过程中不要刻意约束女孩，妈妈把女孩管得越紧，女孩的压力反而越大。妈妈起到的是帮助女孩、开导女孩、鼓励女孩的作用，过分地施加压力，反而会不利于女孩的健康成长。

妈妈们在平时的教育过程中也要注意克制自己的想法和冲动，只有真正把属于女孩的空间还给她们，让她们从单一的生活中解放出来，女孩才会觉得自己成为了自己的主人，才能获得真正的成长。

所以，妈妈们一定要给女孩足够的自由，对一些无关紧要的小事可以不管或者是少管，让她们养成独立生活的习惯。

妈妈们要相信自己的女孩可以独立，有些事情女孩一个人完全可以应付得了。妈妈可以适当地让女孩选择伙伴与之交往、控制自己干涉女孩的念头，一定要让自己时刻信任女孩、尊重女孩的独立人格，放开自己的手给女孩自由，让女孩自己说出她最喜欢什么样的生活，鼓励她向着自己不知道的方向前进，鼓励她发现自己的"新大陆"。只有这样，妈妈才能把女儿培养成为生活中的强者，让女孩走自己想走的路，水到渠成地到达自己应该到达的位置。

建议二：没有谁能够永远享受保护

被喂养惯了的动物，突然有一天将它们放养，结果它们已经不能依靠自己的能力独立捕食了。对于动物而言，捕食是它生存的基本技能，否则就要饿死。生存法则告诉我们：太过安逸，就会在危机到来的那一刻不堪一击。

同样的道理，在父母庇护下长大的女孩通常没有在社会中独自生存的能力。一旦父母因为某些原因无法顾及到她们，那样的话她们迟早会被社会淘汰。

在现今的社会中，独生子女居多，一个家庭可能会将几代人的关心与爱护都集中在一个孩子身上，尤其是女孩往往会得到更多的疼爱。妈妈们会在生活的各个方面照顾得无微不至：帮女儿穿衣系鞋带，陪着女儿复习准备考试，替女儿找人安排工作……正是由于家人过分的爱护使得女孩过分地依赖家庭，凡事都不肯自己动手。这样的女孩长大之后明显地依赖心很重，凡事自己不想动脑筋，遇到事情就总想找人帮忙，而且习惯于推卸责任。这样的孩子势必不会为社会所青睐。

日本著名的教育家多湖辉对于儿童的心理和脑力开发有着很深的造诣，他认为家长在教育的过程中注重孩子能力的培养是最好的办法。父母不仅要了解孩子独特的心理状态，同时还要懂得针对不同孩子的不同个性特征，不断地在生活和学习中摸索了解教育孩子的方法。比如说，让孩子在家中做家务，实际上这个活动对于孩子来讲是最有收获的教育，远远比在课堂上学习更有效果。

另外，我国著名的教育专家陈鹤琴老先生曾经说过："凡是儿童自己能够做到的，都应该让他自己来做。凡是儿童能够自己想到的，都应该让他自己去想。"这一句话，真的是符合成长规律的至理名言。实际上，如果想让女孩脱离对他人的依赖而去独立地发展和锻炼自己，走出成长的误区，并不是一件简单的事情。

很多女孩的妈妈大概都会有这样的想法：女孩比较娇嫩纤细，弱不禁风，所以要尽自己的全力来保护她。但是，过度的保护，无疑就是不好的了。

妈妈要将女孩看做是一个独立的人，有独立的思想，也需要独处的空间。鲁迅先生曾说："子女是即我非我的人，但既已分立，也便是人类中的人。因为即我，所以更应该尽教育的义务，教给他们自立的能力；因为非我，所以也应同时解放，全部为他们自己所有，成为一个独立的人。"鲁迅先生的话正表达了这样一种现代儿童观——子女，是我的孩子，又不完全等同于我，他从母体出来后，已与母体分开，成了人类中的一个独立的人。因为还是我的孩子，作为父母就有教育他的义务，而这种教育主要是教给他自立的能力，因为他不等同于我，所以要解放孩子，使他们完全成为独立的人。

平时，妈妈应培养女孩的动手习惯，培养女孩做力所能及的事情。没有一个妈妈可以永久地照顾自己的女孩，因此要有意识的让女孩从小就做一些力所能及的事情。只有从小事做起，才能逐步培养起女孩独立自主的精神。

妈妈们也要给女孩犯错的机会，锻炼她的自理能力。妈妈们要避免对女孩的过度保护，在做任何一件事情之前充分尊重女孩的想法和意愿，放手让女孩自己拿主意。如果我们是因为担心女孩犯错而帮助她做好一切的话，那么，这种事事被领着的女孩永远不可能长大。

细节 12　女孩懂得自我保护，家长更放心

　　有一些家长很重视对男孩生存能力的培养，但对女孩就是另外一种情况了。许多孩子的父母，千方百计地给女孩创造安逸舒适的生活条件，致使有的女孩到了中学，甚至到了大学，离开了父母就不会独立生活，处处表现出懦弱、畏缩、无能，这样的女孩将来恐怕难有出息。

　　一个缺乏独立生存和自理自立能力的女孩，就很难成为生活中的强者。家长的责任应该是教女孩掌握生存和自我保护的本领，使她们有勇气去面对生活中可能出现的危险与挑战。

　　"物竞天择，适者生存"是自然界和人类社会的普遍规律。如今，我们的不少女孩这种意识越来越缺乏。她们犹如温室里的花朵，生活自理、自控、自救、自我防范等方面的能力很差，所以屡屡发生女孩被拐骗、触电而死、溺水身亡等悲惨事件。

　　这并非仅仅是个"安全意识"问题。它至少还从一个侧面表明，家庭、学校对于学生生存能力的培养是不成功的，诸如此类的事件频发给我们的"生存教育"敲响了警钟：过分的呵护只会让女孩失去基本的生存能力，不理性的爱只会弱化女孩天赋的潜能。

　　有这样一个真实的故事：

在某省城宽阔的大街上，一清早就停放着一辆威严的警车和一辆豪华客车。警车上坐着警察，可客车里坐的却不是犯人，而是佩戴红领巾的少先队员。客车周围簇拥着黑压压一大群前来送行的人，男女老幼约有上百人。

只见车下的人一个劲地往车上递大包小包各式各样的食品，还喋喋不休地千叮咛万嘱咐："别到处乱跑"，"不要喝生水，别吃不干净的东西"，"水杯、饭碗用自己的，不要用老乡的"，"睡觉盖好被子，别着凉"，"晚上上厕所带好手电筒"……

警车开动了，与客车一同离去。而直到车辆消失在大街的尽头，送行的人们仍旧站在原地，眼含热泪，眼巴巴地望着车开去的方向，很久都不愿离去，此情此景颇为"悲壮"，犹如生离死别。

其实，这只不过是某单位组织的一次小学生社会实践活动：从省城挑选20名小学生到边远山区学习生活一周，同时从边远山区挑选20名小学生到省城学习生活一周，即进行短期的"易地留学"。

看到眼前这种情况，观众无不感叹地说："现在的孩子养得也太娇了，将来他们怎么能独立生存呢？"

这种担心绝非杞人忧天。其实，有许多孩子的父母，很不重视孩子生存能力的培养，将孩子护在怀中，便限制了他们发展能力的空间，使他们在未来的社会中束手无策。同时，父母过于紧张的保护意识，也容易使孩子对生活产生恐惧感，认为外面的世界充满不可抗拒的威胁，形成怯懦的性格。

云南弥勒县14岁的女孩被强盗扔进20多米深的山洞，但她却凭着坚强的意志力和良好的生存能力，靠吃洞中的青苔和岩洞水，在暗无天日的山洞中度过半月之久，最后终于获救；哈尔滨10岁的女孩莹莹遭遇绑架，一路上她假装昏迷、记住路标，趁坏人不注意，终得逃脱……

这些典型事例都是我们对女孩进行生存教育的生动素材，只要家长们舍弃短视、功利、肤浅的教育方式，将爱女孩的眼光放得更长远些，切实地在生活中注意培养女孩面对生存的态度和能力，赋予女孩坚强的品质，便一定能收到最佳的教育效果。

很多女孩子不喜欢运动量大的户外体育运动，如长跑、游泳等，但这样的体育运动对于孩子的生长发育和身体健康都是极为有益的，作为家长，可以鼓励、可以要求她们，但最好的方法，是抽出时间和女儿一起定期进行运动锻炼。

适当让女儿参与一些户外训练，让女儿有机会面对跟平时生活不一样的生存环境，训练女儿随机应变的能力，有了这样的基础，即使遇到危险，女儿也能很好地自救。

建议一：告诉女孩衣服盖住的地方不要让别人碰

当女孩向家长提出一些关于"性"方面的问题时，很多家长往往都觉得无法开口，可自我保护的底线却是家长必须直接而严肃地告诉女孩的。现实生活中，有很多女孩因为不懂得自我保护，而成为被侵害的对象。

2005年暑假，甘肃某镇小学一位姓杨的老师被逮捕，杨某强奸、猥亵低年级女学生的丑行成为小镇人们茶余饭后的一个反面话题。

杨某的恶行败露缘自几位家长的义愤之举。其中一位家长发现女儿不对劲，并再三追问后才知道了事情的原委，并得知与自己女孩有着相同遭遇的孩子不在少数。于是他联合几位受害学生的家长把这个披着教师外衣的"狼"告到了公安局。

令人感到吃惊的是，杨某的罪恶延续并不是一天两天，也不只一两个受害学生。一位初三刚毕业的女学生告诉记者，就在她上五年级的时候，已经从同学们的口中知道了杨老师的这个"毛病"。

由于中国性教育的迟缓滞后，导致一些幼小的女孩认为别人性侵犯自己是一种"友善"的表示，或者是由于自己犯了错误而受到的"惩罚"。女孩都害怕出了事后受到家长的责骂，给家庭带来悲剧的后果，因此默默做出牺牲，独自承受性侵害带来的心理和精神上的创伤。

据调查，这种年少时的性伤害，常使受害的女孩长期处于畏惧、压抑、负罪等挥之不去的心理阴影中，造成日后身体上或精神上的疾病，如头痛、头昏、失眠、烦躁、注意力下降、学习成绩滑坡等，尤其稍大一些的女孩常常慑于对方的恐吓、父母的打骂或者同学的歧视而不敢声张，自己默默地承受着这巨大的精神压力，更加重了心理障碍，甚至发展为神经症。

此类受过性伤害的女孩，长大结婚后对性生活大多持恐惧心理，有的从此自暴自弃，破罐子破摔，寻机报复，甚至走上犯罪道路。

父母要告诉女孩，每个人都有自己身体的自主权，尤其是身体上一些较隐秘的部分，如乳房、胸部、肚子、阴部、大腿等，这些部分通常在衣服里，如果有人以手或身体其他部位故意侵犯你的这些部位，就有可能是性骚扰了。另外有一种情况，可能是他人暴露自己的性器官要你看或摸，这也是性骚扰。

防止女孩早恋的发生，早恋的少男少女很容易因感情冲动偷食"禁果"。当女孩进入青春期后，父母要教育女孩切莫早恋，并留心观察女孩的言行和情绪变化，如有早恋苗头，应及时消除在萌芽状态。

最后要告诉女孩面对色狼要机智果敢。不幸遇上色狼后，应沉着冷静，善于同色狼斗智斗勇。万一被色狼强暴，要记住其外貌和衣着特征等，保留物证，以最快的速度报案。切莫为顾全面子忍气吞声，放纵坏人。

家长要教会女孩学会识别诱惑，让女孩知道坏人在实施其作案计划时，总是装作一副善良的样子，一般来说，他们会找各种各样的有利于你、帮助你的借口，利用女孩的虚荣、贪财心理，送礼品和钱物等使其渐渐地钻入圈套。

家长应告诉女孩，在有人威逼她做有可能给自己带来危险的事情、父母或老师不允许做的事情，或者是自己不愿意做的事情时，要大声勇敢地说出"不"，明确表示拒绝之意，然后离开。告诉女孩，对待这类请求时，一定要勇敢，不要怕，爸爸妈妈永远支持她。

青春期的女孩好奇心理很强，比较喜欢"探险"。父母要约束她们，不要让女孩去一些不安全的地方，不准她们单独到陌生的地方，实在想去的话要由父母陪同才可以。一个人只有时刻保持谨慎的状态，小心地对待自己的生活，懂得防患于未然，才能保证让自己处于安全的状态。要让女孩知道，这个世界上虽然好人占大多数，但是坏人会在自己一不小心的时候加害于人，所以，要懂得用"显微镜"观察周围的环境，以确保自身的安全。

建议二：教女孩一些基本的安全常识

"当当当——"屋外有人敲门，但却不说话。

"是谁？"妮妮问了一句，当时屋里只有妮妮一个人，可是外面没有人搭话。

那个神秘的人拧开了妮妮家的防盗门，直接敲妮妮家的木门。

糟了，妮妮这才想起来妈妈出去的时候她忘记了锁防盗门。

"当当当——"声音听起来这样刺耳。可是这个人到底是谁啊？妮妮躲在屋里，有点害怕了。她再次鼓起勇气大喊一声："你到底是谁啊？"

可奇怪的是外面的那个人仍然不说话。

妮妮心想让他在外面敲门吧，不理他就是了。

可是，如果这个人把家里的门撬开了怎么办？妮妮一个人在屋里，越想越害怕。情急之下，妮妮马上拨通了妈妈的电话：

"妈妈……防盗门没有锁……有个人在一直敲门不说话……我害怕……他在撬门。"

"妮妮，你冷静一点，我就在楼下，马上回家。"

原来，妈妈就正在回家的路上，而且确切地说就在楼下，妮妮心里一下踏实了，跑到门口听听一会儿妈妈会和那个神秘的人说什么。

"请问您找谁？"不一会儿，妮妮就听到了外面妈妈的声音。

那个人依旧不说话，不知在外面做什么，然后就走了。

妈妈在外面喊："妮妮开门吧。"

妮妮打开门，马上就问妈妈："刚才外面的那个是个什么人，吓死我了。"

"他是个聋哑人，而且看样子是从很贫穷的地方来，只是想讨一点钱，没有别的恶意。"妈妈向妮妮说道，"不过，妮妮你这样做是对的，对待陌生人一定要多几分防备才行。害人之心不可有，防人之心不可无啊。"

女孩子一个人在家时，经常会碰到有人敲门，"小妹妹，我是修水表的，你爸妈打电话让我现在过来，给我开门吧。"

"小同学，你看，我手机没电了，我又急着找我儿子，他在上大学，我找他有急事，你手机借我用一下行吗？用完了就还你。"

很多情况下，女孩往往是不假思索地就相信了对方，开了门、递给对方手机，而却没有意识到要保护自己，这不能不说明女孩自我保护意识太过于薄弱。

1998年11月18日是"流星雨之夜"。凌晨3点多钟，北京市八里庄地区14岁的女中学生马某和她表弟在看完流星雨回家的路上，遇到了罪犯庞某。庞某自称是联防队员，要察看马某的证件。当马某的表弟被支走回家取学生证时，庞某以去派出所为由将马某带上出租车，随后诱骗到一公园内隐蔽处，猛然将马某摔倒在地，并用木棍殴打马某的头部，见马某昏死过去，便对其进行流氓活动。当庞某发觉马某已经死亡，便用草覆盖尸体后逃逸。

据庞某交代，他将马某带走的路上，曾不止一次遇到行人，当时他心里很紧张，但马某并没有呼喊求救。另外，罪犯遇到马某姐弟的地方，离马某的家不过300米！距离凶案现场却有很长一段路程，庞某还打了一辆出租车。事后据那位出租司机反映，当时马某是自己打开车门上的车，一路上，她也一直没有向司机示警或求救。那位司机说"这个小姑娘死得太可惜了，其实当时只要她有一点暗示，我肯定会帮助她。"

女孩的死给我们以警醒，我们也不难看出正是因为她毫无自我保护意识才给不法分子提供了以可乘之机，悲剧也由此展开。这样的事例不在少数，这其实也要求我们一定要时刻提高警惕，并增强观察、识别能力，不被坏人的甜言蜜语所迷惑，谨防上当受骗。

不光如此，我们还要学会在适当的时机与歹徒巧妙周旋、斗智斗勇，尽力保护自己，以增强感性认识和自我保护能力。如何帮助自己树立强烈的自我保护意识并尽可能地实行自我保护呢？不妨从以下几个方面做起：

1. 遇事要冷静，不要让所谓的哥们义气害了自己，也害了朋友。学会拒绝不正当要求，坚决不与坏人同流合污。

2. 不要随意泄露个人及家庭情况，以免不法分子利用。

3. 独自在家时，不要给陌生人开门。如有人撬门爬窗，应立即大声呼救或电话报警。

4. 平时尽可能多地学一些法律知识，学会用法律武器保护自己的合法权利。

5. 遭到严重暴力侵害时如绑架、劫持、伤害等，一般不要与其硬拼，但更不要吓得不知所措，屈服于恶势力。这时要镇静、机智地与之周旋，以寻找机会脱身并报警。

生活有美好、阳光的一面，但生活中也处处存在着危险。女孩正处于成长时期，阅历相对简单，社会经验相对不足，鉴别是非的能力也较弱，所以更应该加强自我保护意识，从而将伤害降低到最小。

细节 13　教女孩做自己的守护神

放学之后，姗姗没有和小伙伴们一起回家，因为妈妈已经和她说好了下班之后来接姗姗，要姗姗站在原地不动地等她。

不一会，同学们都走了，刚才还热热闹闹的校门一下子冷清了许多。姗姗心里有点着急了："妈妈呀，你怎么还不来啊！"

不一会，一个骑着自行车的阿姨迎了上来，对姗姗说道："这个同学，你们家长出事情了，要我来接你回家。"

听了这个陌生阿姨的话，姗姗的心里有点觉得不对劲，就问她说："我的爸爸妈妈现在在哪里？"

"他们现在都在医院，让我接你直接去医院。"阿姨笑着对姗姗说道。

听她这样一讲，姗姗更觉得奇怪了，爸爸妈妈都好好的，怎么会在医院里？眼前的这位阿姨，别再是个骗子吧。

于是姗姗继续问她："你知道我叫什么名字吗？"

"你叫……"阿姨说话顿住了，"哎呀！你的爸爸妈妈都在医院里，大人有很多事情忙，没来得及打听你叫什么？我说你这个孩子，来跟阿姨走吧。"

"不行，我妈妈叫我等她，我才不跟你走！"姗姗大声喊道。

这个阿姨马上对姗姗说："你小声点，这么大声干吗！快跟我走，快走！"说着就要拽姗姗上车。

这个时候姗姗敢断定她就是一个骗子，难道是个人贩子吗？没有别的办法，姗姗只能拼命大喊："我不认识你，你走，你走！"阿姨也觉得她不太好对付。

这时，姗姗看到妈妈从远处过来，并喊着自己的名字，"姗姗——"

"哈，是妈妈。"姗姗喜出望外地向那里跑去，再看那个阿姨，早就跑得没影了。

现在很多不法分子在行骗的时候，往往会利用女孩子们虚荣、贪财的心理，说些甜言蜜语，送些礼品和钱物，用小恩小惠使女孩渐渐地钻入他的圈套。犯罪分子不管采用何种手段，他们都有一个共同点，即想方设法骗取女孩的信任，让女孩听他摆布。对待这些不怀好意的人，一定要提高警惕性，认清他的真面目。

如果女孩自己发现被拐骗后，首先要记住行走的路线和罪犯的相貌特征，要沉着冷静，不要惊慌和没有目的地乱跑。当碰到警察、军人在乘坐的车上时，要大声呼救，以求得大家的帮助。在被拐的途中，可趁对方不防备时及时逃生，或写一些字条留在人多的地方，写明自己的姓名、家庭住址、年龄、电话号码及父母的姓名等内容，说明自己被拐骗，现在在什么地方，请求见到字条的人报警。如自己被拐骗到异地，可以先暂时装出顺从的样子，同时要沉着机智，使其对自己放松看管和警惕；观察和了解所在地的具体地址、对方的姓名，趁其不备时拨打 110 报警电话；或让附近的邻居帮助自己捎出信件，向家里人或公安机关求援。当女孩陷入被拐骗的危险处境时，很重要的一点是树立坚强的求生意识，勇敢机智地面对困难，只要有一线希望，就要用十倍的力量去争取，相信一定能获得成功。重要的是，千万不要害怕。

对于尚缺乏处世经验的女孩来说，一定要警惕身边可能伸过来的"魔掌"，不要受别人的小恩小惠的诱惑，在平时就养成自尊自爱的好习惯，在遭遇到危险时，也要镇定地保护自己。

建议一：教女孩把握好善良的分寸

贝思和丽莎已经相识二十多年了。在这二十多年里，她们的关系一直很好。丽莎在 10 年前离婚了，这些年一直孤身一人。而就在最近，贝思的丈夫通知她，他要跟贝思离婚。伤心绝望的贝思于是在丽莎的邀请下搬到丽莎的家中居住，因为她自己的房子已经被卖了。

也许是因为同病相怜的缘故，丽莎很理解和同情贝思的遭遇，她也想竭尽全力来帮助贝思。为了减少贝思的生活开支，她让贝思跟她住在一起，分文不收。在一起生活的日子里，丽莎用尽了自己所有的积蓄来满足贝思的一切需要，如逛街、买衣服、外出旅游等。半年后，贝思结交了新的朋友而搬离了丽莎的家，而这时候的丽莎已经变得很贫穷了。更令丽莎难过的是，从贝思搬走以后，贝思便不再与自己联系，从那时候开始，她们两人再也没有说过话。

这一件事使丽莎感到自己受到了伤害。她告诉朋友："我太快而且毫无保留地敞开自己的胸怀和钱包，慷慨地给予了她我所有的一切。我难以抑制自己的表现，可是贝思的胃口却愈来愈大。"

为了贝思而甘愿付出自己所拥有的一切的丽莎最终因自己过度的善良而受到了伤害。其实丽莎作为贝思的朋友，在贝思出现情感的危机时对她提供必要的帮助是不错的，因为毕竟是朋友，互帮互助是应该的。但是，在给贝思提供帮助的时候，正像她自己后来所反省的那样，她过快而且毫无保留地敞开了自己的钱包，而没有考虑自己以后的处境。当然，很多看到这个故事的人，尤其是涉世未深却很讲究"义气"的青春期少男少女们可能会认为丽莎是将友谊看成了生命中最重要的东西，她对贝思是情深如海，至于最后贝思对她的背叛，过错应该全部归结于贝思。这样说似乎也合情合理。但是回过头来想一想，难道丽莎就不需要为这样的结局以及为她自己以后的生活承担责任吗？

如果一个人在考虑任何事情的时候都以自己的利益为出发点，那么也许这个人在别人眼里会有点自私。如果走向另一个极端，考虑任何事情都把自己排除在外，那样的结局也不会都像自己期待的那样美好。

人常说："爱己才能爱人。"善良不仅可以表现为为对方做好事，而且也应该首先表现为对自己的关爱。不错，善良是一种良好的心态，也是一个人获得他人尊重的前提，但是，表达善良也应该有一个尺度，无限度地、盲目地奉献自己，到头来很可能会迷失了自己。

"做人要做善良的人"，这是公理。但是在表达自己的善良时，也要把握一定的分寸。为了做到与人为善、对己友善，请务必抑制自己过分行善的欲望。

父母应该告诉女孩不要被美丽的假象所欺骗，真理往往就是混杂在假象中的，女孩涉世未深，她们的心智完全不足以解开事实的真相。对于那些不了解的事情，女孩们难免会对那些未知的领域作出错误的判断。这个时候，家长要告诉女孩，不要过于相信自己的眼睛，最好是用自己的头脑来看清事情的真相，一个女孩如果想要拥有大的格局，则必须要具备这样的素质。没有什么事物本身是可以影响人的，人们多半只是受到了事物看法的影响。告诉女孩遇到事情的时候，不要不经过调查，也不要匆忙下结论，更不能不思考就下论断，而是要用心去看清事情的真相。

实际上，懂得分享是一种高明的生存之道。当一个女孩肯抛弃自己的自私行为，能够勇于为别人付出的时候，其实就是帮助了自己。在这个崇尚合作的社会里，并没有一个人能够承担全部，而一个人的价值体现更容易在与人合作中表现出来。鼓励女孩分享自己所拥有的，会使女孩更容易找准自己的位置和方向。

建议二：讲一些脱险故事给她听

先来看一个案例：

放学后，小悦走出校门与同学道别不久，一个推着自行车的年轻人迎上前来，对小悦说："你爸爸在外出事了，他让我来接你。"小悦的爸爸是出租车司机，一听爸爸"出了事"，小悦头脑里的第一个反应就是"车祸事故"，因为这是她经常担心的事情，所以对这个虽然陌生但热情有余的"大哥哥"的话深信不疑。小悦说了声"谢谢"后，便坐上了陌生人自行车的后座。

陌生人蹬着自行车飞快地向野外奔去，他一边蹬车一边与小悦交谈，打听小悦爸爸妈妈的姓名、职业和家庭住址、电话号码。当他获悉小悦的家庭状况时，心中暗自得意。待到僻静处，残忍的陌生人将毫无提防的小悦绑架，又迫不及待地按小悦提供的电话吩咐小悦父母拿赎金来换人质。小悦爸爸及时报了案，最终将犯罪分子绳之以法。

天真的小悦听信陌生人的话，最终上当受骗。如果小悦最初就有自我保护意识，懂得遇到素不相识的成年人（包括女性）搭讪，最好不要理会，更不要过分热情，那肯定就不会再出这样的事。

很多父母觉得女孩应该生活在一个没有任何杂质的世界，他们认为女孩在小时候就知道世界的一些阴暗面并不是一件好事。可是现实生活中，那些被骗的女孩，她们的父母在她们小时候，多半是没有告诉过她们这个世界还有坏人存在，才导致她们养成了轻信他人的习惯。

生活从来就不是童话，父母不光要告诉女儿一些美好的事，也要告诉她一些不好的事。

请告诉女孩：外出时，路遇陌生人突然上来与你搭话，要持戒备之心，对其所说的话不可轻信。如对方需要指路或钱财帮助，可以告诉他去找警察帮助，或为他直接拨打"110"求助。如果陌生人在你放学途中强行接你走或纠缠你，应立即向附近的巡警、交警报告，或往人多的地方跑，千万不要跟随陌生人到僻静的角落去。

父母每天可以和女儿一起看看新闻，比如：美国的大选、海湾战争、国宝的竞拍、广州未来的亚运会、金融危机、社会欺诈案等等。看完之后，交流一下各自看法。这有助于她及早接触社会。

即便以后遇到一些事情，也能恰当处理。

如果女儿很小，对新闻不是很感兴趣，父母也就没有必要强迫她必须看电视上的新闻。父母可以让她平时看动画片或做任何自己喜欢的事情，而在送她上学和接她放学的路上，以故事的形式给她讲那些新闻。比如在讲美国大选这则新闻时，可以这样来引入：

> 奥巴马出生于夏威夷。父亲是肯尼亚一名黑人经济学家，母亲是美国一名白人女教师。父母在奥巴马两岁的时候离婚，后来，奥巴马和外祖父和外祖母一起生活。奥巴马的外祖父换过多份工作，先做过家具推销员，还当过一名很失败的保险经纪。外祖母在一家银行工作。奥巴马读书一直很棒，他长大后获得了哈佛大学法学院法学博士学位。在接下来的短短几年，他涉足政治……

接下来，家长由这个故事引出美国大选的新闻，或者一些政治上的事情。如果女儿很小，她肯定会提出很多问题，家长需要根据她的接受水平来进行回答。同样讲到那些社会阴暗面的时候，也可以由一些故事说起。比如讲到银行信用卡诈骗案，则可以用现实生活中某人去买菜被找了假钱来引入。

很多家长和老师为了培养女孩的自我保护意识，便给女孩讲了很多有关坏人绑架女孩的事情。女孩们在听多了这类事情后，几乎都不愿意上学了，而且有些女孩还出现恐惧、焦虑等情绪。

家长和老师对女孩讲这些事情本来是好意，但是却选错了方式。与其给她讲那些令她害怕的事情，不如给她讲一些小孩被绑架后机智脱险的案例，从侧面以轻松的态度给孩子传授自我保护措施和脱险技巧。比如可以这样来讲一个绑架故事：

不娇不惯，富养女孩的100个细节

Bujiao Buguan,Fuyang Nühai De 100 Ge Xijie

一名 12 岁的小学生在放学时被 3 个绑匪在小学校园门口绑架。她非常冷静，并且从容地和绑匪周旋，一开始她和绑匪是敌对关系，后来他们开始一起聊天，看电视，甚至讨论不会做的作业。在漫长的等待中，她用自己的智慧去拖延绑匪的时间，与绑匪斗智斗勇，最终等来救援。

另外，家长在对女孩进行安全教育时，一定不要反复提及、过分强调和渲染绑匪的阴险冷酷，否则将增加女孩的焦虑和不安全感，导致女孩更加恐惧。同时，家长要注意不要在放学路上借对绑架案例的讲述来教育女孩，也不要用"看，去网吧玩游戏的话，更容易被绑架"等话语来教育孩子。这样不但达不到教育的目的，反而使得女孩变得胆小、焦虑。

细节 14　女孩也要培养坚强品质

　　小女孩是父母的小公主，她们好像天生就胆小：她们怕黑，晚上睡觉时非要跟爸爸"抢"妈妈；她们说话细声细气，不敢争取自己的正当利益；她们娇气，受不得委屈，有一点点伤就哭个不停……正因为如此，胆小和懦弱好像总是喜欢这些小女孩，于是小女孩受到小男孩的欺负便成了常事。

　　另外，女孩的胆小还会因父母而起。一种情况是，家长对女孩过分的溺爱会促使她们胆小。"宝宝不要动，小心烫着你！""想吃梨？妈妈给你削，刀子会伤到手！"家长的过分保护会给女孩消极的暗示。在家长的溺爱下，女孩会变得娇纵、不可一世；再者，由于很多事情女孩都没有亲自体验过，她会对实践产生畏惧心理。这样的女孩在面对"侵略"时，常常只会躲避。还有一种情况是，当女孩哭时，很多父母经常这样吓女儿："狼外婆来了，专吃爱哭的小孩子！"年幼的女孩很容易对家长的戏言信以为真，并且产生深深的恐惧。对生活带有恐惧心理的女孩，是很难有勇气面对别人的欺负的。在被欺负的时候，她的恐惧心理会卷土重来，给女孩幼小的心灵枷上一个巨大的阴影。

　　有这样一个故事：

　　4 岁的小女孩桐桐非常胆小。有一次，妈妈带她去社区的小广场玩，旁边突然跑过来一个 2 岁多一点的小男孩，他直勾勾地盯着桐桐手里的小皮球，非常好奇的样子。桐桐看见了，不自觉地把球往身后藏，然后壮着胆喊："你不许抢我的小皮球！"小男孩好像看出桐桐的胆小，冲上来就抢，桐桐吓得号啕大哭。妈妈连忙说："小弟弟，你怎么可以抢东西呢？"又对桐桐说："小弟弟比你还小呢，你为什么怕他？来，和小弟弟握握手，大家做个好朋友。"

小男孩做个鬼脸，跑了。从那以后，他只要看到桐桐经过，就会跑过来打她一下，或者把桐桐手里的东西抢走。而桐桐看到那个小男孩，总会不由自主地躲得远远的。

又有一次，桐桐正在楼下的车库里玩，看到那个小男孩朝这个方向走来，便马上对爸爸说："爸爸，快把车库的门关上，那个小哥哥要打我。"

桐桐竟然将比她小的孩子升级为"哥哥"了。这也正是很多女孩家长感觉头痛的事，由于女儿的文静、胆小，常常在学校受那些"坏孩子"的欺负，自己又不好插手小孩子之间的事情，但又不知道怎样才能让胆小的女儿保护自己。对于这个问题，桐桐爸爸的解决方法是：

晚上，爸爸认真地问自己的宝贝女儿："那个小弟弟比你小，怎么会是小哥哥呢？你能告诉爸爸你为什么这样怕他吗？"

"因为他总抢我东西，还老打我。"桐桐有点委屈地说。

"如果你按爸爸说的去做，小弟弟就不敢欺负你了。

下次小弟弟再抢你东西，你就大声地对他说'不许欺负我'，然后再把东西抢回来！"

第二天，桐桐跟爸爸出门，远远地看到小男孩走过来，爸爸就对桐桐使了个眼色，躲到一边。小男孩过来了，看到桐桐手里的玩具熊，就上来抢。桐桐鼓起勇气，大声说："你不许抢我的东西！"然后用力把玩具熊夺回来，小男孩由于没有站稳，而摔倒在地上。小男孩没想到桐桐变得这么"勇敢"，这次他居然坐在地上哭了起来！

并不是所有的女孩都天生胆小，这与孩子的性格有关，当然与父母从小对她的教育也有很大的关系。家长要想让女孩变得娇而不弱，就要告诉她：躲避不能解决任何问题，用正确的方法去面对那些"纸老虎"，你才能永远不受欺负。

女儿遇到困难向父母寻求帮助的时候，父母要做的，不是替女儿解决问题，而是让女儿明白父母是她坚实的后背，无论她做什么父母都会帮助她、引导她，首先树立女儿的安全感，进而鼓励女儿自己面对困难，解决问题，少依赖父母。

女儿自己面对困难，不等于父母就在一边喊口号，女儿毕竟是女儿，缺乏生活经验，父母是她可以依靠的最坚实的屏障，对于遇到的问题，父母可以提供一个开诚布公的讨论的平台，跟女儿一起讨论，或是提出建议，引导女儿认可并自己来实行。

建议一：培养女孩不为一颗豌豆而失眠

有一个家庭条件不错的女孩，上完高中就直接被父母用 30 万送进了美国的一所大学。她的英文不成问题，经济上也没有困难，但是不到 3 个月就坚持要回家念书。在这期间，她总是不断地给家里打电话，抱怨生活不习惯，很多事情要自己操心，美国的老师太严格，论文不好过，等等。在美国的这段时间，她几乎天天在网上和国内的同学们聊天，关在家里吃零食，连旅游都不愿意，因为要自己查找很多东西。就这样，她又回到了父母身边。

但这个女孩的妈妈认识到自己平时太少让女儿自己做事情了，以至于现在完全离不开父母。她提出让女孩到另一个城市去读书，一定要让她学会自立生活。

现在有很多的父母都喜欢把女孩子送到国外去。从 20 世纪初开始，就有很多家庭开始注重开阔女孩的眼界，鼓励女子留学。

但是，也有越来越多的家长发现，女孩们去了国外，不是出现适应困难的问题，就是花钱太过铺张浪费。据说，美国为了照顾很多陪读的中国妈妈，专门为中国留学生安排可以和父母一起住的宿舍。

是我们的孩子适应上真的有问题吗？但为什么孩子们可以马上适应新的网络环境和"火星文字"，可以马上和千里之外的陌生人成为知音、无话不谈？看来不是孩子的适应能力差，而是现在很多女孩太娇气，不愿意吃苦。

有人说，富养女孩，难道还要女孩吃苦吗？富养不是惯养，要培养能上能下、大气稳重的女孩，就要让她首先能够吃苦。

被誉为"国际美容教母"的郑明明从小生活优越，她的父亲在印尼的华人圈子里很有名望，优裕的环境培养出郑明明优雅的气质，更培养了她勤于思索的习惯。很小的时候，郑明明就习惯于把自己打扮得漂漂亮亮，而且她对美的事物也很敏感。

按照当外交官的父亲的设想，女儿将来应该是个"高等知识分子"。可是郑明明坚持要为自己负责，于是瞒着父亲，到了日本著名的山野爱子学校，开始了美容美发的学习。

因为得不到父亲的支持，她只带了300美元只身到日本，这些钱在交完学费、住宿费后就所剩无几。到了冬天，她的同学都穿着各式各样的皮衣，而她只有一件破旧的黑大衣。她穿着这件唯一可以御寒的大衣从住处乘地铁去学校，到了校门还要赶紧把大衣脱下叠好，生怕穿坏了就没有钱买新的了。

从日本的学校毕业以后，郑明明来到了香港，租了间店铺，成立了蒙妮坦美发美容学院。"万事开头难，刚开始的时候，我每天早睡晚起，至少工作11个小时。那会儿我一人身兼数职，既是老板，也做工人；既迎宾，也要洗头。"郑明明回忆自己刚刚创业的时候，微微一笑，露出洁白的牙齿："可是忙碌之余，我还有个雷打不动的习惯，就是到了晚上就把白天顾客留的姓名、特征、发型等资料建成档案，以后经常翻阅，也便于下次和顾客沟通。"

正当郑明明的贵夫人化妆品在印尼打开市场，准备在雅加达建立蒙妮坦的分支机构时，一场大火却将仓库连同化妆品毁于一旦，郑明明耗光了老本，并且欠了很多债。

痛定思痛，事后整整一年，郑明明在香港的店里，带领大家埋头苦干，白天做生意，晚上教学生，每天只限一个半小时处理私事，其余时间除了吃饭、睡觉，全部花在工作上。经过一年多的苦干，她不但还清了银行贷款，手上还有了积蓄，脸上的阳光终于驱散了那场大火的阴影。

"我父亲很爱玩不倒翁，他说，奋斗的过程，会不断碰到一大堆困难，只要像不倒翁一样不断站起，理想就会实现。"

苦难可以打磨出坚强的男子汉，也可以培养出有韧性的女孩。人生之路不可能一帆风顺，没有哪个女孩可以在父母的城堡中生活一辈子。但是眼下，很多女孩子由于缺乏锻炼的机会，很难学会忍受挫折和失败带来的负面情感，会因为一件很小的不如意的事情而发脾气，或者总是用眼泪来逃避问题。这样的女孩，不是我们要"富养"的。

女孩在成长时期太顺利了未必是好事，不能吃苦接受磨炼的孩子长大后很容易丧失斗志。只有放开保护的羽翼，让孩子多尝些"苦头"，她才能变得更坚强。

建议二：家长不要越俎代庖

女孩子与生俱来的乖巧甜美对于父母来说是无法抗拒的魅力，而在计划生育的大背景下，父母对于独生女儿的宠爱往往会让她们偏离了养育女孩的正确路线，甚至有父母觉得女孩就应该娇生惯养，最好肩不能挑，手不能扛，事事能听父母的规劝引导——这是非常危险的，当今社会，女孩不可能一辈子生活在父母的庇护下，总是要离开家出外求学、生活的，因此，从小训练女孩子的独立生活意识和独立生活能力是非常必要的。

那么，如何才能很好地培养女孩独立自主的精神和能力呢？一个方便有效的方法就是有意识、有控制地在女孩日常学习生活中"放权"，让女孩尽量独立处理自己能力之内的事情，家长只是适时充当引导者和辅助者的角色，而不能让女孩子产生依赖心理，比如在女孩制订学习计划时提出建议，在女孩遇到学习困难时鼓励她自己寻找解决办法等。

从小培养女孩独立自主的能力，一方面可以让父母省心，另一方面，会为女孩将来的学习、生活和工作打下坚实的基础，所以，当今的城市家庭，尤其是独生女儿的爸爸妈妈们，一定要懂得在女孩的教育中"以逸待劳"，不要事事亲力亲为，适当让你的女儿发挥自己的能力，聪明的女孩子往往会带给我们别样的惊喜。

小雪的妈妈是家庭主妇，从小到大，小雪的一切事务基本都由妈妈包揽了。爱女心切的妈妈给小雪制定了严格的时间表，每一分钟做什么都安排得井井有条，从早晨起床先穿哪一件衣服到晚上睡前，从学习日的作息到周末舞蹈课后的娱乐活动，小雪都是听着妈妈的指挥按部就班地进行着，妈妈对听话的小雪也是疼爱有加。

小学五年级时，小雪的姥姥突然重病，平时乐观开朗的妈妈一下子变得十分悲哀消沉，妈妈为了能好好照顾姥姥，不仅搬到了姥姥家住，因为姥姥行动不便不能去医院，妈妈还得天天为姥姥治疗的事情奔走于医院与姥姥家之间，这样一来，妈妈就完全没有时间来管小雪了。临走时，因为小雪的爸爸在外出差，妈妈就将小雪托给邻居赵阿姨照顾。没有了妈妈在身边，小雪一下子失去了生活的指挥者，不知道该如何安排自己的生活。赵阿姨自己的女儿已经离开家去外地上大学了，看到小雪不知所措的样子，平时对小雪妈妈教育方式比较了解的赵阿姨开始试着慢慢减少小雪的依赖性。

首先就是让小雪回想之前妈妈列出的时间表，结合自己的实际情况，划出现阶段自己可以决定的部分，比如每天穿什么样的衣服，家庭作业有困难不是问妈妈而是第二天去学校问老师，等等，然后照着"小雪表"执行。小雪是个很听话的孩子，就严格地照做了。渐渐地，赵阿姨发现，小雪自己安排的学习、生活不仅没有变得乱七八糟，反而因为是自己安排的缘故而更井井有条了。

在逐步学会自己照顾自己的同时，小雪也感受到妈妈平时照顾自己的生活有多么不容易，她开始想到，现在妈妈要照顾生病的姥姥一定更累吧？我能不能帮帮妈妈呢？在赵阿姨的帮助下，小雪学会了做一些简单的饭菜，一个周末，小雪提着自己做的饭菜来到了姥姥家，并对着惊讶不已的妈妈说："妈妈，我终于长大啦。"

放一点权给女孩子，让她自己安排力所能及的生活，比如穿着、做作业的时间、玩耍的伙伴，等等，可以与女儿一起制定她的学习、生活计划，但制定过程的主角一定得是女儿，父母只是提出建议或担任女儿征求意见的对象。这样慢慢地，父母会轻松一点，女孩也会成长得更好。

孩子毕竟是孩子，缺乏判断是非好坏的能力，需要父母时时的关注和引导，"放权"不等于"放任"，而是在一旁观察、引导女儿自理能力的成长，遇到女儿犯了错误，一定要及时指出或是暗示女儿自己改正。

细节 15 优秀的女孩能正确看待失败

从前，在一座寺中有一个小和尚。他从小就在这座寺里出家了，是寺里的和尚们把他抚养长大的。他是个勤劳的小和尚，每天天还蒙蒙亮，他就要去挑水、打扫，做过早课后要去寺后的市镇上购买寺中一日所需的日常用品。回来后，还要干一些杂活，晚上还要读经到深夜。就这样，他一天也没有间断地过了10年。

有一天，小和尚有了点空，就和其他小和尚在一起聊天。他发现别的小和尚都过得很清闲，只有他一个人整天在忙忙碌碌。他发现，虽然别的小和尚偶然也会被分派下山购物，但他们去的是山前的市镇，路途平坦而且也比较近。而10年来方丈一直让他去寺后的市镇，要翻越两座山，道路崎岖难走，回来时肩上还要背着重重的米或者油等很重的东西。小和尚很奇怪，他就跑去问方丈："为什么别人都比我自在呢？没有人强迫他们干活读经，而我却要每天都干个不停呢？"方丈没有回答，只是微笑。

第二天中午，当小和尚扛着一袋小米从后山走回来时，发现方丈正在等着他。方丈把他带到前门，自己就在那里坐下读经，让小和尚在旁边等着。太阳快要下山

试金石，只有在坎坷的路上行走，才能磨炼一个人的心智；只有经历过磨难的人，才能成为人生道路上的强者，把别人远远甩在后面。任何挫折都只是人生中的一道小坎儿，努力地迈过去，也许会是另一种命运的起点。

自从人被上帝赶出了伊甸园，人的日子就不好过了。在人的一生当中，总会遇到下岗、失业、失恋、离婚、破产、疾病等厄运，即使你比较幸运，没有遭遇以上那些厄运，你也可能要面临升学压力、工作压力、家人生活压力等等各种烦心事，这些事在人生的某一时期萦绕在你的周围，时时刻刻折磨着你的心灵，使你寝食难安。

法国作家杜伽尔曾写过这样一句话："不要妥协，要以勇敢的行动，克服生命中的各种障碍。"其实，我们远不必这么悲观，生活中是有各种各样的折磨人的事，但是生命不一直在延续吗？人类不也一直在前进吗？很多事情当我们回过头来再去看的时候就会发现，生命历经折磨以后，反而更加欣欣向荣。

事实就是这样，没有经过风雨折磨的禾苗永远不能结出饱满的果实；没有经过折磨的雄鹰永远不能高飞；没有经过折磨的士兵永远不会当上元帅；没有被老板、上司折磨过的员工也永远不能提高业务能力……这就是自然界告诉我们的一个很简单的道理：一切事物如果想要变得更强，必须经过折磨。

人也一样，只有历经折磨的人，才能够更快更好地成长。生命，永远只能在折磨中得到升华。一位心理学家说得好："一个周边高矮不等的木桶，它的盛水量不取决于最长的那块板，而取决于最短的那一块。"困难和挫折，对于处在人生初期的孩子们而言，是在所难免的，但同时它也是一所最好的学校。因为，具有坚强毅力的良好品格、受到挫折后的恢复能力和百折不挠、不向挫折屈服的好习惯，是一个成功者不可缺少的素质。培养坚毅的性格和承受挫折的能力，对我们以后的成长尤为重要。中国民间亦有告诫孩子们要学会吃苦的俗谚："小时不晒背，老时必受罪。"少时吃苦，经历一些坎坷，除了强身健体之外，更强健心智，等到我们长大时，遇到挫折不至于脆弱。

告诉女孩，在生活中受到一点挫折就停步或绕行或后退，人生旅途必然一无所成。因此，多吃一点苦，多受一点挫折，既是对自己意志的磨炼，又给了自己面对现实生活的一次体验机会。

建议一：女孩没必要一定都是"铁娘子"

如今的孩子大都是独生子女，父母对孩子都特别宠爱，看不得自己的孩子受一点欺负，这也是不少家长对孩子进行"示强"而非"示弱"教育的根本原因。但道理很明显，"退一步海阔天空"，如果人与人之间发生矛盾，双方都互不相让，最终的结果只能是"玉石俱焚"。想避开这种潜在危害，就要让孩子懂得示弱。

撒切尔夫人做事果敢雷厉风行，被世人尊称为"铁娘子"。作为女孩，要从撒切尔夫人的身上学会果断坚定的品质，但还要注意保持内心柔软的地方，不要事事逞强。令人敬仰的"铁娘子"仅有一位，更多的人还是趋于平凡。很多家长都在告诉自己的孩子：遇到困难的时候要坚强，要不畏艰险不惧挫折，但却忘了告诉孩子：当遇到一些感到无能为力的事情的时候，也需要及时讲出来，请求别人的帮助，这并不是软弱，也并不丢人。

教孩子学会示弱，也可以从多方面着手，如多培养孩子的社交意识，让孩子学会合作、分享，引导孩子多从别人的角度来想问题，还可以多教孩子一些起码的社交礼仪。比如和别人见面的时候要主动地打招呼，当别人遇到困难的时候要主动表示关心和问候，在接受别人的帮助和服务的时候要真诚道谢，当犯了错误的时候要主动承认错误，尊重身边的每一个人等等。儿童教育家蒙台梭利说过，孩子只有掌握了社会交往的礼仪，才能有信心去发展他的社会性。想让孩子更好地在社会中伸展自如，就要授予孩子适时妥协退让的能力。只有这样，孩子才能在集体生活中做到既不受欺负排斥，也不欺负排斥别人，才能形成健全的人格并成为未来社会真正的强者。

在一条南北走向的峡谷上，西坡长满了松、柏、女贞等树，而东坡只有雪松。造成这种景象的原因其实很简单，东坡的雪总是比西坡的雪下得大，当雪积到一定程度的时候，雪松那富有弹性的树枝就会向下弯曲，直到雪从枝上滑落。这样反复地积，反复地落，雪松完好无损。其他的树因无此本领，便无法在东坡存活。

我们从小所接受的教育是"永不低头""永不言败"，否则你就是懦夫。其实，"学会低头"是一种人生智慧。面对外界的压力，雪松尽力地去承受，当承受不了的时候，暂时弯曲一下。能屈能伸，刚柔相济，正是这种气度和风范，使松树经受了一场场暴风雪的洗礼。

被称为"美国之父"的富兰克林，年轻时曾去拜访一位前辈，那时他年轻气盛，抬头挺胸迈着大步，一进门，头就狠狠地撞在了门框上。出来迎接他的前辈看到他的狼狈样，笑笑说："这是你今天拜访我最大的收获。要想平安无事地活在这世上，你就必须时时记得低头。"从此，富兰克林把"记得低头"作为毕生为人处世的座右铭，最终功成名就。而唐朝的柳宗元严正刚直，抨击官场丑恶锋芒四射，结果遭到种种打击，在事业上遭到严重挫折，还被逐出京城长安，流放到南方边境。到了晚年，他才有所感悟。因此他说："吾子之方其中也，其乏者，独外之圆者。固若轮焉，非特于可进，亦可退也。"意识到自己行事不够圆滑，总是一味地高调，不懂得避让，因此不但没有惩奸除恶，还使自己的事业受到了极大的影响。

一个人固然不能没有自己做人的准则，但一味"方正"，不会"圆通"，该"低头"的时候不能"委曲求全"，就不能进退自如，而会陷入被动。只有强度而没有弹性和韧性的钢材称不上好钢；负重前进的车轮，必须是圆形，还得加上润滑剂。我们在为人处世上倘若过于"有棱有角"，直来直去，凡事没有变通的余地，一味的刚强，一味的强撑，只会给自己带来不必要的伤害甚至牺牲。

低头不是妥协，而是战胜困难的一种理智的忍让；低头不是倒下，而是为了更好更坚定地站立。该低头时就低头，调整一下目标，改变一下思路，就能巧妙地穿过人生荆棘，发现柳暗花明又一村的无限风光。

家长要让女孩知道，能屈能伸并不是忍辱负重，适当的低头并不代表屈辱。女孩子的自尊心很强，千万不要让她们觉得变相的"屈服"是一种耻辱。低头是为了更好地达成目标。家长要培养女孩正确理解成功的涵义，"曲线救国"是为了让付出和回报更合理地分配。

如果父母都是强势的人，那么女孩很容易性格倔强。如果父母都是善于有所退让以达到更好效果的人，女孩也会从父母身上深刻理解到这种品质。比如在谈到各自工作的时候，应该避免表现出强硬的立场，而是应该多谈论一些认识并分析、解决问题的方法，这样，女孩们耳濡目染，能更直观地认识到适度低头的益处。

建议二：女孩笑着流泪也很美

姗姗的雷人签名：要么好好活着，要么赶紧去死。

"既然选择了生，那我们就不要抱怨了，无论处在什么境地，都要乐观地活下去。如果不是这样，整天怨天忧人的，那生命有什么意义呢？什么样的好生活不是自己创造的呢？"

听了姗姗的一番言论，媛媛不禁向她挑起了大拇指："好样的姗姗。"

媛媛说："很多时候就是这样，越是成就大的人，越是遭遇过比常人多的苦难呢。我想起来一个那天在杂志上看过的故事。"

18世纪，在法国里昂的一次宴会上，人们就一幅油画是表现古希腊神话还是历史发生了争论。主人眼看争论越来越激烈，就转身找他的一个仆人来解释这幅画。使客人们大为惊讶的是，这个仆人的说明是那样清晰明了，那样深具说服力。争论马上就平息了下来。

"先生，您是从什么学校毕业的？"一位客人很尊敬地问道。

"我在很多学校学习过，先生。"年轻人回答，"但是，我学的时间最长、收益最大的学校是苦难。"

这个年轻人为苦难的课程付出的学费是很有益的。尽管他当时只是一个贫穷低微的仆人，但不久以后他就以其超群的智慧使整个欧洲为之震惊。

他就是那个时代法国最伟大的天才——法国哲学家

和作家卢梭。

姗姗听了之后不甘示弱："那天我还读到了一首诗，也是描写苦难的。让我来深情朗诵一遍吧。"

既然是"深情朗诵"，也只好悦耳"冻"听了。

在弱者的眼里，苦难是魔鬼；

在强者的眼里，苦难则是天使。

苦难让我们变得坚强，

苦难让我们始终保持着清醒的头脑，

苦难让我们知道一切都是如此来之不易……

感谢苦难，感谢那曾经带给我们无限苦痛的"命运女神"。

在自然界里，有一种蝉要在地下生活整整 17 年，这些蝉被称为"17 年蝉"。17 年一到，在极其有限的时间内，幼虫一齐涌出地面，一平方米的土地上同时有几百只幼虫进行着蜕变的过程。然后，爬到树枝上的蝉们，尽情地歌唱着生命的美好。蝉在地下生活长达 17 年，而在地上只能存活短短的两个星期。

短短的两个星期，就是蝉的一生。而人生也不过是百年，拿这百年与地球四十六亿年的历史相比，人与蝉都处于同样的境地，都不过是转瞬间的、不可预测的生命而已。

也许，正因为如此，生命之火燃烧着的每时每刻才显得十分珍贵。只有开朗而愉快地、乐观而勇敢地生活，才能体现出生命真正的价值。

人生在世，贫穷、疾病、残疾、人际关系恶化、破产等种种困难，不胜枚举。一个人在痛苦中挣扎时，往往缺乏冷静，所以，很容易忽视周围的一切，认为全世界就自己是个倒霉鬼，就自己一个人处于困境之中。

太阳很亮的时候，生命就在阳光下奔跑。当太阳熄灭，还会有那一轮高挂的明月；当月亮熄灭了，还有满天闪烁的星星，如果星星也熄灭了，那就为自己点一盏心灯吧。无论何时，只要心灯不灭，就有成功的希望。

美国一种家喻户晓的美食叫"琼斯乳猪香肠"，在它的发明背后有一个催人泪下的与命运作斗争的故事。该食品的发明人琼斯原来在威斯康星州农场工作，他身体强壮，工作认真勤勉。可天有不测风云，在一次意外事故中，琼斯瘫痪了。

但是，琼斯始终没有放弃与命运作斗争。他决定让自己活得乐观、开朗些，做一个有用的人，他不想成为家人的负担。他把自己的想法告诉家人："我的双手虽然不能工作了，但我要开始用大脑工作，由你们代替我的双手。我们的农场全部改种玉米，用收获的玉米来养猪，然后趁着乳猪肉质鲜嫩时灌成香肠出售，一定会很畅销！"

苍天不负有心人，事情果然不出琼斯所料，等家人按他的计划做好一切后，"琼斯乳猪香肠"一炮走红，成为人人知晓、大受欢迎的美食。

天无绝人之路，生活中总有难题，同时也会给我们解决问题的能力。琼斯能够成功，是因为他坚信人生没有过不去的坎儿，坚信冬天之后有春天。他在困难面前没有低头，没有被挫折吓倒，而是另辟蹊径，终于迎来了属于自己的成功。

生活中不可能总是阳光明媚的艳阳天，狂风暴雨随时都有可能来临。每一个人都要以一种勇敢的人生姿态去迎接命运的挑战，跌倒了再爬起来，坚持下去，就一定能成功。

一个人最大的危险是迷失自己，特别是在苦难接踵而至的时候……命运的天空被涂上一层阴霾的乌云，但坚强者始终高昂着那颗不愿低下的头。因为他心中有盏灯，点亮了所有的黑暗，那盏灯就是坚强者永远都不会放弃的希望。

　　无论一个人多么不幸，无论生活有多么难，只要心中有希望，就一定能走出阴霾。

第四章 "富养"不等于"娇养"

——让女孩明白没有付出就没有收获

细节 16　做做家务——让女孩吃点苦

现在不少家庭有这样一种女孩：她们穿着宽松肥大的韩式裤子，留着冷酷另类的新潮发型，耳朵里塞着随身听耳机。别看她们在外风风光光，在家却是一个不折不扣的享乐派，她们不会做饭，不会洗衣服，不会钉扣子，甚至不知道家里的拖把放在哪里，更不用说在母亲生病时帮助倒热水喝。面对"游手好闲"的女儿，勤俭持家的母亲常常陷入困惑，她们常常在一起倒苦水：女儿和自己差距怎么这样大？

越来越多的家长喜欢用"衣来伸手饭来张口"形容如今的独生女，父母总会尽其所能地为孩子包办一切，致使孩子生活能力低下，缺乏独立生活能力。

究其原因，多是孩子养成了依赖父母的习惯，缺乏自立能力。

佳佳是一个品学优秀的孩子，一次学校组织一个活动，让大家回家帮妈妈做点家务活，然后用照片的形式表现出来，佳佳回家后就与爸妈说她选择洗碗，佳佳爸妈马上就答应了。

佳佳洗干净后，爸妈又适时对她的劳动成果进行了肯定，同时告诉她：从今天开始，各人洗各人用过的碗筷（中间附带着讲了一些道理），佳佳想了一下点头了。

就这样从那张家务照片开始，佳佳在爸妈的引导下都是自己洗自己用过的碗，现在，这件事已成为了一种习惯。

当然，佳佳的爸妈还考虑可以让佳佳叠被子，洗小衣服等等，尽量做到自己的事情自己做。

虽然教育孩子已成为一个老生常谈的话题，但望女成凤的父母真的该好好反思一下，自己是不是把孩子保护得过于"无能"了呢？那么从现在开始，你就要做出改变：不要再无微不至地照顾孩子的生活起居，让孩子自己动手铺床、洗衣物。每天为孩子留出一件她力所能及的家务事让她去做。告诉孩子劳动的意义。每次孩子做完家务劳动，表扬或小小鼓励她一次。

教育家苏霍姆林斯基曾语重心长地告诫父母们："不要把孩子保护起来而不让他们劳动，也不要怕孩子的双手会磨出硬茧。要让孩子知道，面包来之不易。这种劳动对孩子来说是真正的欢乐。通过劳动，不仅可以认识世界，而且可以更好地了解自己。劳动是最关心、最忠诚的保姆，同时也是最细心、最严格的保姆。"

有许多家长认为，孩子的首要任务是学习，只要完成好学业，其他的能力低一点儿也可以忽略不计，这实在是众多家长的教育误区。孩子生存能力低下，对他们的成长是很不利的。

在国外，许多父母都注重从小让他们的孩子做点家务，干一些给花园除草、倒垃圾或者修剪草坪等力所能及的事。这样长大的孩子成年以后，往往身体比较健康，生活得也很幸福，就连美国总统也不例外。

奥巴马有两个女儿，玛利亚和萨莎，虽然贵为总统女儿，但她们并没有被父母娇生惯养，奥巴马和妻子对她们姐妹的要求都非常严格。和别人家的父母一样，奥巴马夫妇在玛利亚和萨莎小时候也会要求他们两个做家务，如布置餐桌、清洗碗盘、打扫自己玩的地方和壁橱，擦桌子等。只要玛利亚按时完成某些家务活，她每周就会得到1美元。

让女孩尽早参加家里力所能及的劳动，可使孩子的生活充实、有趣。同时，在劳动中也能培养起孩子许多宝贵的品质，如责任感、独立性、自信心，以及珍惜时间和爱惜劳动果实等。做家务的益处主要表现在以下几方面：

1. 有利于培养孩子的责任感

孩子从小做力所能及的家务事，就会在不断的实践中逐步认识到自己是家庭的一员，应该而且必须完成一份家务劳动，为家庭集体承担一份责任，从而逐步形成一种家庭责任感。这种家庭责任感，便是今后社会责任感的基础。

2. 有利于培养孩子热爱劳动、珍惜劳动成果的好品德

劳动，是创造和获取物质财富的根本途径；劳动，是谋生的基本手段。现在的孩子大多不了解物质财富的来之不易，不了解父母工作的艰辛，但是却花钱大手大脚，不爱惜财物。孩子参加劳动后，明白创造财富的艰难，就会逐步改掉胡乱花费的不良习惯，养成爱惜财物的好习惯。劳动就是一种品德教育。

3. 有利于锻炼孩子的意志和毅力

坚强的意志和坚韧的毅力，是事业成功的必备品质。孩子在参加家务劳动中，在亲自经历和克服各种困难中，就能锻炼意志和毅力。

4. 有利于孩子养成勤劳的作风和培养劳动技能

懒惰笨拙的人是不受人欢迎的。从小参加家务劳动，不但能掌握一定的劳动技能，而且会养成勤劳的习惯。一旦走出家庭，走向社会，这些技能和作风就会在集体生活中表现出来，受到大家的欢迎。

5. 有利于提高孩子的智力水平

孩子学做家务，可以学到许多书本上学不到的知识。家庭是个小社会，家庭生活的内容涉及各种知识。孩子许多的小发明、小创造，大多是在家务劳动的实践操作中受到启发而产生的。多做家务肯定有利孩子的智力开发。

6. 有利于增强孩子的体质

孩子在紧张的学习之余，做一点家务，正是一种积极的休息，不但可以通过改变活动形式来调节大脑机能，而且有利于增强体质促进健康。

7. 有利于培养孩子的独立生活能力

一个人的家务劳动能力强，生活技能也高，独立生活能力就强，从而对生活充满自信心，能独立面对各种困难。许多青年人生活能力差，缺乏自立意识和能力，所处环境稍有变化就很难适应。究其原因，其中主要是从小缺乏家务劳动锻炼。

8. 有利于培养孩子的交往能力

家务劳动，也需要与外界交往。如采购、邻居往来、公益事务等。让孩子去做这些事，孩子会逐步学会怎样与他人打交道，提高交往能力。交往能力，是孩子今后独立生活不可缺少的能力。

9. 有利于培养孩子的审美情操

美，来自生活，来自劳动。审美情操，来自生活实践的体验。房间居室不经常打扫布置，就不会有居室环境的美；待人接物不妥当，就感受不到与人交往的行为美；懒惰笨拙，就无法体会到劳动创造的成果美。孩子的审美情操，就是从家务劳动，从经常的具体的洗涤、打扫、整理、布置、帮助他人、关心他人等实实在在的劳动实践中逐步培养起来的。

10. 有利于调节家庭气氛，和谐家庭关系

孩子分担家务之后，亲身体验到家务劳动的繁杂，才会体会到父母终日辛苦操劳的不易，才会真正感受和珍视父母平日尽量

不让孩子做家务的良苦爱心。同时，父母和孩子共同做家务，也会给家庭带来一种融洽、和谐、欢乐的气氛。

父母可以尝试着让女孩当一次家，这不仅可以锻炼女孩的面对问题的能力，而且还能让女孩获得一定的技能和技巧。这不仅是一次道德教育，也是一个广阔无垠的、惊人的、丰富的思想世界。

女孩小时，正是孩子品性形成与发展的重要时期，极具可塑性。孩子虽小，却也具有独立的人格，也是家庭中的一员，父母应该适时教育，加以指导，让孩子在家里承担一定的责任。

我国古人也指出："父母之爱子，则为之计深远。"因此，对家长而言，只有立足于现在，适时地让女孩吃点苦，才能帮助女孩将来早当家。

在此，家长为了女孩将来能更好地适应社会，让女孩了解父母的辛苦与不易，在女孩上小学高年级或初中时，周期性地让女孩当一天（或两三天）家。

家长可以找一个周末，让女孩为第二天的生活与活动安排做一个预算与计划，然后从第二天早上起床开始，就由女孩上岗指挥与组织一天的家务与游玩。

建议一：不要为女孩包办一切

日本杰出的教育家多湖辉对于儿童心理和脑力的开发有着很深的造诣，他认为，增强女孩能力最好的办法，就是父母自己先成为"教育的实践者"。爸爸妈妈们不仅要先了解女孩的心理动态，并且还要针对自己女孩独特的个性特征，不断地在生活和实践中摸索教育女孩的方法。实际上，要想让女孩能够脱离对别人的依赖，独立地发展和锻炼自己，并非是一件容易的事情。

很多父母对这样的一种说法抱有如下的态度：对于儿子，不应该太过于保护，但是如果是女孩的话，则最好能够尽全力来保护她，因为女孩子是那样的娇嫩和弱不禁风。

在传统的观念中，女孩向来都是处在被保护的位置，多多爱护自己的女孩看上去是那样的天经地义和理所当然。但是，如果把自己的女孩娇宠成一个"玻璃公主"，一天到晚仰着头等待着别人的照顾和呵护，遇到困难就不知所措。相信这样的女孩，无论走到哪里都不会再受人欢迎了。

富养女孩，并不是把女孩培养成一个娇气十足的小女人。如果你的女孩从小就是在被娇宠的环境中长大，那么她会习惯于对外界的依赖，她会对任何人说 OK，她会缺乏分析和判断的能力。当她遇到困难的时候，她不懂得反思自己，总会认为都是由于别人做得不够好，和同龄人相比显得更加蛮横。

玲玲是家中的独生女儿，平时爸爸妈妈都很宠爱她，事事都要顺她的意才行。所以，玲玲是个脾气不好且很骄傲蛮横的小孩。

每天早上，妈妈一大早就起来给玲玲做早餐，然后帮助她收拾好该带的东西，看看时间差不多去叫玲玲起床，再帮她挤好牙膏，然后帮她叠被子。等玲玲吃过早餐之后送她上学。

这一天，玲玲赖床没有起来睡过了头，等她醒来之后发现已经早上七点半了。"糟了，上学要迟到了！"玲玲大叫一声马上从床上蹦起来，匆匆忙忙地穿衣洗漱。临走前，她狠狠地对妈妈说道："我今天迟到，都是你害的！"妈妈在一旁，感到自己辛苦照料的孩子居然如此不懂事，伤心极了。

相信很多家长会遇到类似让人感到沮丧的事情。根据一份对1500名中小学生的调查报告显示，其中有51.9%的学生需要家长帮助整理生活用品和学习用具，有4%的学生遇到困难无法独立解决，只有13.4%的学生偶尔做一下简单的家务，这种情况实在是令人担忧。

现代社会中独生子女居多，所谓的"集三千宠爱在一身"，几代人的关心和爱护都集中在同一个孩子身上，家长们都会精心地为女孩铺路：替她穿衣、替她系鞋带、替她安排工作、替她迎接挑战，替她做这做那，帮助她一次、两次、一百次……所以，女孩在家里凡事都不需要自己动手，她根本就找不到合适的机会。幸福的背后隐藏着危机，这样的女孩在长大之后不能自立，有着强烈的依赖心理，凡事不愿意自己动脑筋，遇到了事情之后第一个就想着找人来帮忙，这样的人很难被别人认可。

我国著名教育家陈鹤琴先生提出过："凡是儿童能自己做的，应当让他自己做。"当女孩三四岁的时候，家长应该锻炼她逐步学会自己吃饭、穿衣服鞋袜、饭前便后洗手、收拾玩具等，到了五六岁时，可以让女孩学着洗小件的衣服，放手让女孩去做可以做的事，不仅能培养女孩的生活自理能力，还可以培养女孩的自信心。

女孩在成长的路上总是免不了跌跌碰碰。当一个女孩长大，喜欢这儿摸摸，那儿看看的时候，这正是她发现和体验自己能力的时候，如果这个时候作为家长担心宝贝会碰着、伤着而一味地保护，女孩将错过最好的发现自己能力的机会，也无法体验到自己战胜困难的喜悦感受，自信也就无从培养了。

建议二：让女孩体会劳动是一种乐趣

有个人死后，去了阎殿。到了那里，看到那里生活非常安逸，这个人心想："我活着的时候生活太辛苦了，现在我死了，终于可以享受了。每天除了吃饭睡觉，没有别的事情，也不用辛苦地劳动了，这样的生活实在是太好了！这里简直就是天堂！"

然后，他向负责的人问道："这里是地狱吗？我实在难以想象地狱居然是这样好！"负责人说："没错，这里就是地狱！在这里你什么都不用做，好好享受吧！过一段时间你就知道这里就是真正的地狱。"

这个人想："怎么会呢？这里天天山珍海味，想吃什么就吃什么；还有舒适的床铺，想睡多久，从没有人管。早知道这样，我就不活了，活着还不如死掉呢！"

于是他就整天吃了睡，睡了吃，快乐得像个神仙。可是时间长了，他开始觉得十分寂寞和空虚，于是他去找负责的人，说道："我每天除了吃饭就是睡觉，和猪有什么区别？我不想过这样的生活了，你还是给我找一份劳动吧！辛苦点我也愿意。"

负责人答道："这里从来就没有劳动，想要什么马上就能得到，只有劳动不能得到！"那个人没有办法，只好回去了，又过了一段时间，他实在无法忍受这样的生活，又去找那个负责人，说道："我不想在这里住了，这种生活实在是难以忍受，你还不如让我下地狱！"

负责人说："已经告诉过你了，这里本来就是地狱，你还以为这里是天堂呢？"

有劳有得，是一种享受；没有劳动，也没有获得，人生就毫无乐趣。每个人都渴望天堂般的生活，但如果天堂真的没有劳动，也没有获得，又有谁会愿意去呢？在社会上生存，用自己的勤劳换取生活的舒适，不正是一种享乐、一种幸福吗？

当你不情愿地从床上起来时，当你感到闹钟的声音异常刺耳仿佛在与你作对时，请记住：按照你的身体结构和人的本性你必须去从事社会活动，而睡眠却是对无理智的动物也是同样的。

从温暖的床铺中起来从事社会活动，走进学校学习知识，走上工作岗位参加劳动，或者为他人提供帮助和服务，这既是人作为一种高级动物、万物灵长的义务和责任，也是其高贵所在。不错，躺在被窝里让人感到舒适，但这种舒适是人的动物性所需要的，如果我们不充分发挥理性的力量约束自己，而顺从动物性的引导，我们就愧对人的称谓，失去了起码的做人资格，更别提创造更加美好的人生了。有一句流行的话说："被窝是青春的坟墓"，其中也包含了这层意思。

劳动不仅是生存的必需，而且还是一种乐趣。劳动可以让人体会到生活的意义和乐趣。

英国圣公会牧师、学者、著名作家伯顿指出："你千万要记住这一条——万万不可向懒惰和孤独、寂寞让步，你必须切实地遵循这一原则，无论何时何地也不要违背这一原则，只有遵循这一原则，你的身心才有寄托和依归，你才会得到幸福和快乐；违背了这一原则，你就会跌入万劫不复的深渊，这是必然的结果、绝对的律令。记住这一条：千万不可懒惰，万万不可精神抑郁。"

细节 17　告诉女孩天下没有免费的午餐

那天，乐乐和她的几个小伙伴围坐在一起讨论起自己的将来了。

花花抢先发言："将来我想买好几百套的衣服，每天都不要穿重复的。我要把房间的四个角落都放上衣柜，分为春、夏、秋、冬四个季节。我还想养一只哈士奇，给它量身定制 12 套衣服，每个月都让它和别的狗与众不同。"

叶叶听了不耐烦地摇摇头："就你那点理想，真俗气。"

花花不高兴了："怎么俗了？那你的理想是什么，你说啊！"

叶叶接着说："将来我的理想是能在世界上很多的国家打工，每一年去不同的地方，在那里一边打工一边赚钱养活自己，然后再用闲暇的时间去观览那里的风土人情。过了一年之后，我再去另一个国家。如果我赚的钱够多，我还可以申请一所不错的大学继续深造。等我环游一周回来，你们就发现我的世界观整个都变了。到时候我就写一本书，那一下就火了啊！"

花花听了之后倒吸一口凉气："对不起，请问你会几国语言？"

豆豆接下来说了她的理想："我的理想简简单单，没有那么难以实现。我只想在我所接触的范围内，把每一件小事做好，对每一个人都善意，能有利于事，能有利于人，能做到这些就很不容易了。如果有可能的话，我愿意在当地做一名志愿者。"

这些是朋友们的理想，乐乐不禁想到了自己，自己的理想是什么呢？看来，乐乐要好好规划了。

每个人的一生就好比一张白纸，你可以在白纸上用不同的色彩描画你未来的蓝图。但是，如果你存在以上的心理，那你只能漫无目的地画画，而你手中的画笔也会被人夺走，最后导致让别人替你画画。

这也导致了这样的一个结果，那就是：你永远只能跟在别人的身后，成为别人思想的附庸。

保罗·盖蒂在取得成功前有过3次失误。第一次是在保罗·盖蒂年轻的时候，他买下了一块他认为相当不错的地皮，根据他的经验和判断，这块地皮下面会有相当丰富的石油。他请来一位地质学家，对这块地进行考察。专家考察后却说："这块地不会产出一滴石油，还是卖掉为好。"盖蒂听信了地质专家的话，将地卖掉了。然而没过多久，那块地上却开出了高产量的油井。

保罗·盖蒂的第二次失误是在1931年。由于受到大萧条的影响，经济很不景气，股市狂跌。盖蒂认为美国的经济基础是好的，随着经济的恢复，股票价格一定会大幅上升。他于是买下了墨西哥石油公司价值数百万美元的股票。随后的几天，股市继续下跌，盖蒂认为股市已跌至极限，用不了多久便会出现反弹。然而他的同事们却竭力劝说盖蒂将手里的股票抛出，这些被大萧条弄怕了的人们的好心劝说，终于使盖蒂动摇了，最终将股票全数抛出。可是后来的事实证明，盖蒂先前的判断是正确的。

保罗·盖蒂最大的一次失误是在1932年。他认识到中东原油具有巨大的潜力，于是派出代表前往伊拉克首都巴格达进行谈判，以取得在伊拉克的石油开采权。和伊拉克政府谈判的结果是，他们获取了一块很有前景的地皮的开采权，价格只有几十万美元。然而在此时，世界市场上的原油价格产生了波动，人们对石油业的前景产生了怀疑，普遍的观点是，这个时候在中东投资是不明智的。盖蒂再一次推翻了自己的判断，令手下终止在伊拉克的谈判。

1949年盖蒂再次进军中东时，情况和先前已经大不相同，他花了1000多万美元才取得了一块地皮的开采权。

保罗·盖蒂的3次失误，使他损失了一笔又一笔的财富。他总结自己这些年的失败说："一个杰出的商人应该坚信自己的判断，不要迷信权威，也不要见风使舵。在大事上要有自己的主见，以正确的思维方法战胜一切！"

在以后的岁月中，保罗·盖蒂坚持己见，屡战屡胜，最终成为富豪。

爱因斯坦曾说：要是没有能独立思考和具有独立创造能力的个人，社会的向上发展就不可想象。社会需要具有独立思考和创造能力的人，这同时也是个人成功的必要条件，所以，如果你总躲在别人的背后，那么你只能一辈子碌碌无为。

有人说，朋友的建议是真诚而善意的，难道不应该听吗？父母的建议，尤其在重大事情上，难道不应该听取吗？当然，意见和建议都需要虚心地听取，但千万不能过分地依赖，否则就会失去自己。我们大可不必把自己的命运交给别人来决定，青少年要学会独立思考，要想成功必须把思考的权利掌握在自己手里。

天上下雨地下滑，自己跌倒自己爬。不论是思考做事还是为人处世，需要的是自助自立的精神，而不是来自他人的影响力，也不能依赖他人。爱默生说，坐在舒适软垫上的人容易睡去。依靠他人，觉得总会有人为我们做任何事，所以不必努力，这种想法就像高纯度海洛因，会使你在不知不觉中上瘾，最后自我毁灭。所以，要努力掌握自己的思维，做自己真正的主宰。

建议一：勤奋是成功的助推器

著名心理学大师弗洛伊德曾经讲过一个非常经典的故事：

两家相邻的人家里，有两个一样大的孩子：杰克和马克。他们俩从小就在一起玩耍，关系很要好。但杰克是个非常聪明的孩子，无论什么东西都是一学就会，他也知道自己聪明，因此总是很骄傲。而马克呢，他的脑子天生似乎就没有杰克的好，虽然他在学习或者游戏上一直非常用功，但总是比不上马克，成绩更是连班上的前十名都进不去。比起骄傲的杰克，马克总是有一种自卑情绪。不过，马克的母亲并不为儿子难过，她总是鼓励马克："你要是总是用别人的成绩来衡量你自己，那你一辈子也不过是个'追随者'，成不了大事。奔跑的骏马总是在开始的时候呼啸在前，但最终却难以到达目的地，相反，往往是勤劳坚持的骆驼赢得了胜利。"

于是，在母亲的鼓励下，马克一直非常勤奋努力，尽管还是不如杰克，但他却一点儿都不懈怠。而杰克呢？由于他总以为自己是个聪明人，因此一辈子都是业绩平平，没能干成一件大事。可不如他的马克，却在各个方面充实着自己，一点一点地实现着自我超越，最终成就了一番事业。杰克对此愤愤不平，以至于最后抑郁而终。他的灵魂还是不安生，飞上天堂，来找上帝评理："我的聪明远远超过了马克，我应该比他更有成就、更伟大才对，为什么你却让他成为了人间的卓越者，而我却什么都没干成呢?"

上帝笑了笑说："可怜的杰克啊，你到死都没有明白我的本意：一开始我把人送到世间的时候，总要在他生命的'褡裢'里放上相同的东西。只不过，我把你的聪明放到了你"褡裢"的前面，让你可以一下子看到，但你却因为看到或者触摸到了自己的聪明而沾沾自喜，不思进取，到最后贻误了终生。而马克的聪明我却放在了他生命'褡裢'的后面，他一点儿都看不到，这样他才能勤奋努力，昂着头拼命地向前方走去，一步一步向上迈进，终有所成啊!"

这个故事告诉我们：我们每个人只有不断超越自我，勤奋努力，才能真正成为一个聪明人。人生在世，每个人都有属于自己的禀性和天赋，每个人都有实现自己人生的切入点，关键是你是否努力，是否在原有的基础上迈步向前，自恃聪明和自鸣得意都不会长久，只有脚踏实地、勤奋辛劳地向前迈进，才能有所成就，不被他人的光环所湮没。

人们常说，业精于勤，荒于嬉。自身的劣势并不可怕，可怕的是缺少勤奋的精神。勤奋是一笔价值远远超过金子的财富，金子虽然珍贵，但金子是不会失而复得的。纵然你有黄金万两，但若一味挥霍，就会坐吃山空，总有穷困的一天，唯有勤劳才是永不枯竭的财源。

"合抱之木，生于毫末；九层之台，起于垒土；千里之行，始于足下。"人们常用老子的这句话来比喻事情的成功是脚踏实地一步一步地由小而大逐渐积累的。脚踏实地是我们每个人必备的素质，也是实现梦想、成就一番事业的关键因素，自以为是、自高自大是成功的最大敌人，而脚踏实地、勤奋努力则是工作的助推器。

　　任何财富都是依靠勤奋获得的，在这个世界上，没有一个人的财富是从天而降的。要想在与人生风浪的博击中完善自己、成就自己，享受成功的喜悦，赢得社会的尊敬，只能凭自己的双手去创造。勤奋努力，脚踏实地是为了自己，而不是为了别人，我们自己是勤奋的最大受益者。只有辛勤地劳动，才会有丰厚的人生回报。即使给你一座金山，你无所事事，也会有一天坐吃山空。传说中的点石成金之术并不存在，而在劳动中获得财富才是最正确的途径。你想拥有金子，唯一的办法只有辛勤地耕耘。

　　勤奋刻苦是一所高贵的学校，所有想有所成就的人都必须进入其中，在那里学到有用的知识、独立的精神和坚忍不拔的习惯。其实，勤劳本身就是财富，如果你是一个勤劳、肯干、刻苦的人，就能像蜜蜂一样，采的花越多，酿的蜜也越多，你享受到的甜美也越多。

　　实干并且坚持下去是对勤奋刻苦的最好注解。也许100次的努力和辛勤的锤打都不会有什么明显的结果，但最后的一击石头终会裂开的。成功的那一刻，正是你前面不停地刻苦的结果。所以，勤奋是走向成功的坚实基础，它更像一个助推器，把你推向人生的辉煌。

建议二：再高的塔都得一层一层上

　　小克莱门斯刚满4岁，但他已经是一名小学生了。他的老师霍尔太太是一位虔诚的基督徒，每次上课之前，她都要先领着孩子们进行祈祷。

有一天，霍尔太太给孩子们讲《圣经》，当讲到"祈祷，就会获得一切"的时候，小克莱门斯忍不住站起来，问道："真的吗？祈祷真的可以获得一切吗？如果我祈祷上帝，他会给我任何我想要的东西吗？"

"是的，孩子。只要你愿意虔诚地祈祷，你就会得到你想要的东西。"

听到这样的回答，小克莱门斯高兴极了。此时他最想得到的是一块大大的蛋糕，因为他从来没有吃过蛋糕。而他的同桌，一个可爱的金发小姑娘每天都会带着一大块这么诱人的蛋糕来到学校。她常常问小克莱门斯要不要尝一口，倔强的小克莱门斯每次都坚决地摇头，但他的心是痛苦的，他其实很想尝尝那蛋糕是什么滋味。所以，那天在放学的时候，小克莱门斯兴奋地对小姑娘说："明天我也会有一大块蛋糕。"

回到家后，小克莱门斯关起门，无比虔诚地进行祈祷，他相信上帝已经看见了他的表情，上帝一定会被自己的诚心感动的！

然而，第二天起床后，他找遍了所有上帝可能放蛋糕的地方，仍然什么也没有发现。他以为是自己不够虔诚，所以他告诉自己：以后每天都坚持祈祷，一定要等到蛋糕降临。

一个月后，金发小姑娘突然想起来，笑着问小克莱门斯："你的蛋糕呢？"

小克莱门斯告诉小姑娘："上帝也许没有看见我在进行多么虔诚的祈祷。因为每天有那么多的孩子都在做这样的祈祷，而上帝只有一个，他怎么会忙得过来呢？"

小姑娘惊讶地看着他说:"难道你每天祈祷只是为了一块蛋糕吗?你为什么不自己去赚钱买一块呢?几个硬币就可以买到了。"

小克莱门斯恍然大悟。从此,他决定不再祈祷。小姑娘说得很对,为什么不自己去赚钱买一块呢?所以,小克莱门斯对自己说:"我不会再为一件卑微的小东西祈祷了。"

不久,他就通过给别人送报纸或帮别人遛狗,攒够了买蛋糕的钱,他终于吃到了自己赚钱买来而不是祈祷得来的蛋糕。小姑娘的话使他受益终生,并指引他走向了新的道路。

多年以后,小克莱门斯长大成人,他就是美国著名作家马克·吐温。在很多艰难的日子中,他都牢记着一句话:不要为卑微的东西祈祷,要用双手实现梦想。

古往今来,凡成就事业、对人类有所作为的人,无不是脚踏实地、艰苦登攀的结果。要想实现自己的梦想,唯有勤奋努力地去行动,如果你想喝水,就自己拿杯子去倒;如果你想吃蛋糕,就只能用双手去拿,祈祷是没有用的,上帝就是你自己。人生就是这样,你想坐到那个位置上,你只能靠自己的积极行动去争取,而不是空想。天上是不会掉蛋糕的。

成功属于脚踏实地者,无论多么平凡的小事,只要从头至尾彻底做成功,便是大事。假如你踏踏实实地做好每一件事,就绝不会空空洞洞地度过一生。

我们都是平凡人,只要抱着一颗平常心,踏实肯干,有水滴石穿的耐力,我们获得成功的机会肯定不会比那些禀赋优异的人少。

有一位老教授曾说起他的经历：

"在我多年的教学实践中，发现有许多在校时资质平凡的学生，他们的成绩大多在中等或中等偏下，没有特殊的天分，有的只是安分守己的诚实性格。这些孩子走上社会参加工作，不爱出风头，默默地奉献。他们平凡无奇，毕业分手后，老师同学都不太记得他们的名字和长相，但毕业后几年、十几年中，他们却带着成功的事业回来看老师，而那些原本看来会有美好前程的孩子，却一事无成。这是怎么回事？

"我常与同事一起琢磨，认为成功与在校成绩并没有什么必然的联系，但与踏实的性格密切相关。平凡的人比较务实，能自律，所以许多机会都落在这种人身上。平凡的人如果加上勤能补拙的特质，成功之门必定会向他大方地敞开。"

脚踏实地的女孩，能够控制自己心中的激情，避免设定高不可攀、不切实际的目标，也不会凭借侥幸去瞎碰，而是认认真真地走好每一步，踏踏实实地用好每一分钟，甘于从基础工作做起，在平凡中孕育和成就梦想。

李嘉诚说："不脚踏实地的人，是一定要当心的。假如一个年轻人不脚踏实地，我们使用他就会非常小心。你造一座大厦，如果地基打不好，上面再牢固，也是要倒塌的。"

不积跬步无以至千里，不积小流无以成江海。凡成就一份功业，都需要付出坚强的心力和耐性，若想坐收渔利，那只能是白日做梦。想凭侥幸、靠运气夺取丰硕的果实，运气便永远不会光顾你。

天上不会掉馅饼，舒适的生活和优秀的成绩都不是天上掉下来的，只有脚踏实地地积极行动才能换来成功的果实。亲爱的女孩，一定要记住：只有埋头苦干的人，才能显出真正的聪明，成就一番事业。

细节 18　千万不能让你的女孩懒惰

班上有个女同学书法写得特别好，小如看了很羡慕，就问她："你练习书法有多长时间了？是在哪里学的呢？"

那个女孩告诉小如说："我的姥爷会写书法，我从四岁就开始练习了。"

听了那个女同学的话，小如感到有点沮丧，怪不得她的书法写得这样好，原来是有"家道"的传承啊。

回到家，小如很含蓄地向妈妈抱怨了一番："妈妈，我们班上有一个女同学毛笔字写得特别好，她从小在家里学的，有姥爷教她。如果我也从小就学，肯定也会写得很好。"

妈妈看看小如，语重心长地对她说："小如，你如果想学习写书法的话，妈妈一定会给你报一个书法班。难道一定要有亲戚会写书法你才可以写得好吗？"

"呃……"听了妈妈的话，小如感到很汗颜。

妈妈接着告诉小如说："小如，没有一个人是可以通过侥幸取得成功的，无论是天赋多么好的学生，还是条件多么优越的学生，最后能决定他是否可以取得成就的，一定是他自己，不可能靠外界。这个道理，你懂吗？"

"嗯。"我知道自己错了，小如很认真地对妈妈点点头。

　　小如知道，要想取得成功，只有靠自己努力。

　　也许你会认为，当一个人拥有了天才的头脑时，成功也就唾手可得，压根用不着勤奋了。事实并非如此。

　　北宋时，有一个小孩叫方仲永，方仲永小时曾被称为"神童"。

　　方仲永家境十分贫寒，直到 5 岁，他都没有碰过笔墨纸砚。看到小伙伴欢欢喜喜地去上学，他非常羡慕，于是哭着请求父亲让他读书。父亲无奈，只好借来书，求人指点，让他自学。聪明勤奋的他没过多久不但能读懂书本，还能写诗。秀才们看后很惊讶，并连连称赞。

　　之后，很多读书人便出题考方仲永，但只要有人给他出题，让他作诗，他都能很快就做出来，而他的诗思想积极、文采斐然。方仲永渐渐地出了名，成了大家眼中的"神童"。

　　但是，他的才华仅在 13 岁时就完全消失了。

　　原来，方仲永一出名，很多人就渐渐地把方仲永父子当做贵宾接待，许多有名望的学者和绅士也纷纷邀请方仲永到他们家里去做客，还有许多人拿着金钱和礼物专门上方家拜访，请方仲永写作诗文，然后悬挂在自己客厅显眼的地方。从此方仲永便经常跟着父亲一起出入于豪门阔宅中。长时间没有学习，学问没有长进，他的天才也渐渐泯灭了。写来写去还是那几首诗，人们看多了，也就觉得没有新意了。

　　方仲永的天赋让人惊奇，最后却因为不再学习而无异于众人，这个故事意在说明，即使再有天分，但如果没有勤奋的努力，同样无法取得成就。

　　在世界绘画的史册中，米开朗琪罗曾经这样评价拉斐尔："他是有史以来最美丽的灵魂之一，他的成就更多的是得自于他的勤奋,而不是他的天才。"当有人问拉斐尔怎么能创造出这么多奇迹一般完美的作品时,拉斐尔回答说:"我在很小的时候就养成一个习惯,那就是从不要忽视任何事情。"这位艺术家去世的时候,整个罗马为之悲痛不已,罗马教皇利奥十世为之哭泣。拉斐尔终年38岁,但他竟留下了287幅绘画作品,500多张素描。其中绘画作品每一张都价值连城。

或许女孩觉得这些离自己都太遥远:你并不是什么天才。正因为如此,才更需要加倍的勤奋。拉斐尔具有如此高的天赋,尚且勤奋不息,更何况我们呢,倘若想攀登高峰,没有付出,没有勤奋、没有努力是万万也达不到的。

美国媒体大亨泰德·特纳的老师约舒亚·雷诺德常说:"那些想要超过别人的人,每时每刻都必须努力,不管愿不愿意。他们会发现自己没有娱乐,只有艰苦的工作。"这句话泰德·特纳一直铭记于心,并常被拿来引用。他听了老师的劝告,一直"艰苦"地工作,他不但因为觉得这是他自己喜欢的事情因为快乐,还有了丰厚的回报。

美国伟大的政治家亚历山大·汉密尔顿曾经说:"有时候人们觉得我的成功是因为自己的天赋,但据我所知,所谓的天赋不过就是努力工作而已。"

美国另一位杰出的政治家丹尼尔·韦伯斯特在70岁生日时谈起他成功的秘密说:"努力工作使我取得了现在的成就。在我一生中,从来还没有哪一天不在勤奋地工作。"

另外,据说,拜伦的《成吉思汗》写了一百多遍,因为拜伦一直都感到不满意。

……

所有的这些人,不管是文学家、艺术家还是政治家,他们无不都是勤奋的典型,从他们的身上,我们应该清醒地意识到,人可以没有天赋，但绝不可以不勤奋。勤奋是"使成功降临到个人身上的信使"，所以，尽快地摒弃那些错误的想法，从现在开始，教你的女孩做一个勤奋的人！

建议一：懒惰的人与幸福无缘

在远古的时候，有两个朋友，相伴去遥远的地方寻找人生的幸福和快乐。一路上风餐露宿，在即将到达目的地的时候，他们遇到了一条风急浪高的大河，而河的彼岸就是幸福和快乐的天堂。关于如何渡过这条河，两个人产生了不同的意见。一个建议采伐附近的树木造一条木船渡过河去，另一个则认为无论哪种办法都不可能渡得了这条河，与其自寻烦恼和死路，不如等这条河流干了，再轻轻松松地走过去。

于是，建议造船的人每天砍伐树木，辛苦而积极地制造船只，并学习游泳；而另一个则每天躺下休息睡觉，然后到河边观察河水干了没有。直到有一天，已经造好船的人准备扬帆渡河的时候，另一个人还在讥笑他的愚蠢。

不过，造船的人并不生气，临走前只对他的朋友说了一句话："做每一件事不一定都得成功，但不去做则一定没有机会成功。要想成功，你一定要把懒惰的习惯扔得远远的。"

能想到河水流干了再过河，这确实是一个"伟大"的创意，可惜的是，这却仅仅是个注定永远失败的"伟大"创意而已。

这条大河终究没有干，而那位造船的人经过一番风浪最终到达了彼岸。这两人后来在这条河的两个岸边定居了下来，也都衍生了各自的子孙后代。渡过河的那一边叫幸福和快乐的沃土，生活着一群我们称为勤奋和勇敢的人；等河干的另一边叫失败和失落的原地，生活着一群我们称之为懒惰和懦弱的人。

富兰克林说："懒惰像生锈一样，比操劳更能消耗身体；经常用的钥匙，总是亮闪闪的。"当懒惰已经成为习惯，它就会像细菌一样，在你的生活中蔓延，使你的人生到处弥漫着懒散的气息。所以要想成功，就一定要远离懒惰的侵扰。

懒惰与幸福无缘，勤奋虽然辛苦，但最后得到的一定远远超出付出的；而懒惰的人，生活总是显得可怜、悲惨。

一滴汗水，一分收获，世上没有轻而易举就可以得到的才能，天才来源于勤奋。如果我们不能靠"勤"字来努力，如果我们吃不了勤奋之苦，我们又怎么能出人头地呢？只有流勤劳的汗，长出的树才会茁壮；只有吃勤劳的饭，才更香甜。

正像奥里森·马登所言："如果你有才能，勤奋可以锦上添花；如果你没有才能，勤奋可以弥补不足。"

一位成功人士曾经说过："我不知道有谁能够不经过勤奋工作而获得成功。"寓言中的守株待兔的人，曾经不费吹灰之力就得到一只兔子，但此后他就再也没有得到半只兔子。所以，不要指望不劳而获的成功。

哈佛流传着这样一句名言："只有比别人更早、更勤奋地努力，才能尝到成功的滋味。"

勤奋的道理每一个人都懂，却不是每一个人都能做到，而那些真正做到的人，就能获得成功。天下没有免费的午餐，个人奋发向上的辛勤实干是取得杰出成就必须付出的代价，好逸恶劳的懒惰品行与任何杰出成就都无缘，正是辛勤的双手和大脑使得人们富裕起来。事实上，任何事业的成功都只能通过辛勤的实干取得。没有辛勤的汗水，就不会有成功的喜悦与幸福。

青春是宝贵的，所以，我们应该从现在开始抓住宝贵的光阴，勤奋努力地去完成自己的心愿，这样才能最好地实现人生的价值。真正的幸福绝不会光顾精神委靡、四体不勤的人，幸福只在辛勤的劳动和晶莹的汗水中。

建议二：有缺点不可怕，最怕的是懒惰

1963 年 2 月 20 日，巴克利在美国阿拉巴马州一个名叫里兹的偏僻小镇诞生。在这个人口只有 6000 人的贫穷小镇，巴克利一出生就遭遇了与当时很多贫穷黑人小孩一样的不幸。刚出生 6 个星期，小巴克利就由于患有贫血症而进行了一次全身换血的大手术。幸好手术非常成功，他终究逃离了死神的恶掌，幸运地生存下来。然而，祸不单行，不幸总是喜欢跟贫穷的人们过不去。

小小年纪的巴克利已经有了自己的目标，他要用篮球来让自己逃离贫穷，他有信心，也有决心。但当时很少有人会相信巴克利可以做到，甚至讥笑他在白日做梦，因为他没有表现出足够的篮球天赋。在高一的时候，巴克利的身高只有 178 厘米，所以他连校队也没能入选，但近 100 公斤的夸张体重却让教练建议他去打美式足球。虽然如此，但巴克利还是毫不动摇自己的决心，他坚持每天练球，直到深夜，风雨无阻，毫不理会别人的嘲笑

眼光。

　　为了锻炼弹跳力，巴克利每天都在顶端非常尖锐的栏栅跳来跳去，吓得他的母亲和外婆心惊肉跳。他要告诉每一个人，他一定可以实现自己的梦想。母亲总是最支持儿子的人，她一直在鼓励着巴克利，让他坚持自己的理想。苍天不负有心人，经过一年的苦练，巴克利的球技有了很大的进步，他终于在高二的时候进入了校队。进入校队后，巴克利只能做替补，出场时间少得可怜，但他依旧没有怨言，一上场必倾尽全力，场下他也是训练最刻苦的一个。

　　升高三的那个夏天，巴克利奇迹般地疯长了 15 厘米，体重也增加了 10 公斤。这样，巴克利就有了一个很好的篮球员身材，再加上他刻苦练就的一身好球技，到高三的时候，他终于成为了里兹高中篮球队的先发球员。凭着对篮球的热爱，经过不懈的努力，巴克利终于实现了他儿时的梦想，也实现了自己对妈妈的诺言，用篮球给妈妈带来了美好的生活。

　　勤能补拙是良训，一分辛劳一分才。从来就没有一下子的成功，只有默默不断的努力和积累，再愚笨的人经过刻苦努力都可以成为天才，而再聪明的人停步不前也难以取得大成就。女孩们，不要害怕自己做不到或者没有潜质，拥有自信和勤奋的精神，什么事情都可以做到。

　　天才出于勤奋，凡是在某一领域被称作天才的人，无一不是经过辛勤的汗水才换来这样的荣誉的。

　　有付出才会有收获，没有人可以不劳而获，这是一个众所周知的因果法则。在这个世界上，到处都有一些看上去能够并且应该成功的人，他们身上有着非凡的品质，眼中也闪烁着智慧的光芒。但是他们最终并没有成功，原因之一就在于他们缺乏勤奋的工作态度，也没有乐于付出的精神。而那些资质一般，并没有什么特别能力的人，反而可以通过勤奋弥补自身的不足，通过付出为自己赢得机会，所以他们常常能够成就辉煌的事业，得到富足的人生。

其实，自身的缺点并不可怕，最可怕的是懒惰。自身之拙，可能会成为我们成功路上的障碍，但成功者就是在克服障碍后才摘得桂冠的。有了勤奋，即使像太行、王屋二山那么大的障碍，也会被我们一点点地挖掉。因为在勤奋面前，再艰巨的任务都可以完成，再大的山也都会被"移走"。凡事只有踏实勤劳，才能获得真正的成功。NBA 的球星巴克利就是一个很好的例子。

一勤天下无难事，再大的缺点和不足都可以通过勤奋来弥补。对于女孩们来说，从小就养成"勤勉努力"的习性，并且在以后的学习生活中永远不减勤勉且更加努力，这种无形的财产和力量将会成为女孩终生受用的法宝。